KB073915

한국의 사상가 10人

원 효

예문동양사상연구원총서 1

한국의 사상가 10人 — 원효
Ten Korean Thinkers, Wonhyo

엮은이   예문동양사상연구원 / 고영섭
펴낸이   오정혜
펴낸곳   예문서원

편 집   김병훈 · 명지연 · 허경희 · 김효경
인 쇄   주) 상지사 P&B
제 책   주) 상지사 P&B

초판 1쇄   2002년   1월 20일
초판 5쇄   2011년   1월 20일

주   소   서울시 성북구 안암동 4가 41-10 건양빌딩 4층
출판등록   1993. 1. 7 제6-0130호
전화번호   925-5913~4 / 팩시밀리 929-2285
Homepage   http//www.yemoon.com
E-mail   yemoonsw@empas.com

ISBN   89-7646-147-9   93150

YEMOONSEOWON #4 Gun-yang B.D. 41-10 Anamdong 4-Ga, Seongbuk-Gu Seoul KOREA 136-074
 Tel) 02-925-5914, 02-929-2284 Fax) 02-929-2285

값 23,000원

예문동양사상연구원총서 1

한국의 사상가 10人

원 효

예문동양사상연구원
고영섭 편저

예문서원

'한국의 사상가 10人'을 출간하며

　예문동양사상연구원이 출범한 지도 어느덧 5년이 되어 간다. '반추反芻'라는 반성적 행위의 성격이 늘 그렇듯이, 지난 5년의 시간도 되돌아보면 만족감보다는 아쉬움이 더 많이 남는다. 우리 동양철학계의 연구 분위기를 활성화시키는 데 조그만 힘이나마 보탬이 되어 보겠다는 포부에서 출범을 하긴 했지만, 그 동안 그런 출범 취지를 구현하기 위해 얼마나 제대로 노력해 왔는가를 자문하면 사실 머뭇거리지 않을 수 없기 때문이다. 특히 초기의 지나친 의욕으로부터 비롯된 몇몇 시행착오와 예상치 못했던 현실적 난관들로 말미암아 애초에 구상하였던 사업들 가운데 일부를 불가피하게 축소할 수밖에 없었던 점은 여전히 많은 아쉬움을 준다. 이와 같은 경험들은 향후 연구원의 발전에 반면거울로서 소중한 자산이 될 것으로 기대해 본다.

　하지만 이런 반성의 마음가짐 속에서도 한편으로 나름대로의 성취도 확인하고 자랑하고픈 생각도 있음을 솔직히 고백하지 않을 수 없다. 그 가운데 동양철학과 관련된 종합 학술정보지인 『오늘의 동양사상』의 꾸준한 발간은 우리 연구원이 가장 손꼽고 싶은 성과이다. 국내의 척박한 동양철학 연구 현실을 생각할 때 처음에는 여러 가지 우려도 있었지만, 결과적으로 짧은 시간 안에 동양철학계의 대표적인 학술정보지로 자리를 잡았고 또 그에 상응하는 외부적인 평가도 받고 있다는 사실에 외람되지만 뿌듯한 자부심을 느낀다. 동양철학계의 연구쟁점들을 지속적으로 예각화시켜 연구자들로 하여금 향후 연구동향의 방향을 가늠케 하고 또 관련되는 자료를 꾸준히 정리해 냄으로써 연구의 여건을 실질적으로 뒷받침하는 데 일익을 담당하려는 것이 우리 예문동양사상연구원의 궁극적인 존립 이유이다. 그러므로 이런 점에서 볼 때 『오늘의 동양사상』에 대한 우리의 애정은 남다를 수밖에 없다. 그것은 곧 우리 연구원이 지향하는 바를 잘 드러내 주고 있는 하나의 지남指南이기 때문이다.

　여기 우리 연구원의 두 번째 출판물로 선보이는 '한국의 사상가 10人' 시리즈 역시 『오늘의 동양사상』에 투영되어 있는 우리의 그와 같은 관심이 온축된 결과이다. 한국사의 대표적인 사상가 10인(元曉, 義天, 知訥, 退溪, 南冥, 栗谷, 霞谷, 茶山, 惠崗, 水雲)을 선정하여 그들에 대한 지금까지의 연구사를 정리함으로써 이들 사상가들에 대한 앞으로의 연구에 충실한 나침반을 제공해 보자는 것이 이 시리즈의 기획 의도이다. 이런 기획 의도에 따라 이 시리즈는 공통적으로 다음의 세 부분으로 구성되어 있다. 첫째 부분은 해당 사상가에 대한 그 동안의 연구사를 편저자가 총괄적으로 정리한 해제이다. 이를 통하여 우리는 해당 사상가에 대한 그 동안의 연구가 어떤 궤적을 그리며 진행되어 왔는가를 한눈에 살펴볼 수 있을 것이다. 이어서 둘째 부분은 해당 사상가의 사상적 면모를 다양한 각도에서 접근할 수 있게 안내해 주는 대표적인 논문들의 모음이다. 해당 사상가의 사상은 어떤 과정을 거치면서 체계화되었으며, 또 연구자들 사이에서는 무엇이 쟁점인지 하는 등의 실질적인 문제에 대한 이해를 이 부분을 통하여 심화시킬 수 있을 것이다. 마지막 셋째 부분은 연구물 목록이다. 여기에는 그 동안 나온 해당 사상가에 대한 연구 성과물이 총망라되어 있어 유용한 자료집 역할을 할 수 있을 것으로 기대한다.

　공부의 성패는 어떻게 보면 넘치는 정보의 바다에서 효율적으로 항로를 잡아가는 능력과 직결된다고 해도 과언이 아닐 것이다. 더구나 오늘날과 같은 정보의 과잉 시대에 그런 능력은 한층 필수적이다. 그러므로 특정 분야의 그간의 연구 현황과 주요 성과들 그리고 그와 관련된 선행 연구들에 대한 정보를 종합적으로 갈무리해 내는 이와 같은 작업의 중요성은 말 그대로 아무리 강조해도 지나치지 않을 것이다. 이런 점에서 이 총서가 한국 사상에 관심이 많은 일반 독자들과 관련 전공자들의 연구에 작은 보탬이라도 될 수 있기를 바라마지 않는다.

   끝으로 논문의 게재를 흔쾌히 수락하고 또 출간도 끈기 있게 기다려 주신 필자 선생님들께 감사를 드린다. 특히 해당 분야의 수록 논문 선정에 많은 조언을 해주시고 해제까지 집필하는 수고를 마다하지 않으신 편저자 선생님들께도 이 자리를 빌려 깊은 감사를 드린다. 만약 이 총서가 우리 동양철학계에 기여하는 면이 있다면 그 공은 전적으로 이 분들의 몫이다.

2001년 12월 24일
예문동양사상연구원
'한국의 사상가 10人' 간행위원회

간행위원장: 김충열(고려대 명예교수)
간 행 위 원: 고영섭(동국대 강사) 김교빈(호서대 교수) 김용헌(한양대 교수) 박원재(고려대 강사)
　　　　　　 박홍식(경산대 교수) 오문환(연세대 강사) 오이환(경상대 교수) 윤사순(고려대 교수)
　　　　　　 이병욱(고려대 강사) 이덕진(고려대 강사) 이승환(고려대 교수) 황의동(충남대 교수)
　　　　　　 홍원식(계명대 교수) (이상 가나다순)

한국의 사상가 10人 —— *원효*

◇ '한국의 사상가 10人'을 출간하며   5
◇ 일러두기   14

해제: 원효 연구의 어제와 오늘 —— 고영섭   15
  1. 실마리   15
  2. 연구 성과   17
    1) 시대 및 형태별   25
    2) 전공 및 게재지별   27
  3. 연구 경향   28
  4. 선정 논문   33
  5. 연구 과제   41
  6. 마무리   44

제1부   원효의 일심학   45

불교의 총화성과 원효의 근본 사상 —— 조명기   47
  1. 한국 불교의 총화성   47
    1) 서언   47
    2) 총화성의 이론   49
    3) 불교 총화성의 교리   51
  2. 원효의 근본 사상   53
    1) 각 저서에 나타난 공통 사상   53
    2) 교관론   54   3) 종지   55
    4) 한국 불교의 준거   56   5) 중흥조와 측면관   57
    6) 통섭 모책   58   7) 행적 실천   58

일러두기

1. 이 책은 지금까지의 대표적 원효 관련 연구 성과물들 가운데 원효의 사상을 보여
   줄 수 있는 논문들을 주제별로 선별한 것이다.
2. 수록 논문들의 원게재지는 이 책의 뒷부분에 밝혀 두었다.
3. 원효 관련 연구물 목록은 이 책 뒤의 부록에 수록하였다.
4. 본문 속에서는 한자의 사용을 최소화하였으며, 필요에 따라 한글과 한자를 병기하
   되 원전의 내용을 인용할 경우나 부득이한 경우에는 한자만을 기입하였다. 문장
   안에서 한자만을 인용할 경우에는 " "(큰따옴표)로 처리하였다.

해제: 원효 연구의 어제와 오늘

고 영 섭

1. 실마리

한국사상사 내지 한국철학사에서 원효元曉(617~686)가 차지하는 위상은 '타의 추종을 불허'할 만큼 높고 깊다. 우선 원효가 지은 저작의 양과 질에서 그러하며, 그의 저작에 관한 연구 논문의 양[1]에 있어서도 압도적이다. 이러한 대중적 지명도를 얻게 된 것은 원효 저술의 완성도와 그의 인간적 매력에 의해서라고 볼 수 있다.

'원효' 하면 먼저 떠오르는 이미지는 '치밀한 사고력'과 '활달한 문장력'과 '넘치는 인간미'가 드라마틱하게 육화된 한 인간의 모습이다. 87종 180여 권에 달하는 그의 저작 중 현존하는 20여 종의 저술 속에서도 이러한 치밀한 사고력과 활달한 문장력과 넘치는 인간미를 읽어 낼 수 있다. 그것

---

[1] 현재까지 간행된 원효 관련 논문은 대략 700여 편에 이르며, 그와 직간접적으로 연관된 단행본 역시 50여 권이 출판되었다. 학위논문은 석·박사학위논문을 포함하여 100여 편에 육박하고 있다. 보다 자세한 것은 이 글 뒤에 덧붙인 「원효 관련 연구물 목록」을 참고하기 바람.

은 곧 '일심一心' - '화회和會'(和諍會通) - '무애無碍'[2])의 축으로 압축된 그의 사상적 역정과 맞물려 있다. 때문에 일심과 화회와 무애로 표현되는 그의 평생의 면모를 통해서 우리는 그를 사상가, 문장가, 수행자, 보살, 시인 등의 유형으로 규정할 수 있다.

이러한 원효의 다층적인 면모는 그보다 앞 시대에 활동했던 고구려의 승랑僧朗(450?~550?)으로부터 신라의 문아文雅(圓測, 613~696)와 의상義湘(625~702), 후대의 태현太賢(680?~760?)과 무상無相(684~762), 고려의 균여均如(923~973)와 지눌知訥(1158~1210), 조선의 휴정休靜(1520~1604)과 경허鏡虛(1846~1912)에 이르기까지 그들 사상가들과도 변별된다. 원효는 자신의 철학에 입각하여 삶과 생각을 일치시킨 보기 드문 존재라 할 수 있다. 그 때문에 원효에 관한 연구 역시 이러한 면에서 조명되어 왔다.

원효의 학문적 성취에 대한 '연구 논저 목록'은 각 연구서 뒤의 부록[3]) 내지 단행본[4])으로 몇 차례 집성되거나 간행된 적이 있다. 그에 관한 연구물의 양이 지극히 많음에도 '원효 관련 연구물 목록'을 지속적으로 집성하고 간행하는 것은 연구자의 편의를 위한 것이기도 하지만 그의 저술이 '고전'으로서 확고하게 자리잡았기 때문이다. 그 결과 '고전으로서의 원효'는 언제나 한국사상사 내지 한국철학사에서 '넘어서야 할 존재', 혹은 모든 학문하는 이들에게 귀감이 되는 '문제 인물'로 인식되어 왔다.

고전이란 무수한 시간과 공간의 무게를 견디고 살아남은 책이다. 거기

---

2) 졸론, 「원효의 통일학: 부정(破·奪)과 긍정(立·與)의 화쟁법」, 『동국사상』 26집(동국대학교 불교대학, 1995).

3) 양은용, 『신라 원효 연구』 부록(원광대학교 출판국, 1979); 국토통일원 조사연구실 편, 『원효 연구논총: 그 철학과 인간의 모든 것』 부록(국토통일원, 1987); 김지견, 『원효성사의 철학세계』 부록(민족사, 1989); 동국대학교 불교학자료실 조사, 「원효 관련 연구논저 총합색인」, 『다보』 제6호 부록(대한불교진흥원, 1993. 6); 김상현, 『역사로 읽는 원효』 부록(고려원, 1995); 고영섭, 『원효, 한국사상의 새벽』 부록(한길사, 1997); 고영섭, 『원효 탐색』 부록(연기사, 2001) 등이 있다.

4) 중앙승가대학교 불교사학연구소, 『원효연구논저목록』(민창문화사, 1996).

에는 고전의 정체성이라 할 수 있는 인간의 보편성이 내재해 있다. 보편성의 준거는 '있는 것(존재, 현실)과 있어야 할 것(당위, 이상) 사이의 거리를 최소화'라는 축과 '살아 있는 것들의 생물학적 조건의 동일성'이라는 축으로 구축되어 있다. 그러므로 오늘을 사는 우리는 고전을 통해서 인간이 머금고 있는 동시대성을 발견함으로써 고전 속의 인물을 배우고 넘어설 수 있는 것이다. 고전은 언제나 새로운 해석의 칼날을 기다리고 있다. 고전으로서의 원효가 끊임없이 인구에 회자되는 것 역시 그에게서 동시대성을 발견하려는 후학들의 지속적인 관심이 있기 때문이다. 이런 의미에서 원효가 후학들에 의해 끊임없이 연구되고, 그들에게 흠모와 극복의 대상으로 존재한다는 것 자체는 행복이요 기쁨일 수밖에 없다.

이 글 「원효 연구의 어제와 오늘」은 뒤에 덧붙인 「원효 관련 연구물 목록」의 집계를 중심으로 첫째, 연구 성과, 둘째, 연구 경향, 셋째, 선정 논문, 넷째, 연구 과제로 분류한 것이다. 간혹 빠진 것이 있을 수 있으나 지속성을 지닌 학술지와 잡지, 그리고 문제의 저작들은 가급적 빠뜨리지 않으려고 노력했다. 여기서는 역사적인 접근보다는 철학적인 접근을 중심으로 지금까지의 연구 성과와 경향을 살펴본다.

2. 연구 성과

원효와 그의 저작에 관한 연구는 원효 당대로부터 시작된다.[5] 하지만

---

[5] 지금의 우리와 글쓰기 방식이 달랐던 종래의 시대에 원효 저술을 직접 연구한 것은 아니라 하더라도 그의 저술에 의해 깊은 영향을 받고 저작된 것들도 넓게 보면 원효 연구의 연장선에 있다고 할 수 있다. 특히 중국의 法藏과 澄觀, 신라의 憬興, 太賢, 見登(之), 表員, 고려의 均如, 義天, 知訥, 一然 등의 저술에서 원효의 글이 자주 인용되고 있다.

그에 대한 본격적인 탐색은 그의 사후부터라고 할 수 있다. 고려 의천에 의해 재평가된 이후 원효는 시대의 고비고비마다 민족의 자긍심으로서 재조명되었다. 원효 입적에서부터 1300여 년이 지난 오늘에 이르기까지 원효 연구 스펙트럼은 질적으로나 양적으로 그 빛을 발하고 있다.[6] 여기서는 우선 오늘날과 같은 글쓰기 방식이 정착된 지난 1900년대 이후의 성과를 중심으로 살펴보기로 한다.

이렇게 범위를 제한해서 볼 때 근현대 시대에 원효가 특히 주목받게 된 것[7]은 최남선이 그의 논문 「조선불교: 동방 문화사상에 있어서의 그 지위」[8]에서 원효의 위치를 재조명한 이후부터라고 할 수 있을 것이다. 그는 이 논문의 제4장 「원효, 통불교의 건설자」에서 "인도 및 서역의 서론적緖論的 불교와 지나支那의 각론적各論的 불교에 대하여 조선의 최후의 결론적結論的 불교를 건립하였다"고 하면서 "원효를 만나서 단일 교리에 의한 최후의 완성을 실현하게 되었다"고 했다. 이어서 그는 "각파 그대로를 말미암아 구극일원究極一源을 붙들어서 전일적 불교를 표현하려 함"이 효공曉公의 지의旨意였고, "원효가 있어서 여기 일승적 불교가 있다고 할 것"이며, "원효가 있어 조선 불교에 빛이 있고, 조선 불교가 있어서 동방 불교에 의의가 있다고 할 것"이라고 했다.

이러한 원효에 대한 평가는 최남선의 글에서 그치지 않았다. 『위인 원효』를 지은 사학자 장도빈 역시 "원효는 동방의 일서성一曙星이로다. 피彼의 광光은 천고의 암흑을 파破하얏나니라. 원효는 동방의 일천뢰一天籟로

---

6) 의천의 『大覺國師文集』, 이규보의 『東國李相國集』, 이인로의 『破閑集』, 일연의 『三國遺事』, 서거정의 『東文選』 등에서 재조명되거나 집성되었다.
7) 여기서는 원효를 주제로 한 전기, 소설, 시나리오 등은 제외한다. 이광수의 소설 『원효대사』(『춘원선집』 10, 광영사, 1957), 장도빈의 전기 『원효』(고려관, 1925), 조소앙의 「신라국원효대사전병서」(햇불사, 1979), 정민의 『영화극 원효대사』(정토문화협회, 1960) 등이 대표적인 것들이다.
8) 최남선, 「朝鮮佛敎: 東方文化史上에 있는 그 地位」, 『육당최남선전집』 2(현암사, 1973), 551~554쪽, 『불교』 제74호(1930. 8).

다. 피의 성성聲은 사방의 적막을 파破하얏나니라. 원효는 동방의 일이적一異跡이로다. 피彼의 기旗는 중인衆人의 전도前途를 지指하얏나니라. 여余는 지금 총총한 중에 좌坐한지라 완전한 원효전元曉傳을 성成할 수 없도다"라며 원효의 전기를 기술하고 있다.

1906년 동국대학교의 전신인 명진학교가 설립된 이후부터 1940년의 혜화전문학교를 거쳐 동국대학교로 이어지는 기간 동안은 아직 불교학 관련 학술지가 뚜렷이 존재하지 않았다. 그래서 당시의 발표 무대는 월간 『불교』(舊·新), 『조선불교시보朝鮮佛敎時報』, 『조선불교총보朝鮮佛敎總報』, 『금강저金剛杵』 등의 잡지나 기관지였다. 산발적으로 발표된 여타 글들 역시 이들 잡지나 인쇄물들의 무대를 통해서였다.

원효에 대한 최초의 글은 『조선불교총보』 제12~13집에 발표한 김영주의 「제서諸書에 현현現現한 원효 『화엄소』 교의」(1918), 그리고 같은 잡지 제13집에 실린 정광진의 「대성화정국사 원효저술일람표」이다. 그리고 원효 관련 최초의 단행본은 사학자 장도빈이 지은 『위인 원효』(신문관, 1917)이다. 이것은 64쪽으로 된 작은 책이지만, 종래 고승전류에서 원효의 전기를 다룬 이래 최초로 시도한 기념비적 저술이라 할 것이다. 이후 춘원春園 이광수는 <매일신보>에 연재(1942년 3월 시작)한 소설 『원효대사』(1942년 10월 완성)를 펴내기도 했다.

원효 저술을 주제로 한 본격적인 논문은 일본 동경의 조선불교동경유학생회 기관지인 『금강저』 제22호에 실린 조명기의 「원효종사의 『십문화쟁론十門和諍論』 연구」(1937. 1)라고 할 수 있다. 단간으로만 전해 오던 『십문화쟁론』에 대한 최초의 연구인 이 글은 '십문十門'이 '복수의 의미'를 지니고 있다고 밝힘으로써 원효 저술에 대한 집중적 연구의 필요성을 제기했다. 계속해서 조명기는 단행본 『신라불교의 이념과 역사』(1962)를 간행하면서 원효의 저술과 사상에 대해 언급하였고, 「원효의 화의 사상」(1972), 「원효의 현존 저서에 대하여」(1960), 「원효의 총화 사상 연구」(1960) 등 여러 편의 글을 발표하면서 원효학 연구의 시금석을 놓았다. 이후 그는 『원효대사전집』(보련각, 1978)을 간행하였고, 대한불교문화진흥회를 조직하여 『한국불교사학대사전』(1991)을 간행하기도 했다. 산발적인 연구지만 이상의 글들은 1960년대 이전까지 원효 연구 경향을 보여 주고 있다.

한편 1958년 동국대학교 불교대학에서 학술지 『동국사상』을 창간하고, 1960년 동국대학교 불교문화연구소에서 『불교학보』를 출간하기 시작하면서 한국 불교 연구와 원효 사상 연구는 처음으로 학술지의 무대를 확보하게 되었다. 전국적인 학회가 설립되기 이전까지 원효 연구는 주로 이들 잡지의 무대를 통해서 이루어졌다. 그 후 1973년 한국불교학회가 창립되면서 『한국불교학』지에 원효 관련 논문이 실리기 시작했다. 이로써 70년대 이후부터 학술지를 배경으로 한 원효 연구가 전국적으로 시작되었다고 할 수 있다.

그러나 원효 연구가 싹트기 시작한 70년대에는 아직도 대부분 개인적인 연구 경향에 머무를 정도로 논문의 양이 적은 수준이었다. 단행본 형태의 출판은 기대할 정도도 되지 못했다. 간간이 원효 저작이 집성되거나 선집으로 간행되었을 뿐이다. 이 시기의 원효 연구는 불교 관련 학술지와 지방 대학의 연구소 저널지 등이 주요 무대였다. 필요한 경우에는 소략하게나마 자비로 소책자의 논집을 내는 경우도 있었다.

선종사 연구에 집중해 온 이종익은 일본日本 대정대학大正大學에서 「고려 보조국사의 연구」로 박사학위를 받은 기념논문집인 『동방사상논총』에 「원효의 『십문화쟁론』 연구」(1975)를 발표했다. 그는 여기서 종래 단간으로만 전해져 오던 『십문화쟁론』 속의 '십문十門'을 '열 가지 주제'로 해명하면서 원효의 각 저서 속에 인용된 구절을 일일이 대조하여 재구성했다. 이후 그는 「신라불교와 원효 사상」(1975), 「원효의 평화 사상」(1983) 등을 발표했지만, 선종사 연구에 몰입하면서 지눌 연구에 집중한 지눌 학자로 자리매김하게 된다.

벨기에의 루뱅대학교에서 인도철학을 전공한 이기영은 국내로 돌아와 분야를 바꾸고 원효 연구에 몰입했다. 그는 중국 청말 민국 초기에 금릉각 경처에서 간행한 원효의 대표적인 저서인『대승기신론소大乘起信論疏』와 『대승기신론별기大乘起信論別記』의 회본會本(해인사 장경각 복각본)에 근거하여 원효의 세계관을 논구한『원효사상 1: 세계관』(1967)을 간행함으로써 원효학 연구에 불을 당겼다. 한국불교연구원을 창설하여 연구와 교육을 병행한 그는「교판 사상에서 본 원효의 위치」(1974),「경전 인용에 나타난 원효의 독창성」(1975),「원효의 윤리관」(1984),「원효의 인간관」(1985) 등을 쓴 뒤 이들 논문을 집성하여『한국불교연구』(1982),『원효사상연구 1』(1995) 등을 간행함으로써 원효 연구의 대표적인 학자로 자리매김하였다.

태고종 승적을 지니고 건국대 사학과 교수로 재직한 이영무는「원효의 인물과 사상」(1969),「원효대사 저『판비량론』에 대한 고찰」(1973),「원효대사의 정토 사상」(1987) 등을 발표하였다. 인도철학과 불교논리학 연구에 집중해 온 원의범은「『판비량론』의 인명 논리적 분석』」(1984)이라는 논문을 썼고, 한韓·중中 화엄 사상 연구에 집중해 온 김지견은「원효의『판비량론』」(1980),「해동 사문 원효상 소묘」(1989),「조소앙 찬 신라국원효대사전병서」(1990) 등을 발표하였다.

전기와 설화 연구를 통해 불교사 연구의 지평을 확장해 온 김영태는 「원효대사와 지성」(1971),「원효의 불성관」(1988. 3)을 발표하면서 원효 사상 연구에 가세했다. 그는 한동안 원효 관련 설화와 역사적 연구에 몰입한 뒤 1997년에 원효학연구원과 원효학회를 창설하여『원효학연구』를 창간했다. 그는「『본업경소本業經疏』를 통해 본 원효의 신관信觀」(1997), 「화회의 도리를 통해 본 원효의 사상」(1997),「원효의 중심 사상」(1997),

「원효의 『열반경종요涅槃經宗要』에 나타난 화회和會의 세계」(1998), 「원효의 『본업경소』연구」(1999) 등을 발표하면서 원효 사상 연구로 폭을 넓히고 있다.

원시불교 연구에 매진해 오던 고익진은 70년대 중반 이후 방향을 전환하여 한국 고대불교사상사 연구에 몰입하면서 「원효의 『기신론소起信論疏·별기別記』를 통해 본 진속원융무애관과 그 성립 이론」(1973)을 발표하였다. 그는 원효의 대표적 저술인 『기신론소·별기』의 분석을 통해 원효는 자신의 사상을 『기신론』의 논리 위에서 구축했으며, 그것은 곧 진속원융무애관이라 할 수 있다고 밝혔다. 이후 그의 연구는 「원효의 실천 원리」(1975), 「원효 사상의 사적 의의」(1981), 「원효의 화엄 사상」(1984), 「『유심안락도遊心安樂道』의 성립과 그 배경」(1982) 등으로 이어졌다.

또 미국을 무대로 한국학의 지평을 넓혀 온 박성배는 「원효 사상 전개의 문제점: 박종홍 박사의 경우」(1979)를 발표했다. 철학자 박종홍의 불교 이해의 문제점을 지적한 이 논문에 이어 그의 연구는 「교판론을 중심으로 본 원효와 의상」(1980), 「『대승기신론』 연구의 비교: 원효와 법장의 경우」(1980. 6), 「원효의 화쟁 논리로 생각해 본 남북통일 문제」(1991), 「원효의 논리」(1997), 「원효 사상이 풀어야 할 문제」(2000) 등을 발표했다.

여래장 사상 연구에 집중해 온 이평래는 「원효의 진여관」(1980), 「여래장설과 원효」(1987), 「원효 철학에서의 환멸문의 구조에 관한 고찰」(1992) 등을 발표했다. 또 노장철학 연구에 집중해 온 김항배는 「『금강삼매경론金剛三昧經論』을 통해 본 여래장 연구」(1970), 「원효의 일심 사상과 그 논리적 구조」(1980) 등을 발표했고, 중·고등학교의 교장으로서 교육과 연구를 병행해 온 김준형은 「원효의 교판 사상」(1991), 「원효의 교육철학」(1991) 등을 발표했다. 천태학 연구에 집중해 온 리영자는 「원효의 지관」(1977), 「『법화종요法華宗要』에 나타난 원효의 법화경관」(1983), 「원효의 천태회통 사상 연구」(1988)

등을 발표했고, 중관학과 유식학의 토대 위에서 원효를 탐색해 온 신현숙은 「원효의 정토 사상에 대하여」(1980), 「원효 진나보살후신설陳那菩薩後身說 의 재검토」(1988), 「원효『무량수경종요無量壽經宗要』와『유심안락도』의 정 토 사상 비교」(1992), 「원효의 화엄연기법계론」(1993), 「원효의 교학관」(1993) 등을 발표했다. 원효의『기신론소・별기』와『금강삼매경론』의 역주와 연구 에 집중해 온 은정희는 「원효의 삼세三細・아려야식설阿黎耶識說」(1983, 1987), 「원효의 윤리 사상」(1992), 「원효의 부주열반사상不住涅槃思想」(1992), 「『대승기신론』에 대한 원효설과 법장설의 비교」(1993), 「원효의 불교 사상」 (1994) 등을 발표했고, 유식학 연구에 집중해 온 오형근은 「원효 사상에 대한 유식학적 연구」(1983), 「원효의『이장의二障義』에 대한 고찰」(1988), 「『유가 론』과 원효의 구종심주 사상」(1989), 「원효대사의 대승 사상과 칠대성 사상」 (1995) 등을 발표했다.

서양철학 연구자로서 원효와 야스퍼스의 사상을 비교해 왔던 신옥희는 「원효와 야스퍼스의 인간 이해」(1977), 「일심과 포괄자」(1987), 「신라 원효의 『유심안락도』찬술고」(1986), 「원효와 칼 야스퍼스의 종교철학」(1994) 등을 발표했다. 김형효는 「원효 사상의 현재적 의미와 한국사상사에서의 위치」 (1989), 「텍스트 이론과 원효 사상의 논리적 독법」(1994) 등을 발표했으며, 신오현은 「원효의 심리철학」(1981), 「원효 철학의 현대적 조명」(1994), 「현대 철학의 한계와 원효 사상」(2000) 등을 발표했다.

또 원효와 루소의 교육철학을 비교해 왔던 정희숙은 「원효의 '각'과 루 소의 '선성'에 조명된 도덕교육적 시각」(1987), 「교육철학적 지평으로서의 원효 사상」(1981), 「'각'과 '선성'에 대한 교육학적 의미」(1981) 등을 발표했 다. 정신분석학 분야에서 원효의 심성론을 분석심리학적으로 조명해 온 이 부영은 「원효의 신화와 진실」(1987), 「'일심'의 분석심리학적 조명」(1995) 등 을 발표했다. 의학 분야에서 원효의 심식론을 분석해 온 김현준은 「『바가 바드 기타』와 『대승기신론소』의 비교 연구」(1979), 박사학위 논문인 「원효의 심성론에 관한 분석심리학적 연구」(1993) 등을 발표했다.

유식학 연구에 전념하고 있는 이만은 「원효의 『보살영락본업경소菩薩瓔珞本業經疏』을 통해 본 일도일과의 수행관」(1998), 「원효의 『중변분별론소』에 관한 연구」(1999)를 발표했다. 원효의 화쟁 논법에 대해 천착한 최유진은 「원효에 있어서의 화쟁과 언어의 문제」(1987), 「원효의 일심」(1987), 「원효의 화쟁 사상」(1987), 「원효의 화쟁 방법」(1991), 「원효의 중관철학 이해」(1999) 등을 발표했고, 원효의 이문일심 사상 연구에 집중하고 있는 정영근은 「마음의 장애와 무지의 장애」(1992), 「원효의 사상과 실천의 통일적 이해」(1999) 등을 발표하였다. 『대승기신론』 사상을 집중 연구한 박태원은 「원효의 언어 이해」(1987), 「원효의 기신론관 이해를 둘러싼 문제점 소고」(1990), 「『대승기신론』 사상을 평가하는 원효의 관점」(1991) 등을 발표하였고, 원효 사상의 종합적 이해를 모색하고 있는 고영섭은 「원효의 통일학」(1994), 「원효의 공부론」(1997), 「원효의 장애론」(1999), 「원효의 화엄학」(2000), 「원효의 정토론」(2001) 등을 발표하였다.

이렇게 보면 원효학 연구가 몇몇 학자들에 의해 주도된 70~80년대와 달리 그 지평이 광범위하게 활성화된 것은 1990년대에 들어와서라고 할 수 있다. 새로운 학술지 역시 90년대에 들어와서 급격하게 늘어났고 연구자의 수도 급증했다. 각 대학교에서 원효 관련 석·박사학위논문도 상당 수 양산되었다. 뿐만 아니라 이 시기에는 해외에서도 원효에 관한 관심과 연구가 늘어난 시기라고 할 것이다. 이 글 뒤에 실린 「원효 관련 논저 목록」에 집성된 2001년 현재까지의 연구 성과를 1) 시대 및 형태별(<표 1> 참조), 2) 전공 및 게재지별(<표 2> 참조)로 구분하여 도표로 정리해 보면 다음과 같다.

1) 시대 및 형태별

이 글의 뒤에 덧붙인 「원효 관련 연구물 목록」은 원효를 주제로 한 연구 뿐만 아니라 원효와 관련된 인접 주제의 연구까지 총망라한 것이다. 원효의 위상이나 사유 체계가 워낙 포괄적이어서 그의 삶의 방식이 한 개인의 역사에 한정되지 않기 때문에 '관련'이라는 이름 아래 직간접적인 여러 논구까지 통계에 포함시켰다. 그 때문에 학술적 연구가 아닌 논설까지도 목록에 집성할 수밖에 없었다.

<표 6>

구 분	~50년대	~60년대	~70년대	~80년대	~90년대	2000년~	계
저서	4	4	8	22	8	60	60
편·역서	3	2	14	9	7	2	37
박사학위논문			2	12	11		25
석사학위논문		2	2	25	25		54
일반논문	26	30	80	153	253	24	556
논설	6	9	14	25	39	9	102
계	39	47	120	235	367	41	834

단행본의 경우는『원효학연구』나『원효사상』과 같은 학술지도 독립된 저작으로 집계했다. 또『신라사상연구』,『신라정토사상사연구』,『신라아미타정토사상연구』,『대승기신론사상연구』,『한국불교사상연구』처럼 직접적으로는 원효를 주제 또는 제목으로 하지 않았다 하더라도 그 내용이 대부분 원효에 관한 것이거나 원효를 중심 인물로 전개한 것은 모두 목록의 집계에 포함시켰다.

편서의 경우는『한국불교전서』처럼 원효의 한문 원전을 집성한 것에서 부터 필사영인본, 그리고 해당 시대의 필요에 따라 선집 성격으로 만든 교재 혹은 단행본으로 독립시킨 것 모두를 통계에 포함시켰다. 역서의 경우는 현토본에서부터 역주본까지 논저 목록에 포함시켰다.

학위논문의 경우는 일반논문으로 학술지에 게재된 것이나 단행본으로 출판된 것도 있어 목록에서는 이중으로 집계된 것도 있다. 비록 같은 학위논문이 학술지에 게재되었거나 단행본으로 간행되었다 하더라도 그 성격이 다르기 때문에 중복 집계되었다 해도 무리는 없을 것이다. 일반논문의 경우, 1950년대 이전까지는 학술지가 전혀 없어 월간지, 일간신문(연재분), 팸플릿 등의 인쇄물이 주요 발표 무대였기에 여기에 실린 글들도 통계에 넣었다. 일반논문과 논설은 필자의 신분이나 잡지의 성격, 그리고 글의 양에 따라 구분하였다. 또 일반논문이지만 새로운 학술지나 단행본으로 집성될 때에 다시 실린 경우가 있어 그 숫자가 중복된 것이 간혹 있다. 하지만 이들 중복 논문이라 하더라도 첫째, 해당 잡지나 학술지의 지면을 차지하고 있고, 둘째, 첫 발표 당시와 달리 제목을 바꾸거나 수정 보충한 글도 있어 목록에서는 이것을 따로 구분하지 않고 종합적으로 집계했다. 대개 중복된 양은 원효 관련 논문의 '십분의 일'(60여 편) 내외로 보면 될 것이다.

위의 도표에 의하면 1900년대 초반부터 시작된 원효 연구는 70년 이후 석·박사학위논문이 양산되기 시작하면서 일반논문과 논설 등이 급격하게 증가되었다. 이것은 또 원효 연구자들의 출현으로 인해 원효 관련 연구가 양적으로나 질적으로 크게 발전했음을 의미한다. 특히 80~90년대의 원효 연구는 이전 시대보다 두드러질 정도로 많은 양이 발표되었고, 인접 학문 분야에까지 원효 탐색이 확대되었다.

90년대 이후는 원효 관련 연구소들이 본격적으로 활동을 개시하면서 원효 연구는 불교 연구의 범주를 넘어서서 한국철학사 내지 한국사상사의 영역으로 그 범위를 넓게 된다. 그 결과 원효를 학문적 화두로 택하는 학자군들도 늘고 있다. 아울러 원효 연구 범주는 국내 무대를 넘어서서 국제 무대로까지 확장되었다.

2) 전공 및 게재지별

원효 저술의 성격상 가장 많은 연구 분야는 아무래도 철학과 역사 쪽일 것이다. 최근 늘어나고 있는 분야가 문학과 심리학 쪽이라 할 수 있다.

아래의 도표는 불교 관련 주요 학술지에 발표된 논문과 기타 각 대학교의 연구소나 지방단체의 학술지 등에 실린 것을 집계한 것이다. 여기서는 학술지에 실린 것을 대상으로 하여 분류한 것이므로 주로 학술적 연구가 중심이 된다. 위에서 언급한 대로 실제 논문은 한 편이지만, 그 글이 다양한 학술지에 실렸을 경우에는 중복해서 계산했다.

<표 7>

구분	철학	사학	문학	교육학	심리학	기타	계
저서	28	18	6			8	60
원효학연구	21	3					24
한국불교학	15						15
불교학보	8	1					9
동국사상	5	1					6
불교연구	16	1					17
보조사상	2						2
가산학보		1	1		1		3
백련불교논집	1						1
원효사상	2	4					6
기타	245	95	25	12	30	103	410
계	343	124	32	12	31	111	553

원효 연구가 특화된 것은 90년대 후반부터라고 할 수 있다. 그 때문에 원효 관련 논문 역시 90년대에 들어와서 많은 양이 쏟아져 나왔다. 특히 원효 연구가였던 이기영이 주도한 한국불교연구원의 『불교연구』에 원효 관련 논문이 비교적 많이 실렸다. 그 후 원효학연구원(김영태)의 학술지인 『원효학연구』나 원효연구원(이영무)의 『원효사상』이 창간되면서

원효를 집중적으로 다루기 시작했다. 그 때문에 역사가 짧은 학술지였지만 불교 관련 학술지에 간간이 실린 원효 관련 논문의 수와 크게 대비되었다.

이 집계를 통해서 알 수 있는 것은 원효 전문 학술지를 제외하고는 원효 관련 논문이 불교 관련 학술지에 산발적으로 발표되었다는 사실이다. 그것은 아마도 불교의 교학 분야의 포괄성과 한국불교사에서 불학하는 인물층의 두터움 때문일 것이다. 그 결과 원효라는 인물이 크기는 하지만 그 역시 다른 한국 불학자들과 같은 일인으로 자리할 수밖에 없었을 것으로 보인다. 뿐만 아니라 원효 사상의 포괄성 때문에 정작 원효학에 접근하기는 어려웠을 것이다. 이로 인해 원효를 연구하기 위한 수년간 온축蘊蓄의 요청이 원효에의 접근을 가로막았을 것으로 생각된다.

3. 연구 경향

원효학 연구를 시기별로 구분하면 편의상 네 시기로 잡을 수 있을 것이다. 새로운 글쓰기 방식으로 연구하기 시작한 1900년대 이후의 성과를 중심으로 구분할 때 각 시기별 개성이 드러난다. 그것은 1910년 전후로부터 1960년대까지의 파종기, 1970년대의 맹아기, 1980년대의 성장기, 1990년대의 성숙기로 나누어 볼 수 있다.

첫째, 파종기는 그야말로 원효의 재발견기라 할 수 있다. 사학자 장도빈에 의한 『위인 원효』(1917)의 간행, 춘원 이광수의 소설 『원효대사』(1942)의 탈고, 조소앙의 『신라국원효대사전병서』 작성 등은 전설이나 설화 속에 묻혀 있던 원효를 우리 역사 속에서 재조명한 의미 있는 작업이었다고 할 수 있다. 달리 말하면 이 파종기는 원효의 이해에 대한 계몽기라고 할 수 있다. 그 위에서 원효 저작이 집성되어 유통되기 시작한 것이다. 그러므로 원효 연구는 그의 저작이 단행본으로 간행된 이후부터라고 할 수 있다.

이 시기의 연구는 원효 저작을 확정해 가는 작업과 전 사상을 포괄적으로 파악해 가는 것이 중심 테마였다. 앞에서 언급한 정광진의 「대성화정국사 원효저술일람표」(1918), 김영주의 「제서에 현한 원효 『화엄소』 교의」(1918), 최남선의 「조선불교: 동방문화사상에 있어서의 그 지위」(1928 · 1930), 조명기의 「원효종사의 『십문화쟁론』 연구」(1937. 1)와 「원효의 총화사상 연구」(1960)로 대표된다.

이 시대 연구의 특징은 조선조 이래 문인들에 의해 취집된 원효 저술의 대의문 일부와 각종 설화와 전설로 윤색된 서민 속의 원효에서 이제 저술가이자 사상가로서 원효의 위상을 확립하였다는 데 있다. 비로소 그의 현존 저술이 확정되고, 핵심 사상이라고 일컬어지는 총화 사상 내지 화쟁의 담론이 담긴 『십문화쟁론』 등이 연구되기 시작하였다.

둘째, 파종기에 이은 맹아기는 주로 원효 저술의 재간행이 중심이었다고 할 수 있다. 1949~1950년 동국대 불교사학연구실에서 『원효대사전집』을 펴낸 이래 1973년 불교학동인회의 『원효전집』, 1974년 불교학연구회의 『한국고승집: 신라시대 1』, 1978년 조명기 편집의 『원효대사전집』이 간행되었고,, 1979년 동국대학교 출판부에서 『한국불교전서: 신라시대편 1』이 간행됨으로써 원효 연구를 위한 기초 자료를 확보하였다. 또 대한불교원효종에서 『국역원효성사전서』(6책)를 간행(1987~1988)함으로써 원효 연구의 교두보가 마련되면서 원효 탐색은 본격화되었다.

이 시기의 연구는 이종익의 「원효의 『십문화쟁론』 연구」(1975), 이기영의 「교판 사상에서 본 원효의 위치」(1974), 「경전 인용에 나타난 원효의 독창성」(1975), 고익진의 「원효의 『기신론소 · 별기』를 통해 본 진속원융무애관과 그 성립 이론」(1973), 박성배의 박사학위논문인 「『대승기신론』에 대한 원효의 주석」(미국: 버클리대, 1979), 신옥희의 「원효와 칼 야스퍼스의 믿음에 대한 이해와 한국에서의 크리스찬의 믿음을 위한 그것의 중요성」(스위스: 바젤대, 1979) 등으로 대표된다.

이 시기 연구의 특징은 원효 사상의 얼개가 되는 교판관과 화쟁론, 그리고 기신론의 일심이문설一心二門說이 주요 담론이 되었다. 즉 원효의 4교판 중에서 삼승의 별교, 통교와 달리 보살의 대승윤리를 강조하는 '일승분교一乘分敎'와 보현교로서의 화엄 보살행을 강조하는 '일승만교一乘滿敎'의 구도 속에서 펼쳐 내는가 하면, 『기신론』의 종체문에서 말하는 것처럼 일심이문의 구조가 진속원융무애의 철학이며 오늘 우리의 문제를 깨끗이 해결해 줄 수 있는 가장 완벽한 이론으로 원효 사상의 핵심을 논구하였다.

셋째, 성장기인 80년대는 각 대학교에서 학위논문이 양산되기 시작했고, 원효 연구자들이 출현하였다. 이 시기의 특징은 정부나 지방단체에서도 민족통일과 국론통일을 위해 자발적으로 원효를 조명하기 시작했다는 것이다. 또 석·박사학위논문도 불교를 전문적으로 연구하는 동국대학교에 한정되지 않고 전국의 일반대학원과 특수대학원에서 골고루 원효 관련 학위논문들이 나오기 시작했다는 것이다. 특히 이 시기는 민주화 열기와 통일 열기에 힘입어 국론통일과 민족통일이 주요 담론이 되었으므로 원효가 정치적으로도 크게 조명되었다. 당시 국토통일원의 허문도 장관의 주관하에 『원효연구논총: 그 철학과 인간의 모든 것』이 간행되면서 원효는 국민적인 인물로 주목받게 된다.

이 시기의 연구물은 고익진의 「한국고대불교사상사 연구」(1987), 은정희의 「『기신론소·별기』에 나타난 원효의 일심 사상」(1983), 이평래의 「신라불교 여래장 사상 연구」(일본: 구택대, 1987), 김준형의 「원효의 교판관 연구」(1986), 최유진의 「원효의 화쟁 사상 연구」(1987), 장휘옥의 「신라 정토교의 연구」(일본: 동경대, 1988), 이범홍의 「신라불교 여래장 사상 연구」(일본: 구택대, 1989)

등의 박사학위논문과 원의범의 「『판비량론』의 인명논리적 분석」(1984), 김영태의 「원효의 불성관」(1988) 등으로 대표된다.

이 시기의 특징은 각 대학원의 석·박사학위논문이 급증했다는 점과 중진 원로학자들 역시 원효 연구에 가세함으로써 원효의 여러 저술에 대한 다양한 접근이 이루어졌다는 데 있다. 원효의 정토관, 열반관, 불성관, 진여관, 수행관, 여래장 사상, 화엄 사상, 일심 사상, 화쟁 사상을 다룬 논문들이 대량 발표되었던 것이다. 하지만 이 연구들은 아직까지 신라 사상사 전체를 다루는 종합적인 주제 속에서의 원효에 대한 접근이거나 같은 주제를 다루는 연구가 많았다.

넷째, 성장기의 흐름을 이어받은 성숙기인 90년대는 다양한 관점에서의 연구와 원효 저술의 역주본이 간행되어 원효 연구의 든든한 밑거름이 되었다. 『대승기신론소·별기』와 『금강삼매경론』에 대한 은정희의 역주는 90년대 원효 연구의 한 특징이라 할 수 있다. 동시에 이 시기에는 원효 연구자들이 급증했으며, 평생의 학문적 화두를 원효로 잡은 연구자들도 생겨났다. 한편 정신분석학, 심리학, 교육학, 문학 등에서도 원효의 심식론心識論, 교육론, 문장론 등에 관한 접근이 시도되었다.

이 시기의 연구물은 박태원의 「『대승기신론』 사상에 관한 연구」(1991), 강상원의 「일미관행에 있어서 중도관에 관한 연구」(1994), 김종의의 「원효의 사상체계에 관한 연구」(1992), 이효령의 「원효의 교육 사상에 관한 연구」(1996), 사토 시게키의 「원효에 있어서 화쟁의 논리」(한국: 동국대, 1993), 후지 요시나리의 「원효의 정토 사상 연구」(한국: 동국대, 1995), 남동신의 「원효의 대중교화와 사상체계」(1995) 등의 박사학위논문과 김영태의 「『열반경종요』에 나타난 화회의 세계」(1998), 정영근의 「원효의 사상과 실천의 통일적 이해」(1999) 등으로 대표된다.

이 시기 연구의 특징은 원효 저술에 대한 깊이 있는 연구의 시도라고 할 수 있다. 원효의 대표작인 『기신론별기』와 『기신론소』와의 논리 전개 과정, 『금강삼매경론』에 나타난 화쟁의 논리, 『열반종요』에 보이는 화쟁회통의 의미, 『기신론소』의 이문일심 사상에 대한 밀도 있는 접근이 시도되었다. 그 결과 원효의 궁극적 지향이 무엇이었는지 어느 정도 윤곽이 드러나기 시작하였다.

위에서 언급한 파종기, 맹아기, 성장기, 성숙기 네 시기의 연구 경향을 종합해 보면 다음과 같다. 우선 원효 저술 87종 180여 권 중에서 현존하는 20여 부를 분류해 보면 대체적인 연구 경향도 엿볼 수 있게 된다. 현존 저술은 원효의 사유 체계를 담고 있는 『십문화쟁론』, 『대승육정참회大乘六情懺悔』, 『발심수행장發心修行章』 등의 대자적인 창작적 저술과 유식, 정토, 화엄, 계율, 본업경, 기신론, 아미타경, 미륵경, 열반경, 논리학 계통 등에 대한 즉자적인 주석적 저술이 남아 있다. 원효 연구의 경향 역시 현존하는 이들 저술을 중심으로 전개되었다.

원효 연구의 파종기에서 맹아기에 이르기까지는 주로 원효의 대표적 저술 내지 원효 사상에 대해 종합적으로 접근하는 경향을 보여 왔다. 주요 텍스트로는 『십문화쟁론』, 『대승기신론소』, 『대승기신론별기』, 『금강삼매경론』, 『무량수경종요』 등이 중심이었고, 사상적 접근으로는 일심 사상, 화쟁 사상, 정토 사상 등이 주요 테마였다. 하지만 이 시기의 탐구는 대부분이 산발적인 연구에 머물렀다고 할 수 있다.

이러한 산발적 연구기를 거쳐 80~90년대의 성장기와 성숙기에 들어서면서부터 비로소 원효의 핵심 사상에 대해 집중적으로 연구되기 시작했다. 이 때부터 원효 사상을 일심 사상, 화쟁 사상, 화엄 사상, 일심이문 사상, 이문일심 사상 등으로 기호화하기 시작했다. 그 기호들은 좀더 구체화되어 '일심의 근원으로 돌아가게 함으로써'(歸一心源) '중생들을 풍요롭고 이익되게 한다'(饒益衆生), '둘이 아니면서도 하나를 고수하지 않는다'(無二而不

守一), '백가의 다양한 주장을 화회하여 회통한다'(統衆典之部分, 和百家之異諍), '일심이문 사상'·'이문일심 사상' 등의 구절로 구체화되었다.

각 대학원의 학위논문 주제는 주로 원효의 정토학, 유식학, 중관학, 일심 사상, 화회(화쟁회통) 사상, 화엄 사상, 여래장 사상, 기신론 사상 등에 집중되었다. 이 시기의 원효 연구가들은 원효의 열반론, 불성론, 법화경관, 계율관, 윤리관, 인간관, 평화관, 참회관 등의 주제로 옮겨갔다.

이들은 원효의 대표 사상이라 평가받는『기신론』의 일심이문 혹은 이문일심 사상을 중심으로 하여 수행론, 장애론(障碍論), 심식론, 교판론, 교체론 등을 본격적으로 연구하기 시작했다. 또 서양철학 전공자들은 동서비교철학의 입장에서 원효 사상을 분석했다. 특히 루소, 칸트, 야스퍼스, 화이트헤드, 질 들뢰즈 등의 사유는 원효의 사유와 종종 대비되었다.

1997년 경주 분황사에 원효학연구원이 개원되고 서울에서 원효학회가 발족되면서 원효 연구는 새로운 방향을 모색하고 있었다. 학회지인『원효학연구』를 통해 원효 저술을 집중적으로 분석하기도 하고 통일 문제나 실천 혹은 수행 문제를 집중 탐색하기도 했다. 또 같은 해 동국대학교와 미국의 뉴욕주립대가 국제원효학회를 창설하고 원효 저술을 영역하기 시작하면서 원효는 국제적인 인물로 새롭게 조명 받기 시작했다.

4. 선정 논문

이 책『원효』에 수록된 13편의 논문에 대한 선정 이유는 아래와 같다. 첫째, 가급적 역사적 접근은 제외하고 철학적 접근에 주안점을 두었다. 둘째, 원효 저술의 포괄성에 근거하여 해당 분야의 연구 성과를 골고루 안배하는 형식을 취했다. 셋째, 원효 연구자의 논문을 중심으로 하되 뚜렷한 논지를 지닌 글을 우선적으로 모았다. 서로 대립되는 견해도 있지만 자신의 논지를 일관되게 주장하고 있기 때문에 선정했음을 밝혀 둔다 .

1) 조명기, 「불교의 총화성과 원효의 근본 사상」(1962)[9]

이 논문은 그의 역저 『신라불교의 이념과 역사』(1962)에 실린 글을 기본으로 삼고 『유문집』에 실린 기타 글들을 참고로 하여 재편집한 글을 게재한 것이다. 이 글에서는 한국 불교의 총화성 이론과 총화성의 교리를 언급한 뒤 원효의 저서에 나타난 공통 사상, 교판론, 종지, 한국 불교의 준거, 중흥조와 가치관, 통섭 모책, 행적 실천 등을 밝히고 있다. 불교 교리의 대립성을 극복하는 것이 총화불교 사상이라고 볼 때, 조명기는 총화주의 체계의 기본 개념으로서 총화성을 정립하여 원효의 근본 사상 속에서 총화성을 적출해 내고 있다.

2) 고익진, 「원효의 『기신론소·별기』를 통해 본 진속원융무애관과 그 성립 이론」(1973)[10]

이 논문에서는 원효의 사상을 『기신론소』의 종체문에 나오는 '진속원융 무애眞俗圓融無碍'의 철학이 우리의 실존 문제를 깨끗이 해결해 줄 수 있는 가장 완벽한 이론이라고 주장하고 있다. 즉 이것은 진여문眞如門과 생멸문生滅門이 화합하여 불가사의한 대승의 체를 이루어 '진에서 속으로 나오고, 속에서 다시 진으로 들어가' 진속원융무애하게 행동하는 것이다. 그러면서 화쟁 사상의 바탕에 한결같이 흐르고 있는 철학적 입장이 중관 사상과 유식 사상을 지양하고 있는 『기신론』의 일심이문설에 있다고 보았다.

---

9) 『원효학연구』 3집(원효학연구원, 1999).
10) 『불교학보』 10집(동국대학교 불교문화연구원, 1973).

고익진은 중관 사상과 유식 사상을 지양하는 『기신론』의 여래장 사상에 입각한 진여연기설 위에 원효의 기신론관이 구축되어 있음을 논증한다.

3) 이종익, 「원효의 『십문화쟁론』 연구」(1975)[11]

이 논문은 원효의 일관된 사상을 화쟁和諍(和諍會通)으로 파악하면서 흩어져 있던 해인사 장경각의 단간본 『십문화쟁론』을 복원하여 그 근거를 제시하고 있다. 원효가 사용한 '십문十門'의 유래를 밝히면서 십문이 '열 가지 구체적인 주제'임을 다음과 같이 보여 준다. (1) 삼승일승三乘一乘화쟁문 (2) 공유이집空有異執화쟁문 (3) 불성유무佛性有無화쟁문 (4) 아법이집我法異執화쟁문 (5) 삼성이의三性異義화쟁문 (6) 오성성불의五性成佛義화쟁문 (7) 이장이의二障異義화쟁문 (8) 열반이의涅槃異義화쟁문 (9) 불신이의佛身異義화쟁문 (10) 불성이의佛性異義화쟁문으로 복원한 뒤 각 문의 개요에 대해 논증하고 있다. 이 논문은 선행 연구인 조명기의 「원효종사의 『십문화쟁론』 연구」(1937)와 후행 연구인 최범술의 「『십문화쟁론』 복원을 위한 수집 자료」(1987) 논문과 대비된다.

4) 박성배, 「원효 사상 전개의 문제점」(1979)[12]

이 논문에서는 '개합開合', '입파立破', '동이同異'에 대해 체계적으로 연구한 박종홍 선생의 원효에 대한 이해가 "논리라는 말의 형식적인 기능에 너무 치중한 나머지 왜 개합이 자재인가를 밝히는 내용 해명이 소홀했다"고 평하면서 원효 사상의 논리적 근거인 화쟁의 의미에 대해 논구하고 있다. 박성배는 『대승기신론소』의 첫머리에 나오는 종체장의 결론 부분을 도

---

11) 김지견 편, 『원효성사의 철학세계』(민족사, 1989).
12) 『태암김규영박사화갑기념논문집: 동서철학의 제문제』(서강대학교 철학과동문회, 1979).

시화한 뒤 '개합'은 방법론적인 작업을 의미하고 있고, '종요宗要'는 그 작업을 통해서 나타난 결과의 내용을 가리킨다고 말한다. 그러면서 그는 '개합자재開合自在'와 '입파무애立破無碍'를 실현하기 위한 방법론으로서 '무량무변지의無量無邊之義'와 '이문일심지법二門一心之法'의 관계를 체體와 용用의 관계 속에서 해명하고 있다.

5) 이기영, 「원효의 윤리관」(1984)[13]

이 논문은 원효의 『보살영락본업경소』를 중심으로 하여 원효의 윤리관을 풀어내고 있다. 이기영은 원효에게 있어 왜 이 저술이 중요한지와 그 구성 및 내용이 무엇이었는지를 밝힌 뒤 십바라밀과 십행보살의 윤리적 심행을 해명하고 있다. 원효는 사섭법四攝法을 설명하면서 보시布施를 수순방편隨順方便이라 하고 애어愛語를 능섭방편能攝方便, 이행利行을 영입방편令入方便, 동사同事를 수전방편隨轉方便이라고 하여 보살이 지녀야 할 윤리가 무엇인지를 보여 주고 있다. 원효의 윤리관에 관한 이기영의 여러 글들 중에서 이 글을 선정한 이유는 무엇보다도 원효의 구체적 저술을 중심으로 논증하고 있기 때문이다.

6) 은정희, 「원효의 삼세·아라야식설의 창안」(1987)[14]

원효는 『기신론』의 기본 구조인 일심이문에 의하여 기신론의 성격을 중관中觀·유식唯識의 지양·종합이라고 보고 이것의 구체적 표현으로서 각覺과 불각不覺의 이의二義에 대한 화합식인 아려야식阿黎耶識이 존재한다고 보았다. 원효는 삼세三細를 아려야식위에 둠으로써 아려야식을 화합

13) 김지견 편, 『원효성사의 철학세계』(민족사, 1989).
14) 김지견 편, 같은 책.

식으로 구체화하였으며, 이러한 각과 불각의 이의二義를 가진 아려야식의 성격에 의해 삼세·아려야식을 기점으로 염染과 정淨의 생멸연기가 가능하다고 밝히고 있다.『기신론』의 아려야식이 막연한 잠재심이 아닌 보다 미세한 심, 즉 삼세심으로 구체화되었다면, 삼세·아려야식은 유식가에게 있어서 만법의 근원, 즉 연기의 주체이긴 하나 현상심이 아닌 막연한 잠재심으로 보고 있다.

7) 이평래, 「여래장설과 원효」(1987)[15]

이 논문은 먼저 원효의 여러 저술에서 여래장설을 찾아내 그것이 어떻게 쓰이고 있는지를 살펴본다. 여래장설의 위치를 확인한 뒤, 이평래는『대승기신론』에 대한 원효의 진여관이 진여를 리理 자체로 관찰하고 있을 뿐 연기의 주체로 파악하고 있지 않다고 설명한다. 그는 여래장설이 성립하기까지의 사적 고찰과 그것이 원효에게 지닌 의미를 밝히고 있으며, 또한 여래장설을 통해 원효가 그의 불교 철학을 일관하고 있다고 본다.

8) 최유진, 「원효에 있어서의 화쟁과 언어의 문제」(1987)[16]

이 논문은 원효가 왜 화쟁의 필요성을 강조했는가, 화쟁은 어떤 근거에 의해 가능한가, 어떤 방법을 통해 이루어지고 있는가 등의 문제를 논구한 것이다. 최유진은 화쟁이란 일심一心이라는 근거에 의해서 가능하며, 이 일심은 화쟁의 목적이라고 했다. 화쟁의 방법을 (1) 극단을 떠나는 자세 (2) 긍정과 부정의 자세 (3) 경전 내용에 대한 폭넓은 이해 등으로 살피면서 화쟁과 언어의 문제를 밝히고 있다.

---

15) 김지견 편, 같은 책.
16)『철학논집』제3집(경남대학교 철학과, 1987).

9) 박태원, 「『대승기신론』 사상을 평가하는 원효의 관점」(1991)[17]

이 논문에서는 원효 사상이 중관과 유식을 지양한 여래장 사상에 있는 것이 아니라 사실은 유식 사상의 기반 위에 서 있음을 밝힌다. 먼저 (1)『대 승기신론별기』의 '무소불립無所不立, 무소불파無所不破'라는 구절이 중관 및 유식의 사상적 특징과 관련되어 있는데 비해『대승기신론소』에 추가된 '입파무애'라는 구절은 일심이문과 관련되어 있기 때문에 (2) 만약 어떤 이 유로 인해 원효가『기신론별기』의 구절을 삭제하였을 경우, 제외된『기신 론별기』의 구절을 대체하기 위해 마련된 것이 바로『기신론소』에서 추가 된 구절임을 논증하면서 "『기신론소』를 지을 때 중관·유식의 지양·종합 이라는 방식으로『기신론』의 특징을 부각시키는 것이 기신론 사상의 기본 성격상 적절하지 않다 판단하고 '무소불립 무소불파'의 논리를 '개합자재 입파무애'의 논리로 재구성하여 일심이문의 특징을 드러내는 데 적용시킨 것"으로 파악한다. 아울러 진여문과 생멸문 모두 체體·상相·용用 삼대 가 비정되어 있음을 통해 원효의 지향이『기신론』의 여래장 사상에 있는 것이 아니라 유식 사상 위에 있음을 밝히고 있다. 이 글은 종래의 시각과 변별되는 새로운 시각을 가진 매우 설득력 있는 글이라 할 수 있다.

10) 고영섭, 「원효의 통일학」(1994)[18]

이 논문에서는 원효의 사상적 역정이 일심−화회(和諍會通)−무애로 이 어지는 일련의 기호로 표출됨을 밝히고 있다. 일심은 마음의 통일에 근거 한 따뜻한 마음, 넉넉한 마음, 큰마음, 한 마음이고, 화쟁회통은 조화와 화 해를 통한 일미의 구현이며, 무애는 자유의 실천이자 해탈의 모습이다. 원

---

17) 『석산한종만박사회갑기념논문집: 한국사상사』(원광대학교 출판국, 1991).
18) 불교전기사상연구소 편, 『원효 사상의 현대적 조명』1(불교춘추사, 2000).

효가 모색한 통일학, 즉 보편적 인간 이해 역시 나의 욕망 공간의 확장이 남의 욕망 공간에 대한 장애를 최소화(현실적 인간) 내지 무화(보살적 인간)시키는 인식의 틀인 연기에 대한 사무친 통찰로부터 비롯된 것이라 했다. 아울러 삼한일통을 위해 보여 준 원효의 보살행의 논리적 근거를 깨달음의 역동적인 과정이었던 인식의 전환을 통한 마음의 통일로 제시하고 있다.

11) 김영태, 「『涅槃經宗要』에 보이는 和會의 세계」(1998)[19]

이 논문에서는 흔히 원효의 논법이라고 하는 '화쟁和諍'이 그가 지향했던 '화쟁회통和諍會通'의 반쪽임을 『열반경종요』의 주장을 통해 밝혀내고 있다. 원효의 논법은 회통이 있기 때문에 화쟁이 가능하다고 말한다. 화쟁의 실제를 (1) 경종經宗 이설異說에 대한 조화 (2) 열반涅槃 체성體性의 두 설에 대한 화해 (3) 왕복결택往復決擇 두 설의 개실皆失 구득俱得 (4) 불신佛身 상주常住 무상無常의 이쟁異諍 화해 (5) 불성佛性의 체體에 대한 제설의 옳고 그름 등 다섯 가지의 사례로 묶은 뒤 '회통에 의해 화회의 세계가 이루어짐'을 상세히 밝히고 있다. 이 글에서 논자는 화쟁이란 바른 표현이 아니라 화쟁회통의 반쪽으로 본다. 그러므로 원효의 논법은 '화쟁회통' 혹은 그것의 줄임말인 '화회和會'로 고쳐야 하며, 이것은 사상이 아니라 '논법' 혹는 '논리'임을 역설하고 있다.

12) 정영근, 「원효의 사상과 실천의 통일적 이해」(1999)[20]

이 논문은 원효의 삶과 사상이 지닌 다양성을 꿰뚫고 있는 통일성과 일관성을 밝히기 위해 논구한 글이다. 논자는 종래 원효 사상을 '화쟁 사상',

---

19) 『원효학연구』 제3집(원효학연구원, 1998).
20) 『철학연구』 제47집(철학연구회, 1999).

'일심 사상', '화엄 사상' 등으로 지적해 온 점들의 한계성을 지적하면서 원효의 사유 체계가 『기신론』의 '이문일심二門一心 사상'임을 주장하고 있다. 왜냐하면 원효가 『기신론』의 이문일심 사상을 철저히 자신의 것으로 소화하고 있고, 그것으로 자신의 사상을 일관되게 전개하고 있으며, 그의 삶도 이러한 관점에서 통일적으로 이해할 수 있기 때문이다. 정영근은 "그 포괄적 성격 때문에 다른 불교 사상과 잘 구분되지 않는 '화쟁 사상'과 '일심 사상', 그리고 중국 화엄종 사상과 동일한 것으로 간주될 가능성이 있는 '화엄 사상' 등과 달리 '이문일심 사상'이라고 하면 기존에 내려진 원효 사상의 특징들을 포괄하면서 보다 구체적인 사유의 특징을 드러낼 수 있고, 그냥 일심이라고 할 경우에 사상되어 버릴 수 있는 현실의 차별성에 대한 관심을 나타낼 수 있으며, 이문이라는 서로 다른 것 사이의 화쟁이 어떻게 가능한가의 방법을 명시할 수 있고, 또한 이문이 각각 일심이라는 사유가 중국의 화엄 사상과 어떻게 연관되어 있는지도 드러낼 수 있다"고 주장한다. 이 글은 종래 원효 사상의 정의와 대비되는 글로서 매우 설득력 있게 읽히고 있다.

13) 고영섭, 「원효의 화엄학」(2000)[21]

이 논문은 포괄적 불교사상가인 원효에게 화엄이 어떠한 의미를 지니고 있으며, 그 체계는 어떻게 이루어지고 있는지를 밝히고 있다. 원효는 삼승과 일승을 주축으로 불교사상사의 지향을 설정한 뒤 별교別教와 통교通教, 분교分教와 만교滿教의 사종교판을 통해 보현교로서의 화엄을 최종위에 두고 있다. 논자는 원효가 그의 철학적 화두인 '일심'의 코드를 『대승기신론』과 『금강삼매경』의 담론 속에서 적출한 뒤 정교한 체계 위에서 『화엄

---

21) 『원효학연구』 제5집(원효학연구원, 2000).

경』의 일심으로 종합하고 있음을 논증하고 있다. 그리하여 논자는 원효가 일심의 지형도를 무애와 자재, 일심과 일승, 사교와 사문, 즉입(상즉상입)과 무장애, 광엄과 보법, 광명과 각관 등의 기호를 통해 화엄의 지형도로 그려 가고 있음을 밝혀 내고 있다.

5. 연구 과제

원효 관련 논문은 석·박사학위논문을 포함하여 700여 편에 이른다. 단일 주제로 따지더라도 가장 많은 연구 분야 중의 하나일 것이다. 하지만 종래의 연구 중 많은 부분이 중복된 주제여서 상대적으로 미진한 분야가 다수 남아 있다. 이러한 경향은 연구자 수의 부족과 연구 여건이 활성화되지 못했기 때문인 것으로 보인다.

종래 연구 결과를 놓고 앞으로의 과제와 대비해 볼 때 두드러진 특징은 불교 이해의 핵심인 '마음'에 대한 연구가 너무 부족하다는 점을 들 수 있다. 우선 현존하는 원효의 주요 저술이 안고 있는 그의 심식 이해에 대한 연구가 아직 본격적으로 연구되지 못했다. 이는 대부분 한문 전적이나 일부 산스크리트 문헌 해독에 따른 어려움과 불교 심식론의 난해함 때문이다. 또 장시간의 공력을 들여야 이해가 되는 구사-유식학의 연구도 전제되어 있지 못하기 때문이다.

그러면 원효학의 연구에 있어 앞으로 남은 연구 과제는 어떤 것이 있는 지에 대해서 몇 가지 항목으로 살펴보겠다.

첫째, 현존하는 원효의 전 저술에 대한 치밀한 한글 번역과 주석 작업이 선행되어야 한다. 그 위에서 영역 작업이 이루어져야 정확한 이해를 꾀할 수 있다. 『국역원효성사전서』가 간행되어 많은 도움을 주고는 있지만, 좀

더 정교한 역주본이 나와야만 연구층을 두텁게 할 수 있고 연구를 촉진시킬 수 있다.

둘째, 여러 사상가들의 저술 속에 인용되어 있는 원효의 저술을 집일하여 미비하나마 원효의 저작을 확장하는 일이다. 『원효학연구』의 부록으로 집일된 것(「현전 제서 중의 원효성사 찬술문 鈔存」)과 김상현 교수의 집일본 등이 있지만, 한·중·일 삼국에서 흩어져 인용되고 있는 원효 저술을 뽑아 현존하는 20여 부의 숫자를 좀더 늘리는 작업이 필요하다.

셋째, 원효의 주요 저술에 대한 연구만이 아니라 현존하는 저술 및 집일된 나머지 저술들에 대한 연구도 활성화되어야 한다. 한 사상가의 사유 체계를 추적하기 위해서는 다양한 측면의 접근이 필요하듯 원효가 지은 다수의 저술 속에서 그의 면모를 종합적으로 추적하는 일이 요망된다.

넷째, 원효 사상의 핵심을 무엇으로 잡을 것이냐의 문제이다. 일심, 화쟁회통, 무애, 화엄, 일심이문, 이문일심, 기신론 사상 등의 담론을 모아 통설을 정립하는 일이다. 하나로 모으기는 어렵다 해도 어느 정도 하나의 통설로 세워야 원효 이해의 지평을 넓힐 수 있다.

다섯째, 원효의 논법이 화쟁회통이라면 한국사상사에서 화회의 논법은 어떻게 이어져 왔는지, 그리고 그것이 한국사상사의 독자적인 모습으로서 자리할 수 있는지 등의 사상사적인 모색이 요청된다. 이것은 한국사상사의 정체성과 인식틀을 세우는 작업이기도 하므로 유학과 도학 분야와의 긴밀한 협동이 요청된다.

여섯째, 종래와 같이 불교학 내부나 철학과 역사 분야에서의 연구만이 아니라 인접 학문 분야와의 학제간 혹은 팀 연대를 통한 연구가 필요하다. 특히 문학, 심리학, 정신분석학, 인지과학, 교육학, 미학, 생태환경학 등 여러 분야에서의 접근이 요청된다. 철학의 경우 동양철학 내지 한국철학의 관점에서 원효 사상을 조망해야 하고, 역사의 경우에도 동아시아 역사 속에서 광범위하게 접근해야 한다. 이들 몇 가지 조건 외에도 많은 과제가 산적해 있다. 이를 위해서는 지속적인 관심 속에서 과제 해결을 위한 공동의 대책 마련이 이루어져야 한다.[22]

원효는 한국만의 사상가는 아니다. 그에 관한 연구도 한국인만이 하는 것이 아니다. 이렇게 볼 때 이제는 한국인 원효에 대한 연구도 반드시 한국인만이 잘할 수 있다고 할 수도 없다. 그럼에도 불구하고 이 글 「원효 연구의 어제와 오늘」에서 선정한 논문은 한국인인 국내 학자들의 것에만 한정했다. 그 이유는 원효가 머금고 있는 주체성 내지 자생성에 근거했기 때문이다. 외국인의 신분으로 한국에서 학위를 취득했더라도 이 글에 포함하지 않은 것은 그와 같은 이유 때문이다.

경학이 국학이 되고 국학이 경학이 되는 것은 우리 학문이 지향해야 할 가장 이상적인 길이다. 원효 연구가 불교계의 불학에 머무르지 않고 우리 사회의 보편적인 경학이자 국학이 될 때 원효학은 그 지평을 넓힐 수 있을 것이다. 그러기 위해서는 원효 연구자뿐만 아니라 동양철학, 한국철학을 전공하고 있는 학자들의 의식 전환이 선행되어야만 한다. 그랬을 때 비로소 원효는 불교계의 한 승려가 아니라 한국사상사의 정점에 자리한 철학자로 새롭게 자리매김할 수 있을 것이다.

---

22) 은정희, 「원효의 저술과 사상적 경향」, 『한국불교사의 재조명』(불교시대사, 1994). 그는 이 글에서 보다 현실적인 연구 과제로 여섯 가지를 제시하고 있다. (1) 원효의 작품을 이해하기 위하여 '한문 문장 독해력'이 선행되어야 한다. (2) 인도불교 논리학인 '인명론을 연구'해야 한다. (3) '동양과 서양의 철학 일반'에 대하여 상당한 정도로 연구해야 한다. (4) '불교 교학 전반'에 대하여 상당한 연구가 있어야 한다. (5) 앞의 네 가지를 갖춘 뒤 '끈덕진 자세'로 원효의 작품을 분석 종합하는 공부를 지속해야 한다. (6) '팀을 구성'하여 십 년, 이십 년 이상 '끈기 있게 연구'해야 하며 그러기 위해서 '교계의 총체적인 지원'이 필요하다고 했다. 그러면서 "원효의 어떤 이론, 어떤 생각이 왜, 어떻게 훌륭한지를 구체적으로 표현하는 것만이 우리 오천 년 역사 속에서 가장 뛰어난 사상가 원효를 제대로 알리는 길이 될 것"이라고 역설하고 있다.

6. 마무리

원효는 한국사상사의 정점이다. 700여 편의 논문이 양산되었지만 아직까지 원효를 종합적으로 이해하기에는 뭔가 미진한 느낌이 든다. 이제까지의 연구는 원효라는 봉우리에 오르기 위한 준비기였다고 해야 할 것이다. 준비기에는 많은 노력과 희생이 전제되어야만 한다. 원효 연구의 초창기에 선학들의 치열한 열정과 각고의 헌신이 없었다면 그나마 이만한 연구 축적이 이루어지지 못했을 것이고, 따라서 오늘의 비판도 이루어지지 못할 것이다. 선학들의 오류와 한계는 모두 우리 사회 역량의 미진함 때문임을 인정하고 후학들은 그러한 통찰 위에서 새로운 도약대를 만들어 가야만 할 것이다.

원효 저술에 대한 완전한 번역, 완벽한 연구는 오히려 죽음 그 자체인지도 모른다. 더 이상의 해석의 생명력을 상실했기 때문이다. 오히려 좀 부족하고 모자랐던 것이 차곡차곡 쌓여서 넓어지고 높아지는 것이 좀더 나을지도 모른다. 불완전함이야말로 원효라는 고전이 아직까지 연구되고, 또 읽혀지는 근거이기도 하기 때문이다.

사상가 원효는 오늘도 우리들 곁에서 살아나고 있다. 그의 인간적 매력과 치밀한 사고력, 활달한 문장력은 지금도 여전히 귀감으로 남아 있다. 원효 이후에 아직 원효 만한 사상가를 가지지 못한 오늘, 그는 우리에게 있어 절망이자 동시에 희망이다. 이러한 절망과 희망의 진단 위에서 원효는 되살아나고 원효 이후의 원효도 나올 수 있을 것이다. 그러므로 원효 연구 스펙트럼의 빛은 이제 새롭게 투사되고 발광되어야 할 것이다.

제1부

원효의 일심학

불교의 총화성과 원효의 근본 사상

조 명 기

1. 한국 불교의 총화성

1) 서언

동서양이 합체되고 남북이 접린接隣된 금일에 있어서는 무슨 일이든 세계 전체 조류가 어느 곳으로 향하는지를 모르고는 살아갈 수 없는 형편이다. 특히 사상思想 방면의 시조時潮는 특정한 소수가 작출作出해 낼 수 있는 바도 아니고, 개인이 방지할 수도 없기 때문에 대세에 순응치 아니하면 생명을 유지할 수 없는 것이다. 이 시대성 앞에 생명력 있는 종교인 불교가 소위 현대 불교라고 할 만한 확실한 지도 원리를 아직 수립치 못하고 있음은 심히 유감이다. 필경 사상이 혼돈한 이 때에 불교로 하여금 중대한 관심을 가지게 할 것은 사실이니, 우리 불교도佛敎徒는 등한좌시等閑坐視할 수 없는 바이다. 시대 정신에 촉각한 불교도는 삼천 년 전의 불교 잔해를 사수할 필요는 물론 없고 불교 혁신의 이론적 연구와 실천적 방법을 강구하여 현시대에 적합한 새로운 주견主見을 확립하여야 할 것이다.

적어도 금후수後 대종교大宗敎라고 할 것은 사분오열의 파벌적 종교로는 대중을 향하는 역량이 부족하여 성취하기 어려울 것이며, 또한 사死 문제의 종교 이론보다 생生 문제를 중심으로 하여야 사회의 원동력이 되어 사회적 발전과 기능을 담당할 수 있을 것이다. 현대인의 정세는 석가모니가 바나나 따먹고 다니며 설법하던 그 시대와는 판연히 달라서 사후안락을 꿈꾸는 것보다 생활 경제의 절박함에 당면해 있다. 그러므로 승려 이외의 대중종교는 고답적 관념 유희나 탁상공론보다는 고금을 융합하고 동서를 통일하는 사회 원동력의 종교가 되어야 하고, 허위가 없는 진실한 종교라야 하고, 형식을 떠난 정신의 종교라야 하고, 천하를 포용하는 보편 타당성의 유일 진리의 종교라야 행세할 수 있다. 이것이 이른바 신시대新時代의 불교일 것이다.

그러나 여기서는 생生의 종교, 역力의 종교, 진眞의 종교 등을 논하여 현대 불교를 조성하려 하기보다는 불교의 역사성을 파악하여 한국 불교의 특이성을 논급하고자 하는 바이다. 생각건대 금일 한국 불교는 미증유의 획시기적劃時期的 사업으로 형성된 중앙의 거대한 전각殿閣을 가지고 한국불교중앙기관이라며 이구동음異口同音의 찬탄을 지어내지만, 그 종지宗旨에 대해서는 위원회 혹은 주지회住持會 등에서 이론이 분분하다가 결국은 결정치 못하고 일반적으로 조계종이니 선교양종이니 운운하나 종지에 이르러서는 일언으로 명단明斷하기가 극난極難한 듯하다.

순수한 한국 불교는 원효대사로부터 출발하였고, 그 시대에 창작되었다고 볼 수 있다. 원효(617~686)는 중국 제학자보다도 선진先進하여 불교를 총화하기 위하여 활약하였었다. 원효의 주저인 『십문화쟁론十門和諍論』은 전적으로 불교 총화론總和論이었고, 기타 현존서를 통해 보면 총화론으로 일이관지一以貫之한 감이 명료하다.[1]

2) 총화성의 이론

총화성이란 것은 일시一時의 조직 사상으로 볼 수 있으나 여기서는 정치적·사회적으로 관련된 것은 말할 바 아니고 다만 그 원리를 들어 한국 불교의 통일성과 배대配對하고자 한다. 말하자면 세계 사조의 동향과 한국 불교의 활동이 어떠한 것인가를 보고자 한다.

총화성의 세계상에 있어서는 여하한 사물이라도 격절隔節하여 독립자존獨立自存할 수 없다. 일체의 사물은 총화의 분절分節이니 총화에서 생출生出하여 각자 생활함에도 불구하고 이 총화와 결부해 있는 것이다. 그러므로 '총화성'은 총화주의總和主義 체계의 기본 개념이다.

총화 그것은 실존치 아니한다. 총화라는 것은 일반 개념의 의미이다. 그러니 총화는 분절에서 생생生生하는 것이다. 즉 총화는 분절에서 표현되는 것이나 현실적 실존을 가지는 것은 다만 부분뿐이다. 총화성은 실존하지 않지만 분절에서 표현되고, 분절에서 매개되고, 분절에서 생한다. 그러니 분절 또한 독립적으로 존재하지 않으며 결코 자립할 수 없다. 왜냐하면 분절은 그 개념상 각별히 독립자존할 것이 아니기 때문이다. 총화성 이외에 분절로서 생생할 수 있는 것은 하나도 없다.

기계는 오직 일정한 운전運轉의 내부에 있어서만 운전의 가치가 있다. 만일 운전이 휴지休止되면 기계는 고철의 집적集積에 불과한 것이다. 이것이 곧 총화성의 근본 확신이다. 즉 총화성은 다수 절節의 집적集積에 의하여 되는 것이 아니라 오히려 부분이 총화로부터 총화의 분절로서 되는 것

---

1) 『法華經宗要』에는 一佛乘을 主旨로 하고, 『大慧度經宗要』는 實相無相으로 불교 통일을 하고, 『六情懺悔』에는 一體無二로서 論하고, 『涅槃經宗要』에는 一念實性을 說하고, 『彌勒上生經宗要』에는 法性一如를, 『無量壽經宗要』에는 心體平等을, 『金剛三昧經論』은 同一本覺을, 『大乘起信論疏』에는 一心之原을 『楞伽經宗要』에는 非一非異를, 『本業經疏』에는 一道一果를 설하였다. 이와 같이 용어는 經論에 따라 달리 하였으나 그의 主旨는 彼此의 優劣은 衆生의 根機에 따를 뿐이고, 道는 一味라고 하여 결국은 통일성을 논하였다.

이다. 총화성은 그 본질을 표현하기 위하여 분절 및 통결統結의 범주를 요하고, 분절의 총화성 내용을 표현하기 위하여 완전성의 범주를 요한다. 그러므로 총화는 분절에서 표현되고, 통결에서 분절을 포함함으로써 그 본질을 유지한다고 할 수 있다.

총화는 분절에서 표현된다. 이들 분절은 각각 일정한 총화성 등 형성形成을 소유한다. 절의 다수라 함은 절이 단지 각각 부분 총화밖에 될 수 없다는 규정이다. 그러나 부분 총화는 각각 자신의 통일체로서 독립생활을 소유한다. 부분 총화는 분절에 의하여 단계 구성이 성립되고, 상위相違한 단계는 그 완전성이 도度에 응하여 상위한 등위等位를 소유한다. 각 절은 반드시 전체의 복지福祉에 대한 일임무—任務, 즉 그 독특한 기능이 위임된다.

총화가 분절에서 생한다는 의미는 개설하였거니와, 여기에서 한 가지 부언할 것은 분절한다는 것이 결코 독립한 부분을 병립並立시키는 의미가 아니라는 것이다. 분절이라는 것은 필히 절節이 상호 배합配合되어 있다는 것을 말하는 것이다. 분절이란 병립에 대한 반대 개념이다. 병립집적並立集積은 부분을 가정하나, 그 부분은 그 자신이 이미 자족한 부분이다. 그러나 분절에 있어서는 일체가 총화 관련으로만 이해되어야 한다는 것에 의하여 존재가 의미를 지니게 된다. 그러므로 분절은 존재의 존재론적 규정성이다.

분절이 존재의 절 다수를 가능하게 하면 세계가 부분으로 분열되지 않고 항상 근본 원인에 의하여 통합되는데, 이것은 통결력統結力에 의해서이다. 통결이란 것은 총화이며, 이는 그 절에서 소멸되지 않는다. 그러므로 그 절의 근저에 엄존한다는 정립의 진리를 증명하며, 동시에 분절된 것을 자기 자신 속에 포함하는 방법이 있다. 총화성은 동일성과 변화성의 이중 성질이 있으니 이는 전체성의 현묘한 신비이다.

생각건대 과거에는 세계 사상의 주류가 관념론이냐 유물론이냐 하는 것이 문제였다면, 지금은 총화주의냐 개인주의냐가 쌍지雙肢되었다가 결국은 총화주의가 이론적으로나 실제적으로나 주간主幹되어 있다. 여기에서 우리 불교도 재검토할 필요성을 느끼게 되고, 조세潮勢의 귀착점을 보고자 한다. 불교는 이와 같은 형식적 이론보다 근원적 이론이 더욱 풍부하게 있는 것이다.

3) 불교 총화성의 교리

총화불교 사상이라 함은 불교 교리의 대립성을 극복한 것이다. 인도에서 부파학설部派學說로 벌어진 불교가 중국에 와서 종파가 되었으니, 이 종파의 교의를 각종 각파가 독립성이라고 과장하게 되었던 것이다. 이것은 진리가 목표로 설정된 것이 아니라 이기심과 경쟁심이 근본이 되었음을 알 수 있다. 각각의 일단에 집착하여 만전萬全을 잃어 버리게 되는 것이 교의의 특성이기 때문에, 아집我執적 교의만 방척放擲하면 총화불교는 그 속에 존재할 수 있다. 물론 아집은 불교 진리에서 절대 배척해야 하는 것이다.

현대 학술로서 일보진一步進하여 비판하면 종교에 있어서는 교학적 과장이 능能이 아니라 진실상眞實相을 현현顯하는 것이 임무이다. 종교학은 종교를 철학에서 해방하는 것이며, 종교의 실상학實相學이라는 것은 교의만능의 학술에서 자기 자신으로 돌아오는 것이다. 사리불舍利佛, 목건련目犍連 등의 주지적 불교학자가 대승가大乘家 앞에서 이승二乘이라고 배척받았고, 결국 보살가菩薩家가 종교학적 정형이 되었다. 결코 학술이 주主가 되어서는 안 되고, 수행 불교가 되어야 하기 때문이다. 그러니 총화불교 사상은 아전인수我田引水격의 학술을 버리고 먼저 고석古昔의 종교적 권위를 부흥해야만 된다. 세계의 신흥 민족 사회에서는 그 지도자를 고의로 신神의 자리에 봉하고 있는 것이다.

총화불교 교리라 하는 것은 인간 중심으로서는 안 되고, 말초신경적 이론으로서도 안 된다. 언제든지 본불本佛 중심이라야 하며, 인간은 이 대법해大法海 내에서 자기 희생의 보살행을 행하지 않으면 안 된다. 이것이 대승 교학의 출발점이다. 본불의 절대천계설絶對天啓說은 교권 재흥의 노력이 주主가 된다. 대승 교학에 있어서 권위의 사모와 귀일의 갈앙渴仰은 총화불교 사상의 기초가 된다. 그러니 지말枝末에 주走하지 말고 석가에 귀귀歸하는 것이 이 시대의 신대승新大乘이 되는 길이다. 대석가大釋迦에 귀일하여 신대승을 작출한다 함은 불교도 초월한 이면의 요구를 말함이다. 불타신관佛陀神觀을 철저히 고양할 때에 '불법여대해佛法如大海 동일함미同一鹹味의 절대유일신설絶對唯一神說'에 여합如合하여 최후구극의 진여眞如에 귀일할 것이다. 실로 이것이 석존도 아니고 불타도 아닌 진여실재眞如實在이며 여래여거如來如去이다. 불법佛法은 비운飛雲과 같아 동거서래東去西來에 동일대공同一大空이다.

세계적으로 각 종교는 최고 문화재를 총동원시키고 최고 통제자에게 집귀集歸하고자 한다. 차제此際에 불교도 이기심을 버리고 불교 교학의 전륜성왕적轉輪聖王的 조직에 의하여 신불교의 규범을 구성할 것이 시대의 경종이다. 불교 창립 삼천 년에 전 세계에 연파延播한 불교는 다분히 유사종교화하였다. 진면목眞面目은 망각하고 가면만 고집하고 있다.

『화엄경華嚴經』에 설시設示하는 상즉상입相卽相入의 '일즉일체一卽一切, 일체즉일一切卽一'의 원리와 십현문十玄門의 '일다상용부동문一多相容不同門, 미세상용안립문微細相容安立門, 비밀은현구성문秘密隱顯俱成門'이 가장 적합한 시사이다. 만수萬數의 상즉상입무진相卽相入無盡은 각파의 원래상을 불괴不壞하고, 다수의 잡착雜錯한 섬광이 결국은 대명광大明光이 된다. 만유일여관萬有一如觀을 굳게 인식하는 동시에 진속이제론眞俗二諦論을 이제일여二諦一如의 대관大觀까지 전개하는 것이 정각正覺의 논점이다.

이상과 같이 이론 방면보다 실천적 선정禪定 방면을 보면 더욱 용이하게 총화성을 발견할 수 있다. 선정은 곧 직관이니, 이는 오관五官을 통하는 외적인 것이나 심心을 관觀하는 내적인 것이나 다같이 본성을 직관하여 여실지견如實知見하는 것이다. 서양철학은 이론성에 불과하나 불교철학은 직관성이 특징이다. 직관성은 즉 총화성이니 전 우주를 포용할 수 있다. 또 직관은 순수한 내관內觀이니 추리로 불가능한 것을 다만 직관으로만 할 수 있다. 직관 철학으로 인생을 보면 우승열패도 없고, 적자생존도 없고, 총화공생할 뿐이다. 거기에는 하등의 추리도 없고, 불합리도 없고, 다만 그 본질을 직관할 뿐이기 때문이다.

2. 원효의 근본 사상

1) 각 저서에 나타난 공통 사상

원효의 저서는 어느 것을 막론하고 그 내용이 정연한 조직과 공통된 주지主旨가 있는 것을 볼 수 있다. 만법은 보는 바에 따라서 일一도 되고 이二도 되나 결국은 일一에 섭할 수 있다고 하였다.[2] 원효는 일보진하여 일一의 체體를 설하였다. 칸트에 의하면 물자체物自體는 우리의 주관과 독립된 절대적 실재라고 하나, 원효는 이것을 교묘하게 논하여 본체란 것은 광탕曠蕩하여 절대인 것으로 공평무사하여 진속염정眞俗染淨이 모두 일一에 화회한다고 하였다.[3] 그리고 이 본체에서 화생化生한 삼라만상의 현상계는 하나라도 제거할 수 없고 우열도 없으니 차별 그대로가 불법계라고 하

---

2) 元曉, 『菩薩戒本持犯要記』.
3) 元曉, 『大乘起信論別記』.

였다. 이와 같은 원리로서 통불교적 신종교를 건설하고자 하는 것이 원효의 이상인 듯하다.

화쟁론이 그의 골자라 하나 각 저서를 통해 보면 일관한 주지가 있다. 즉『법화경종요法華經宗要』는 일불승一佛乘으로서 설하고,『대혜도경종요大慧度經宗要』는 실상무상實相無相을 설하고,『대승육정참회법大乘六情懺悔法』은 일체무이一體無二한 것을 설하고,『열반경종요涅槃經宗要』는 열반의 체용體用을 설하여 망언심지忘言尋之하면 불과일념不過一念이라 설하고,『미륵상생경종요彌勒上生經宗要』는 법성일여法性一如를 설하고,『무량수경종요無量壽經宗要』는 심성체평등心性體平等을 설하고,『금강삼매경론金剛三昧經論』은 일체중생동일본각一切衆生同一本覺을 설하고,『기신론소起信論疏』는 일심지원一心之原을 설하고,『능가경요간楞伽經料簡』은 개의성전皆依聖典 유하불실有何不實을 설하고,『아미타경소阿彌陀經疏』는 본래일심本來一心을 설하고,『유심안락도遊心安樂道』는 심성융통心性融通을 설하고,『화엄경소華嚴經疏』는 여래신법계주변如來身法界周遍을 설하고,『해심밀경소解深密經疏』는 동일미同一味를 설하고,『본업경소本業經疏』는 일도일과一道一果를 설하고,『기신론별기起信論別記』는 진속평등眞俗平等을 설한다. 이와 같이 용어는 그 경經과 논論의 성질에 의하여 다르나 전 불교를 화회귀일和會歸一하려는 주지는 주옥을 꿴 것과 같이 명료하다.

2) 교판론

원효의 교판론敎判論은 여러 저서4)에 인용한 것을 보면 일一에는 사제四諦, 연기緣起 등을 삼승별교三乘別敎라 하고, 이二에는 반야와 심밀深密

---

4)『深玄記』권1, 16紙;『玄談』4권, 61紙;『刊定記』제1.

등을 삼승통교三乘通敎라 하고, 삼三에는 『범망경梵網經』, 『영락경瓔珞經』 등을 일승분교一乘分敎라 하고, 사四에는 『화엄경』 등을 일승만교一乘滿敎라고 하는 사교판四敎判을 세웠다. 현수賢首와 혜원慧苑도 이것을 원본으로 하여 교판을 지었으니, 원효의 교학이 동서 전 학계에 얼마나 중요한 것인가를 알 수 있다.

원효의 교판은 최후의 일승만교를 화엄교라고 하였지만, 자종自宗을 제일의第一義라고 하는 보통의 화엄종가華嚴宗家와는 다른 것이다. 오悟하면 일체불교가 다 상상품上上品이고 미迷하면 일체불교가 다 하하품下下品이라 하여 때로는 소승이 대승보다 승勝할 수 있다고 하였으니, 이 사교판은 경전 발달의 분류일 뿐이지 『화엄경』을 특별히 숭봉崇奉하기 위한 것이 아니다. 왜냐하면 각 경론을 중생근기衆生根機에 맞으면 다 옳다고 하여 항상 무쟁無諍 화쟁을 주안으로 하니, 구경究竟의 교판을 씌운다면 통일불교 화쟁이라고 할 수 있다.

3) 종지

원효의 교학을 해동종海東宗, 중도종中道宗(非八不中道 和合之意), 법성종法性宗, 분황종芬皇宗 또는 화엄종華嚴宗이라 한다지만, 결코 원효의 사상은 일종일파一宗一派에 편벽된 것은 아니다. 원효의 사상을 측면에서 보면 화엄일승원교華嚴一乘圓敎와도 같은 점이 있는데, 당시에 화엄학이 대흥함에 원효의 화엄 사상이 선구先驅가 되어 현수의 화엄종 대성에 막대한 영향을 주었으니, 당唐의 화엄종은 실로 신라의 힘에 의하여 성취된 것이기 때문에 그 쪽에서 해동종이라고 존숭하였다. 그리고 원효도 화엄교학을 불교 중의 하나로 완미翫味 안 한 바도 아니고 그 철리哲理를 응용 안 한 바도 아니다. 그러나 원효는 결코 화엄 일파에만 치우친 적은 없다. 전장에서도 말한 바와 같이 통불교를 조직하여 종교적으로 통일화회統一和會하고자 하는 것이 종지宗旨라고 할 수 있다. 이것은 삼론종三論宗과도 비슷하고 선종禪宗과도 상사相似하나 결국은 독특한 원효의 총화 사상이라고 볼 수 있다.

4) 한국 불교의 준거

원효의 사상은 이와 같이 만법귀일萬法歸一의 대승적 견지에서 착잡한 사상을 화회하고 번잡한 사회를 이상화하여 화택火宅의 중생을 구제하고자 하는 종교이다. 투쟁이 있는 곳은 지옥이고, 평화가 있는 곳은 극락이다. 투쟁은 착잡에서 일어나는 것이고, 평화는 정리에서 오는 것이다. 정리는 통화統和이며 순일純一이니 이것이 원효대사의 근본 사상이다.

이 사상이 축軸이 되고 각 종파의 불교가 폭輻이 되어 일천 수백 년 동안 반도 강산에 전륜하고 금일까지 여광을 인방隣邦에까지 비쳤다. 이후에 한국 불교는 오교구산五教九山, 또는 오교양종五教兩宗이라 칭해지다가 다시 선교양종이 되어 선과 교, 즉 전 불교가 합하여 일종一宗이 되었으니, 원효 사상에서 보면 그 또한 결코 우연한 것은 아니다.

중국은 선승禪僧이던 종밀대사宗密大師가 화엄을 연구하여 선교융회禪教融會를 주창하였으나 종파는 되지 못하였고, 대개 선과 교는 서로 용납하지 못하였다. 그러나 한국불교사상의 원효 사상은 완전히 통화불교統和佛教를 조직하였다. 이것은 일조일석一朝一夕에 실현되는 것보다 차라리 미래의 희망과 이상에 있을 것이니, 한국 불교의 발전을 약속하는 것이다. 그런데 현재 우리 불교의 종조宗祖를 태고화상太古和尙이니 보조국사普照國師니 하는 것은 법계를 중요시하는 선종의 법규이며, 또 국내 사상은 산종散宗이라고 하여 배척하는 숭외사상崇外思想에 눈 어두운 것이다. 그러므로 한국 불교는 먼저 교리사敎理史를 정확히 하여 종조宗祖와 종지宗旨를 밝힐 필요가 있다.

5) 중흥조와 측면관

현재 우리 불교가 선과 교 기타를 겸수兼修하고 통불교를 실행하고 있으면서 타국의 조류에 따라서 종지를 찾으면 선종이라 하는 것은 중흥조사中興祖師 태고보우太古普愚(1301~1382)를 모심으로부터인데, 한편으로는 임제종臨濟宗이라고도 한다. 태고는 고려 충목왕 2년(1346)에 입원入元하여 호주湖州 하무산霞霧山에서 임제종 제18전 석옥청공石屋淸珙(1272~1352)에게 법을 받고 온 것이 사실이다. 그러나 태고의 전기에 의하면, 입원하기 전에 본국에서 수학하여 조계종 선禪을 대성하고 일시一時의 여행으로 석옥선사와 소증所證을 담합하여 인가를 얻은 경력을 가졌을 뿐이다. 이것을 한국 불교 전체에서 보면 일측면에 지나지 않으나 침체되어 있던 당시 종교계의 기분 전환에는 효력이 있었기 때문에 종조 문제까지 생겨난 듯하다.

또 하나 문제되는 것은 외국에서 받아 온 임제종이 정통인지 본국에서 수업한 조계종이 정통인지에 대한 것인데, 이것 또한 모두 측면에서 보는 문제이니 결국 종縱으로 보면 원효 사상이 골자가 되고, 다른 모든 불교가 보조적으로 혈맥과 골육이 되어 금일까지 생장生長해 온 것이다. 그리고 지말적枝末的으로 본다면 중흥적 기분을 일으킨 것도 가可하고, 조계종에 다시 임제종을 가하여도 충분히 수용하여 포용할 수 있다. 조계종이라 하여도 순전한 조계종이 아니고 임제종 역시 순전한 것이 아니니, 결국 이것은 특징 있는 한국 불교의 하나라고 볼 수 있다. 그러므로 태고보우는 법맥상의 종조라기보다도 측면적인 공로자라고 할 수 있다.

6) 통섭 모책

선과 교를 통합하는 사상은 신라 시대부터 실행되었다. 즉 경애왕 원년 (924)에 황룡사에서 백좌百座를 설하고 승려 삼백여 명이 집합하여 선교를 통설한 일이 있다.5) 당시 불교 각파가 투각鬪角을 하고 있을 때에 각종 대표 수백 명씩이 궁宮 혹은 황룡사에 모여서 각자의 교리를 설하고 듣고 하는 것은 주목할 만한 것이었다.

고려 태조 때에는 선교의 사원을 창립하였고, 공민왕 4년(1355)에는 보우 대사를 왕사에 봉하고 선교를 통일하는 원융부圓融府를 설립하여 관속官屬을 두어 전 불교를 융화할 목적으로 집정한 일이 있었다.

이조 시대에 와서는 효종(1650~1659) 때에 지리산 화엄사를 선교양종의 대가람으로 정하고, 전국 사찰을 통치하였다. 이와 같이 하여 종파색이 없어지는 동시에 한 사원 내에 있어서도 각자가 자의대로 간경看經, 참선參禪, 염불念佛, 밀행密行 등 무엇 하나 조금도 반목함이 없을 뿐 아니라 서로 화합하는 것이 한국 불교의 특색인 동시에 원효 사상의 유통이라고 볼 수 있다.

교리적으로 보더라도 원효 이후 신라 시대의 경흥·태현 등과 고려 시대의 의천·보조, 이조의 청허·사명 등은 모두 선과 교를 흥興하고 통불교적 교리를 연구하여 발전시켰으며, 선시불심禪是佛心 교시불어敎是佛語라 하여 통화적統和的으로 실천하였다.

7) 행적 실천

원효는 삼국 말에 사상이 혼탁하고, 종교가 사회 인류를 위하기보다 종

---

5) 一然, 『三國遺事』, 「紀異」 2, '景哀王條'.

교 자신을 위하여 아전인수격으로 투쟁을 일삼는 것으로 보고 탈연奪然히 일어나 이 폐해를 일소一掃하고자 대원을 발하였다.

불교의 진의를 가령 고苦, 공空, 무상無常, 무아無我라 하여도 반드시 '행行'이 병립하지 않으면 안 되는 것이다. 이 행이 있어서 비로소 불교가 되는 것이니, 만일 행이 없으면 철학이 되어 불교의 진생명은 없어지고 만다. 원효는 바로 행을 중심으로 하는 신종교新宗敎 운동을 일으킨 것이다. 이것은 석가재세釋迦在世 시대의 근본 불교는 물론 선교禪敎를 미분한 원만한 불교이니 원효도 이와 같이 선교를 융회融會하여 본면목本面目의 종교를 실행하려고 한 것이다. 이 점은 당나라의 가상길장嘉詳吉藏의 학적 융회와도 다르고, 종밀宗密의 그것과도 다른 원효의 독특한 행적 융회라고 할 수 있다.

또한 원효가 퇴속파계退俗破戒한 것도 불교의 참된 행을 철저히 하고자 한 까닭이라고 볼 수 있다. 현재 불교는 세계적으로 당당한 종교이며, 완전한 체계를 가진 학술의 대상이면서도 학學으로 성립되지 못하고 있다. 일반 학자가 불교학을 인정하지 못하는 것은 불교를 떠나지 못하고 불교의 분위기 속에 몰입되어 정저와井底蛙적으로 신앙 겸 연구를 하는 까닭이다. 신앙과 학문은 구별할 필요가 있으며, 또 과학적 비판 연구가 진행되어야 한다. 그렇게 하기 위해 가장 먼저 역사철학을 연구하고, 다음에 불교 교학의 연구 태도를 정해야 될 것이다. 그러므로 학자라는 사람들이 백척간두에 진일보하여 불교로부터 출리出離하여 연구하지 않는다면 전체적 진상을 파악하기 어렵다. 행에 있어서도 이와 같으니 불교의 종교적 행을 하려면 먼저 사원을 여의고 승려를 여의어서 제삼자적 불교를 행하는 것이 참된 길이 아닌가 한다.

원효의『기신론소 · 별기』를 통해 본
진속원융무애관과 그 성립 이론

고 익 진

1. 서론

불교는 세간적 속俗보다는 출세간적 진眞에 종교적 가치를 인정한다고 생각되므로 불교의 종교적 이념은 세속적인 국가 이념에 배치되지 않느냐 하는 문제가 일어난다. 일찍이 불법佛法과 왕법王法과의 관계가 문제되고, 불교의 국가관이 오늘에도 논의됨은 이 때문이다. 따라서 불교의 종교적 가치 체계 속에서 어떻게 하면 속俗도 진眞에 못지 않은 가치와 의의를 회복할 수 있느냐 하는 것이 불교 사상가들 사이에서 연구되고 있고, 그럴 듯한 해석들이 시도되어 왔다. 그리고 이런 학해學解는 대부분 대승불교의 제일의제第一義諦에 바탕을 두고 있는 것 같다.

원효(617~686)의 『기신론소起信論疏』[1])에 인용된 『대품반야경大品般若

---

   1) 이 논문이 依用하는 원효의『起信論疏 · 別記』는 이기영,『元曉思想』부록 原文의『大乘起信論疏記會本』이므로 페이지는 그곳의 페이지를 가리킴.

經』에 의하면, "지혜로써 일체의 결사結使를 끊고 무여열반無餘涅槃에 든다는 것은 세속법世俗法이지 제일의第一義가 아니다. 왜냐하면 공空에는 멸滅하는 것도 없고 멸하게 하는 것도 없어 제법諸法은 필경 공空이니 이것이 곧 열반涅槃이기 때문이다"[2]라고 한다. 다시 말하면 진속眞俗을 분별하여 진眞에 종교적 가치를 인정하는 따위는 속제俗諦이지 제일의제가 아니라는 것이다. 이렇게 되면 진속 문제는 제일의제의 '진속불이眞俗不二'·'진속평등眞俗平等'에 의하여 무난히 해결되는 듯하다.

불법과 왕법과의 교섭 과정 속에서 중국 진晉·양梁대에 찬집된 것으로 생각되는[3] 『인왕호국반야경仁王護國般若經』 제4 「이제품二諦品」에, "於解常自一, 通達此無二, 眞入第一義"[4]라고 한 것도 제일의제의 입장에서 진속 문제에 답한 것으로 볼 수 있다. 용수龍樹의 진속이제설眞俗二諦說(『中論』 「觀四諦品」)을 비롯하여 길장吉藏의 삼중이제설三重二諦說(『二諦義』), 천태天台의 칠종이제설七種二諦說(『法華玄義』 2下), 규기窺基의 사중이제설四重二諦說(『法苑義林章』 권2), 일본 정토진종淨土眞宗의 '불법진제佛法眞諦 왕법속제王法俗諦'의 이제설(『末法燈明記』) 등과 같이[5] 진속이제가 성성하게 논의된 것도 그 저변에는 진속 문제를 해결하려는 노력이 깔려 있지 않았을까 싶다.

그러나 제일의제에 의한 이러한 해석이 진속 문제를 정당하게 해결한 것인가 자못 의심스럽다. 제일의제의 진속불이·진속평등은 진과 속을 평등한 것으로 보고 있음에 틀림없지만, 이것은 속은 말할 것도 없고 진까지 집착하지 말라는 뜻으로서 진과 속을 다같이 버리는 방향인 것이다. 다

2) 元曉, 『大乘起信論疏』, 51쪽.
3) 望月信亨, 『佛教經典成立史論』 後, 9章 1節. 『仁王經』의 찬집은 정확하게는 羅什 이후 梁 武帝 이전으로 생각된다.
4) 『大正新修大藏經』 권8, 829쪽 上.
5) 西義雄, 「眞俗二諦說의 構造」, 宮本正尊 編, 『佛敎의 根本眞理』 1編 4章.

시 말하면 진속을 함께 떠나가는 대승적 출세간出世間이라고 함이 옳다. 따라서 단순히 이것만으로는 진정한 의미에서의 현실 긍정이라고는 할 수 없을 것이다. 그런데 원효의 『기신론소』에는

今此論者, 依楞伽經, 爲治眞俗別體之執. 就其無明所動義門, 故說不生不滅與生滅, 和合不異.[6]

라는 주목할 만한 대목이 있다. 『유가론瑜伽論』 등에 설해 있는 아려야식阿黎耶識은 '일향생멸一向生滅의 이숙식異熟識'이다. 그런데 『기신론』에서는 그것을 '불생불멸不生不滅과 생멸生滅이 화합和合하여 비일비이非一非異'한 것으로 설하고 있다. 그 까닭은 무엇일까? 위의 글은 이에 대한 원효의 답변인데, 원효는 그 이유를 '진속별체眞俗別體의 집執을 다스리기 위한 것'이라고 풀이하고 있는 것이다.

『기신론起信論』에는 진여문眞如門과 생멸문生滅門의 이문二門이 설해 있는데, 아려야식은 이 중에서 생멸문에 속한다. 따라서 아려야식에 대한 원효의 위 견해는 『기신론』 전체에 대한 원효의 견해라고 할 수 없을지 모른다. 그러나 『기신론』의 일심이문一心二門 체계에서 진여·생멸 이문은 "今論所述楞伽經等, 通以二門, 爲其宗體"[7]라는 원효의 말이 아니더라도 서로 떨어질 수 없는 관계에 있을 뿐만 아니라 『기신론』 사상이 여래장연기설如來藏緣起說·진여연기설眞如緣起說이라고 평하고 있는 바와 같이 생멸문에 중점을 두고 있다. 아려야식은 이렇게 큰 비중을 차지하고 있는 생멸문 속에서도 가장 중요한 중추적 위치를 차지하고 있는 부분이다. 아려야식에 대한 원효의 견해는 『기신론』 전체에 대한 견해라고는 할 수 없어도 『기신론』에 대한 그의 견해 중에서 가장 핵심적인 부분이라고 말할 수 있을 것이다.

---

6) 元曉, 『大乘起信論別記』, 28쪽.
7) 元曉, 같은 책, 21쪽.

그런데 그 아려야식의 독특한 화합 구조에 대해서 그것을 '진속별체眞俗別體의 집집執을 다스리기 위한 것'으로 풀이하고 있다는 것은, 원효가 진속 문제를 중심으로 『기신론』을 보고 있지 않은가 하는 생각이 든다. 『기신론』과 이에 대한 원효의 『기신론소』와 『기신론별기』를 자세히 고찰해 볼 때, 우리는 진속 문제가 실로 놀라운 착상을 통해 해결되고 있음을 알 수 있다. 특히 원효의 『기신론소』 종체문宗體文은 그의 『기신론』 연구의 총결이라고 할 수 있는데, 거기에는 진여·생멸 이문이 화합된 불가사의한 대승大乘의 체體가 진에서 속으로, 속에서 진으로 원융무애圓融無碍하게 생동하고 있음을 본다. 나는 이 원숙한 종교적 경지를 '진속원융무애眞俗圓融無碍'라고 부르고 싶다.

그러나 원효의 '진속원융무애관'은 현재 충분한 이해를 받지 못하고 있는 것 같다. 이에 이르는 이론적 과정에 대해서는 더욱 더 그러하다. 대개의 경우는 원효의 진속관眞俗觀을 위에서 말했던 제일의제(眞如門)적 진속불이·진속평등과 별 차이가 없는 것으로 속단하거나, 또는 좀더 깊이 생각하는 사람이라면 아려야화합식阿黎耶和合識의 '심체무이心體無二'[8]와 동일한 것으로 생각하는 정도이다. 그러나 원효의 진속원융무애는 그렇게 진여문이나 생멸문의 어느 일문一門에 의한 소위 '일상호문一相狐門'적인 진속불이는 아니다. 그것은 진여·생멸 이문을 화합하여 '제일의제第一義諦'(眞如門)적 진속관의 결함을 이론적으로 완전히 해결해 놓은 것이다.

이 논문은 『기신론』과 이에 대한 원효의 『기신론소』·『기신론별기起信論別記』를 중심으로 원효의 '진속원융무애' 철학을 밝혀 보려는 것이다.[9]

---

8) 元曉, 같은 책, 27쪽, "不生不滅心與生滅心, 心體無二."
9) 원효의 眞俗圓融無碍의 佛教觀에 대해서는 「新羅三國 統一 當時 僧侶들의 國家的 寄與」(『동국대학교논문집』 12집)에서 논급한 일이 있지만, 그 논문의 성격상 그 곳에서는 자세한 論述이 불가능했고, 또 미숙한 점이 있다고 느껴져 여기에서 詳論하려는 것이다.

특히 원효의 『기신론소』 종체문의 원숙한 종교적 경지와 이에 이르는 이론적 과정에 중점을 두고자 한다.

2. 이문의 대립

대승불교에는 두 가지 사상 계통이 있으니, 하나는 『반야경般若經』을 바탕으로 용수·제바提婆 등에 의하여 형성된 중관中觀 사상이고, 다른 하나는 『해심밀경解深密經』을 바탕으로 미륵彌勒·무착無着·세친世親 등에 의하여 형성된 유식唯識 사상이다. 이 두 사상 계통은 일찍이 인도에서 '청변淸辨과 호법護法의 공유空有 다툼'이 있었다고 말하는 바와 같이 날카롭게 대립하고 있으니, 그들이 그렇게 대립할 수밖에 없는 데에는 그들의 교리에 그럴 수밖에 없는 본질적인 차이가 있기 때문이다.

원효는 중관·유식 두 사상의 대립과 그러한 대립을 일으키고 있는 본질적인 교리차가 무엇인가에 대해서 잘 알고 있다.

> 如中觀論十二門論等, 徧破諸執, 亦破於破, 而不還許能破所破, 是謂往而不徧論也.
> 其瑜伽論攝大乘等, 通立深淺判於法門, 而不融遣自所立法, 是謂與而不奪論也.[10]

즉 이 말은 중관 계통은 망집妄執을 파破하는 길에 들어서니 긍정할 길이 끊긴 것이고, 유식 계통은 세우는 길에 들어서니 부정할 길이 끊긴 것이라는 것이다. 원효의 이 견해는 참으로 적절한 평이라고 할 것이다. 그리하여 『기신론』이야말로 이 둘의 결함을 지양止揚하여 파하지 않음이 없고 세우지 않음이 없어 '군쟁群諍의 평주評主'라고 절찬하고 있다.

---

10) 元曉, 『大乘起信論別記』, 4쪽.

今此論者, 旣智旣仁, 亦玄亦博. 無不立而自遣, 無不破而還許. 而還許者, 顯彼往者, 往極而徧立. 而自遣者, 明此與者, 窮與而奪. 是謂諸論之祖宗, 群諍之評主也.[11]

중관·유식의 두 철학 체계는 이런 본질적인 차이로 말미암아 그들의 교리상에 여러 가지 대립적 차별 현상을 나타내고 있다.『기신론』은 이 두 철학 체계를 '진여문'과 '생멸문'으로 각각 부르고 있는데, 이 이문이 갖는 그러한 교리상의 대립적 차별 현상 속에서 가장 특징적인 것을 원효의『기신론소·별기』를 통해 찾아보면 대개 다음과 같다.

1) 본령의 차이

모든 법法은 본체적인 면과 현상적인 면의 이면二面을 가졌다고 할 수 있는데, 본체적인 면은 주로 '체體'나 '리理'라는 말로 부르고 현상적인 면은 '상相'이나 '사事'라는 말로 부른다. 진여문은 이 중에서 본체적인 체體나 리理의 영역에 속하고, 생멸문은 현상적인 상相이나 사事의 면에 속한다는 뜻을 원효는 다음에서 명백히 하고 있다.

『기신론』은 제4절에 가서 논하겠지만, 진여·생멸 이문으로 하여금 각각 리理·사事 일체법一切法을 포섭하게 하므로 진여문에 대한 입의분立義分의 설에서도 마땅히 사상事相을 제시해야 할 것이다. 그런데 "是心眞如相, 卽示摩訶衍體故"[12]라고 하는 바와 같이 단순히 '체體'(理)만을 제시하고 있다. 이 까닭은 무엇일까?[13] 이에 대해서 원효는,

眞如門中, 亦應示於事相. 略故不說耳.[14]

---

11) 元曉, 같은 책, 같은 곳.
12) 馬鳴, 『大乘起信論』, 16쪽.
13) 元曉, 『大乘起信論別記』, 20쪽, "若此一門各攝理事, 何故眞如門中, 但示摩訶衍體. 生滅門中, 通示自體相用."

라고 답하고 있다. 여기에서 '사상事相은 약략略해서 설하지 않는다'라는 것은 그만큼 '사상事相'은 진여문에서 비중이 적다는 것을 나타낸다. 바꿔 말하면, 원효는 진여문의 중점은 리리理·사사事 중에서 '리리理'에 있음을 나타내고 있는 것이다.

『기신론』은 또 입의분에서 체체體·상상相·용용用 삼대三大를 설하고 있는데, 체대體大는 입의분의 "是心眞如相, 卽示摩訶衍體故"(眞如門)에 의한 것이고, 상상相·용용用 이대二大는 "是心生滅因緣相, 能示摩訶衍自體相用故"(生滅門)에 의한 것이다. 그렇다면 생멸문에는 상相·용用 이외에 '자체自體'라는 것도 포함되어 있으므로 그 '자체'에 대한 대의를 설해야 할 것이다. 그런데 왜 설하지 않는 것일까? 이에 대해서 원효는,

生滅門內, 亦有自體. 但以**體從相**, 故不別說也.[15]

라고 풀이하고 있다. 생멸문에도 '자체'라는 것이 있지만 '체體는 상相에 종종從하므로' 설하지 않는다는 것이다. 원효의 이 풀이는 생멸문에서는 리리理·사사事 이법二法 가운데 '사사事(相)'가 주라는 뜻을 명백히 나타내고 있다고 할 것이다. 왜냐하면 체體·상相 가운데 주主가 되는 것은 체體요, 상相은 그 종종從이라는 것이 일반적인 견해인데, 여기(生滅門)에서는 그 반대로 되어 있기 때문이다.

진여문은 리리理를 본령으로 하고, 생멸문은 사사事를 본령으로 한다는 원효의 견해는 다음과 같은 문장에서는 결정적인 형태로 나타난다.

設使二門, 雖無別體, **二門相乖不相通**者, 則應眞如門中, **攝理**而不攝事, 生滅門中**攝事**而不攝理.[16]

---

14) 元曉, 같은 책, 20쪽.
15) 元曉, 『大乘起信論疏』, 18쪽.

즉 진여·생멸 이문이 대립(相乖不相通)되는 입장에서 진여문은 마땅히 리理만 포섭하고 사事를 포섭하지 않으며, 생멸문은 사事만을 포섭하고 리理는 포섭하지 않는다는 것이다.

2) 통상과 별상

제법의 실상實相에는 유무有無·일이一異·염정染淨·동정動靜·각불각覺不覺과 같은 일체의 차별이 있을 수가 없다. 그러므로 진여문을 '불이법문不二法門'이라고도 한다. 이와 반대로 제법의 연기緣起에는 그러한 차별들이 없을 수가 없다. 따라서 '차별差別'의 유무有無는 진여문과 생멸문이 갖는 또 하나의 중요한 대립적 요소라고 해야 한다. 원효는 진여문의 그러한 '불이不二'의 성질을 '통상通相'이라고 부르고, 생멸문의 '차별성差別性'을 '별상別相'이라고 부르고 있다. 이것을 다음과 같은 말에서 확인할 수가 있다.

眞如門者, **染淨通相**. 通相之外, 無別染淨. 故得總攝染淨諸法. 生滅門者, **別顯染淨**, 染淨之法無所不該. 故亦總攝一切諸法.[17]

3) 생의生義의 유무

진여문과 생멸문이 갖는 세 번째 중요한 대립적 차이는 '생의生義'의 유무有無라고 할 수 있다. '생의'라는 것은 염染·정淨 일체법을 생생할 수 있는 능력을 가리키는데, 이것이 생멸문에는 있지만 진여문에는 없다는 뜻을 원효는 명백히 하고 있는 것이다. 즉 『기신론』은 생멸문의 아려야식에

---

16) 元曉, 『大乘起信論別記』, 20쪽.
17) 元曉, 『大乘起信論疏』, 19쪽.

대해서 "此識有二種義, 能攝一切法, **生一切法**"18)이라고 설하고 있는데, 원효는 이 중에서 '생일체법生一切法'을 주석하는 가운데

以眞如門無能生義故. 今於此識亦說生義, 生滅門中有能生義故.19)

라고 말함으로써 그러한 뜻을 나타내고 있다. 『기신론』의 '훈습의熏習義'를 주석하는 가운데서도

然此門中生滅門內, 性淨本覺說明眞如, 故有熏義. 非謂眞如門中眞如, **以其眞如門中不說能生義**.20)

라고 하여 같은 뜻을 나타내고 있다.

따라서 '공공空空'이라는 술어에 대해서도 진여·생멸 이문은 서로 뜻을 달리한다. 즉 진여문에는, 유有의 법성法性이 공空하고 이 공도 또한 공하여 유와 공을 다같이 얻을 수 없는 것을 '공공'이라고 한다.21) 그러나 생멸문에서의 '공공'은,

如有無有性, 故得爲空, 是名曰空. 如是空無空性, 故得作有, 是名空空. 如是空空在生滅門.22)

라고 하는 바와 같이, 공을 다시 공해 버리니 '유'가 되는 그러한 '생의'(作)적 공인 것이다.

---

18) 馬鳴, 『大乘起信論』, 30쪽.
19) 元曉, 『大乘起信論疏』, 30쪽.
20) 元曉, 같은 책, 70쪽.
21) 元曉, 『大乘起信論別記』, 21쪽.
22) 元曉, 같은 책, 같은 곳.

4) 술어의 상위

진여문과 생멸문은 이와 같이 성격을 달리하므로, 사용하는 술어 또한 차이가 있어 원효는 이에 대해서 다음과 같은 예를 들고 있다.

먼저 제법의 현상적인 사사事事를 나타내는 술어에 있어서 진여문은 그것을 '분별성分別性'이라고 하고, 생멸문에서는 '의타성依他性'이라고 한다.

隨門分別亦有不同, 何者. 眞如門中所攝事法, 是**分別性**, 以說諸法不滅本來寂精, 但依妄念而有差別故. 心生滅門所說事法, 是**依他性**, 以說諸法因緣和合生滅故.[23]

그리고 제법의 본체적인 리理理를 나타내는 술어에 있어서 진여문은『대품반야경』등의 여러『반야경』에서 보는 바와 같이 '진여眞如' '실제實際'와 같은 말을 쓰고, 생멸문은『열반경涅槃經』·『화엄경華嚴經』등에서 보는 바와 같이 '불성佛性' '본각本覺'과 같은 말을 쓰고 있다.

眞如門中所說理者…… 於此門中, 假立**眞如實際**等名, 如大品等, 諸般若經所說. 生滅門中內所攝理者…… 於此門中, 假立**佛性本覺**等名, 如涅槃華嚴經等所說.[24]

이상 네 가지 점은『기신론』의 진여문과 생멸문이 갖는 대립적 차별 현상 속에서 가장 특징적인 것을 원효의『기신론소·별기』를 통해 찾아본 것이라고 할 수 있다. 진여·생멸 이문이 대립하여 서로 융통할 수 없는 것은 이러한 대립적 요소가 그들 사이를 가로막고 있기 때문이다.

---

23) 元曉, 같은 책, 20쪽.
24) 元曉, 같은 책, 21쪽.

3. 이문은 일심법에 의지함

소승과 대승은 '법法'에 대한 견해에 현격한 차이가 있다. 원효는 그것을 이렇게 보고 있다. 즉 소승에서는 일체법이 각각 자체自體를 가졌다고 설하지만,[25] 대승에서는 일체법이 별체別體가 없고 오직 마음 하나(一心)를 갖고 자체를 삼는다는 것이다.

大乘中一切諸法, 皆無別體, 唯用一心, 爲其自體.[26]

『기신론』은 무엇보다도 먼저 이 점을 독자들에게 납득시키려 하는 것 같다. 그리하여 제1 입의분立義分 첫머리에

摩訶衍者, 總說有二種. 云何爲二. 一者法, 二者義. 所言法者, 謂衆生心.[27]

이라고 말하고 있다. 진여문과 생멸문이 본령本領・통별通別・생의生義・술어術語 등의 면에서 서로 융통할 수 없을 만큼 대립적인 차이를 갖고 있지만, 그들도 대승인 이상 이 점에 있어서는 다를 수가 없을 것이다. 다시 말하면, 다같이 중생의 마음을 법으로 삼는다는 말이다. 따라서 『기신론』은 입의분에서 이 마음의 진여상이 '마하연摩訶衍의 체體'(眞如門)이며, 이 마음의 생멸인연상生滅因緣相이 '마하연 자체의 상相・용用'(生滅門)이라는 뜻을 시사하고 있다. 제3 해석분解釋分에서는

依一心法有二種門. 云何爲二. 一者心眞如門, 二者心生滅門.[28]

---

25) 元曉, 『大乘起信論疏』, 17쪽, "小乘一切諸法, 各有自體."
26) 元曉, 같은 책, 같은 곳.
27) 馬鳴, 『大乘起信論』, 16쪽.

이라고 하여 이문이 다같이 한 마음에 의하고 있음을 설하고 있다. 중생심이 이와 같이 진여·생멸 이문에 의지하는 바(法)가 되자 이제 그 '한 마음'(一心)은 리·사 일체법을 포섭하는 성격을 띠지 않을 수 없게 된다. 왜냐하면 그 한 마음은 진여문(是心眞如相)이 본령으로 하는 '마하연의 체'(理)도 갖고 있어야 하고, 생멸문(是心生滅因緣)이 본령으로 하는 '마하연 자체의 상·용'(事)도 갖고 있어야 하기 때문이다. 다시 말하면 그 중생심衆生心은 세간(事)·출세간(理)의 일체법을 포섭하는 것이 되지 않을 수 없다는 말이다. 그러므로 『기신론』 입의분에서

> 是心則攝一切世間出世間法……. 何以故是心眞如相, 卽示摩訶衍體故, 是心生滅因緣相能示摩訶衍自體相用故.[29]

라고 설하고 있는 것이다. 원효는 이렇게 진여·생멸 이문의 소의所依가 되어 포괄자적 성격을 갖지 않을 수 없게 된 그 '일심一心'에 대해서 그 포괄자적 성격을 더욱 원숙하게 표현하고 있다.

> 何爲一心. 謂染淨諸法其性無二, 眞妄二門不得有異, 故名爲一. 此無二處, 諸法中實, 不同虛空, 性自神解, 故名爲心. 然旣無二, 何得有一. 一無所有, 就誰曰心. 如是道理, 離言絶慮, 不知何以目之, 强號爲一心也.[30]

즉 일문一門(진여문 또는 생멸문) 안의 염染(事)·정淨(理) 제법은 물론, 진여眞如(眞)·생멸生滅(妄) 이문을 또한 포섭하는 까닭에 '일一'이며, 이미 '이二'가 없으니 어찌 '일一'인들 얻을 수 있겠느냐 하는, 그러한 '일一'의 '마음'이라는 것이다.

---

28) 馬鳴, 같은 책, 18쪽.
29) 馬鳴, 같은 책, 16쪽.
30) 元曉, 『大乘起信論疏』, 19쪽.

4. 이문도 각각 일체법을 포섭함

이문二門이 일심一心에 작용하여 리理(出世間)·사事(世間) 일체법을 포섭하게 되자 이렇게 일체법을 포섭하게 된 그 일심은 이번에는 거꾸로 이문에 작용하여 그들로 하여금 각각 자기의 입장에서 리·사 일체법을 포섭하게 한다. 왜냐하면 진여·생멸 이문이 일심에 의한다는 말은 그 이문이 일심의 리·사 이면二面 중에서 어느 하나를 차지하고 있다는 뜻이 아니라, 진여문이 의지하고 있는 것도 일심이요 생멸문이 의지하고 있는 것도 일심이라는 뜻이기 때문이다. 다시 말하면, 진여문은 진여문대로 그 일심의 전반(理·事)에 걸친 것이며, 생멸문은 또 생멸문대로 그 일심의 전반에 걸친 것이라는 뜻이기 때문이다.

따라서 『기신론』은 제3 해석분에서 "依一心法, 有二種門·云何爲二. 一者心眞如門, 二者心生滅門"이라는 말에 곧 이어

　是二種門, 皆各總攝一切法. 此義云何. 以是二門, 不相離故.[31]

라고 설하고 있다. "以是二門, 不相離故"라는 말은 진여문이 의지하고 있는 것도 일심이요 생멸문이 의지하고 있는 것도 일심이라는 말과 같다. 왜냐하면 이문이 그렇게 일심에 의하였을 때, 이문은 그 일심을 중심으로 '서로 떨어지지 않기'(不相離) 때문이다.

『기신론』은 그 뒤 이런 입장에서 구체적으로 진여·생멸 이문에 각각 리·사 일체법을 포섭시키고 있는데, 그 내용을 간단히 살펴보면 다음과 같다.

---

31) 馬鳴, 『大乘起信論』, 18쪽.

1) 진여문

먼저 『기신론』은 진여문에 대해서 '심진여자心眞如者는 일법계대총상 법문一法界大總相法門의 체體'라는 언설로서는 도저히 설할 수 없는 것이 라고 한 다음, 만일 굳이 언설로 분별한다면 두 뜻(二種義)이 있으니, 하나 는 '여실공如實空'이요 다른 하나는 '여실불공如實不空'이라는 것이다.

> 此眞如者, 依言說分別, 有二種矣. 云何爲二. 一者如實空, 以能究竟顯實故. 二者如 實不空, 以有自體具足無量性功德故.[32]

여기에서 '여실공'은 현상적인 사事의 면에서 심진여자를 표현(相)한 것 이고, '여실불공'은 본체적인 리理의 면에서 심진여자를 표현(相)한 것임을 쉽게 알 수 있다. 이와 같이 심신여자를 리·사 두 방면에서 표현하여 여실 공·여실불공이라고 한 것은 본체적인 리의 면을 본령本領으로 하는 진여 문으로 하여금 자기의 입장에서 현상적인 사의 면까지를 포섭케 하려는 목적(義)에서 나온 것임이 분명한 것이다.

2) 생멸문

같은 방법으로 『기신론』은 사事의 면을 본령本領으로 하는 생멸문에서 도 리理의 면을 포섭시키고 있는데, 진여·생멸 이문이 갖는 본질적인 차 이로 말미암아 생멸문의 포섭상包攝相은 진여문의 그것에 비해 복잡한 형 태를 띠고 있다.

먼저 『기신론』은 "심생멸자心生滅者는 여래장에 의하는 까닭에 생멸심 이 있는 것이니, 소위 불생불멸不生不滅이 생멸生滅과 화합하여 비일비이 非一非異한 것을 이름하여 아려야식이라고 한다"[33]고 한 다음,

---

32) 馬鳴, 같은 책, 24쪽.

此識有二種義, 能攝一切法, 生一切法. 云何爲二, 一者**覺義**, 二者**不覺義**.[34]

라고 설하고 있다. 불생불멸(如來藏)과 생멸이 화합하여 '비일비이非一非異'한 심생멸자로서의 아려야식에 대해서 '각의覺義'는 그것을 리理의 면에서, '불각의不覺義'는 그것을 사事의 면에서 표현(相)한 것임은 더 말할 필요가 없을 것이다.

원효가 지적하는 바와 같이(제2절), 진여문이 "偏破諸執, 亦破於破"하는 데에 대해서, 생멸문은 "通立深淺, 判於法門"[35]하는 본질적인 차이를 갖고 있다. 따라서 이런 입장에서 『기신론』은 다시 생멸문의 각覺과 불각不覺을 세별하고 있다. 먼저 각에 대해서는 그것을 불각과의 대립 관계에서 시각始覺과 본각本覺으로 나누고, 시각은 다시 구경究竟의 심원心源을 깨쳤느냐 그렇게 하지 못했느냐 하는 차이에 의해서 ① 비구경각非究竟覺(不覺·相似覺·隨分覺) ② 구경각究竟覺으로 나누고 있다. 그리고 본각에 대해서는, 수염분별隨染分別의 입장에서 ① 지정상智淨相 ② 부사의업상不思議業相의 두 상相을 분별하고 있다.

그런 뒤, 『기신론』은 각의 이런 분별상分別相에 입각해서 그의 '체상體相'을 밝혀 주고 있으니, ① 여실공경如實空鏡 ② 인훈습경因熏習鏡(如實不空) ③ 법출리경法出離鏡 ④ 연훈습경緣熏習鏡의 사종대의四種大義가 그것이다. 각의 체상을 '정경淨鏡'에 비유한 것은, 불각이 '염染'인데 대해서 각은 '정淨'이며 각에는 또 '일체제법一切諸法이 그곳에 나타나므로'[36] '경鏡'에 비견할 수가 있기 때문이다.

이 사종대의 중에서 ③ 법출리경과 ④ 연훈습경은 본각의 두 상相, 곧 지

---

33) 馬鳴, 같은 책, 27쪽.
34) 馬鳴, 같은 책, 30~32쪽.
35) 元曉, 『大乘起信論別記』, 4쪽.
36) 元曉, 『大乘起信論疏』, 19쪽, "一切諸法悉於中現, 故名爲鏡."

정상智淨相과 부사의업상不思議業相에 각각 대응됨을 쉽게 알 수 있다.
『기신론』은 지정상을 "破和合識相, 減相續心相, 顯現法身, **智淳淨故**"[37]라고
설명하고 있는데, 이것은 그의 법출리경에 대한 설명, 즉 "不空法, 出煩惱碍
智碍, **離和合相**, **智淳淨故**"[38]의 내용과 잘 대응하고 있기 때문이다. 그리고
부사의업상을 "**以依智淨**, 能作一切勝妙境界…… **隨衆生根**, 自然相應, **種種而
現**, **得利益故**"[39]라고 설명하고 있는데, 이것은 연훈습경에 대한 "**依法出離
故**, 偏照**衆生之心**, **令修善根**, **隨念示現故**"[40]의 내용과 잘 대응하고 있는 것
이다. 그렇다면 사종대의 중 앞의 둘, 즉 ① 여실공경 ② 인훈습경(如實不
空)도 시각始覺의 두 분별상인 ① 비구경각 ② 구경각에 대응해서 그 체상
體相을 설한 것이라고 볼 수 있지 않을까? 그러나 술어상으로 볼 때, 여실
공경·인훈습경(如實不空)은 시각의 비구경각·구경각에 대응된다기보다
는 진여문의 이의二義, 즉 여실공·여실불공에 대응되는 인상을 강하게 주
고 있다.

생멸문의 각체상覺體相을 밝히는 곳에서 이렇게 진여문에 상통되는 술어를
사용하고 있는 이유는 무엇일까? 이에 대해서는 제5절에 가서 논급함이 있을
것이다. 어쨌든 원효는 각체상覺體相을 설하는 이 사종대의에 대해서 그것은
'성정본각性淨本覺'을 밝히는 것이라는[41] 의미 깊은 주석을 붙이고 있다.

다음 불각에 대해서는 근본불각根本不覺(無明)과 지말불각枝末不覺을 차별
하고, 지말불각은 다시 불각인不覺因에 의하여 일어나는 삼세三細 즉 ① 무명
업상無明業相 ② 능견상能見相 ③ 경계상境界相과, 경계연境界緣에 의하여 일
어나는 육추六麤 즉 ① 지상智相 ② 상속상相續相 ③ 집취상執取相 ④ 계명자

---

37) 馬鳴, 『大乘起信論』, 41쪽.
38) 馬鳴, 같은 책, 43쪽.
39) 馬鳴, 같은 책, 41쪽.
40) 馬鳴, 같은 책, 43쪽.
41) 元曉, 『大乘起信論疏』, 43쪽, "次明性淨本覺……."

상계名字相 ⑤ 기업상起業相 ⑥ 업계고상業繫苦相으로 나누고 있다.

불각을 세별細別한 이 무명・삼세・육추의 연기형緣起形은 『십지경론十地經論』 등의 십이인연설十二因緣說을 받아 이것을 새로 조직한 것으로 생각되는데,[42] 이것은 『유가론瑜伽論』 등의 심心(阿賴耶識)・의意(末那識)・식識(前六識)으로 이루어진 아뢰야연기설阿賴耶緣起說과 형태적으로 상당한 차이를 보여 주고 있다. 이와 같이 『기신론』의 연기형이 『유가론』 등의 연기형과 달라진 것은, 『유가론』 등의 아뢰야식은 '일향생멸一向生滅'의 이숙식異熟識인 데 대해서 『기신론』의 그것은 '불생불멸과 생멸이 화합된' 화합식의 성격을 띠고 있는 데 기인한다. 원효는 『유가론』의 입장을 '업번뇌소감의변業煩惱所感義邊'이라고 말하고, 『기신론』의 입장을 '무명소동의변無明所動義邊'이라고 이름하고 있다.[43]

그러나 『기신론』이 『유가론』 등에서 쓰는 '아려야식阿黎耶識'이라는 술어를 채용하면서 그 연기형이 그렇게 달라진 것은 곤란한 일이 아닐 수 없다. 마치 이런 문제라도 해결하려는 뜻에서인지, 『기신론』은 다시 무명・삼세・육추의 연기형緣起形을 심의식心意識의 조직으로 배정하고 있다. 즉 "以依阿黎耶識, 說有無明"[44]이라고 한 것을 '심心'에 배정하고, 삼세・육추 중에서 ① 무명업상(業識) ② 능견상(轉識) ③ 경계상(現識) ④ 지상(智識) ⑤ 상속상(相續識)[45]의 다섯을 '의意'에 배정하고, 나머지(分別六塵)를 '의식意識'에 배정하고 있다.[46] 『기신론』은 심心・의意・의식義識을 '생멸

---

42) 望月信亨, 『講述 大乘起信論』, 144쪽.
43) 元曉, 『大乘起信論別記』, 28쪽.
44) 馬鳴, 『大乘起信論』, 53쪽.
45) 五種意를 이제 '識'으로 부르는 것은 唯識學의 입장이 되었기 때문일 것이다.
46) 원효는 相續識을 意識에 안배하려는 뜻을 나타내고 있다.
　元曉, 『大乘起信論別記』, 54쪽, "此中第五猶是意識而約生後義……."
　元曉, 『大乘起信論疏』, 56쪽, "第五相續識者, 即示意識……是知此識唯在意識, 不同上說相續心也."
　그러나 『大乘起信論』의 "復次言意識者, 即此相續識……分別六塵, 各爲意識"(馬鳴, 『大乘起信論』, 58쪽)의 文을 자세히 음미해 보면 相續識 역시 意에 배정해야 하지 않을까 느껴진다.

인연生滅因緣'이라고 부르고 있거니와, 『십지경론』 등의 십이연기설과 『유가론』 등의 '팔식八識' 연기형은 『기신론』의 이 '생멸인연'에 의하여 완전히 하나로 종합되고 있는 것이다. 이런 점에서도 우리는 『기신론』의 "衆典의 肝心을 一以貫之"[47]하려는 뜻을 엿볼 수 있을 것 같다.

『기신론』은 이렇게 생멸의 인연을 설해 준 뒤, 그 다음 단계로서 생멸 인연의 체상을 밝혀 주고 있는데, 여섯 가지 염심染心(煩惱碍)과 무명無明(智碍)이 곧 그것이다. 여섯 가지 염심이란, ① 집상응염執相應染(意識) ② 부단상응염不斷相應染(相續識) ③ 분별지상응염分別地相應染(智識)(이상을 麤라고 함) ④ 현색불상응염現色不相應染(現識) ⑤ 능견심불상응염能見心不相應染(轉識) ⑥ 근본업불상응염根本業不相應染(業識)(이상을 細라고 함)을 내용으로 한다.

이 인연체상因緣體相의 설은 그가 앞서 각覺에 대하여 체상體相(四種大義)을 설했던 것에 잘 대응하고 있음을 볼 수 있다. 각의 체상이 '정경淨鏡'이었는데, 이 인연의 체상은 '염심染心'이 되어 좋은 대조를 이루고 있다. 또 각 체상의 순서 ① 여실공경 ② 인훈습경 ③ 법출리경 ④ 연훈습경은 원효가 풀이하고 있는 바와 같이 인성因性(제1·2)에서 과지果地(제3·4)로 되고, 이 인인·과과 내부에서는 이구離垢(제1·3)·현상現像(제2·4)의 방향을 취하고 있는 데 대해서[48] 인연체상의 순서는 그와 정반대인 '종추지세從麤至細'[49]의 순서로 되어 있다. 요약하자면, 각覺 체상은 '현상現像'에로의 방향인데, 인연因緣 체상은 '이구離垢'에로의 방향인 것이다.

생멸연인生滅緣因의 체상을 이렇게 환멸연기還滅緣起의 순서로 설했다면 겸하여 치단위治斷位까지 밝혀 주는 것'[50]이 순서일 것이다. 그러므로

---

47) 元曉, 『大乘起信論疏』, 4쪽.
48) 元曉, 같은 책, 43쪽.
49) 元曉, 같은 책, 60쪽.
50) 元曉, 같은 책, 같은 곳, "今欲兼顯治斷位故從麤至細而說次第."

『기신론』은 더 나아가 여섯 가지 염심 중에서 '추麤 중의 추麤'(제1·2)는 범부凡夫 경계요, '추麤 중의 세細'(제3)와 '세細 중의 추麤'(제4·5)는 보살菩薩 경계요, '세細 중의 세細'(제6)는 불佛 경계라고 하고 있다. 그리하여 추麤(相應染)·세細(不相應染) 두 가지 생멸이 있게 된 것은 '무명훈습無明熏習'에 의한 것으로, 좀더 구체적으로 말하면 불각인不覺因(根本無明)에 의하여 세가 있고, 경계연境界緣(現識所現境)에 의하여 추가 있게 된 것이니, 인因이 멸하면 연緣도 멸하여 추·세·염심이 모두 멸한다는 것이다. 이와 같이 추·세 두 가지 생멸이 있게 된 것은 '무명훈습'에 의한다고 했는데, 그렇다면 그 '훈습'이란 도대체 어떤 뜻을 가진 것인가가 문제될 것이다.

따라서 『기신론』은 곧 이어 훈습에 참여하는 요소로서 ① 정법淨法(眞如) ② 일체염인一切染因(無明) ③ 망심妄心(業識) ④ 망경계妄境界(六塵)의 네 가지를 들고 이 네 가지가 훈습이라는 상호 작용을 통하여 염법染法을 일으키는 과정(染法熏習)과 정법淨法을 일으키는 과정(淨法熏習)을 자세하게 설명해 주고 있다.

진여문과 생멸문은 그들 교리의 본질적인 차이로 말미암아 본령本領·통별通別·생의生義·술어述語 등의 대립적 차별 현상을 나타내고 있음은 제2절에서 살핀 바 있지만, 이 중에서 본령·통별의 면은 이문의 섭의를 통해 다해진다고 할 수 있다. 리理·사事 일체법을 포섭한다고 할 때, '리·사'는 곧 본령 문제를 포함하는 것이며, '포섭'은 염정통상染淨通相이든 염정별상染淨別相이든 간에 염정제법染淨諸法을 포섭하는 것이기 때문이다.[51] 그러나 생멸문 특유의 '생의生義'는 그런 '섭의攝義'에 의하여 다해지지 않을 것이다. 따라서 생멸문의 "此識有二種義, 能攝一切法, 生一切法"[52]에는 섭의 이외에 다시 '생일체법生一切法'이라는 생의가 보태져 있

---

51) 元曉, 같은 책, 19쪽, "眞如門者, 染淨通相. 通相之外無別染淨. 故得總攝染淨諸法. 生滅門者, 別顯染淨. 染淨之法無所不該. 故亦總攝一切諸法."
52) 馬鳴, 『大乘起新論』, 30쪽.

다. 이 생의는『기신론』의 훈습설에 설해지고 있다고 할 것이다. 따라서 원효는 훈습설에 들어가는 곳에서

此識有二種義, 能攝一切法, 生一切法. 然其攝義前已廣說, 能生之義猶未分明. 是故此下廣顯是義.[53]

라고 주석하고 있는 것이다. 이리하여 생멸문도 리・사 일체법을 포섭하게 되는데, 생멸문은 그 교문의 성질상 진여문에 비해서 복잡한 형태를 띠지 않을 수 없게 되었다. 원효는 이에 대해서『능가경』을 비롯한 여러 경론의 설과 비교・고찰을 베풀고 있지만, 이러한 원효의 주석에 대한 소개와 비판은 너무 번거롭고, 또 이 논문의 뜻에 그다지 필요한 내용이 아니므로 생략하고, 여기서는『기신론』해동소海東疏의 조직을 도시圖示하는 것으로 그치고자 한다.(82~83쪽 도표 참조)

5. 이문 대립의 극복

진여문과 생멸문은 본령本領・통별通別・생의生義・술어術語 등의 대립적 차이로 말미암아 서로 화합하려야 화합할 수 없는 관계에 있다. 그러나 그들이 이제 일심을 중심으로 리・사 일체법을 포섭하게 되자 어느새 그곳에 이문 융통의 길이 열려 있음에 착안하지 않을 수 없다. 다시 말하면 진여문은 '섭리이불섭사攝理而不攝事'하고 생멸문은 '섭사이불섭리攝事而不攝理'하여 서로 융통할 수 없었던 것이, 이제 이문이 각각 리・사 일체법을 포섭하게 됨으로써 '호상융통互相融通 제한무분際限無分'하게 된 것이다.[54]

---

53) 元曉,『大乘起信論疏』, 69쪽.
54) 元曉,『大乘起信論別記』, 20쪽.

<起信論 海東疏의 조직>

Ⅰ. 宗體　　　　　　　　　　　　　　　　　　　　　　　　　　　　　　註：< > 괄호內와 點線은 元曉의 案配임.
Ⅱ. 題名　　　　　　　　　　　　　　　　　　　　　　　　　　　　　　　　 立義分 로마字는 解釋分 로마字에 각각 대응됨.
Ⅲ. 消文
※歸敬述意(三行偈)

1. 因緣分(造論八由)

2. 立義分

大乘─衆生心
　　A[法]───ⓐ眞如·ⓑ相──────大乘體─────────B[義](三大)　　體大(一切法眞如平等不增減)<眞如門>
　　B[生滅]─ⓐ因緣·ⓑ相·ⓒ相──大乘自體相·用─────────相大(如來藏具足無量性功德)<生滅門>
　　　　　　　　　　　　　　　　　　　　　　　　　　　　　　　　用大(能生一切世間出世間善因果)< 〃 >
　　　　　　　　　　　　　　　　　　　　　　　　　　　　　　　　※乘

3. 解釋分

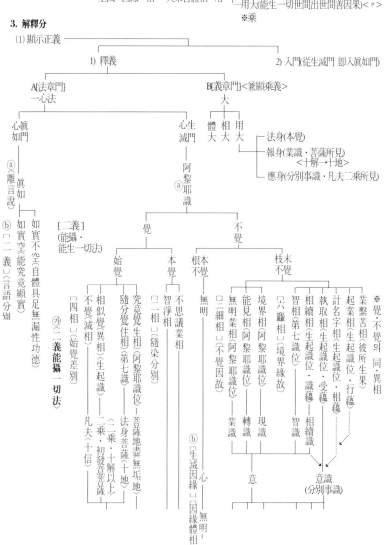

(1) 顯示正義

　　1) 釋義　　　　　　　　　　　　　　　　　　　　　　2) 入門(從生滅門 卽入眞如門)

　A[法章門]　　　　　　　　　　　　　　　B[義章門]<兼顯乘義>
　一心法　　　　　　　　　　　　　　　　　　大

心眞如門　　　　　　　心生滅門　　　　　體大　相大　用大───法身(本覺)
　　　　　　　　　　　　阿黎耶識　　　　　　　　　　　　　　 報身(業識·菩薩所見)
　　　　　　　　　　　　　　　　　　　　　　　　　　　　　　　　　　 <十解→十地>
　　　　　　　　　　　　　　　　　　　　　　　　　　　　　　 應身(分別事識·凡夫二乘所見)

ⓐ(離言說)眞如　　　　　 [二義]　　覺　　　　　　　　不覺
ⓑ[二義](言語分別)如實不空(能究竟實)　(能攝·能生一切法)

　如實空(自體具足無漏性功德)

　始覺　　　本覺　　根本不覺　　枝末不覺

　ⓐ(離言說)　不思議業相　　無明　　　※覺·不覺의 同·異相
　　智淨相　　　　　　　　　　　　[二細相]<不覺因故>　業繫苦相(彼所生)
ⓑ[二義](言語分別)　　[二相](隨染分別)　　　　　　　　起業相(生起識位·行蘊)
　　不覺(滅相)　究竟覺(生相)<阿黎耶識位>　　境界相(阿黎耶識位)　計名字相(生起識位·相蘊)
　　相似覺(異相)<生起識(第七識)>　能見相(阿黎耶識位)　執取相(生起識位·受蘊)
　　　隨分覺(住相)<第七識>　　無明業相(阿黎耶識位)　相續相(生起識位·識蘊)
　[四相](始覺差別)　法身菩薩地〈十地〉　　[六麤相](境界緣故)　智相(第七識位)
　⑦<二義能攝一切法>　菩薩地盡·無垢地　　　　　　　　智識　相續識
　　　　　　　　 二乘·十解以上　　　　　　　業識　現識
　　　　　　　　 <一乘·十解菩薩·十地>　　　　轉識
　　　　　　　 二乘·初發意菩薩
　　　　　　　 凡夫<十信>
　　　　　　　　　　　　　　　ⓑ[生滅因緣]因緣體相　　心　　　意　　意識(分別事識)
　　　　　　　　　　　　　　　　　　　　　　無明　　無明

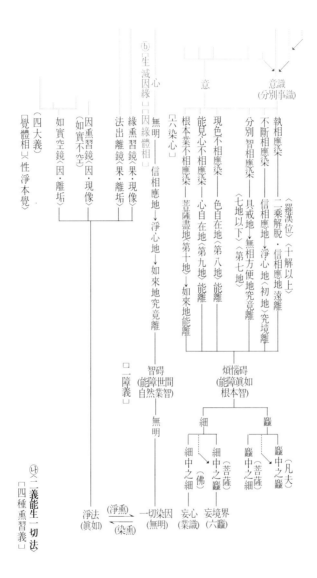

(2) 對治邪執(人我見‧法我見)

(3) 分別發趣道相(菩薩修行): ①信成趣發心(不定趣中生<十信>→正定趣<十解以上> —②解行發
心<十行‧十廻向> —③證發心(淨心地→菩薩究竟地)<十地> — 無明頓盡 自然而有不思議業

4. 修行信心分(依未入正定衆生<不定趣中劣者>): 四信(眞如‧佛‧法‧僧)—五門(施‧戒‧忍‧進‧止
觀) — 方便(專念彌陀)

5. 勸修利益分(信受福勝‧毀謗重罪)
※ 總結廻向(末後一頌)

원효는 특히 이 점에 커다란 관심을 보여 주고 있다.『기신론』제3 해석분의 "是二種門皆各攝一切法, 此義云何, **以是二門不相離**"[55]라는 대목에서 '以是二門不相離故'라는 구절은 이문이 각각 일체법을 포섭하게 되는 이유로 해석될 수 있을 것이다. 그러나 원효는 그 구절을 오히려 이문이 각각 리·사 일체법을 포섭하여 서로 융통하게 된 결과의 뜻으로 해석하고 있으니,

> 言以是二門不相離故者, 是釋二門各總攝義. 欲明眞如門者染淨通相, 通相之外無別染淨, 故得總攝染淨諸法. 生滅門者別顯染淨, 染淨之法無所不該, 故亦總攝一切諸法. 通別雖殊齊無所遣. 故言二門不相離也.[56]

라고 한 곳에서 그것을 엿볼 수 있다.[57]

이문 대립 요인 중에서 가장 비중이 큰 것은 본령의 차이임에 틀림없고 이 문제의 타개는 이문 화합의 길을 열어 주는 것이지만, 단순히 그 문제의 해결만으로 이문의 화합이 실현되는 것이 아니다. 왜냐하면 이문 사이에는 그밖에도 통별·생의·술어 등의 대립적 요인이 해결되지 않은 채로 존재하고 있기 때문이다.『기신론』은 과연 이런 점을 의식하고 있는 것일까? 이런 각도에서『기신론』을 살펴볼 때, 흥미롭게도『기신론』은 생멸문을 중심으로 통별·생의·술어 등의 대립적 차이를 줄이기 위해 끈덕지게 노력하고 있음을 본다.

1) 동상과 이상

진여·생멸 이문이 각각 리·사 일체법을 포섭하고 있어도 진여문은

---

55) 馬鳴,『大乘起信論』, 18쪽.
56) 元曉,『大乘起信論疏』, 19쪽.
57) 원효의 이런 뜻은『大乘起信論別記』, 20쪽, "而今二門互相融通際限無分. 是故皆各通攝一切理事諸法. 故言二門不相離故"에서도 볼 수 있다.

'염정통상染淨通相'이고, 생멸문은 '염정별상染淨別相'이다. 이러한 주어진 상황에서 통별通別의 대립적인 차이를 타개하는 길은 진여문에 별상別相적 일면을 보태거나 생멸문에 통상적 일면을 보태는 방법밖에 없을 것 같다. 『기신론』은 이 중에서 생멸문에 통상적인 일면을 보태는 방향을 택하고 있으니, 이것을 우리는 그의 '동상同相 · 이상異相'의 설에서 엿볼 수 있다.

『기신론』은 생멸문에 포섭되는 각(理) · 불각(事)의 세별상細別相을 설해 준 다음, 이 각과 불각 사이에 '동상 · 이상'의 두 상相이 성립함을 설하고 있다.

> 復次覺與不覺有二種相. 云何爲二. 一者同相二者異相. 言同相者, 譬如種種瓦器, 皆同微塵性相, 如是無漏無明種種業幻皆同眞如性相…… 言異相者, 如種種瓦器各各不同, 如是無漏無明, 隨染幻差別, 性染幻差別故.[58]

여기서 각 · 불각의 '동상'은 진여문의 염정통상과 뜻이 같고, '이상'은 생멸문의 염정별상과 뜻이 같음은 쉽게 알 수 있다. 동상과 이상의 비유로 들고 있는 종종와기種種瓦器의 '미진성상微塵性相'(同相)과 '각각부동各各不同'(別相)은 원효가 진여 · 생멸 이문의 통상 · 별상의 비유로 들고 있는

> 眞如門者, 是諸法通相…… 如微塵是瓦器通相, 通相外無別瓦器, 皆爲微塵所攝…… 生滅門者…… 如微塵性聚成瓦器……[59]

의 '와기瓦器의 비유'와 신통할 정도로 일치하고 있다.

따라서 『기신론』은 별상적인 생멸문에 진여문의 통상적인 일면, 즉 동

---

58) 馬鳴, 『大乘起信論』, 51쪽.
59) 元曉, 『大乘起信論別記』, 19쪽.

상을 보태는 방향을 취하고 있다고 볼 수 있다. 진여문과 생멸문은 이 동상의 면에서 통별의 대립적 차이를 타개할 수 있을 것이다. 이렇게 생멸문에서 동상·이상을 설할 수 있는 데에는 반드시 각·불각 사이에 그럴 수 있는 논리적 근거가 있어야 할 것이다. 이 최초의 근거는 『기신론』의 입의분에서

是心生滅因緣相, 能示摩訶衍**自體**相用故.[60]

라고 한 곳에 '자체自體'라는 것을 포함시킨 데에서 찾아볼 수 있을 것 같다. 생멸문은 현상적인 사사(相)의 면을 본령으로 하므로, 생멸문에 대해서 언급하고 있는 위의 글에 '자체'라는 것이 포함되어 있어서는 안 된다. 그럼에도 불구하고 『기신론』은 그곳에 '자체'를 포함시키고 있으니 그 이유는 무엇일까? '대승체大乘體'라고 직언直言하는 것과 '대승자체大乘自體'라고 말하는 것과는 약간의 의미차가 있는 것으로 느껴진다. '체體'가 리理의 입장에서 말하는 주체적인 개념이라면, '자체'는 사사의 입장에서 상相·용用의 성립 근거로서 말하는 '종속'적인 뜻을 나타내는 것일까? 원효는 "生滅門內, 亦有自體, 但以體從相"[61]이라고 말하고 있는 것이다.

어쨌든 이 '자체自體'라는 것이 생멸문에 포함되어 있으므로 해서 『기신론』의 아려야식은 다음과 같은 독특한 화합 구조를 띨 수 있는 것이다.

心生滅者, 依如來藏故有生滅心. 所謂不生不滅, 與生滅和合, 非一非異, 名爲阿黎耶識.[62]

---

60) 馬鳴, 『大乘起信論』, 16쪽.
61) 元曉, 『大乘起信論疏』, 18쪽.
62) 馬鳴, 『大乘起信論』, 27쪽.

'依如來藏故有生滅心'이라는 구절에서 '여래장如來藏'과 '생멸심生滅心'은 입의분의 '자체'와 '상'을 각각 계승한 것이라고 볼 수 있을 것이다. 이것은 다시 '불생불멸'(如來滅)과 '생멸'에 의해서 계승되고 다시 '각'과 '불각'에 의해 계승됨을 본다. 그러므로 원효는 생멸문 속의 그 '자체'를, "能示摩訶衍自體者, 卽是生滅門內本覺之心"[63]이라고 주석하고 있는 것이다.

각·불각의 동상·이상은 아려야화합식에 있어서의 불생불멸·생멸의 '비이非異(同相) 비일非一(異相)'의 화합 관계에 잘 상응하고 있다. 이것은 다시 여래장·생멸심의 '의존依存' 관계, 입의분의 '자체상용自體相用'에까지 거슬러 올라갈 수 있을 것이다. 이렇게 볼 때 우리는 진여·생멸 이문의 '통별'적 대립차를 타개해 주는 『기신론』의 '동이설同異說'은 그 근원이 상당히 깊다는 것을 느낄 수 있다. 원효가 "眞如門中直言大乘體, 生滅門中乃云自體者, 有深所以. 至下釋中, 其義自顯也"[64]라고 말하고 있는 것은 이런 뜻도 포함하고 있지 않을까 생각된다.

2) 훈습설

진여·생멸 이문의 융통을 가로막는 '통별通別'의 문제가 『기신론』의 '동이설同異說'에 의해 타개되었다면, 다음에 해결되어야 할 문제는 '생의生義의 유무有無'라고 해야 할 것이다. 이 문제를 해결하려고 할 경우, 우리들이 생각할 수 있는 길은 두 가지 방향이 있을 것 같다. 하나는 진여문에 생의를 보태는 길이요, 다른 하나는 생멸문에서 생의를 억제하는 길이다. 이런 각도에서 『기신론』을 살펴볼 때, 『기신론』이 취한 길은 후자의 경우, 즉 생멸문에서 생의를 억제하는 길인 것 같다.

---

63) 元曉, 『大乘起信論疏』, 17쪽.
64) 元曉, 같은 책, 같은 곳.

우리는 『기신론』의 이러한 뜻을 생멸문의 심생멸자心生滅者에 대해 "依
如來藏, 故有生滅心. 所謂**不生不滅**, 與生滅和合, 非一非異, 名爲阿黎耶識"[65]
이라고 한 곳에서 엿볼 수 있다. '여래장'은 '생의'를 나타내는 개념이다.
『능가경』에서 말하고 있는 바와 같이 그것은 "善不善의 因이며 能徧**興造一**
切趣生"[66] 하는 것이기 때문이다. 그런데 이것을 그 다음 구절에서는 '생
의生義'가 완전히 억제된 '불생불멸不生不滅'로 바꾸고, 생멸심生滅心과의
'소의所依' 관계도 '비일비이非一非異'의 화합 관계로 바꾸고 있는 것이다.
이것은 『기신론』이 생멸문에서 생의를 억제하는 일면이라고 볼 수 있지
않을까 생각된다.

『기신론』의 아려야식은 이렇게 불생불멸과 생멸이 화합되어 있는 까닭
에 이해하기 어려운 것이 될 수밖에 없다. 그러므로 『기신론』 자체도 "是心
從本已來, **自性淸淨**而有無明. 爲無明所染有其染心. 雖有染心而**常恒不變**. 是
故此義, 唯佛能知"[67]라고 말하고 있으며, 이에 대해서 원효도 "今此心**體淨**
而體染, 心種而心靜"[68]이라고 평하고 있는 것이다. 이런 곳에서도 우리는
『기신론』의 아려야식(心)이 정염淨染·동정動靜과 같이 완전히 상반되는
두 개념이 화합된 것을 확인할 수 있고, 따라서 그로 말미암아 생의가 억제
되는 것이라고 말할 수 있다.

그러나 『기신론』에서 생의가 억제되는 현상이 가장 뚜렷하게 나타나는
곳은 그의 훈습설이 아닐까 생각된다. '훈습薰習'(vāsanā)이라는 개념은 이
미 유식학 등에서 사용되고 있었지만,[69] 『기신론』은 먼저 이 뜻을

---

65) 馬鳴, 『大乘起信論』, 27쪽.
66) 馬鳴, 같은 책, 19쪽.
67) 馬鳴, 같은 책, 58쪽.
68) 元曉, 『大乘起信論別記』, 59쪽.
69) 元曉, 『大乘起信論疏』, 69쪽, "**攝大乘說, 要具四義, 方得受熏. 故言常法不能受熏,**
何故此中說熏眞如."

熏習義者, 如世間衣服, 實無於香. 若人以香而熏習故, 則有香氣. 此亦如是. 眞如淨
法, 實無於染, 但以無明而熏習故, 則有染相. 無明染法, 實無淨業, 但以眞如而熏習
故, 則有淨用.[70]

이라고 명확하게 정의한 다음, 이것에 의하여 각·불각이 호훈互熏하여 염
染·정淨 제법諸法을 일으키는 과정을 자세히 설명해 주고 있다.

위에서도 언급한 적이 있지만(제4절), 『기신론』의 훈습설은 아려야식의
각·불각이 '능섭일체법能攝一切法, 생일체법生一切法' 하는 가운데서 '생
일체법生一切法'에 해당되는 부분이다. 그렇다면 '생生한다'는 뜻이 그곳
에 강력하게 나타나 있어야 할 것이다. 그런데 훈습이라는 작용에는 그런
'생의'가 전혀 느껴지지 않으니 이것은 웬일일까? '생의'가 전혀 느껴지지
않는 '훈습'을 가지고 생멸문에서도 '생일체법'을 설하는 부분의 가장 근
본적인 원리를 삼고 있는 데에는 놀라지 않을 수 없다.

따라서 나는 이것을 『기신론』이 생멸문에서 생의를 억제하여 이문 융통
의 길을 마련하려는 뜻으로 보고 싶은 것이다. 그리고 이러한 뜻은 아려야
식을 '불생불멸不生不滅'과 '생멸生滅'과의 화합 구조로 바꿀 때 이미 기초
가 닦여졌던 것이라고 보고 싶다. 왜냐하면 여래장과 생멸심과의 소의所依
관계라면 생의가 허용될 수 있겠지만, 불생불멸과 생멸과의 화합 관계에서
'생한다'는 뜻은 약화되기 때문이다.

3) 진여문의 술어 사용

진여문과 생멸문은 술어 사용에 있어서도 서로 차이를 갖고 있는데, 『기
신론』은 이런 차이까지도 타개하고 있음을 본다.

위에서도 언급한 일이 있지만(제4절), 각의 체상을 밝혀 주는 사종대의,

---

70) 馬鳴, 『大乘起信論』, 69쪽.

즉 ① 여실공경 ② 인훈습경(如實不空) ③ 법출리경 ④ 연훈습경 중에서 앞
의 둘(제1·2)은 여각如覺의 비구경각·구경각에 각각 대응되고, 뒤의 둘(제
3·4)은 본각本覺의 지정상智淨相·부사의업상不思議業相에 각각 대응된
다고 볼 수 있겠는데, 그 중에서 시각始覺에 대응되는 여실공경·인훈습경
(如實不空)은 진여문의 이의二義인 여실공如實空·여실불공如實不空을 나
타내는 개념을 그대로 사용하고 있는 것이다. 그렇다면 왜 생멸문에서 진
여문에 사용된 술어를 사용하고 있는 것일까?

　　우리는 『기신론』의 이러한 움직임을 원효가 생멸문에 '진여眞如'라는
술어를 대폭 도입하고 있는 데에서 더욱 실감할 수 있다. 진여문에서는 리
理를 '진여眞如'·'실제實際' 등의 이름으로 부르고, 생멸문에서는 그것을
'불성佛性'이나 '본각本覺' 등의 이름으로 부른다는 것은 위에서 살핀 바와
같다(제2절). 그런데 『기신론』은 생멸문에서 '불성'이나 '본각'을 사용해야
할 자리에 '진여'를 사용하는 예가 허다하며,[71] 특히 훈습설에서는 '각覺'
을 완전히 '진여'라는 말로 바꾸고 있는 것이다.

　　생멸문의 훈습설은 아려야식의 각·불각 이의二義가 '능생일체법能生一
切法' 하는 내용을 설명해 주는 부분이므로, 그들이 비록 '훈습'이라는 작
용을 통해서 염정법染淨法을 일으킨다고 해도 술어만은 원효가 시사하고
있는 바와 같이 '본각本覺'·'불각不覺'으로 되어 있어야 할 것 같다.

　　由**不覺義**熏**本覺**故生諸染法. 又由**本覺**熏**不覺**故生諸淨法.[72]

　　그런데 『기신론』의 훈습설에는

---

71) 馬鳴, 같은 책, 45쪽, "所言不覺義者, 謂不如實知眞如法一故."
　　___, 같은 책, 3쪽, "深心義者, 名爲煩惱碍, 能障眞如根本智故."
72) 元曉, 『大乘起信論疏』, 30쪽.

眞如淨法, 實無於染. 但以無明而熏習故, 則有染相. 無明染法, 實無淨業. 但以眞如而
熏習故, 則有淨用.[73]

이라고 설하고 있는 바와 같이, '각각覺'에 해당된 부분을 모두 '진여眞如'라
는 술어로 대치하고 있는 것이다. 그러므로 원효는 이 대목을

然此文中生滅門內性淨本覺說名眞如, 故有熏義, 非謂眞如門中眞如, 以其眞如門中
不說能生義.[74]

라고 주석하고 있을 정도이다.

이와 같이 『기신론』이 진여문의 가장 근본적인 술어라고 할 수 있는 '진
여眞如'를 생멸문에서, 그것도 생의를 설하는 곳에서 사용하고 있는 이유
는 무엇인가? 여기에는 많은 뜻이 함축되어 있겠지만, 그 중에는 진여·생
멸 이문의 술어 사용의 차이를 타개하여 이문 융통의 길을 원활하게 하려
는 뜻이 있었을 것으로 추측된다.

6. 이문 화합의 대승체

1) 이문의 화합

날카롭게 대립해 오던 진여·생멸 이문은 『기신론』에 의해서 비로소 상
호 융통의 길을 마련한 셈이다. 그러나 『기신론』이 이문 융통의 길을 마련
함에 있어서 취한 방법은 위에서 본 바와 같이(제5절), 생멸문을 중심으로
한 것이었다. 생멸에 '동상이상同相異相'을 사용함으로써 '통별' 문제를 해

---

73) 馬鳴, 『大乘起信論』, 69쪽.
74) 元曉, 『大乘起信論疏』, 70쪽.

결하였고, 생멸문의 훈습의에 의해 '생'의 문제도 해결하였으며, 진여문의 술어를 생멸문에 사용함으로써 '술어' 문제도 해결하였다. 따라서 생멸문이 염심染心을 여의고 일심一心의 본원에 돌아갈 때, 그것은 진여문과 곧장 통할 수 있는 모습을 띠게 된다. 추麤·세細 두 가지 생멸이 사라진 상태를 『기신론』은 이렇게 설하고 있다.

所言滅者, **唯心相滅, 非心體滅**. 如風依水而有動相. 若水滅者, 則風相斷絶, 無所依支. 以水不滅, 風相相續. 唯風滅故, 動相隨滅, 非是水滅.[75]

멸하는 것은 오직 심상心相(痴)뿐으로서 심체心體(智)는 멸하지 않는다는 것이다. 이 심체는 여래장如來藏·자성청정심自性淸淨心·불생불멸不生不滅·본각本覺 등으로 불리는 것인데, 『기신론』은 그것을 또 '진여眞如'라고도 부르고 있다(제5절). 따라서 심상心相을 말끔히 여윔으로써 드러난 그 '심체'는 진여문의 '진여'라고 해도 좋을 것이다.

각覺의 면에서 볼 때, 이 상태는 시각始覺이 구경위究竟位에 이른 상태로서 '본각本覺'의 상태에 해당된다. 그런데 각의 체상體相을 밝혀 준 사종대의四種大義 속에는 진여문의 여실공如實空·여실불공如實不空 이의二義와 통할 수 있는 여실공경如實空鏡·인훈습경因熏習鏡(如實不空)의 둘이 포함되어 있다. 따라서 생멸문이 일심의 본원에 돌아가 "動念都盡, 唯一心在"[76]의 상태가 될 때, 진여문은 그곳에 자기 뜻과 똑같은 뜻이 있음을 발견하게 될 것이다. 원효가 각의 체상을 설명하는 사종대의를 '성정본각性淨本覺'을 밝히는 것이라고 주석하고 있음은(제4절 2항) 이런 의미를 나타내기 위한 것이 아닐까?

이 때 진여문은 생멸문에 대해서 어떤 태도를 취하게 될까?『기신론』에

---

75) 馬鳴, 『大乘起信論』, 65쪽.
76) 元曉, 『大乘起信論疏』, 38쪽.

는 이에 대한 직접적인 시사는 없는 것 같다. 그러나 지금까지의 추세로 봐서 진여문은 생멸문을 향해 결합하지 않을 수 없을 것 같다. 왜냐하면 이문의 대립은 그럴 수밖에 없었던 교리적 차이가 존재했기 때문이지만, 그것이 사라진 지금 더구나 생멸문이 진여문과 곧장 통할 수 있는 형태를 띠게 되었을 때, 진여문으로서는 더 이상 대립을 지속해야 할 아무런 이유도 발견되지 않기 때문이다.

그리하여 진여·생멸 이문은 마침내 생멸문이 심원心源으로 돌아간 지점에서 결합하게 되는데, 여기에서 잊어서는 안 될 것이 하나 있다. 그것은 이문이 그렇게 결합한다고 해도 그들 특유의 교리적 기능까지 뒤섞이지는 않을 것이라는 점이다. 왜냐하면 진여문이 생멸문에 결합함은 이문 사이에 일치되는 면을 통해서였기 때문에 그렇지 않는 면에 있어서 그 결합 관계는 성립되지 않기 때문이다. 예를 들면, 이문의 결합은 생멸문의 동상·이상 중에서 '동상同相'을 통해서이며, 각체상覺體相의 사종대의四種大義 중에서는 여실공경·인훈습경을 통해서 가능하므로 이문이 결합한다고 해도 생멸문의 '이상異相'이나 법출리경·연훈습경의 면에서는 생멸문이 여전히 그것의 독자성을 유지하고 있을 것이기 때문이다. 생멸문이 독자성을 유지하고 있다면, 진여문도 한편으로 독자성을 유지하게 될 것이다. 따라서 이문이 결합한다고 해도 그들 특유의 교리적 기능이 뒤섞이지 않는 것이다.

진여문과 생멸문의 이러한 결합 관계는 '화합和合'이라는 술어로 가장 잘 표현될 수 있을 것 같다. 『기신론』은 아려야식의 구조를 "不生不滅, 與生滅和合, 非一非異"[77]라고 설명하고 있는데, 진여·생멸 이문의 결합 관계는 아려야식 안의 불생불멸과 생멸과의 '비일비이'의 화합 관계에 매우 가까운 것이다. 뿐만 아니라 원효는 이 '화합'이라는 말을 '불상사리不相捨離', '불상리不相離'라는 말로 주석하고 있는데,[78] '불상리'라는 말은 다시

---

77) 馬鳴, 『大乘起信論』, 27쪽.

『기신론』의 "依一心法, 有二種門…… 是二種門皆各總攝一切法. 此義云何. 以是二門不相離故"[79]라는 곳에 보인다. 따라서 '화합'이라는 말을 우리는 이 문 사이에 써도 좋을 것이다.

2) 진에서 속으로(眞如門)

진여문과 생멸문이 이렇게 '비일비이非一非異'의 관계로 화합했을 때, 이런 관계 속에서 다음에는 어떤 현상이 일어나게 될까? 좀 지나친 이론이 될지 모르지만, 시험삼아 생각해 본다면 진여문의 '염정통상染淨通相'적인 평등성은 생멸문의 '염정별상染淨別相'적인 차별감에 작용을 가할 것이 예상된다. 무슨 이유로 생멸문의 차별감이 진여문의 평등성에 작용하지 않고 진여문이 생멸문에 작용을 가하느냐 하면, 이 심원의 위치는 리理의 영역, 다시 말하면 진여문의 본령이므로 진여문의 기능이 생멸문에 비해 강성할 수밖에 없기 때문이다.<染淨斯融>[80]

진여문의 이러한 '염정통상'적인 작용을 받으면, 다음에는 어떤 현상이 일어나게 될까? 생멸문의 '염정별상'적인 차별감은 타파되고 말 것이다. 우리는 이것을 '진속평등眞俗平等'이라는 말로 표현하는 것이 적당할 듯하다. 생멸문은 온갖 잡염雜染을 여의고 심원에 돌아온 것이므로, 그로서는 이곳에 최대의 종교적 가치를 둘 수밖에 없다. 불교의 가치 체계를 나타내는 말 중에서 이에 가장 합당한 것은 '진속'이라는 개념이라고 할 수 있다. 그런데, 진여문의 작용으로 이 진속 차별이 타개되므로 '진속평등'이 되는 것이다.<眞俗平等>

---

78) 元曉, 『大乘起信論疏』, 27쪽, "不生不滅心動作生滅, 不相捨離, 名與和合."
___, 같은 책, 28쪽, "故生滅不離心相, 如是不相離, 故名與和合."
79) 馬鳴, 『大乘起信論』, 18쪽.
80) < > 괄호 안은 제8절 2항과 관계를 가짐.

진·속이 평등해지면, 다음에는 어떤 현상이 일어나게 될까? 생멸문은 업業(用)을 일으키게 될 것이다. 『기신론』에서 생멸문의 여래장이나 본각심은 '생의'를 띠고 있다. 그의 이애설二碍說만 봐도 이것을 느낄 수 있다. 즉 『기신론』은 육염심六染心(煩惱碍)은 '진여근본지眞如根本智(理智)'를 장애하고, 무명無明(智碍)은 '세간자연업지世間自然業智(量智)'를 장애한다고 설하고 있는데,[81] 이것은 다른 경론(顯了門)의 설과 반대를 이루고 있다. 즉 다른 경론에서 염심染心은 '양지量智'를 가리고, 무명無明은 '리지理智'를 가린다고 하는 것이다.[82] 『기신론』의 이애설이 이렇게 반대로 되어 있는 이유는 무엇일까? 이것은 『기신론』의 여래장如來藏이나 본각심本覺心에는 '진여근본지眞如根本智'에서 한 걸음 더 들어간 곳에 '세간자연업지世間自然業智', 다시 말하면 '생의生義'를 생각하고 있는 것으로 해석될 수 있는 것이다.

그러나 여래장이나 본각심의 이런 '생의'는 생멸문의 진속 차별적 가치관 때문에 여지없이 억제되고 있는 것이다. 따라서 진여문의 작용을 받아 그러한 진속 차별적 가치관이 타개되면, '생의'는 곧 활동을 개시하여 업(用)을 일으키게 될 것이다. 그러므로 『기신론』은 각의 체상을 밝혀 주는 사종대의 속에 법출리경 외에 연훈습경[83]을 설하고 있는 것이다. 생멸문의 이러한 업은 자기의 뜻(作意)에 의한 것이라기보다는 진여문의 작용을 받아 자연적으로 일어나는 것이므로, 이름을 붙인다면 '자연업自然業'[84]이라고 할 수 있을 것이다. 또 이 업은 생멸문의 견지에서 보면 염染이지만, 진여문의 견지에서 보면 염정평등이다. 이 두 모순 개념이 '비일비이'의 관

---

81) 馬鳴, 『大乘起信論』, 63쪽.
82) 元曉, 『大乘起信論別記』, 64쪽.
83) 馬鳴, 『大乘起信論』, 43쪽, "三者, 法出離鏡, 謂不空法, 出煩惱碍智碍離和合相, 淳淨明故. 四者, 緣熏習鏡, 謂依法出離故, 徧照衆生之心, 令修善根, 隨念示現故."
84) 馬鳴, 같은 책, 90쪽, "無有作意故, 而說自然."

계로 화합되어 있으니 '사의思義'할 수 없다. 그러므로 이름을 붙인다면 '부사의업不思議業'이라고 할 수밖에 없을 것이다.<思議路絶>

생멸문이 이렇게 업을 일으키면, 그 다음은 어떻게 될까? 진여문도 이와 함께 '진'에서 '속'으로 나오게 될 것이다. 그러나 이 때 '나온다'는 분별이 있을 수 없다. 진여문은 일체 분별을 떠난 것이기 때문이다. 그러나 내용적으로는 진속까지를 포함하게 되었으므로, 그의 '체體'는 확대(體大)되었다고 할 수 있을 것이다.<體之者乘影響而無方>

3) 속에서 진으로(生滅門)

진여문이 이렇게 속으로 나오면, 다음은 어떤 현상이 일어날 것인가를 생각하기는 어렵지 않다. 진여문이 진에서 속으로 나온 것과 똑같은 과정이 생멸문을 중심으로 일어나 생멸문은 속에서 진으로 들어갈 것이기 때문이다. 즉 속은 생멸문이 본령으로 하는 곳이므로, 이제는 생멸문의 '염정별상染淨別相'적 기능은 강성해짐과 동시에 진여문의 '염정통상染淨通相'적 기능은 약해진다.<動靜隨成>

따라서 생멸문은 진여문의 평등성에 작용하여 차별의 뜻을 갖게 한다. 좀더 구체적으로 말하면, 진여문에 의할 때, 제법은 유무有無·일이一異 등 일체의 분별을 초월하여 불가득不可得이다. 그러나 생멸문에 의하면 시각·본각 등의 차별이 있을 뿐만 아니라 마침내 일심의 본원으로 돌아감을 얻는다. 그러므로 진여문에 생멸문이 작용하면, '진여'는 "無有可遺, 無有可立"[85]이긴 하지만, 그것은 속에서 진에 들어간 입장에 있다는 뜻을 밝혀 준다.<昇降參差>

---

85) 馬鳴, 같은 책, 24쪽, "此眞如法無有可遺, 以一切法悉皆眞故. 亦無可立, 以一切法皆同如故."

이렇게 되면 진여문의 완고한 무분별無分別에도 '말이 통하게' 되어 진여문은 밑으로 내려가고(感應路通), 이와 함께 생멸문도 진으로 들어가게 되어 그의 '상相'은 진眞까지 포함하여 확대(相大)될 것이다.<祈之者超名相而有歸>

진에 들어가면 다시 진여문의 기능이 강성해져 속으로 나오게 되고, 속에 나오면 다시 생멸문의 기능이 강성해져 진에 들어가게 되어, 진여・생멸 이문이 화합된 대승의 묘체妙體는 '진속원융무애眞俗圓融無碍'하게 자재自在하면서 뜻하는 모든 일(用大)을 성취할 수 있게 될 것이다. 이 뜻을 그림으로 표현해 보면 아래 그림과 같다.

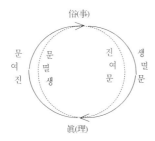

7. 『기신론』의 삼대설

위에서 생각해 본 바는 생멸문이 심원心源에 돌아가 여기에 진여문이 화합하면 어떤 현상이 일어날 것인가를 추리해 본 것이다. 개인적 사색의 범위를 벗어나지 못한 것이라고 할 수 있다. 이런 뜻이 『기신론』이나 원효의 『기신론소・별기』에 실제로 있는지 없는지는 확언할 수 없다. 따라서 이제 『기신론』과 원효의 『기신론소・별기』를 살펴 그런 뜻이 실제로 있는지 어떤지를 확인해 보고자 한다. 이런 면에서 우리의 관심을 모으는 것은

『기신론』의 체體·상相·용用 삼대의 설이다.

『기신론』은 입의분에서 대승에는 총설하면 법法과 의義 둘뿐이라고 하고, '법法'은 곧 중생심衆生心으로서 이 마음의 진여상眞如相이 마하연의 '체體'이고, 이 마음의 생멸인연상生滅因緣相이 마하연 자체의 '상相·용用'이라고 설한 다음, 이 마음에 의하여 세 가지 뜻이 있으니 그것은 곧 체·상·용 삼대라고 한다. 그리하여 이 체·상·용 삼대의 내용을 이렇게 설명하고 있다.

> 一者體大, 謂一切法眞如平等不增減故.
> 二者相大, 謂如來藏具足無量性功德故.
> 三者用大, 能生一切世間出世間善因果故.86)

원효의 주석87)이 아니더라도 이 삼대 중에 체대는 진여문에 속하고, 상·용 이대는 생멸문에 속하리라는 것은 쉽게 느낄 수 있다.

이제 삼대의 내용을 살펴보면, 먼저 '체대體大'는 진여문에 속한 마하연의 '체體'뿐만 아니라 생멸문에 속한 마하연 자체의 '상相'까지 포함하고 있는 듯한 느낌이다. 체대를 설하는 위의 입의분의 글에서 '증감增減'이라는 개념은,88) 각의 시각始覺 차별 또는 불각의 추·세 생멸 차별에서 '심상心相'이 감멸하여 '심체心體'가 점점 드러나는 과정에서 느낄 수 있는 말이다. 아니나 다를까 해석분(義章)에서는 '부증불감不增不減'에 대한 주어가

> 一切凡夫聲聞緣覺菩薩諸佛, 無有增減. 非前際生, 非後際滅, 畢竟常恒.89)

---

86) 馬鳴, 같은 책, 16쪽.
87) 元曉, 『大乘起信論疏』, 18쪽, "大義中, 體大者在眞如門. 相用二大在生滅門."
88) '不增不減'이라는 말은 『大乘起信論』에서 體大를 설명하는 곳에만 나오는 것 같다.
89) 馬鳴, 『大乘起信論』, 76쪽.

에서 보는 바와 같이, 시각 차별(凡夫·二乘·菩薩·佛)에 의한 개념으로 바뀌어 있다. 따라서 체대의 내용을 "一切法, 不增不減"이라고 할 때, 이것은 진여문의 '체'뿐만 아니라 생멸문의 '상'까지를 포함하고 있는 듯한 인상을 주는 것이다.

다음에 '상대相大'를 살펴보면, 이것은 생멸문에 속한 마하연 자체의 '상相'보다는 오히려 진여문에 속한 마하연의 '체體'에 중점이 가 있음을 본다. 상대를 설하는 위의 입의분의 글에서 '여래장'은 생멸심이 소의로 하고 있는 불생불멸심不生不滅心이며,[90] 원효의 견해로는 이종장二種藏 중에서는 '불공여래장不空如來藏'이고 '능섭여래장能攝如來藏'이다.[91] 그리고 그 입의분의 글에서, 이 여래장이 '무량성공덕無量性功德'을 구족한 것을 상대相大라 한다고 말하고 있는데,[92] 그 '성공덕性功德'은 흥미롭게도 진여문에 속한 여실불공如實不空의 내용을 설명하는

一者如實空, 以能究竟顯實故. 二者如實不空, 以有自體具足無漏**性功德**故.[93]

라는 글 속에 보이고 있는 것이다. 다시 상대를 설명한 해석분(義章)의 글에서는

從本已來, **性**自滿足一切**功德**, 所謂自體有大智慧光明義故, 徧照法界義故, 眞實識知

---

90) 馬鳴, 『大乘起信論』, 27쪽, "心生滅者, 依**如來藏**故, 有生滅心, 所謂不生不滅與生滅和合, 非一非異, 名爲阿黎耶識."
　　元曉, 『大乘起信論疏』, 27쪽, "不生不滅者, 是上如來藏."
91) 元曉, 『大乘起信論疏』, 17쪽, "二種藏內, 不空如來藏. 二種藏中, 能攝如來藏."
92) 立義分에서 "如來藏具足無量性功德"이라고 한 것과, 解釋分에서 眞如의 如實不空義에 대해서 "自體具足無漏性功德"이라고 한 것는 '無量'과 '無漏'라는 文詞上의 相違가 있다고 할지 모르지만, 원효는 解釋分의 (B) 義章門에서, "次言從本以來性自滿足以下, 釋相大義. 上言二者相大, 謂如來藏具足無漏性功德"(元曉, 『大乘起信論疏』, 76쪽, 해인사 本板本 권5 張2 左)이라고 하고 있음은 注意할 만하다.
93) 馬鳴, 『大乘起信論』, 24쪽.

義故, 自性清淨心義故, 常樂我淨義故, 淸凉不變自在義故, 名爲**如來藏** 亦名如來法
身.94)

이라고 하여 그 내용이 마하연의 '상相'보다는 '체體'에 중점이 가 있음을
결정적으로 나타내고 있다. 따라서 체대體大가 '체'로부터 '상'까지 포괄하
는 것이라면, 상대相大는 '상'으로부터 '체'에 중점이 가 있는 것이라고 말
할 수 있을 것이다.

다음에 '용대用大'는 어떠한가? 이것도 생멸문에 속해 있다고 하므로 마
하연 자체의 '용用'에 의한 것이라고 할 수 있다. 마하연 자체의 '용'이라는
것은 말할 필요도 없이 진여훈습眞如熏習의 '정용淨用'을 가리킨다. 그러
므로 원효는 이 '용'을 주석하는 가운데서

眞如所起淨用名用. 如下文言, 眞如淨法, 實無於染, 但以無明而熏習故則有染相. 無
明染法本無淨業, 但以眞如而熏習故, 則有淨用也.95)

라고 말하고 있는 것이다. 그러나 용대를 설하는 위의 입의분의 내용은 그
러한 '정용淨用'의 면(出世間善因果)뿐만 아니라 그 반대쪽, 즉 '염상染
相'96)의 면(世間善因果)까지를 포함하고 있으며, 다시 해석분(義章)에 있어
서는 용대를

以有如是大方便智, 除滅無明, 見本法身, 自然而有不思義業種種之用.97)

이라고 하여 '정용'보다는 그러한 '염상'의 면에 커다란 비중이 가 있음이

---

94) 馬鳴, 같은 책, 76쪽.
95) 元曉, 『大乘起信論疏』, 17쪽.
96) 元曉, 같은 책, 17쪽, "眞如所作**染相**名相, 眞如所起**淨用**名用."
97) 馬鳴, 『大乘起信論』, 77쪽.

나타나 있다.

진여문과 생멸문은 각각 자기의 입장에서 리·사 일체법을 포섭함으로 체·상·용 삼대가 위에서 본 바와 같이 각각 자기의 본령 이외의 법을 포괄하고 있는 것도 그런 종류의 것이라고 말할 수 있을지 모른다. 사실 언뜻 보기에는 '섭의攝義'와 '대의大義'는 서로 식별할 수 없을 정도로 되어 있다. 그러나 그들 사이에는 중대한 차이가 있음을 간과해서는 안 된다. 즉 섭의에서는 진여·생멸 이문이 각각 리·사 일체법을 포섭하고 있다고 해도 중점은 여전히 각문各門의 본령에 머물러 있다. 그러나 대의에서는 그 것이 위에서 본 바와 같이 그 반대쪽에 나아가 있다. 체대에서는 '일체법부증불감一切法不增不減(事)', 상대에서는 '여래장구족성공덕如來藏具足性功德(理)', 용대에서는 '부사의업不思議業(染相)'에 있는 것이다.

삼대三大의 이런 현상을 우리는 어떻게 해석할까? 제6절에서 생각해 본 바와 같이 이것은 이문二門이 각각 리·사 일체법을 포섭한 뒤 심원心源의 지점에서 화합和合함으로써 나타나는 현상으로 설명될 수밖에 없을 것이 다. 왜냐하면 이문이 그렇게 화합함으로써 진여문은 진眞(體)에서 속俗(相) 으로 나와 체대體大의 내용과 같아지고, 생멸문은 속俗(相)에서 진眞(體)으로 들어가 상대相大의 내용과 같아지고, 이러한 진속원융무애의 활용은 생멸문의 염·정 훈습熏習에서 염훈染熏의 면에 새로운 의미를 부여하여 용대用大의 내용과 같아지기 때문이다.

『기신론』은 다시 그의 해석분(義章門)에서 진여·생멸 이문이 '비일비이'의 관계로 화합되었다는 뜻을 아주 명백하게 표시해 주고 있다. 입의분에서는 체·상·용 삼대가 각각 별현別顯되어 있음은 위에서 본 바와 같다. 그러나 해석분(義章)에서는 진여문의 체대가 생멸문의 상대에 완전히 포함되어

復次眞如自體相者, ⓐ 一切凡夫聲聞緣覺菩薩諸佛無有增減. 非前際生, 非後際滅, 畢竟常恒, ⓑ 從本已來, 性自滿足一切功德, 所謂自體有大智慧光明義故…… 名爲如來藏, 亦名如來法身.[98]

이라고 되어 있다. 이 중에서 맨 처음에 '자체自體者'라고 한 것은 체대·상대를 함께 언급하는 것이며, 그 말에 "一切凡夫…… 畢竟常恒"(ⓐ文)은 체대를 설하는 것이고, "從本已來…… 亦名如來法身"(ⓑ文)은 상대를 설하는 것이라고 원효는 주석한다.[99]

이와 같이 하나의 수제首題(復次眞如自體相者) 밑에 체대와 상대가 아무런 식별함 없이 설해진 것에 대해 원효가 그 식별을 해석하고 있는 것은 진여·생멸 이문이 하나로 완전히 화합된 것임을 나타내고 있다고 보아야 할 것이다.

그러나 진여문과 생멸문이 화합한다고 해도 그들이 갖는 독특한 교리적 기능까지 뒤섞이는 것은 아니다. 그런 교리적 기능이 뒤섞이지 않고 독자성을 지니고 있기 때문에, 이문 화합의 대승체大乘體는 이 기능을 통하여 진속원융무애한 활동이 가능해짐을 이미 제6절에서 언급하였다. 다시 말하면 이문 화합의 대승체는 진여문의 평등성과 생멸문의 차별감을 각각 지니고 있다는 것이다. 그런데 흥미롭게도 『기신론』은 이문이 화합되어 있다는 뜻을 표시해 준 다음(위의 글), 곧이어 그 화합체和合體에 평등성과 차별감이 병존하고 있음을 문답 형식으로 밝혀 주고 있다.

問曰, 上說眞如其體平等, 離一切相. 云何復說體有如是種種功德. 答曰, 雖實有此諸功德義, 而無差別之相, 等同一味, 唯一眞如. ⓐ 此義云何. 以無分別, 離分別相, 是故無二. ⓑ 復以何義得說差別. 以依業識生滅相示.[100]

---

98) 馬鳴, 같은 책, 76쪽.
99) 元曉, 『大乘起信論疏』, 76쪽.
100) 馬鳴, 『大乘起信論』, 76쪽.

원효는 이 답 중에서 ⓐ의 글은 '차별지무이差別之無二'의 뜻을 밝힌 것이고, ⓑ의 글은 '무이지차별無二之差別'의 뜻을 밝힌 것이라고 풀이한다.[101]

　　이문이 화합된 대승체 속에서 이 두 교리적 기능은 서로 작용하여 진속원융무애한 활동을 일으키는데(제6절), 『기신론』은 그 두 교리적 기능을 설해 준 다음 곧이어 '부차진여용자復次眞如用者'라고 하여 용대를 설해 주고 있는데, 이것도 그런 이론적 순서(제6절)에 잘 상응하고 있는 것이다. 그 중에서 특히,

　　ⓐ 以有如是大方便智, 除滅無明, 見本法身. ⓑ 自然而有不思議業種種之用, 卽與眞如等徧一切處.[102]

는 그러한 자연업自然業이 일어나는 지점(ⓐ文)과 그와 함께 진여가 속俗으로 나오는 뜻(ⓑ文)과 잘 상응하고 있다. 생멸문이 이렇게 업을 일으켜도 진여의 '염정통상'의 뜻이 화합해 있으므로 염정차별을 느낄 수 없음은 물론이다. 『기신론』이

　　又亦無有用相可得. 何以故. 謂諸佛如來, 唯是法身智相之身, 第一義諦, 無有世諦境界.[103]

라는 뜻과 잘 상응하고 있으며, 원효는 이 대목을 '무상이수연無相而隨緣'의 '용용'을 밝힌 것이라고 주석하고 있다.[104]

　　『기신론』은 이 용대를 두 가지로 갈라 범부凡夫·이승二乘이 분별사식分別事識(意識)에 의하여 보는 바를 '응신應身'이라고 하고 초발의보살初發

---

101) 元曉, 『大乘起信論疏』, 76쪽.
102) 馬鳴, 『大乘起信論』, 77쪽.
103) 馬鳴, 같은 책, 같은 곳.
104) 元曉, 『大乘起信論疏』, 77쪽.

意菩薩로부터 구경지보살究竟地菩薩이 업식業識에 의하여 보는 바를 '보신報身'이라고 말하고 있다.

이상의 고찰을 통해 우리는 『기신론』의 '삼대三大'설은 제6절에서 생각해 보았던 진속원융무애의 성립 이론에 잘 상응하고 있음을 본다. 따라서 특히 『기신론』의 '삼대'설에는 그런 뜻이 있다고 말할 수 있다. 그러나 그 뜻이 그에 이르는 '이론적 과정'으로서가 아니라 그런 이론적 과정을 거쳐 도달되는 '논리적 결과'로서 제시되어 있다고 할 수 있다. 『기신론』은 이 삼대를 대승의 '의義', 즉 종교적 목적(artha)으로 삼고 있다. 그러기에 입의분에서

一切諸佛本所乘故. 一切菩薩皆乘此法, 到如來地故.[105]

라고 하고 있으며, 해석분에서는

復次顯示從生滅門, 卽入眞如門.[106]

이라고 하여 생멸문으로부터 진여문에 수순득입隨順得入하는 방법을 총설하고 있다. 『기신론』에 '진속원융무애'의 뜻은 이론적 성립 과정으로서가 아니라 그러한 이론 과정을 거쳐 얻어지는 논리적 결과, 즉 '삼대'의 설로서 설해져 있음은 그것이 이렇게 종교적 목적이 되어 있는 데서 온 것이 아닐까?

『기신론』의 제3 해석분은 ① 현시정의顯示正義 ② 대치사집對治邪執 ③ 분별발취도상分別發趣道相의 세 부분으로 구성되어 있는데, ① 현시정의는 여기에서 그치고, 곧 ② 대치사집과 ③ 분별발취도상이 따르고 있다. 이들은 '종생멸문從生滅門, 즉입진여문卽入眞如門'의 방법과 수행 단계를 자세히 분별해 주고 있다고 할 것이다. 다시 말하면 대승의 '대의大義'에 이

---

105) 馬鳴, 『大乘起信論』, 16쪽.
106) 馬鳴, 같은 책, 79쪽.

어 '승의乘義'를 설명해 주고 있다는 것이다. 이에 대한 소개는 생략하거니와, 여기에서 한 가지 우리의 주의를 끄는 점은 "從生滅門卽入眞如門"이라는 그 구절이다. 생멸문에서 진여문으로 들어간다는 말에는 진여문에서 생멸문으로 나온다는 뜻이 예상된다. 따라서 그 구절은 『기신론』에도 이문화합에 의한 진속원융무애의 뜻이 있음을 엿보게 하여 주는 것이다.

8. 해동소 종체문의 음미

원효는 『기신론』을 해석함에 있어서 ① 종체宗體 ② 제명題名 ③ 소문消文의 순서로 하고 있는데, 이 중에서 종체는 원효가 보고 있는 『기신론』에서 가장 본질적인 뜻이 총결되는 곳이므로 원효의 기신론학을 살피는 데에 가장 중요한 부분이라고 할 수 있을 것이다. 그 맨 처음에 '대승의 체'를 밝혀 주는 일단의 문장이 있는데, 여기에는 진여·생멸 이문이 화합하여 불가사의한 대승의 묘체妙體를 이루어 진에서 속으로, 속에서 진으로 실로 '원융무애'하게 생동하고 있다. 이제 이 일단의 문장을 음미해 보고자 하지만, 나와 같은 천식淺識으로는 그 원숙한 종교적 경지, 그 초절超絶한 필치는 도저히 다할 도리가 없다. 그러므로 그 속에 깃든 이론적인 면만을 잠깐 살펴보는 데에 그치고자 한다.

1) 대승의 종교적 경지(『大乘起信論疏』)

문제의 종체문에는 『기신론별기』가 따르고 있으므로 먼저 『기신론소』의 문장부터 살펴보고자 한다. 그 전문을 소개하면 다음과 같다.

ⓐ 然夫大乘之體也. 蕭焉空寂, 湛爾沖玄. ⓑ 玄之又玄之, 豈出萬像之表. 寂之又寂
之, 猶在百家之談. ⓒ 非像表也五眼不能見其軀. 在言裏也. 四辯不能談其狀. ⓓ 欲
言大矣. 入無內而莫遣. 欲言微矣. 苞無外而有餘. ⓔ 引之於有, 一如用之而空. 獲之
於無, 萬物乘之而生. ⓕ 不知何以言之. 強號之謂大乘.107)

이 종체문에서 "然夫**大乘**之爲**體**也. 蕭焉空寂, 湛爾沖玄"(ⓐ文)은 진여문
과 생멸문이 비일비이의 관계로 화합하여 대승의 체를 이룸을 나타내고
있다. 진여문은 일체의 분별과 언설을 떠났으므로 '소언공적蕭焉空寂'이라
고 할 수 있고, 생멸문은 불생불멸(自性淸淨心)이 거체동擧體動(隨緣)하여
생멸을 지으므로108) '담이충현湛爾沖玄'이라고109) 할 수 있기 때문이다.
이 구절을 잇는 다음 문장(ⓑ文)은 이문 화합의 대승체가 진에서 속으로
나오고, 속에서 다시 진으로 들어가 진속원융무애함을 나타낸다고 볼 수 있
다. 그 가운데 "玄之又玄之, 豈出萬像之表"는 위의 글 '담이충현'(生滅門)을
이어 그것이 지극하여(玄之又玄之) 다시 진에 들어가고, "寂之又寂之猶在百
家之談"은 위의 글 '소언공적'(眞如門)을 이어 그것이 지극하여(寂之又寂之)
다시 속에 나옴(猶在百家之談)을 뜻하는 것으로 생각되기 때문이다.110) 특히
'현지우현지玄之又玄之'와 '적지우적지寂之又寂之'라는 말투는 원효의

約空義亦得作有. 何者, 若空定是空, 應不能作有. 而**是空亦空, 故得作有**.111)

---

107) 元曉, 『大乘起信論疏』, 3쪽.
108) 元曉, 같은 책, 27쪽, "自性淸淨心, 名爲如來藏, 因無名風, 動作生滅."
___, 같은 책, 28쪽, "不生滅心, 擧體而動."; etc.
109) 生滅門을 '玄'으로 파악하는 예는 『大乘起信論』元曉疏의 다음과 같은 구절에서도
엿볼 수 있다. "今此論者 ⓐ 旣智旣仁 ⓑ 亦玄亦博 ⓒ 無不立而自遣 ⓓ 無不破而還許
ⓔ 而還許者 顯彼往者往極而徧立 ⓕ 而自遣者明此與者窮與而奪(元曉, 『大乘起信論
別記』, 4쪽) 이 문장에서 '今此論者'는 『大乘起信論』을 가리키고, ⓐⓓⓔ의 글은 진여
문에 해당되고, ⓑⓒⓕ의 글은 생멸문에 해당된다.
110) 元曉, 『大乘起信論別記』, 4쪽, "今此論者……而還許者, 顯彼往者往極而徧立. 而自
遣者, 明此與窮與而奪."
111) 元曉, 같은 책, 21쪽.

에서 볼 수 있는 '공역공空亦空'과 매우 상통함을 볼 수 있다. 따라서 '玄之又玄之'는 '현玄한 것이 다시 현하니'라는 말과 같고 '寂之又寂之'는 '적寂한 것이 다시 적하니'와 같다. 이것은 재부정을 통한 긍정과 같은 논리로 해석할 수 있는 것이다. 이럴 경우, 생멸문의 '현玄'은 다시 '현'하면 진에 들어갈 수밖에 없고, 진여문의 '적寂'은 다시 '적'하면 속에 나올 수밖에 없는 것이다.

생멸문이 이렇게 현하고 다시 현하여 만상萬像의 겉에 나타나지 않으므로, 다시 말하면 진眞에 들어가므로 오안五眼[112]으로도 그 몸을 볼 수 없고, 진여문이 적하고 다시 적하여 오히려 백가百家의 말속에 있으므로, 다시 말하면 속俗에 나오므로 사변四辯[113]으로도 그 모양을 표현할 수 없음(ⓓ文)은 물론이다.

따라서 그것을 '대승大乘'이라고 부르고 있지만, 사실은 그럴 수 없는 것이다. '대大'라고 하려니, '무내無內'에 들어가 남음이 없고, '미微'라고 하려니 '무외無外'를 감싸 남음이 있기 때문이다(ⓓ文)(大義). '무내'는 내內가 없을 만큼 미微한 것을 의미하고, '무외'는 외外가 없을 만큼 대大한 것을 의미할 것이다. 또 그것을 '유有'에 끌어오려고 하니 한결같이 사용해서 '공空'하고 '무無'로 보려고 하니 만물이 그것을 '승乘'하고 나온다(ⓕ文)(乘義). 이것을 도대체 어떤 말로 불러야 할까? 억지로 말을 하자니 '대승'인 것이다.

이와 같이 원효의 『기신론소』 종체문에는 진여·생멸 이문이 화합하여 불가사의한 대승의 체를 이루어 그것이 진에서 속으로, 속에서 진으로 원융무애하게 생동하고 있는 대승의 종교적 경지가 원숙한 필치로 묘사되어 있는 것이다. 『기신론』 삼대설에 대한 '대의大義'와 '승의乘義'가 각각 대

---

112) 五眼은 肉眼·天眼·慧眼·法眼·佛眼을 가리킴.
113) 四辯은 法·義·辭·辯(樂說)의 四無碍辯을 가리킴.

승의 종교적 목표(果)와 그에 이르는 수단(因)으로 분별되어 있었다. 그런데 여기에서 대의와 승의까지도, '대大에서 미微, 미에서 대로'(大義), '유有에서 무無, 무에서 유로'(乘義) 전개되어 진속원융무애한 종교적 경지 속에 일체가 되어 있음을 본다.

2) 불교와 국가와의 관계(『大乘起信論別記』)

원효는 이 종체문에 다시 다음과 같은 『기신론별기』를 붙이고 있다.

ⓐ 其體也, 曠兮其若太虛而無其私焉. 蕩兮其若巨海而有公焉. ⓑ 有至公故, 動靜隨成. 無其私故, 染淨斯融. ⓒ 染淨融故, 眞俗平等. 動靜成故, 昇降參差. ⓓ 昇降差故, 感應路通. 眞俗等故, 思議路絶. ⓔ 思議路絶故, 體之者乘影響而無方. 感應路通故, 祈之者超, 名相而有歸. ⓕ 所乘影響, 非形非說. 旣超名相, 何超何歸. 是謂無理之至理, 不然之大然也.[114]

우선 술어만 봐도 종체문이 문학적이었다면, 이 『기신론별기』는 이론적이라는 것을 쉽게 느낄 수 있다. 동정動靜·염정染淨·진속眞俗과 같은 불교 술어가 빈출하고 이론이 까다롭게 진행되고 있는 인상을 주는 것이다. 그러나 무엇보다도 우리의 관심을 끄는 것은, 종체문이 대승의 순수한 종교적 경지를 표현한 것이었다면, 『기신론별기』는 '무사無私'·'지공至公'과 같은 술어에서 느낄 수 있는 바와 같이 국가 의식이 작용하고 있다는 점이다.

『기신론별기』의 문장 구조를 보면(ⓐ에서 ⓔ까지), 앞의 글의 말구末句를 후문後文의 머리에 두는 승체법承遞法을 써서 『기신론소』 종체문의 ⓐ와 ⓑ 글 사이에서 볼 수 있는 바와 같은 형식을 띠고 있고, 또 각 문장은 자체

---

114) 元曉, 『大乘起信論別記』, 3~4쪽.

안에서 진여문에서 생멸문, 생멸문에서 진여문의 순서로 어구가 배치되어 있다. 이것은 『기신론소』의 종체문에서처럼 문장 구조상으로도 '원융'의 뜻을 표현하려고 애쓰고 있음을 나타낸다고 할 것이다.

『기신론별기』의 문장이 이렇게 빙빙 도는 구조를 갖고 있어 내용을 파악하기 어렵기 때문에 이제 그들의 계통을 찾아 갈라보면 다음과 같은 두 갈래가 된다.

大乘體 ─┬─ (1) ⓐ 曠兮其若太虛而無其私 → ⓑ 染淨斯融 → ⓒ 眞俗平等 →
        │   ⓓ 思議路絶 → ⓔ 體之者乘影響而無方 (不然之大然)
        └─ (2) ⓐ 蕩兮其若巨海而有至公 → ⓑ 動靜隨成 → ⓒ 昇降參差 →
              ⓓ 感應路道 → ⓔ 祈之者超名相而有歸 (無理之至理)

대승의 체를 이루고 있는 이 두 갈래 부분에서 (1)의 "曠兮其若太虛而無其私" ⓐ는 진여문에 해당되고, (2)의 "蕩兮其若巨海而有至公" ⓐ는 생멸문에 해당됨을 쉽게 느낄 수 있다. 진여문은 주로 허공에 비유되고, 생멸문은 주로 바닷물에 비유되기 때문이다.[115]

그리고 이 이문의 ⓑ에서 ⓔ에 이르는 과정에 포함된 불교 술어들은 제6절에서 생각해 보았던 진속원융무애의 이론적 과정을 이끄는 바가 있다.[116] 먼저 진여문에 대해서 생각해 보면, '염정사융染淨斯融' ⓑ는 진여문이 그의 본령本領에서 그 평등성平等性이 강성해진 것이고, '진속평등眞俗平等' ⓒ는 이렇게 강성해진 진여문이 생멸문에 작용하여 그 차별감을 타파한 것이고, '사의로절思議路絶' ⓓ는 차별감이 타파됨으로써 생멸문이 부사의업不思議業을 일으킨 것이고, '체지자승영향이무방體之者乘影響而無方'

---

115) 元曉, 『大乘起信論疏』, 27쪽, "不生不滅者, 是上如來藏. 不生滅心, 動作生滅, 不相捨離, 名與和合. 如下文言, 如大海水, 因風波動."
116) 제6절 < > 괄호 내 참조.

ⓔ는 이와 함께 진여문이 속으로 나오게 된 것으로 볼 수 있을 것이다.

다음에 생멸문에 대해서 생각해 보면, '동정수성動靜隨成' ⓑ는 속俗이 생멸문의 본령이므로 진여문의 평등성이 약화되고 생멸문의 차별성이 강성强盛해진 것이고, '승강참차昇降參差' ⓒ는 이렇게 강성해진 생멸문이 진여문에 작용하여 그에게 차별의差別義를 준 것이고, '감응로통感應路通' ⓓ는 진여문이 그 뜻을 실천에 옮긴 것이고, '기지자초명상이유귀祈之者超名相而有歸' ⓔ는 이와 함께 생멸문이 진에 들어간 것이라고 볼 수 있을 것이다.

이렇게 생각해 볼 때, 『기신론별기』 ⓐ의 글은 소종체문疏宗體文의 ⓐ의 글에 대응하고, ⓑ에서 ⓔ에 이르는 글은 소종체문의 ⓑ의 글에 대응한다고 할 수 있다. 그러나 소종체문이 진여·생멸 이문을 '공적空寂'과 '충현沖玄'으로 파악하고 있는 데에 대해서, 『기신론별기』는 그것을 '무사無私'와 '지공至公'으로 파악하고 있다는 점은 크게 주목해야 한다. 왜냐하면 그렇게 됨으로써 진여문이 속(생멸문)에 나오면 '무사'는 '지공'에 직결되어 무사봉공無私奉公과 같은 강력한 사회 참여의 뜻을 표시하기 때문이다. 이렇게 보니, 생멸문의 '감응로통感應路通', '기지자초명상이유귀祈之者超名相而有歸'와 같은 어휘에도 심상치 않은 뜻이 느껴진다. 그것은 위정자(至公)는 마땅히 명상名相을 떠난 순수한 마음으로 홍국興國의 종교인 불법에 귀의할 것이 표현되기 때문이다.

그러나 불교는 국가와 사회에 과연 어떤 공헌을 하고, 국가는 불교에 어떤 도움을 주느냐와 같은 문제의 진정한 뜻은 언설로는 도저히 말할 수 없고, 범인의 상식으로는 도저히 알 수 없는 것이다. 이것은 자칫하면 불교와 국가는 서로 아무런 도움이 되지 않는다는 사견을 일으킬 우려까지 있다. 따라서 『기신론별기』는 이런 천박하고 위험한 사견을 깨우치기라도 하려는 듯이 "是謂無理之至理(2) 不然之大然也(1)"라는 말로 끝을 맺고 있다(ⓕ

文). 종체문이 진속원융무애한 대승의 순수한 종교적 경지를 표현한 것이라면, 『기신론별기』는 그 이론을 국가 사회에 적용시킨 것이라고 볼 수 있을 것이다.

9. 결론

원효는 "今論所術楞伽經等, 通以二門, 爲其宗體"[117]라는 말을 하고, 또 생멸문의 아려야식阿黎耶識이 화합식으로 된 데에 대해서 "今此論者, 依楞伽經, 爲治眞俗別體之執"[118]이라는 말을 하고 있는데, 그는 분명히 진속을 문제로 하는 입장에서 『기신론』을 보고 있었다.

중관(眞如)·유가(生滅)의 두 대승 철학은 본령·통별·생의·술어 등의 면에서 대립적인 차별 현상을 나타내고 있을 만큼 본질적인 교리차를 갖고 있으므로 상호 대립하여 쟁론을 일으키지 않을 수 없는 상태에 있다(二門對立). 그러나 그들의 교리가 아무리 그렇게 다르다고 하더라도 중생심을 종교적 대상(法)으로 삼고 있다는 점에서는 다를 수가 없을 것이다(一心二門). 『기신론』은 이 점을 밀고 나가 그들의 대립적 장애 요인을 타파하여 상호 융통한 것이 되게 하고 있다(二門各攝一切). 따라서 상호 융통하게 된 진여(中觀)·생멸(瑜伽) 이문은 심원心源의 지점에서 화합하여 체·상·용 삼대를 이루는 것이다. 『기신론』은 이 삼대를 대승의 종교적 목적(義: artha)으로 삼고 있다.

원효의 『기신론소』 종체문은 그의 『기신론』 연구가 총결된 것이라고 볼 수 있겠는데, 여기에는 진여문(體大)과 생멸문(相大)이 비일비이의 관계로

---

117) 元曉, 『大乘起信論別記』, 21쪽.
118) 元曉, 같은 책, 29쪽.

화합하여 불가사의한 대승의 체를 이루고, 진에서 속으로 속에서 진으로 원융무애하게 생동하고 있다(用大). 이 경지를 '진속원융무애眞俗圓融無碍'라고 부르는 것은 참으로 적절할 것 같다. 그의 『기신론별기』에는 이것이 한 걸음 더 나아가 국가적 적용을 보여 주고 있다. 따라서 종체문이 대승의 순수한 종교적 경지를 보인 것이라면, 『기신론별기』는 불교와 국가와의 관계를 밝힌 원효의 이론이라고 말해도 좋을 것이다.

원효는 종래의 『기신론』 주소가註疏家[119]들에 대해서 다음과 같은 평을 하고 있다.

> 以此論意趣深邃, 從來釋者尠少具其宗. 良由各所習而牽文, 不能虛懷而尋旨, 所以不近論主之意. 或望源而迷流. 或把葉而亡幹. 或割領而補袖. 或折枝而帶根. 今直依此論文, 屬當所述經本, 庶同趣者, 消息之耳.[120]

여기에서 우리는 원효의 넘치는 듯한 자신감을 읽을 수 있으며, 실로 그를 『기신론』의 재발견자라고도 해도 좋을 것 같다. 그러나 그는 단순히 『기신론』을 주석하는 데에 그치지 않고, 이문대립 · 진속차별과 같은 불교의 가장 심각한 문제를 타개한 이론을 발전시키는 일에 『기신론』의 힘을 합하고 있다. 그의 견해가 이따금 『기신론』과, 특히 심식설에서, 달라지는 듯 보이는 것도 이처럼 원효가 적극적인 태도를 취했기 때문일 것이다.

원효의 '진속원융무애관'은 제일의제(眞如門)적 '진속평등'이나 아려야화합식(生滅門)의 '심체무이心體無二'와 같이 결코 그렇게 단순한 것이 아니다. 진여 · 생멸 이문의 화합에 의하여 어느 일문에 의한 교리적 결함을

---

119) 원효 이전의 『大乘起信論』 주석으로서 현존하고 있는 것은, 『一心一門大意』 1권(梁 智愷, 『續藏經』 71), 『大乘起信論疏』 3권 혹은 2권(隋 曇延, 『續藏經』 71), 『大乘起信論義疏』(隋 慧遠, 『大正新修大藏經』 권44)이다. 이 중에서 曇延疏는 元曉疏와 상당히 가까운 모양이다.(高峰了州, 『華嚴思想史』 140~144쪽)

120) 元曉, 『大乘起信論疏』, 5쪽.

이론적으로 완전히 해결해 놓은 것이다. 진속의 가치 문제가 아직도 문제되고 있는 오늘날, 우리는 원효의 '진속원융무애' 철학에서 배울 바가 많다. 이런 뜻에서 원효의 불교 철학은 앞으로 철저하게 밝혀질 필요가 있고, 이 논문은 그것을 위한 시론에 불과하다.

원효의 삼세 · 아라야식설의 창안

은 정 희

1. 서언

인도의 대승불교 후기에 나타난 『대승기신론』(*Mahāyānaśraddhotpāda*
śāstra)[1]이 중국 수나라 개황開皇 연간(A. D. 550년경)에 진제眞諦(Paramārtha)
에 의하여 역출譯出된 이래 중국, 한국, 일본의 불교사상사에 매우 커다란
영향을 끼쳤음은 새삼 운위할 필요도 없을 것이다. 이『대승기신론大乘起
信論』에 대한 중국, 한국, 일본 학자들의 주석서, 해설서, 기타 연구 논문은
『기신론』이 출현한 이후 오늘날까지 수백 편에 이르고 있으며,[2] 그 중에서
도 우리 나라 신라 시대 원효元曉(Wonhyo: 617~686)의 『대승기신론소大乘
起信論疏』(併『大乘起信論別記』)는 수나라 혜원慧遠(Hui-yüan: 523~592)의
『대승기신론의소大乘起信論義疏』 및 당나라 법장法藏(Fa-tsang: 643~712)
의 『대승기신론의기大乘起信論義記』와 더불어 『기신론』에 관한 삼대소三

---

1) 이하『起信論』이라 略稱한다.
2) 望月信亨의『講述大乘起信論』, 49~68쪽, 平川 彰의『大乘起信論』, 403~413쪽 참조.

大疏로 알려져 있음은 주지의 사실이다. 원효는 이『기신론』에 대하여『대승기신론소』2권,『대승기신론별기大乘起信論別記』1권 외에『대승기신론종요大乘起信論宗要』1권,『대승기신론대기大乘起信論大記』1권,『대승기신론요간大乘起信論料簡』1권,『대승기신론일도장大乘起信論一道章』1권,『대승기신론이장장大乘起信論二障章』1권 등 도합 7종의 저술을 낼 정도로3) 깊은 관심을 기울였을 뿐만 아니라 또한 그의 탁월한 기신론관은 일본 학자 橫超慧日로 하여금 "원효는『기신론』으로 불교 교리를 종괄綜括하였으며, 그런 의미에서 원효의 불교를 기신론종起信論宗이라 해도 좋다"4)는 찬사까지 일으키게 하였다.

저 법장이 그의『기신론의기』에서『기신론』의 분과分科와 어구의 해석에 관하여 원효의 창안을 거의 그대로 답습하고 있으면서5) 기신론을 여래장연기종설如來藏緣起宗說로 판석判釋하고 있음에 비하여, 원효는 법장의 판석과는 달리 기신론을 중관종中觀宗(Madhyamika School)과 유가종瑜伽宗(唯識, Yogācarā School)의 지양·종합설로 보았다.6) 원효의 중관·유식설의 주장은 기신론의 일심이문一心二門의 구조 및 이문二門 즉 심진여문心眞如門과 심생멸문心生滅門의 불상리성不相離性, 나아가 불생멸不生滅과 생멸生滅의 화합식和合識인 아라야식阿黎耶識의 각의覺義와 불각의不覺義 이의二義의 불상리성 내지 화합의 관계에 의하여 충분히 그 타당성을 입증할 수 있으며, 화엄가華嚴家의 관견管見 내지 이용에 의한 여래장연기종설에 비하여 일층 공정성을 견지하고 있음은 물론이다.

그런데 원효는 그의『기신론소起信論疏·별기別記』에서『기신론』본문

---

3) 望月信亨의『講述大乘起信論』, 49~50쪽. 이 중 현존하는 것은『大乘起信論疏』2권과『大乘起信論別記』1권, 이 2종뿐이다.
4) 橫超慧日의「元曉の二章義について」,『東方學報』11책(東方文化學院, 昭和 15년).
5) 平川 彰의『大乘起信論』, 399쪽.
6) 이 점에 대하여는 졸고,「원효의 中觀·唯識說」,『서울교육대학 논문집』18집(1985. 6) 참조

에 명시되어 있지는 않지만 무명불각無明不覺에 의하여 심체心體가 동動하는 무명업상無明業相(Karmalakṣaṇa), 심체의 동動함에 의하여 주관적 견해가 시작되는 전상轉相(Pravṛttilakṣaṇa), 주관적 견해에 의하여 객관 세계가 나타나게 되는 현상現相(Khyātilakṣaṇa)의 삼세三細를 아라야식위阿黎耶識位에 있다고 주장하고 있다. 이러한 그의 삼세·아라야식설의 창안創案은 원효의 『기신론』 해석의 탁월한 우위성을 드러내 주는 독창적인 것이며, 또한 그의 『기신론』에 대한 중관·유식설의 입장을 보강해 주는 것이기도 하다. 더욱이 이 삼세·아라야식설은 기신론상에서 상구보리上求菩提 하화중생下化衆生, 자리이타自利利他의 불의佛意를 천명함에 있어 중요한 관건이 되고 있다. 본고에서는 원효의 삼세·아라야식설의 내용 및 그 근거, 삼세·아라야식의 염정染淨 전개, 삼세·아라야식의 귀원歸源을 밝힘으로써 원효의 삼세·아라야식설의 창안을 밝혀 보고자 한다.

2. 삼세·아라야식설

1) 아라야식(Ālayavijñāna)의 두 가지 의미

『기신론』에서 "일심법一心法에 의하여 심진여문心眞如門과 심생멸문心生滅門의 이문二門이 있으며, 이 이문은 다 각기 일체법一切法을 총섭한다"[7]고 하고, 이어서 "심생멸心生滅이란 여래장如來藏에 의하여 생멸심生滅心이 있는 것이니, 이른바 불생불멸不生不滅과 생멸生滅이 화합하여 같은 것도 아니고 그렇다고 다른 것도 아닌 것을 이름하여 아라야식(Ālayavijñāna)이라고 한다. 이 아라야식에는 두 가지 뜻이 있으니 각의覺義

---

7) 『大乘起信論疏記會本』 권1, 21쪽 「論」.

와 불각의不覺義이며, 이 아라야식이 일체법을 포괄하고 일체법을 낼 수 있는 것이다"[8]라고 설명하고 있다.

우선 일심법一心法에 심진여문心眞如門과 심생멸문心生滅門의 이문二門이 있다고 한 것은 우리 인간의 마음에 염染·정淨, 선善·불선不善의 양면성이 존재함을 의미하는 것이며, 이는 또한『기신론』이 출현하기 직전 인도의 대승불교 후기에 서로 대립 상태에 있던 중관학파中觀學派와 유가학파瑜伽學派의 주장을 각기 언표한 것이라 할 수 있다. 즉 심진여문이란 주로 일심一心의 자성청정自性淸淨한 면을 밝히고자 하는 중관계의 입장을 대표하는 것이고, 심생멸문이란 일심의 생멸염오生滅染汚한 면을 주로 설명하는 유가·유식계의 입장을 대표하는 것이라 하겠다. 그런데『기신론』에서는 일심 내에 이 이문이 존재함을 말한 뒤에 "이 이문은 다 각기 일체법一切法을 총섭總攝하니 이 뜻이 무엇인가. 이 이문은 서로 여의지 않기 때문이다"[9]라고 하여 이문의 불상리성不相離性을 밝히고 있다.

원효는 심진여心眞如와 심생멸心生滅의 이문二門이 일체법一切法을 총섭한다 함은 앞서『기신론』의 입의분立義分에서 "이 마음(衆生心)이 일체의 세간법世間法(染)과 출세간법出世間法(淨)을 포섭한다"[10]는 말을 부연한 것으로 보았다. 여기서 심心 대신 이문을 대치한 것이므로 일심 즉 중생심衆生心과 이문은 동의어로 사용되었음을 알 수 있는 것이다. 그러면 이 이문이 각각 염染·정淨 제법諸法을 총섭한다는 것은 무엇을 의미하는 것인가. 그것은 바로 이문이 불상리함을 말하는 것이니, 원래 일심의 체體는 본래 청정하여 생멸生滅이 없는 것이지만(淨) 무명無明을 따라서 동動하여 생멸을 짓게 되는 것(染)이며, 생멸을 짓더라도(染) 여래의 성성性 즉 청정한 본성은 그 안에 숨어 있어(淨) 다만 나타나지 않을 뿐이기 때문이다.

---

8) 같은 책, 권2, 8쪽「論」, 12쪽「論」, 14쪽「論」.
9) 같은 책, 권1, 21쪽「論」.
10) 같은 책, 권1, 18쪽「論」.

이 이문의 관계에 대하여 원효는 『기신론별기』에서 또한 미진微塵과 와기瓦器의 관계로 설명하고 있다. 즉 미진이 모든 와기들의 통상通相이어서 통상 외에 따로 와기가 없으며 따라서 와기는 모두 미진에 포섭包攝되는 것처럼, 진여문眞如門은 염정染淨 제법諸法의 통상이므로 통상 이외에 따로 염정 제법이 없으며 제법은 모두 통상에 포섭된다는 것이다. 또 미진성微塵性이 모여 와기를 이루나 항상 미진성을 잃지 않는 까닭에 와기문瓦器門이 곧 미진을 포섭하는 것처럼, 생멸문生滅門이란 선善·불선不善의 인因인 진여眞如가 연緣과 화합하여 염정 제법을 변작變作하는 것으로, 비록 제법을 변작하고 있지만 항상 진성眞性을 잃지 않기 때문에 이 생멸문에서도 역시 진여를 포섭하고 있다고 한다. 이와 같이 진여·생멸의 이문이 서로 융통하여 한계가 구분되지 않기 때문에 다 각각 일체의 리사理事(淨染) 제법을 통섭하는 것이며, 따라서 이문이 서로 떠날 수 없는 밀접한 관계를 가지는 것이라 한다.[11]

다음, 『기신론』에서 "여래장如來藏에 의하여 생멸심生滅心이 있는 것이며, 이는 불생불멸不生不滅의 청정심淸淨心이 생멸하는 염오심染汚心과 화합한 아라야식을 의미하는 것으로 이 아라야식에는 각의覺義와 불각의不覺義의 두 가지 뜻이 있다"[12]고 한다. 원효에 의하면 여래장 즉 자성청정심自性淸淨心이 생멸을 일으키는 것은 무명無明이라는 바람(風)에 의해서이며, 여래장의 불생멸심不生滅心 즉 청정심淸淨心과 이 여래장에 의하여 생긴 생멸심 즉 염오심의 화합이란 바로 불생멸심과 생멸심의 불상리不相離를 의미한다고 한다.[13] 그것은 마치 큰 바닷물이 바람 때문에 파도를 일으키나 수상水相과 풍상風相이 서로 분리될 수 없는 것과 같다는 것이다.[14] 이 때 바닷물이 동動하는 것은 풍상이요 동하는 물의 습기는 수상水

11) 같은 책, 권1, 23쪽 「別記」.
12) 같은 책, 권2, 8쪽 「論」, 14쪽 「論」.
13) 같은 책, 권2, 8~9쪽 「疏」.

相이다. 바닷물 전체가 동하므로 바닷물이 풍상을 여의지 않았고, 또 동한 파도가 습하지 않음이 없으므로 동이 수상을 떠나지 않은 것처럼 불생멸심 전체가 동하므로 불생멸심이 생멸상生滅相을 여의지 않았고, 동하여진 생멸상이 신해神解하지 않은 것이 없으므로 생멸이 심상心相을 여의지 않은 것이며, 이와 같은 불상리를 화합했다고 한다는 것이다.[15] 이처럼 불생멸심 전체가 동動하므로 생멸과 다르지 아니하며, 그러면서도 항상 불생멸성을 잃지 않기 때문에 생멸과 같지 않아 같은 것도 아니고 다른 것도 아니라(非一非異)고 하는 것이다.[16] 불생멸不生滅과 생멸生滅이 화합하여 비일비이非一非異한 상태의 아라야식에는 당연히 각의覺義와 불각의不覺義의 이의二義가 있을 것임은 물론이다.

여기서 아라야식의 각의覺義는 바로 여래장의 불생멸심不生滅心이며, 그 불각의不覺義는 여래장의 불생멸심 즉 자성청정심이 무명의 훈습에 의해 동動하여져 나타난 생멸심生滅心이다. 이와 같이 아라야식이 불생멸不生滅·생멸生滅 즉 각覺·불각不覺의 화합식이기 때문에 이 아라야식을 기점으로 염정染淨의 연기緣起가 가능한 것이며, 따라서 원래는 자성청정한 본각本覺의 상태에서 이제 염법미계染法迷界의 상태로 연기된 우리 범부들이 본래의 깨달음의 상태, 즉 심원心源에로 환멸還滅할 수 있는 것이다. 말을 바꾸면 우리 범부가 미오迷汚한 현실 생활 가운데서 깨달음의 세계로 끊임없이 추구하고 수행함에 의하여 완성된 인격을 이룰 수 있는 것은 바로 이 아라야식의 이의성二義性 때문인 것이다.

이와 같이 『기신론』에서의 아라야식이 불생멸不生滅·생멸生滅의 화합식으로 되어 있는 것은 유식가唯識家에서의 아라야식이 단지 생멸식生滅識이기만 한 것과 크게 다른 점이라 할 수 있다. 만일 아라야식이 생멸식에

---

14) 같은 책, 권2, 9쪽 「疏」.
15) 같은 책, 같은 곳.
16) 같은 책, 같은 곳.

지나지 않는다면 범부 중생들이 심원에 환멸할 수 있는 근거의 설명에 충분치 못함이 있을 것이다. 여기에 불교 이론 발달사에서 생멸식이기만 한 아라야식에 불생멸성不生滅性을 부여한『기신론』이 출현할 수밖에 없는 소이所以가 있다고 본다. 아라야식에 부여한 불생멸성은『기신론』의 구조 상에서 심진여문心眞如門의 설정으로 이미 전제적前提的으로 나타나고 있으며, 이는 또한 마음의 염오染汚한 면만을 주로 연구해 온 유식가에서 마음의 청정한 면을 주로 강조해 온 중관학파의 이론을 도입하지 않을 수 없는 필연성을 웅변하는 것이기도 하다.

  기실『기신론』에서 아라야식의 이의성二義性은 원래 유식계의 소의경론所依經論으로 알려진『능가경』(Laṅkāvatāra-sūtra),『대승밀엄경大乘密嚴經』,『대승장엄경론大乘藏嚴經論』(Mahāyānasūtrālaṃkāra),『유가사지론瑜伽師地論』,『섭대승론攝大乘論』등에서 이미 그 싹이 나타나고 있음을 보게 된다.17) 우선『섭대승론』에서 무착無着(Asaṅga)은 아라야식을 조직적으로 설명하면서 이 아라야식이 잡염雜染·청정법淸淨法의 근본임을 밝히고 있다. 즉 의타기성依他起性을 중심으로 미계迷界에 유전流轉하기도 하고 또 오계悟界에 환멸還滅하기도 하는데, 전자는 변계소집성遍計所執性에 해당된다고 보며, 후자는 원성실성圓成實性을 의미한다고 본다. 이 때 의타기상은 아라야식이 전변轉變한 것이므로 아라야식은 곧 의타기성이다. 그러므로 이 아라야식에 잡염분雜染分인 유전의 인因 즉 종자種子가 있는 동시에 청정분淸淨分인 환멸의 원리도 내포되어 있다고 보는 것이다. 이 때 아라야식은 금金과 토土를 병유並有한 지계地界와 같고, 전칠前七의 망식妄識은 지계 중의 토와 같으며, 진여는 지계 중의 토에 의하여 은폐된 금과 같다고 한다.18)

---

17) 김동화,「佛敎唯心思想의 發達 중 唯識所依經論上의 心識說」(『불교학보』5집) 및「佛敎唯心思想의 發達 중 大乘論部上의 心識說」(『불교학보』6집) 참조
18) 김동화,「佛敎唯心思想의 發達 중 大乘論部上의 心識說」(『불교학보』6집), 11~24쪽.

결국 유식가唯識家에서 생멸식生滅識인 아라야식을 밝히는 데 중점을 두면서도 그 구경究竟의 목적은 아라야식의 실성實性인 자성청정심自性淸淨心을 밝히려는 데 있다고 할 수 있고, 이 점에 있어서는 유식가가 성종性宗, 일승가一乘家와 다를 수 없으며, 바로 이러한 면에서 유식 계열의 경론 자체에서 자성청정 면을 강조하는 내용을 스스로 삽입·발전시키려는 노력을 하지 않을 수 없었다고 본다. 그 중에서도 특히『능가경』은 아라야식에 염정染淨(眞妄) 이의성二義性을 부여하려는 경향이 상당히 농후하여『기신론』의 사상 내용에 가장 많은 영향을 주었다고 할 수 있다.[19] 원효는『기신론소』에서 아라야식의 이러한 이의성은『능가경』에서는 아라야식을 때로는 여래장如來藏과 동일시하여 본각불생멸의本覺不生滅義로, 때로는 여래장과 다르게 보아 생멸불각의生滅不覺義로 표시하고 있어,『기신론』의 저자가『능가경』의 이러한 뜻을 총괄하여 취한 것이라 하고 있다.[20]

요컨대『기신론』의 아라야식의 이의성은 마음의 염染·정淨 양면성 중 각기 그 일면만을 대변하는 유식파와 중관파의 고집 즉 진眞과 속俗을 별체別體로 보려는 편집偏執들을 극복하려는[21]『기신론』본래의 의도가 잘 나타난 것이라 할 수 있고, 원효는 이러한『기신론』본래의 의도를 충분히 의식한 나머지 아라야식의 이의성을 더욱 극명하게 천명하였으니, 이것이 곧 삼세·아라야식설의 주장이다.

<hr />

_____,『大乘佛教思想』(보련각), 285~298쪽.

19) 이는 김동화, 宇井伯壽, 木村泰賢, 勝又俊教, 平川 彰 등 모든 학자들의 공통된 견해이며, 李箕永의「經典引用에 나타난 원효의 獨創性」(『한국불교연구』, 369쪽)에 의하면 원효의『大乘起信論疏』는 慧遠, 法藏의 것과는 달리『楞伽經』의 인용 횟수가 他經論 引用에 비하여 가장 많다.

20)『大乘起信論疏記會本』권2, 13~14쪽「別記」.

21) 같은 책, 10쪽「別記」.

2) 삼세·아라야식의 내용 및 그 근거

아라야식의 각覺·불각不覺의 이의성二義性이 진眞과 속俗을 각기 별개의 존재로 보려는 중관파와 유식파의 편집들을 타파하기 위한 것이라 함은 이미 말하였다. 원효는 이에서 한 걸음 더 나아가 자성청정의 진여심眞如心이 무명無明의 훈습에 의하여 매우 미세한 움직임을 나타내 아직까지 능능·소所가 미분未分인 무명업상無明業相(Karmalakṣaṇa), 이 무명업상의 미세한 동념動念에 의하여 능견能見의 작용은 있지만 아직 소연경상所緣境相은 드러내지 않고 다만 밖으로 향하고 있을 뿐, 경계에 의탁하지 않고 있는 상태의 전상轉相(Pravṛttilakṣaṇa), 이 전상의 능견 작용에 의하여 마치 밝은 거울이 모든 만상萬相을 나타내는 것처럼 경계가 나타나게 되는 현상現相(Khyātilakṣaṇa)의 세 가지 미세한 마음의 작용, 즉 삼세가 아라야식위位에 있음을 강조함으로써 아라야식의 이의성을 설정한 『기신론』의 의도를 한층 더 구체적이며 실증적으로 명시하고 있다.

본래 자성自性이 청정淸淨한 인간의 마음(覺心)이 무명으로 훈습되어 불각심不覺心이 처음으로 기동起動하는 최초의 단계, 즉 비일비이非一非異한 상태를 설명하기 위하여 원효는 우선 『사권능가경四卷楞伽經』의 내용을 일단 인용한다. 즉 "흙덩어리(泥團)와 티끌(微塵)은 다른 것도 아니고 다르지 않은 것도 아니니…… 만약 흙덩어리와 티끌이 다른 것이라면 흙덩어리가 티끌로 이루어진 것이 아니겠지만 실제는 티끌로 이루어진 것이므로 다른 것이 아니오, 만약 다르지 않은 것이라면 흙덩어리와 티끌은 응당 차별이 없을 것이기 때문이다. 이와 마찬가지로 전식轉識과 장식藏識의 진상眞相이 만약 다른 것이라면 장식은 전식의 인因이 아닐 것이며, 만약 다르지 않다면 전식이 멸할 때 장식도 응당 멸할 것이지만 자진상自眞相은 실상 멸하지 않으니, 그러므로 자진상식自眞相識은 멸하는 것이 아니요 다만 업상業相만 멸한다"22)는 것이다. 원효는 이 중에 업식業識이란 무명無明의 힘에 의하여 불각심不覺心이 일어나기 때문에 업식이라 하며, 또 이 업식에 의하여 점차 능견能見하게 되기 때문에 전식轉識이라 하는 것이며, 이 업식과 전식은 둘 다 아라야식의 자리에 있다고 주장한다.23) 또 그는 『기신론별기』에서도 아라야식 내의 생멸하는 견상見相(즉 능견상)을 전식轉識이라 하며, 이 중에 체體를 장식藏識(아라야식)이라 한다고 함으로써 역시 전식이 아라야식 내에 있음을 강조하고 있다.24)

또한 원효는 시각始覺의 네 가지 단계 중 마지막 구경각究竟覺에서 미세념微細念을 여의어 심성을 보게 되는 과정을 설명할 때, 위의 업상과 전상뿐 아니라 현상까지도 아라야식위에 있음을 역설한다. 즉 "생상生相의 세 가지란 첫째는 업상業相이니 무명無明에 의하여 불각不覺의 망념妄念이 움직여 생멸生滅이 일어나지만, 이는 아직 주主·객客이 미분된 상태로서 마치 아직 오지 않은 생상生相이 장차 막 작용하려는 때에 이른 것과 같다. 둘째는 전상轉相이니 동념動念에 의하여 다음에 능견能見을 이루는 것을 말하며, 이는 마치 아직 오지 않은 생상이 막 작용하는 때에 이른 것과 같다. 셋째는 현상現相이니 능견에 경상境相(客觀世界)을 나타내는 것을 말하며, 이는 마치 아직 오지 않은 생상이 현재시現在時에 이른 것과 같다"25)고 하여 미세념인 생상의 세 가지 양태를 설명하고 있다. 이어서 "무명無明이 이 삼상三相과 화합하여 일심一心의 체體를 움직여 전상轉相에서 현상現相에 이르는 것은 이제 대승大乘 중에서 여래장심如來藏心이 생

---

22) 같은 책, 권2, 9쪽「疏」.
   『楞伽經會譯』上(한국정신문화연구원 刊), 114~115쪽.
23) 『大乘起信論疏記會本』, 권2, 10쪽「疏」.
24) 같은 책, 권2, 10쪽「別記」. 바로 이어서 아라야식이 제7식과 더불어 生함을 轉減相이라 한다는 10卷『楞伽經』의 말을 인용, 역시 轉相이 아라야식에 있음을 주장한다.(같은 책, 권2, 10쪽「疏」)
25) 같은 책, 권2, 19쪽「疏」.

상생상相에서 현상에 이르는 뜻과 똑같으며, 이 셋은 아라야식 자리에서 가지는 차별이다"[26]라고 하여 업상業相, 전상轉相, 현상現相의 세 가지가 아라야식위에 있음을 분명히 말하고 있다.

다시 『기신론소기회본起信論疏記會本』 권3에서 원효는 아라야식의 불각의不覺義에 의하여 세 가지 미세한 상相, 즉 무명업상無明業相, 능견상能見相, 경계상境界相이 생기는 과정을 나타내는 『기신론』 본문을 해설하면서 이세 가지 미세한 상이 아라야식위에 있다는 것을 먼저 명언明言한 후[27] 이어 『기신론소』에서 "이 업상業相이 비록 무명無明에 의하여 동념動念이 있으나지극히 미세하여 능能·소所가 미분이며…… 이는 업상에 의하여 본식本識을 나타내는 것이다. 두 번째 능견상能見相이란 곧 전상轉相이니 앞의 업상에 의하여 능연能緣의 작용을 하게 되지만 아직 소연경상所緣境相은 드러내지 않고 다만 밖으로 향하고 있을 뿐이니, 왜냐하면 경계에 의탁하지 않기 때문이다.…… 이는 전상에 의하여 본식本識을 나타내는 것이다. 세 번째 경계상境界相이란 곧 현상現相이니 앞의 전상에 의하여 경계를 나타낸다. 이는 『사권능가경』에서 '비유하면 밝은 거울이 모든 색상色像을 나타내는 것처럼 현식現識의 자리에서도 이와 같다'고 한 말과 같으며…… 이는 현상에 의하여 본식을 나타내고 있다. 이처럼 현상이 이미 본식에 있는데 어찌 현상의 근본인 전상, 업상이 도리어 제6식이나 제7식 중에 있다고 말하겠는가"[28]라고 하여 역시 삼세가 아라야식위에 있음을 주장한다.

원효가 그의 『기신론소·별기』를 통하여 무려 14곳[29]에서 주장하고 있

---

26) 같은 책, 권2, 20쪽 「疏」.
27) 같은 책, 권3, 7쪽 「別記」.
28) 같은 책, 권3, 8~9쪽 「疏」.
29) 같은 책, 권2, 9쪽 「疏」.
   같은 책, 권2, 10쪽 「別記」.
   같은 책, 권2, 10쪽 「疏」.
   같은 책, 권2, 20쪽 「疏」.
   같은 책, 권3, 7쪽 「別記」.

는 이 삼세·아라야식설은 중국의 법장이 그의 『기신론의기』에서 그대로 따르고 있는 반면, 일본의 望月信亨은 그의 『강술대승기신론講述大乘起信論』에서 원효와 법장 이사二師가 삼세를 아라야식위에 둔 것은 본말불각本末不覺을 혼동한 것이라고 비판하면서 본각本覺과 근본불각根本不覺만을 아라야식위에 두고 있다.[30] 원효는 『기신론소기회본』 권2에서 만약 아라야식상阿黎耶識相의 차별에 의하여 본말本末을 구분하는 점에서 본다면 아라야식 중에는 오직 본각本覺과 본불각本不覺(즉 根本無明)이 있을 뿐이지만, 아라야식의 체體가 둘이 아니어서 말末을 포괄하여 본本에 귀결시키는 점에서 본다면 저 시각始覺과 지말불각枝末不覺도 아라야식 내의 뜻이 되는 것이라고 한다. 그리하여 『기신론』에서 "이 아라야식에 두 가지 뜻이 있다"[31]고 한 것은 이러한 두 가지 뜻을 다 포함한 것이며, 그렇기 때문에 『기신론』 본문에서 본각本覺과 시각始覺의 이각二覺과 근본根本·지말枝末 이불각二不覺의 뜻을 다 들고 있는 것이라고 한다.[32] 이러한 원효의 견해는 望月信亨의 주장을 포용하고 있으면서 한 걸음 더 나아가 삼세가 아라야식위에 있음을 밝히려고 하는 것이다.

원효의 창안인 이 삼세·아라야식설은 『기신론』의 본문에 명시되어 있는 것은 아니다. 그렇다면 그는 어떤 근거에 의하여 삼세를 아라야식위에

같은 책, 권3, 8쪽 「疏」.
같은 책, 권3, 9쪽 「疏」.
같은 책, 권3, 9쪽 1행 「別記」.
같은 책, 권3, 9쪽 5행 「別記」.
같은 책, 권3, 9~10쪽 「疏」.
같은 책, 권3, 18쪽 「疏」.
같은 책, 권3, 19쪽 「疏」.
같은 책, 권3, 19쪽 「別記」.
같은 책, 권4, 10~11쪽, 17쪽.
30) 望月信亨, 『講述大乘起信論』, 147쪽, 153쪽.
31) 『大乘起信論疏記會本』, 권2, 12쪽 「論」.
32) 같은 책, 권2, 16쪽 「別記」.

두고 있는 것인가. 이 문제를『기신론』본문을 통하여 구명해 보고자 한다.

『기신론』은 그 수염본각장隨染本覺章에서 지정상智淨相을 설명하면서 "법력法力의 훈습에 의하여 여실히 수행하여 방편을 만족하게 하기 때문에 화합식상和合識相을 깨뜨리고 상속심상相續心相을 없애어 법신法身을 나타냄을 말함이니 이는 지혜智慧가 순정淳淨하기 때문이다"[33]라고 하며, 한편 시각始覺 중의 마지막 단계인 구경각究竟覺에 대하여 "보살지菩薩地가 다한 사람은 방편을 만족하게 하여 일념一念이 상응하고 마음의 처음 일어나는 상相을 깨달아 마음에 초상初相이 없으니 이는 미세념微細念을 멀리 여의었기 때문이며 심성心性을 보게 되어 마음이 곧 상주常住하니 이를 구경각究竟覺이라 이름한다"[34]고 말한다.

여기서 화합식상和合識相을 깨뜨리고 상속심상相續心相을 없앰으로써 법신法身 즉 불생불멸不生不滅의 본성이 나타나게 되는 상태인 지정상智淨相은 미세념을 멀리 여읨으로써 마음에 초상이 없어지고 바로 그 심성을 보게 되는 구경각의 경지와 사실상 하등의 차이가 없는 경지이다. 따라서 화합식상을 깨뜨리고 상속심상을 없앤다는 것과 미세념을 멀리 여읜다는 것과는 동일한 내용을 표현만 다르게 설명하고 있는 것이며, 한 걸음 더 나아가면 화합식상은 바로 미세념에 다름아닌 것이다. 원효에 의하면 화합식상을 깨뜨린다는 것은 화합식 내의 생멸의 상相을 깨뜨리고 불생불멸의 성性을 현현顯現한다는 말이며, 이 때 상속심相續心 중의 업상, 전상 등이 없어진다고 한다.[35] 그러므로 화합식和合識이란 불생불멸의 자성自性과 생멸심이 화합하여 비일비이非一非異한 상태에 있는 아라야식 바로 그것이며, 화합식상을 깨뜨리고 상속심상을 없애어 법신法身을 나타낸다는 것은 화합식인 아라야식에서 미세한 생멸심인 업식, 전식, 현식 등이 멸

33) 같은 책 권3, 1쪽「論」.
34) 같은 책 권2, 18쪽「論」.
35) 같은 책, 권3, 2쪽「疏」.

하고 불생불멸의 자성청정심만 남게 된다는 뜻인 것이다.

그런데 위의 불생멸과 생멸이 화합한 미세념微細念은『기신론』권4에서 설명되는 세생멸상細生滅相의 내용과 또한 일치하고 있음을 보게 된다.『기신론』권4에서는 무명인無明因에서 일전一轉한 경계연境界緣에 의하여 일어나 심心과 상응하게 되는 추생멸상麤生滅相과 구별하여 세생멸상細生滅相을 말하는데, 그것은 곧 무명인無明因에서 직접 야기되어 심心과 불상응不相應하는 것이라 한다.36) 원효는『사권능가경』의 말을 인용하여 세생멸상 중 우선 무명인에 의하여 생긴 현식現識의 행상行相이 미세한 것임을 말한다. 즉『사권능가경』에서 "부사의훈不思議熏과 부사의변不思議變은 현식(Khyātivijñāna)의 인인이며, 취종종진取種種塵과 무시망상훈無始妄想熏은 분별사식分別事識(Vastuprativikalpavijñāna)의 인인이다"37)라고 함에 대하여 원효는 이를 풀이하기를, "부사의훈이란 무명無明이 진여眞如를 훈습한 것을 말하는 것이니 훈습할 만한 곳이 아닌데 훈습하기 때문에 부사훈이라 하며, 부사의변이란 진여가 무명의 훈습을 받는 것을 말하는 것으로 변이變異할 수 없는데도 변이하기 때문에 부사의변이라 한다"고 하면서 이어 "이 훈습과 변이가 매우 미세하고 은미하기 때문에 여기서 일어나는 현식現識의 행상 또한 미세하다"고 하여 현식現識이 미세념微細念임을 주장하였다. 그리고 이『능가경』에서 삼세 중 비교적 추麤한 현식이 미세하다고 말한 것은 의당 그보다 비교적 세細한 전식, 업식까지 겸해서 미세함을 나타내는 것이 되므로 여기서는 현식의 이름만 들었다고 한다.38)

이상의 말에서 우리는 원효의 주장이 두 가지로 요약됨을 알 수 있다. 즉 세생멸상細生滅相은 미세념微細念이라는 것과, 이는 또한 업식業識, 전

---

36) 같은 책, 권4, 8~9쪽「論」.
37) 같은 책 권4, 10쪽「疏」.
　　『楞伽經會譯』上, 111~112쪽.
38)『大乘起信論疏記會本』, 권4, 10쪽「疏」.

식轉識, 현식現識을 의미하는 것이라는 것이다. 먼저 세생멸상이 업식, 전식, 현식이라는 주장의 타당성부터 검토해 보자.

『기신론』 권3에서 "불각不覺(즉 無明)에 의하여 삼종상三種相이 생기고"[39] "경계연境界緣이 있기 때문에 다시 육종상六種相이 생긴다"[40]고 하여 무명인無明因에서 삼종상 즉 업상業相, 전상轉相, 현상現相이 생기고, 경계연에서 육종상 즉 지상智相, 상속상相續相, 집취상執取相, 계명자상計名字相, 기업상起業相, 업계고상業繫苦相이 생김을 알 수 있다. 여기서 불각不覺에 의하여 생기는 업, 전, 현의 삼상三相은 무명인에 의하여 생기는 불상응심不相應心의 세생멸상細生滅相 바로 그것임은 물론이다. 이는 또한 세생멸상이란 여섯 가지 염심染心 중 뒤의 세 가지 불상응염심不相應染心에 해당되며, 이 세 가지 불상응염심 즉 현색불상응염심現色不相應染心, 능견심불상응염심能見心不相應染心, 근본업불상응염심根本業不相應染心은 각기 현식, 전식, 업식에 해당되는 것이라는 원효의 주장[41]을 뒷받침해 주는 것이기도 하다.

다음 세생멸상 즉 현식, 전식, 업식이 미세념이라는 원효의 주장이 타당하려면 『능가경』에서 말하는 현식이 『기신론』에서 말하는 현식과 동일한 것임이 입증되어야 할 것이다. 『사권능가경』에서 현식을 설명하여 "……비유하면 명경明鏡이 모든 색상色像을 나타냄과 같아서 현식처現識處에서 나타내는 것도 이와 같다"[42]고 하며, 한편 『기신론』 권3에서는 현식에 대하여 "일체 경계境界를 나타내는 것이니 마치 명경明鏡이 색상을 나타냄과 같아서 현식도 또한 그러하다. 오진五塵의 대상이 이르면 곧 나타내어 전후가 없으니 어느 때나 마음대로 일어나 항상 앞에 있기 때문이다"[43]라

---

39) 같은 책 권3, 7쪽 「論」.
40) 같은 책 권3, 10쪽 「論」.
41) 같은 책, 권4, 5쪽 「疏」.
42) 같은 책, 권3, 19쪽 「別記」.

고 설명하고 있다. 이로써 보건대 경經·논論의 현식現識은 동일한 것임을 알 수 있으며, 따라서 세생멸상인 업식, 전식, 현식이 미세념임을 확신할 수 있는 것이다.

불상응不相應의 뜻에 대하여 『기신론』 권4에서 "심心과 불각不覺이 항상 별 다름이 없어서 지상知相과 연상緣相이 같지 않음"[44]이라고 설명하고 있는데, 이것은 아라야식 삼종의 식상識相이 최극미세하여 아직 능能·소所, 왕王·수數의 차별이 생기지 않았다는 뜻이며,[45] 따라서 주관과 객관이 분화하여 이루어지는 인식의 단계에까지 이르지 않았음을 말하는 것이다. 이러한 주主·객客 미분의 상태는 또한 부사의훈不思議熏, 부사의변不思議變의 미세하고 은미한 행상行相의 마음 상태이므로[46] 보살지菩薩地가 다 한 불佛의 경지에서만 알 수 있다고 한다.[47]

이상으로 각覺·불각不覺의 화합식인 아라야식은 심체心體에서 막 기동起動하기 시작한 미세념 바로 그것이며, 이 미세념은 또한 불상응심인 세생멸상과 같은 내용의 다른 표현이며, 아울러 불각不覺 즉 무명인에 의하여 생긴 삼종三種 세상細相을 의미하는 것임이 밝혀졌다. 이리하여 원효의 삼세·아라야식설의 주장은 『기신론』 본문상에 명시되지는 않았으나 암시적으로 충분히 나타나 있음을 알 수 있었다. 더욱이 삼세가 바로 아라야식이라는 주장은 아라야식의 이의성二義性을 실증한 것으로서 이는 또 진眞과 속俗을 각기 별개의 것으로 보려는 중관·유식 양파兩派의 치우친 견해들을 타파함으로써 속俗에서 진眞으로(還滅) 그리고 진眞에서 속俗으로(不住涅槃) 부단히 왕래하는 인간 정신의 양면성을 여실히 반영하는 것이기도 한 것이다.

---

43) 같은 책, 권3, 17쪽 「論」.
44) 같은 책, 권4, 6쪽 「論」.
45) 같은 책, 권3, 8쪽 「疏」.
46) 같은 책, 권4, 10쪽 「疏」.
47) 같은 책, 권2, 18쪽 「論」.

3) 삼세·아라야식의 염정 전개

(1) 염법연기染法緣起

이 삼세·아라야식을 기점으로 범부의 실제적인 생멸연기生滅緣起가 시작되며, 이것이 이른바 육추六麤의 전개이다.

① 지상智相

삼세의 마지막 경계의 연緣에 의하여 지상智相이 나타난다. 이 지상은 경계가 본래 심心에서 나타난 것임을 모르고 심외心外에 실재하는 것으로 망상하여 여기에 개개의 사물을 망령되게 분별하는 것이다. 『기신론』에서 "경계에 의하여 마음을 일으켜 애愛와 불애不愛를 분별한다"[48]고 한 것은 바로 이 뜻이다.

여기서 애愛와 불애不愛란 호오好惡를 뜻하며, 더욱 이 호오는 경험을 한 후에 일어나는 호오가 아니고 사물을 대할 때 직각적直覺的으로 일어나는 선험적인 호오의 의미이다. 원효는 이에 대하여 "혜慧의 심소心所와 상응하여 아我와 아소我所를 분별하는 것"이라고 풀이하고 있다.[49] 아我와 아소我所를 분별한다는 것은 주관과 객관이 바야흐로 분화되어 인식 작용을 시작하게 된다는 것이며, 여기서 주관主觀이란 아집이 부착된 망념忘念, 즉 범부의 자아自我를 말하는 것으로 원효는 『기신론』에서 이 제7식의 지식智識을 아치我痴, 아견我見, 아애我愛, 아만我慢의 4종 번뇌와 상응하는 식識이라고 말한다.[50]

平川 彰은 원효가 지상智相을 제7식에, 상속상相續相을 제6식에 두는 것은 부당하다는 것을 지적하고, 그 이유로 말나식末那識은 유부무기有覆無

---

48) 같은 책, 권3, 10쪽「論」.
49) 같은 책, 권3, 10~11쪽「疏」.
50) 같은 책, 권2, 20쪽「疏」.

記로서 세력이 약한 것인데, 『기신론』의 지상智相은 애愛와 불애不愛를 분별하는 것이므로 그 힘이 강하다고 할 수 있기 때문이라고 말한다.[51] 그러나 원효는 지상智相에 대하여 이는 상속상相續相의 소의근所依根으로 이 지상에 의하여 고락苦樂의 염念을 생生하는 것이 상속상이므로 이 때 지상은 세상細相이며 사수捨受일 뿐이고, 상속상은 추상麤相이며 고락수苦樂受를 함께 일으킨다고 하여 지상의 애, 불애하는 힘이 미약한 것임을 지적하고 있다. 또 지상은 안으로 반연하여 주착主着할 뿐, 외진外塵을 계탁計度하지 않기 때문에 마치 잠자고 있는 상태와 같음에 비하여, 상속상은 내외를 두루 다 계탁計度하여 각관분별覺觀分別하는 것이 마치 깨어 있는 상태와 같다는 것이다.[52]

결국 『기신론』에서 아라야식을 기점으로 생멸연기生滅緣起가 시작된다고 하는 것은 아라야식에 해당하는 삼세三世에서부터 생멸심이 기동起動하기는 하나, 이는 보살지진菩薩地盡한 불경계佛境界에서만 알 수 있는 최극미세한 작용일 뿐, 범부로서의 생멸연기의 실제적인 활동(추생멸)은 제7식인 지식智識에서 시작된다는 의미로 보려는 것이 원효의 입장이라 할 수 있다.

② 상속상相續相

이 상속상相續相 이하 기업상起業相까지는 생기식生起識이다.[53] 앞의 지상智相에 의하여 고락을 내고 그 염念이 상응하여 계속되는 상태이다.[54] 즉 대상경계에 대하여 추분별麤分別을 일으키는 것으로[55] 법집法執이 상응하여 오래 상속하는 것을 뜻하고, 또한 애취번뇌愛取煩惱를 일으켜 과거

---

51) 平川 彰, 『大乘起信論』, 147쪽.
52) 『大乘起信論疏記會本』, 권3, 13쪽 「疏」.
53) 같은 책, 권3, 13쪽 「疏」.
54) 같은 책, 권3, 10쪽 「論」.
55) 같은 책, 권3, 21쪽 「疏」.

過去의 무명에서 일어난 모든 행위를 인지引持하여 미래에 있을 과보果報를 감당하게 하며, 또한 윤생번뇌潤生煩惱를 일으켜 업과業果로 하여금 상속相續함이 끊어지지 않게 하기 때문에 상속상相續相이라고 한다.56) 이를 『기신론』에서는 "현재 과거의 일을 홀연히 망념妄念케 하고 미래의 일을 어느 틈에 망려妄慮케 한다"57)고 하여 지상의 미세한 분별과 구별하여 추현분별麤顯分別임을 나타내고 있다.58)

③ 집취상執取相

앞의 상속상(識蘊)59)에 의하여 경계를 연념緣念하고 위違·순順을 분별, 고락苦樂을 주지住持하여 다시 집착의 염念을 일으키는 자리이며60) 이는 수온受蘊이다.61)

④ 계명자상計名字相

앞의 망집妄執에 의하여 다시 바깥 사물에 대하여 위違·순順 등의 가假의 명자名字를 세워 그 명자의 상을 분별·계탁計度하는 자리이다.62) 원효는 이를 상온想蘊이라 한다.63)

⑤ 기업상起業相

바로 행온行蘊이며 앞의 집착한 명상名相에 의하여 다시 사수思數를 일으켜 선善·악惡을 만들어 내는 자리이다.64)

---

56) 같은 책, 권3, 21쪽 「疏」.
57) 같은 책, 권3, 17쪽 「論」.
58) 같은 책, 권3, 21쪽 「疏」.
59) 같은 책, 권3, 13쪽 「疏」.
60) 같은 책, 권3, 10쪽 「論」, 13쪽 「疏」.
61) 같은 책, 권3, 13쪽 「疏」.
62) 같은 책, 권3, 10쪽 「論」, 13쪽 「疏」.
63) 같은 책, 권3, 13쪽 「疏」.

⑥ 업계고상業繫苦相

이는 위의 생기식生起識에서 생긴 과보로서 앞의 행온이 일으킨 업에 의하여 삼계육취三界六趣의 고과苦果를 받아 자재自在하지 못한 상태이다.[65]

(2) 정법연기淨法緣起

삼세·아라야식의 불각의不覺義에 의하여 이처럼 육추六麤의 염상染相이 전개되고, 따라서 자재自在하지 못한 상태에 이르게 된 범부들이 이제 다시 본래의 자성청정한 상태로 되돌아가기 위해서는 어떻게 하여야 하는가.

『기신론』에서는 진여법眞如法이 무명無明을 훈습熏習함으로 인하여 환멸연기還滅緣起하여 열반(nirvāṇa)을 증득하는 과정[66]을 4종의 시각始覺에 의하여 설명하고 있다.[67] 시각이란 청정한 심체心體가 무명의 연緣을 따라서 망념을 일으키다가 본각本覺의 훈습력에 의하여 점점 각覺의 작용을 가지는 것으로서 구경究竟에 이르러서는 도리어 본각과 같아지는 것을 말하며,[68] 본각이 선천적 각지覺知임에 비하여 이는 후천적 각지이다. 이 후천적 각지의 작용, 즉 정법연기淨法緣起는 앞의 염법연기染法緣起에서 유전된 맨 마지막 단계에서 이를 발단으로 삼아 심원에로 환멸하는 과정을 취하게 된다.

① 불각不覺

십신위十信位에 있는 범부인凡夫人[69]은 십신十信 전에는 무명無明이 탐탐貪·진瞋·치痴·만慢·의疑·견見의 이상異相(anyathātva)과 화합된 상태이기 때문에 외진外塵 자체가 위違·순順의 성질을 떠나 있는 것임을 깨

---

64) 같은 책, 권3, 13~14쪽「疏」.
65) 같은 책, 권3, 14쪽「疏」.
66) 같은 책, 권4, 18쪽「論」.
67) 같은 책, 권2, 18쪽「論」.
68) 같은 책, 권2, 16쪽「別記」.
69) 같은 책, 권2, 21쪽「疏」(能覺人).

닫지 못하고 신身・구口의 일곱 가지 악업惡業을 구기具起하다가 이제 신위信位에 들어와 칠지七支가 실로 불선不善임을 깨닫게 되는 것이다.[70] 따라서 앞으로의 멸상滅相(nirodha: 즉 칠지)을 그치어 다시는 일어나지 않게 한다.[71] 그러나 멸상이 불선不善인 줄만 알았지 허망虛妄한 심념心念인 줄은 깨닫지 못한 상태이다.[72]

② 상사각相似覺

십주十住 이상의 삼현보살三賢菩薩[73]은 십주 이전의 단계에서는 무명無明이 아치我痴・아견我見・아애我愛・아만我慢의 주상住相(sthiti)과 화합한 상태에 있어 계탁計度하는 아我・아소我所가 공空한 것임을 깨닫지 못하고 6종의 번뇌자상煩惱自相을 일으켜 내외를 분별하여 아・아소를 계탁하다가 이 삼현인三賢人이 되면 무아無我임을 요지了知하여 점점 지혜와 상응하여 이상異相의 망념으로부터 조금씩 깨닫게 되고,[74] 따라서 이 여섯 가지의 이상이 영구히 멸멸하게 된다.[75] 위違・순順을 분별하여 탐진貪瞋 등을 일으키는 추분별집착상麤分別執着相은 버렸으나 아직 무분별각無分別覺은 얻지 못한 상태이다.[76]

③ 수분각隨分覺

초지初地 이상의 십지보살十地菩薩[77]이 깨닫는 경계로서 초지 이전에는 이 무명이 삼세의 생상生相(jati avastha)과 화합한 상태에서 4종의 주상

---

70) 같은 책, 권2, 20쪽 「疏」(所覺相).
71) 같은 책, 권2, 21쪽 「疏」(覺利益).
72) 같은 책, 권2, 22쪽 「疏」(覺分齊).
73) 같은 책, 권2, 22쪽 「疏」(能覺人).
74) 같은 책, 권2, 20쪽, 22쪽 「疏」(所覺相).
75) 같은 책, 권2, 22쪽 「疏」(覺利益).
76) 같은 책, 권2, 22쪽 「疏」(覺分齊).
77) 같은 책, 권2, 22쪽 「疏」(能覺人).

住相을 일으켜 심외心外에 경계가 있다고는 생각지 않으나 인人・법法 이 집二執으로 안으로 반연하여 주착住着하다가 이제 법신보살法身菩薩이 되면 이공二空에 통달하여 무분별지無分別智와 상응, 주상住相의 망념으로부터 각오覺悟하게 된 것을 말한다.[78] 따라서 네 가지 주상이 멸하여 일어나지 않게 되어[79] 인아집人我執과 법아집法我執을 떠나 무분별각無分別覺을 얻었으나, 아직 생상生相의 망념에서 떠나지 못했기 때문에 수분각隨分覺이라 하는 것이다.[80]

④ 구경각究竟覺

무구지無垢地 즉 마지막 단계의 보살이 깨닫는 경계로서 자세히 나누면, 방편도方便道에서 방편을 만족하게 되고 무간도無間道에서 일념一念 상응하게 되는 경우이다.[81] 여기에서는 마음(心)이 처음으로 일어남을 깨닫는 것으로, 마음이 처음 일어난다 함은 무명無明에 의하여 업業・전轉・현현現現의 세 가지 생상生相이 있게 되어 이 때문에 일심一心의 체體를 알지 못하여 망념을 동動하게 되다가 이제 증득하게 되어서야 본각本覺을 떠나서는 불각不覺이 없는 것임을 알게 되는 것이니 동념動念이 곧 정심淨心인 경지를 말하는 것이다. 마치 방향을 알지 못하여 동東을 서西라고 하다가 깨치고 나서 서西가 곧 동東임을 아는 것과 같은 것이다.[82] 따라서 이에 이르러서는 마음에 초상初相이 없게 된다. 본래는 불각不覺으로 인해서 마음에 최초의 기동起動이 있었지만, 이제 이미 깨달았으므로 마음에 일어나는 바가 없는 것이다. 앞의 삼위三位, 즉 불각不覺・상사각相似覺・수분각隨分

---

78) 같은 책, 권2, 20쪽, 22쪽「疏」(所覺相).
79) 같은 책, 권2, 22쪽「疏」(覺利益).
80) 같은 책, 권2, 23쪽「疏」(覺分齊).
81) 같은 책, 권2, 23쪽「疏」(能覺人).
82) 같은 책, 권2, 19쪽「疏」.
　　같은 책, 권2, 23쪽「疏」(所覺相).

覺의 경지에서는 여의는 대상이 있는데도 아직 동념動念이 다 없어지지는 않았기 때문에 생각(念)에 주상住相이 없다느니, 생각에 이상異相이 없다는 말을 하고 있으나 이제 이 구경위究竟位에서는 동념動念이 모두 다 없어지고 오직 일심一心만이 있기 때문에 심무초상心無初相이라고 한다.[83] 동념動念이 다 없어졌다 함은 업상業相 등 미세념微細念을 남김없이 원리遠離한 것을 뜻하며, 이 미세상微細相이 다 없어졌을 때 바로 불지佛地에 있게 되는 것이다. 앞의 삼위에서는 심원心源에 이르지 못하여 생상生相이 다 없어지지 않고 심心이 오히려 무상無常하였으나, 이제 이 구경위에 이르러서는 무명無明이 다 없어져 일심원一心源에 돌아가 다시는 기동함이 없기 때문에 『기신론』에서 "심성心性을 보게 되어 심心이 곧 상주常住한다"고 하였으며, 다시 더 나아갈 바가 없으므로 구경각究竟覺이라 하는 것이다.[84] 또한 여기에서 시각始覺은 본각本覺 그것과 다르지 않게 되는 것이다.

4) 삼세·아라야식의 귀원

시각始覺의 네 단계 중 마지막 구경각에 이르면 곧 본각本覺과 일치하게 됨은 이미 말하였다. 이 본각에는 다시 지정상智淨相과 부사의업상不思議業相의 두 가지 모습이 있다.

① 지정상智淨相

진여법眞如法의 내훈內熏의 힘에 의하여 자량資量을 수습修習하여 초지 이상의 단계에서 여실하게 수행하다가 보살 수행의 마지막 단계인 무구지

---

83) 같은 책, 권2, 23쪽 「疏」(覺利益).
84) 같은 책, 권2, 23~24쪽 「疏」(覺分齊).

無垢地에 이르러 방편을 만족하게 되면 화합식和合識 내의 생멸상生滅相을 깨뜨리고 불생불멸不生不滅하는 본성을 나타내어 법신法身을 현현顯現하게 된다. 이 때 상속심相續心 중의 업상業相, 전상轉相을 멸하여 수염본각隨染本覺의 마음으로 하여금 드디어 일심一心에 귀원케 하여 순정지淳淨智를 이루게 되는 것이다.[85]

② 부사의업상不思議業相

이처럼 수염본각隨染本覺의 마음이 비로소 순정하게 되면 이 지력智力에 의하여 한량없는 공덕상功德相을 나타내어 상속부단相續不斷하면서 중생의 근기根機를 따라 자연 상응하여 여러 가지로 나타내어 이익을 얻게 한다.[86]

원효는 보성론寶性論(Ratnagotra-sastra)에 의거하여, 지정상智淨相이란 자신이익自身利益을 성취한 것, 즉 해탈解脫을 얻어 번뇌장煩惱障, 지장智障을 원리遠離한 후 청정법신淸淨法身을 얻은 경우이며, 부사의업상不思議業相이란 타신이익他身利益을 성취하는 것으로 이미 자신이익을 성취하였으면 자연히 세간에 자재역행自在力行을 실현하는 것, 즉 이타利他 행위를 일으키는 것을 말한다고 하였다.[87]

한편 자리면自利面을 나타내는 지정상智淨相의 경지란 화합식 내의 생멸상生滅相을 깨뜨리고 불생불멸의 본성, 즉 진여 그것과 결합하는 무분별지無分別智의 상태인 것이며, 또한 이타면利他面의 부사의업상不思議業相은 무량공덕상無量功德相을 나타내어 중생의 근기를 따라 중생을 이익케 하는, 즉 이타제도利他濟度를 위한 후득지後得智 내지 후득지의 작용이라 할 수 있다. 그리고 이 무분별지無分別智와 후득지는 원효에 의하여 다시 진여문과 생멸문으로 관련되고 있음을 보게 된다. 『기신론소기회본』 권6

---

85) 같은 책, 권3, 2쪽 「疏」.
86) 같은 책, 권3, 1쪽 「論」.
87) 같은 책, 권3, 3쪽 「疏」.

에서 지관문止觀門을 해설하는 그의 『기신론소』에서 "진여문에 의하여 모든 경상境相을 지식止息시키므로 분별하는 바가 없게 되니 곧 무분별지無分別智를 이루고, 생멸문에 의하여 제상諸相을 분별하며, 모든 이치를 관觀하면 곧 후득지後得智를 이룬다"[88]고 하고, 또 서분序分에서 하화중생下化衆生의 요지를 설명하면서 "여러 교문敎門이 많이 있으나 처음 수행에 들어가는 데는 이문二門을 벗어나지 않으니, 진여문에 의하여 지행止行을 닦고 생멸문에 의하여 관행觀行을 일으키는 것이다. 지행과 관행을 함께 운행하며 만행萬行을 여기에 갖추어 이 진여眞如·생멸生滅 이문二門에 들어가면 모든 문이 다 통하게 된다"[89]라고 하고 있어 진여문에 의하여 지행을 닦음으로써 무분별지無分別智를 이루고, 생멸문에 의하여 관행을 닦음으로써 후득지를 얻을 수 있음을 알 수 있다.

다시 『기신론소기회본』 권6에서 지행止行을 닦는 것은 범부들의 세간世間에 주착住着함을 대치對治하기 위함이요, 관행觀行을 닦는 것은 이승二乘들의 대비大悲를 일으키지 않는 협열심狹劣心을 대치하려는 것이라고 하고 있어[90] 결국 진여문에 의하여 지행을 닦음으로써 세간에의 집착을 단절하여 무분별지無分別智를 얻으며(自利行), 생멸문에 의하여 관행을 닦음으로써 대비심大悲心을 일으켜 후득지後得智를 이룰 수 있다고 본다(利他行).

그런데 또 『기신론』 입의분에서 "법法이란 중생심衆生心을 말하는 것이니, 이 중생심이 곧 일체 세간법(染法)과 출세간법(淨法)을 포섭하는 것이다. 이 마음(衆生心)에 의하여 대승의 뜻을 나타낸다"고 하고, 이어 "이 심진여상心眞如相은 대승의 체體를 나타내고 이 심생멸인연상心生滅因緣相은 대승의 자체상용自體相用을 나타내기 때문이다"[91]라고 하여 중생심 즉 일심

---

88) 같은 책, 권6, 4쪽 「疏」.
89) 같은 책, 권1, 11쪽 「疏」.
90) 같은 책, 권6, 21쪽 「論」.

一心이 일체 세간법과 출세간법을 다 포섭하고 있으며, 이 일심 중의 진여문에서는 대승의 체를 나타내고 생멸문에서는 대승의 자체상용을 나타낸다고 한다. 또한 삼대三大의 설명에서 "뜻(義)이란 세 가지가 있으니 무엇이 세 가지인가. 첫째는 체대體大니 일체법은 진여로써 평등하여 증감增減하지 않기 때문이요, 둘째는 상대相大니 여래장이 한량없는 성공덕性功德을 구족具足했기 때문이요, 셋째는 용대用大니 일체 세간과 출세간의 선한 인과因果를 내기 때문이다"92)라고 하여 체대體大는 진여문에 있고, 상相 · 용用 이대二大는 생멸문에 있음을 알 수 있다.93)

여기에서 일체법이 진여평등眞如平等하여 증감하지 않는다는 것은(體大) 바로 근본무분별지根本無分別智인 것이며, 여래장이 무량한 성공덕性功德을 구족하고 있다는 것은(相大) 후득지後得智를 의미하고, 또 일체 세간 · 출세간의 선인과善因果를 낸다는 것은(用大) 후득지의 작용이라 할 수 있다. 다시 말하면 진여문에 있는 체대는 무분별지 바로 그것이며, 생멸문에 있는 상 · 용 이대는 후득지 내지 후득지의 작용이라는 것이다. 이것은 위에서 진여문에 의하여 무분별지를 얻으며, 생멸문에 의하여 후득지를 얻을 수 있다는 원효의 주장과도 합치한다고 볼 수 있다.

또한 이와 같이 이문二門에 의하여 수행함으로써 얻어진 삼대三大 즉 무분별지와 후득지는 일체제불에 의거한 것이고 일체보살이 다 이 법에 의거하여 여래지如來地에 도달하는 것이라고 하였듯이,94) 이 근본지根本智와 후득지後得智를 이루는 것이야말로 불지佛地에 도달하는 길이요 또

---

91) 같은 책, 권1, 18쪽 「論」.
92) 같은 책, 권1, 18쪽 「論」.
93) 같은 책, 권1, 20쪽 「疏」.
　　法藏은 원효와 달리 體相用 三大를 모두 生滅門 내에 두고 있다.
　　『起信論義記』(『大正新修大藏經』 권44, 250쪽 下 · 251쪽 下).
　　고익진, 「원효의 화엄사상」, 『韓國華嚴思想硏究』(동국대학교 불교문화연구소, 1982) 53쪽.
94) 같은 책, 권1, 18쪽 「論」.

한 심원心源에 구경하는 요체要體임을 알 수 있다.

이리하여 서두에 본각本覺에 도달한 우리의 일심一心에 자리행自利行과 이타행利他行의 두 가지 작용이 있다고 한 것은 이제 거꾸로 무분별지無分別智와 후득지後得智, 즉 자리自利와 이타利他를 수행함으로써 진정한 보리菩提의 도道에 들어 갈 수 있는 것이기도 한 것이다.

3. 결어

이상으로 원효의 독창적인 기신론관에 나타난 삼세·아라야식설을 살펴보았다. 원효는 『기신론』의 기본 구조인 일심이문一心二門에 의하여 『기신론』의 성격을 중관中觀·유식唯識의 지양·종합이라 단정하고 있으며, 이것의 구체적 표현으로서 각覺과 불각不覺의 이의二義의 화합식인 아라야식이 존재한다고 보았다. 이리하여 그는 삼세를 아라야식위에 둠으로써 화합식으로서의 아라야식을 구체화하였으며, 이러한 각·불각 이의二義를 가진 아라야식의 성격에 의하여 이 삼세·아라야식을 기점으로 염染·정淨의 생멸연기生滅緣起가 가능하다고 생각하였다. 바꾸어 말하면 삼세·아라야식의 불각의에 의하여 현실의 염오染汚한 미계迷界로 유전한 우리 범부들이 이제는 삼세·아라야식의 각의覺義에 의하여 자성청정自性淸淨한 각覺의 세계로 환멸還滅할 수 있다는 것이다.

또한 원효는 본각本覺의 특징에서 자리自利와 이타利他 즉 내적인 관행과 외적인 현실 참여의 면을 말하여 심원에 도달한 각자覺者는 깨달은 상태(自利行)에 안주하지 않고 이를 다시 사회에 환원할 것(利他行)을 역설하고 있는데, 이는 그가 『금강삼매경론』 전편全篇에서도 누누이 강조하고 있는 부주열반不住涅槃 바로 그것이다.

결국 불교적 인간관 수립에 있어 없어서는 안 될 심식설心識說 중의 대표적인 논서로 등장한『대승기신론』에서 아라야식의 이의성二義性이 그 키포인트가 되고 있음을 알 수 있으며, 원효의 삼세·아라야식설 창안은 우선 아라야식의 이의성을 뒷받침하여『기신론』본래의 의도를 명확히 드러낸 데 무엇보다도 가장 큰 의의가 있다고 할 수 있다.

　　이리하여 원효의 삼세·아라야식설은 유식가에 있어서의 아라야식이 만법萬法의 근원 즉 연기緣起의 주체이긴 하나 현상심現象心이 아닌 막연한 잠재심潛在心으로 보고 있음에 비하여『기신론』의 아라야식은 막연한 잠재심이 아닌 보다 미세한 심, 즉 삼세심三細心으로 구체화시켰다는 점을 들 수 있다. 또한 유식가의 아라야식이 이숙식異熟識으로서 윤회輪廻의 주체이기 때문에 깨달음의 정법淨法을 낼 수 없는 생멸식生滅識임에 비하여『기신론』의 아라야식은 삼세의 화합식 중 생멸분生滅分을 제멸除滅시킴으로써 얻게 되는 무분별지와 후득지에 의하여 불생불멸의 자성청정한 각覺의 상태로 환귀還歸될 수 있는 것이다. 따라서 이것은『기신론』에서 환멸의 구체적 단계를 뚜렷이 제시한 것이며, 일심一心 즉 깨달음의 세계로 환멸還滅해 가는 수행 면에 있어 보다 실천적 입장을 취한 것이라고 볼 수 있다.

　　요컨대 원효의 삼세·아라야식설은 환멸還滅 가능한 화합식으로서의 아라야식의 성격을 실증함으로써 중관계의 공空·진여眞如 사상과 유식계의 아라야식을 중심으로 한 심식心識 사상을 절충·조화한 기신론의 성격을『기신론』의 본문 이상으로 드러낸 것이라 할 수 있고, 나아가 이는 상구보리上求菩提, 하화중생下化衆生의 불의佛意가『기신론』상에서 유감없이 발휘되고 있음을 보여 준 것이기도 하며, 이리하여 그를『기신론』의 재발견자 내지『기신론』에 대한 탁월한 이해의 제일인자라고 할 수 있는 것이다.

여래장설과 원효

이 평 래

1.

원효元曉의 불교학은 『대승기신론大乘起信論』의 여래장설如來藏說에 토대를 두고 형성되었다고 생각한다. 그것은 『대승기신론』에 관한 그의 주석 태도로부터도 엿볼 수 있으며, 더 나아가 『대승기신론』의 일심설一心說이 그의 불교학의 중심 사상으로 되어 그의 여러 저작 가운데에 나타나 있기 때문이다. 반야중관설般若中觀說이나 유가유식설瑜伽唯識說보다도 이 『대승기신론』의 여래장설을 최고의 위상에 두고, 그 토대 위에서 불교 사상을 통일하려고 한다.[1] 이와 같은 원효의 의도는 『대승기신론별기大乘起信論別記』에 다음과 같이 나타나 있다.

그 『기신론』은 어떠한가? 긍정적인 주장을 하지 않은 것이 없고, 부정적인 주장을 하지 않은 것이 없다. 『중관론中觀論』·『십이문론十二門論』 등과 같은 것

---

1) 졸론, 「大乘起信論硏究」, 『印度學佛教學硏究』 25권 제1호(1979) 참조.

은 널리 모든 집착을 논파論破하고, 또 논파하는 것마저도 논파한다. 그럼에도 불구하고 도리어 능파能破와 소파所破를 허락하지 않는다. 이것을 부정否定만 하는(往), 보편적이지 못한 논설이라고 말한다. 그『유가론瑜伽論』이나『섭대승론攝大乘論』등은 통틀어 깊음과 낮음을 세워 법문法門을 판별한다. 그럼에도 불구하고 스스로 주장하여 세운 것을 융화시켜 버리지(融遺) 못한다. 이것을 긍정만 하고 부정은 못하는 논설이라고 말한다. 지금 이『기신론』은 이미 지혜롭고 어질며, 또 현묘玄妙하고 또 넓다. 긍정적인 주장을 하지 않음이 없으면서도 스스로 부정적인 주장을 한다. 부정적인 주장을 하지 않음이 없으면서도 도리어 긍정적인 주장을 한다. 도리어 긍정적인 주장을 한다는 것은 저 부정에 부정을 거듭하여 최후에 가서는 널리 긍정함을 드러낸다는 말이다. 스스로 부정적인 주장을 한다는 것은 긍정하는 것을 최후에까지 긍정하여 부정함을 밝힌다는 말이다. 이것을 모든 논설의 조종祖宗, 군쟁群諍의 평주評主라고 말하는 것이다.[2]

원효는 반야중관설은 부정에 부정을 거듭하여 긍정하지 않으면 안 될 것까지도 부정하고 있으니까 불변론不偏論[3]이고, 유가유식설은 긍정에 긍정을 거듭하여 부정하지 않으면 안 될 것까지도 부정하고 있으니까 불탈론不奪論이라고 한다.[4] 그러나 이『대승기신론』은 입파무애立破無碍이고, 여래장설을 가지고 그 양사상의 대립을 화합하는 역사적 사명을 완수하고 있다는 의미에서 볼 때 제론諸論의 조종祖宗이요, 군쟁群諍의 평주評主라고 본 것이다.

---

2) 『한국불교전서』 1책, 733b.
3) 宇井伯壽, 『佛敎汎論』, 547쪽을 보면, 三論宗은 空宗이라고 말하는 것과 같이 空 한 쪽만을 중시한다. 공은 모두 고정적 실체가 없는 것을 의미하는 부정적·소극적인 표현문자이고, 직접적으로는 하등의 적극적 표현이 없기 때문에 그 점에서는 부정에 부정을 겹친 것이 된다고 말하고 있다.
4) 같은 책, 377쪽에서 宇井 박사는 다음과 같이 말하고 있다.
"그들은 주로 八識別體說을 취하고, 種子를 實有로 하며 五性各別설을 고집하고, 萬法唯識을 萬法不離識으로 하여 識 외에 內心의 法의 존재를 허용한다. 唯識이란 外境의 無를 간택하여 內識의 有를 의미하는 外空內有의 說로 한다. 따라서 方便唯識에 끝나고 正觀唯識에 들어가지 못했다고 法相唯識을 비판하고 있는 것이다."

실제로 반야중관설이 흥기한 배경은 아비달마阿毘達磨(Abhidharma) 제
파諸派의 유유에 집착하고 있는 편견을 논파하기 위한 것이었다. 용수龍樹
(Nāgārjuna: 150~250)는 붓다의 근본 교리인 연기緣起의 리법理法에 기초하
여, 그의 학설이 수립되어 있는 것을 나타냈던 것이다. 그래서 팔불설八不
說[5]을 말하고, 또는 중도中道[6]를 주장하여 아비달마의 여러 학파 가운데
의 유종有宗·무종無宗을 비판하고는 붓다가 설하는 것인 저 중도의 의의
를 현료顯了하려고 하였다. 그러나 용수와 그의 제자인 제바提婆(Āryadeva)
에 의하여 아비달마의 유종·무종이 논파되어 중도현양中道顯揚의 역사적
사명을 이행하였음에도 불구하고, 그 결과는 또 하나의 사집邪執으로 나타
난 것이다. 곧 "용수의 『중론中論』에 의하여 차견遮遣되고, 제바의 백론百
論 등에 의하여 용수의 대의大義가 아주 널리 전표銓表되었다. 그런데 이
때문에 사람들은 또 공견空見에 집착하도록 되었다"라고 말하는 것이다.[7]
    반야중관설의 공관空觀에 의하여 유가유식설의 흥기興起는 필연적이었
다고 하는 역사적 성격을, 『해심밀경解深密經』에서는, 그 배경을 다음과
같은 의미로 언표하고 있다.[8]

    (1) 아비달마의 유종有宗이 된 초기의 경전을 초전법륜初轉法輪, 사성제법륜四聖
        諦法輪이라고 말하고,
    (2) 용수-제바의 공교空敎가 된 반야의 교법敎法을 무상법론無相法論이라고 말
        하고,

---

5) 『大正新修大藏經』 권30, 1b.
   "생겨나는 것도 아니고 소멸하는 것도 아니며, 斷絶도 아니고 常住도 아니며, 같은 것
   도 아니고 다른 것도 아니며, 오지도 않고 가지도 않는다. 戱論이 寂滅하여 吉祥한,
   연기를 말씀하신 正覺의 佛陀. 설법자 중에서 가장 훌륭하신 분에게 나는 예배합니다."
6) 같은 책, 권30, 33b.
   "인연으로 생겨난 모든 것을 우리는 空性이라고 말한다. 저 연기는 假名·假說이며,
   그것은 곧 中道이다."(『中論』 24장 18게)
7) 山口益, 『般若思想史』, 54쪽.
8) 山口益, 같은 책, 55쪽.

(3) 그 유무有無 이교二教의 역사적 화합이란 역할을 할 스스로의 교법을 종말법
륜終末法輪, 승의결택법륜勝義決擇法輪이라고 말한다고 한다.

이것은 교판론教判論의 입장에서 유식설唯識說의 우위를 나타내려고
하는 것이지만, 이 학설 또한 유有라는 관념에 떨어지고 말았다는 결론에
이른다. 이 때문에 원효는 양사상의 대립에 대하여 화쟁和諍[9])을 도모하려
고 염원하여, 여래장설을 선설宣說하는『대승기신론』을 스스로 교학教學
의 중심 사상으로 받아들이려고 했던 것이 아닐까.

원효의 사상이 여래장설에 바탕을 두고 형성되었다고 말하는 것은『반
야경般若經』가운데 있는 '반야般若'라는 용어 해석의 태도로부터도 알려
져 있다. 그것은『대혜도경종요大慧度經宗要』의 "제2 경經의 종지宗旨를
나타낸다"라고 하는 가운데의 삼종반야三種般若 중 '실상반야實相般若'를
해석하는 속에 잘 드러나 있다. 삼종반야설의 성립에 관해서는 平井俊榮
박사의 연구 발표 속에 상세하게 나타나 있다.[10] 원효는 그 문자文子・실
상實相・관조觀照의 삼종반야를 해명하는 가운데, 실상반야를 설명하기
위하여 다섯 개의 학설을 끌어들인다. 그런데 그 다섯 번째 설에 "여래장如
來藏이야말로 실상반야이다"라고 말하고,[11] 그 실상반야를 여래장을 활용
하여 논리 정연하게 설명한다.

여래장설을 논술하는『대승기신론』의 입장이야말로 원효의 사상의 근

---

9) 鎌田茂雄,「新羅元曉の唯識思想」,『佛教學論文集』(伊藤眞城・田中順照兩教授頌德
記念, 1979) 362쪽. 이 가운데에서 鎌田 박사는 원효는 서로 대립하는 모순을 지양하는
입장을 취하여 거기에 자기 사상의 정착을 꾀한 것이다라고 보았다. 예를 들면『十門
和諍論』의 모두에는 '空과 다르지 않는 有'에 대하여 논술하고 있는데, 현존하고 있는
『十門和諍論』에는 보이지 않지만, 아마 이 앞의 부분에 있어서는 '有와 다르지 않는
空'에 대하여 논술하고 있었음에 틀림없다고 서술하고 있다.
10)平井俊榮,「三種般若說の成立と展開」,『駒澤大學佛教學部研究紀要』제41호(1983)
참조
11)『한국불교전서』1책, 481a, "以如來藏爲實相般若."

저가 된다고 생각한다. 그의 현존하는 저서 가운데『이장의二障義』,『대혜도경종요』,『법화경종요法華經宗要』,『열반경종요涅槃經宗要』,『대승기신론소大乘起信論疏』,『대승기신론별기』,『금강삼매경론金剛三昧經論』등을 천착하여 보면 나의 확신이 일층 깊어지는 느낌이다. 그래서 이것들을 '여래장 계통'의 저서로 본다. 또 하나 거기에 첨부해 두고 싶은 것은 진제삼장眞諦三藏과의 관계이다. 전반적으로 고찰할 경우에, 원효 사상의 내용은 여래장연기如來藏緣起를 설하는 진제삼장에 보다 접근해 있다고 생각된다.[12] 木村宣彰 교수는 원효의 넓은 영역에 걸친 교학을 총괄하는 것은 여래장연기를 설하는『대승기신론』이라고 지적하고 있다.[13]

다시 더 구체적인 실증을 위하여 보기를 들면, 원효의 여래장설은『법화경종요』에도 잘 나타나 있다. 본래『묘법연화경妙法蓮華經』은 회삼귀일會三歸一의 일불승一佛乘을 제창하여 "중생은 누구라도 일불승에 회귀해야 할 존재이다"라고 말하고 있다. 이 경經의 사상을 平川 彰 박사는 "『유마힐경維摩詰經』에서는, 성문승聲聞乘은 패종敗種으로서 멸시되어 부처가 될 기약이 없는 것으로 된다. 그러나 성문이 연각을 구제할 수 없는 대승大乘이라면, 부처의 대비大悲에서 빠지는 중생이 있게 되어 완전한 대승은 아니다. 성문승과 독각승獨覺乘까지도 구제할 수 있는 대승이 아니면 안 된다고 말하는 반성이 생겨서『법화경法華經』의 일불승 가르침이 설하여지도록 된 것이다"[14]라고 논술하면서 일불승의 성립 배경을 설명하고 있다. 여래장설의 출발은『묘법연화경』의 일불승으로부터 출발한 것이다.[15]

---

12) 졸론,「涅槃宗要の如來藏說」,『印度學佛教學研究』권30, 제2호(1982).
　　高崎直道,「如來藏說における信の構造」,『駒澤大學佛教學部研究紀要』제22호(1964).
13) 木村宣彰,「元曉의 敎學と唯識說」,『宗教研究』제226호(1976), 171쪽 참조
14) 平川 彰,『イソド佛教史』上, 364쪽 참조
15) 高崎直道,『大乘佛教』권12, 420쪽에서는, 如來藏說은『法華經』의 一乘思想의 영향 하에 있다고 생각되지만, 보다 직접적으로 영향을 받은 것은『華嚴經』의「如來性起品」이라고 생각한다고 말한다.

원효는 이와 같은 사상 체계를 지닌 『묘법연화경』을 연구하여 『법화경종요』라는 저술을 남겼다. 이 연구서 속에서도 여래장설을 찾아볼 수 있는데, 그것은 삼승행인三乘行人, 사종성문四種聲聞, 삼계三界의 모든 사생중생四生衆生은 모두가 일불승이며, 부처의 제자이다. 그렇기 때문에 뭇 중생은 성불할 수 있다고 말하는 것이다.

삼승법三乘法을 수행하는 사람이나 네 가지 성문聲聞과 삼계三界의 모든 사생四生의 중생은 아울러 일불승一佛乘을 탈 사람이며, 다 부처님의 아들·딸이며, 다 보오디쌋뜨와이다. 모두 다 불성佛性이 있으므로 장차 부처의 지위를 잇기 때문이며, 무성유정無性有情도 또한 장차 부처가 되기 때문이다.[16]

삼계三界의 모든 중생은 모두 불성이 있으니까 불위佛位를 잇고, 무성·유정조차도 작불作佛할 수 있다는 것이다.

또 원효의 정토사상계의 『유심안락도遊心安樂道』나 『무량수경종요無量壽經宗要』 가운데에도 여래장설이 나타나 있다. 예를 들면 성소작지成所作智, 묘관찰지妙觀察智, 평등성지平等性智, 대원경지大圓鏡智란 것이 잘 이해되지 않으니까 네 가지 의혹이 생긴다는 것이다. 여기에서 여래장설과 관련성이 깊은 곳만을 인용해 보면 다음과 같다.

넷째 의심은 대원경지大圓鏡智가 일체의 모든 경계를 깨닫는다는 뜻을 의심하는 것이다. 즉 이것은 어떤 의심을 내는가 하면, "허공이 한량이 없는 까닭에 세계가 한량이 없으며, 세계가 한량이 없는 까닭에 중생도 또한 한량이 없다. 중생이 한량이 없기 때문에 마음으로 차별하는 육근六根을 통한 욕심의 성품이 한량이 없으니 어떻게 능히 이것을 다 알 수 있겠는가? 그런데 이것은 점점 닦아 익혀서 아는 것이 옳을까, 닦지도 않고 문득 깨닫는 것이 옳을까? 만일 닦아서 익히지도 않고 문득 깨닫게 된다면 모든 범부가 다 평등하게 깨닫게 되어야

---

16) 『한국불교전서』 1책, 488a.

할 것이다. 그러나 누구나 다같이 닦지 않기 때문에 그 인연이 다르지 않을 것이다. 만일 점차로 닦아서 마침내 다 알 수 있는 것이라면 곧 일체 경계가 한량이 없는 것이 아닐 것이며, 또한 한량이 없으면서 다함이 있다는 것은 맞지 않는 것이다. 이와 같이 나아가고 물러감이 다 성립될 수 없는데 어떻게 깨달음을 얻으며, 그것이 일체종지一切種智라고 하겠는가?"라고 의심하는 것이다. 일체종지는 부처의 지혜로 일체만법의 별상別相을 낱낱이 정밀하게 아는 지혜를 말한다. 이와 같은 두 관문關門의 의심을 다스리기 위하여 무등무륜최상승지無等無倫最上勝智를 세운 것이다. 이러한 대원경지는 앞에 말한 세 가지 지혜보다 뛰어나서 그것과 같은 류가 아니며, 진속이제眞俗二諦의 밖에 홀로 있어 짝할 것이 없다. 또한 두 관문의 밖에서 초연하여 막히는 것이 없는 것이다. 이것은 다만 우러러 믿을 뿐이지 감히 비교하여 헤아릴 수 없는 것을 밝힌 것이다. 때문에 최상승이라 이름하는 것이다. 그렇다면 과연 우러러 믿는 마음을 어떻게 일으킬 것인가? 비유하면 세계가 한량이 없지만 허공의 밖에 나가지 못하는 것과 같아서 이렇게 모든 경계가 한량이 없지만 다 한 마음(一心) 안에 들어오는 것이다. 즉 아무리 한량없는 경계라고 하지만 결국 허공 안에 있는 것처럼 모든 경계도 다 마음 안에 있기 때문에 이를 믿을 근거가 있는 것이다. 부처의 지혜는 모양을 여의고 한 마음의 근원(心原)에 귀합했기 때문에 지혜와 마음이 혼연히 하나요 둘이 아니다. 또한 시각始覺이 곧 본각本覺과 같기 때문에 모든 경계가 지혜를 벗어남이 없는 것이다.[17)]

이것은 사지四智 가운데에서 최고지最高智인 대원경지大圓鏡智가 어떻게 일체의 경계를 깨달을까 하는 의혹인데, 원효는 여래장설을 가지고 해결하고 있다. 그는 대원경지＝무등무륜최상승지無等無倫最上勝智＝일체종지一切種智라고 하는 등식에 바탕을 두고 논리를 전개한다. 그래서 일체의 의혹이 그렇게 많아서 무변無邊하지만 일심一心 안에 포섭되고, 시각始覺은 본각本覺과 다르지 않다고 하는『대승기신론』의 여래장설을 토대로 하여 결론을 내리고 있다. 그 전거를『대승기신론』에서 찾고 있는 것을 봐

---

17) 같은 책, 561c , 570b.

도 잘 알 수 있다.[18]

또, 『십문화쟁론十門和諍論』은 단간斷簡만이 남아 있으므로 그 전모에 대해서는 잘 알 수가 없지만, 그 십문의 명목名目의 복원이 이루어져[19] 어느 정도 타당성이 인정되는 것이다. 단간의 내용만을 고찰하여 보면 전반은 삼성三性에 의하여 공空·유有를 논하고 있으며, 후반은 불성佛性에 대하여 유有·무無를 논하고 있다고 한다.[20] 또한 그의 『금강삼매경론』은 온전히 여래장에 의하여 논해져 있고,[21] 『열반경종요』의 불성의 유무문有無門 등도 여래장설의 전개이다.[22]

이와 같이 원효의 사상을 종합해 보면 다른 요소의 사상을 찾을 수 없는 것은 아니지만, 그는 여래장설의 천명에 생애를 바쳤다고 전제하고 싶다.

2.

종교는 현실이란 짐을 메고 영원히 걸어가야 한다. 따라서 현실 세계 속에서 문제의 소재를 찾아야 한다. 이렇게 볼 때 불교의 출세간出世間적 가치관이 세간世間적 가치관을 부정하는 것으로 생각하여, 출세간과 세간을 이원적으로 분별하는 것은 시정되어야 한다고 생각한다. 불교학은 신학神

---

18) 明石惠達, 『大乘起信論』, 65쪽, "問曰: 虛空無邊故, 世界無邊. 世界無邊故, 衆生無邊. 衆生無邊故, 心行差別亦復無邊. 如是境界不可分齊, 難知難解. 若無明斷, 無有心想. 云何能了名一切種智. 答曰: 一切境界本來一心, 離於想念, 以衆生妄見境界故. 心有分齊, 以妄起想念不稱法性故. 不能決了. 諸佛如來離於見相, 無所不徧, 心眞實故. 卽是諸法之性, 自體顯照一切法. 有大智用無量方便, 隨諸衆生所應得解, 皆能開示種種法義. 是故得名一切種智."
19) 이종익, 『원효의 근본사상: 十門和諍論 연구』(동방사상연구원, 1977) 참조
20) 鎌田茂雄, 「『十門和諍論』の思想史的 意義」, 『佛敎學』 제11호(1981) 참조
21) 고익진, 「韓國 佛敎哲學의 源流와 展開」, 『哲學思想의 諸問題』 IV(한국정신문화연구원, 1986), 100~103쪽 참조
22) 졸론, 「涅槃宗要의 如來藏說」, 『印度學佛敎學硏究』 권30, 제2호(1982) 참조

學이 아니고 인간학人間學이다. 연기설緣起說을 바탕으로 형성된 불교는 오늘날 절대 빈곤을 극복한 선진국의 상황 아래에서조차도 아직까지 극복하고 있지 못한 상대 빈곤의 문제를 해결함에 있어서 좋은 처방전을 제시해 줄 수 있기 때문이다. 그것은 마음의 질적 전환을 통하여 열반涅槃(nirvāṇa)을 얻게 함으로써 가능하다. 그래서 불교학에 있어서는 '마음'을 연구의 대상으로 삼는 것이다. 마음을 연구의 대상으로 삼는 것은 단순한 현대심리학과 같은 현상적인 부분만이 아니라 심체心體·심성心性·심리心理 작용 및 그와 관련된 실천의 문제까지도 포함되므로 복잡한 구조를 갖는다.

초기 불교에서부터 '심성본정心性本淨·객진번뇌客塵煩惱'라고 하여 인간의 본성관本性觀은 청정한 것으로 보았으며, 그 본성청정本性清淨으로부터 출발한 것이라고 볼 수 있다. 이것은 논리의 구조로 봤을 때 그럴 수밖에 없다. 본성은 인간의 본질이니까 바뀔 수 없는 것이다. 그 본질인 본성이 '악惡'이라고 한다면 아무리 수행을 하여도 그 효험이 나타나지 않게 된다. 그러므로 그 본질인 본성이 '청정清淨'하다고 할 때, 수행의 과보果報를 찾을 수 있다. 이러한 '마음'의 연구는 시대에 따라 조금씩 각도의 차이가 있지만 지금은 주제의 부분만 다루기로 한다.

원효가 그의 『대승기신론별기』에서 중관설이나 유식설을 모두 비판하고는 『대승기신론』을 높이 평가하여 최고의 위상에 놓고, 그 토대 위에서 그의 불교 사상을 전개하려고 했다는 것은 이미 앞에서 밝혔다. 그런데 그 『대승기신론』을 조직상의 면에서 분석하여 심진여문心眞如門은 중관설을 전개하는 것이고, 심생멸문心生滅門은 유식설을 전개하는 것이라고 말할 수 있을까? 그렇다고 생각한다면 이 논 속에 중관설이나 유식설이 모두 포함되어 있으니까 높이 평가된다고 말할 수도 있다. 그렇지만 심진여문이 중관설에 대응하고, 심생멸문이 유식설에 대응하는 논리 체계일지는 몰라도, 심진여문이 그대로 중관설이며 심생멸문이 그대로 유식설이라고 하기에는 의문이 일지 않을 수 없다.

이 심진여문과 심생멸문은 『대승기신론』의 독특한 전개 방식이어서, 서로서로 일체법一切法을 포섭하여 불상리不相離 관계임을 밝히고 있다. 따라서 이 두 문門이 종래의 중관설·유식설[23]과 어떻게 다른가는 앞으로 『대승기신론』의 진여·여래장·아알라야식을 밝힘으로써 스스로 그 자취를 드러내리라고 본다. 단 한 가지 전제는 심생멸문이 심진여문으로 귀일歸一한다는 것을 잊지 말자는 것이다.

인류는 인류일 수밖에 없는 인류의 본질이 자연히 드러난다. 그 인류의 본질은 영원히 변할 까닭이 없다. 이 변화하지 않은 인류의 본질을 잠정적으로 '마음'이라고 부르기로 하자. 이 인류의 본질인 '마음'을 철저하게 천착한 철학서에 『대승기신론』이란 서적이 널리 알려져 있다. 이 논 가운데에서는, '마음'은 진여와 여래장 두 쪽으로 분류되어 관찰되고 있다. 원효는 그것을 논증하기 위하여 『능가경楞伽經』에서 다음과 같은 전거를 인용하고 있다.

적멸寂滅이란 이름하여 일심一心이라 하고, 일심이란 여래장如來藏이라고 이름한다.[24]

---

23) 深浦正文,『唯識說硏究』권上,「敎史論」, 139쪽 '護法淸辯の論爭の眞僞'를 참조하면, 실제로 청변과 호법이 논쟁한 흔적을 찾을 수 없다고 말한다. 다만 생각건대, 인도에서 大乘을 學修하는 사람은 종래 龍樹·提婆의 空門과 無着·世親의 有門을 모두 다 硏鑽하여 그 사이에 하등의 구별이 있을 수 없었는데, 마가다국에 護法이 유문의 학설을 高調하고 남인도에 淸辯이 空門의 사상을 弘通한 이래 모든 대승을 수학하는 사람 가운데에서도 각자 그 취향에 따라서 그 어느 한 쪽에 치우쳐 연구한 결과, 스스로 空·有의 색채가 농후하게 되었을 뿐이다. 그 때문에 이 소식에 대하여 위와 같이 空·有의 쟁론이 있었던 것 같은 전설이 만들어진 것으로 생각한다고 서술하고 있다.
24) 『한국불교전서』 1책, 741a.

그래서 원효는 '적멸寂滅이란 이름하여 일심一心이라 한다'고 말하는 것을 진여眞如에 적용시키고, '일심一心이란 여래장如來藏이라고 이름한 다'고 말하는 문장을 여래장女來藏에 적용시켜 설명하고 있다. 전자는, 일 체법은 본성本性이란 측면에서 보면 생겨나는 일도 없어지는 일도 없이 본래 적정寂靜할 뿐이고 다만 일심一心이기 때문이라는 것이다. 후자는, 일심의 본체는 본각本覺이지만 무명無明에 따라 움직여 생멸生滅을 만들 기 때문이라는 것이다. 사람이 사람일 수 있는 본질을 '마음'이라고 했는 데, 그 마음에는 상주불변常住不變하는 성질과 무상천류無常遷流하는 성 질이 있다. 원효는 전자로부터의 관찰을 진여라고 했으며, 후자로부터의 관찰을 여래장이라고 말했다.

먼저 '진여眞如'에 대하여 고찰하기로 하는데, 赤沼智善 박사는『대승기 신론』의 진여에 대하여 깊이 연구하여 발표한 일이 있으므로 그 취의趣意 만을 소개하여 둔다.[25] 赤沼智善은 진여를 크게 세 부분으로 나누어 설명 하고 있다.

① 중국에 있어서 진여眞如라고 하는 역어譯語가 정착하기까지의 경로.
② 인도에 있어서 tathatā(眞如)라고 하는 원어의 성립에 이르기까지의 경로.
③『기신론』에 있어서의 진여의 쓰임새가 정당하다고 하는 내용.

①에 대하여 상세하게 고찰하여 보면, 진여의 원어는 tathatā이고, tathā (그와 같이)라고 하는 부사에서 온 추상명사이며, 팔리어 성전聖典에서는 tathatta로 되어 있다. 본무本無·여如·여여如如로 번역하여 쓰다가 보리 유지菩提流支 무렵부터 진여라고 번역하였으며, 현장玄奘은 언제나 진여 라고 번역하여 사용했다. '본무本無'란 본래 무無라는 의미이고, 본래 공空

---

25) 赤沼智善,「起信論の眞如に就て」,『大谷學報』권10 제1호(1929).

과 같이 여如가 공空을 내용으로 하는 것을 보여 주고 있다. '여如'란 당연한 역어譯語지만, 어딘가 모자란 듯한 느낌이 들었고, 또 이대로라면 tathā와 tathatā의 구별이 어려우니까 '여여如如'라고 번역하게 되었고, 최후에는 '진眞' 일자一字를 붙여 번역하여 일반적으로 '진여眞如'라고 하게 되었다.

②의 tathatā의 성립의 경로에는 세 가지 요소를 생각할 수 있다. (a) 법성法性(dharmatā)은 근본불교根本佛敎에서는 당연함을 의미했고, 후에는 법의 본성을 의미하게 되었다. 이 말이 처음부터 '여如'와 내면적으로 관계를 가지고 있었다는 것은 당연한 일이다. (b) 석존의 가르침의 특징 중 하나는 여실관如實觀이며, '사물 그대로'를 의미하는 yathā-bhūtam, yathā-tatha로 '있는 그대로', '보는 그대로', '그대로'라고 하는 것과 같이, '있는 그대로가 진실'을 의미하는 경향의 말이다. (c) 사진제四眞諦에서 tathā이고, 이것은 '그대로', '그대로 사실이다', '진실이다'라고 하는 의미이며, 제諦 즉 sacca와 동의의 것이다. 이 셋이 서로 의지하여 '사물의 본성', '사물 그대로임'을 의미하는 말이 된 것이다. 이와 같이 tathatā는 '그 상태', '사물 그 자체', '그 본성', '사물 그 자체의 본성'을 의미한다.

용수의 말을 빌리면, 제법諸法은 이종상二種相이 있고, 그 첫째는 각각상各各相, 그 둘째는 실상實相이라 한다. 각각상은 지수화풍地水火風의 견습난동堅濕煖動인데, 그 각각의 상도 또 하나 진실을 추구하면 불가득不可得이다. 이 불가득의 공空이 실상實相이고, 이것을 '여如'라고 한다.

『능가경』에서의 진여는 반야의 진여이고, 『해심밀경』에서는 원성실성을 진여로 하고 있다. 일체법은 그 본질과 표상이 있고, 표상은 모두 다르지만 본질로서는 모두 불변진실이고 평등무차별이다. 본질本質을 '여如'라고 하고, '법성法性'이라 하고, '실제實際'라 하고, '제일의第一義'라 하고, '본성本性'(prakṛti)이라고 말한다. 표상表相을 '상相'(nimitta)이라 하고, '상相'(lakṣaṇa)이라고도 말한다. 그러므로 '지색상지색여知色相知色如이고 여즉상如卽相이며 상즉여相卽如'이므로 상相과 여如는 다르지 않다.

이와 같이 tathatā는 '본성·본질·자성'이라는 의미로 생각되어 왔는데, 여기에서 고려해야 하는 중대한 것이 두 가지 있다.

첫째 tathatā는 일체법一切法의 여如로서 모든 것에 통한다고 말할 수 있지만, 불교의 관심사가 항상 외계가 아니라 자기 그 자체, 마음 그 자체에 있다고 하는 것이다. 그래서 불교는 진여眞如를 일체법의 진여, 평등하기 때문에 증감增減이 없다고 봄과 함께 궁극적으로는 '마음의 여如'를 중심으로 생각하려고 한다. '여如'는 불변이고, '상相'은 그 생멸상生滅相이다. 이 때문에 '여如'는 실제로는 변화성變化性을 품고 있는 불변성不變性이며, 그 변화성은 곧장 생멸生滅의 상相이 된다. 이것을 유정有情에 관계 지워 『반야경』에서는 중생여衆生如라고 표현하는데, '중생衆生'이라 하는 곳의 생멸의 동란動亂을 나타내고 '여如'라고 하는 곳의 불변진실이면서 생멸을 초월한 모습을 나타내고 있다. 이 불변진실은 여래女來의 여如와도 같으므로 중생의 여如는 여래의 여如와 같다고 말하고 있는 것이다. 이 중생여衆生如와 여래여如來如가 같다고 하는 것은 형식의 면에서 동일하다는 것이 아니라 질의 면에서 동일하고, 용용의 면에서 동일하기 때문에 원시 불교 이래 용어를 찾아보면 자성청정自性淸淨(prakṛti prabhava svara), 불성佛性 (buddha·dhātu)·불종佛種(buddhamkura)·무구식無垢識(amala-vijñāna)· 여래장如來藏(tathāgatagarbha)이라고 불려졌다.

둘째는 그 결과로서 그 마음이 견문각지見聞覺知하는 외계에 대하여 어떠한 관계를 가질까 하는 문제이다. 이 '마음'이 그 견문각지하는 세계에 대하여 어떠한 관계를 가질까? 이것은 이미 석존에 의하여 그 연기설에서 명백히 밝혀 있고, 또 『반야경』에서도 충분히 말해져 왔는데, 그 경로를 밟아 확실하게 밝혀 준 것이 『반주삼매경般舟三昧經』이나 『십지경十地經』이다. 거기서는 '삼계허망유일심작三界虛妄唯一心作'이라고 도파道破하고 있다.

③에 대하여 고찰하면 『기신론』은 『능가경楞伽經』에 힘입어 성립되었다는 것은 부정할 수 없는 사실이다. 지금까지 더듬어 온 '진여'가 의미하는 것을 『기신론』에 관계 지워 볼 때, 『기신론』은 결코 본체本體·실체實體로서의 진여를 담론談論하거나 그 진여의 연기緣起를 설명하는 것이 아니라는 것은 충분히 밝혀졌다고 본다. 이 논은 다만 불교가 본래의 심성설心性說에 입각하여 심성의 본정本淨, 즉심卽心의 여如를 말하고, 그것을 여래장의 위상位相에서 응시하여 이 여래장의 염정연기染淨緣起를 논술하고 있을 뿐이라는 것이었다. 赤沼 박사가 서술하고 있는 방법의 '진여'라고 말하는 의미는 필자가 앞에 내놓은 인간의 본성·본질이라고 하는 의미와 변함이 없다고 생각한다. '마음'이라고 하는 그 자체의 상주불변常住不變하는 성질을 진여라고 생각했기 때문이다. 곧 진여는 마음의 본질 그 자체를 말한다.

그렇다면 원효는 진여를 어떻게 보고 있는가? 원효는 진여를 포괄적으로 구성한 진여문을 설명하는 가운데 다음과 같이 말하고 있다.

> 진여문眞如門은 염染과 정淨의 통상通相이다. 통상 이외에 따로 염과 정이 없는 것을 밝히고 싶어 모든 염과 정과의 제법諸法을 총괄한다고 한다.[26]

염정染淨이 모두 진여문 안에 들어가 섭수攝受된다. 그것은 일체법은 연기생緣起生이기 때문에 생멸生滅하고, 생멸 변화하는 과정에 있으니까 번뇌가 생기며, 그 때문에 헤매고 있다. 그 점을 염染이라 한다. 또 부처의 가르침은 보편적이어서 일부 사람들에게만 타당할 수 있는 것이 아니다. 어떤 부류의 사람이라 할지라도 부처의 가르침에 신순信順하여 수행하는 사람은 모두 대각大覺을 이룰 수 있다는 점에서 정淨이며, 그것은 모든 사람

---

26) 『한국불교전서』 1책, 741b.

이 다 그러하기 때문에 평등하다. 사람이란 존재가 있음으로 해서 염染과 정淨을 말할 수 있고, 그런 점에서 사람 속에서의 염정染淨이므로 그 둘은 서로 통한다고 말할 수 있다. 이것을 미진微塵과 질그릇으로 비유할 수도 있다. 모든 질그릇이 흙으로 빚어졌다는 점에서 그들의 재질은 같다고 본다. 질그릇은 같은 재질인 흙으로 빚어 만들었으므로 그 흙은 여러 종류의 질그릇들의 통상通相이다. 염은 염심染心이요 정은 정심淨心이며, 그 양심兩心의 심心의 본질을 진여眞如로 볼 때 그 둘이 모두 마음에 들어간다면, 그 둘은 진여에 의해서 다스려지므로 진여문眞如門은 염정染淨의 통상通相이다. 따라서 마음은 그 본질인 진여의 입장에서 볼 때 진리만을 말할 뿐이고, 현상現象은 말하지 않는다. 원효는 그것을 다음과 같이 말한다.

> 진여문 가운데에서는 진리眞理는 포섭하지만 사상事象은 포섭하지 않는다. 생멸문 가운데에서는 사상은 포섭하지만 진리는 포섭하지 않는다.[27]

진여는 마음의 본성·본질을 나타내니까 리理·원리原理·진리眞理를 의미한다. 그렇기 때문에 리理만을 포섭한다고 말한다. 리는 불변의 진리를 의미하니까 리는 그 자체로서 리이며, 망상을 완전히 없애 버린 모습으로서 그 자체를 나타낸다. 그러나 리는 현상을 떠난 리가 아니고 현상의 리이기 때문에 서로 떠날 수 없는 관계에 있다. 따라서 진여문은 진여문 나름대로 일체제법一切諸法의 리사理事를 포섭하고, 생멸문은 생멸문 나름대로 일체제법의 리사를 포섭한다. 여기에서 양문兩門이 포섭하는 리사의 동이同異 문제가 나온다. 이 점에 있어서 진여문의 리理와 생멸문의 리理는 동일한 것이 아니라고 원효는 말한다.

---

27) 같은 책, 741c.

진여문 가운데에서 설명하는 리理는 진여 또한 불가득不可得이라고 말할지라도 역시 없는 것이 아니다. 부처가 있든 없든 그 본성과 속성은 상주常住하면서 변이變異하는 일이 없다. 파괴할 수 없다. 이 문門 가운데에서 임시로 진여眞如‧실제實際 등의 이름을 붙인다. 대품大品 등의 모든 반야경에서 설시說示하는 것과 같다. 생멸문 가운데에서 포섭하는 리理는, 또한 리체理體가 생멸하는 모습을 떠났다고 말할지라도 상주하는 성품을 지키지 못한다. 무명無明의 인연에 따라서 생사生死에 유전한다. 실로 더러움에 물들어 버린다고 할지라도 자성은 청정하다. 이 문 가운데에서 임시로 불성佛性‧본각本覺 등의 이름을 붙인다. 이것은 『열반경』‧『화엄경華嚴經』 등에서 설시說示하는 것과 같다.[28]

이처럼 원효는 진여문의 리理의 성격과 생멸문의 리理의 성격을 분별하면서 인간의 본질인 '마음'을 두 가지 측면에서 밝히려고 한다. 첫째는 진여의 입장이고, 둘째는 여래장의 입장이다.

진여는 마음의 본질 그 자체이고, 그렇기 때문에 그것은 불가득不可得이다. 또한 상주하는 것이며 파괴할 수 없는 것이다. 이것은 '사물 그 자체'‧'물 그 자체'‧'물자체'‧'사물의 본성'‧'사물의 사물다운 본성'이다. 그것은 부처의 출세出世와 불출세不出世에 관계없이 '법으로서 정해져 있고 확립되어 있는 것이다.'[29] 말하자면 진여문에서 말하는 리는 다른 것이 아니고 진리성眞理性이니까 원효의 사유 방법은 불교의 리법理法에 맞는다고 할 수 있다. 생멸문에서 말하는 리는 여래장의 입장이기 때문에 무명無明과 관련을 갖게 된다. 인간이란 본질은 바뀌지 않아도 인간 존재의 개체는 계속 변화해 가고 있으며, 무명에 그 마음은 염오染汚되어 생사生死에 유전流轉한다. 그와 같이 보면 그것은 자성自性을 지키지 못하는 것으로 된다. 여기에서 원효의 여래장연기설如來藏緣起說을 엿볼 수 있다. 柏木弘雄 박사가 "『섭대승론』에서의 진여는 법法의 진여를 강조하고 있는데,

---

28) 같은 책, 742a.
29) 增谷文雄, 『佛敎槪論』, 14쪽 참조

거기에 반하여 『기신론』에서의 진여는 심心의 진여를 중시하고 있다"[30]라고 지적하고 있는 것처럼 이 『대승기신론』의 진여는 '심진여心眞如'이며 마음의 본래 모습을 말한다.

사람이 사람인 본질은 마음에서 나타난다고 이미 논했지만, 이 『대승기신론』에는 '마음이 있는 그대로의 진실한 모습'과 '마음이 현실에 여러 가지로 전개되고 있는 모습'이라고 하는 두 종류 관점에서의 설상說相을 밝혀 가고 있는 것이다.[31]

3.

심본청정心本淸淨이라는 본성적인 측면과 객진客塵인 번뇌와의 관계를 설명하기 위한 필연적인 결과로서의 여래장설은 점진적으로 철학적인 체계를 갖추게 되었다. 사실 중생은, 현재는 범부凡夫지만 환원일심還源一心의 길에 올라서 환멸연기還滅緣起의 입장에서 보면 그들은 모두 부처의 씨앗이다. 불성의 형태로는 과불성果佛性이 아니고 인불성因佛性에 해당한다. 삼보三寶에 귀의한 사람은 누구나 부처가 될 수 있는 가능성·잠재력을 인정한다. 부처가 될 수 있는 가능성을 불성佛性·불종佛種·여래장如來藏이라 말하고, 그것이 드러난 경지를 깨달음이라고 한다.

잠시 말을 바꿔 『대승기신론』에 이르기까지의 여래장의 사적인 고찰은 石橋眞誠 교수에 의하여 정리되어 있기 때문에 그것을 소개하여 놓기로 한다.[32] 여래장 사상의 기원은 멀리 대중부大衆部 속에서 볼 수 있는 심성본

---

30) 柏木弘雄, 「大乘起信論における法と義」, 『平川彰博士還曆記念論集: 佛敎における 法の硏究』.
31) 柏木弘雄, 「心眞如と心生滅」, 『佛敎學』 제9·10 특집호(佛敎學硏究會, 1980) 참조
32) 石橋眞誠, 「如來藏の思想史的硏究序說」, 『家政學園硏究紀要』 권1(1962). 그러나 이

정설心性本淨說에서 구할 수 있다. 심성心性은 본정本淨이지만 객진客塵인 번뇌에 염오染汚되어 부정심不淨心이 되는데, 객진이란 손님이라는 의미이며 그러한 의미의 손님의 설에 대하여 심성본정心性本淨이란 마음의 성상性狀의 의미가 아니라 마음의 본성을 본정이라고 말하는 것이다. 마음은 본성적·본질적으로 청정하고 외래적 객진인 번뇌에 물들게 되면 부정심不淨心이 되는 것이다. 우리는 그 부정심 가운데 번뇌를 단멸하는 것 그 자체를 보리菩提라고 말하는 것이 아니고, 그 번뇌를 단멸하는 것에 의하여 곧 본유本有의 성덕性德을 현현顯現하는 것을 보리라고 말한다. 그러므로 번뇌의 단멸이 곧 보리라고 말하는 곳에서 심성본정설을 엿볼 수 있는 것이다. 그렇다면 대중부는 무엇 때문에 이 본정설을 말하지 않으면 안 되었을까?

① 보리심菩提心의 기초는 중생심衆生心의 본성에 있어야만 하고,
② 공무空無가 아닌 깨달음의 내용은 이미 중생심의 본성에 존재하지 않으면 안 되고,
③ 부처의 아들·딸이기 때문에 불종佛種이 이미 중생심 가운데 놓여 있어야만 한다고 하는 요구이다.

이와 같은 요구에 맞춰서 주창한 본성청정설本性淸淨說을 찬양하는 대중부의 학설은 다분히 대승적인 색채를 간직하기에 이르렀다고 말할 수 있다. 대중부大衆部에는 이와 같이 대승大乘에의 발전의 맹아萌芽가 보이는데, 그것이 일보 진전하여 속망진실俗妄眞實을 말하는 설출세부說出世部가 된 것이다. 이것이 더욱 발전하여 성실부成實部에서는 제법개공諸法皆空을 말하

와 다른 학설을 내세우는 학자도 있다. 예를 들면 勝又俊教 박사 「如來藏思想と阿賴耶識思想との交流」(『季刊宗教研究』 제4년 제4집 [통권호 제113호] 1943)란 논문에서 여래장설과 아알라야식설의 기원은 서로 다르다고 논술하고 있다.

고, 드디어 반야공관般若空觀에 이르러서는 무상개공無相皆空을 말하게 되었다. 그로부터 본성정심本性淨心을 설하는『대집경大集經』「자재왕보살품自在王菩薩品」, 제법실상諸法實相을 설하는『묘법연화경』, 실상實相의 경지야말로 일심법계一心法界에 지나지 않는다고 주장하는『대방광불화엄경大方廣佛華嚴經』, 상락아정常樂我淨・불성佛性・무선성無善性(icchantika)의 성불成佛을 설하는『대반열반경大般涅槃經』에 이른다. 그래서 속망진실설俗妄眞實說에 의해서 발단한 청정심의 연기론적 사상은 아알라야식과 결합한다. 최후에는 아알라야식설과 여래장설과의 관계로 되지만, 그들과 사상적으로 선구先驅가 되는 용어로서 대중부大衆部의 근본식根本識(mūla-vijñāna), 세의식細意識, 독자부犢子部의 비즉비리온아非卽非離蘊我, 화지부化地部의 궁생사온窮生死蘊이라고 하는 말이 있다. 이들은 진망화합식眞妄和合識이고 곧 여래장이며,『기신론』의 학설과 대등한 것으로 본다. 육식설六識說만으로는 유전流轉・환멸還滅의 주체・근거・동성상속同性相續에 대하여 충분히 설명할 수가 없기 때문에 여기에 심정설心淨說과 아울러 아알라야식설이 필연적으로 대두된 것이라고 본다. 전자는 주로 환멸문還滅門에, 후자는 주로 유전문流轉門에 대답하려고 한다. 이것은 곧 하나의 것에서 양면으로의 발전이라고밖에 볼 수 없다. 이렇게 볼 때 아알라야식은 진망화합眞妄和合이 본래의 설이었다고 말할 수 있다.

이상 石橋 교수의 여래장설의 사적史的 고찰을 소개하였다. 내용의 전반적인 흐름은 대중부설大衆部說 가운데에서는 여래장설로 발전할 수 있는 맹아가 있었고, 육식설六識說만으로는 유전流轉・환멸연기還滅緣起의 설명이 불가능하기 때문에 동성상속同性相續하면서 무위법無爲法의 유작용有作用을 말하지 않을 수 없었다는 이유를 명백히 밝히고 있는 것이다. 동성상속이라고 말하는 것은 언제나 바뀔 줄 모르는 인간의 본성이며, 무위법無爲法의 유작용은 진여의 훈습熏習을 의미한다고 생각된다. 그것은

『대승기신론』의 여래장연기설과 일치하는 것이며, 아알라야식의 진망화합설眞妄和合說에 적합한 이론인 것이다.

예측한 대로 『대승기신론』은 진여연기眞如緣起를 논술하는 내용의 것일까, 여래장연기를 논술하는 내용의 것일까? 여래장연기라고 말하는 용어가 최초로 보이는 것은 법장의 『대승기신론의기』에 사종교판四宗敎判을 설명할 때부터이다.[33] 그렇지만 실제로 『대승기신론의기大乘起信論義記』에서 볼 수 있는 그의 『대승기신론』에 관한 입장은 여래장연기라고 말하기보다는 진여연기의 입장을 취하고 있다고 전해지고 있다.[34] 그러나 원효는 『대승기신론』의 연기설을 논술함에 있어서 진여연기설이 아니라 여래장연기설을 그의 견해로 채택하고 있다고 말한다.[35] 그것은 다음과 같이 서술되어 있다.

이 식識에는 두 종류의 뜻이 있다. 용케 일체법을 다스리고 일체법을 생한다.[36]

원효는 이것을 다음과 같이 해설하고 있다.

위의 이문二門은 다만 섭攝의 의義만을 말한다. 진여문에는 능생能生의 뜻이 없음으로 인해서이다. 지금 이 식識에는 또한 생生의 뜻을 말한다. 생멸문生滅門 가운데에는 능생의 뜻이 있음으로 인해서 그렇다.[37]

---

33) 『佛敎大系』 1, 11쪽.
　　지금 현재 東流하는 일체의 경론은 大小乘을 통하여 크게 분류하면 네 가지 있다.
　　첫째는 隨相法執宗, 곧 소승에서 말하는 諸部가 이것이다.
　　둘째는 眞空無相宗, 곧 般若 등의 經典과 中觀 등의 論의 所說은 이것이다.
　　셋째는 唯識法相宗, 곧 解深密 등의 經과 瑜伽 등의 論의 所說이 이것이다.
　　넷째는 如來藏緣起宗, 곧 楞伽 · 密嚴 등의 經과 起身 · 寶性 등의 論의 所說이 이것이다.
34) 石橋眞誠, 「如來藏思想의中國的理解」, 『家政學園硏究紀要』 권5(1966), 5쪽 참조.
35) 石橋眞誠, 같은 책, 10쪽 가운데에도 이 점을 지적하고 있다.
36) 『佛敎大系』 1, 96쪽.
37) 같은 책, 97쪽.

『대승기신론』자체가 그와 같은 구조로 형성되어 있는 것처럼 심진여문心眞如門은 리체理體 그 자체로 본질·본성이므로 연기의 뜻은 없고, 심생멸문心生滅門에는 생멸 변화만을 취급하므로 여래장연기가 전개된다고 말하고 있다. 원효는 『능가경』의 다음과 같은 일문一文을 인용하여 진여문과 생멸문에 일선一線을 긋고 있다.

> 적멸寂滅이란 이름하여 일심一心이라고 한다. 일심一心이란 여래장如來藏이라고 이름한다.[38]

원효는 이것을 다음과 같이 일선을 그어 가면서 결합시키고 있다.

> 여기에 심진여문心眞如門이라고 말하는 것은 곧 그 경經의 적멸寂滅을 이름하여 일심一心이라고 해석하고, 심생멸문心生滅門이라고 말하는 것은 이 경經 가운데의 일심一心을 여래장如來藏이라고 이름하여 해석한다.[39]

여기에서 심진여문은 적멸에, 심생멸문은 여래장에 배속시키고 이들 양자가 모두 일심이라고 묶고 있다. 이것을 볼 때 원효는 진여연기를 논술하는 것이 아니라 여래장연기를 설하고 있다. 원효와 비교할 수 있는 정영사淨影寺 혜원惠遠의 이 부분에 해당하는 곳을 보면 다음과 같다.

> 심진여心眞如란 제9식識이다. 이는 완전히 진실이기 때문에 심진여라고 한다. 심생멸心生滅이란 제8식識이다. 연緣에 따라서 망妄을 만들고 체體를 포섭해서 용用에 따르면 심생멸 가운데에 포섭된다고 한다.[40]

---

38)『大正新修大藏經』권16, 519a, "寂滅者名爲一心. 一心者名爲如來藏."
39)『佛敎大系』1, 63쪽.
40) 같은 책, 같은 곳.

여래장에 의한다고 말하는 것, 이것은 제8식識이다. 생멸심生滅心이 있다고 말하는 것, 이것은 제7식識이다.[41]

혜원은 여기에서 9식설을 취하고 있어 진여를 제9식, 여래장을 제8식, 생멸심을 제7식으로 간주한다. 9식설을 취하는 것은 『섭대승론攝大乘論』의 영향을 받았기 때문이다. 그러나 진여는 식識이 아니다. 제8식을 가지고 생멸문을 해석하는 것은 여래장如來藏＝아리야식阿梨耶識＝진식眞識이라고 하는 견해이며, 지론종地論宗 남도파南道派에 소속하는 혜원으로서는 당연한 것이라고 생각된다.

원효는 여래장의 성격과 우리들의 청정한 마음에 있어서의 무명無明과의 관계를 명백히 하여 다음과 같이 말한다.

일심一心의 체體에 본각本覺이 있다. 그럼에도 불구하고 무명無明에 따라서 움직여 생멸生滅을 만든다. 때문에 이 문에서는 여래의 본성이 감추어져 드러나지 않는 것을 여래장如來藏이라고 부른다. 『능가경』의 다음 말과 같다. "여래장이란 이는 선善과 불선不善과의 인因이다. 능케 모든 일체一切의 취생趣生을 만들어 낸다. 예를 들면 배우가 여러 가지 묘기를 변현變現하는 것과 같다." 이와 같은 것들의 뜻은 생멸문에 있다.[42]

이는 심생멸문을 정의하여 그 성격을 잘 나타내고 있다. 일심一心의 본체는 그 자체가 본각本覺이다. 그렇지만 무명 때문에 생멸유전生滅流轉한다. 생멸유전하기 때문에 여래의 성품이 감추어져 드러나지 않는 것을 여래장이라고 한다. 무명이 없어지면 여래의 성품은 현현現顯하는 것이다.

그렇다면 원효는 여래장(tathāgatagarbha)과 아알라야식(ālaya-vijñāna)과의 관계를 어떻게 펼치고 있으며, 여래장설의 아알라야식과 유식설의 아알

---

41) 같은 책, 89쪽.
42) 같은 책, 64쪽.

라야식의 동이同異를 어떻게 말하고 있는가를 고찰하기로 한다. 이『대승기신론』에 있어서는 동성상속同性相續하는 마음의 심성본정心性本淨의 면을 고찰한 것을 '여래장'이라 말하고, 여러 가지 선善·악惡·무기無記의 작용이 있는 현상적인 면을 고찰한 것을 '아알라야식'이라고 하는 것은 아닐까 하고 생각된다.

원효는 여래장과 아알라야식과의 관계를 "생멸하지 않는 마음과 생멸하는 마음과는 그 마음의 본체가 둘이 아님은 사실이다"[43]라고 논술하여 일심一心 사상을 나타내고 있다. 그 본질적인 면으로부터 생멸하지 않는 마음이란 어떤 것일까? 진여眞如이며 여래장如來藏이고 자성청정심自性淸淨心이다. 무상無常·무아無我의 연기의 입장에 선 유정有情은 현상에 지나지 않는다. 현상의 일부에 속하는 인간 가운데서 무슨 영원성을 찾을 수 있을까? 다만 사람을 사람이게 하는 본질은 바뀌지 않으니까 그 점을 변화·생멸하지 않는 마음이라고 하는 것은 아닐까?

그런데 이 여래장이 생멸심과 화합한 것을 아알라야식이라고 말한다. 그 성격은 비일비이非一非異라는 말속에 잘 나타나 있다. 여래장설의 아알라야식과 유식설의 아알라야식이 서로 다른 점은 원효에 의해서 면밀히 검토되고 소상히 밝혀졌다.[44] 그렇게 서로 다른 점을 밝히고 난 원효는, 양사상이 그런 차이점이 있다고는 할지라도 아알라야식의 체體는 둘이 아니라고 회통會通시키고 있다. 또한 양사상의 상위점에 대한 비교 연구는 平川 彰 박사에 의하여 이루어진 바가 있다.[45]

---

43) 같은 책, 90쪽.
44) 같은 책, 91쪽.
45) 平川 彰,「阿梨耶識と阿賴耶識」(『佛敎學』제8호, 불교학연구회, 1979)이란 논문에 의하면 대략 다음과 같은 점을 들 수 있다.
　　(a) 阿梨耶識은 眞妄和合識이며 阿賴耶識은 妄識이다.
　　(b) 전자는 진여의 작용을 인정하여 현상심의 세계에 직접 관계하는 형태로 阿梨耶識을 설하지만, 후자는 種子識이다. 후자는 마음이 現象心(轉識·現行)과 潛在心(阿賴耶識)과의 이중구조로 되어 있다.

이상에서 여래장설과 원효를 크게 세 부분으로 나누어 논술하였다. 첫째 부분은 원효의 여러 저술에서 직접 그의 여래장설을 찾아 그것이 어떻게 쓰이고 있는가를 탐구하였다. 그렇게 함으로써 그 각각의 저술 속에서 여래장이 차지하고 있는 위치를 확인할 수 있었다. 둘째 부분은 『대승기신론』에 있어서 그의 진여관이 어떻게 펼쳐지고 있는가를 탐구하였다. 이에 대해 이 논을 진여연기설이라 하고, 또는 여래장연기라 말하는 학자가 있다. 그것은 진여와 여래장을 어떻게 보느냐에 따라서 그 견해가 달라진다. 원효는 진여를 리理 그 자체로 관찰하고 연기의 주체로 생각지 않는다고 볼 수 있다. 셋째 부분은 여래장을 고찰하는 작업이다. 여래장설이 성립하기까지의 사적인 고찰을 하고, 그것이 원효에게 있어서 어떤 의미를 지니는가를 구체적으로 논증하였다. 그 결과 원효는 여래장설을 전개함으로써 그의 불교 철학을 일관하고 있는 것은 아닐까라는 생각이 든다. 이는 인도 불교학의 두 흐름인 중관설과 유식설이 중국에서는 교판론으로 출현하였고, 이런 교판론으로 인한 불교 내부의 쟁론을 원융회통시키는 작업에 여래장설이 그만큼 큰 의의를 지니고 있었다고 원효는 판단한 것이라고 생각한다.

(c) 전자는 잠재심이 아닌데 후자는 잠재심이다.
(d) 후자는 '生死의 依持'이며, 윤회의 주체이다. 전자의 경우에는 '생사의 의지'는 여래장이며, 阿賴耶識은 작용성이 있는 '기능적인 것'으로 볼 수 있다.
(e) 후자는 轉依를 말하지만 전자는 그것을 말하지 않는다.

원효의 통일학

— 부정(破 · 奪)과 긍정(立 · 與)의 화쟁법 —

고 영 섭

1. 원효(塞部)[1]의 인간 이해

1) 주검과 해골: 땅막(龕)과 무덤(墳)

잘린 모가지, 떨어져 나간 귀, 부러진 이빨, 찢어지고 일그러진 증오의 눈, 피로 범벅된 코, 꿈틀대는 몸뚱어리, 쏟아져 나와 흐느적거리는 창자, 고통스레 비명 지르며 죽어 가는 육신들!

피비린내 나는 대야성大耶城 언저리의 아비규환! 인간이란 무엇인가? 인간의 욕망이란 무엇인가? 나의 욕망(業)의 확대가 남의 욕망(業)의 확대를 방해한다면 연기緣起란 무엇인가? 즉 연緣이라는 타자他者를 나의 존

---

[1] 원효의 다른 이름은 '塞部'이다. 학계에서는 그의 『大乘起信論別記』 제일 끝에 기록되어 있는 '塞部撰'이란 세 글자에 아무도 주목하지 않았다. 그러나 최근 신라시대 원효의 이름이 바로 '첫새벽(元曉)'을 나타내듯이 그의 이름은 새벽(始旦)의 발음과 같은 '새부'(塞部)였다는 것이 밝혀졌다.(김영태, 「元曉의 新羅말 이름 '塞部'에 대하여」, 『佛敎思想史論』, 민족사, 1992, 145~157쪽 참조)

재의 조건으로 삼는 차연성此緣性(相依性)의 원리는 무엇인가? 나(我)라는 루우빠(色)가 공간을 점유함으로써 남에게 주는 장애를 최소화하는 것이 불교의 연기론일진대 나의 실체는 무엇이며, 공空과 무아無我, 그리고 욕망의 확대는 서로 어떠한 인과 관계가 있는 것인가? 나의 업식業識(욕망)의 외연外延이 남의 업식(욕망)의 외연에 거리낌을 준다면 연기적 삶이란 무엇인가? 끊임없이 돋아나는 욕망의 싹을 어떻게 연기적으로 제어할 수 있는가?

서기 660년(?) 대야성大耶城을 지나던 원효는 전쟁의 소용돌이가 남기고 간 얼룩을 훔쳐내면서 인간의 고통이 어디까지 미칠 수 있으며, 인간에 대한 불쌍함과 애처로움의 생각은 어느 정도의 너비와 폭을 유지할 수 있는가를 고민하고 있었다. 중생은 어디까지 아파할 수 있는가? 그리고 보살의 마음은 어디까지 감쌀 수 있는가를 몸서리치게 묻고 동시에 깨닫고 있었다. "중생이 앓으니 보살이 앓는다"는 유마힐의 명제가 "중생의 병이 다 나을 때 비로소 보살의 병도 다 낳는다"는 화두로 원효의 가슴에 아프게 다가왔다. 보살의 대비심大悲心은 모든 중생들의 아픔을 덜어내는 모티프이다. 주검들을 바라보는 원효의 마음에는 대비심의 물결이 일어났다. 그 대비심에 의해 두 차례나 발심하여 입당구법入唐求法의 발걸음을 내딛었다 해도 지나친 말이 아니다.

어젯밤 잠자리는 땅막(土龕)이라 편안했는데, 오늘밤은 귀신의 집에 의탁하니 매우 뒤숭숭하구나. 알겠도다! 마음이 일어나므로 갖가지 현상이 일어나고, 마음이 사라지므로 땅막과 무덤이 둘이 아님. 삼계는 오직 마음이요, 만법은 오직 인식일 뿐이다. 마음 밖에 현상이 없는데 어디서 따로 구하겠는가? 나는 당나라에 가지 않겠다![2]

---

2) 贊寧, 『宋高僧傳』 권4, 「唐新羅國義湘傳」(북경: 중화서국, 1987, 76쪽), "前之寓宿, 謂土龕而且安, 此夜留宵, 託鬼鄕而多崇. 則知! 心生故種種法生, 心滅故龕墳不二. 又

원효는 깨달았다(45세: 661년). 해골이 나뒹구는 땅막 속에서 아알라야식 (Ālaya vijñāna)의 렌즈를 통해 땅막과 무덤이 둘이 아니며, 생사와 열반이 둘이 아님을 깨달았다. 그는 이 땅의 렌즈를 통하여 인간의 보편적 삶을 통찰함으로써 대당 제국으로의 유학을 포기하고 해동海東에서 새로운 인간형을 모색하였다. 즉 '잠'과 '깸'이라는 이항 대립의 명제 속에서 새로운 국면이 제기한 문제에 직면한 원효는 넓은 마음(一心)을 통해 인간을 새롭게 바라보았다. 인간에 대한 근원적 인식의 전환을 통해 원효는 인간의 내면 속에 간직되어 있는 마음의 본질을 꿰뚫어 보았다. 그 마음은 곧 넉넉한 마음(一心)이며, 이 마음은 동시에 중생의 마음(衆生心)임을 통찰하였다. 따라서 그는 자생적 자각을 통해 입당入唐을 포기하고 이 땅의 토종 사상가로서 서기 시작했다.

원효는 새롭게 변화된 사회로 연결되는 시기에 아직도 모순 속에 가득 차 있는 당시 삼국의 갈등과 대립을 어떻게 극복할 것인가를 고민했다. 인민의 삶(生滅門)과 귀족의 삶(眞如門)이 어떻게 영위되며, 그 두 갈래는 어떻게 회통될 수 있는가? 모두 다 불성佛性(如來藏)을 지닌 중생일진대 귀족과 인민의 삶은 왜 이렇게 층차가 다양한가? 세속적 삶 속에서 평등 질서는 어떻게 유지될 수 있는가? 원효는 보다 진실한 역사 파악을 통해 통합 방향 시대로의 전환을 모색하고 있었다. 그는 먼저 인간적 접근에 있어 '따뜻함'을 가장 우선적인 모티프로 삼았다. 살아 있는 모든 것들에 대한 따뜻함의 발현은 곧 보살의 대비심大悲心이며 보살의 존재 이유이다. 원효의 출발점은 바로 당시 삼국의 고통받는 인간에 대한 무한한 애정이었다. 그 애정은 바로 대비심이었다. 다시 말하면 원효가 발견한 이 따뜻한 마음(一心)은 곧 대승의 마음(大乘心)이며 보살이 지닌 대비심의 극명한 표현이었던 것이다.

三界唯心, 萬法唯識. 心外無法, 胡用別求? 我不入唐!"

2) 인간의 발견: 잠과 깸

원효(617~686)의 나이와 그의 저작 연대로 보아 외면적으로는 그가 삼국통일에 크게 이바지한 것이 없다고 볼 수도 있다. 그러나 이것은 역사에 대한 그릇된 인식이다. 이것은 통사가 저질러 온 실수이다. 통사에는 보편적 인간에 대한 이해가 빠져 있다. 역사는 정치사적 이해만으로 다 설명될 수 없는 포괄적 의미를 머금고 있다.

역사는 인간의 삶의 산물이며 반영이다. 역사는 역사를 바라보는 이의 눈의 척도에 의해 기술되지만, 그 눈은 반드시 보편적 인간에 대한 이해 위에 서 있을 때만이 올바른 사관史觀을 정립할 수 있다. 그런 의미에서도 역사는 어느 한 시기의 정치사적 시점으로 보아서는 곤란하다. 전체에 대한 통찰! 즉 인간사의 모든 가능성을 동시에 바라보는 역사 기술이 되어야한다. 따라서 역사 인식은 보편적 인간학의 관점 위에서 그 개념이 새롭게 정립되어야 한다. 역사는 사상사적인 접근에 의할 때 보다 폭넓은 역사 인식이 모색될 수 있다. 보편적 인간이 빠져 있는 역사 기술은 참다운 역사라 할 수 없다. 왜냐하면 우리의 역사는 인간의 역사일 수밖에 없기 때문이다. 이러한 의미에서 통일에 있어서의 원효의 역할은 어느 한 시점에 의한 일시적 이바지가 아니라 정치사적인 한 시점을 넘어서는 항구적인 사상가로서의 의미가 있는 것이다.

원효는 삼국통일(676) 과정의 소용돌이 속에서 삶을 살았다. 그가 첫 깨달음을 얻었을 때(45세: 661년)는 아직 그의 대對사회적 행적이 거의 드러나지 않았을 때였다. 때문에 정치사적 시점에서는 그가 통일의 이념적 비전을 제시했다고 말하기 어려울 때 그의 치열한 깨달음이 이루어졌지만, 사상사적 시각에서 그는 우리에게 삼국통일의 거시적 비전을 보여 주었다. 무릇 통일이란 하루아침에 이루어지는 것이 아니다. 몇백 년의 노력 끝에야 겨우 얻을 수 있는 피땀의 소산이다. 마찬가지로 남북한의 통일에 있어서도 동일한 피땀이 요구된다. 이질화된 모든 포장을 뜯어 버리고 알몸으로 다시 만나기 위해서는 눈물겨운 노력 없이는 불가능한 것이다. 따라서 분열된 사회에서 통일 시대로 진입하기 위해서 원효가 보여 준 사상적 프레임 작업은 통일 사상가로서의 그의 비전을 잘 드러내 주고 있다.

신라가 백제(660)와 고구려(668)를 항복시킬 무렵 가장 왕성한 저작 활동을 한 그는 진평왕—선덕여왕—진덕여왕—태종무열왕—문무왕—신문왕 代에 걸치는 삶의 역정 동안 제도권의 안팎을 넘나들며 모순과 가식으로 가득 찬 기성 정치권과 사상계에 중대한 인식 전환의 문제를 제기시켰다. 즉 아상我相과 아집我執으로 똘똘 뭉쳐 있는 인간들에게 인간의 진정한 해탈과 자유의 모습이 어떠한가를 무수한 저서를 통해 이론적으로 밝혀 냈을 뿐만 아니라 참다운 인간의 삶의 모습을 온몸으로 보여 주었던 것이다. 그것이 바로 그의 일심一心과 화쟁和諍과 무애無碍로 표현되는 일관된 삶의 모습이었던 것이다. 다시 말해서 그는 마음의 세계로서의 일심과 마음의 통일 방법으로서의 화쟁, 그리고 자유인의 몸짓으로서의 무애를 통해 시대와 민족과 종교의 울타리를 뛰어넘는 보편성을 우리에게 보여 주었다. 따라서 원효의 통일학은 이 보편적 인간 이해 위에서 비롯되었다. 다시 말하면 원효의 보편학은 바로 인간의 발견을 통해서 비로소 정립될 수 있었던 것이다.

원효가 그의 전 저서에서 시종일관 강조하며 보여 주고 있는 일심一心은 바로 이 통합과 분열, 사랑과 미움, 동포와 원수 등의 상대적 대립을 회통하는 따뜻한 마음이며 넓은 마음이다. 갈라진 국토와 찢어진 민심, 분열된 정서를 화해할 넉넉한 마음이 바로 일심이다. 전쟁이 주는 비참함을 딛고 일어설 수 있는 핵심적 메시지는 무엇인가? 아니 참혹한 전쟁을 멈출 수 있게 하는 것은 무엇인가? 원효는 그것을 일심, 즉 '한 마음'으로 파악했다. 그리고 원효의 화쟁은 바로 이 일심의 구체적 표현이며 실현 방법이다. 나아가 원효의 무애는 일심과 화쟁의 실천적 모습이다.

원효에게 있어 주검과 해골, 땅막과 무덤의 상대적 이분을 극복하는 깨달음의 과정에서 모색된, 모든 것의 근거인 이 일심은 다양한 주장(異諍)을 화해시키는 중요한 모티프가 되었다. 원효는 한 생각을 돌이킴으로써 눈앞에 벌어진 세계의 모든 차별성을 극복한 것이다. 즉 구체적인 사태(事)와 추상적인 원리(理)가 어떠한 인식의 전환에 의해 하나의 초점으로 모아진 것이다. 그리하여 마음의 일어남과 스러짐에 의해 벌어지는 세계의 다양한 모습은 마음의 조절을 통해 하나의 과녁으로 겨냥될 수 있다고 원효는 말하는 것이다. 다시 말해서 상대적 이분을 넘어서는 어떠한 통합의 논리로서 제기된 화쟁법은 바로 일심一心과 일미一味와 일각一覺으로의 회귀를 전제로 한 원효의 탁절卓絶한 선교善巧 방편인 것이다.

어젯밤에는 몰랐던 사실을 오늘 아침에야 비로소 올바로 알 수 있었던 것은 '잠'과 '깸'이라는 이항 대립의 명제를 넘어서는 어떠한 계기의 통쾌함이 이 일심과 화쟁에서 발견되었고, 그 구체적 실천이 바로 무애의 행위로 나타났기 때문이다. 리理와 사事의 무애에 대해 섬광처럼 떠오른 통찰력! 마음(心)과 마음 작용(心所)의 회통! 이것이 바로 원효의 깨달음이었다. 따라서 그의 깨달음은 어떠한 삶의 굴절 없이 바로 무애의 실천행으로 나타난다.

어떠한 틀에 구속받지 않았던(不羈) 원효의 일관된 삶의 행적은 그가 어느 특정한 스승에게 사사하지 않고 깨달았던(無師自得) 것에 기인하는 것이지만, '원효라는 바다'가 열리기까지 한국사상사는 원광圓光·안함安含·자장慈藏·낭지朗智·보덕普德·혜숙惠宿·혜공惠空·대안大安 등의 선지식들이 이미 다양한 삶의 물결로 자리잡고 있었다. 따라서 앞선 시대 사람들의 삶의 현재성과 가능성을 종합하고 포괄한 삶의 모습을 우리는 원효에게서 볼 수 있는 것이다. 결국 원효는 한 개인이라 말할 수 없다. 그는 앞 시대의 뭇 인연들을 종합한, 진정한 의미에 있어서 한국사상사의 서막을 연 인물이며, 한국사상사의 서두를 화려하게 장식한 거인이다. 그는 신라의 삼국통일 전·후기에 살면서 통일 이후의 민족적 연대감을 이념적으로 떠받친 사상가이며, 몸소 통일 작업에 참가한 '신라 사람'이었다. 그는 한국사상사의 모든 가능성을 머금고 있는 '이 땅의 사람'이었으며, 인간이 사유할 수 있는 모든 인식(心識)의 가능성을 포괄하여 하나의 길(一心)로 회통시켰다.

오늘 우리는 원효가 제시한 전체에 대한 통찰의 길이 무엇보다도 절실히 요구되는 시대에 살고 있다. 이 글에서는 삼국이 분열에서 통합을 모색하는 통일 전·후기에 누구보다도 진지하고 열심히 산 원효의 삶과 생각을 통해 오늘 이 땅의 민족 모순(분단)과 지역 모순(영·호남)의 문제를 해결하는 한 실마리를 찾아보고자 한다. 이것은 동시에 오늘 이 땅에서 첫 새벽(塞部) '원효'라는 포괄적 인물을 기대하는 열망의 표현이기도 하다.

2. 통일 전후 사상가들의 삶

원효 이전 신라 불교학은 이미 높은 수준에 도달해 있었다. 열반학의 대가인 보덕寶德이나 삼론학의 대가인 승랑僧朗 등이 고구려인으로서 이미 동아시아에서 그 이름을 떨치고 있었다. 백제에서는 율학을 정립한 겸익謙益·담욱曇旭·혜인惠仁 등이 범본에 의거해 소승 율학에 근거를 둔 신율新律의 체계를 세웠다. 신라에서는 원광圓光(532~630)·안함安含(579~640)·자장慈藏(608~677?), 『법화경法華經』 강의의 대가인 낭지朗智(?)·혜숙惠宿(?)·혜공惠空(?)·대안大安(?) 등의 불교 연구와 불교 인식이 이미 상당한 경지에까지 이르러 있었다.

1) 가려서 죽여야 한다: 원광

원광圓光(532~630)은 불학佛學뿐만 아니라 유학儒學과 노장학老莊學 등 내전과 외전에 통달한 박학이었다. 탁절卓絶한 문장력은 삼한에 떨쳤으며, 그의 박학博學은 중국인과 견주어도 손색이 없었다. 25세에 중국에 들어가 양梁의 삼대 법사法師 중 한 사람인 장엄사莊嚴寺 승민僧旻의 제자에게 『성실론成實論』과 『열반경涅槃經』 등을 배웠다. 소주 호구산 서산사에서 『구사론俱舍論』을 비롯한 여러 경전을 연구하고 불경을 강의했다. 수隋나라 개황開皇 9년(589)에 장안으로 가서 당시 처음으로 번역된 『섭대승론攝大乘論』을 담천曇遷(542~607)에게 배우고, 『열반경』 등 여러 경전을 혜원慧遠과 영유靈裕 등에게 배워 귀국했다(600년; 진평왕 22년). 이후 그는 『여래장경사기如來藏經私記』, 『대방등여래장경소大方等如來藏經疏』 등을 지어 여래장如來藏 사상을 신라에 본격적으로 도입했다.

공부를 마치고 신라로 돌아온 원광은 국사로 등용되어 국정과 교육, 그리고 불교 연구에 전력했다. 국사로 나아가기 전, 그가 머물고 있던 곳으로 찾아온 추항箒項과 귀산貴山이라는 젊은이에게 가르쳐 준 '세속오계世俗五戒'는 국정과 교육 그리고 불교 연구에 대한 그의 깊은 관심을 우리에게 보여 준다.

추항과 귀산은 "사군자士君子와 교유交遊하려면 어떻게 마음을 바로 잡고(正心) 몸가짐을 지녀야(持身) 하느냐?"고 물었다. 이에 원광은 재가인이 지녀야 될 다섯 가지 도덕률道德律을 제시해 주었다. 처음의 네 가지 덕목은 당시 국민들에겐 매우 당연한 삶의 길이었다. 충忠·효孝·신信·용勇·인仁의 내용으로 구성된 이 세속오계는 그 시대 사람들에게는 매우 자연스런 삶의 덕목이었다. 따라서 그가 일러 준 '세속오계'는 당시 신라인들에게 삶의 중요한 덕목이 되었다. 동시에 젊은이들의 교육에 깊은 영향을 끼쳤다.

그런데 원광은 다섯 가지 계목(事君以忠, 事親以孝, 交友有信, 臨戰無退, 殺生有擇) 중 인仁을 나타내는 다섯 번째의 "생물을 죽이되 가려서 죽인다"는 계목戒目을 이해하지 못한 두 청년에게 다음과 같이 말하고 있다.

> 여섯째 날과 봄철·여름철에는 생물을 죽이지 않는 것이니, 이는 시기를 가림(擇時)이다. 가축을 죽이지 않음은 곧 말·소·닭·개를 이름이며 세물細物을 죽이지 않음은 곧 고기가 한 점도 되지 못하는 것을 이름이니, 이는 생물을 가림(擇物)이다. 이 또한 그 쓸모 있는 것만 하지 많이 죽이지는 않을 일이다. 이것이 세속의 좋은 계목戒目이다.[3]

이 세속오계는 원광의 여러 생각들 중에서 가장 육화肉化된 목소리다. 즉 '살생유택殺生有擇'이라는 계목은 불교의 전 사상 체계에서 보면 위배되는 가르침이다. 하지만 삼국의 분단 상황 아래서 인간이 인간을 죽이거나 살아 있는 것들을 죽인다는 것이 너무 자연스럽게 되어 있었을 무렵, 수행자인 그가 불살생不殺生의 계목을 파기(?)하고 어질고 착하게 세상을 살아가는 길(世俗之善戒)로서 '살생유택'의 계목을 세속인들에게 제시한 것은 불교 역사상 독특한 해석의 전환이 아닐 수 없다.

죽이지 않을 수 없을 때는 죽이되 함부로 죽여서는 안 된다는 것이다. 즉 생태계의 먹이 사슬은 끊지 않아야 한다는 것이다. 또한 자신의 수행에 즉卽하여 살생을 최소화해야 한다는 것이다. 매월 8일·14일·15일·23일·29일·30일의 6일(齋日)은 사천왕四天王이 사람의 선악을 살피는 날이

---

3) 一然, 『三國遺事』권4, 「義解」5, '圓光西學'(『한국불교전서』6책, 342쪽 中), "六齋日春·夏月不殺, 是擇時也. 不殺使畜, 謂馬·牛·鷄·犬; 不殺細物, 謂肉不足一臠, 是擇物也. 此亦唯其所用, 不求多殺. 此是世俗之善戒也."

자 악귀惡鬼가 사람을 엿보는 날이므로 사람마다 몸을 깨끗이 하고 계를 지켜야 하는 날이다. 그러므로 이러한 날에 생명을 죽여서는 안 된다는 것이다. 또한 산 것들이 생식을 통해 번성시키는 봄철이나 여름철에 살생을 피하라는 것은 오히려 생물들이 지니고 있는 번식 의지를 잘라 버리지 않아야 한다는 생명 존중(?)의 사상인 것이다. 인간들에게 다양한 도움을 제공하는 말·소·닭·개 등의 가축들은 나름대로 쓸모가 있는 것이다. 즉 기동력을 제공하거나 농사를 짓거나 시간을 알리거나 집을 지키는 등의 역할을 존중하여 살생을 금해야 된다는 것이다. 또 한 점 고기도 안 되는 생물은 죽여 봐야 아무런 도움이 되지 않으므로 살생의 업業을 짓지 말고 생명을 존중하라는 가르침이다.

인간이 살아가면서 목숨 가진 것들을 죽이지 않을 수는 없다는 점에서 보면 원광이 재해석해 낸 '살생유택'의 계목은 탁절卓絶한 설정인 것이다. 살아 있는 것들을 죽이지 않으면 안 될 때는 반드시 함부로 죽이지 말고 '가려서 죽여야 한다'는 원광의 이러한 생각은 그의 불교 삼장三藏에 대한 해박한 이해 위에서 나오는 '여유'라 여겨진다. 이러한 안목은 방대한 불학佛學의 이해 위에서, 전체에 대한 통찰 위에서 나오는 역동적인 교리 해석인 것이다. 이러한 넉넉한 마음의 크기를 원효 이전에 우리는 이미 볼 수 있었던 것이다.

2) 부처님 나라 만들기: 자장

자장慈藏은 진골 출신의 후예로서 재상 자리를 권유받았으나 받아들이지 않고 출가한 인물이다. 선덕여왕은 사자를 보내어 명령을 어기면 즉시 처형하라고 하였다. 그는 "내 차라리 하루라도 계를 지키다 죽을지언정 계를 깨뜨리며 백 년을 살고 싶지는 않다"(吾寧一日持戒而死, 不願百年破戒而

生)고 선언하였다. 이에 감동한 선덕여왕이 공식적으로 출가를 허락하였다 (25세). 이렇게 청정한 정신으로 수행한 율승律僧 자장은 신라에 최초로 대 승적 율학律學을 정립하였으며, 화엄 사상의 연구로도 널리 알려졌다.

왕족 신분이나 출생일(4월 8일), 그리고 죽음에 대한 의문과 부귀영화의 거부 등 자장의 출가 과정은 석가모니 부처와 매우 흡사했다. 경주 황룡사 에 머무르던 그는 승실僧實 등의 문인 10여 명을 이끌고 당나라에 건너가 담천曇遷의 문하에서 정영사 혜원慧遠의 후배인 공관사空觀寺의 법상法常 (567~645)에게 보살계菩薩戒를 받고 수학했다. 이후 그는 『아미타경의기阿 彌陀經義記』, 『사분율갈마사기四分律羯磨私記』, 『관행법觀行法』, 『제경계 본諸經戒本』 등을 지어 율학 연구에 크게 이바지했다.

자장이 당나라에 머물면서(638~643) 신인神人을 만난 것은 이후 신라의 불연국토佛緣國土 사상 전개의 중요한 모티프가 되었다. 또 오대산五臺山 에서 현신한 문수보살을 친견親見한 것은 이후 신라 오대산 신앙의 실마 리가 되었다. 그는 곧 신라에 문수 도량을 만들고 문수 신앙을 널리 보급, '부처님 나라 만들기'에 전력했다. 그 때 오대산 신인은 다음과 같이 자장 에게 말했다.

> 황룡사의 호법룡護法龍은 나의 맏아들이다. 범왕의 명령을 받고 그 절에 와서 보호하고 있으니 그대가 본국에 돌아가서 절 안에 구층탑九層塔을 세우면 이웃 나라는 항복해 오고, 구한九韓은 조공하여 국조國祚가 길이 태평할 것이며, 탑 을 세운 뒤에는 팔관회를 베풀고, 죄인을 놓아주면 외적이 침범하지 못할 것이 다. 다시 우리를 위하여 경기 남안에 정사 한 채를 지어내 복을 빌어 주면 나도 또한 그 은덕을 갚겠다.4)

---

4) 一然, 같은 책 권3, 「塔像」 4, '皇龍寺九層塔'(『한국불교전서』 6책, 321쪽 上), "皇龍 寺護法龍, 是吾長子. 受梵王之命, 來護是寺, 歸本國, 成九層塔於寺中, 隣國降伏, 王祚永安矣. 建塔之後, 設八關會, 赦罪人, 則外賊不能爲害, 更爲我於京畿南岸, 置 一精廬, 共資予福, 予亦報之德矣."

선덕여왕 11년(642)에 신라는 대對백제 방어전초기지였던 대야성大耶城
이 백제의 공격으로 함락되어 낙동강 유역까지 후퇴할 위기에 직면했다.
나라의 존망에 부딪힌 선덕여왕은 그 이듬해에 자장에게 소환 명령을 내
린다. 곧이어 자장은 당 태종이 선사한 『대장경』 한 질을 가지고 신라로
돌아온다(643). 자장은 나라의 위기를 극복하고 국민들의 의식을 한 곳으로
모으기 위해 선덕여왕에게 상주上奏하여 불교 문화를 중심으로 중국의 선
진 문화를 수용하기 시작한다. 그리고 불교를 중심으로 한 정치를 제시한
다. 대국통大國統에 취임하여 황룡사에 구층탑을 세운 것은 그 대표적인
사례이다.

중국 유학시 만난 오대산의 신인은 자장에게 큰 감화를 주었다. 그 때의
감화는 귀국 후 그가 대국통에 취임하여 불교 치국정책의 일환으로 시작
되는 신라의 '부처님 나라 만들기'로 구체화된다:

> 너희 나라 황룡사는 곧 석가불과 가섭불이 강연했던 곳이므로 연좌석이 아직도
> 있다.[5]

이것은 황룡사에 대한 자장의 종교적 신념이자 이 땅이 부처와 과거에
인연이 있었던 나라임을 확신한 것이다. 자장은 이 탑이 삼국통일을 기원
하는 탑이지만, 그 건립의 의미는 여기에 머무르지 않고 신라 땅이 과거에
부처와 인연이 있었던 나라임을 만천하에 알리고자 했다. 이것은 불국토인
신라를 중심으로 해서 삼국이 통일되어야 한다는 그의 믿음과 신념이다.
황룡사를 중심으로 한 신라불국토설新羅佛國土說과 오대산의 설정은 불교
가 신라 사회 곳곳에 정착되는 계기를 마련했다.

또 이 불연국토佛緣國土 사상은 『삼국유사三國遺事』, 「흥법興法」 편 '아

---

5) 一然, 같은 책 권4, 「塔像」 4, '皇龍寺丈六'(『한국불교전서』 6책, 320쪽 中), "汝國皇
龍寺, 乃釋迦與迦葉佛講演之地, 宴坐石猶在."

도기라阿道基羅'조에 나오는 신라 불교 전래설화와 맞물려 있다. 그 「아도화상비문阿道和尙碑文」에는 고구려 승려 아도阿道가 신라로 내려올 때 그의 모친 고도령高道寧이 아도에게 다음과 같이 말한다.

이 나라는 지금까지 불법을 모르지만, 이후 3천 몇 달이 지나면 신라에 성군이 나서 불교를 크게 일으킬 것이다. 그 나라 서울 안에 일곱 곳의 절터가 있는데, 하나는 금교金橋 동쪽 천경림天境林(흥륜사)이요, 둘은 삼천기三川岐(영흥사)요, 셋은 용궁 남쪽(황룡사)이요, 넷은 용궁 북쪽(분황사)이요, 다섯은 사천의 끝(영묘사)이요, 여섯은 신유림神遊林(천왕사)이요, 일곱은 서청전婿請田(담엄사)이니 모두 전불前佛 시대의 절터이며 불법이 길이 유행할 곳이다. 네가 그곳으로 가서 불교를 전파하면 마땅히 불교의 개조가 될 것이다.[6]

'전불시가람지허前佛時伽藍之墟'를 중심으로 한 이 설화 역시 자장이 제창한 신라 '부처님 나라 만들기'와 깊은 관련이 있음에 틀림없을 것이다. 자장은 가섭불迦葉佛 신앙과 신라과거불국토新羅過去佛國土 사상을 제창하여 신라를 중심으로 삼국이 통일되기를 불전佛前에 염원하였던 것이다. 이는 신라인들이 지닌 높은 자부심의 표현이라 아니할 수 없다. 즉 현재불인 석가불이 출현한 인도보다 오히려 더 먼저 이 땅에 불교와의 인연이 이미 있어 왔다는 과거불의 연기 설화를 통해 신라인들은 신라를 불국토로 구현시키고자 했던 것이다. 다시 말하면 이미 신라는 현재불보다 앞선 과거불과 인연이 있었던 나라였음을 설화를 통해 설정하려고 했던 것이다. 자장은 선덕여왕을 통해 황룡사를 건립함으로써 이웃의 아홉 나라가 모두 항복해 온다는 확신을 가지고 있었으며, 국가 사상의 주축主軸으로써 불교

---

6) 一然, 같은 책 권3, 「塔像」 4, '阿道基羅'(『한국불교전서』 6책, 314쪽 上), "此國于今, 佛知佛法, 爾後三千餘月, 鷄林有聖王出, 大興佛敎, 其京都內, 有七處伽藍之墟, 一曰: 金橋東天鏡林, 二曰: 三川岐, 三曰: 龍宮南, 四曰: 龍宮北, 五曰: 沙川尾, 六曰: 神遊林, 七曰: 婿請田, 皆前佛時, 伽藍之墟, 法水長流之地, 爾歸彼而播揚大敎, 當東嚮於釋祀矣."

사상을 자리매김시키고자 노력하였다.

우리는 이 설화에서 신라를 정토로 생각하고자 한 신라 사람들의 정신을 훔쳐볼 수 있다. 즉 자장은 오직 한결같은 믿음으로 신라 땅을 중심으로 삼국이 통일되기를 바라고 있었다는 것을 그가 제창한 '부처님 나라 만들기' 사상에서 엿볼 수 있다.

결론적으로 말하면 자장이 지배층 중심의 불교를 지향했다면 혜숙 · 혜공 · 대안 · 원효 · 의상 등은 일반 서민 중심의 불교를 지향하고 있었다는 점에서 크게 대비된다고 할 수 있을 것이다. 원효가 열정적으로 살았던 시대는 바로 이러한 두 입장이 맞물려 있을 때였다.

3) 원효의 길라잡이: 낭지 · 보덕

원효는 특정한 스승을 정해서 배우지 않았으며(學不從師), 깨달음의 오처奧處를 스스로 터득(自悟)했다. 그러나 그를 이끌어 준 스승들은 있었다. 낭지朗智와 보덕普德, 그리고 혜공과 대안 등은 그의 토론자이자 스승들이었다. 그는 문하門下나 사숙私淑의 형식에 걸림 없이 모르는 것이나 막히는 것이 있으면 낭지와 보덕, 혜공과 대안 등을 방문하여 치열한 세미나를 열었던 것이다. 따라서 원효의 저서에는 어느 한 학설이나 주장을 전적으로 수용하는 모습은 보이지 않는다. 그의 저서에 나타난 창의성도 대부분 치열한 고민과 사색을 통해 나온 것이었다. 그런 의미에서도 그는 무사자득無師自得의 통찰이 깊었다고 할 수 있다.

낭지는 울주 영축산에 머물면서 주로 『법화경』을 강의했으며 『화엄경』에도 밝았다. 『삼국유사』 「피은避隱」 편 '낭지승운朗智乘雲'조에 의하면, 그는 중국의 화엄 도량인 청량산清凉山(五臺山)에 구름을 타고 가서 청강聽講했다고 한다. 그는 사미 시절의 원효를 지도한 것으로 알려져 있다. 영축산의 반고사磻高寺에 머물던 원효는 자주 낭지를 찾아 불학佛學의 의문점을 묻고 토론했다. 삼십대 초반의 첫 저술들로 알려져 있는 원효의 『초장관문初章觀文』과 『안신사심론安身事心論』은 낭지의 교시敎示를 받고 지은 것이었다. 『초장관문』이라는 책 이름은 삼론학에서 입문의 기초로 삼는 '초장初章을 관하는 글'이라는 점에서 낭지는 삼론학에도 조예가 있었던 것으로 보인다. 원효는 은사 문선文善을 시켜 이 글을 받들어 보내면서 그 편篇 끝에 다음과 같은 시구詩句를 적어 넣었다:

> 서쪽 골의 사미는 공손히 머리 숙이오니
> 동쪽 봉우리의 큰스님 높은 바위 앞에
> 가는 티끌을 불어 보내어 영축산에 보태고
> 가는 물방울을 날려 용연龍淵에 던집니다.[7]

이 시구를 보면 낭지에게 제자의 예를 다하고 있는 듯한 글이다. 따라서 원효의 『법화경』 이해와 삼론학 이해는 『법화경』 강의와 삼론학에 조예가 깊었던 낭지의 영향이 있었음에 틀림없을 것이다.

보덕은 원래 고구려의 고승이었다. 보장왕의 도교 홍포弘布 정책을 보고 "도교만을 숭상하고 불교를 신봉하지 않으면 나라가 위태롭게 된다"고 여러 번 건의했으나 받아들여지지 않았다. 650년(보장왕 9년) 완산주의 고대산(지금의 전주 고달산)으로 망명해 왔다(飛來方丈). 여기에 경복사景福寺라는 절을 지어 『열반경』을 강론하였다. 이 때 완산주의 고대산은 이미 백제를 점령한 신라 땅이었다. 원효는 아마도 이 경복사에서 『열반경』과 방등교方等教 등의 강의를 들었을 것이다.

이와 같이 원효를 이끌어 준 스승들은 다양한 삶의 이력을 지닌 사람들

---

7) 一然, 같은 책, 권5, 「避隱」8, '朗智乘雲 普賢樹'(『한국불교전서』 6책, 363쪽 下), "西谷沙彌稽首禮, 東岳上德高巖前, 吹以細塵補鷲岳, 飛以微滴投龍淵."

이었다. 그들 모두는 치열한 문제 의식 아래 인간과 세계를 바라보고 고민하며 사색하였던 구도자들이었다. 이러한 스승들과 선배들의 분위기 속에서 원효는 살았던 것이다.

4) 벌거숭이 인간의 모습: 혜숙·혜공·대안

가장 인간적인 모습으로 삶을 산 혜숙惠宿과 혜공惠空, 그리고 대안大安은 우리에게 너무도 친근한 이웃 사람들이다. 당대의 일상적 인간들은 그들의 몸짓과 언어를 통해 제도와 굴레에 갇혀 버린 자신들의 욕망을 대리 배설하였다. 혜숙과 혜공과 대안은 허위와 가식의 포장 속에 갇혀 버린 그 시대의 귀족들과 승려들에게 참다운 인간의 삶의 모습, 즉 그들이 잃어버린 적나라한 인간의 모습을 보여 주었다. 이미 업業의 습기習氣에 훈습熏習된 현실적 인간들은 혜숙·혜공·대안 등이 보여 주는 벌거벗은 인간의 모습을 통해서도 자신을 보지 못하였지만, 아직 업의 습기의 그물에 덜 걸린 사람들은 그들의 삶에 투영되어 있는 자신의 본래 모습을 바라보고는 곧바로 부처의 가르침에 귀의하였다.

그들은 인간 본연의 모습에의 통찰을 통해 어떻게 사는 것이 바른 삶인가를 보여 주었다. 즉 무소유無所有·무집착無執着의 삶의 방식을 통해 오욕에 절어 온갖 집착과 아집의 굴레에 갇혀 있는 귀족 승려들에게 어떤 것이 참다운 삶인가를 보여 주었다. 그들은 욕망을 버리는 방법을 가르쳐 주었다. 다시 말해서 인간은 욕망의 절제를 어떻게 구현하는가를 그들은 최소한의 소유와 최소한의 집착을 통해 보여 주었다. 집착을 놓아 버림(放下着)으로써 나누는 기쁨의 삶을 사는 대승불교인의 정신을 온몸으로 열어 보였다. 이것은 그들이 대승경전에 대해 머리로만 알았던 것이 아니라 온몸으로 실천하고 회향하였다는 것을 내보여 주는 것이다.

혜숙은 화랑들을 쫓아다니면서 적나라한 인간의 모습을 보여 주었다. 즉 귀족들과 함께 하면서 어떻게 사는 것이 진실한 삶인가를 깨우쳐 주었다. 그는 귀족들의 일상 생활에 깊이 밀착하면서 그들의 삶이 얼마만큼 왜곡되어 있는가를 정면으로 부딪히며 일깨워 주었다. 갖가지 삶의 양태를 통해 귀족들의 왜곡된 삶을 풍자하고 비판하면서 겸허한 삶, 알몸의 인간이 사는 삶의 모습을 그들의 삶 속에 투영시켜 주었다. 그는 귀족 불교의 울타리를 벗어나 서민들의 삶 속에로 온몸을 던지는 거룩한 모습을 보여 줌으로써 아상我相과 아집我執의 그물에 걸려 발버둥치는 당시 귀족 승려들의 삶을 일깨워 주었다. 시골을 중심으로 전개한 그의 자유자재한 삶의 흔적은 서민 속에 불교를 깊이 심는 계기가 되었다.

혜공은 귀족의 집에 고용살이하던 노파의 아들이었다. 비록 심부름하는 할멈(傭嫗)의 피붙이였으나 열심히 수행하여 그 귀족의 스승이 되었다. 그는 대승경전에도 해박한 식견을 가지고 있었으며, 원효의 의문을 풀어 주곤 하였다. 『삼국유사』에는 혜공과 원효의 적나라한 교제 모습이 그려져 있다. 그가 자칭 『조론』을 지은 승조의 후신이라 한 것을 믿을 수 있을지 의문이지만, 그의 삶의 역정은 원효의 스승이자 선배로서 그리고 절친한 도반으로서 벌거벗은 인간의 모습을 보여 주었다. 뿐만 아니라 신라에서 성립된 것이 거의 확실한 『금강삼매경』은 경에 나타난 주요 용어의 표현(부처=尊者) 등 경이 지닌 몇 가지 성격에 비추어 아마도 그가 지었을 가능성이 크다고 할 수 있다.

그는 조그만 절(夫蓋寺)에 살면서 날마다 미치광이처럼 술에 취하였다. 등에는 삼태기(簣)를 지고 노래와 춤을 불렀다. 부궤화상負簣和尙이라 부른 것도 여기에서 비롯된 것이다. 그는 생사에 자재하며 많은 신이神異를 보여 주었다. 혜공이 나뭇꾼(樵夫)과 소치는 아이들(牧童), 그리고 농부들이 즐겨 쓰는 삼태기를 등에 지고 다니거나 술에 취하여 노래와 춤을 불렀던 것은 모두 이 티끌 세상에서 함께 어우러져 살자(同塵)는 것이었다. 그것이 바로 계층의 경계를 넘어선 참다운 삶이라는 것을 말하고 있었다.

대안에 대해서는 자세히 알 수 없지만 『금강삼매경』에 얽힌 설화에 의하면, 그는 혜숙이나 혜공 못지 않은 식견과 삶의 가풍을 지니고 있었다고 한다. 그는 생김새가 특이하고 언제나 장터거리(市廛)에 머무르면서 동발銅鉢을 두드리고 대안大安! 대안大安! 외치고 다녔기 때문에 '대안'이라는 이름이 붙었다. 용궁에서 가져왔다는 『금강삼매경』의 차례를 꿰어 맞추어 철봉綴縫하라는 왕명을 받았으나 왕궁으로 들지 않고 경전을 가져오게 해서 시장 바닥에서 순서를 맞춰 주었다. 따라서 그는 해동海東에서 성립된 『금강삼매경』의 편집자로 알려져 있다.

대안은 언제나 장터거리에서 살면서 서민들과 애환을 함께했다. 그는 호화롭게 생활하는 귀족 사회의 궁전을 마다하고 장터에서 살면서 허위와 가식으로 가득 차 있는 귀족 승려들에게 수행자의 정신을 일깨워 주었다. 또 인민의 삶의 모습을 올바로 전해 줌으로써 사치에 젖어 있는 귀족들의 삶을 돌이켜 보게 했다. 적나라한 인간의 모습을 무소유와 무집착을 통해 보여 줌으로써 "크게 편안하라!"고 외치는 대안의 목소리는 호화로운 삶에 빠져 있는 당시 귀족 승려들에게 매서운 채찍질이 되었다.

혜숙과 혜공은 모두 티끌 세상에서 같이 어우러진(同塵) 모습을 통해 천민과 서민, 그리고 귀족들을 만나면서 인간 본연의 모습을 보여 주었다. 시골(혜숙)에서나 골목거리(혜공)에서, 그리고 장터거리(市廛: 대안)에서 보여 준 그들의 삶의 방식은 왕실이나 귀족들이 사는 성城 안의 큰 사원에서 귀족 생활을 하는 승려들의 삶에 대한 무서운 질책이었다. 다시 말하면 그들의 삶 자체는 곧 호화로운 삶에 젖어 서민들의 아픔과 괴로움에 눈먼 그들의 삶을 준엄하게 꾸짖는 매질이었다. 따라서 인간의 본연의 모습으로 돌아가자고 외치는 혜숙과 혜공, 그리고 대안의 모습은 분황사의 묵향墨香에 젖어 있는 원효에게 엄청난 울림으로 다가왔다. 원효(塞部)의 인식의 전환은 바로 이들의 삶의 모습을 통해서 비로소 무애無礙의 실천행을 발견할 수 있었던 것이다.

3. 원효의 통일학

원효가 보여 준 비전은 곧 보편적 인간에 대한 이해였다. 그는 어떻게 인간을 이해해야 되며, 벌거숭이 인간의 모습은 어떠한 것인가를 몸소 보여 주었다. 깨달음과 어리석음이 한순간 마음의 돌이킴에 의해 가능하다는 것을 보여줌으로써 보편적 인간이 지니고 있는 아알라야식의 전환을 촉구하였다. 그는 중생과 부처가 따로 있는 것이 아니라 한 생각 돌이킴에 의해 중생과 부처가 만날 수 있음을 보여 주었다.

일심一心은 바로 이 귀족과 인민이 만나고, 중생과 부처가 만나는 핵심 고리이다. 그러면 어떻게 만날 것인가? 그 방법론이 바로 화쟁和諍인 것이다. 화쟁은 다양한 주장(異諍)을 다 감싸안는 것이다. '나는 옳고 너는 그릇되었다'(我是他非; 自讚毁他)고 하는 것이 아니라 그가 처한 상황에 따라 적절한 처방전을 내려 줌으로써 모두가 옳고 모두가 그릇될 수 있음을 보여 주는 것이다. 무애는 바로 이러한 일심과 화쟁의 구체적 모습이다. 다시 말해서 무애는 일심과 화쟁 위에서 솟아 나오는 삶의 모습이다.

원효가 보여 준 비전은 바로 인간에 대한 전체적인 통찰이었다. 이러한 보편적 인간학, 즉 보편학은 원효 사상의 특징적 모습인 것이다. 다시 말해서 그의 통일학은 바로 이러한 보편적 인간이 추구할 수 있는 모든 가능성에 대한 이해 위에서 정립될 수 있었다. 따라서 그의 보편학은 다름아닌 그의 통일학이라 말할 수 있는 것이다.

1) 언어를 바라보는 원효의 눈

인간은 아무리 언어를 부정해도 그 부정하는 방식 또한 언어를 통해서 할 수밖에 없다. 언어를 바라보는 원효의 눈은 명징明澄하다. 원효는 그의 전 사상 체계를 세우면서 언어에 대해 남다른 감각을 지녔다. 언어가 지니는 한계에 대해 회의만 한 것이 아니라 언어라는 방편을 적극적으로 활용하는 방식을 취했다. 그의 언어관은『대승기신론소大乘起新論疏』에 잘 나타나 있다. 즉 '말로 표현할 수 없는'(離言) 측면에서의 진여眞如와 '말로 표현할 수 있는'(依言) 측면에서의 진여로 나누어 설명하는 곳에서 언어를 바라보는 그의 눈이 구체적으로 드러나 있다.

원효는 승의勝義적 언어나 세속적 언어의 변별을 지양하고 있다. 승의적 언어나 세속적 언어로 보여지는 모습들은 모두 언어를 바라보는 인간의 차별상에 의해 벌어지는 세계의 쪼개진 모습이다. 즉 원효는 이름과 뜻(名義)을 어떠한 차별상에 의해 바라보는 것이 아니라 서로 어긋남이 없고 변함도 없기 때문에 진실하다는 차원에서 바라보면 모두가 일미평등一味平等하여 '여상如相'이라 이름한다고 말한다. 다시 말해서『대승기신론』에 나타난 '말로 표현할 수 없는 진여'(離言眞如)에 대해 살펴보면 이러한 '명의名義'의 평등한 여상如相은 모든 여래의 본체가 되는 것이기에 '여래의 여상如相'이라고 말하고 있는 원효를 발견하게 된다. 여기에서 우리는 언어에 대한 일체의 망념妄念을 여읠 것을 주장하는 그의 언어관을 엿볼 수 있다.

심진여心眞如라는 것은 곧 일법계대총상법문체一法界大總相法門體이다. 이른바 심성心性은 불생불멸不生不滅인데, 일체의 모든 법이 오로지 망령된 생각(妄念)에 의지하여 차별이 있게 된다. 만일 마음의 망령된 생각(心念)을 여의면 곧 모든 경계의 모습들이 없어진다. 이런 까닭에 일체법一切法은 본래부터 언설상言說相을 여의었고, 명자상名字相을 여의었고, 심연상心緣相을 여의어서 결국에는 평등하여 변이變異가 없고 파괴할 수 없는 일심一心일 뿐이기 때문에 진여眞如라고 이름한다. 모든 언설은 가명假名이어서 그 실체가 없는 것이니 단지 망령된 생각을 따른 것일지언정 실체를 확보할 수 없기 때문이다.…… 마땅히 알라! 일체법은 설할 수 없고 생각할 수 없기 때문에 진여眞如라고 이름 지은 것이다.8)

위와 같은 『대승기신론』의 문장에 의하면, 진여眞如는 언어 개념에서 벗어나 있다. 언설상言說相과 명자상名字相을 여의고 심연상心緣相까지 여읜 곳에서 진여는 드러난다. 망령된 생각을 떨쳐 버리면 언어로 포장된 모든 차별상들이 다 소멸된다. 일체 존재하는 법은 본래부터 언어가 만든 세계나 개념이 구성한 대상을 벗어나 있다. 그러나 인간은 언어라는 방편으로 사물을 규정하다가 어느새 사물의 본질을 보지 못하고 언어로 뒤덮인 그 방편이 진실인 양 착각한다. 이 망령된 생각으로 인해 존재의 참모습이 가려진다. 그래서 인간들은 '허공꽃'을 향해 욕망의 아우성을 치는 것이다.

원효는 일법계대총상법문一法界大總相法門인 심진여心眞如를 언어의 굴레로부터 해방시킨다. 그러나 그는 언어를 떠난 어떠한 개념 규정이나 표현은 불가능하다는 것을 잘 알고 있다. 그래서 그는 일체의 법은 설할 수도 없고 생각할 수도 없기 때문에 '진여眞如'라고 이름 붙인다고 말한다. 여기에 언어의 딜레마가 있는 것이다. 언어를 거부하지만 거부하는 몸짓도 언어의 외피를 빌리지 않고는 안 되는 것이다. 여기에서 바로 방편시설方便施設 또는 가설假說(假名)이 나오는 것이다. 즉 '굳이 말을 하자니'(假說; upacāra) '진여眞如'다 '일심一心'이다라고 말을 하는 것이다. 다시 말하면

8) 元曉, 『大乘起信論疏』(『한국불교전서』 1책, 743쪽 中~744쪽 上), "心眞如者, 卽是一法界大總相法門體. 所謂心性不生不滅, 一切諸法唯依妄念而有差別. 若離心念, 則無一切境界之相. 是故一切法從本已來, 離言說相, 離名字相, 離心緣相, 畢竟平等, 無有變異, 不可破壞, 唯是一心, 故名眞如. 以一切言說, 假名無實, 但隨妄念, 不可得故.……當知! 一切法不可說・不可念, 故名爲眞如."

'할 수 없이(不得已) 이름 붙이자니', '억지로 부르자니'(强號) '일심'이다 '진여'다 하는 것이다. 이러한 방편시설과 같이 그는 언어가 지니고 있는 한계의 통찰 위에서 언어를 자유자재로 원용하고 있는 것이다.

원효는 언어에 대한 잘못된 이해 때문에 인간들이 사물의 총화인 세계에 대해 집착하고 논쟁한다고 판단한다. 언어란 진리를 전달하지만 왜곡하기도 한다. 이것이 바로 언어가 지닌 이중성이다. 진리는 언어로 표현할 수 없는 면(離言)과 언어로 표현할 수 있는 면(依言)이 있다. 그러나 언어로 표현할 수 없는 것도 결국은 언어를 통해서 말해야만 한다. 인간에게는 언어를 떠나 표현할 수 있는 방법은 없다. 어떠한 기호나 동작 등도 언어의 또 다른 형태이기 때문이다. 따라서 언어에 대한 원효의 핵심적 입장은 언어에 대한 '집착성'에 겨냥되어 있다. 언어의 한계를 알고 그 집착성에서 벗어나면 언어는 좋은 방편이 되는 것이다. 원효는 언어에의 집착을 벗어나 그 위에서 언어의 주인공이 되어야 한다고 말하고 있다.

부정은 긍정을 이끌어 내기 위한 것이지 부정을 위한 부정이 아니다. 언어란 분별과 차별을 만들어 내는 모티프이다. 원효는 분별과 차별을 일으키게 하는 언어를 '언어로써 언어를 버리는'(以言遣言) 상태에 도달시키고자 했다. 화쟁의 방법은 바로 이러한 언어에 대한 그의 견해로부터 출발한다.

그는 먼저 긍정과 부정, 중생과 부처, 생사와 열반, 땅막과 무덤 등의 두 편견과 극단을 지양하고자 했다. 이것은 기본적으로 언어의 한계를 인정하고 있다는 것을 보여 주고 있는 것이다. 그는 부정을 통해 세계에 대한 집착을 버린다. 동시에 부정과 그것(부정)의 부정을 통해 두 극단을 떠나게 한다. 즉 그는 상대적 이분을 넘어선 자리에서 활발한 존재의 참모습을 발견한다. 원효는 여기에서 긍정과 부정에 자유자재한 그의 일관된 태도를 보여 주고 있다.

예를 들어 원효가 즐겨 쓰는 표현인 '비연非然이면 비불연非不然이다'

는 것은 '긍정이 아니면 부정도 아니다'는 것이다. 즉 원효는 어떠한 것을 설명하면서 긍정과 부정의 상대적 이분을 전제하지 않는다. 또 '비불연非 不然이면 연然이다'는 것은 그것이 긍정으로 나타난다 해도 결정적으로 그런 것이 아니므로 집착하지 않고 보아야 긍정된다는 것이다. 즉 긍정과 부정의 부정이라는 두 명제가 같을 수 있는 가능성은 두 명제의 이분에 대한 어떠한 전제 없이 바라봄 위에서 존재의 참모습을 볼 수 있다는 것이다.

동의同意와 이의異意의 관계도 마찬가지이다. 예를 들면 '동의하지도 않고 이의도 제기하지 않으면서 설한다'는 것은 '동의하지 않음으로 해서 정 (情)에 어긋나지 않는 것'임을 그는 주장하고 있다. 원효는 같은 생각과 다른 생각이 대립으로 존재하는 것을 용인하지 않는다. 즉 진리의 측면에서 말한다면 동의와 이의에서 벗어나 자유롭게 말해야 한다는 것이다. 그래야만 진리는 왜곡되지 않고 전달된다는 것이다. 있는 그대로의 실재를 표현하는 방식은 언어에의 집착이 탈각된 곳에서 비롯된다. 따라서 원효는 언어는 알고 쓰면 얼마든지 약이 된다고 말하고 있는 것이다.

결론적으로 말해서 원효의 언어관은 언어의 한계에 대한 철저한 이해 위에서 나오는 언어의 무한한 긍정이다. 즉 언어는 진리를 전달하지만 왜곡하기도 한다는 투철한 인식 아래 그는 언어를 적극적으로 활용한다. 원효는 진리의 전달에 있어서의 언어의 효용성을 인정하면서 동시에 언어에의 집착성을 부정한다. 따라서 언어의 양면성의 통찰 위에서 언어에 자유자재한 입장을 원효는 우리에게 보여 주고 있다. 그것이 바로 부정과 긍정의 다양한 주장(異諍)을 화회시키는 화쟁법의 내용인 것이다.

2) 마음의 통일(一心): 넉넉한 마음

원효의 삶에서 일심一心은 곧 살아 있는 모든 것들의 '마음의 통일'을

상징한다. 그가 분열된 온갖 마음들을 통일하기 위해 모색한 중요 술어가
바로 이 일심一心인 것이다. 즉 원효에게 있어서 일심은 그의 모든 생각의
갈래들을 묶는 벼리이며, 모든 것의 근거이다. 다시 말해서 원효가 보여 주
는 일심은 넓은 마음이며, 부처의 뜻에 부합되는 것이다. 그 마음은 동시에
넉넉한 마음이며 따뜻한 마음이다. 원효는 갈라져 있는 뭇 주장들을 한데
모아 넉넉한 마음(一心)으로 회통시켰다. 그 회통의 계기는 보살의 대비심
大悲心이며, 대비심의 구체적 표현이 곧 이 일심인 것이다. 그가 일심을 어
떻게 정의하고 있는가를 그의 저서에 나타난 생각의 윤곽을 통해 더듬어
보자.

> 일심一心이란 무엇인가? 더러움과 깨끗함의 모든 법은 그 성품이 둘이 아니고;
> 참됨과 거짓됨의 두 문門은 다름이 없으므로 하나라 이름하는 것이다. 이 둘이
> 아닌 곳에서 모든 법은 가장 진실되어(中實) 허공과 같지 않으며, 그 성품은 스
> 스로 신령스레 알아차리므로(神解) 마음이라 이름한다. 이미 둘이 없는데 어떻
> 게 하나가 있으며; 하나도 있지 않거늘 무엇을 두고 마음이라 하겠는가. 이 도
> 리는 언설을 떠나고 사려를 끊었으므로 무엇이라 지목할지 몰라 억지로 일심一
> 心이라 부르는 것이다.9)

무릇 진리에는 방향성이 없다. 진리에는 고정성도 없다. 진리는 역동적
이며 숨쉬는 유기체와 같이 꿈틀대는 성질을 지니고 있다. 원효가 정의한
일심도 고정된 개념이 아니다. 더러움과 깨끗함, 참됨과 거짓됨이 둘이 아
니듯 진리는 어떠한 경계에 의해 그 외연이 결정되는 것이 아니다.
중생은 본래부터 깨달은(本覺) 존재다. 그러므로 이미 본래부터 깨달아

---

9) 元曉, 같은 책『한국불교전서』1책, 741쪽 上~中), "何爲一心? 謂染・淨諸法其性無
二; 眞・妄二門不得有二, 故名爲一. 此無二處, 諸法中實, 不同虛空, 性自神解, 故
名爲心. 然旣無有二, 何得有一; 一無所有, 就誰曰心. 如是道理, 離言絶慮, 不知何
以目之, 强號爲一心也."

있는 존재이기에 더 이상 깨달을 것이 없는 존재다. 그러나 무명無明의 바람에 의해 잠시 번뇌의 파도가 일어나 있어 진리를 제대로 보지 못하는 것(不覺)이 중생이다. 그래서 수행을 통해 무명의 바람만 가라앉히면 비로소 깨달음(始覺)이 확연히 드러난다. 그러므로 진리는 어느 한 순간, 한 시점에서만 바라보면 왜곡된다.

진리는 인간들의 망막 위에 덧씌워진 색안경에 의해 왜곡되곤 한다. 일상의 색안경을 벗고 '있는 그대로' 대상을 파악할 때 진리는 올곧게 드러난다. 원효는 일심을 정의하면서 이러한 일체의 왜곡이나 언설의 횡포로부터 진리를 해방시키려고 한다. 그 해방의 과정이 비록 지난하더라도 원효는 끝내 진리를 왜곡 없이 있는 그대로 드러내려 한다. 그 진리의 드러난 모습이 원효에게는 곧 일심인 것이다. 원효는 다시 이 일심을 이렇게 정의한다.

> 합해서 말하면 생생生은 곧 적멸寂滅이나 멸滅을 지키지는 않고; 멸滅이 곧 생생이 되나 생生에 머무르지는 않는다. 생生과 멸滅은 둘이 아니고; 동動과 적寂에는 다름이 없다. 이와 같은 것을 이름하여 일심一心의 법法이라 한다. 비록 실제로는 둘이 아니나 하나를 지키지는 않고 전체로 연緣을 따라 생生하고 동動하며, 전체로 연緣을 따라 적멸하게 된다. 이와 같은 도리로 말미암아 생生이 적멸이고 적멸이 생生이며; 막힘도 없고 거리낌도 없으며; 하나도 아니고 다른 것도 아니다.[10]

불교에는 싸움이 없다. 다만 다양한 주장이 있을 뿐이다. 원효는 이러한 다양한 주장(異諍)을 한 줄기 길로 회통시킨다. 즉 삶(生)과 죽음(滅), 움직임

---

10) 元曉, 『金剛三昧經論』 권下(『한국불교전서』 1책, 659쪽 上), "合而言之, 生卽寂滅, 而不守滅; 滅卽爲生, 而不住生. 生・滅不二, 動・寂無別, 如是名爲一心之法. 雖實不二, 而不守一, 擧體隨緣生動, 擧體隨緣寂滅. 由是道理, 生是寂滅, 寂滅是生; 無障・無碍; 不一・不異."

(動)과 고요함(寂) 등의 상대적 이분을 과정으로만 허용할 뿐 끝내는 한 길로 통합시킨다. 그의 화쟁법은 바로 이 다양한 주장을 일심으로 회통시키는 방법론이다. 그 주장이 긍정이든 부정이든 가리지 않고 상대적 편견을 아우르고 새로운 통합의 길을 제시한다. 화쟁은 바로 이 화회와 회통을 통한 모색의 결과이다. 원효는 말한다:

> 이와 같이 일심一心은 통틀어 일체의 물들고 깨끗한 모든 법의 의지하는 바 되기 때문에 제법의 근본인 것이다.[11)

일심一心은 갈라진 모든 물결들의 시원지이며, 존재하는 모든 것들의 의지처이다. 원효는 삼국이 국토 팽창 정책에 의거해 주장하는 다양한 정략들조차도 결국은 '삼한일통三韓一統'이라는 기치 아래 묶어 버린다. 원효는 진제眞諦의 입장도 속제俗諦의 입장으로 환원한다. 그에게 있어 진여문眞如門은 생멸문生滅門에 포용되며, 생멸문은 동시에 진여문에 포용된다. 그는 인민의 삶이나 귀족의 삶을 중생심衆生心으로 묶어 세운다. 중생심衆生心은 곧 일심一心이다. 일심一心은 대승大乘의 마음이다.

그에게 있어 진리는 어떠한 방향이나 이분을 허용하지 않는다. 진리는 다만 살아 있을 때만이 진리인 것이다. 이것이 바로 진리의 생명성이다. 원효는 이 생명성을 일심에서 찾고 있다. 원효는 다시 말한다:

> 여래가 설한 바 일체의 교법은 일각一覺의 맛에 들지 않음이 없다. 일체중생이 본래 일각이었지만 다만 무명으로 말미암아 꿈 따라 유전하다가 모두 여래의 일미一味의 말씀에 따라 일심의 원천으로 마침내 돌아오지 않는 자가 없음을 밝히고자 한다.[12)

---

11) 元曉, 같은 책(『한국불교전서』 1책, 615쪽 下), "如是一心, 通爲一切染淨諸法之所依止故, 卽是諸法根本."
12) 元曉, 같은 책(『한국불교전서』 1책, 610쪽 上), "如來所說一切敎法, 無不令入一味覺故.

원효는 『대승기신론』의 논리를 빌려 중생들의 본각本覺을 드러내려고 (始覺) 한다. 본래 드러낼 것이 없지만 중생들은 제 어리석음을 스스로 비춰 보지 못한다(不覺). 따라서 중생들은 어떠한 인식 전환의 계기가 필요하다. 원효는 일심을 통해 중생 스스로가 자신을 되돌아보게 만들고자 한다. 그 과정이 바로 보살의 대비심의 실천 과정이며 중생의 수행 과정이다. '마치 가난한 아들이 자기 본래의 집으로 다시 돌야오듯이' 일심의 본래 면목으로 돌아오게 만드는 것은 보살의 실천 과정이자 대비심의 표현인 바라밀행이다.

불교의 목적은 뭇 중생들로 하여금 깨달음에 들게 하는 것이다. 그 깨달음은 한결같은 맛(一味)이며 길이다. 갈라진 온갖 지류들도 끝내는 바다에 이르기 마련이다. 강원도 설악산의 솔잎에서 떨어진 조그만 물방울이 시나브로 고여 샘을 만들고 시냇물을 마련한다. 그 물이 한강을 만들어 흐르다가 팔당에서 남한강과 북한강의 합궁을 거쳐 황해로 흘러가듯이 모든 물은 바다로 들어간다. 고구려도 백제도 신라도 한민족의 핏물을 타고 한 줄기 '삼한일통三韓一統'의 바다로 흘러들어 간다. 하나의 민족, 하나의 핏줄은 일미一味라는 이 통일성에서 다 녹아난다. 여래가 설한 가르침도 이 깨달음에선 다 한 가지이며 한결같은 것이다. 따라서 원효는 이 일심一心을 심식의 주체인 심왕心王이라 전제하고 모든 법의 기본적인 원천이라 정의한다.

티끌의 통상通相을 완전히 파악하므로 이름하여 심왕心王이라 한다. 그것은 본래의 일심이 모든 법의 기본적인 원천이기 때문이다.[13]

欲明一切衆生本來一覺, 但由無明隨夢流轉, 皆終如來一味之說, 無不終歸一心之源."
13) 元曉, 『大乘起信論疏』(『한국불교전서』 1책, 750쪽 下), "了塵通相, 說名心王. 由其本一心是諸法之總源故也."

일심一心은 모든 것의 근거가 된다. 삶이든 죽음이든 더러움이든 깨끗함이든 움직임이든 고요함이든 이 모두는 상대적 세계가 의지하는 근거가 된다. 이와 같이 일체의 의지처인 일심은 인간의 심식心識으로 인식할 수 있는 모든 가능성의 근거가 된다. 때문에 일심은 현실적 인간의 삶의 총화인 일체의 근거인 것이다. 삼국의 분열도 이 일심의 분열에서 비롯된 것이며, 삼국의 통일도 이 일심의 통일에서 비로소 가능한 것이라 파악하는 것이다. 따라서 이 따뜻한 마음, 넉넉한 마음(一心)에 의해 모든 갈등의 응어리는 해소될 수 있는 것이다. 우리가 도모하는 일에서 작은 이익에 얽매이지 않고 넓은 마음을 통해 전체적 이익에 동참할 때 우리는 모든 사람들의 이익으로 환원시킬 수 있다. 나눔의 기쁨, 이것이 바로 보살의 존재 이유인 것이다.

연기緣起에 대한 사무친 통찰 위에서 싹튼, 즉 나의 욕망의 확대가 남의 욕망의 확대에 대한 장애를 최소화한다는 인식은 바로 이 넓은 마음에 의해 가능한 것이다. 다시 말해서 나의 확장이 남의 확장에의 피해를 최소화시켜야 한다는 생각은 연기법에 대한 사무친 이해 위에서 나오는 넓은 마음인 것이다. 넓은 마음(一心)은 여유 있는 마음이며 넉넉한 마음이다. 이 마음을 통해 자발적 절제가 가능해진다. 자발적 절제가 이루어지는 사회는 건강한 사회이다. 따라서 원효는 이 일심을 통해 욕망의 절제를 촉구한다.

군주에게도 귀족에게도 승려에게도 모두 욕망의 확장에만 젖어 있지 말라고 경고한다. 원효는 연기에 대한 사무친 통찰 위에서 욕망의 자발적 절제를 이끌어 내고자 하는 것이다. 마음의 분열은 다름아닌 이 욕망의 확장에서 비롯되는 것이다. 원효는 아알라야식의 렌즈를 잘 조절함으로써 욕망을 최소화하라고 촉구하는 것이다.

원효의 전 사상 체계를 아우르는 핵심 술어인 '일심一心'은 바로 이 욕망의 절제를 위한 모색의 산물이었다. 즉, 이웃 나라와 자기 나라 백성들의 고통을 어떻게 하면 줄일 수 있는가를 모색하게 하는 것이 원효의 과제였다. 통치자들의 영토확장 정책이 주는 인민의 고통과 인간들의 증오심을 어떻게 하면 최소화할 수 있는가를 몸부림치면서 물었던 과정이 그의 삶의 역정이었다. 인간들의 욕망, 즉 통치자들의 욕망이 불러일으키는 증오의 씨앗(種子)들을 일심이라는 아알라야식의 렌즈를 통해 조절하자는 것이 그의 생각이었다.

따라서 원효에게 있어 일심一心은 중생심衆生心이며, 아알라야식의 미세한 인식(無明業相·轉相·現相)들도 결국은 이 일심 속에 포괄되는 것이다. 일심의 생멸문은 아알라야식의 불각不覺에 짝지워지며, 일심의 진여문은 아알라야식의 본각本覺에 짝지워진다. 『대승기신론』에 의하면 속제적 인식도 결국은 진제적 인식을 유도해 내는 방편인 것이며, 진제적 인식도 결국은 속제적 인식을 이끌어 내는 방편인 것이다. 그러한 방편들은 결국 이 일심 안에서 작용하는 것이다. 그러므로 원효는 다시 말한다.

더러운 땅과 깨끗한 나라가 본래 일심一心이고; 생사와 열반이 마침내 둘이 아니다.[14]

원효는 예토穢土와 정토淨土가 한 마음에서 비롯되며 삶과 죽음이 일심에서 비롯된다고 힘주어 설하고 있다. 한 생각 돌이킴이 땅막과 무덤이 둘이 아님을 알게 하는 어떠한 계기의 통쾌함으로 작용하듯 인식의 전환은 삶의 질의 전환을 도모하게 마련이다. 갈라진 마음, 찢어진 마음, 증오의 마음들은 결국 한 생각 돌이킴을 통해 가능한 것이다. 그러므로 넉넉한 마음이자 넓은 마음인 이 일심의 의미를 제대로 통찰할 때 분열과 대립과 갈등은 모두 녹아날 수 있다. 원효는 이 넉넉한 마음(一心)을 통해 삼국 백성들의 분열된 마음을 하나로 묶고자 한다. 마음의 통일 없이 국토의 통일과

---

14) 元曉, 『無量壽經宗要』(『한국불교전서』 1책, 553쪽 下), "穢土·淨國, 本來一心; 生死·涅槃, 終無二際."

민족의 통일이 될 수 없듯이 원효는 이 일심을 통해 보다 넉넉한 마음, 보다 넓은 마음으로 삼한일통의 비전을 제시하고 있다. 원효의 일심 안에서는 동서 모순(영·호남)도 남북 모순(이남·이북)도 허용되지 않는다. 원효는 다시 말한다:

> 모든 경계가 무한하지만 다 일심一心 안에 들어가는 것이다. 부처의 지혜는 모양을 떠나 마음의 원천으로 돌아가고, 지혜智慧와 일심一心은 완전히 같아서 둘이 없는 것이다.[15]

모든 경계는 일심一心 안에 포괄된다. 부처의 지혜도 이 일심의 원천에 포섭된다. 따라서 이 일심과 지혜는 등치等値이다. 어디에도 오차가 없는 하나의 모습을 지니고 있다. 세움(立)과 깨뜨림(破), 줌(與)과 빼앗음(奪), 같음(同)과 다름(異), 있음(有)과 없음(無), 가운데(離邊)와 가장자리(非中)가 둘이 아니듯 모든 경계는 이 한 마음 안에서 포용된다. 원효는 모든 것의 근거인 일심을 통해 상대적 이분의 인식을 하나로 회통시키고 있는 것이다. 일심은 곧 중생심(衆生心=如來藏)을 지닌 뭇 삶들이 도달해야 할 궁극적인 목표이기도 하다. 그는 그의 모든 사상의 근거를 바로 이 일심에다 두고 있다. 따라서 원효는 그의 『열반경종요』에서 '불성의 바탕은 바로 일심이다'[16]라는 사자후를 토하고 있는 것이다.

『대승기신론』에 의하면 대승심大乘心이란 '귀경게'에서 나오듯이 대승에 대한 바른 믿음(大乘正信: 自性淸淨心)이다. 대승은 일체 세간법과 출세간법을 모두 다 머금고 있는 중생심이다. 대승의 체體는 중생심의 진여상眞如相이며, 이 중생심의 생멸生滅 인연상이 대승의 자체自體와 속성(相)과

---

15) 元曉, 같은 책, 제3 '約人分別'(『한국불교전서』 1책, 562쪽 上), "萬境無限, 咸入一心之內. 佛智離相, 歸於心源, 智與一心, 渾同無二."
16) 元曉, 『涅槃經宗要』(『한국불교전서』 1책, 538쪽 中~下), "佛性之體, 正是一心."

작용(用)을 능히 보이기 때문에 오직 중생심이 대승의 근거가 됨을 밝힌 것이다. 이 중생심의 다른 이름은 여래장如來藏이다. 원효는 이 중생심을 한 마음(一心)이라고 규정했다. 뭇 삶들이 누구나 다 가지고 있는 마음이 중생심이라고 볼 때 '한 마음'이라고 표현한 것은 본체론적으로 중생심을 명백히 투시한 데서 가질 수 있는 표현이다. 그러므로 일심一心은 대승심大乘心이며 중생심衆生心이며 여래장如來藏이다. 좀더 좁혀 말하면 아알라야식이라 말할 수 있다. 원효는 마음의 통일(一心)을 통해 국토의 분열, 민족의 분열, 마음의 분열을 한 줄기 회통의 길로 초점을 모아 갔다. 즉 일심은 바로 생멸문과 진여문을 포괄하는 대승심이며 중생심인 것이다. 다시 말해서 원효는 삼국의 분열은 결국 분열된 마음의 극복을 통해서 통일이 가능하며, 그 통일은 중생심이며 대승심이며 여래장인 일심의 회복을 통해서 가능하다는 것이다.

원효가 궁극적으로 나아가고자 한 것도 바로 이 갈라진 온갖 마음들을 한 줄기 마음의 통일로 묶어 세우는 것이었다. 넉넉한 마음, 따뜻한 마음, 넓은 마음으로 온갖 주장(異諍)들을 하나로 회통시키려는 것이 원효의 본심이었다. 그는 이러한 '한 마음'을 통해 부정과 긍정의 상대적 대립을 지양하는 어떠한 통합의 계기를 마련하고자 했던 것이었다.

3) 조화와 화해(和諍): 한 가지 맛(一味)

화쟁和諍은 뭇 주장(異諍)을 화회和會시키는 원리이다. 다양한 주장들을 감싸안으려면 '따뜻함'이 필요하다. 화쟁은 원효의 독특한 방법론이며, 부처의 올바른 진리를 알게 하는 것이다. 원효는 백가百家의 다른 주장(異諍)을 지극히 공평(至公)하고 사사로움이 없는(無私) 부처의 뜻에 근거하여 전개함으로써 모두 화해시키고 있다. 따라서 화쟁이 가능할 수 있는 토대는 그것이 바로 부처의 올바른 진리 위에 서 있기 때문인 것이다. 원효의 탁월한 작품인『십문화쟁론十門和諍論』에 나타난 화쟁에 관한 그의 생각을 들어보자.

부처가 세상에 있었을 때는 부처의 원음圓音에 힘입어 중생들이 한결같이 이해했으나…… 쓸데없는 이론들이 구름 일어나듯 하여 혹은 말하기를 '나는 옳고 남은 그르다' 하며, 혹은 '나는 그러하나 남들은 그렇지 않다'고 주장하여 드디어 하천과 강을 이룬다.…… 유有를 싫어하고 공空을 좋아함은 나무를 버리고 큰 숲에 다다름과 같다. 비유컨대 청靑과 남藍이 같은 바탕이고, 얼음과 물이 같은 원천이고, 거울이 만 가지 형태를 다 용납함과 같다.[17]

불교사를 돌아보면 부처가 살아 있을 때는 불설만이 진리임을 확고히 믿었으므로 교단 내에서는 다른 이설이 없었다. 그러나 부처가 열반에 들고 난 뒤부터는 많은 이설이 횡행하여 각기 자신만이 옳고 남은 그릇되다고 주장하게 된다. 계율의 해석 문제에 의해 교단이 분열되었듯이, 원효 시대에도 이미 정립된 다양한 불교 학파들이 자신의 주장만이 옳다고 주장하고 다른 학파의 주장들은 모두 잘못되었다고 역설하고 있었다. 따라서 원효는 중국으로부터 물밀듯이 쏟아져 들어오는 여러 불교 이론들을 정리할 필요성을 느끼고 있었다.

그는 삼론과 천태, 법상, 계율, 화엄 등의 다양한 주장들을 전체적으로 통찰하여 교통 정리해 줄 필요가 있다는 것을 말하고 있었다. 사실 크게 보면 다양한 주장들 모두가 한 바탕에서 나온 것이지만, 어느 일면만 보면 완전히 다른 것으로 파악하는 것이 중생들의 마음씀씀이다. 원효는 이렇게

---

17) 元曉,『十門和諍論』(『한국불교전서』 1책, 838쪽 上), "十門論者, 如來在世, 已賴圓音, 衆生等……雨驟, 空空之論雲奔. 或言我是, 或他不是, 或說我然, 說他不然, 遂成河漢矣. 大……山而投廻谷, 憎有愛空, 猶捨樹以赴長林. 譬如靑藍共體, 氷水同源, 鏡納萬形."

다양한 주장들을 일정한 체계에 의해 정리할 필요를 느끼고 있었다. 거울이 만 가지 형태를 다 받아들이듯이, 바다가 온갖 물줄기들을 다 받아들이듯이 원효는 부처의 올바른 진리에 근거하여 화쟁법이라는 독특한 방법론을 제시하였다. 그는 화쟁법을 통해 부처의 근본 가르침을 올곧게 이해할 수 있도록 했다. 그리고 부처의 근본 가르침에 근거하여 온갖 주장들(異諍)을 화회和會시키고 회통會通시키고 있다.

모든 주장들은 어떠한 결론을 모색하기 마련이다. 결론이 없는 과정도 의미는 있다. 그러나 어떠한 주장 자체는 이미 결론의 모색을 위한 주장이며 과정인 것이다. 다양한 주장들이 결론의 바다로 들어가기 위해서는 어떠한 통합의 계기와 논리가 필요하다. 원효는 그것을 일미로 전개한다. 일미는 같음(同)과 다름(異), 세움(立)과 깨뜨림(破) 등의 상대적 이분을 넘어서서 다양한 주장(異諍)의 초점을 한 곳으로 이끌어 가는 실마리가 된다. 마치 모든 강물들이 바다에 들어가 한결같이 소금기의 짠맛이 되듯이 일미一味는 어떠한 통합의 모색을 위해 전제되는 필수적인 요소이다. 원효는 이러한 통합의 계기로서 화쟁和諍이라는 그의 독특한 방법론을 제시한 것이다.

> 불교 경전의 부분을 통합하여 온갖 흐름의 한 맛(一味)으로 돌아가게 하고, 부처의 뜻의 지극히 공정함(至公)을 전개하여 백가百家의 뭇 주장을 화회和會시킨다.[18]

경經과 율律과 논論을 포괄하는 삼장三藏에 깔려 있는 부처의 참다운 뜻은 바로 진리가 갖는 원융성이며 포괄성이다. 연기緣起란 바로 이 원융성과 포괄성에 근거한 원리이다. 연기는 나의 존재성을 연緣이라는 타자他者를 통해 규정하는 리법理法이기 때문이다. 즉 연기는 나를 넘어서는 어

---

18) 元曉, 『涅槃經宗要』(『한국불교전서』 1책, 524쪽 上), "統衆典之部分, 歸萬流之一味, 開佛意之至公, 和百家之異諍."

떠한 도덕적 질서(연기론+가치론)이며, 동시에 이것은 나의 욕망의 절제를 통해서만이 가능한 가치(윤리)론이다. 그러므로 화쟁은 이 '일미—味'라는 도덕적 명분을 전제로 한 통합의 원리이자 방법이다. 삼국의 분열이 이 '삼한일통三韓—統'이라는 '일—'의 의미에 의해 통일의 가능성이 모색될 수 있듯이 이 '일—'은 전체성과 완전성을 뜻한다.

화엄의 육상六相에서 보여 주는 그 전체성(總相)과 개별성(別相)의 모습도 결국은 바로 이 '일—'의 전제 위에서 보여 주는 모습인 것이다. 불교 경전의 모든 논의들이 지극히 공정하고 사사로움이 없는 것도 바로 이 '일—'의 총상적 포괄성 위에서 전제되는 것이다. 백가의 다양한 주장들이 화쟁이 될 수 있는 것은 바로 이 일미의 원융성 때문이다. 즉 온갖 흐름들이 돌아가는 의미의 과녁은 결국 부처의 뜻인 일미—味인 것이다. 원효는 일미를 다시 정의한다.

> 이것은 이치와 지혜를 모두 잊어 버리고; 이름과 뜻이 아주 끊어진 것이니 이것을 일컬어 열반의 그윽한 뜻이라 한다. 다만 모든 부처가 그것을 증득하고서도 그 자리에 있지 않고 응하지 않음이 없고 말하지 않음이 없으니 이것을 일러 열반의 지극한 가르침이라 한다. (그러나) 그윽한 뜻이면서도 한 번도 고요한 적이 없었고; 지극한 가르침이면서도 한 번도 말한 적이 없었다. 이것을 이치와 가르침의 한 맛이라고 한다.[19]

원효에게 있어 열반은 이치와 가르침의 한 맛이다. 열반은 모든 것이 쉰 상태이다. 일체의 일어남이 끊어진 자리이다. 열반은 모든 것이 쉬어 버린 상태이므로 평등하며 차별이 없는 것이다. 즉 온갖 주장들이 다 소멸된 상태, 다 쉬어 버린 상태인 것이다. 다시 말하면 일체의 상념이 끊어진 자리

---

19) 元曉, 같은 책(『한국불교전서』 1책, 524쪽 上~下), "斯卽理‧智都忘; 名‧義斯絶, 是 謂涅槃之玄旨也. 但以諸佛證而不位, 無所不應, 無所不說, 是謂涅槃之至教也. 玄旨 已而不嘗寂; 至教說而未嘗言. 是謂理‧教之一味也."

에서 진리를 만나는 것이다. 삼국 백성들의 분열된 마음도 이 일미의 자리에서 다시 만나는 것이다. 내 땅(我土)이니 내 것(我所)이니 하는 집착성에서 벗어나 오온개공五蘊皆空이라는 제행무상諸行無常의 가르침에 대한 통찰 위에서 삼국이 다시 만나는 것이다. 즉 갈라진 국토와 민심이 이 일미 위에서 모두 만나는 것이다. 따뜻한 마음(一心) 위에서 살아 있는 모든 것들이 서로를 껴안는 것이다. 원효는 일미一味의 길을 열반涅槃에 상응시켜 아래와 같이 정의하고 있다.

> 지금 이 『열반경』을 설할 때는 바로 한 교화가 끝나는 날이었으며, 마침내 모든 부처의 큰 뜻을 나타내 보이려는 데에 있었다. 이른바 성도한 뒤로부터 근기를 따라 말한 모든 가르침을 총괄하여 일미一味의 길을 보여 주기 위함이었다. 그것은 널리 이제 둘이 없는 성품에 돌아가는 것으로서 시방 삼세의 모든 부처가 다 같은 것이며, 그 뜻은 둘도 없고 차별도 없는 것이다. 이것이 모든 부처들이 세상에 나온 큰 뜻이다.[20]

본래부터 깨닫고 있는(本覺) 입장에서 보면 열반이란 너무 평이한 모습이다. 그러나 무명의 바람에 의해 덧씌워져 있는 입장에서 보면 열반은 어떠한 희망의 자리이다. 부처의 태어남도 사라짐도 불각不覺의 입장에서 보면 담담하다. 그러나 아직 번뇌의 장애에 감싸인 모습에서 바라보면 열반은 추구해야 할 그 어떠한 목표이다. 진제도 속제로 환원하듯이 이 열반도 생사로 환원한다. 이것이 곧 일미라는 평등 무차별의 전제 위에서 제시하는 화쟁의 방법론이다.

온갖 물줄기들이 바다에서 똑같이 소금기를 드러내듯이 일체의 다양한 논의들도 일미라는 어떠한 결론의 계기를 통해 통합되는 것이다. 즉 상대

---

20) 元曉, 같은 책(『한국불교전서』1책, 525쪽 上~下), "今說是經之時正臨一化之終日, 究竟顯示諸佛大意. 所謂總括成道以來, 隨機所說一切言教, 悉爲示一味之道. 普今歸趣無二之性, 十方世一切諸佛悉同, 是意無二‧無別. 是謂諸佛出世大意."

적 이분을 넘어서는 어떠한 계기는 바로 이 일미라는 모티프를 통해 가능해지는 것이다. 이러한 일미의 길을 보여 주기 위해 부처는 이 세상에 몸을 나툰 것이다. 즉 부처는 평등하여 차별이 없는 상태를 일미一味로 보여 주고 있는 것이다. 원효는 이 일미를 일심一心과 상응시킨다.

열치면 헤아릴 수 없고 가없는 뜻이 대종大宗으로 되고; 합하면 이문일심二門一心의 법이 그 요체로 되어 있다. 그 두 문門 속에 만 가지 뜻이 다 포용되어 조금도 혼란됨이 없으며 가없는 뜻이 일심一心과 하나가 되어 혼융된다. 이런 까닭에 개開·합合이 자재하고; 입立·파破가 걸림이 없다. 연다고 번거로운 것이 아니요; 합친다고 좁아지는 것도 아니다. 그리하여 입立하되 얻음이 없고; 파破하되 잃음이 없다.[21]

원효가 일심一心과 일미一味와 일각一覺의 '일성一性' 위에서 전개하는 생멸문과 진여문도 결국은 이 중생심에서 출발한다. 즉 중생의 마음은 곧 대승의 마음이며, 모든 것을 감싸안는 마음이다. 중생은 이미 깨달은(本覺) 존재이기에 다시 깨달을 것이 없는 존재이다. 하지만 아직 무명無明의 상속심相續心에 의해 아직 깨닫지 못한(不覺) 존재이다. 그러나 중생들은 넉넉한 마음(一心)과 한 맛의 깨달음(一覺味)을 지니고 있으므로 어떠한 계기(和諍)를 통해 일미一味의 바다에서 모두 다 만날 수 있다. 갈등과 증오로 얼룩진 사바 세계에서 한 생각 돌이키는 어떠한 계기(和諍)를 통해 이항 대립의 굴레에서 벗어날(不羈) 수 있는 길을 원효는 제시하고 있다.

화쟁은 조화와 화해를 모색하는 인식 전환의 한 방법이다. 다시 말해서 상대적 이분과 이항 대립의 갈등을 넘어서는 어떠한 계기가 바로 화쟁인 것이다. 따라서 긍정과 부정을 넘어서는 인식의 전환 방법인 화쟁법은 바로

---

21) 元曉, 『大乘起信論疏』(『한국불교전서』 1책, 733쪽 下), "開卽無量·無邊之義爲宗; 合卽二門一心之法爲要. 二門之內, 容萬議而不亂, 無邊之義, 同一心而混融. 是以開·合自在, 立·破無碍. 開而不繁; 合而不狹. 立而無得; 破而無失."

원효가 제시하는 새로운 사유 방식인 것이다. 이러한 사유 방식을 통해 원효는 삼국의 통일을 인간들의 마음의 통일로부터 제시해 가고 있는 것이다.

4. 자유의 실천(無碍): 해탈의 모습(不羈)

원효의 삶은 무애無碍의 실천을 통해 질적 승화를 도모한다. 그는 일체의 굴레에서 벗어난(不羈) 해탈한 자의 소박한 모습을 보여 주고 있다. 즉 자유의 실천(無碍)을 통해 모든 사람과 만나며 그 만남 속에 자기를 투영시키고 있다. 『삼국유사』에 나타난 아래의 기록은 원효의 삶을 질적으로 전환시킨 또 하나의 계기가 된다.

> 원효는 이미 계율을 저버리고 설총을 낳은 뒤에는 속복으로 갈아입고 자기를 스스로 일컫기를 '근기가 작은 사내'(小姓居士)라 하였다. (어느 날) 우연히 어떤 광대가 큰 탈바가지를 가지고 춤추고 희롱하는 것을 보니 그 형상이 너무도 빼어나고 기발하였다. (원효는) 그 탈바가지의 모습을 따라 불구佛具를 만들었다. 『화엄경』에 나오는 '일체에 걸림 없는 사람이 한 길로 삶과 죽음을 벗어났느니'라는 구절을 따서 이름하여 '장애가 안 되는'(無碍) 도구라 하였다. 이에 노래를 지어 세상에 유포시켰다. 일찍이 불구를 가지고 많은 촌락에서 노래하고 춤추며 교화하고 읊고 돌아왔으므로 가난하고 무지몽매한 무리들까지도 모두 부처의 이름을 알게 되었고, 일제히 '나무아미타불'을 부르게 되었으니 원효의 법화法化는 컸던 것이다. 그가 태어난 마을 이름(栗谷: 밤골)을 '부처님 땅'(佛地)이라 하고, 절 이름을 '불법을 처음 연'(初開) 절이라 했다. 스스로 원효라 일컫은 것은 대개 '부처님 해'(佛日)를 처음으로 (이 땅에) 빛나게 한다는 뜻이다. 원효 또한 우리 말(海東의 말)이니 그 때의 사람들이 모두 신라 말(鄕言)로 이를 일컬어 새벽(始旦)이라 하였다.[22]

---

22) 一然,『三國遺事』권4,「義解」5, "曉旣失戒生聰, 已後易俗服, 自號小姓居士. 偶得優人舞弄大瓠, 其狀塊奇. 因其形製爲道具. 以『華嚴經』, "一切無碍人, 一道出生死",

수행자 원효(塞部)는 자신을 한없이 낮추었다(小姓居士). 그러면서도 스스로 불국佛國의 이른 새벽(始旦)이 되고자 했다. 원효(塞部)는 이 땅에 처음으로 불일佛日을 빛내고자 했다. 땅막과 무덤이 둘이 아님을 통찰한 원효(塞部)는 분황사로 돌아와 미친 듯이 저술 작업을 감행한다. 초인적인 저술 작업을 통해 그는 인간에 대한 무한한 애정을 표현했다. 보다 쉬운 언어로 불법을 광범위하게 전하고자 한 그의 무수한 저서는 별도의 주석서를 필요로 하지 않을 만큼 쉽고 완벽한 교과서였다. 쉬운 문장을 운율과 리듬에 실어 자유자재한 문체로 써내려 갔다. 그가 그렇게 쓸 수 있었던 것은 깨달음 이후의 무애한 삶의 방식에 의해서였다. 인간에 대한 무한한 애정과 걸림이 없는 삶의 스타일이 그의 초인적 저술을 가능하게 한 원동력이었던 것이다.

원효의 이름인 '塞部'(새벽)와 같이 그는 이 땅의 새벽, 모든 가능성을 머금고 동터 오르는 '으뜸 새벽'(元曉)이고자 했다. 위의 글은 '이 땅에 새로운 새벽을 열자'는 그의 뜻이 잘 나타난 문장인 것이다. 이것은 무애라는 실천행을 발견하고부터 나타나는 그의 인간과 세계의 이해 방식이었다.

그는 요석공주와의 만남을 통한 삶의 전환을 무애행無碍行으로 보여 주었다. 일심과 무애는 당시 인민들의 갈라진 모든 마음들을 이어주는 다리였다. 원효는 이 무애를 통해 귀족과 서민의 거리를 없애고자 했다. 귀족들에게는 욕망의 절제를 통해 소유와 집착을 최소화하기를 촉구했다. 그리고 서민들에게는 인간 존중의 가르침인 불법을 배워 현실적 고통을 최소화할 수 있게 했다. 다시 말해서 원효는 연기법에 대한 이해를 통해 귀족 승려들이나 서민들에게 욕망을 절제하고 참다운 인간을 발견하기를 촉구했다.

참다운 깨달음은 반드시 사회적 실천으로 드러나기 마련이다. 원효의

命名曰：無碍. 仍作歌流于世. 嘗持此, 千村萬落, 且歌且舞, 化詠而歸, 使桑樞瓮牖玃 之輩, 皆識佛陀之號, 咸作南無之稱, 曉之化大矣哉. 生其緣之村名佛地, 寺名初開. 自稱元曉者, 蓋初輝佛日之意爾. 元曉亦是方言也, 當時人, 皆以鄕言稱之始旦也."

깨달음은 바로 중생과 부처, 인민과 귀족이 둘이 아니라는 통찰이었다. 중생심의 마음에서 바라보면 모두 다 불성을 지닌 존재이므로 차별이 있을 수 없는 것이다. 원효의 통찰은 마음속의 상대적 이분을 넘어서는 심식心識의 전환인 깨달음, 바로 그것이었던 것이다. 다시 말해서 그의 깨달음은 의식으로부터 독립된 객관적 실재에 대한 모든 차별상을 극복한 인식의 전환이었던 것이다. 그 깨달음의 내용은 일심의 발견이었으며, 그 일심은 곧 대비심大悲心의 실천으로 나타났다. 그리고 이 대비심은 다양한 주장들(異諍)을 회통시키는 화쟁과 해탈인의 모습인 무애로 표출되었다.

(그의) 발언은 미친 듯 난폭하고 예의에 벗어났으며, 보여 주는 모습은 상식의 선에 어긋났다. 그는 거사와 함께 주막이나 기생집에도 들어가고 지공誌公처럼 금빛칼과 쇠지팡이를 지니기도 했으며, 혹은 주석서를 써서 『화엄경』을 강의하기도 하고, 혹은 사당에서 거문고를 타면서 즐기고 혹은 여염집에서 유숙하기도 하고, 혹은 산수에서 좌선하는 등 계기를 따라 마음대로 하는 데 일정한 규범이 없었다.[23]

『송고승전宋高僧傳』은 이와 같이 어디에도 걸림 없이 자유자재한 원효의 모습을 보여 주고 있다. 그의 무애의 모습은 그가 보여 주는 문장의 스타일에서뿐만 아니라 길거리에서 사랑을 구하는 노래를 부를 때나, 빨래하는 여인에게 말을 걸 때나, 냇가에서 혜공과 함께 고기를 잡아먹을 때나, 사복의 죽은 어미를 장사 지낼 때나, 분황사에서 『화엄경소』를 지을 때나, 황룡사에서 『금강삼매경』을 강의할 때나 사자후를 토하는 원효의 모습은 몸을 백 개로 쪼개어(分百身) 온갖 곳에 그 모습을 나투는(數處現形) 것이었다.

---

23) 贊寧, 『宋高僧傳』권4, 「唐新羅國黃龍寺元曉傳」(大安, 북경: 중화서국, 1987, 78쪽),
"發言狂悖, 示跡乖疎. 同居士入酒・肆倡家, 若誌公持金刀・鐵錫, 或製疏以講雜華,
或撫琴以樂祠宇, 或閭閻寓宿, 或山水坐禪, 任意隨機, 都無定檢."

그는 고요하나 언제나 움직이는 모습(靜而恒動威)을, 행동하되 늘 고요한 덕(動而常寂德)을 잃지 않기를 사람들에게 권고했으며, 자신도 동시에 그렇게 살았다. 대중교화의 한 방법이기도 한 무애의 방식은 세상 사람들과 만나는 과정이었다. 그의 저술 작업이나 사상적 고투 못지 않게 이 무애행은 원효의 삶의 질적인 전환을 가져왔다. 이러한 무애의 실천행이 없었다면 오늘의 원효는 있을 수 없었다.

광대나 백정, 기생이나 시정잡배들과의 어울림, 깊은 산골의 밭 메는 노인이나 몽매한 사람들과의 어우러진 삶은 살아 있는 생명체에 대해 무한한 애정을 몸서리치게 느끼게 되는 계기가 되었다. 방방곡곡(千村萬落)을 떠돌며 춤추고 노래하면서 만난 무수한 대중을 불법으로 교화하는 동안 거리의 아이들이나 여인들까지도 그를 모르는 사람이 없었다. 모두가 소중한 생명체라는 것을 절실하게 깨달았다. 그는 호리병 하나를 들고 귀족과 천민의 분열된 마음을 통일하고자 했다. 그리고 삼국을 통일하고자 했다. 특히 그가 즐겨 춘 무애무無碍舞는 강렬한 상징적 의미가 내포된 춤이었다. 두 소매를 흔드는 것은 인간을 묶어 세우는 번뇌장煩惱障과 소지장所智障을 끊어야 된다는 것을 형상화한 것이며, 다리를 세 번 들었다놓았다 하는 것은 삼계三界로부터 벗어나야 된다는 것을 형상화한 것이다. 자라처럼 몸을 움츠린 것은 뭇 삶들을 따른다는 몸짓이었으며, 곱사처럼 등을 구부린 것은 모든 것을 다 거둬들인다는 뜻이었다.

원효는 현실 세계의 온갖 장애로부터 벗어나는 길은 삼계의 불타는 집착에 얽매이지 않는 것이라고 했다. 욕망이 일으키는 고통을 벗어나려면 집착을 버려야 된다고 역설했다. 그는 현실적 고통은 모두 자신의 욕망으로부터 비롯되었음을 갈파하고 모든 사람들에게 그 목마름을 버리기를 촉구했다.

땅막 속에서 처절하게 깨달았던 인간 마음의 전환! 대야성大耶城을 거닐면서 바라보았던 주검들의 절규, 시골과 골목거리와 장터거리에서 만난

남녀노소들의 삶의 모습을 통해 그는 인간 본연의 모습을 통찰하였다. 그 통찰의 내용은 일심과 화쟁과 무애의 길을 잇는 일련의 과정으로 표현되었다. 즉 인식의 전환을 통해 원효가 깨달은 일심은 곧바로 대승의 마음으로 전개되어 화쟁이라는 방법을 통해 나타났다. 그리고 일심과 화쟁의 구체적 실천은 원효의 무애행으로 나타났다.

그의 삶의 질적 전환을 가져온 이 일련의 과정은 어떠한 이념이나 이데올로기도 인간의 깃발 아래선 무기력할 수밖에 없다는 사실을 보여 주는 것이었다. 원효는 국토의 분열도 마음의 분열도 모두 이 유기체인 인간, 즉 생명을 지닌 존재에 대한 사무친 이해의 부족에서 나오는 번뇌 덩어리(煩惱障)임을 깨달았다. 다시 말해서 모두가 인간 이해의 빈곤에서 생겨난 마음의 병임을 깨달았다. 그래서 원효는 모든 중생들을 감싸안으면서(同事攝) 그들이 바라고 원하는 대로 될 수 있도록(隨順衆生) 교화해 나갔다. 보다 쉬운 교학을 전개하여 그들로 하여금 인간을 존중하는 생명 사상인 불법을 낮은 데로 내려다 놓았다. 그는 기존의 불법佛法 이해 방식을 누구나 가까이 할 수 있는 양식과 매체로 대체시키고자 했다. 원효는 '무애가無碍歌'와 '미타증성가彌陀證性歌' 등을 지어 서민 대중들로 하여금 현실 생활 속에서 불법에 보다 쉽게 접근하게 했다. 그리고 간단한 염불을 만들어 누구나 인간의 존엄성을 발견하고 불법을 알게 했다.

원효는 정토淨土 신앙을 통해 부처의 이름을 널리 알려 서민들의 현실적 고통을 덜어 주고자 했다. 그 방법으로서 '칭명염불稱名念佛'을 주창하여 '나무南無'의 염불을 보편화시켰다. 즉 만나는 사람마다 아미타불의 명호를 외우게 하여 사바 세계의 온갖 번뇌와 고통을 벗어나 깨끗한 국토(淨土)에 태어나기를 발원하게 했다. 다시 말해서 그는 살아 있는 모든 생명체들이 지극히 맑은 마음으로 아미타불의 본원력本願力에 순종하면 서방정토에 태어날 수 있다는 것을 가르쳐 주었다.

원효는 보편적 인간에 대한 이해를 무애를 통해 구현하고자 했다. 살아 있는 것들이면 누구나 지니고 있는 생명의 존엄성을 환기시킴으로써 귀족적 삶을 사는 사람들에게는 좀더 욕망을 절제하기를 촉구했다. 그리고 인민의 삶을 살고 있는 사람들로부터는 좀더 용기와 신념을 가지고 살기를 요망했다. 그리고 통치자들에게는 국토 확장 정책과 같은 욕망을 절제하도록 일깨웠다. 원효는 그가 발견하고 실천한 일심과 화쟁과 무애의 과정을 통해 귀족적 삶이나 인민적 삶이나 모두 다 생명의 당체當體에서 바라보면 평등하여 차별이 없으며 막힘도 없고 거리낌도 없음을 드러내 보여 주었다. 그는 보편적 인간이 지니고 있는 자유로운 모습을 보여 주었으며, 당시 사람들에게 그들 스스로가 본디부터 지니고 있는 자유로운 모습을 스스로 환기시키고 복원시키도록 유도했다. 즉 인간이면 누구나 지니고 있는 주어主語를 언제나 잃지 않고 사는 삶을 환기시키고 복원시키려고 했다.

　따라서 원효가 보여 준 무애는 해탈한 자의 소박한 모습이었다. 소유와 집착에 얽매이지 않는 자유인의 모습이었다. 어떠한 명예나 계율이나 지식이나 권위로부터도 자유로운 모습이었다. 그는 무애행無碍行을 통해 일심과 화쟁의 구체적인 모습을 보여 주었으며, 그 모습은 자신을 한없이 낮추는 것으로 나타났다. 원효는 일체의 굴레에서 벗어난 인간이었으며 벌거숭이 인간의 모습을 체득한 선지식이었다. 그는 무애를 통해 모든 욕망을 버리면 자유인이 될 수 있다는 것을 보여 주었다. 완전히 해탈한 자의 모습은 지극히 상식적인 인간의 평범한 모습이었다. 결론적으로 말하면 원효의 무애는 바로 이 일심과 화쟁의 실천적 모습이지 원효 삶이 필연적으로 나아갈 귀결점이었다.

5. 원효의 비전

누가 자루 없는 도끼를 주겠는가? 내가 하늘 떠받친 기둥을 끊으리![24]

이 짤막한 외침 속에는 원효의 기질과 그의 비전이 적나라하게 투영되어 있다. 원효는 스스로 새벽이 되고자 했고, 하늘 떠받친 낡은 기둥을 끊고자 했다. 그는 자기를 넘어서는 어떠한 보편적인 삶을 살고자 했다. 즉 개체성을 지닌 자신만이 아니라 그 개별성을 넘어서는 포괄적인 삶을 살고자 했다. 그의 외침은 온갖 모순 속에 갇혀 있는 신라 사회의 낡은 집 기둥을 끊어 버리고 새로운 집을 짓겠다는 대선언이었다. 온갖 종속의 굴레를 깨뜨려 버리고 스스로 올곧게 서는 창조적 인간을 탄생시키겠다는 사자후였다. 즉 과거 시제의 인간 굴레에서 벗어나(不羈) 현재 시제와 미래 시제의 새로운 인간이 되겠다는 용트림이었다. 다시 말하면 새로운 사고를 통해 새로운 인간 이해의 계기를 마련하겠다는 목소리였다.

지난날 백 개의 서까래(椽)를 구할 때는 비록 내가 끼이지 못했지만; 오늘 아침 하나의 들보(棟)를 구하는 곳에는 오직 나만이 할 수 있구나![25]

『광소廣疏』(5권)를 도둑 맞고 다시 3일 만에 지은『약소略疏』(3권)를 가지고 왕과 신하와 백성들이 법당을 가득 메운 황룡사에서 사자후를 토하는 원효의 이 대선언은 바로 이 땅의 새벽이 되겠다는 사자후이다. 언젠가 인왕백고좌仁王百高座 법회에 백 명의 법사를 추천할 때 그는 사람됨이 나쁘

---

24) 一然,『三國遺事』권4,「義解」5 '元曉不羈'(『한국불교전서』6책, 348쪽 上), "誰許沒柯斧? 我斫支天柱!"
25) 贊寧,『宋高僧傳』권4,「唐新羅國黃龍寺元曉傳」(大安, 북경: 중화서국, 1987, 79쪽), "昔日採百椽時, 雖不預會; 今朝橫一棟處, 唯我獨能!"

다고 평가받아 거절당한 적이 있었다. 그러나 그는 좌절하지 않았다. 그러한 수모를 겪으면서 무서울 정도로 사색하고 고뇌하면서 창조적 사유를 빚어냈다. 이 선언은 무능하고 열등 의식에 절어 있으면서도 온갖 기득권을 다 누리고 있는 당시 귀족 승려들을 향한 무서운 질타였다. 그의 황룡사 사자후는 자신의 목소리를 담은 육화肉化된 문장과 생각을 존중하는 계기를 마련했다. 즉 새로운 것에 대한 도전과 모험을 거부하고 저절로 주어지는 온갖 기득권만 세습하고자 하는 기성 교단에 대한 준엄한 매질이었다.

원효는 남의 것을 그대로 모방하거나 답습하는 것이 아니라 새로운 사고를 가지고 자신의 삶이 배어 있는 육화된 목소리로 주장할 것을 일깨워 주었다. 즉 주어主語를 가지고 자신의 생각, 자신의 가슴으로 느낄 것을 암시하였다. 다시 말하면 원효는 신라 사회의 낡은 껍질에서 벗어나 새로운 가능태로의 탈바꿈을 촉구한 것이다. 그러한 탈바꿈은 그의 활달한 문체와 인간 이해의 측면으로 나타났다. 그는 전체에 대한 통찰을 통해 보편적 인간의 모습을 보여 주고자 했으며, 탁절한 문장력을 통해 그의 메시지가 다양한 인간들의 피부에 전달되도록 했다. 전문前文의 말미를 후문後文의 서두에 잇는 문체인 그가 즐겨 쓰는 승체법承遞法은 바로 이러한 맥락에서 시도된 새로운 스타일이었던 것이다.

1) 대표적 저술 몇 가지에 담긴 그의 생각

원효는 뭇 이쟁異諍을 화회시켜 모든 강물들이 바다에 가서 한 맛(一味)이 되듯이 그의 사상을 『기신론』의 구조와 같이 중생의 마음(衆生心)인 일심으로 회통시키고 있다. 부정과 긍정, 초월과 내재, 있음과 없음, 세움과 깨뜨림, 불화와 조화 등 모든 상대적 이쟁들을 원융과 조화의 바다로 끌어들였다. 그가 세운 생각의 논리적 근거는 『대승기신론소』와 『대승기신론별기』, 그리고『금강삼매경론』과『십문화쟁론』에 자세히 나타나 있다. 그의 100부 240권(혹은 87부 180여 권)의 저작들이 한결같이 지향하고 있는 것은 모든 가능성을 감싸고 있는 일심一心, 즉 중생심衆生心이다. 살아 있는 모든 것들이 갈무리하고 있는 일심을 그는 이치가 아닌 지극한 이치이며(無理之至理), 그렇지 아니한 큰 그러함(不然之大然)이라고 갈파했다.

그의 독특한 삶의 역정에서 탄생된 많은 설화들은 모두 그의 열정적인 삶에서 비롯된 이야기들이다. 45세(661)에 땅막(土龕)에서 깨달음을 얻은 뒤 그의 문체는 자유분방하여 거침이 없었다. 그는 존재와 언어 사이를 자유자재로 넘나들며 세계의 본질을 꿰뚫어보았다. 탁절한 통찰력으로 인간을 발견한 원효는 보편적 인간학을 정립하고자 인간의 의식이 미칠 수 있는 모든 가능성을 깊이 모색했다. 그는 아알라야식의 미세한 인식 구조까지 분석해 들어갔다. 그러한 노력은 곧 보편학의 정립이자 통일학의 정립 과정이었다. 따라서 신라 사상계가 아직 탄력과 힘이 붙지 않았을 무렵 '첫새벽' 원효가 출현하여 통일을 전후한 시기에 통일의 이론적 논의들을 떠맡았던 것이다.

그의 많은 저술 중 특히『대승기신론소』와『대승기신론별기』는 공空 사상에 입각하여 실재론적 견해를 논파하는 중관 교의敎義와 외계의 실재 자체를 의식의 스크린에 투영된 이미지(影像)로 파악하는 유식 교의의 이론적 문제성을 타개한 것으로 자리매김된다. 그리고『금강삼매경론』은 실천적 원리로서의 관행觀行 조직의 계경契經이라 할 수 있다.『십문화쟁론』은 그의 특장特長인 '화쟁회통학和諍會通學'의 교과서이다. 또『기신론소』와 더불어 중국에서 '해동소海東疏'라고 일컬어진 그의『화엄경소華嚴經疏』는, 그가 이 저술을 짓다가 붓을 꺾었다고 할 정도로 심취한 작품이다. 그의 4종교판에서 화엄을 보현교普賢敎로서 맨 마지막에 올려놓았던 것도 화엄의 중요성을 인정했기 때문인 것이다.

『금강삼매경』은 붓다가 금강삼매에 들었다가 선정으로부터 나와 설한 총8품의 경전이다. 원효는 이 경을 풀이하면서 "본각本覺과 시각始覺의 이 각二覺으로 종宗을 삼는다"[26]고 서두에서 말하고 있다. 그러나 이『광소』는 분실되어 후에『약소』3권을 다시 저술한 것이 현재 남아 있는 것이다. 그는 소의 두 뿔 사이에 책상을 놓게 하여 시종 우거牛車(角乘)에서 이 경전의 소疏 3권을 지었다. 이 3권의『금강삼매경론』은 대승의 공空 사상이 깊이 깔려 있으며 완벽하고 강력한 관행觀行 체계를 가지고 있다. 중국의 남북조 시대로부터 수隋대까지 불학佛學 연구에서 문제되었던 거의 대부분의 교리와 학설이 종합되어 있는 지극히 논서에 가까운 철학성이 투영된 경전이다. 서분과 정설분, 그리고 유통분 안에 총7품으로 구성된 이 경전을 원효는 크게 4분分으로 변별하고 있다. 즉 경의 대의大意와 경의 종지宗旨, 제목 이름과 문장의 풀이로 나누어 치밀하게 해석, 관행에 대한 그의 깊은 성찰을 보여 주고 있다. 원효는 경의 종지를 드러내는 제2 분과에서 "이 경의 종요는 열치는 면(開)과 합하는 면(合)이 있는데, 합해서 말하면 일미의 관행으로 요점을 삼으며; 열어서 말하면 열 가지 법문으로 종宗을 삼는다"[27]고 정리하고 있다.

그는 또 "관행觀行이란 말에서 관觀은 횡횡橫的인 논리로서 대상(境)과 지혜(智)에 공통되는 것이고, 행行은 종종縱的인 전망(竪望)이니 인과因果에 걸치는 것이며, 과果는 오법五法이 원만함을 말하고; 인因은 이른바 육행六行이 다 갖추어짐을 말한다"[28]고 사자후를 토하고 있다. 원효는 공간론(橫論)으로서의 관觀은 관할 바의 대상인 소관경所觀境과 그 대상을 관할 주

---

26) 元曉,『金剛三昧經論』(『한국불교전서』1책, 604쪽 下), "此經宗要……, 果…, 因…, 智卽本・始兩覺, 境……."
27) 元曉, 같은 책(『한국불교전서』1책, 604쪽 下), "此經宗要, 有開有合, 合而言之, 一味觀行爲要, 開而說之, 十重法門爲宗."
28) 元曉, 같은 책(『한국불교전서』1책, 604쪽 下), "言觀行者, 觀是橫論, 通於境・智, 行是竪望, 亘其因・果, 果謂五法圓滿, 因謂六行備足."

체인 능관지能觀智에 통하며, 시간론(竪望)으로서의 행行은 인因과 과果에 걸친다고 통찰함으로써 세로와 가로의 회통, 즉 종횡무진縱橫無盡한 무애로 화쟁회통시키고 있다. 즉 원효는 대승의 바탕(體)이 이루어지는 지점을 '일심의 본원'으로 향하는 실천 수행 위에 설정하고 있는 것이다. 다시 말하면 원효는 이 경의 주제를 일미의 관행과 십중十重의 법문法門이 마침내 일미관행一味觀行, 즉 '일관一觀'에 귀결됨을 밝히고 있다. 따라서 원효는 그의 일심 사상과 맞물려서 그의 통일학을 일각一覺, 일미一味, 일관一觀의 '일성一性' 위에서 구현해 갔던 것이다.

또 원효는『대승기신론』에 대한 주석서를 8부 14권이나 지었을 정도로 이 논서에 몰입했다.『대승기신론소』와『대승기신론별기』는 현존하는 원효의 대표적인『기신론』주석서이다. 원효는『대승기신론』속에서 일심의 발견을 통해 중생심의 두 형태인 생멸문과 진여문이 둘이 아님을 드러내 보였다. 중생심은 곧 대승의 마음이며 동시에 일심이다. 일심은 다시 진여문과 생멸문으로 구성되며 이문二門은 다시 삼대三大와 사신四信과 오행五行과 육자법문六字法門으로 엮어진다. 즉『기신론』은 일심과 이문(眞如·生滅)의 조직으로 짜여 있다. 이 두 문에 다시 체體·상相·용用의 삼대三大와 사신(信根木－眞如·信佛·信法·信僧)과 오행(施門·戒門·忍門·進門·止觀門)과 육자법문(不退方便: 南無阿彌陀佛)의 구조로 이어지고 있다. 특히 이 한 마음(一心)은 중생의 마음(衆生心)이며, 이 한 마음에서 진여문과 생멸문이 분과되고 있다는 점에서 주목을 요한다.

『기신론』은 중생이 지니고 있는 마음의 두 가지 측면을 나타내 보여 주고 있다. 즉 인간 마음의 오염된 면과 청정한 면이 무명無明의 바람에 의해 어떻게 번뇌의 물결을 일으키는지를 보여 주고 있다. 또『기신론』은 아알라야식의 두 가지 뜻인 본각本覺과 불각不覺, 진여와 생멸, 정법淨法과 염법染法 등 온갖 상대적 견해들이 모두 아알라야식에서 비롯됨을 밝히고 있다. 그리고『기신론』에서 "心眞如, 一法界大總相法門體"라는 전제는 이 텍스트를 시종일관 지배하는 핵심 주제이다. 따라서 이 전제 아래서는 생멸문도 진여문에 의해 포섭되며, 진여문도 생멸문에 의해 포섭된다.

이 텍스트에는 아알라야식의 화합식和合識 가운데에서 미세한 마음(無明業相·轉相·現相)을 없애 버리면 그대로 맑고 깨끗한 마음만 남아서 곧바로 일심으로 환귀還歸됨을 밝히고 있다. 즉 아알라야식의 스크린에 투영되는 일체의 이미지(影像)를 있는 그대로 보지 못하고 갖가지 형태로 차별함으로써 번뇌가 생기는 것이다. 그러나 아알라야식의 화합식和合識 중에서 번뇌를 일으키는 미세한 마음(生滅分)을 없애면 청정한 마음(不生不滅分)이 저절로 드러나는 것이다.

원효는 다시 마음의 근원(心源)을 깨달음에 이른 경지인 본각, 즉 수염본각隨染本覺과 성정본각性淨本覺으로 구분한다. 수염본각은 시각始覺쪽에 있는 본각인 수동문隨動門의 본각이며, 본래 성정본각은 청정한 본각인 환멸문還滅門의 본각이다.『기신론』에는 수염본각의 상相인 지정상智淨相과 수염본각이 순정지淳淨智를 이룰 때의 작용인 부사의업상不思議業相으로 나누어진다. 원효는 이러한 분과를 통해서 추상적인 깨달음을 구체적인 깨달음으로 사회 속에 환원하고자 했다.

원효는『보성론』에 근거하여 지정상智淨相은 자리自利를 성취한 것으로서 해탈한 뒤에 번뇌장과 소지장을 다 여의어 일체의 장애가 없는 청정법신을 얻은 것이며, 부사의업상不思議業相은 타리他利를 성취한 것으로 자재한 위력과 행위를 나타내는 것으로 규정한다. 즉 원효는 뭇 삶들이 수행을 통해 나아갈 방향을 자리自利 이후에 이타행利他行을 해야 한다는 순서의 선후 관계로 명료하게 제시하고 있다. 다시 말하면 뭇 삶들이 자리행을 다 닦으면 이항 대립의 울타리를 넘어서 자연히 이타행으로 옮겨간다는 것이다.

이러한 포괄적 구조를 머금고 있는 『기신론』은 원효 사상이 머금고 있는 총체성과 상응하고 있다. 아니 오히려 원효의 사상은 『기신론』 위에서 새롭게 구성되고 있다고 해야 할 것이다. 그러나 『기신론』은 이론적 측면에서는 매우 뛰어난 구성력을 지니고 있지만 수행론, 특히 근본무명(智碍)과 같은 장애를 깨뜨리지 못하는 진여眞如삼매나 일행一行삼매와 같이 지관止觀에 있어서는 매우 약하다고 할 수 있다. 즉 대승大乘의 바탕(體)을 설명하는 곳에서 수행론이 부분적으로 나타나 있지만 『금강삼매경론』에 비해 무척 미약한 것이다. 따라서 원효의 『기신론소』·『기신론별기』와 『금강삼매경론』은 이론과 실천이라는 면에서 서로 짝으로 존재하며, 둘 사이는 원효 사상을 구성하는 데에 있어 불가분의 관계를 지니고 있는 텍스트라고 할 수밖에 없다.

또 그의 대표적인 저서이자 가장 독창적인 저술인 『십문화쟁론』(2권)에서 보여 주는 열 가지 법문은 다양한 주장(異諍)을 포용하는 넉넉한 마음(一心)으로 표출되고 있다. 비록 완본이 남아 있지는 않지만 최범술 선생이 복원한 텍스트에 근거하면 이 책에는 온갖 주장들이 열 가지 법문으로 정리되어 있다.

① 공유이집空有異執화쟁문(『十門和諍論』 殘簡)
② 불성유무佛性有無화쟁문(『十門和諍論』 殘簡)
③ 인법이집人法異執화쟁문(『十門和諍論』 殘簡)
④ 불신이의佛身異義화쟁문(『涅槃經宗要』와 견등의 『起信論同異略集』 의거)
⑤ 열반이의涅槃異義화쟁문(『涅槃經宗要』 의거)
⑥ 불성이의佛性異義화쟁문(『涅槃經宗要』 의거)
⑦ 오성성불五性成佛화쟁문(『教分記圓通抄』 의거)
⑧ 삼성이의三性異義화쟁문(『起信論疏·別記』 의거)
⑨ 이장이의二障異義화쟁문(『二障義』 의거)
⑩ 삼승일승三乘一乘화쟁문(『華嚴經宗要』 의거)

그는 이러한 온갖 다양한 주장들을 열 가지로 묶어 세워 하나 하나씩 논파해 나간다. 원효는 아함 교의에서부터 화엄 교의에 이르기까지 기존에 논의된 다양한 주장들을 열 가지 유형으로 묶어 세우면서 화쟁의 논리에 입각하여 하나하나 화회和會·회통會通해 간다. 즉 공空과 유有, 인人과 법法, 진眞과 속俗, 일一과 이異, 보신報身과 화신化身, 무성無性과 유성有性, 삼승三乘과 일승一乘, 번뇌장煩惱障와 소지장所智障 등 이항 대립의 명제를 손감損減·증익增益·상위相違·희론戲論 또는 연然·비연非然·비불연非不然·역연역비연亦然亦非然의 사방四謗(四句)의 잣대를 통해 하나하나 정리해 나간다. 원효는 여기에서 어느 주장들을 일방적으로 묵살하지 않고 열린 자세로 수용하면서 하나하나 논리적으로 교통 정리한 뒤에 자신의 견해를 명료하게 밝힌다.

이러한 방식은 『기신론』을 바라보는 그의 시각에서도 잘 나타난다. 그가 일심一心을 바라보면서 진여문과 생멸문의 구조에 깊이 천착한 것도 이러한 근거에 의한 것이다. 따라서 『십문화쟁론』은 원효의 치밀한 기질이 투영되고 진지한 생각이 담긴 탁월한 저서이며, 그의 전 사상을 꿰뚫는 주요한 저술이다. 이 저서는 그의 문인들에 의해 당唐(중국)을 거쳐 인도에서 전해졌다고 한다.[29]

이와 같이 원효의 대표적 저술 몇 가지에 나타난 그의 생각은 일심一心, 일미一味, 일각一覺, 일관一觀 등 '일一'의 성性 위에서 비로소 화회와 회통의 길로 전개된 것이다. 다시 말하면 원효가 제시한 길은 그의 삶 전체에

---

29) 順高, 『起信論本疏聽集記』 권2 末(『大日本佛教全書』 권92, 103쪽), "元曉『和諍論』製作, 陳那門徒唐土來, 有滅後, 取彼論歸天竺國."
여기서 특히 '陳那'는 '陳那後身'이라는 원효의 別名에 근거하여 해석해야만 한다. 따라서 '陳那門人'은 '陳那後身인 원효의 문인'으로 읽어야 한다. 여기서 박종홍 교수는 이 '陳那'를 5~6세기 인도의 불교인식론의 대가인 Diṅnāga(陳那)로 잘못 생각하고 있다(『한국사상사』, 서문당, 1972, 105쪽 참조). 많은 학자들이 박종홍 교수의 설에 근거하여 『십문화쟁론』의 유통 과정을 오해하고 있다.

서 일관된 체계를 지니고 있으며 그 일관된 틀은 그의 일심一心과 화쟁和諍 그리고 무애행無碍行으로 표출되었던 것이다.

2) 새로운 교판: 대승 윤리와 화엄의 자리매김

교판教判이란 교상판석教相判釋의 줄임말이다. 교판은 불설 전체의 체계적 이해를 위한 해석틀이다. 인도와 서역에서 건너온 많은 전법승傳法僧들이 중국으로 불경을 가져와 한역漢譯 작업을 전개하자 중국인들은 여러 종류로 번역된 불경들을 목록을 통해 정리할 필요를 느꼈다. 즉 전법승과 구법승求法僧들에 의해 무수한 경전들이 번역되자 중국인들은 그 경전들 중에서 무엇이 구극究極의 불설佛說인가를 판단하고자 했다. 그래서 불설 전체를 합리적으로 판정하고 해석하려는 움직임이 일어났다. 이러한 움직임이 바로 교판의 형성 과정이다. 이런 의미에서 교판은 인도에도 있었지만[30] 이 교판은 역시 지극히 중국적인 산물이라고 할 수 있다. 수당隋唐 이후 중국의 교판은 자기 종파(自宗)의 우월성을 드러내는 형식으로 전개된다. 그러나 원효의 교판은 한 종파의 우월성에 매이지 않고 경전의 보편적인 해석의 틀로서 우리에게 제시되고 있다. 다시 말하면 원효의 교판은 전체에 대한 통찰 위에서 정립된 통불교通佛敎적 교판으로서 교敎(이론)와 관觀(실천)을 함께 닦는 체계로 정립된 것이다.

원효는 『대승기신론소』에서 인도 대승불교의 2대 학파인 중관파와 유가파를 다음과 같이 정의함으로써 그의 철학적 근거를 여래장 사상에 두고 있음을 보여 준다. 이 근거의 싹은 원효 사상의 회통적 입장을 보여 주

---

30) 淸辯 계통으로서 7세기 인도의 중관학파 학자인 智光은 유가행학파에 대항하여 空 사상의 우위성을 드러내기 위해 부처의 가르침을 三時로 나누고, 소승은 四聖諦를 통하여 心境俱有를, 유가행파는 萬法唯識설을 통하여 境空心有를, 그리고 中觀 철학은 諸法皆空의 이치를 통하여 心境俱空을 진리로 간주한다고 주장하였다.

는 것이며 동시에 그의 교판관敎判觀이기도 하다. "『중관론』과 『십이문론』 등은 두루 집착을 파破하고 파破 또한 파破해져 능파能破와 소파所破를 다 시는 허용許容할 수 없게 된 것이니, 이것은 가고는 두루하지 못하는 논(往 而不徧論)이며, 『유가론』・『섭대승론』 등은 철저하게 심심・천淺을 세우 고 법문을 판별하여 자기가 세운 법을 융통스럽게 버릴 길이 없게 된 것이 니, 이것은 주고는 빼앗지 못하는 논(與而不奪論)"31)이라고 정의한다.

계속해서 그는 『대승기신론』을 다음과 같이 평가한다. "이제 이 논은 지 혜롭고 어질며 현묘하고 광박하여 세우지 않음이 없으면서 스스로 버리고 (無不立而自遣), 파하지 않음이 없으면서 다시 허용한다(無不破而還許). 다 시 허용한 것은 저 간 자로 하여금 극極에 이르러서는 두루 섬을 나타내고, 스스로 버린다는 것은 이 준 자가 궁극에 이르러서는 빼앗음을 밝혀 준다. 이것이야말로 모든 이론의 조종祖宗이요, 뭇 쟁론의 평주評主라고 하지 않 을 수 없다"32)고 정의함으로써 그가 정립한 철학의 논리적 근거를 이 『기 신론』에 두고 있음을 드러내 주고 있다.

원효는 여러 저서에서 자신의 교판을 세우고 있다. 그의 독특한 조어 造語로 '경經' 이름을 붙인 『대혜도경大慧度經』의 종요宗要에서 돈頓・ 점漸 오시五時(四諦・無相・抑揚・一乘・常住)설과 『해심밀경』의 삼종법 륜三種法輪(四諦・無相・了義)을 소개한 뒤, 원효는 『대품반야大品般若』 가 『대혜도경종요大慧度經宗要』에서는 두 번째의 무상시無相時로 판석 되고, 『해심밀경』에서는 두 번째의 무상법륜無相法輪으로 판석된 것은 그럴 듯하지만 '이치는 반드시 그렇지 않다'(理必不然)고 주장한다. 그리

---

31) 『大乘起信論疏記會本』(『한국불교전서』 1책, 733쪽 中), "如『中觀論』・『十二門論』等, 徧破諸執, 亦破於破, 而不還許能破・所破, 是謂往而不徧論也. 其『瑜伽論』・『攝大乘 論』等, 通立深・淺, 判於法門, 而不融遣自所立法, 是謂與而不奪論也."

32) 같은 책(『한국불교전서』 1책, 733쪽 中), "今此論者, 旣智旣仁, 亦玄亦博, 無不立而自 遣, 無不破而還許. 而還許者, 顯彼往者往極而偏立, 而自遣者, 明此與者窮與而奪. 是謂諸論之祖宗, 群諍之評主也."

고『화엄경』과 같이『대품반야』도 무상無上하고 무용無容한 구경요의究竟了義라고 논하고 있다. 뿐만 아니라『법화경종요法華經宗要』에서도 그는『해심밀경』의 삼종법륜설三種法輪說을 소개한 다음 거기에서『법화경』이 불료의不了義(第1·2法輪)로 판석된 것은 잘못이라고 말하고 있다. 그 논리적 근거로서 다른 3종 법륜(根本·枝末·攝末歸本)설에서 이『법화경』(제3 법륜)이『화엄경』(제1 법륜)과 함께 구경요의로 판석되고 있음을 들고 있다.

원효는 또 그의 교판에 관한 견해로서『열반경종요』에는 중국의 남방사南方師가 주장하는 인천人天·삼승차별三乘差別·공무상空無相·법화法華·열반涅槃의 돈頓·점漸 오시설五時說에『열반경』을 요의경了義經으로 소개하고 있으며, 북방사北方師들이 주장하는 반야般若·유마維摩·법화法華·열반涅槃 등이 모두 요의경이라고 정리하고 있다. 그러나 원효는 여기에 그치지 않고 이 남·북 교판에 대해 "만일 한 쪽에만 한결같이 그렇다고 집착하면 두 설을 다 잃을 것이요; 만일 상대를 인정해 주어 자기 설만 고집함이 없으면 두 설을 다 얻을 것이다"[33]라고 갈파한 뒤 오시사종五時四宗으로 경전의 깊은 뜻을 판석하려는 좁은 견해를 경계하고 있다. 이와 같이 원효는『대품반야』·『법화경』·『열반경』·『화엄경』등을 다같이 구경요의라고 보는 포괄적 입장을 취하고 있다. 아울러 그는 새로운 교판으로서 삼승통교三乘通敎와 삼승별교三乘別敎, 일승분교一乘分敎와 일승만교一乘滿敎의 사교판을 짜면서 일승분교에 여래장과 대승윤리를, 일승만교에 보현교普賢敎로서의 화엄을 짝지우고 있다. 그만큼 그의 사상은『기신론』과『화엄경』에 그 뿌리를 두고 있음을 알 수 있다. 이러한 입장에서 그는 다음과 같은 독창적인 교판을 수립한다. 그는『법화경』의 '삼승(방

---

33) 元曉,『涅槃經宗要』(『한국불교전서』 1책, 547쪽 上), "若執一邊謂一向爾者, 二說皆失; 若隨分無其義者, 二說俱得."

편)일승(진실)설'에 의거하여 "승문승乘門에 의해 4종種을 약설略說한다"고 말하면서 다음의 사교판을 제시하고 있다.

```
┌── 삼승별교三乘別敎 ─ 사제四諦 · 연기경緣起經 등 ─ 미명법공未明法空
├── 삼승통교三乘通敎 ─ 반야般若 · 심밀경深密經 등 ─ 제법공諸法空
├── 일승분교一乘分敎 ─ 영락경瓔珞經 · 범망경梵網經 등 ─ 수분교隨分敎
└── 일승만교一乘滿敎 ─ 화엄경華嚴經 보현교普賢敎 ─ 원만교圓滿敎
```

원효는 먼저 삼승을 별교別敎와 통교通敎로 나눈다. 그리고 일승을 분교分敎와 만교滿敎로 나누어 설명한다. 삼승별교에는 아직 존재의 공성空性에 대한 이해는 없다는 아함阿含 교의를 짝짓는다. 그리고 삼승통교에는 모든 존재의 공성에 대한 이해가 있는『반야경』과『해심밀경解深密經』을 짝짓는다. 즉 중관 교의와 유식교의를 삼승통교에 넣은 것이다. 원효의 사교판의 독창성은 특히 삼승의 상위 개념으로서 일승一乘을 둘로 나누어 분교와 만교로 나눈 점이다. 그리고 일승분교一乘分敎에 대승윤리에 해당하는『영락경』과『범망경』을 넣은 것은 기존의 교판에서는 찾아볼 수 없는 매우 독창적인 설정이다. 뿐만 아니라 보현교로서『화엄경』을 짝지은 것도 탁절卓絶한 것이다.

그는 반야중관계와 해심밀유식계를 삼승三乘 안에 묶어 버리고 여래장계 · 대승윤리와 화엄을 일승一乘에 짝지운다. 대승윤리를 삼승三乘(성문 · 연각 · 보살승)의 상위 개념인 일승(一佛乘)에 짝지운 것은 인간 욕망의 절제는 연기緣起에 대한 사무친 이해 위에서 나올 수 있다는 통찰이다. 다시 말하면 삼승보다 일승이 나을 수 있는 것은 바로 일승을 지닌 중생 스스로가 실천을 통해 이 욕망을 자발적으로 절제할 수 있다는 점일 것이다. 아무리 뛰어난 학식과 식견을 지니고 있더라도 자신의 욕망을 자발적으로 절제하는 삶의 자세가 없다면 덕상德相이 우러나올 수 없을 것이다. 덕상은 겸허함과 진지함과 성실함의 자세 속에서 나오기 때문이다. 이 덕상이 없다면 어떠한 위대한 성취도 폄하되게 마련이다. 왜냐하면 덕상은 인위적 조작에 의해 가능한 것이 아니기 때문이다. 녹차가 다관茶罐에서 저절로 우러나듯이 덕상은 그렇게 우러나는 것이다. 그 우러남과 넉넉함에서 사람이 모이고 향기가 발산한다. 그리고 그 향기로 뭇 사람을 넉넉히 물들이는 것이다.

원효가 삼승 위에 일승을 설정한 것은 삼승보다 일승이 더 낫다는 것이 아니라 부처의 가르침에는 삼승도 있고 일승도 있으나 모두 부처의 올바른 진리에 부합되기 때문에 평등 무차별하여 동일하다는 것이다. 다만 실천을 위한 순서적 차등일 뿐 모두 다 중생들의 근기에 맞는, 실천을 위한 사다리로서 제시된 것일 뿐이다.

원효가 대승윤리를 반야중관계와 해심밀유식계보다 상위에 설정한 것도 바로 주어主語를 지니고 사는 인간의 실천행에 가장 무게중심을 두고 있기 때문이다. 일심一心을 발견한 원효의 마음도 바로 이 대비심大悲心 위에서 출발한 것이다. 대비심은 덕상德相과 상응한다. 어떠한 구체적인 사건(事)과 추상적인 원리(理)에 즉卽하는 인간의 마음속에 편견과 편애가 없을 때 덕상은 비로소 만들어지는 것이다. 원효의 무애는 바로 이 대비심의 구체적 실천이며 덕상의 투영 모습이다. 한없는 낮춤 속에 갈무리된 무한한 자부심을 우리는 원효에게서 읽을 수 있는 것이다. 원효의 덕상은 바로 이 낮춤의 미학美學인 것이다. 보살의 미학 역시 바로 이 낮춤의 미학인 것이다.

연기緣起에 대한 사무친 이해 위에서 인간과 세계에 관해 정확히 통찰하면 욕망을 절제하지 않을 수 없다. 나의 욕망(業)의 확대가 남의 욕망의 확대에 장애를 준다면 그 장애를 최소화할 어떠한 질서가 필요하다. 그 질서는 타율적인 것이 아니라 자율적인 것일 때 모든 이들에게 강력하게 수용될 수 있다.

마찬가지로 보현교로서 화엄을 짝지은 것은 화엄의 보현행원普賢行願,

즉 나를 넘어서는 어떠한 일에 대해 기꺼이 헌신하는, 보살의 나누는 기쁨이 전제되기 때문이다. 보살은 대승불교의 가장 이상적인 인간형이다. 그는 자기를 넘어서는 어떠한 보편적인 가치를 위해 기꺼이 한몸을 던지는 이타利他적 인간이다. 그는 성별性別을 넘어서는 보편적 인간으로서 나누는 기쁨을 존재 이유로 사는 인간이다. 보살은 살아 있는 모든 것들의 갈증을 달래 주는 '물'과 같은 존재이다. 즉 보살은 뭇 삶들의 물이 되고자 하는 인간이다. 물은 살아 있는 것들을 구성하는 핵심적 요소이며, 동시에 생명 유지의 필수적 요소이다. 원효의 무애행은 바로 이러한 보살의 대비심의 표출인 것이다.

원효는 나누는 기쁨을 삶의 존재 이유로 삼는 보살의 실천행을 자기를 넘어서는 어떠한 보편적인 가치의 잣대로 설정한 것이다. 이것이 바로 삼승의 상위 개념인 일승 안에 바로 이 대승윤리, 즉 연기緣起에 대한 사무친 통찰 위에서 우러나오는 욕망의 자발적 절제 의지를 담고 있는 경전(『영락경』·『범망경』)과 보현교, 즉 자기를 넘어서는 보편적인 질서를 위해 기꺼이 헌신하는 보살행을 머금고 있는 『화엄경』을 짝지우고 있는 이유이다. 따라서 원효는 바로 이 점에서 주체적 인간의 모습을 실천 행위 위에서 제시해 보이고 있는 것이다. 원효의 교판이 새로움을 주는 것은 바로 대승윤리, 즉 보살의 윤리를 통해 욕망의 절제를 위한 실천 수행의 문제를 교판으로 짜고 있기 때문이다. 따라서 그의 교판은 교教(敎學)와 관觀(修行)이 포괄된 체계를 머금고 있다는 점에서 탁절卓絶한 것이라 아니할 수 없는 것이다.

3) 연기의 사회적 실천: 욕망의 절제

인간은 욕망의 동물이다. 욕망을 넘어선 인간은 존재하지 않는다. 욕망을 버린 상태인 열반을 희망하는 것 역시 또 하나의 욕망일 수밖에 없다.

깨달음을 얻기 위해서는 욕망을 버려야 된다. 그러나 깨달음을 얻으려는 것도 욕망이며, 깨달음을 얻기 위해 욕망을 끊으려고 하는 것도 욕망이다. 여기에 욕망의 역설이 있다. 그러나 욕망의 종류는 단일하지 않다. 즉 일상적으로 지니고 있는 욕망이 있는가 하면, 업業의 완전 연소를 위해 수행하려고 하는 욕망, 그리고 업業의 찌꺼기가 남아 불완전하게 연소되는 욕망 등에 이르기까지 매우 다양한 것이다.

인간의 욕망은 흔히 오욕五欲으로 표현된다. 소유욕(財), 이성욕(色), 음식욕(食), 명예욕(名), 수면욕(睡)이 대표적인 욕망이다. 소유욕은 권력 욕구뿐만 아니라 무엇이든지 움켜잡으려고 하는 욕망이다. 이성욕은 한 명의 배우자에 만족하지 않는, 끊임없이 불타오르는 애욕愛慾이다. 음식욕은 먹어도먹어도 끊임없이 먹고 싶어하는 욕망이다. 명예욕은 유명해지고 싶어하는 출세욕이다. 수면욕은 끊임없이 잠자고 싶어하는 욕망이다. 그러나 인간 세상에서 이러한 욕망은 다 달성될 수가 없다. 그러한 욕망이 다 성취될 수 없으므로 욕망은 모든 고통의 근본 원인이 된다.

욕망은 만족을 모르는 것이다. 어떠한 욕망의 순간적 충족은 있을지언정 욕망의 영원한 만족은 없다. 모든 고통은 이 욕망의 불충족에서 비롯된다. 마음의 분열도 바로 이 욕망의 불충족에서 비롯된다. 외계의 실재를 있는 그대로의 평등한 상태로 보지 못하는 것은 이 마음이 일으키는 차별상 差別相 때문이다. 즉 세계를 있는 그대로 보지 못하는 것은 욕망의 일어남 때문이다.

연기緣起는 연緣이라는 타자他者를 나의 존재의 조건으로 삼는 원리이다. 연기란 서로 의존하여 생긴다는 뜻이며, 상의상관相依相關에 의해 성립하는 존재의 법칙이다. 그러므로 이 연기의 그물을 벗어나 존재하는 것은 아무도 없다. 인간의 욕망은 연기에의 사무친 통찰 위에서만 자발적으로 절제될 수 있다. 연기에 대한 통찰이 있다면 욕망이 절제되지 않을 수 없으며, 살아 있는 모든 것들을 위해 헌신하는 보살행이 나오지 않을 수 없다. 현실적 인간이 연기에 대해 사무치게 통찰했다면 팔정도八正道³⁴)의 실천행과 바라밀波羅密³⁵)의 실천행이 나오지 않을 수 없다. 연기의 그물을 벗어나는 어떠한 행위(業)는 없다. 쓰레기의 문제나 공해 문제 그리고 생태계의 문제는 바로 이 연기의 그물을 벗어나려는 인간들의 행위(業)에서 비롯된 것들이다.

보살은 나를 넘어서는 어떠한 보편적 질서를 위해 몸을 던지는 인간이다. 그는 이타利他를 위한 일이라면 주저 없이 헌신하는 삶을 사는 인간이다. 현실적 인간이 연기에 대한 사무친 통찰 위에서 팔정도와 바라밀의 실천행을 전개한다면 그는 곧 보살로 태어난 사람이다. 보살의 대비심大悲心은 바로 이러한 삶을 사는 사람들에게서 나오는 따뜻한 마음(一心)이다.

군주의 국토팽창 정책이나 귀족 승려들의 호화로운 생활이나 기득권층의 기득권 세습 의지의 자발적 절제는 모두 이러한 연기에 대한 사무친 이해 위에서 가능하다. 그들의 욕망의 자발적 절제는 연기의 통찰 위에서 가능한 것이다. 살아 있는 것들은 누구나 불성佛性(如來藏)을 지니고 있다. 적나라한 인간의 모습 앞에서 귀족과 천민의 차별상은 존재하지 않는다. 이미 계급이나 기득권은 아무런 의미가 없는 것이다. 어떠한 이념의 깃발도

---

34) 팔정도는 현실적 인간인 내가 이 사바세계에서 고통을 하나씩 소멸해 나가는 진정성이 깃든 여덟 가지 삶의 방식이다. ① 바른 견해(正見) ② 바른 생각(正思惟) / ③ 바른 말(正語) ④ 바른 행위(正業) ⑤ 바른 생활(正命) / ⑥ 바른 노력(正精進) ⑦ 바른 기억(正念) ⑧ 바른 선정(正定). 이것을 다시 수행인이 반드시 닦아야 할 세 가지 덕목인 戒·定·慧의 三學에 짝지으면 智慧에 ①②를, 戒律에 ③④⑤를, 禪定에 ⑥⑦⑧을 짝지을 수 있다.

35) 波羅密은 生死의 미혹한 바다에서 자맥질하는 중생을 제도하여 깨달음(涅槃)의 언덕에 이르게 하는 보살 수행의 여섯 가지 또는 열 가지 실천 덕목이다. ① 재물이나 진리나 두려움 없이 베푸는 布施 ② 재가나 출가인이 지켜야 할 일체 계행인 持戒 ③ 일체의 모욕이나 때림이나 추위·더위·주림·갈증 등을 참고 받아들이는 忍辱 ④ 몸과 마음을 성실하게 닦아 다섯 바라밀을 닦아 나가는 精進 ⑤ 진리를 사유하여 산란한 마음을 정지하는 요법인 禪定 ⑥ 모든 법을 통달하는 지혜이자 미혹을 끊고 이치를 깨닫는 智慧 / ⑦ 方便 ⑧ 願 ⑨ 力 ⑩ 智바라밀을 말한다.

'적나라한 인간' 앞에선 무기력할 수밖에 없다. 권력 의지도, 명예욕도 다 소용없는 것이다. 따라서 존재의 본질을 올바로 통찰할 때 온갖 욕망을 최소화시킬 수 있는 것이다.

본래 제행무상諸行無常의 이치를 벗어나는 존재는 어디에도 없다. 한 세상을 살면서 아무리 욕망을 확대해도 그 욕망이 충족되지 않는다는 사실을 통찰한다면 욕망의 자발적 절제는 가능할 것이다. 따라서 현실적 인간에게는 자신의 삶을 되돌아볼 수 있는 어떠한 인식 전환의 계기가 필요하다.

나의 욕망의 확대가 남의 욕망의 확대에 장애를 준다면 연기적 인간은 자신의 욕망을 다시 살펴보아야만 한다. 이것은 연기緣起의 이치에 대한 통찰 위에서 가능하다. 즉 연기의 사회적 실천은 현실적 인간들이 갈무리한, 자신을 돌아보는 여유 위에서 가능하다. 다시 말하면 모두가 넉넉한 마음을 지니고 있어야만 가능한 것이다. 회광반조回光返照! 빛을 돌이켜 자신을 비추어 보아야 한다! 연기의 사회적 실천은 여기에서 출발한다. 원효 또한 이러한 통찰 위에서 그의 무애행無碍行이 나올 수 있었던 것이다.

4) 원효 사상이 제시하는 통일에의 전망

원효가 정립하고자 했던 것은 보편적 인간학이었다. 그 보편학은 살아 있는 모든 것들이 지니고 있는 무한한 가능성에 대한 통찰 위에서 정립될 수 있었다. 그의 통일학은 바로 이 보편학이었다. 이 보편학은 시간과 공간을 넘어서서 보편적 인간들이 공유하고 있는 어떠한 생각의 이해 위에서 성립될 수 있는 것이었다. 그의 보편학의 핵은 바로 인간들이 지니고 있는 일심, 즉 중생심이었다. 원효는 아알라야식의 스크린에 투영된 일체의 이미지(影像)를 어떠한 차별상 없이 있는 그대로 바라봄으로써 일심을 발견할 수 있었던 것이다.

마음의 분열을 통해 세계의 분열이 일어남을 통찰한 원효는 마음의 통일을 통해서 세계의 통일이 가능함을 보았다. 땅막과 무덤이 둘이 아님을 깨달음으로써 보편적 인간의 모습을 통찰한 원효는 살아 있는 것들이 지니고 있는 일심에의 발견을 통해서 갈라진 국토와 민족, 그리고 분열된 마음을 본래의 자리로 회귀시킬 것을 모색하였다.

군주의 국토팽창 정책에 의해 인민이 병들고 지쳐 있음을 통찰한 원효는 일심·일미의 모티프를 통해 당시 인간들의 분열된 마음을 향해 삼국이 본래 한 뿌리였다는 새로운 인식 전환의 칼날을 던졌던 것이다. 모든 갈라진 물줄기들이 바다에 들어가 소금기를 지닌 한 맛이 되듯이, 거울이 모든 형상들을 다 받아들이듯이 원효는 마음의 통일(一心)을 통해 분열된 마음들을 감싸안고자 했다.

보살의 대비심이 뭇 삶들의 아픔을 다 감싸안듯이 원효는 대승의 마음인 일심으로 마음의 분열을 다 끌어안고자 했다. 삼국의 통일은 바로 이 일심의 고리를 통해 감싸안을 수 있음을 원효는 우리에게 보여 주었다. 일심은 따뜻한 마음이며 넉넉한 마음이듯이 삼국 인민들에 대한 '따뜻함'과 '넉넉함'이 바로 국토를 통일하고 민족을 통일하는 모티프임을 역설하였다. 화쟁은 일심의 실현 방법이며 무애는 일심을 지닌 삶의 구체적인 실천 모습이었다. 그것은 곧 살아 있는 모든 것들은 연기적 존재일 수밖에 없다는 통찰 위에서 가능했던 것이었다.

연기의 사회적 실천은 바로 연기에 대한 사무친 이해 위에서 나오는 욕망의 자발적 절제로부터 출발한다. 나를 넘어서는 어떠한 보편적 질서를 위해 온몸을 기꺼이 희생하는 삶은 보살에게서만 가능하다. 연기의 사회적 실천은 바로 현실적 인간이 인식의 전환을 통해 추구하는 팔정도八正道와 바라밀波羅密의 실천에서 비롯된다. 다시 말하면 이 실천은 바로 개인적인 의미에서의 팔정도 행과 사회적 의미에서의 바라밀 행의 실천에서 비롯되는 것이다.

원효가 오늘 우리에게 보여 주는 것은 바로 이 전체에 대한 통찰! 즉 보편적 인간에 대한 이해 위에서 펼쳐지는 넉넉한 마음, 따뜻한 마음을 통해 자신의 욕망을 자발적으로 절제하는 어떠한 건강성의 회복의 촉구이다. 자기를 넘어서는 어떠한 보편적인 질서에 대한 헌신이 바로 이러한 건강성의 회복이며, 그것은 바로 연기에 대한 사무친 이해 위에서 솟아 나오는 자발적 절제의 미학이다. 다시 말하면 욕망의 자발적 절제만이 사회를 건강하게 할 수 있는 것이다. 원효의 통찰은 바로 이 연기 세계의 본질의 통찰이었으며, 그것은 곧 그의 무애행으로 나오지 않을 수 없었던 것이다. 보살의 대비심은 바로 이 연기의 통찰 위에서 나온 구체적인 실천의 모습인 것이다.

동서 모순(영·호남)과 남북 모순(이남·이북)을 안고 있는 한반도의 분열상도 인간들이 갈무리하고 있는 이 일심의 통찰 위에서 극복 가능한 것이다. 즉 그것은 연기에 대한 통찰 위에서 욕망의 상호 절제를 통해 가능한 것이다. 다시 말하면 영남·남한과 호남·북한의 상대적 이분을 이항 대립으로 파악하지 않고, 이들은 '본래부터 하나요', '한 바탕'이요, '한 뿌리'라는 연기적 통찰 위에서 자신의 욕망을 자발적으로 절제할 때 비로소 일심의 넉넉한 바다 속에서 만날 수 있는 것이다.

원효가 제시하는 통일에의 전망은 바로 이것, 즉 보다 넉넉한 마음(一心), 따뜻한 마음(一心)을 통해 지역 모순(영·호남)과 민족 모순(남·북한)을 극복할 수 있다는 것이다.

마음의 통일(一心) 없이 무슨 일을 이룰 수 있겠는가?

원효가 우리에게 던지는 이 한마디를 자신의 삶의 화두話頭로 삼아 용맹정진해 나갈 때 온갖 욕망은 자발적으로 절제되고 통일은 성취될 수 있을 것이다. 일심과 화쟁과 무애로 표현되는 원효의 일관된 삶의 모습도 바로 이러한 마음의 통일에서부터 모든 것이 비롯되는 것임을 우리에게 보여 주는 것이다.

제2부

원효의 화회론

원효의 『십문화쟁론』 연구

이 종 익

1. 동방문화사에 있어 원효의 위치

원효元曉(617~686)대사는 우리 겨레가 낳은 위대한 종교가이며, 대사상가이며, 대저술가이며, 대승보살도의 실천자로서 민족정신문화사에 있어 그 위치는 매우 드높다. 그리고 그 사상과 학술은 북으로 대륙을 거쳐 중국 불교학, 특히 화엄학에 큰 영향을 끼쳤으며, 동으로 바다를 건너 일본 불교계에도 막대한 공헌을 하였으므로 동방 문화사에 있어 혜성과 같은 존재였다.

고대의 인도·중국·한국은 종교로는 불교국이었는데, 이 삼국에서 석존의 후계자로 각기 대표 인물 한 분씩을 가려낸다면, 인도에서는 용수보살龍樹菩薩, 중국에서는 지자대사智者大師, 한국에서는 원효대사元曉大師를 내세우는 데 이의가 없으리라. 교주 붓다가 입적하시고 100년 뒤, 위대한 종교적 인격을 통하여 약동하던 자비·지혜·원력願力의 정신은 임비麻痺되었고, 개인적 수도에만 전력하여 고루한 형식주의인 계율지상주의로서 퇴영적 보수주의·이기주의·염세주의로 전락되었으며, 아법구유我

法俱有·아공법유我空法有니 하는 번쇄煩鎖한 교리에 구니拘泥되어 진정한 붓다의 교지는 화석이 되었다. 이 때 용수가 출현하여 삼공三空의 진리와 팔불八不의 중도中道로써 파사현정破邪顯正의 기치를 높이 들어 석가의 근본 교지와 대승구세大乘救世 정신의 복귀 운동을 전개하여 소승불교를 쳐부수고 대승불교를 건립한 공功은 그를 인도에서 석존 후 제일인第一人으로 만들었던 것이다.

이후 중국에 교법이 전래한 뒤 전역기傳譯期·연구기研究期를 거쳐서 정비기整備期인 수隋·진진陳대에 이르러서 여러 학파가 전개되어 교학상 많은 시비·논쟁이 대립되었다. 그 때 지의智顗(538~597)가 출현하여 해박한 지식과 심오한 지식을 통하여 '남삼북칠南三北七'이라고 하던 여러 가지 교판教判을 종합하여 석존의 일대시교一代時教를 오시팔교五時八教로 정립시키고, '회삼귀일會三歸一'을 주지主旨로 하는 법화일승法華一乘을 소의所依로 대·소승 교리를 체계화하여 일대 회통불교會通佛教를 건립함으로써 그는 중국 불교사상 대개척자이자 총회통자總會通者로서 제일지第一指에 꼽히게 된다.

지의가 하세下世한 20년 후 동국東國에 현신現身한 원효의 역사적 사명은 위의 용수·지의의 과업과는 또 다른 것이었다. 용수는 화석이 된 붓다의 교지와 마비된 교세教勢 정신을 부활하여 새로운 대승불교를 건설한 위대한 종교가·사상가였고, 지의는 당시 중국에 유통된 대·소승 경전에 담겨진 모든 교의를 오시팔교로 총정리하여 회삼귀일의 원칙에서 천태일승天台一乘을 건립한 중국 불교의 일대 건설자였다. 그러나 원효대사는 용수와 같이 대승불교의 개척자도 아니요, 지의와 같이 대·소승 교의를 총정리하고 회삼귀일의 일승불교를 건립한 것도 아니다. 원효는 대승大乘·소승小乘, 공空·성性·상相의 대립으로 인한 백가百家 쟁론을 화회和會하여 일미의 진실로 귀일시킴을 그 사명으로 하였다.

원효는 절륜絶倫한 총명과 투철한 구도심求道心으로 오천 권의 삼장三藏을 관통했을 뿐만 아니라, 삼계三界가 유심唯心이요 만법萬法이 일여一如한 자성自性의 실상實相을 남김없이 사무쳐 보임으로써 성性·상相이 둘이 아니요 공空·유有가 상즉相卽한 진리를 인격 위에 체험한 우주적 대승의 구현자였다. 당시 중국 교계는 대大·소小·성性·상相의 교파가 서로 문호門戶를 달리하고 공空·유有·돈頓·점漸의 편견에 사로잡혀 사상四相을 여읜 성도聖道가 도리어 인아人我의 장벽을 쌓고 있었고, 백가를 초월한 진제眞諦가 시비是非의 마굴魔窟이 되어 있었다. 원효는 이에 대하여 크게 놀라 각오한 바 있어서 백가의 이쟁異諍을 화회和會하여 일미의 심원心源으로 귀납시킴을 그 주어진 사명으로 하였던 것이다. 그래서 원효는 대·소·공·성·상의 모든 경經·논論을 닥치는 대로 소疏·논論·종요宗要·별기別記·의義·장章·요간料簡 등의 이름으로 그 요기要義와 지귀旨歸를 구명하여 회통會通하였던 것이다. 그리고 그는 대·소·성·상이 서로 모순되고 대립되는 교의 십종十種을 간추려 상즉무애相卽無碍하고 융화회통融和會通한 일미의 실상實相으로 귀일시켰는데, 그것이 곧 『십문화쟁론十門和諍論』이었다. 그러므로 원효의 역사적 사명과 중심사상은 이 『십문화쟁론』에 있는 것이다. 이와 같이 원효는 화쟁和諍 사상을 핵으로 인도에서 발원한 대·소·성·상의 모든 교의가 중국에 와서 여러 학파·종파로 분열된 것을 회통귀일會通歸一시켜 하나의 회통불교會通佛敎를 건설한 것이다. 이런 뜻에서 대승불교의 개척자인 용수와 대·소승 교학의 총정리를 통한 일승불교의 건립자인 지의와 함께 모든 분파불교에서 회통불교의 창설자로서의 원효의 업적은 동양 정신문화사상 불멸의 금자탑을 쌓아 올린 것이다.

　　특히 원효는 한국불교사상 제일인일 뿐만 아니라 민족정신문화사상 제일인이었다. 동방 문화사학 대가였던 육당六堂 최남선崔南善 선생은 그의

논문 「조선불교: 동방문화사상에 있어서의 그 지위」라는 논설에서

> 인도 및 서역의 서론적緖論的 불교, 지나支那의 각론적各論的 불교에 대하여 조
> 선에서는 최후에 결론적結論的 불교를 건립하였다.

라고 한바, 그것은 특히 원효의 통불교通佛敎 사상에 대한 평론이다. 그런
데 본인은 그 평론을 긍정하면서 그 문구를 다음과 같이 수정한다. 이것이
동방문화사상에 있어서 원효의 지위이다.

> 인도의 원천적源泉的 불교, 중국의 분파적分派的 불교에 대하여 한국은 원효·
> 보조에 의하여 최후의 회통불교會通佛敎를 실현했다.

2. 원효의 십문화쟁 사상

위에서 서술한 바와 같이 원효는 동방문화사상 제일인으로 그의 근본
사상은 '화쟁和諍'이다. 인도의 원천적 불교가 중국에 와서 수많은 분파불
교分派佛敎로 갈라졌는데, 원효는 그 모든 학파·종파의 대립과 시비·쟁
론을 하나로 화해하고 회통시켜 일미의 법해法海로 귀납시키는 것을 그에
게 주어진 역사적 대과업으로 여겼던 것이다. 그러므로 원효의 입적 후 1세
기 '三千幢主 級湌 高金□ 鎸刻'의 「고선사서당화상비高仙寺誓幢和尙碑」[1]
에는 대사의 수많은 저술 가운데 특히 『십문화쟁론』을 소개하면서 그 화쟁
론을 발표하자 "대중大衆이 윤허允許하면서 다 선재善哉라고 하였다"고

---

1) 慶州 南山 옛 穴寺地에서 誓幢和尙碑가 발견된 바 誓幢和尙이 十門和諍을 지으니
'衆莫不之僉曰善哉'라고 하였다. 그 碑의 殘文은 『影印本元曉全集』(경인문화사)에 수
록됨.

했다. 고려 숙종 6년(A. D. 101)에 왕은 대사의 성덕을 추모하여 대성화쟁국사大聖和靜國師의 시호를 주었다.(和靜의 '靜'은 '諍'의 誤임)[2]

대각국사大覺國師 의천義天(955~1101)은 원효 후에 원효를 가장 숭배하고 찬양한바, 그는 「제분황사효성문祭芬皇寺曉聖文」에서

謹以茶果時食之奠으로 致供于海東教主 元曉菩薩하나이다. 伏以理由教現하고 道藉人弘이라. 逮俗薄而時澆하고 人離而道喪하여 師乃各封其宗習하고 資亦互執其見聞하여 至如慈恩百本之談은 唯拘名相하고 嶺台九旬之說은 但尙理觀이라.……**唯我海東菩薩**은 **融明性相**하고 **隱括古今**하여 **和百家異諍之談**하여 **得一代至公之論**이로다.…… 歷覽先哲하니 無出聖師之右로다.[3]

라고 그 화쟁 사상을 극찬하였다. 그 인격적 원효관에 있어서 '해동교주海東教主 원효보살元曉菩薩'이니 '해동보살海東菩薩' '성사聖師'니 하며 존숭하였고, 그 사상에 있어서 백가의 쟁론을 화회하여 일대지공지론一代至公之論을 얻었다고 하였다.

또 「독해동교선시讀海東教選詩」에서는 다음과 같이 적고 있다.

著論宗經闡大猷
馬龍功華是其儔
如今惰學都無得
還似東家有孔丘.[4]

이것은 대각국사가 원효의 『금강경소金剛經疏』를 강의하면서 지은 것이

---

2) 高麗 肅宗 6年 癸巳, "詔曰元曉·義相, 東方聖人也無碑記, 諡號厥德不暴(露)朕甚悼云. 其贈元曉大聖和靜國師(靜은 諍의 誤), 義相大聖圓敎國師. 詔有司, 卽所住處, 立石紀德."
3) 『大覺國師文集』 권16, 「祭芬皇寺曉聖文」.
4) 같은 책, 「讀海東敎選詩」.

다. 또『동문선東文選』권27에 수록된 고려 고종조에 하천단河千旦이 지은
해동종수좌모海東宗首座某에게 주는 관고官誥에는 다음과 같이 적고 있다.

正法이 西來에 餘波가 東浸하니 淵源을 不可知祭일새 矛盾相爭者有年이러니 爰
有曉公이 挺生羅代하여 **和百家之異諍**하여 **會二門之同歸**로다……5)

이것도 해동종도海東宗徒가 원효의 화쟁 사상을 계승한 것을 서술한 것이
다. 이와 같이 원효는 화쟁 사상이 그 핵심임을 역사적으로 증명하고 있
다. 그런데 그『십문화쟁론』이 온전히 전해 오지 못한 것은 한국 불교뿐만
아니라 동방 정신문화사상에 있어 일대 결함이라 하겠다.

3. 『십문화쟁론』의 유래

『십문화쟁론』의 유래에 대하여 살펴보면, 의천의『신편교장총목新編教藏
總目』에는 2권, 일본 나가쵸(永超) 편『동역전등목록東域傳燈目錄』에는 1권,
『불전소초목록佛典疏抄目錄』상上과『나라조 일체경소 목록』(奈良朝一切經
疏目錄) 등에는 2권으로 기록되어 있었다. 오초 에니치(橫超慧日)의「元曉の
二障義について」논문에는 일본 교토의 고산사에 근년까지 원효의『화엄경
소華嚴經疏』10권,『능가경종요楞伽經宗要』1권,『금강경소』3권,『삼론종
요三論宗要』1권, 그리고『십문화쟁론』이 존재한다고 전해 왔는데, 현재에
는 산실되었다고 한다. 일본 고산사에『십문화쟁론』이 있다는 말을 듣고 조
명기 박사가 고산사를 찾아가 보니 그 장서를 요코하마(橫浜)의 금택문고金
澤文庫에 기증하였다고 하기에 다시 금택문고를 찾아갔으나 없었다고 한다.

5)『東文選』권27,「海東宗首座官誥」.

의천록의 편찬은 고려 선종 7년(1090)이고, 일본『동역전등목록』편찬은 관치寬治 8년(1094)이니 그 때까지는『십문화쟁론』이 현존했던 것으로 보인다.

그리고 거금距今 44년(1944) 전, 해인사 대장경大藏經을 인출할 때에『십문화쟁론』상권 중 9, 10, 15, 16장의 4매枚가 발견되었다. 또 불분명한 1매가 있어 이것을 최범술崔凡述 선생이 판독하여 거의 원문을 보완함으로써 전 5매가 되었는데, 매 장마다 전후 27행, 1행 20자로 되어 있다.

그 내용을 점검해 보면 9, 10의 두 장은 공空・유有 쟁론에 대한 화회이고, 15, 16의 두 장은 불성佛性의 유성有性・무성無性에 대한 화회이다. 즉 이것은 십문十門 가운데 '공유이집화쟁문空有異執和諍門'과 '불성유무화쟁문佛性有無和諍門'이라고 보겠다. 그리고 보완된 31장은 아법이공我法二空에 대한 화쟁문으로 이것을 모두 합하면 3문이 된다. 십문 가운데 3문은 이것이라고 할지라도 나머지 7문은 어떤 것이었던가? 그것이 원효 이후 깊이 땅 속에 매몰된 천고의 수수께끼가 아닌가?

4. 화쟁은 원효의 일관된 사상

원효의 십문화쟁 사상을 추궁하기에 앞서서 원효의 화쟁 사상은 현존하는 그의 저서에 일관된 사상임을 먼저 일언하여 둔다.

『열반경종요涅槃經宗要』에는

統衆典之部分하여 歸萬流之一味하며 開佛意之至公하여 和百家之異諍이로다.[6]

---

6) 元曉, 『涅槃經宗要』, 「述大意」 文句(『大正新修大藏經』권19, 519a).
   여기에서 『大正新修大藏經』은 이하 T로 표기한다.

하여 『열반경』도 화쟁의 경經이라고 하였다. 『기신론별기起信論別記』에는

是諸論之組宗이요 群諍之評主也.7)

三性不一不異義者는 百家之諍을 無不知也.

라고 하였으며, 『법화경종요法華經宗要』에는

삼세제불三世諸佛이 처음 성불한 때로부터 열반에 들어가기까지 일체법문一切
法門이 일체지지一切智地에 이르게 하기 때문에 일언일구一言一句가 다 일불승
一佛乘이 된다.8)

라고 한바, 삼장三藏 일체교의一切敎義가 곧 일불승一佛乘이며, 공空·유
有·성性·상相·돈頓·점漸의 모든 쟁론은 다 어리석은 자(愚者)의 망집
일 뿐 현명한 자(智者)는 다 하나의 성불의 길일 뿐이라고 하여 삼승三乘의
모든 교의가 일불승으로 회통會通된다고 하므로 『법화경法華經』이 최후
화쟁의 교임을 선양하였다. 『금강삼매경론金剛三昧經論』에서는

如來所說 一切敎法이 無不令人으로 入一味覺故로…… 皆從如來一味之說하여 無
不終歸一心之源이라 故言一念이 卽是一乘이라.9)

라고 한바, 일체법이 다 일미의 각覺에 들어가게 하기 때문에 모든 교법敎
法이 다 일미의 설설로써 마침내 일심一心의 원원에 돌아가게 하므로 일체
의 쟁론이 있을 수 없다고 선언하였다. 현재 유문遺文 중에서 위의 소론疏

---

7) 元曉, 『大乘起信論別記』, 「述大意」 中(T. 권44, 259b).
8) T. 권34, 871b(경인문화사판, 26b).
9) 같은 책, 같은 곳.

論 이외의 『이장의二障義』 등에서도 원효는 이사二師·삼사三師 혹은 오사五師·육사六師의 이의異議·이견異見을 열거한 후 그 일의一義에만 집착하면 다 그르고, 서로 통해 보면 다 옳다고 하여 어떤 이집異執·이설異說이라도 다 화해하여 회통시킬 것을 주장하였는데, 이것이 바로 원효의 논지의 핵이다. 그 일례를 들면, 『열반경종요』에서 불성에 대한 육사六師의 이의異義를 열거하고 있다.

此諸師說이 皆是皆非라. 所以然者는 佛性이 非然이며 非不然故라 以非然故로 諸說이 皆非하고 非不然故로 諸說이 皆是라. 是旨云何오. 六師所說이 不出二道하니, 初一은 指於當有之果하고, 後五는 同據今有之因이라. 此後五中에 亦有二倒하니, 後一은 在於眞諦하고, 前四는 隨於俗諦라.[10]

이와 같이 육사의 이설을 열거하고는 그 일一을 편집偏執하면 다 그르고 그 육六을 통해 보면 각기 일리가 있다고 한 것이다. 이런 형식이 원효의 화쟁 사상의 일관된 범주이다.

5. 십문 명목의 복원

위에서 언급한 바와 같이, 『십문화쟁론』의 잔결부 4지紙는 1944년 해인사 대장경 인출시 상권 중 9, 10, 15, 16장의 4매와 불분명한 31장이 발견된 바 그 중 9, 10장의 2매는 공유空有에 대한 화쟁론이요, 15, 16장의 2매는 불성유무佛性有無에 대한 화쟁론이다. 불분명한 31장은 최범술 선생의 복원이라고 하는데, 그것이 『이장의』의 말문末文과 같으므로 의심된다. 내용

---

10) 같은 책, 같은 곳.

은 아법이공我法二空에 대한 화쟁이다.

이제 원효의 유문遺文인『법화경종요』,『열반경종요』,『기신론소起信論疏·별기別記』,『이장의』와 균여均如의 『화엄교분기원통초華嚴敎分記圓通抄』 등에 의하여 다음과 같은 십문十門으로 구분하였다. 이것은 대체로 크게 틀리지 않을 것으로 본다.

1. 삼승일승三乘一乘화쟁문(『法華經宗要』에 의함)
2. 공유이집空有異執화쟁문 ┐
3. 불성유무佛性有無화쟁문 ├─(『十門和諍論』 및 『起信論同異集』에 의함)
4. 아법이집我法異執화쟁문 ┘
5. 삼성이의三性異義화쟁문(『起信論疏·別記』에 의함)
6. 오성성불의五性成佛義화쟁문(『敎分記圓通抄』에 의함)
7. 이장이의二障異義화쟁문(『二障義』에 의함)
8. 열반이의涅槃異義화쟁문 ┐
9. 불신이의佛身異義화쟁문 ├─(『起身論同異集』 및 『涅槃經宗要』에 의함)
10. 불성이의佛性異義화쟁문 ┘

그 논지의 근거는『십문화쟁론』단편斷片 및『법화경종요』·『열반경종요』·『기신론소·별기』 등을 들었으나, 이것 또한 탐색하여 그 동류同類를 탐출探出한 것이다.

6. 『십문화쟁론』의 개요

1) 삼승일승화쟁문

화쟁 사상은 곧 통불교 이념이요, 통불교 이념은 곧 일불승一佛乘 사상으로 이 일불승 사상에 입각하여 대·소승 일체 경·논과 종파를 회통하여 하나의 원리로 귀납시키려는 것이 곧『십문화쟁론』이다. 이 십문화쟁은 법화일승法華一乘이 모든 삼승교三乘敎를 회통한다는 데 그 핵심이 있는 것이다. 그러므로 여기에서는 회삼귀일會三歸一을 화쟁의 총강으로 삼는다.

『법화경종요』총서에

> 妙法蓮華經者는 斯乃十方三世諸佛의 出世之大意요, 九道·四生의 咸入一道之弘門也.[11]

라고 표방하였다.『법화경』의 일불승 사상은 곧 통불교 이념으로서 중국의 천태종天台宗 개조開祖인 지의대사는 이 법화의 회삼귀일 이념으로 중국적 통불교를 건립한 것인데, 원효의 제교화쟁諸敎和諍·통교統敎의 이념도 이 법화일승法華一乘에 그 기반을 둔 것으로 보겠다. 원효는 이 일승을 인人과 법法으로 나누었다. 여기에서 인人은 곧 일승법을 수증修證하여 불지지佛智地를 성취하는 것을 말함인데, "삼승행자三乘行者와 사종성문四種聲聞과 삼계소유사생중생三界所有四生衆生이 다 이 일승을 타는 사람으로서 다 불자며 다 보살이다. 다같이 불성을 지니고 있기 때문에 불위佛位를 잇게 된다"[12]고 하였다. 일승법一乘法이라 함은 일승리一乘理, 일승교一乘敎, 일승인一乘因, 일승과一乘果로 나누어 설명하였는데,

> 시방삼세十方三世 일체제불一切諸佛이 성도成道로부터 열반에 이르기까지 그 사이의 설설한 바 일체언교一切言敎가 모두 일체지지一切智地에 이르게 하기 때문에 다 일승一乘이라 이름한다.[13]

---

11) 元曉,『涅槃經宗要』,「佛性義」(T. 권38, 238a~b;『원효전집』44a~b).
12) T. 권34, 870a;『원효전집』22a.
13) T. 권34, 871a~b;『원효전집』26a~b.

라고 하였다. 일체중생이 다 일승으로 불지佛地에 이르는데, 제불諸佛이 처음 성도成道로부터 열반에 이르기까지 그 중간의 무량無量한 방편·인연·비유로 설한 일언일구一言一句가 다 일불승이라 하였으니, 그곳에 어찌 아我·인人·중생衆生·수자壽者의 사상四相이 따로 있으며, 대승·소승·공·성·상의 대립과 쟁론이 있겠는가? 이것이 원효의 통불교 원리의 기본이 된 것이다.

법화일승 앞에서는 삼승을 별집別集하여 그에 쟁처諍處가 있었는데, 법화에서는 그 삼승을 회통하여 다 일불승으로 돌리게 되니 그것이 회삼귀일의 대의이다.

또는 파삼입일破三立一을 해설하기를,

사종四種의 삼三을 깨뜨리니 일一은 삼교三敎가 결정코 방편이 아니라고 고집함이요, 이二는 삼인三人(聲聞·緣覺·菩薩)이 결정코 별취別趣(그 가는 곳)가 아니라고 고집함이요, 삼三은 삼인三因(三乘의 因)이 따로 과果를 감득感得한다고 고집한다. 이 사종의 소집所執을 깨뜨리고 사종능집四種能執의 견見을 쓸어 보냄으로써 일승의 진실을 건립하니, 다시 말하면 일교一敎를 세움으로써 삼교三敎를 깨뜨리고, 일인一人(一佛)을 세움으로써 삼인三人(三乘人)을 깨뜨리고, 일인一因(一佛乘因)을 세움으로써 삼인三因을 깨뜨리고, 일과一果를 세움으로써 삼과三果를 깨뜨리나니 하나의 리성理性을 세움으로써 통하여 사종삼四種三을 깨뜨린다. 사四와 일一이 다 일승리一乘理와 같기 때문이다.[14]

라고 하여 사종집四種執을 깨뜨려 일승교를 건립하였으니, 이것이 모든 쟁처의 집착을 화회하여 일승一乘·일인一人·일인一因·일과一果로 귀결함이다.

혹은 『법화경』을 요의교了義敎라 하고 혹은 불료의不了義라 한다. 불교

---

14) T. 권34, 872b.

는 대체로 삼법륜三法輪으로 판정하는데, 일一은 유상법륜有相法輪이니
『아함경阿含經』등이요, 이二는 무상법륜無相法輪이니 법공法空에 의하여
전법륜轉法輪하므로『반야경般若經』등이요, 삼三은 무상無相·무상법륜
無上法輪이니 널리 삼승을 위하여 제법공諸法空을 설한 것이라 한다. 일과
이는 불료의不了義요, 삼은 요의了義이다.

혹은『법화경』은 제2 무상법륜無相法輪에 속한 불료의라고 한다.『해심
밀경解深密經』과『대법론對法論』에서는 일향一向 취적성문종성趣寂聲聞
種性이 불佛의 화도化道를 입어도 정등보리正等菩提를 얻지 못한다고 하
였는데,『법화경』에서는 그가 다 성불한다고 하였으니 불료의라는 것이다.

혹은 말하기를 법화는 구경요의究竟了義이다. 여래의 일대교문一代教門
이 삼종三種에서 벗어나지 않아 (1) 근본법륜根本法輪, (2) 지말법륜枝末法
輪 (3) 섭말귀본법륜攝末歸本法輪이니 초설화엄初說華嚴은 근본법륜이요,
아함阿含·방등方等 등은 지말법륜이고, 법화는 섭말귀본법륜이므로 이것
은 요의가 된다고 한다. 지말법륜에서는 일승一乘에서 방편으로 섭말귀본
법륜을 설하니 이를 불료의라고 한다. 이에 대하여『법화경』「안락행품安
樂行品」과「화성유품化城喩品」,『승만경勝鬘經』과『법화론法華論』·『지
도론智度論』·『보성론寶性論』등을 인용하여『법화경』에서 정성성문定性
聲聞도 다 성불한다고 하는 것은 요의이다.

그렇다면 정성성문과 무성천제無性闡提가 성불하지 못한다고 한『해심
밀경』의 교설은, 어떻게 화회하느냐라는 물음에 대하여 초사설初師說(不了
義라는 說)은 정성성문을 보호하기 위하여 한 말이고, 후사설後師說(了義說)
은 부정성不定性을 보호하기 위하여 한 말이라고 설명하고 있다. 이것은
모두 물기物機에 맞추었기 때문에 화통和通한다고 하였다.

만일 도리에 나가서 그 승부를 판정한다면 초의初義는 협차단狹且短하
고, 후의後義는 관이장寬而長한다. 단협의短狹義로써 관장문寬長文에 회합

시키고 관장의寬長義로써 단협문短狹文을 포납包納하여 글에 국집局執하지 말고 뜻을 회통하면 다 화회하게 된다. 이 뜻에 의하여 제문諸文을 통하면 제문의 상위相違가 다 잘 통하게 될 것이다. 왜냐하면 요의구경了義究竟의 가르침 안에도 방편불료의方便不了義에 대한 말이 있기 때문이다.

『해심밀경』에 설하기를, 일체 성문聲聞, 연각緣覺, 보살菩薩이 다같이 하나의 묘청정도妙淸淨道이며 다같이 구경청정여究竟淸淨如라. 이러한 도리로 종지를 삼는다 함은 이 경이 진실요의眞實了義가 되는 것이므로 취적성문趣寂聲聞이 마침내 도량에 앉지 못한다 함은 방편설方便說이니 결정이승決定二乘을 보호하기 위하여 이런 방편불료의설方便不了義說을 말한 것이기 때문에 이문二文이 서로 어그러지지 않는다는 것이다.

이와 같이 『법화경』이 구경요의임을 내세우면서 다른 경에서 법화가 불료의라고 하는데 대하여 어디까지나 화해회통和解會通하여 서로 어긋나지 않는다고 하였다. 이것은 '삼승즉일승三乘卽一乘'·'무량승즉일승無量乘卽一乘'이라는 대원칙을 천명한 것이다. 원효는 이런 원칙에서 백천경론百千經論이 다 일승으로 통하는 동일불승同一佛乘이며, 오종성인五種性人이 다같이 일승을 타고 오르는 화쟁 사상의 원리임을 주장했음을 먼저 인식해야 하겠다.

2) 공유이집화쟁문

불교 교의상 실재론實在論에 있어서 공과 유는 매우 중요한 위치를 차지하고 있다. 근본불교에서는 제법무아諸法無我를 내세웠고, 현상계現象界에서는 제행무상諸行無常을 내세웠으며, 소승부파小乘部派에서는 (1) 아법구유我法俱有, (2) 아공법유我空法有, (3) 현법실유現法實有(過未無體) 등을 주장했다. 다음 대승불교 『반야경』 계통에서는 일체개공一切皆空을 주창하였고, 용수의 중관학파에서는 진제眞諦를 공空, 속제俗諦를 가유假有, 중도제中道諦를 비공비유非空非有라고 하는 삼제三諦를 내세웠다. 무착無着・천친天親의 유가학파瑜伽學派에서는 불타佛陀의 일대교의를 제일시 진속구유眞俗俱有, 제이시 진속구공眞俗俱空, 제삼시 속공진유俗空眞有로 주장한 데 반하여, 중관파에서는 제일시는 심경구유心境俱有, 제이시는 경공심유境空心有, 제삼시는 심경구공心境俱空을 주장하였다. 유가파에서는 속공진유를 제일의로 하였고, 중관파에서는 심경구공을 제일의로 하였다.

이렇게 대・소승에서는 공・유에 대한 이론과 관점이 상반되고 시비 논쟁이 핵심이 되었다. 공에 대한 논쟁에 있어서 아공我空・법공法空・이공二空을 비롯하여 『대집경大集經』 권54에서는 법상공法相空・무법상공無法相空・자법자상공自法自相空・타법타상공他法他相空의 4공空을 말하였고, 『사리불아비담론舍利佛阿毘曇論』 권16에서는 내공內空・외공外空・내외공內外空・공공空空・대공大空・제일의공第一義空의 6공을 내세웠으며, 『대비바사론大毘婆沙論』 권8에서는 내공・외공・내외공・유위공有爲空・무위공無爲空・산공散空・자성공自性空・무제공無際空・승의공勝義空・공공空空의 10공을 내세웠으며, 『열반경』 권16에서는 위의 것에 무소유공無所有空을 더하여 11공을 제시했으며, 『대집경大集經』 권54와 『십팔공론十八空論』에서는 위의 11공에 필경공畢竟空・자상공自相空・제법공諸法空・불가득공不可得空・무법공無法空・유법공有法空・무법유법공無法有法空을 더하여 18공을 열거했다.

이와 같이 공空 사상이 대・소승 경론을 통하여 매우 구체적으로 발전되었다. 이에 대해 연기론계에서는 근본불교의 오온연기五蘊緣起, 대승유식大乘唯識계의 아뢰야연기阿賴耶緣起, 기신론의 진여연기眞如緣起, 화엄의 법계연기法界緣起 등으로 전개되었다. 그리하여 반야・삼론계의 공空 제일의第一義 사상과 유식법상계의 유有 사상이 서로 대립되고 충돌하여 쟁론하게 되었다. 이러한 공·유에 대한 대립과 쟁론은 근 천 년간 논쟁이 끊이지 않았다. 원효대사는 화쟁론에서 이 문제를 첫 번째로 다루게 되었다. 『십문화쟁론』2권 중 상권의 9, 10, 15, 16장의 4매가 잔유殘有한바 9, 10장의 2매는 공유 쟁론이 화합한 것이었으니, 아마 십문 중 2문에 해당되는 것이라고 추정된다.

그 잔문에 의하면(國文懸吐함) 다음과 같다.

有此所許有가 不異於空故로 雖如前而非增益이오 假許是有일새 實非墮有라. 此所許有가 非不墮有故로 雖如後而非損減이라. 前說實有者는 不異空之有요 後說不墮有者는 不墮異空之有일새 是故로 俱許而不相違라.

그 요지는 유有를 인정하나 공空과 다르지 않기 때문에 증익增益(一向히 有라고 하는 것은 四謗 중 增益謗에 떨어짐)이 아니며, 유有를 가유假有라고 인정하였으므로 실지로 유에 떨어지지 않으며, 이 유라고 한 것 때문에 손감損減(一向이 空이라 하면 四謗 중 損減謗이 됨)이 아니다. 전설실유前說實有라 함은 공과 다르지 않은 유이고, 후설불타유後說不墮有라 함은 공과 다른 유에 떨어지지 않는다는 말이다. 그러므로 공과 유를 다 허락하더라도 서로 어그러지지 않는다.(때로는 有라 하고 때로는 無라고 함은 四謗 중 相違謗이 됨)

由非不然故로 得俱許하고 而非然故로 俱不許하니 此之非然이 不異於然하니 喩如其有가 不異於空이라. 是故로 雖俱不許나 而亦不失本宗이라. 是故로 四句並立하나 而離諸過失也로다.

비연非然은 꼭 그렇지 않다는 것, 비불연非不然은 그렇지 않은 것도 아니라는 말이다. 이것은 원효의 논리학상 특수한 형식이다. 그렇지 않은 것이 아니기 때문에 공과 유를 다 허용할 수 있고, 그런 것도 아니기 때문에 공과 유를 함께 불허한다. 이 비연非然이 연然과 다르지 않은 것은 마치 유가 공과 다르지 않다는 말과 같다. 그러므로 비록 함께 허용하지 않더라도 또한 본종本宗을 잃지 않는다. 그러므로 사구四句(有·無·非有非無·亦有亦無)가 병립하여도 모든 과실過失(四謗: 增益·損減·相違·戲論)을 여의게 된다.

문난問難하기를, 유와 무가 다른 것은 우각牛角과 토각兎角의 유·무와 같다. 유와 무가 다르지 않다는 것은 세상에 그런 사례로 비유할 것이 없으니 이론이 성립할 수 없지 않느냐는 질문에 대하여 언설을 빌려 여읜 이치를 말하는데, 그 뜻을 이해하지 못하고 그것을 세간의 사례가 그와 같은 것이 없다고 하는 것은 마치 손가락으로 달을 가리키면 그 손가락만 보고 달을 보지 못하는 것과 같다고 비유하였다. 그러면서 밝히기를,

> 마치 허공이 장단長短 등의 색상色像과 굴신작용屈伸作用 등의 업業을 다 수용受容하는데, 만일 그 색상과 굴신 등의 작용을 제하면 무색無色의 허공이 드러난다. 장목丈木을 제하면 장공丈空이 드러나고, 척목尺木을 제하면 척공尺空이 드러나며, 굴屈을 제하면 굴만한 허공이, 신伸을 제하면 신만한 허공이 드러난다. 그 드러난 허공이 장단등색長短等色을 수용하는데, 수용된 색은 허공과 다르다. 마치 범부의 사상분별邪想分別로 취한 변계소집遍計所執의 제법諸法이 비록 있는 것이 아니지만, 공空과 다르다고 계량計量하는 것은 허공虛空의 색상과 같은 것이다. 그리고 능히 수용하는 일은 허공과 다르지 않지만 범부의 분별로는 요지了知하지 못하나니 마치 의타기상依他起相의 제법이 실유實有이지만 허공과 다르지 않은 것과 같다.

라고 하여 변계소집성遍計所執性은 허공에 수용된 색상色像과 같이 본디 없는 것이지만 변계에 의하여 있는 것이므로 허공과 다르고, 의타기성依他起性은 실유實有인 듯 공空과 다르지 않다고 하였다. 이어서,

> 변계소집자성遍計所執自性은 소의 없이 독자 성립하는 것이 아니라 의타기성

으로 의지를 삼아서 성립되나니 마치 허공이 소응所應의 인연에 따라 제색諸色을 수용하는 것과 같다. 보살이 만일 변계소집상을 제할 때에는 이언법離言法을 현조現照하게 된다. 그 때에 제법이언상諸法離言相이 드러나게 되나니, 모든 색상色像을 제거할 때에 그곳에 색을 여읜 허공이 드러나게 된 것과 같다. 이와 같은 비량比量에 의하여 제법이 다 허공과 같은 줄을 알아야 한다.

고 말하고 있는데, 연기의 현상現象은 변계소집의 소현所現이나 변계소집상을 여읠 때에 이언離言의 실상이 드러난다고 하였다. 또한 다음과 같이 말하고 있다.

『금고경金鼓經』에서는 일체성一切聖은 분별을 여읜 지혜행智慧行에 의하므로 공유空有의 이상異相이 없으며, 오음五陰이 유有도 아니요 불유不有도 아닌 성경계聖境界는 언어로 미칠 바가 아니라 하였고, 『혜도경慧度經』에서는 생사변生死邊이 허공과 같고 중생성衆生性도 허공과 같다 하였으며, 『중관론中觀論』에서는 열반실제涅槃實際와 세간제世間際가 일호一毫도 다름이 없다고 하였고, 『유가론瑜伽論』에서는 언설을 여읜 성공性空이 온갖 언어·사상邪想·분별로 희론戱論에 따라 착착하는 것은 허공이 색상·색업(屈伸)에 의하여 허공상虛空相이 숨은 것과 같다. 보살이 최성묘지最聖妙智를 일체 언설·사상분별邪想分別의 희론戱論에 따라 착착하는 것을 여의면 제법의 언설을 여읜 최성지最聖智를 증득하여 오직 일체 언설의 자성自性이 성성의 소현所顯일 뿐이니 마치 색상色像·색업色業을 제하면 허공의 청정상淸淨相이 드러남과 같다. 이밖에 자성이 있는 것이 아니다.

이것은 공空·유有 무대립론無對立論의 일부이다. 전후가 잔결殘缺되었으므로 더 이상의 이론은 알 수 없으나, 여기에서는 유가 공과 다르지 않은 유이며 공이 유와 다르지 않은 공이므로 증익增益·손감방損減謗은 여의게 된다. 자성自性은 본디 허공과 같은데, 변계소집에 의하여 현현한 제법은 허공에 수용한 색상과 같다. 보살이 망상분별妄想分別을 여의면 청정성공淸淨性空이 드러난다는 것이다. 이것이 화쟁론에 나타난 공유화쟁문空有和諍門 일부이다.

3) 불성유무화쟁문

『화쟁론』 상권 15, 16장 2매의 내용은 불성유무佛性有無에 대한 화쟁문이다. 이 불성유무에 대하여 『속장경續藏經』 71장套에 수록된 신라 견등見登의 『대승기신론동이집본大乘起信論同異集本』에

> 涅槃云·闡提之人이 未來成佛力故로 還生善根하나니 具如香象敎分記와 及丘龍十門和諍에 見之라.[15]

고 하여 구룡丘龍은 원효를 청구靑丘의 용이라고 별칭한 것이다. 이 불성유무 및 오성성불五性成佛·불성불설不成佛說은 대·소승, 성·상 각파各派에서 오랫동안 대·소승, 성·상 교의상敎義上의 쟁점이 되어 왔다.

'무성無性'이라 함은 범어 'icchantika'(一闡提迦)라고 하는데, 단선근斷善根·신불구족信不具足·극욕極欲·소종소종燒種·무종성無種性·무성유정無性有情 등의 뜻이니 중생 중에 선근을 끊어서 불종성佛種性이 단멸되었거나 또는 본래부터 불종佛種이 없다는 것이다.

『열반경』 권32에 "중생의 몸은 곧 오음五陰이다. 오음은 곧 오대五大라고 하니 중생이 죽게 되면 길이 오대가 끊어진다. 선악 및 선악의 보報가 있을 수 없다고 한다. 이것을 일천제一闡提라고 한다"라고 한바, 선악인과응보善惡因果應報가 없다고 하며, 일체 악을 자행하는 것은 선근善根·불종佛種을 끊는 것이므로 길이 성불할 수 없다는 것이다. 또 대비천제大悲闡提가 있으니 『입능가경入楞伽經』 권2에 대비大悲·원願의 보살이 일체

---

15) T. 권34, 872c; 『원효전집』 26c.

중생을 다 제도하여 열반에 들게 하지 않고는 성불하지 않는다고 한다. 중생이 끝나지 않으므로 그는 성불할 수 없다. 그를 대비천제라고 한다.

『성유식론장중추요成唯識論掌中樞要』 권상에는 일천제를 삼종三種 들었다. 그것은 (1) 단선근중생斷善根衆生, (2) 대비천제大悲闡提, (3) 무성천제無性闡提이니, 범부가 사견을 일으키어 선근을 끊은 것은 성불할 기약이 없으나 때로 불위력佛威力으로 보리심菩提心을 발하면 성불할 수 있지만, 본디 해탈의 인因이 없는 천제는 길이 성불할 수 없다는 것이다.

이 무성천제와 함께 성문정성聲聞定性·연각정성緣覺定性도 그 성문·연각에 결정되어 성불하지 못한다는 것이다. 이러한 교의는 『입능가경』·『해심밀경』·『유가사지론瑜伽師地論』·『성유식론成唯識論』·『대비바사론』 등에서 천명하였으므로 법상法相 대승大乘에서는 그 교의를 신봉하게 되었다. 그런데 『열반경』 권27 「사자후보살품獅子吼菩薩品」에는

> 일체중생이 다 불성이 있으며, 내지 일천제一闡提도 불성이 있다. 그러므로 필경 성불成佛할 수 있다.

고 하였다. 그러나 법상교法相敎에서는 천제성불闡提成佛이나 정성이승성불설定性二乘成佛說을 믿지 않고, 반발하여 열반경설涅槃經說을 도리어 방편불료의설方便不了義說이라고 하였다. 그렇게 쟁론해 온 지 근 천 년이었다.

이 불성유무에 대하여 원효는 화쟁론을 쓴 것이다. 『화쟁론』 잔문殘文에

> 又彼經言, 衆生 佛性이 不一不二하여 諸佛과 平等이 猶如虛空하여 一切衆生이 共同有之라 하고 又下文에 云, 同有佛性하여 皆同一乘의 一因一果며 同一甘露라 一切當得常樂我淨하리니 是故一味라 하니 依此 經文하여 若立 一分無佛性者면 卽違大乘平等法性과 同體大悲의 如海一味리라.

라고 한바, 경은 곧 『대반열반경大般涅槃經』 「여래성품如來性品」의 글이다. 중생의 불성은 제불諸佛과 평등하여 상常·낙樂·아我·정淨의 불과佛果를 얻게 된다고 하였으니, 만일 무불성無佛性이 있다고 하면 대승 종지宗旨에 어긋난다 하였다.

> 만일 말하기를 결정코 무성중생無性衆生이 있다고 하면 일체계一切界가 차별되는 것이므로(佛界 衆生界가 差別됨) 마치 화성火性 중에 수성水性이 없는 것과 같다고 하면 타他가 또한 주장하기를 결정코 불성佛性이 있어 일미一味 평등을 가득可得하기 때문에 마치 모든 물체는 사대종성四大種性이 있는 것과 같다고 하면 결정상위決定相違의 과실過失이 있게 된다.

무성론자無性論者는 같은 중생에게 불성이 없다는 것이 마치 화성 중에 수성이 없는 것과 같다고 하면, 유성론자有性論者는 모든 물체는 사대종성四大種性이 있다고 할 것이다. 무성론자는 어디까지나 일체중생이 다같이 성불할 수 없다고 하였다. 그러나 그것은 여래가 단선근인斷善根人을 깊이 경계하기 위한 대비大悲 방편으로 법상계法相系 경經에서 무성천제無性闡提는 성불할 수 없다고 하였으나, 최후의 요의경了義經에서는 단선근중생斷善根衆生도 필경 회심하여 선근을 심으면 다 성불한다고 하였다. 그러므로 무성론無性論과 개유불성설皆有佛性說이 서로 결정상위決定相違되는 것이 아니라고 회통하였다. 그러나 그 논리가 매우 복잡하여 여기에는 다 옮길 수 없으므로 본인의 저작인 『원효의 근본사상: 십문화쟁론 연구』를 참조하기 바란다.

4) 야법이공화쟁문

위의 글 공유·불성유무 이문은 『화쟁론』의 잔문이다. 그밖에 마멸된 1

매가 있는데, 장말張末에 '삼십일三十一'이라는 표기만 있을 뿐 다른 9, 10, 15, 16장과 같이 '십문화쟁상十門和諍上'은 명기되어 있지 않았으므로 이것은 『화쟁론』 잔문이라고 증언하기 어렵다. 동국대 불교사학연구실이 간행한 『원효대사전집元曉大師全集』 권10 말末에 수록한바 7분은 마멸되었는데, 최범술 선생이 그것을 복원하였다면서 고故 박종홍 박사에게 사송寫送한 것이 있으니, 그것은 1행 20자 양면 27행 『화쟁론』의 자행字行과 같다.

이 잔문은 『화쟁론』이 아니라 『이장의』의 결미문과 동일하다. 40여 년 전에 일본 용곡대장본龍谷大藏本 필사본인 원효의 『이장의』를 1973년 경 인문화사에서 『원효전집』에 영인 수록하였다. 그 말부末部에 최범술 복원의 화쟁론과 같은 글이 있으니, 이것은 『화쟁론』이 아니라 『이장의』 판본의 잔편이 아닌가 생각된다. 어쨌든 그것이 원효의 유문遺文임이 틀림없으며, 특히 아我·법法 이집二執과 이공二空에 대한 쟁점을 화해한 것으로서 화쟁의 일문이 되는 데는 이의가 없을 것이다.

이 『이장의』는 불법을 닦아 불과佛果를 증득하는 데 장애가 되는 번뇌장煩惱障·소지장所知障을 끊어 올라가는 과정을 밝힌 것이다. 번뇌장은 아집我執이고 소지장은 법집法執이니, 이 이집二執을 끊고 이공二空의 진리를 증득함으로써 불과를 증득하는 것이므로 아법이집·이공의 행상行相은 확실히 화쟁의 일문一門이 될 것이다. 이에 이 문門을 설정한 것이다. 『이장의』의 결미 부분에

無明體相은 唯佛圓智라야 照其始終하나니 後身(最後身)菩薩의 究竟道智에 唯照其終하고 未見其始라. 照其終者는 於此無明所起三有에 達其非有하고 亦照非無故라. 未見始者는 於此無明所迷獨空에 唯有信解하고 未能證見故로 如達三界所起有無하고 亦照能起無明空有로되 未見所迷一法界相故로 亦未達能行相이라. 是故로 如是無明行相이 甚深微密하여 唯佛所窮이로다. 難曰 若使二執所迷(二空之理)

이하의 글이 최범술이 복원한 잔문과 이어진다. 곧

> 二空之理는 是實不無가 聖智所照者인데 亦可二惑所執人法之事가 是妄非有는 非
> 聖所照라라. 若齊許者인데 卽無俗智라 撥無因果하리니 是大邪見이로다. 若言雖
> 無所執實法이나 而有假法, 聖智所照者인데 是卽雖無所執實我나 而有假我라 함
> 도 聖智所照라 하리라. 若齊許者면 聖智所照가 不出三法이니 蘊·處·界內에 我
> 法何法가.

라고 한바, 이공二空의 리理가 성지소조聖智所照라 할진대 인법이집人法二
執이 망妄이요 진眞이 아니라는 것은 성지소조가 아니라 할 것이다. 인정
한다면 이것은 성지聖智만 있고 속지俗智는 없게 되는 것이니 큰 사견邪見
이다. 소집所執의 실법實法은 없고 가법假法이 있다는 것을 성지의 소조라
할 수 있으니, 만일 이것을 다 인정한다면 성지소조가 삼법三法에 벗어나
지 않으니, 온蘊·처處·계界의 삼법 가운데 아我가 어디 있는가 하면서
이에 대하여 다시 문난하기를 다음과 같이 말하고 있다.

(1) 만일 가법假法은 실유實有하고 가아假我는 실무實無하다면, 이것은 아공我
空은 있지만 법공法空은 없다는 것이 아닌가?
(2) 이공二空이 같이 있다면 인법人法이 함께 없는 것이다.
(3) 만일 말하기를 소집所執의 법法이 실로 소유所有가 없으므로 법공法空이 있
다면 법집法執은 각언훈습各言熏習으로 말미암아 생한 법이므로 실實이 아니면
서 유有요, 유이면서 실이 아니므로 법공이 된다고 하면 곧 인집人執도 각언훈
습으로 생생生한 아我이므로 인공人空이라 할 수 있다. 인因은 훈습을 기다리지만
과果는 훈熏에 의한 생生이 아니라고 하는 것이 도리에 맞지 않는 까닭이다.
(4) 만일 속제俗諦의 인연 도리로써 사연四緣이 화합하여 법이 생했다면 타他(我)
를 말함도 또한 세속제世俗諦의 인연 도리로써 오온五蘊이 화합하여 인人(我)이
생한다고 할 것이다.
(5) 만일 오온이 화합하여도 인人이 생하지 않는다면 사연四緣이 비록 화합하더

라도 법이 생함이 없다고 하리니 같이 훈습종자熏習種子의 인연이 있는데, 어떤 것은 과果를 생生하고 어떤 것은 생生하지 못한다는 것이 도리에 맞지 않는다.

이러한 문난에 대하여 원효는 아래와 같이 답하고 있다.

설문設問이 다 도리가 있으므로 다 허용하고 다 허용하므로 다 통한다. 그것은 (1) 만일 외도外道의 집執한바 일一과 상常이 아我라면 오온五蘊은 있어도 일과 상은 없다고 하리라. 온법蘊法을 여원 밖에 신아神我가 없기 때문이다. 경經에 "無我·無造·無受者, 以因緣故生諸法"이라 하였고, 또 말하기를 제삼수第三手 제이두第二頭와 같아서 오온 중에 아我도 또한 그러하다고 하였다.

(2) 만일 이승二乘의 집執한바 삼세三世·오온법에 대하여서는 일아一我가 있다고 허許하고 오온은 없다고 하리니, 진아眞我를 여원 밖에 오온이 없기 때문이다. 경經에 이 법계가 곧 오도五道에 유전流轉하는 것을 중생이라 하였고, 또 이르기를 일체중생이 다 불성佛性이 있으니, 이것이 곧 아我의 뜻이며 아我는 곧 여래장의如來藏義라 한 까닭이다.

(3) 보살이 심심의甚深義에 의하여 말과 같이 뜻을 취하므로 손감집損減執(偏空)에 대한 집착을 일으키면 아我와 법法이 다 있다고 허용한다. 논論에 이르기를, 이 가아假我는 무상無常의 상相이고 비유非有의 상이며 안보상安保相이 아니라고 널리 설하였다.

(4) 만일 보살이 법상교法相教에 의하여 말과 같이 뜻을 취하여 증익집增益執(有에 執着함)을 일으키면 인人·법法이 다 없다고 허許한다. 경經에 말하기를, 아我가 없고 중생이 없고 지자智者·견자見者가 없거니 하물며 색色·수受·상想·행行·식識이 있겠는가.(이하 결문)……

이상은 잔문에 의하여 아我와 법法이 있다 없다 하는 것을 상대의 근성에 따라서 달리한 것이다. 아我를 고집하는 외도外道에 대하여 아我는 없고 온법蘊法만 있다 하고, 이승의 아공법유我空法有의 집執에 대해서는 아유온공我有蘊空을 설하고, 보살의 일향공집一向空執에 대해서는 아법구유我法俱有를 말하고, 법상교法相教에서 아·법에 집執하면 아법개공我法皆

空을 말한다고 하였다.

위의 글에 이어서 『이장의』에서는 그 인연 도리에 당하여 인人과 법法이 유有도 아니고 무無도 아니니, 무無가 아니므로 인·법이 다 성지聖智의 소조所照이며, 유有가 아니므로 인·법 이공二空이 리지理智(如理智)의 소증所證이니 리지소증理智所證은 인과 법을 손괴치 않고 성지소조聖智所照는 이공을 불괴不壞한다.…… 중변론中邊論에 이르기를, 아我가 실유實有하다면 증익인변增益人邊이요 법法이 실유하다면 증익법변增益法邊이며 법이 실무實無하다면 손익법변損益法邊이 된다. 이 성언聖言에 의하여 인법人法의 유무有無가 제등齊等하니 이것이 구경의究竟義이다. 보통 유니 무니 하는 것은 수의설隋宜說이라고 하였다.

끝으로 이 논설이 『화쟁론』에서든 『이장의』에서든 관계없이 인人·법法 이집二執 또는 이공二空이 반드시 십문화쟁 중 일문을 차지하지 않으면 안 된다는 뜻에서 일문을 설정한 것이다. 또는 인·법, 이집·이공에 대한 것은 원효의 유문이 도처에 산재한바, 여기에서 다 인증하지 않더라도 그 요의는 드러났으므로 생략한다.

5) 삼성일이화쟁문

원효의 화쟁 사상은 그의 현존 유문 중 『열반경종요』가 『기신론소』와 『기신론별기』에서 『열반경』과 『기신론』을 화쟁의 대본臺本되는 경·논이라고 선언하였다. 『열반경종요』에서는 "開佛意之至公하여 和百家之異諍"이라 하였고, 『기신론별기』에서는 "是諸論之祖宗이오 和諍之評主"라고 하였다. 그것은 그 경·논 자체가 공空·성性·상相교의 교의를 회통·융섭하였다는 것이고, 화쟁의 십문을 그 경·논에서 추출했다는 것은 아니다. 그러나 삼성이의三性異義를 화회하는 것은 기신론 지뭐에 의한 것이라고 보

겠다. 『기신론별기』에

其爲論也. 無所不立하고 無所不破하니 如中觀論·十二門論은 遍破諸執하고 亦破
於破하여 而不還許能破所破하니 是謂往而不遍論也오. 其瑜伽·攝大乘等은 通立
深淺하여 判於法門하고 而不能遣自所立法하니 是謂與而不奪論也라. 今此論者는
無不立而自遣하고 無不破而還許하여 顯彼往者는 往極而遍立하고 明此與者는 窮
與而(還)奪하니 **是諸論之祖宗**이요 **群諍之評主**라.16)

라고 하여 『기신론』이 모든 쟁론의 심판장이라고 하였다. 그것은 다른 논
이 성공性空과 상相이 대립할 뿐인데, 『기신론』은 능히 공·상을 융합하여
공과 상이 상즉무애相卽無碍했기 때문이다. 곧 상을 다 세우고 또 다 깨뜨
리어 상과 공이 무애한 때문이다.

또 이르기를,

如攝論說, 三性相望에 非異非不異하니 應如是說이라 하니 三性不一不異義者는
百家之諍은 **無所不和也**.17)

라고 하여 삼성三性이 일一도 아니요 이異도 아닌 뜻을 알면 백가의 논쟁
이 다 화회된다고 하였다. 삼성이라 함은 (1) 변계소집상遍計所執相, (2) 의
타기상依他起相, (3) 원성실상圓成實相이 그것이다. 세친世親의 『유식삼십
송唯識三十頌』에는 다음과 같이 말하고 있다.

由彼彼遍計, 遍計種種物, 此遍計所執, 自性無所有, 依他起自性, 分別緣所生,
圓成實於彼, 常遠離前性, 故此與依他, 非二非不異.18)

---

16) 『續藏經』71套 4冊 386丁.
17) 元曉, 『大乘起信論別記』(T. 권44, 202b).
18) 元曉, 같은 책(T. 권44, 226b).

이것이 유식 교의의 변계, 의타, 원성의 삼성설三性說 근거이다. 변계는 육식경계六識境界이니 중생의 허망분별虛妄分別을 말함이다. 의타기는 제8 아뢰야식이 분별연分別緣에 의하여 심경상대心境相對의 현상계를 연기緣起한 것이다. 원성실성은 원만圓滿·성취成就·진실眞實의 삼의三義로 이룩된 술어로서 원만히 성취된 진실한 자성自性이라는 뜻이다. 원만은 주변周遍의 뜻으로서 진여의 법체法體가 법계에 주변하다는 뜻이며, 성취는 그 체體가 상주常住하여 생멸이 없다는 뜻이다. 그러므로 이것은 제법의 공상共相인 공空·무상無常·무아無我와 같은 것이요 진실은 그 체가 허망하지 않음을 가리킴이다. 유식학에서는 '이공소현二空所顯의 진여묘리眞如妙理를 원성실성이라 한다'고 『성유식론』에서 말한다. 의타기성은 이 원성실성이 타他의 연緣에 의하여 연기되는 생멸무상生滅無常의 현상이다. 원성실은 의타기와 변계집성을 멀리 여의었으나 원성실은 의타기와 비이비불이非二非不異라는 것이다.

변계는 능집能執의 망정妄情·소집所執의 망경妄境이니, 범부가 의타기 상의 분별로 인하여 망정妄情으로 외경外境을 망분별妄分別하는 것이다. 의타기는 대승백법大乘百法 중 94법은 다 의타기성이라 한다. 그것에 염분染分·정분淨分 2종이 있으니, 염분은 허망분별에 의하여 유루잡염有漏雜染의 제법을 일으키고, 정분은 성지聖智의 연緣에 의하여 무루순정법無漏純淨法을 일으킨다. 원성실성은 원만·성취된 진여무위眞如無爲의 실상實相이다.

그런데 원효는 삼성의 불일不一·불이의不異義를 이해하면 백가쟁론이 무불화해無不和解라고 하였다. 이 『기신론』은 법상가法相家의 허다한 유상有相과 중관파의 무상無相을 일법계대총상一法界大總相이라고 하였고, 또 진여생멸眞如生滅의 원리를 회통하여 성성·상相 원융圓融의 도리로 귀일시켰다. 『기신론』은 본디 유가파와 중관파의 이론을 한데 묶어 진여·생멸 이문으로 회통하기 때문이며, 이문은 다시 일심으로 회통하기 때문이다.

『기신론소·별기』에서 원효가 삼성불일불이의三性不一不異義를 직접 해설한 것은 보이지 않으나, 중관론파는 다만 모든 상相을 쳐부수기만 하고 세우지 못하며 유가·법상파는 상을 세우기만 하고 쳐버릴 줄을 모르는데, 『기신론』은 다 세우고는 도리어 쳐버리며 깨뜨리고는 허락한다고 하여 원효는 공空·유有·성性·상相이 융통무애融通無碍한 이론을 천명한다. 이것은 원효의 화쟁 사상의 전형이 된 것이다. 그래서 이 논은 '군쟁群諍의 평주評主'라고 한 것이다.

원효는 실상관實相觀에 있어서 사구四句와 백비百非를 초월하면서 또한 사구·백비를 여읜 것도 아니라는 논법을 보이는데, 이는 곧 공유상즉空有相卽·성상불이性相不二의 원리이며, 또한 삼성불일불이의 논지와도 공통되는 것이다.

6) 오성차별화쟁문

여기에서 이 문門을 설정하게 된 것은 균여의 『화엄교분기원통초』에

> 『和諍論』 중에 依瑜伽·顯揚하여 立依持門하고 依涅槃經하여 立緣起門이라. 然, 不通取瑜伽等文句하고 但依五性差別之文하여 立依持門하고 亦不通取 涅槃經文하고 但依皆有佛性文하여 立緣起門이라.[19]

하고, 신라 견등의 『기신론동이집본』에

> 涅槃經云·闡提之人도 未來成佛力故로 還生善根하나니 言佛力者는 卽是本覺內熏之力耳라. 由此文故로 此論之宗說 一切衆生이 皆有佛性하여 皆成佛果라. **其五種性等者는 就習性門**과 亦就依持門等이라. 具如香象(賢首)教分記와 及丘龍十門和諍論見之.[20]

---

19) 『唯識頌』(T. 권31, 61a).

라고 한 것 등을 보면 원효가 오종성五種性에 대한 논설을 한 바 있는데, 그는『법화경종요』와『열반경종요』에서 일체중생이 다 성불한다고 주장하였다. 그러나 법상가法相家의 성불성설成不成說에 대하여는 변론이 있었음이 당연하다.

하지만 원효가 그 문제를 십문의 일문으로 설정하였는지는 확실치 않으나 그 문제가 근 천 년 동안 성·상교 간에 큰 쟁점이 되어 온 점으로 보아 그것이 이 화쟁의 일문에 첨가되지 않았을까 생각하는 바이다. 그것은 오종성五種性·오승종성五乘宗性이라고 하는데, (1) 성문성정성聲聞性定性 (2) 연각성정성緣覺性定性 (3) 여래성정성如來性定性 (4) 부정종성不定種性 (5) 무성無性이 그것이다.

『불지경론佛地經論』제2장에 "法爾하게 無始時來로 一切有情이 五種性"이 있으니, (1) 성문종성聲聞種性 (2) 독각종성獨覺種性 (3) 여래종성如來種性 (4) 부정종성不定種性 (5) 무유출세공덕종성無有出世功德種性이라고 하였다.

정성定性이라 함은 결정성決定性으로서 변개하지 못한다는 뜻이다. 그러므로 성문聲聞·독각獨覺·여래如來의 정성은 결정코 성문·독각·여래가 될 것이고, 그 부정성不定性은 성문·독각도 불佛이 될 수 있다는 것으로 여래종성如來種性은 또 보살종성菩薩種性이라고도 하는바, 법이法爾하게 생生·법法 이공의 무루종자無漏種子가 있으므로 이리행원二利行願을 닦아 성불한다는 것이다. 부정성은 4종이 있으니, (1) 보살·성문 이성부정二性不定 (2) 보살·독각 이성부정 (3) 성문·독각 이성부정 (4) 성문·독각·보살 삼성부정三性不定이 그것이다. 그것은 성문성聲聞性이 독각·보살도 될 수 있고, 독각·보살이 성문도 되며, 보살이 독각·성문도 될 수 있다는 것이다. 그리고 무성無性은 길이길이 성불의 종성種性이 없다는 교의이다.

---

20) 均如,『一乘教分圓通抄』, 권3. 34丁.

이것은 『입능가경』·『해심밀경』·『유가사지론』·『성유식론』·『대비바사론』 등에서 천명하였다. 소승 교의도 이와 대동大同하여 성문聲聞·연각緣覺은 성불成佛하지 못한다는 것이다.

그런데 『법화경』·『열반경』 등에서는 정성定性·부정성不定性 내지 무성중생無性衆生도 성불한다 하였다. 원효는 그 교의에 대하여 무성중생이 없다 하고 천제도 성불한다고 하였으니 기타는 말할 것도 없다. 이 오성성불의五性成佛義에 대하여 『법화경종요』에 승乘을 능승인能乘人과 소승법所乘法으로 나누고, 능승인에 대하여

> 一乘人者는 三乘行人과 四種聲聞, 三界所有의 四生衆生이 並是能乘一佛乘人이라 皆爲佛子며 悉是菩薩이라 以皆有佛性하여 當紹佛位故라. 乃至無性有情도 亦皆作佛故.[21]

라고 하여 삼계소유三界所有 사생중생四生衆生이 다 작불作佛한다고 하였다. 오성차별五性差別이니 성불성成不成이 문제가 되지 않는다. 그러나 그에 뒷받침되는 논설이 있었을 것인데 목견目見치 못함은 유감스럽다.

7) 이장이의화쟁문

다행히 원효의 유저遺著에 『이장의』가 발견되었다. 이 『이장의』에 대하여 원초圓超의 『화엄학장소록華嚴學章疏錄』 및 『인명록因明錄』과 응연凝然의 『화엄장소목록華嚴章疏目錄』·나가초(永超)의 『동역전등목록』·이시다 모사쿠(石田茂作)의 『나라조 현재 일체경소 목록』(奈良朝現在一切經疏目錄) 등에 1권의 명목이 보였으나 그 실물은 찾지 못하였는데, 40년 전에 오타니 대학(大谷大學)에서 사본 『이장의』가 발견되었다. 1권 87장으로

---

21) 『續藏經』 71套 4冊 376丁.

서 '석원효찬釋元曉撰'이라고 명기되었고, '자존말유응리원실종영실慈尊
末流應理圓實宗英實'이라는 필사자명도 있는바 이것은 일본 법상종계法相
宗系에서 보전한 것이다. 동국대 불교사학연구실에서 유인油印한『원효대
사전집』권9에 수록되었고, 1973년 불교학동인회 편『원효전집』에는 오타
니 필사본(大谷筆寫本)이 영인影印 수록되었다. 그 내용은 (1) 석명의釋名義
(2) 출체상出體相 (3) 변공능辨功能 (4) 섭제문攝諸門 (5) 명치단明治斷 (6) 총
결택擡決擇의 6문으로 논술되어 있다.

'이장二障'은 번뇌장煩惱障·소지장所知障 또는 번뇌애煩惱碍·지애智
碍, 혹장惑障·지장智障, 이장理障·사장事障 등 다른 이름들이 있다. 원효
는『이장의』6문 중 제1 석명장釋名章에

> 二障者, 一. 煩惱障, 亦名感障, 二. 所知障, 亦名智障⋯⋯ 煩惱障者, 貪瞋等惑煩惱
> 爲性·遮起現行, 惱亂心身故, 名煩惱·此當體從功立名⋯⋯ 逼惱有情, 令離寂靜·
> 故名煩惱⋯⋯ 遮止有情, 不出生死·覆蔽理性, 不顯涅槃, 由是二義, 故名爲障. 所知
> 障者, 盡所有性, 如所有性, 二智所照故, 名所知. 法執等惑, 遮止智性, 不成現觀, 覆
> 蔽境性, 不現觀心, 由是義故, 名所知障.[22]

이라고 '이장二障'의 명의名義를 풀이하였다. 번뇌장은 탐貪·진瞋 등 아
집我執으로써 열반을 장障하고, 소지장은 이지소조二智所照의 장障이 되
는 법집法執이니 관심觀心을 불현不現케 한다고 하였다.

제2 출체出體에는 현료문顯了門과 은밀문隱密門으로 해석하는데, 현료
문에서는 유식법상가唯識法相家의 교전敎典인 현양顯揚, 대법對法, 유가瑜
伽, 섭론攝論, 변중변론辨中邊論 등에 의하여 번뇌체煩惱體를 오중五重으
로 간별簡別한바 여기에서 일일이 소개할 수는 없다.

이 현료문 가운데

---

22) 元曉,『法華經宗要』(T. 권34, 871쪽 下).

一. 當自體出障體者, 人執爲者·根本煩惱·忿·恨·覆等隨煩惱, 是爲煩惱障之自
性…… 所知障, 法執爲首, 妄想分別及與法受·無明等, 以爲其體.

등의 오중으로 해설했다. 은밀문에는 육종염심六種染心이 번뇌애체煩惱碍
體가 되고 근본 무명無明이 지애체智碍體가 된다고 하였다. 거기에 대한 논
설이 복잡하다. 혹설에는 법상가의 소지장이 제6, 7식識에 있고 여식餘識
에서는 통하지 않는다 하고, 혹설에는 법집분별法執分別이 제8식識에만
통한다고 한다. 이에 대한 이사二師의 소견이 추세麤細가 다르나 법상가의
현료설에 대하여 『기신론』에서는 무명이 이숙식異熟識과 상응하지 않지
만, 또한 생멸과 화합하는 근본이 되기 때문에 아리야식阿梨耶識에 있어서
무명無明이 있다고 하였으니, 이것이 은밀문의 지애智碍라고 하여 법상가
의 이장설二障說과 『기신론』의 이장설을 현료·은밀 이문으로 회통하였
다. 이것 역시 오랫동안 이장설에 대한 성성·상상 이가二家의 쟁점이었던
것을 화해한 것이다.

제5 명치단문明治斷門에서는 (1) 간능치簡能治 (2) 정소단定所斷 (3) 명치
단차별明治斷差別 (4) 변치단계위辨治斷階位로 분과하여 상세히 논하고,
변치단계위辨治斷階位에서는 범부凡夫·이승二乘·보살菩薩의 이장치단
二障治斷의 계위階位를 술한 뒤에

上來所說, 障治差別, 是約染淨非一故說, 障能碍道, 道能除障, 若就染淨無得門, 障非
碍道, 道不出障…… 如來旣體如是道理故, 一切諸法, 卽爲自體, 旣皆自體有, 何所
斷, 有何能斷…… 如經言, 生死與道會, 道卽是生死故. 又論云 無苦亦極苦, 無我亦
我見, 故當知一切法, 及一切種門, **無障無有碍, 悉然悉不然**, 佛會如見性, 不集亦不散,
由無得不得, 故有斷不斷, 離相而窮住, 故與爲善逝, 乘如而盡還·故稱曰如來.23)

---

23) 『원효전집』 권9(동국대학교 불교문화연구소).

라고 하였다. 이것을 법상가의 염정비일문染淨非一門에서 보면 이장二障이 도道를 장애하지만, 염정무애문染淨無碍門에서 보면 도에 장애될 것이 없다. 그러므로 능단能斷·소단所斷이 없이 무장무애無障無碍하여 실연실불연悉然悉不然하다. 불佛은 이러한 실성實性을 체득하였다고 회통하였다. 원효는 이『이장의』에서 대·소승, 성·상 교의를 진지眞摯하게 변론하고 나중에는 무장·무애·실연실불연이라는 논법으로 결론하였다.

이『이장의』는 대·소승 및 상·성교에 있어서 매우 중요하고, 또는 매우 단정키 어려운 난점이 있으므로 원효는 따로 일론一論을 지어서 논변하였으니 화쟁의 일문으로 설정할 수 있는 것이다.

8) 열반이의화쟁문

일문을 설정한 뜻은 원효의『열반경종요』에

統衆典之部分, **歸萬流之一源, 開佛意之公, 和百家之異諍.**

이라고 선언한바, 실은 무성성불의無性成佛義·오성성불의五性成佛義와 함께 열반이의涅槃異義·불신이의佛身異義·불성이의佛性異義 등이 다『열반경종요』에서 천명된 것으로 보겠으나, 무성·오성성불의는 이미 다른 문헌에서 논하였으므로 여기에서는 열반涅槃, 불신佛身, 불성의佛性義만『열반경종요』를 중심으로 논술하기로 한다.

『열반경종요』에서는 (1) 약술대의畧述大意 (2) 광개분별廣開分別로 대분大分하고 광개분별 내에 초설인연初說因緣, 차명교종次明敎宗, (3) 출경제出經題 (4) 변교술辨敎述로 해설하였다. 그리고 제2 명교종明敎宗 중에서 열반문涅槃門과 불성문佛性門을 천명함으로써 일경一經의 종지를 삼았다.

그리고 이 종요에서 열반이의와 불성이의에 관한 화쟁의和諍義를 밝혔다. 그 많은 문단을 일일이 인용하지 않고 그 요의를 간추려 묶기로 한다.

첫째 혹설에는 열반·보리에 대하여 열반은 생인生因(修行因)소생所生 혹은 요인了因(照了의 智)소료所了라고 하는데, 열반의涅槃義는 적멸寂滅에 있고, 적멸의 덕德은 소료에 합하니 보리가 생인소생이나 또한 요인의 소료인 것처럼 열반도 요인의 소현所顯이나 또한 생인의 소기所起라고 화회하였다.[24]

혹설자는 열반체성涅槃體性은 진실불공眞實不空하고 일체생사一切生死는 공空한 것이라 하며, 혹설자는 생사·열반이 다 허망하다 한다. 불법은 모든 법이 다 공하여 소유가 없다고 하니 이러한 이의二義에 하득何得·하실何失가? 이에 답하기를, 만일 말과 같이 취하면 이설二說이 다 실失이 있으니 서로 쟁론하여 불의佛意를 실失한 때문이요, 편집하지 않으면 이설이 다 얻는 것이니 법문이 걸림없이 서로 방해되지 않은 때문이다.

덕德과 환患의 상대문相對門으로 보면 생사生死는 공空이고 열반은 불공不空이며, 상대무자성문相對無自性門으로 보면 성·상을 다 여의어서 공空도 불공不空도 아니니, 이설二說이 다 경지經旨에 맞는다고 화회和會하였다.[25]

제4 왕복결택문往復決擇門에서 여래의 실덕實德인 법신法身은 유색有色인가 무색無色인가? 혹설자는 법신은 무색이지만 다만 기연機緣에 응하여 색신色身을 화현化現한다고 한다. 범부도 무색계에 이르면 색신이 없는데 어찌 여래가 색신이 있겠는가?

혹설자는 법신실덕法身實德은 장애의 색이 없다고 한다. 그러나 만행소감萬行所感의 묘색妙色이 있다. 이 경에서 말하기를 무상색無常色을 버리

---

24) 元曉, 『涅槃經宗要』(T. 권38, 243a~b; 『원효전집』, 37a~b).
25) 元曉, 같은 책(T. 권38, 242c; 『원효전집』 37c).

고 상색常色을 얻는다. 수受·상想·행行·식識도 그러하다 하니 이설이
어떠한가? 이에 답하기를, 일변을 정취定取하면 이설이 개실皆失이요, 실
보實報가 아니라 하면 이설이 구득俱得이다. 불지만덕佛地萬德이 이문이
있으니, 만일 상相을 버리고 일심에 들어가는 문으로 보면 일체덕상一切德
相이 법계와 같으므로 오직 제일의신第一義身이라 색상차별色相差別이 없
거니와 만일 성性으로 좇아 만덕萬德을 성취하는 문으로 보면 색신공덕色
身功德이 다 구족具足하므로 무량한 상묘장엄相妙莊嚴을 말하게 된다. 그
러므로 이문이 있으나 이상異相이 없다. 그러므로 제설諸說이 다 장애가
없다. 이러한 무장애법문無障碍法門을 나타내기 위하여 「금강신품金綱身
品」에 여래의 몸은 비신非身의 신身이며, 무식無識의 식識이며, 심心을 여
의고 여읜 것도 아니며, 상像과 상相이 아니면서 제상諸相을 장엄했다고
광설했다. 알아 두라. 여래비밀장법문如來秘密藏法門은 유有를 설하거나
무無를 설하거나 다 도리가 있다.[26]

　　대체로 열반에 대한 이의異義를 이와 같이 명의名義와 체상體相·통국
通局·이멸二滅 삼사三事의 오문五門으로써 회통하여 화쟁하였다.

9) 불신이의화쟁문

　　이 불신이의佛身異義화쟁문을 세운 뜻은 『열반경종요』에 의할 뿐 아니
라 신라 견등의 『기신론동이집』에 원효의 『기신론소초』와 『화쟁론』을 14,
15차례 인용하였는데,

　　和諍論云, 丘龍和合, 報身·化身, 經·論異說云, 如同性經說, 穢土成佛, 名義化
　　身·藏土成佛, 名爲敎身.[27]

---

26) 元曉, 같은 책(T. 권38, 244a; 『원효전집』 37c).
27) 『續藏經』 71套 4冊 381丁.

이라 한바, 여기에서 구룡丘龍은 원효를 가리키며『화쟁론』에서 불佛의 보신報身·화신化身에 대한 경經·논論 이설異說을 화합했다고 하니, 그것이 곧 불신이의화쟁문이다. 같은 책『기신론동이집』에는

當知如來, 非無常故, 恒離三際, 非常住故, 恒有生滅…… 丘龍和諍論云, 夫佛地萬德, 異有二門, 若從因生起之門, 報佛功德 刹那生滅. 初師所說, 且得此門·若息緣歸, 源之門, 報身功德, 凝然常住, 後師所說, 亦得此門·隨一一德 有此二門·二門相通, 不相違背, 云云.[28]

이라고 하였다. 이것이 원효가 불신이의를 화회한 것이니, 곧『열반경종요』의 불신설佛身說과 같은 것으로 이 문을 설정한다.

『열반경종요』6과科 가운데 제6 사덕분별四德分別에서는 또한 4문門을 열어 논술하였는데, (1) 현상문顯相門 (2) 입덕문立德門 (3) 차별문差別門 (4) 화쟁문和諍門이 그것이다. 열반사덕涅槃四德을 밝히는데 화쟁문을 따로 세우고, 고금의 여러 이설을 종합하여 법法·보報·화和 삼신三身에 대한 화쟁론을 세웠다. 그『화쟁론』에 다음과 같이 말하고 있다.

논쟁이 다단多端하지만 치우쳐 법신상주法身常住·화신기멸化身起滅이라는데 이쟁異諍을 일으킨다. 이 이신이설二身異說이 부동不同하지만 오직 보신報身에서 이집二執을 일으킨다. 그 쟁론은 상주常住와 무상無常이 그것이다.[29]

상주常住를 고집하는 편에 이가二家가 있는데, 제일가第一家 보불공덕報佛功德은 생생이 있고 멸滅이 없으니 생인生因이 멸하였기 때문에 무생無生을 얻지 못한다는 것이다. 그리고 증리구경證理究竟이므로 상相을 여의고 상相을 여의었기 때문에 상주불변常住不變한다는 것이다. 제이가第

---

28) 같은 책, 71套 4冊, 368丁.
29) T. 권38, 245c.

二家 보불공덕은 비록 생인生因을 얻었지만 생상生相을 여의었으며, 비록 본래 없던 것이 비로소 있는 듯하나 본무금유本無今有는 아니라는 것이다. 이미 금유今有가 아니고 또한 뒤에 없어지는 것도 아닐 것이다. 이런 도리로 말미암아 삼제三際를 여의고 응연상주凝然常住한다.

이 이가二家는 보신報身의 상주불변을 주장한다. 그런데 석가불은 화신化身이므로 상주常住가 아니다. 그 화신의 생멸을 보고 보신報身도 무상하다고 하면 지옥에 떨어진다고 강조하였다.

> 무상無常을 고집하는 자는 보신報身이 생인의 소생所生이므로 멸滅이 있을 수밖에 없다. 생자필멸生者必滅의 법칙이기 때문이다. 그러나 법신法身에 의하여 상속항존相續恒存하여 궁미래제窮未來際하여 종진終盡함이 없으므로 상주常住라고 하며, 생로生老가 없으므로 불변역不變易이라고 한다.[30]

라고 하여 보신報身이 무상無常에 속한다는 것이다. 이와 같은 상무상의常無常義에 대하여 원효는 다음과 같이 화회했다.

> 질문: 이사二師의 소설所說이 어느 것이 득得이며 어느 것이 실失인가?
> 대답: 이설二說이 득실得失이 없다. 그 까닭은 한 쪽만 집착하면 과실이 있고, 통해 보면 함께 도리가 있다. 『능가경』에 이르기를 여래如來·응공應供·정변지正遍知가 상常인가 무상無常인가? 불언佛言, 상常도 아니요 무상도 아니다. 이변二邊에 집착執하면 과실이 있다. 이제 이 말은 비록 상주常住가 아니나 염념생멸念念生滅이 아니다. 이러한 문구는 편집을 깨뜨린 것이다. 일변一邊을 취하면 도리에 맞지 않고 걸림 없이 설하면 이의二義가 다 득得이 된다. 보불공덕報佛功德은 상相과 성性을 여의었으니, 상을 여의므로 생멸상을 여의어 구경적정究竟寂靜하여 무작무위無作無爲하니 상주常住라 설하고, 성性을 여의므로 상주성常住性을 여의어 가장 훤동喧動하여 하지 않는 것이 없으므로 무상無常이라

30) T. 권38, 246a.

고 설한다. 이상離相이 이성離性과 다르지 않으므로 상주가 생멸에 무방無妨하고 이성離性이 이상離相과 다르지 않으므로 생멸이 상주에 걸리지 않는다. 이런 도리에서 이설二說이 다 득이 된다. 그 자세한 것은 다문多門이 있으니 『능가경종요』 중의 설과 같다.[31]

그리고 먼저 제시한 바와 같이 견등의 『기신론동이집』에 다음과 같이 말하고 있다.

여래如來는 무상無常이 아니므로 항상 삼제三際를 여의고 상주常住가 아니므로 항상 생멸生滅이 있다고 한바, 상常과 무상無常이 다 도리가 있으므로 구룡丘龍 화쟁론和諍論에 이르기를 불지만덕佛地萬德이 대략 이문二門이 있으니, 만일 종인생기문從因生起門에서 보불공덕報佛功德은 찰나생멸刹那生滅한다 함은 초사소설初師所說이 또한 이 문門을 얻었고, 식연귀원문息然歸源門에서 보면 보불공덕은 응연상주凝然常住한다 함은 후사소설後師所說이 또한 이 문門을 얻었다. 일일덕——德이 이 이문二門이 있으며 이문이 서로 통하므로 위배違背되지 않는다.[32]

이것이 대체로 불신이의佛身異義의 개요이다. 그리고 종요에서는 그 상常·무상의無常義에 미진未盡한 것이 있다고 하면서 더 자세히 해설했다.

10) 불성이의화쟁문

대승불교의 이론적 근거는 심성설心性說이다. 우주·인생의 본체로서의 심성心性은 곧 '불성佛性'이며 '법성法性'(Dharmata)이다. 『화엄경』에서는 '삼계유심三界唯心'이라 하였고, 유식학에서는 '만법유식萬法唯識'이라 하였으며, 『열반경』에서는 '일체중생一切衆生 실유불성悉有佛性'이라 하

---

31) T. 권38, 246b~c.
32) 『續藏經』 71套 4冊 368丁.

였다. 유식唯識・유심唯心・불성佛性, 그것은 과연 어떤 존재였던가?

『열반경종요』에서는 주로 열반・불신・불성의 진실의眞實義를 구명했다. 원효는 이 불성의에 대하여 6문으로 구분하여 풀이했다. (1) 출체문出體門 (2) 인과문因果門 (3) 견성문見性門 (4) 유무문有無門 (5) 삼세문三世門 (6) 회통문會通門이 그것이다.

첫째, 출체문에서는 불성 자체의 의의를 밝혔는데, 제가諸家의 설을 서술하고 그것을 판정하였다. 예로부터 불성의에 백가설百家說이 있으나 요약하여 6종六種이 있다.

第一師云, 當有佛果, 爲佛性體. 如下獅子吼品中說言, 一闡提等, 無有善法, 佛亦言以, 未來有故, 悉有佛性, 又言, 以現在世, 煩惱因緣, 能斷善根, 未來佛性力因緣故, 遂生善根, 故知當果, 卽是正因.…… 此是白馬寺, 受法師, 述生公義也.

第二師云, 現有衆生, 爲佛性體, 何者, 衆生之用, 總御心法, 衆生之義, 處處受生, 如是御心之主, 必當能成大覺故, 說衆生爲, 正因體, 如師子吼品中言, 衆生佛性, 亦二種因, 一者正因, 二者緣因, 正因者, 謂衆生也, 莊嚴寺, 旻法師義也.

第三師云, 衆生之心, 異乎木石, 必有厭若, 求樂之性, 由有此性, 故有萬行, 終歸無上, 菩提樂果, 故說心性, 爲正因體. 如下文言, 一切衆生, 悉皆有心, 凡有心者, 必當得成, 阿耨菩提. 夫人經言, 若無如來藏, 不得厭苦, 樂求涅般故. 此光宅寺, 雲法師義也.

第四師言, 心有神變不失之性. 如是神變. 己在身內. 卽異木石等非情物. 由此能成. 大覺之果. 故說心神, 爲正因體. 如來性品云. 我者, 卽是如來藏, 一切衆生, 悉有佛性. 卽是我義. 師子吼品中言, 非佛性者, 謂瓦石等無情之物, 離如是無情之物, 是名佛性故. 此是梁武帝, 蕭焉天子義也.

第五師言, 阿賴耶識, 法爾種子. 爲佛性體. 如此經言. 佛性者, 一切諸佛, 阿耨菩提. 中道種子. 瑜伽論云, 性種性者, 六處殊勝, 有如是相, 從無始世, 展轉傳來, 法爾所得, 此意, 新師等義也.

第六師云, 阿摩羅識, 眞如解性, 爲佛性體, 如經言佛性者, 名第一義空. 第一義空名爲智慧. 實性論云. 及彼眞如性者, 如六根聚經說. 六根如是, 從無始來, 畢竟究竟, 諸法體故, 諸說如是.[33]

---

33) T. 권38, 247a~b.

이 6의六義를 다시 요약하면 다음과 같다.

제1사의師義, 중생衆生은 미래성불성未來成佛性이 있다.
제2사의師義, 현재 중생의 정情·지지知·의의意가 불성체佛性體이다.
제3사의師義, 목석木石과 다른 염고구락성厭苦求樂性이 곧 불성정인佛性正因이다.
제4사의師義, 무정물無情物이 아닌 모든 중생은 불성이 있다.
제5사의師義, 아뢰야식阿賴耶識의 법이종자法爾種子가 불성체이다.
제6사의師義, 아마라식阿摩羅識의 진여해성眞如解性이 불성체가 된다.

  그 순서는 옅은 데서부터 깊은 데 이른 것이다. 이에 대하여 원효는 제
설이 다 옳고 다 그르다는 것이다. 왜냐하면 불성이 그런 것도 아니요 그렇
지 않은 것도 아니기 때문이다. 그렇지 않으므로 제설이 다 그르고 불연不
然도 아니므로 제의諸義가 옳다. 그 까닭은 육사六師의 설이 이도二道에
지나지 않으니 초일初一은 당유當有의 과과果를 가리킴이요, 후오後五는 다
같이 금유今有의 인인因이라 하였다.

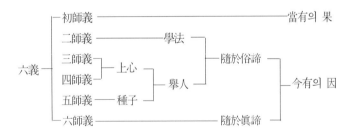

佛性之體, 正是一心, 一心之性, 遠離諸邊, 故都無所當, 無所當故, 無所不當, 所以就
心論, 心非因非果, 非眞非俗, 非起非非伏, 約緣論, 心爲起爲伏, 作法作人, 爲俗爲眞,
作因作果, 是爲非然, 非不然義. **所以諸說, 皆是皆非**.34)

---

34) T. 권38, 247b.

라 하여 어떤 편으로는 그 설을 다 인정하고 어떤 편으로는 다 부정하였다. 그러므로 제설을 다 통해 보면 각기 일리가 있지만 편집하면 안 된다고 하였다. 그러나 육사설六師說을 다 합해 보아도 불성실체佛性實體는 미진하다. 마치 장님이 코끼리 코 만지는 이야기와 같다고 하였다.[35]

다음 (2) 인과문因果門 (3) 견성문見性門 (4) 유무문有無門 (5) 삼세문三世門에서 불성의 인과와 부사의不思義한 공덕묘용空德妙用을 널리 밝히고 있다. (6) 회통문會通門에서는 불성의가 무량하지만 의류義類로 상섭相攝하면 오종五種에 불과하니, (1) 성정문상주불성性淨門常住佛性 (2) 수염문무상불성隨染門無常佛性 (3) 현과제불소득現果諸佛所得 (4) 당과중생함當果衆生含 (5) 일심비인비과一心非因非果의 오종을 제시하고 있다. 제1 성정문에선 제일의공第一義空 십이인연十二因緣, 중도中道·열반涅槃·구경究竟·일승一乘·공空·지혜智慧·여래장如來藏·진해탈眞解脫 등의 이명異名이 있으나 다 일불성一佛性임을 말하고, 제2 수염문隨染門 중에서는 대신심大信心·자자·비비·희희·사捨·사무외지四無畏智·관정삼매灌頂三昧 등이 다같이 수염문내보불성隨染門內報佛性을 나타냄이라 하였고, 제3 현과불성現果佛性은 삼십이상三十二相·팔십종호八十種好·십력十力·사무외四無畏·무량삼매無量三昧 등이 여래의 현과現果임을 밝힌다 하였으며, 제4 당과불성當果佛性은 중생이 다 불성이 있으니 결단코 장차 성불한다는 것이다. 제5 비인비과불성非因非果佛性은 덕왕품德王品에, 불성은 유루有漏도 무루無漏도 아니며 상常도 무상無常도 아니라는 것을 인증引證하였다.[36]

이상이 대략 원효의 불성관佛性觀이며, 또한 제의諸義를 회통하여 화쟁한 것이다.

---

35) 같은 책, 같은 곳.

36) T. 권38, 251c~252c.

3. 결론

이상에서 원효의 『십문화쟁론』에 대한 것을 탐구해 보았다. 그러나 『십문화쟁론』 잔문의 일부가 있을 뿐 그 전체는 알 수 없으므로, 원효의 현존한 유문은 감검監檢하여 보면 그 논지는 대체로 모든 교의敎義와 이설異說을 총회통總會通하여 화쟁귀일和諍歸一하는 것을 그 주취主趣로 하였다. 그러므로 원효의 근본사상이 화쟁에 있다는 것은 앞에서 선언한 바와 같다. 그 십문에 대한 복원이 기본 과제인데, 그 화쟁의 종강宗綱은 『법화경종요』에서 선언한 바와 같이

妙法蓮華는 十方三世諸佛의 出世之大意요 九道四生이 咸入一道之弘門이라.

하고, 삼세제불三世諸佛이 성도成道로부터 열반에 이르기까지 일체언교一切言敎가 다 일체지지一切智地에 들어가기 위한 것이니 그 사이의 삼승방편三乘方便의 일언일구가 다 일승교一乘敎가 된다고 하였듯이, 그것이 바로 원효가 대·소승·공·성·상의 모든 교의를 하나의 일승성불一乘成佛의 길로 인도하기 위한 화쟁통교和諍統敎를 그 근본 과업으로 심었던 것이다. 그래서 삼승즉일승三乘卽一乘, 일체언교一切言敎가 다 일승이라는 이념이 곧 그의 일생을 통한 활동이었던 것이다. 그 사명을 위하여 원효는 공유空有의 이집·아법我法의 이집을 비롯한 모든 시비·쟁론을 조정·화회하여 일승성불의 길로 인도하였다. 그러한 화쟁 과제의 가장 핵심이 되는 열 가지 종류를 가리어 『십문화쟁론』을 지었던 것이다.

원효가 간 뒤 1300여 년 그 미사오지微辭奧旨를 진회塵灰 속에서 다시 찾아내야 할 시대적 요청이 절실하다. 필자는 이에 원효의 진실을 되찾기 위하여 다년간 『화쟁론』의 십문 복원에 유의하여 오던바, 『법화경종요』에

서 '삼승즉일승三乘卽一乘·무량승즉일승無量乘卽一乘'이라는 선언이 화쟁의 대원칙인 동시에 십문의 총總이 된다는 것을 자신하게 되었다. 그리하여『십문화쟁론』잔문 9, 10장에서 공유이집空有二執의 화쟁을 논하였고, 15, 16장에서는 불성유무佛性有無의 화쟁을 논하였고, 잔결문 31장 최범술 복원문(『이장의』尾末部)에서는 아법이집我法二執에 대한 화쟁을 논하였다. 그리고 불신이의佛身異義에 대한 화쟁은 견등의『기신론동이집』과『열반경종요』에서, 오성성불의五性成佛義에 대한 화쟁은『교분기원통초』및『법화경종요』·『열반경종요』에서, 삼성이의三性異義에 대한 화쟁은『기신론소·별기』에서, 열반이의涅槃異義와 불성이의佛性異義에 대한 화쟁은『열반경종요』에서 논하였고, 이장이의二障異義에 대한 화쟁은『이장의』에서 각기 근거와 문증文證을 얻어서 그 명목을 정립하게 되었다.

이렇게 십문을 설정하였으나, 그 가운데 화쟁론에 의한 공유이의空有異義·불성유무佛性有無·아법이공의我法二空義와『기신론동이집』에 나온 불신상무상의佛身常無常義는 원효의『기신론소·별기』에서 제시한 삼성이의三性異義의 오문五門임이 거의 확실하다.

그리고『법화경종요』에서 나온 '삼승즉일승三乘卽一乘'의 통불교 원리는 화쟁의 총상總相으로서 꼭 있어야 되겠고, 동시에 오성성불의五性成佛義는 필연적으로 수반되는 것이니 꼭 일문을 설정해야 될 것은 아닌 듯하다. 균여의『화엄교분기원통초』에 나오는 화쟁론의 '오성차별지문五性差別之文'이라 함은 유식가의 심식종자설心識種子說에서 인용한 것이므로 오성성불의와는 직접적인 관계가 없다고 보여지며, 오히려 심식종성心識種性에 관한 이설異說이 화쟁이라고 보여진다.

이장이의二障異義에 대한 것은 또한 상종相宗·성종性宗의 큰 쟁점이 되어 왔으며, 그것을 위하여 원효는『이장의』까지 지었으니 반드시 일문이 설정되어야 하겠다. 그리고 열반이의涅槃異義와 불성이의佛性異義도 원효

는 『열반경종요』에서

開佛意之至公, 和百家之異諍.

이라고 전제한 것으로 보아 열반涅槃, 불신佛身, 불성佛性(無性性佛, 五性成
佛義 등)에 대한 화쟁론이 꼭 있을 것이므로 삼문三門을 설정하는 것은 당
연하다. 그 가운데 불신상무상의佛身常無常義는 『기신론동이집』에 이미
요문要文이 제출되었고, 열반·불성 이문二門만 새로 설정한 것이다. 무성
성불오성성불의無性成佛五性成佛義도 이미 논술한 것이므로 이에 생략한
것이다.

그러면 새로 안출案出된 것은 일승삼승의一乘三乘義·오성성불의五性
成佛義·이장의二障義·열반불성의涅槃佛性義인데, 그 중에 오성성불의
는 법화, 열반의 대지론大指論이니 따로 필요치 않으며, 만일 일문이 꼭 있
어야 한다면 '심식종성이설心識種性異說'이라 하겠다. 균여의 『교분기원
통초』에서 심식종자설心識種自說을 다루는 데 『화쟁론』이 인용되었기 때
문이다.

끝으로 이『화쟁론』연구는 본인이 1977년에 400매 원고를 작성하여 단
행본으로 간행한 바 있는데, 이번에는 그것을 기초로 하여 요약하고 또 수
정하여 이것을 작성하였다. 그 자세한 것은 논문을 참조하기 바란다.

『涅槃經宗要』에 나타난 和會의 세계

金 煐 泰

1. 논고의 의도와 『涅槃經宗要』

1) 和會를 주제로 삼은 까닭

이 글의 앞머리에 내세운 '『열반경종요涅槃經宗要』에 나타난 화회和會의 세계'라는 제목 그대로, 여기에서 원효元曉의 『열반경종요』를 통해 볼수 있는 화쟁회통和諍會通의 논리 세계를 고찰해 보려고 한다. 이 논제에서의 '화회의 세계'란 성사聖師 원효가 화쟁과 회통, 곧 화회의 논리를 통해 밝혀 주고 있는 『열반경涅槃經』의 일관된 진리 체계라고 할 수 있다. 물론 여기서의 화회란 화쟁과 회통을 줄인 말로서 각각 그 첫 글자를 따서 합친 약칭이다. 그러나 실은 이 『열반경종요』에서는 화쟁문和諍門[1]이나 회통문會通門[2]이라는 항목 이름은 보이고 있어도 화회和會라는 말을 쓴

---

1) 元曉, 『涅槃經宗要』, 2 廣開分別 第2 明敎宗, 1 涅槃門 (6) 四德門의 네 번째 和諍門(『한국불교전서』 1책, 533쪽 上).
2) 元曉, 같은 책, 第2 明敎宗, 2 佛性義門의 여섯 번째 會通門(『한국불교전서』 1책, 537

예는 거의 눈에 띄지 않는다. 오히려 그의 다른 현존 저서에서 화회[3]라고 쓴 예를 더러 볼 수 있다.

화회란 말을 쓰고 있는 그의 현존 저서들에는 거의 모두가 "……云(如)何和會……"의 형식으로 되어 있다. 단지 『십문화쟁론十門和諍論』에서만 "如理會通 如實和會"로 보이고 있다. 이들 화회의 두 글자가 쓰인 경우의 글에는(『십문화쟁론』을 제외하고는) 모두 다 서로 다른 견해나 경설經說을 든 다음에 "이와 같이 서로 다른 것을 어떻게 화회할 것인가?"(如是相違 云何和會)[4]라고 한 다음에 '해운解云'[5]이라 하여 간략하게 그 문제점을 합리적으로 잘 조화시켜서 풀이(解答)하고 있다.

그러나 그 화회에 따른 풀이말(解云 또는 答)은 상당히 개괄적이라 할 수 있다. 그에 비해 '화쟁和諍'이나 '회통會通'을 항목화하고 있는 『열반경종요』에서는 그 화쟁과 회통이 매우 구체적이고도 논리 정연하게 잘 드러나 있다. 앞쪽에서 잠시 언급되었지만, 이 『열반경종요』에는 '화쟁문和諍門'과 '회통문會通門'이 각각 한 항목씩 들어 있기는 하나 일부분에 치우쳐 있는 작은 항목일 뿐이며, 실은 전편에 걸쳐 화쟁과 회통의 논법이 펼쳐져 있다고 할 수 있다.

『종요』의 전체 과목은 크게 서론(大意門)과 본론(廣開分別門)의 두 부문으로 나뉘는데, 본론에 해당하는 '광개분별廣開分別'에는 설인연設因緣·명교종明敎宗·출경체出經體·변교적辨敎迹의 네 부분이 있으며 이 가운

쪽 下, 543쪽 下 會通).

3) 元曉,『本業經疏』권下(『한국불교전서』1책, 521쪽 下).
　　　,『彌勒上生經宗要』(『한국불교전서』1책, 550쪽 下, 551쪽 下).
　　　,『金剛三昧經論』권下(『한국불교전서』1책, 663쪽 下).
　　　,『大乘起信論疏』권上(『한국불교전서』1책, 717쪽 下).
　　　,『十門和諍論』殘文(『한국불교전서』1책, 838쪽 下) 등.
4) 『本業經疏』에서만은 "如是論文與此經違 如何和會"라고 하였다.
5) 모두가 和會 밑에 '解云'이라 하였는데, 오직 『大乘起信論疏』한 군데만 '答'이라 있다. 그래서 "云何(如何)和會" 밑의 解云은 解答과 같은 뜻으로 볼 수가 있겠다는 것이다.

데 '명교종明教宗(第二. 辨教宗)은 다시 열반문涅槃門·불성문佛性門의 둘로 나뉜다. 그 중 첫 번째인 '열반문涅槃門'은 명의名義·체상體相·통국通局·이멸二滅·삼사三事·사덕四德의 여섯 가지 뜻(六義門)에 따라 설명되고 있는데, 화쟁문은 바로 마지막 '사덕문四德門'의 약문분별略門分別 네 가지(顯相·立意·差別·和諍) 가운데 가장 끄트머리 결론 부분에 해당한다. 과분科分 이름은 '④ 화쟁문和諍門'으로 되어 있으나, 실제 그 부분의 서술에서는 '次第四 明和相諍論'이라 하고 있다. 즉 '다음 네 번째는 서로의 쟁론을 화해하는 것을 밝힘'이라 한 것인데, 여기에서는 화쟁의 뜻을 '화상쟁론和相諍論' 곧 '서로의 다른 주장(諍論)을 화해하는 곳'으로 풀이하고 있음을 보게 된다고 하겠다.

'회통문會通門'은 '광개분별' 중의 두 번째인 '명교종'의 열반문 다음에 자리한 제2 불성문佛性門(出體·因果·見性·有無·三世·會通)에서 여섯 번째에 해당하는 끝 부분이다. 화쟁문과는 달리 이 회통문은 다시 '통문이通文異'와 '회의동會義同'의 두 갈래로 나누어져 있다. 이 회통문은 글자 그대로 불성론佛性論의 결론일 뿐만 아니라 열반론을 포함한 '명교종문明教宗門' 전체의 결론이라고도 할 수가 있다.

그와 같이 항목화되어 있는 화쟁과 회통은 각각 그 부분(涅槃門과 佛性門)의 결론격임을 알게 된다. 즉 화쟁문은 열반론의 결론에 해당하는 항목의 이름이며, 회통문은 불성론의 결론이면서도 '명교종문' 전체를 결론 짓고 있는 항목명으로 보이고 있다. 그러므로 여기에서 다루려고 하는 화쟁과 회통의 주된 문제는 분과된 부분의 소항목 이름과는 전혀 상관없는, 이 『열반경종요』 전체에 일관된 하나의 진리 체계를 있는 그대로 드러내 보여 준 성사 원효 특유의 실증적 논리 세계 그 자체의 구명究明이라고 할 수 있을 것이다.

그러한 의도에서 이 논고에서는 먼저 『열반경종요』가 어떠한 저술인가를 간략하게 보고, 다음에 화쟁의 논리를 (1) 이쟁異諍 (2) 화해和解로 나누어 살펴보기로 하며, 세 번째에서 회통의 논법을 통해通解와 회명會明의 두 갈래로 나누어 고찰할 생각이다. 그리하여 원효성사의 독특한 총화통일總和統一 이념이라고도 할 수 있는 화쟁회통和諍會通, 곧 화회和會의 논리 체계를 이 『열반경종요』의 범위 안에서 밝혀 보고자 하는 것이다.

2) 『열반경종요』의 대강

원효의 저서 중 현존하는 다섯 가지(『大慧度經』, 『法華經』, 『涅槃經』, 『無量壽經』, 『彌勒上生經』) 종요 가운데서 이 『열반경종요』가 가장 분량이 많다. 현재 『한국불교전서韓國佛敎全書』의 수록 면수로 비교해 보면 『대혜도경종요大慧度經宗要』가 8면, 『법화경종요法華經宗要』가 7면 남짓, 『미륵상생경종요彌勒上生經宗要』가 6면에 약간 못 미치고, 『무량수경종요無量壽經宗要』가 9면인데, 『열반경종요』는 23면이 넘는다. 그러므로 『대혜도경종요』보다는 3배, 『법화경종요』보다는 3배가 넘고, 『미륵상생경종요』보다는 거의 네 갑절에 가까울 만큼 그 부피가 많다고 할 수 있다. 비단 종요류만이 아니고 그의 현존 저서 전체를 통해서도 단권 저술로는 분량 면에서 적은 편이 아니니, 본말 2권으로 전해 오는 그의 『기신론별기起信論別記』가 20면 남짓(『한국불교전서』 면수)한 것을 견주어서도 짐작할 수 있다.

그렇기 때문에 『신편제종교장총록新編諸宗敎藏總錄』[6]에서 2권이라 하고는 그 밑에 '혹은 1권'이라 주註를 붙였는지도 모를 일이다. 아마도 당시 필사본으로는 분량이 많은 편이라 편의상 두 책으로 나누기도 하였으나 실제로는 그 내용에 있어서 한 권이었으므로 2권이라 하기도 하고, 또는

---

6) 義天, 『新編諸宗敎藏總錄』 권1, '大涅槃經條'(『大正新修大藏經』 권55, 1168쪽 中), "宗要 二卷 或一卷 元曉述."

1권이라고도 하였던 것이 아닌가 여겨진다.[7] 이『종요』가 소의所依로 삼은『열반경』은 본래『대반열반경大般涅槃經』이 그 갖춘 이름이며, 줄여서 『열반경涅槃經』이라고 일컫는데, 실은 소승小乘 계통(阿含部)의 경전에도 똑같은 이름의『열반경』이 있으므로[8] 그와 구분해서 대승大乘『열반경』 또는『대열반경』이라 한다. 물론 여기에서의『열반경』은 대승『열반경』의 약칭이 된다.

대승의『열반경』은 일찍이 동진東晉의 법현法顯(339~420?)이『대반니원경大般泥洹經』 6권을 번역하였으나 일부분의 번역이었으며, 북량北涼 때의 담무참曇無讖(385~433)이 현시玄始 10년(421)에 번역을 마친『대반열반경』40권이 완전한 번역인 셈이다. 이 40권『열반경』이 남조南朝에 전해지자 혜엄慧嚴(363~443)과 혜관慧觀·사영운謝靈運 등이 이미 남조에 번역되어 있는 6권『니원경泥洹經』을 토대로 40권의『열반경』을 손질하여 36권의 경전을 완성시켰는데(436), 이를 남본南本이라 하며 담무참 번역의 40권 경經을 북본北本이라고 한다.

원효의 이『열반경종요』는 남본 36권『열반경』을 저본으로 삼아 저술하였다. 이『종요』는 제목 그대로『대열반경』의 중요한 종체宗體와 교적教迹 등을 간요簡要하게 논석論釋한 것이다. 전체를 크게 두 부문으로 나누어서 먼저 대의를 약술(一者 略述大意)하였으며, 다음에 넓게(자세하게) 열고 분별(二者 廣開分別)하여 풀이하였다.

첫째 문門의 '술대의述大意'에서는 "본디 열반의 도道라고 하는 것은 도道가 없으면서도 도道 아님이 없다"로 시작하여『대열반경』, 곧『대혜도

---

7) 졸저,『韓國佛敎 古典 名著의 世界』(민족사, 1994), 24쪽.
8)『長阿含經』第2「遊行經」의 異譯으로『大般涅槃經』 3권(東晉 法顯 譯)이 있으며, 大乘『涅槃經』의 부분 異譯인『佛說大般泥洹經』(法顯 譯)·『方等般泥洹經』(西晉 竺法護 譯)과 비슷한 이름의. 小乘『涅槃經』으로『佛般泥洹經』(西晉 白法祖 譯)· 『般泥洹經』(失譯) 등이 있다.

경』의 제목 풀이에 이르기까지 간략하면서도 매우 깊이 있게 그 경설經說의 요의要義를 서술하였다.

둘째 문인 '광개분별'에서는 4부문(四門)으로 나누어 먼저 경經을 설하는 인연을 설명(初說因緣)하고, 다음에 경교經敎의 종지를 밝히며(次明敎宗), 세 번째에서 경의 교체敎體를 드러내고(三出經體), 네 번째에서 교적敎迹을 분변(四辨敎迹)하고 있다. 원효는 특히 두 번째 문인 '경교의 종지를 밝힘'(辨明敎宗)에서 다시 '열반문涅槃門'과 '불성문佛性門'의 두 부문으로 나누어 그 경종經宗을 자세히 밝혀 놓았다. 열반涅槃의 의義를 밝힘에 있어서는 명의名義 · 체상體相 · 통국通局 · 이멸二滅 · 삼사三事 · 사덕四德의 6문門으로 나누었다. 불성佛性의 의義를 밝히는 데에도 또한 여섯 문으로 나누어 출체出體 · 인과因果 · 견성見性 · 유무有無 · 삼세三世 · 회통會通의 문으로 하고 있다.

이들 열반과 불성의 두 부문이 『종요』 전체의 분류로 볼 때에는 제2 광개분별 속의 4문 중 두 번째인 명(변)교종문明(辨)敎宗門에 들어 있는 매우 작은 항목으로 보이고 있으나, 실은 이 두 부문에 큰 비중과 역점을 두고 있다. 각각 6문으로 나누어 종래의 이설異說을 화해하고, 경증經證을 들어 회석소통會釋疏通함으로써 열반과 불성의 참뜻이 명확하게 드러나도록 하였다. 여기에 들어 있는 이 두 부문이야말로 성사 원효의 열반관涅槃觀과 불성관佛性觀을 잘 보여 주고 있는 훌륭한 두 편의 논문이라고 할 수 있다.

그리고 『열반경』의 교체敎體를 밝힘에 있어서는 먼저 이부異部를 서술하고, 다음에 대승을 드러냈다. 마지막으로 교적敎迹을 밝히면서 남토南土(중국 南朝)의 학자들(諸師) 사이에 전해졌던 오시교五時敎와 북방의 학자들이 주장하는 사종설四宗說을 각각 들어서 문제점을 지적하였다.

『열반경종요』의 내용을 이해하는 데 도움이 되게 하고자 이 저술 안에 짜여져 있는 과목만을 따로 정리하여 다음에서와 같이 옮겨 보기로 한다.

Ⅰ. 술대의문述大意門

Ⅱ. 광개분별문廣開分別門

    1. 설인연說因緣[9]

    2. 명교종明敎宗[10]

    총설總說[11]

      1) 열반문涅槃門[12]

        (1) 명의문名義門 ① 번명飜名 ② 석의釋義

        (2) 체상문體相門 ① 출체성出體性 ② 간허실簡虛實

        (3) 통국문通局門 ① 소승小乘 ② 대승大乘

        (4) 이멸문二滅門 ① 명성정방편괴明性淨方便壞

                  ② 현유여무여열반顯有餘無餘涅槃

        (5) 삼사문三事門 ① 출체상出體相 ② 명건립明建立

                  ③ 명총별明總別 ④ 왕복往復[13]

        (6) 사덕문四德門 ① 현상문顯相門 ② 입의문立意門[14]

                  ③ 차별문差別門 ④ 화쟁문和諍門[15]

      2) 불성문佛性門[16]

        (1) 출체문出體門 ① 서제설序諸說 ② 판시비判是非

        (2) 인과문因果門(總·別·通論)[17]

---

9) 앞의 분류 제목은 '初說因緣'인데, 본문의 실제 서술에는 '第一 說經因緣門'으로 하고 있다.

10) 이 역시 부문 앞에 목차로 들고 있는 제목은 '明敎宗'이나, 서술 본문 쪽에는 '第二 辨敎宗'으로 되어 있으며, 이 부문의 맨 끄트머리에는 '第二 廣經宗意'라 맺고 있다.

11) 이 明敎宗門은 처음에 분류 없이 서술이 시작되어 있으나 실은 涅槃門과 佛性門으로 분별하게 되면서 비로소 이 부분을 總說이라 일컫고 있다. 그리고 涅槃門 다음의 佛性門을 第二로 하고 있으므로 사실상 이 總說은 분류 번호가 없기 때문에 번호를 붙이지 않고 그냥 總說이라고만 하였다.

12) 이 涅槃門도 서술에 있어서는 차례의 표시나 따로 제목을 들지 않고 바로 '涅槃之義, 六門分別'이라 시작되어 있다.

13) 三事門의 네 번째 往復은 본문에서 '第四 往復決擇門'이라 하였다.

14) 四德門의 두 번째인 立意門도 그 본문에서 '第二 其立四意者'라 하였다.

15) '四 和諍門'도 본문에서는 '次第四 明和相諍論'이라 하고 있다.

16) 본문에서는 '第二 明佛性義'라 제목을 들고 그 다음에 '佛性之義 六門分別'이라 시작하였다.

17) 전혀 분류가 되어 있지 않으나 그 내용에서 總·別·通으로 서술되어 있으므로 괄호

  (3) 견성문見性門

  (4) 유무문有無門 ① 취성위就聖位 ② 약범위約凡位

  (5) 삼세문三世門 ① 취법신就法身 ② 약보불約報佛

  (6) 회통문會通門 ① 통문이通文異 ② 회의동會義同

 3. 출경체出經體[18](先敍異部 後顯大乘)

 4. 변교적辨教迹[19](南土・北方諸師說, 淺深略判)

2. 화쟁의 실재

1) 화백가이쟁和百家異諍과 화쟁

 대각국사大覺國師 의천義天(1055~1101)은 「제분황사효성문祭芬皇寺曉聖文」에서 원효성사를 가리켜

 수많은 이쟁異諍의 극단을 화해하여 일대 지공至公의 정론正論을 얻었다.(和百家異諍之端 得一代至公之論)[20]

라고 하였다. 그리고 같은 고려대이면서도 좀 후대의 인물인 하천단河千旦이 쓴 「해동종승통관고海東宗僧統官誥」[21]에서는

 원효 스님이 신라 때에 특출하여 백가의 다른 주장을 화해하였으며, 두 갈래의 법문[22]을 합하여 하나로 돌아가게 하였다.(曉公 挺生羅代 和百家之異諍 合二門之同歸)

  처리를 하였다. 이 아래의 번호 없는 괄호 처리 경우도 이 예와 같다.

18) 본문 안에서는 '第三 明教體'라 하였다.

19) 본문에서는 '第四 明教迹'이다.

20) 『大覺國師文集』 권16, 6장 앞면(건국대학교 출판부, 1974, 영인본).

21) 『東文選』 권27, 「制誥」(古書刊行會本, 38쪽).

라고 하였다.

앞의 「제분황사효성문」에서는 "和百家異諍之端"곧 '백가이쟁百家異諍의 단端을 화和하였다'고 하였는데, 이 「관고」에는 "和百家之異諍" 곧 '백가의 이쟁을 화하다'로 되어 있다. 단端이 있고 없는 차이는 있으나 이 두 글의 뜻은 같은 것으로 볼 수 있다. 그리고 고려의 15대 숙종이 그 6년(1101)에 조詔를 내려 신라 성승聖僧 원효와 의상에게 각각 시호諡號를 추증追贈하고 비석을 세워 기리게 하였을 때 원효를 '원효대성화정국사元曉大聖和靜國師'라고 하였는데,[23] 여기서의 화정和靜[24]도 실은 화백가이쟁和百家異諍을 줄인 화쟁和諍으로 보아야 할 것이다. 그러한 사실들을 미루어 보아 고려 때에는 화쟁(和百家異諍)이 성사 원효의 업적을 대표하는 상징적인 용어로, 또는 그의 대명사처럼 쓰여져 왔음을 짐작할 수 있다.

그러나 후대로 내려오면서 원효의 많은 저서들이 다 흩어지고 교학의 자취가 거의 사라지기에 이르렀는데, 부끄러운 일이지만 이웃 일본에서는 20종에 가까운 그의 저술을 보존하고 또 소중하게 여겨 왔었다. 그 영향으로 근래에 이르러 우리 학계에서도 현대적 연구 방법에 의한 원효학 연구가 눈을 뜨기 시작하였는데, 그 최초의 연구자가 조명기趙明基(1905~1988) 박사라고 할 수 있다.[25] 그로부터 근자에 원효의 현존 저서가 번역이 되고 깊이

---

22) 여기에서 '두 갈래의 법문'으로 옮겨 본 이 '二門'은 「官誥」를 쓴 당시 高麗의 사정으로 미루어 禪門·敎門이 아닌가 싶다. 박종홍 박사는 이 二門으로 신라 見登의 『起信論同異略集』 권上에서 원효의 『和諍論』을 인용한 '生起之門'과 '歸原之門'을 들고, 또 『涅槃經宗要』에서의 '成萬德門'과 '歸一心門'을 들고 있다(『朴鍾鴻全集』 IV, 115쪽) 말하자면 박 박사는 두 가지의 二門을 들고 있어서 이 「官誥」의 二門이 어느 二門을 가리키는 것인지가 분명치 않다. 『國譯東文選』 III(민족문화추진회, 1968) 205쪽의 주 92)에서는 "二門은 불교에서 여러 가지가 있는데, 여기서는 먼저 自力門과 他力門이라 하여 두자"라고 하였다.

23) 『高麗史』 권11, 「世家」 제30장, '肅宗 6년 8월 癸巳'(아세아문화사, 1990, 영인본上, 234쪽下).

24) 여기서의 靜은 諍의 오자라기보다는 靜 자의 뜻 가운데에 '諫하다'는 뜻이 있어서 이 '諫할 諍' 자와 같은 뜻의 글자로 쓴 듯하다.

25) 조명기 박사는 일찍이 발표한 「元曉 宗師의 十門和諍論」(『金剛杵』 제22호, 1937)을 비롯하여 「元曉의 女性觀」(『佛敎』 제28호, 1940), 「元曉의 和諍」, 「元曉의 根本思想」

있는 논저가 간행 발표되면서 활발한 연구가 전개되고 있다. 그리하여 성사 원효의 학문적 성과가 재평가되고, 또 그 교학教學이 현대적 각도에서 정립되어야 한다는 소리들이 높아 가고 있다. 이러한 시점에서 특히 화쟁이 원효의 중심 사상으로 이해되어 많은 학자들의 연구 초점이 집중되기도 하였다고 할 수 있는데, 그 중에는 화쟁을 원효 사상의 귀착점이요 그 사상적 핵심이라고까지 주장하는 학자도 있다.26)

그리고 또『십문화쟁론』을 원효의 가장 대표되는 저술로 보는 학자들은 모두 하나같이 원효의 사상을 화쟁 사상이라고들 일컫는다.『십문화쟁론』이 현재 극히 일부분만이 불완전한 상태로 전해 있기 때문에 학자들의 거의 대부분은 화쟁이란 용어의 사례 근거로 대각국사의 '화백가이쟁지단和百家異諍之端' 또는 「관고」의 '화백가이쟁和百家異諍'을 곧잘 든다. 즉 화쟁이라는 말은 '백가의 이쟁을 화한다'는 뜻으로 쟁諍은 백가의 이쟁을 줄여 쓴 말이라는 것이다.

논문의 소항목을 '화쟁和諍의 논리論理'라고 이름 붙인 박종홍朴種鴻 박사는 그 본문에서 "그리하여 오랫동안 모순 상쟁相爭하던 차에 백가의 이쟁을 화합하여 서로 다른 견해를 귀일歸一시킨 것이 바로 원효 사상의 가장 기본적인 특색이다"27)라고 하였고, 또 "그러면 원효의 이러한 화쟁 사상의 논리적 가능 근거는 무엇인가. 불교중전佛敎衆典의 부분을 통합하면 만류萬流가 일미이며, 불의佛意의 지공무사至公無私함을 전개하면 백가의 이쟁이 그대로 살려져 화和할 수 있기 때문이다"28)라고 하였다.

『新羅佛敎의 理念과 歷史』, 신태양사, 1962),「元曉 思想의 特質」(『韓國思想論叢』1, 1980) 등의 논문이 있으며, 최초로『元曉大師全集』10책을 편집하여 1949년에 자비로 출판한 바가 있다.

26) 이종익,『원효의 근본사상: 十門和諍論 연구』(동방사상연구원, 1977), 11~12쪽.
   "그 사상의 귀착점은 和諍에 있다는 결론을 얻었다."
   "元曉의 사상적 핵심이 和諍에 있다……."

27)『朴鍾鴻全集』Ⅳ,「佛敎思想篇」, '元曉의 哲學思想'(『韓國思想史』, 형설출판사, 1980), 115쪽.

이종익李種益 박사도 그의 논문29)에서 고려 숙종이 추증追贈하였다는 '원효대성화쟁국사元曉大聖和諍國師'의 시호諡號 사실과 『대각국사문집大覺國師文集』의 「제분황사효성문」(和百家異諍之端 得一代至公之論을 중심으로 하는 본문)을 비롯한 원효 관계의 글들 및 "爰及曉公挺生羅代, 和百家之異諍, 合二門之同歸"의 글이 들어 있는 『동문선東文選』의 「해동종승통관고」 내용을 원문 그대로 옮긴 다음, "……라고 한 것도 해동종海東宗에서는 원효의 화쟁 사상을 전승함을 그 종골宗骨로 삼았던 것이다. 이렇게 원효라면 화쟁 사상을 빼놓고 따로 존재할 수 없었다"라고 하여 화쟁 사상은 원효 그 자체요 전부인 것처럼 표현하고 있음을 보게 된다.

실은 오늘날 성사 원효의 핵심 사상을 화쟁 사상으로 보는 경향은 비단 전문 학자들만이 아니고 거의 일반 상식처럼 되어 있다고도 할 수 있다. 그런데 화쟁의 풀이말이라고도 할 수 있는 '화백가이쟁'이라는 말이 앞에서 본 바와 같이 고려의 『대각국사문집』과 「관고」에 성사 원효를 칭송한 말(和百家異諍之端・和百家之異諍)에서 나온 것임을 알 수 있었다. 알고 보면 원효를 찬미한 말로 되어 있는 이 '화백가이쟁'이란 숙어는 원효 자신의 글에서 유래한 말이다. 이 논고에서 다루고자 하는 주제의 대상이면서도 주된 논거인 『열반경종요』의 첫 번째 문이 되는 '술대의述大意'에서 그는 『대열반경』을 가리켜,

지금 이 경전은 바로 불법의 큰 바다이며 방광평등方廣平等의 신비로운 보장寶藏이니,…… 여러 경전들의 부분을 통섭하고, 모든 교설의 흐름을 (涅槃의) 한 맛으로 돌아가게 하였으며, 부처님의 뜻이 지극히 공정함을 열어 보이시어 수많은 다른 주장을 화회하였다.(今是經者 斯乃佛法之大海 方等之秘藏…… 統衆典之部分 歸萬流之一味 開佛意之至公 和百家之異諍)

28) 같은 책, 같은 곳, 116쪽.
29) 이종익, 『원효의 근본사상: 十門和諍論 연구』(동방사상연구원, 1977).

라고 하였다. '지금 이 경전'(今是經者)이라는 가리킴의 말(指示詞)이 없더라도 이 글의 이 부분이『대열반경』을 간요(簡要)하게 밝혀 칭송 찬양(稱揚)한 내용임을 알 수 있다. 여기에서 문제로 삼고자 하는 대목은 곧 "여러 경전(그 때까지 부처님이 설하신 衆典)의 부분들(部分說)을 통섭(統攝)하였고, 모든 교설의 부분(萬流)을 하나의 진리 세계(一味)로 돌아가게 하였으며, 지극히 공정(公正)한 부처님의 뜻을 열어 보였고, 백가의 이쟁을 화회하였다"는 부분인데, 특히 맨 끝의 "수많은 학설들, 곧 각기 다른 주장(百家異諍)을 화회하였다"는 것이 여기에서의 초점이 된다.

뜻으로서가 아니고 글자 그대로 "和百家之異諍"이라는 글귀는 현존 원효의 저술 중에서 오직『열반경종요』의 이 대목에서만 보게 된다고 할 수 있다. 따라서 대각국사의 "和百家異諍之端"이나「관고」에서의 "和百家之異諍"이라는 말은 바로 원효의 이 글귀에 근거한 것으로 볼 수 있다. 원효를 찬탄한 말로 또는 성사 원효의 교학(思想的) 업적을 칭송한 표현으로 전해온 '화백가지이쟁和百家之異諍'은 실은 원효가 그의『열반경종요』에서『대열반경』의 특성을 밝혀 찬양(頌讚)한 구절에서 이끌어 온 말이라는 것이다.

그런데 그와 같은 원효의 열반경관涅槃經観 송구頌句(統衆典之部分 歸萬流之一味 開佛意之至公 和百家之異諍)를 가리켜 '화쟁의 의의를 명확하게 하고 있는 말',[30] '화쟁 사상의 논리적 가능 근거',[31] '화쟁 사상의 원리'[32]라고 한 학자들이 있다. 이들은 모두가『열반경종요』에 그 말이 들어 있다고 인용하면서, 그 글귀가『열반경』의 특성을 밝혀 칭송한 말이라는

30) 鎌田茂雄,「十門和諍論の思想史的 意義」,『佛教學』제11호(日本佛教學研究會, 1981), 2쪽.
31) 『朴鍾鴻全集』IV,「佛教思想篇」 '元曉의 哲學思想'(『韓國思想史』I, 형설출판사, 1980), 116쪽.
32) 이종익,『원효의 근본사상: 十門和諍論 연구』(동방사상연구원, 1977), 11쪽.

사실은 한마디도 언급하지 않고 다만 원효 자신이 스스로를 드러낸 말인 것처럼 화쟁 사상의 원리이며, 그 논리적 가능 근거이고, 또한 화쟁의 의의를 명확하게 하는 말임을 강조하고 있다. 그 글귀는 분명히 원효가 한 말이지만 원효 자신의 사상을 드러낸 말이 아니고, '불법지대해佛法之大海이며 방등지비장方等之祕藏인『열반경』이 중전衆典의 부분을 통섭하여 만류를 일미로 돌아가게 하며, 불의佛意의 지공至公함을 열어서 백가의 이쟁을 화해한다'는 것을 분명하게 밝혀 놓았을 따름이다.

성사 원효에게는『십문화쟁론』이 있지만, 이『열반경종요』에는 '화쟁문'이라는 작은 항목을 두고 있다. 그러나 전편에 걸쳐 어떤 문제를 해석함에 있어서 이설異說이 있을 경우에는 그 이설 견해들을 열거하고는 그에 대한 비판을 가하여 각각 다른 주장들을 하나의 진리 세계로 돌아가게 하고 있다. 그와 같이 각각의 견해와 주장들이 대립되어 있는 상태를 이쟁異諍 또는 쟁諍이라 하며, 그 견해 주장들(異說·異諍)을 조화 귀일시키는 것을 화해和解 또는 화和라고 하여 이를 화쟁和諍(和解異諍)이라 하는 것이므로, 비단 화쟁이라는 명목이 붙어 있지 않더라도 이『종요』의 여러 군데에서 화쟁의 논법을 보게 된다.

그래서『열반경종요』의 전편을 통하여 화쟁의 논법이 펼쳐진 실제 형태의 몇 가지 전형적 사례를 들어서 실증적으로 확인해 보려고 한다. 화쟁은 화해와 이쟁, 곧 이쟁을 화해하는 이중 구조로 되어 있으므로 여기서는 따로따로 나누어서 살펴볼 생각이다. 한문의 순서는 和(解)(異)諍이지만 우리말의 어법 차례에 따라 이쟁을 먼저 보고 다음에 화해를 보기로 한다.

2) 이쟁의 실례

다른 견해 또는 여러 가지 서로 다른 주장이나 학설을 이쟁異諍이라고 한다. 화쟁和諍이라 할 때의 쟁諍은 바로 이 이쟁을 줄인 말이다. 흔히 쟁諍을 '말다툼할 쟁' 자로 보기 때문에 이쟁을 각기 다른 주장을 가지고 말싸움(論爭)하는 것으로 보는 듯하다. 그런 까닭으로 「고선사원효비高仙寺元曉碑」[33]의 잔편殘片에 『십문화쟁론』이 언급된 부분[34]에서

> 공공空空의 논論이 구름 오가듯 하여 혹은 내가 옳다 하고 다른 이는 옳지 않다고 하며, 혹은 나는 그러하고 남은 그러하지 않다고 하여 드디어 하한河漢(같은 논란)이 이루어지게 되었다.(空空之論雲奔 或言我是 言他不是 或說我然 說他不然 遂成河漢矣)

라고 한 것을 이쟁사실異諍史實의 실제적 근거로 보는 경향들이 없지 않다. 단순히 나는 옳고 남은 옳지 않으며, 나는 그러하고 남은 그러하지 않다고 하는 것은 논쟁으로 볼 수 있겠지만 불설佛說 경교經敎의 해석이 각각 다른 것을 일컬을 경우에는 서로 다툼질하는 논쟁이라기보다는 각자의 견해와 해석이 다른 논論과 쟁諍으로 보는 것이 옳지 않겠는가 하는 것이다.

실제 원효의 저술, 특히 이 『열반경종요』에 보면 이쟁은 서로 다른 말싸움으로 보이고 있지는 않다. 여기서의 '쟁諍'은 '다툴 쟁' 자가 아니고 '간諫할 쟁' 자로 보아야 마땅할 것이니, '간諫'이란 직언하여 바로잡는다는 뜻을 지니고 있기 때문이다. 곧 자기 주장 또는 자신의 견해를 자연스레 드러낸(상대방의 주장을 꺾거나 반론하기 위한 언쟁이 아닌) '설說'을 쟁이라 하며, 같은 문제이면서도 각기 그 견해가 다르므로 이설異說, 또는 이쟁異諍이라 한다고 할 수 있다.

---

33) 『朝鮮金石總覽』 上(41~43쪽) 등에는 「高仙寺誓幢和上碑」라 하고 있으나, 이는 현재 碑額이 없는 殘片에 '誓幢和上'이란 글귀가 보이므로 편의상 그렇게 題名한 것 같다. 실은 元曉大師碑이므로 「高仙寺元曉碑」라고 약칭(졸저, 『三國·新羅時代 佛敎金石文考證』, 47~52쪽 참조)하였다.
34) 조명기, 『元曉大師全集』 10책을 비롯하여 현재 『十門和諍論』의 殘文을 수록하고 있는 모든 책에서 이 부분을 『十門和諍論』의 「序」 殘文으로 삼고 있다.

『열반경종요』에서 들고 있는 이쟁의 대표적인 사례 몇 가지를 다음에서 보기로 한다.

(1) 경교經教 종지宗旨에 대한 이설[35]

크게 두 문으로 나눈 것 중의 두 번째인 '광개분별문'에서 다시 두 번째가 되는 '명교종'은 서술이 시작되는 본문 쪽에서는 '변교종자辨敎宗者'라는 제목으로 되어 있고, 그 아래에 서술을 시작하면서 "이 경전의 종지宗旨를 설명하는 이가 같지 아니하다"(此經宗旨說者不同)라고 하였으며, 그 부문(明敎宗門)의 맨 끄트머리에 "두 번째, 경종經宗의 자세한 설명을 마침"(第二. 廣經宗竟)이라 있으므로 '교종敎宗'이나 '경종經宗'이 같으며 다같이 『열반경』의 종지를 뜻하는 것임을 알 수가 있다. 이 경전의 종지에 대하여 각기 다른 설(說者不同) 여섯 가지를 들고 있는데, 그 내용이 장황한 부분도 있으므로 요점만을 간추려 보면 대략 다음과 같다.

① 경문經文의 처음부터 끝까지 설명해 밝힌 바의 뭇 교의敎義로써 경종經宗으로 삼는다.(經文始終 所詮衆義 以爲經宗)

② 네 가지의 대의大義로 이 경의 종지를 삼는다. 첫째, 대열반大涅槃의 원만지극한 묘과妙果는 삼사三事와 사덕四德이 갖추어져 있다(大涅槃 圓極妙果 具足三事 及與四德). 둘째, 일체중생이 모두 불성佛性이 있으나 번뇌에 덮여서 보지를 못한다(一切衆生 悉有佛性 煩惱覆故 不能見). 셋째, 삼보三寶의 불성은 같은 몸체로 둘이 아니다(三寶佛性 同體無二). 넷째, 불법을 비방하는 일천제一闡提나 종성種性에 얽매인 이승二乘까지도 모두 당래에 부처가 될 수 있다(闡提謗法 執性二乘 悉當作佛).

---

35) "第二辨敎宗者 此經宗旨說者不同……."(『한국불교전서』 1책, 525쪽 中~下)

③ 출세간(無上)의 인인(佛性 聖行)과 과과(菩提 涅槃)로써 종宗으로 삼는다.(出世因果 以爲其宗 果卽菩提涅槃 因卽佛性聖行…… 故知無上因果爲宗)
[이 문장의 사이에 본경本經의 「순타품純陀品」, 「애탄품哀歎品」, 「여래성품如來性品」, 「성행품聖行品」 등에 근거하였음을 밝히고 있다.]

④ 당상當常과 현상現常의 두 과과를 종宗으로 삼는다.…… 그러한 뜻이 있으므로 두 과를 종으로 삼는다. 다만 현상의 과를 좇아 제목을 세웠기 때문에 열반이라 이름한다.(當常現常 二果爲宗…… 以是義故 二果爲宗 但從現立題 故名涅槃也)

⑤ 원만지극(圓極)한 하나의 묘과妙果로 이 경전의 종宗을 삼는다. 이른바 제불의 대반열반이므로 종을 따른 까닭에 제목을 세운 것이다.(圓極一果 爲是經宗 所謂諸佛大般涅槃 所以從宗 而立題名……)

⑥ 모든 부처님이 신비로이 간직하신 오직 하나의 참다운 성품으로 경종經宗을 삼는다.…… 그와 같이 무이無二의 비장祕藏으로써 이 경전의 종지로 삼지만 단지 그 제목 가운데에 여러 명목을 모두 함께 둘 수가 없고, 또 열반하신 때를 따라 열반이라 경명經名을 세웠다는 것이다.(諸佛祕藏 無二實性 以爲經宗 如是實性…… 如是無二祕藏 以爲是經宗旨 但其題目之中 不能並 偏存諸名 且隨時事 立涅槃名)

(2) 열반의 성품(性)에 대한 2설

경교 종지를 밝힌 총설 다음에 열반문과 불성문 둘로 나누었는데, 열반문의 6문 가운데 두 번째인 체상문體相門에서는 먼저 그 성품을 밝히면서 이설異說 두 가지를 들고 있다.[36]

첫째, "때묻지 않은 진여眞如가 바로 열반의 체體이다. 처음 일으키는

---

36) 『한국불교전서』 1책, 527쪽 下~528쪽 上, "涅槃門 第二出體 於中有二. 先出體性 後簡虛實 出體性者 諸說不同."

공덕(始起의 功德)은 열반이 아니니, 곧 증득하는 지혜가 보리菩提 그것이기 때문이다."(無垢眞如是涅槃體 始起功德非是涅槃 卽能證智是菩提故) 여기에 이어 『열반경』과 『대품반야경』 및 『점찰경占察經』 등에서 그에 해당하는 글(經文)을 이끌어 경증經證으로 삼고 있다. 그리고 나서 "그러므로 진여眞如의 바른 지혜가 바로 열반임을 알게 된다. 번뇌를 끊어 없애고 나타나는 의義의 부문에서는 곧 진여를 일컬어 삭멸數滅이라 하는 것이니, 삭멸이 바로 무구無垢의 진여다"라고 하였다.

둘째, "과과의 지위에서 생기는 만덕萬德은 본각本覺이나 시각始覺을 불문하고 모두 묶어서 하나의 큰 열반의 체로 삼는다"(果地萬德 不問本始 總束爲一大涅槃體)라고 한 다음 『열반경』과 『법화론法華論』에서 해당 경문을 이끌어 전거로 하였다.

(3) 왕복결택往復決擇의 양설

열반문의 다섯 번째인 '삼사문三事門'에는 사구분별四句分別이 있고 그 네 번째가 왕복往復인데, 본문에는 제4 왕복결택문往復決擇門이라 하여 다음의 두 가지 설을 들고 있다.[37]

첫째, 법신法身은 색상色相이 없으나 다만 기연機緣을 따라 화현하는 색상은 있다. 색상이란 질애質碍가 되는 추형麤形의 법이므로 전도된 분별에서 지어진 것이기 때문이다. 모든 부처님은 영원히 분별을 벗어나서 진리의 근원으로 돌아가 법계로 몸을 삼으니, 그러한 도리로 연유하여 색신色身을 필요로 하지 않는다. 범부들도 무색계無色界에 이르면 색상의 분별을 여의게 되어 색신이 없는데, 어찌 하물며 부처님이 색신이 있다고 하겠는가?"(원문 생략)

그리고는 『금고경金鼓經』(『金光明經』)과 『기신론』 및 『열반경』의 설을

---

37) 같은 책, 532쪽 中~下, "第四 往復決擇門."

문증文證으로 들고는 "그러한 도리로 말미암아 마땅히 색상이 없음을 알아야 한다. 그 밖의 곳에서 색신을 말한 것은 모두 그렇게 소통해야 한다"(由是道理 當知無色 餘處說色 皆作是通)라고 끝을 맺었다.

둘째, "법신의 실덕實德에는 장애가 없는 색상色相이 있다. 비록 막혀 걸린다는 뜻으로의 색色을 말한 것은 없으나, 곳에 따라 나타내 보이므로 색상이라 말한다. 분별에서 지어진 거친 색상은 비록 벗어났으나 만행萬行으로 감응되어 얻어진 미묘한 색신은 있다. 이는 마치 분별의 식識은 비록 없으나 분별이 없는 식은 얻어진다고 말하는 것과 같다. 이와 같이 비록 장애가 되는 색상은 없으나 장애가 없는 색신은 또한 얻어지는 것이다."

그리고 이에 대해서도 『열반경』, 『소니원경小泥洹經』, 『살차니건자경薩遮尼犍子經』, 『섭대승론攝大乘論』 등에서 이끌어와 문증文證으로 삼고는, "이들 글에 의하여 두 가지 행으로 감득되는 실보實報에는 자수용신自受用身과 자수용정토自受用淨土가 있음을 알 수 있다. 다른 데에서 법신法身은 색상이 없다고 말한 것은 자성신自性身에 결부시켜서 색상이 없다고 말한 것이니, 이는 삼신三身 부문의 법신의法身義이다. 이제 삼사三事의 부문에서 말하는 법신이 모두 시유始有의 만덕萬德을 취하여 체體로 삼는다. 그러므로 법신은 형체가 있다고 말하는 것이다"라고 하였다.

(4) 불신佛身의 상주常住와 무상無常에 대한 이쟁

열반문의 6문 중에서 여섯 번째인 사덕문四德門의 4문 중 네 번째인 화쟁문은 그 본문에서 "第四 明和相諍論"[38]이라는 항목명으로 되어 있다. "쟁론이 일어남에는 많은 사단事端이 있다"로 시작되어, "여기에 법신法身이 상주常住하고 화신化身이 기멸起滅한다는 이쟁異諍이 편기偏起한다. 이 두 가지 불신佛身(二身)에 대한 제설諸說이 같지 아니하다. 오직 보신報

---

38) 『한국불교전서』 1책, 536쪽 上~537쪽 中, "第四 明和相諍論."

身에 대하여 두 가지 집론執論이 따로 일어났는데, 그 따로 일어난 쟁론은 두 갈래에 불과하다. 이른바 (報身佛을) 상주常住라고 고집하는 설과 무상無常이라고 고집하는 설이다. 상주를 고집하는 설의 안에도 두 주장(二家)이 있다. 한 주장(一家說云)은 보신불의 공덕에는 생生함이 있으나 멸滅함이 없다는 것이다. 생生의 인因이 멸하였기 때문에 생이 없음을 얻을 수 없으며, 이치를 증득한 것이 구경究竟이기 때문에 상相을 떠났고 상을 떠났기 때문에 상주하여 변하지 않는다는 것이다. 두 번째의 주장(第二家云)은 보신불의 공덕이 비록 생인生因에서 얻어졌으나 생의 상相을 벗어났다는 것이다. 비록 원래 없었던 것이 비로소 있다고 하나, 본래 없었던 것이 지금 있는 것은 아니다. 이미 지금 있는 것이 아니라면 또한 뒤에 없는 것도 아니다. 이러한 도리이므로 삼제三際를 멀리 여의어서 의연히 상주한다. 그러나 도를 깨친 뒤에야 비로소 (報佛功德이) 성취되는 것이므로 본래부터 비롯이 있는 것이 아니다. 삼제三際를 벗어났기 때문에 생이 있는 것도 아니며, 생함이 있지 않으므로 또한 멸함이 없게 된다. 생함도 멸함도 없기 때문에 이는 반드시 무위無爲의 상주불변이니, 만약에 이와 같은 정견正見을 얻지 못한다면 반드시 유위有爲니 무위無爲니 말할 수가 없다"고 하였다. 그리고 나서 『열반경』의 「순타품純陀品」, 「장수품長壽品」, 「덕왕보살품德王菩薩品」, 「사상품四相品」, 「여래성품如來性品」, 「성행품聖行品」과 「청승복전경請僧福田經」[39] 등 경문經文을 근거로 들어서, 각각 불신佛身(法·報·化)의 상주常住와 무상無常의 주장을 상당히 길게 다루고 있다.

---

39) 「請僧福田經」은 現行經을 볼 수가 없기 때문인지 일본의 木村宣彰은 『元曉の涅槃宗要』(『佛教學 세미나ー』 제26호, 59쪽의 주 9)에서 『諸德福田經』의 誤植일 것으로 보았으나, 현재 『諸德福田經』에는 여기에 인용한 "月德居士 歎佛如來涅槃……"의 내용이 없어서 同一經이 아님을 알 수가 있다.

(5) 불성의 체體에 대한 제설

이미 앞에서 본 '열반문'의 다음, 곧 크게 나눈 '광개분별문'의 두 번째
인 '명교종' 중의 분별이문分別二門 가운데 두 번째가 '불성문'이다. 본문
에서는 "第二 明佛性義"(불성의 뜻을 밝힘)라는 제목으로 하였으며, 그 아래
에 불성佛性의 의의義를 6문으로 분별하였는데, 그 첫 번째가 출체문出體門
이다. "'출체문' 안에 또 두 갈래가 있는데, 앞쪽은 여러 주장을 차례로 서
술한 것이고, 나중 쪽은 옳고 그름을 판별한 것이다"(出體門內 亦有二重 先
序諸說 後判是非)라고 되어 있는데, 여기서 앞쪽의 '여러 이설을 열거한 부
분'(先序諸說)[40]의 제설諸說, 곧 이쟁異諍을 보면 "예로부터 이설에는 비록
백가百家가 있으나 서로 같은 뜻의 종류를 묶으면 여섯 가지를 벗어나지
못한다"(昔來說 雖有百家 義類相攝 不出六種)고 하여 6설說을 들고 있다.
그 6설은 다음과 같다.

① 백마사白馬寺 애법사愛法師의 도생공설道生公說[41]

이는 당래當來에 있을 불과佛果(當有佛果)를 불성의 체體로 삼는다는 설
이다. 그 논거로『열반경』「사자후보살품」의 "一闡提等無有善法 佛亦言 以
未來有故 悉有佛性[42] 以現在世 煩惱因緣 能斷善根 未來佛性 力因緣故 逐生

---

40) '明(辨)敎宗門'의 "第二 明佛性義 — 出體門" 중의 先序諸說.(『한국불교전서』 1책,
    538쪽 上~中)
41) 본문에서는 "此是白馬寺愛法師述生公義也"로 되어 있다. 이는 곧 白馬寺의 愛法師
    (宗愛인 듯)가 生公, 곧 竺道生(355~434)의 說義(주장)를 서술한 것이라는 뜻이다. 그
    런데 이영무 교수는 그의『校訂國譯 涅槃經宗要』(대성문화사, 1984) 161쪽 및『國譯
    元曉聖師全書』권1의『國譯 涅槃經宗要』(이영무 譯) 367쪽에서 이 부분을 "이는 白馬
    寺의 愛法師 述生公의 뜻이다"라고 하여 述과 生公을 붙여서 人名으로 보고 白馬
    寺 愛法師와 同一人稱으로 하고 있다. 다시 말해서 이는 白馬寺의 愛法師가 述한
    生公(竺道生)의 義 또는 愛法師 述의 道生公 說(義)이다.
42) 졸고, 「元曉의 佛性論考」,『효성조명기박사추모 불교사학논문집』(동국대학교 출판부,
    1988), 263쪽의 주 5)에서 밝힌 바가 있지만, 이 인용문 중의 '佛亦言'은『涅槃經』원
    문에서는 '佛性亦善'으로 되어 있다. '佛亦言'이면 뜻에 맞지도 않는데, 이영무 교수의

善根"이라는 불설佛說을 들어서, 당래불과當來佛果를 불성의 정인正因으로 삼는다는 것이다.

② 장엄사莊嚴寺 승민법사僧旻法師의 설

현재에 있는 중생(現有衆生)이 불성의 체體가 된다는 설이다. 왜냐하면 중생의 용用은 심법心法을 총괄적으로 부리는 것이며, 중생의 의義는 곳곳에 수생受生하는 것이다. 그러한 어심御心의 주主이기 때문에 당래에는 반드시 대각大覺을 능성能成하므로, 중생이 불성의 정인正因인 체體가 된다는 것이다.

③ 광택사光宅寺 법운법사法雲法師의 설

중생의 심성心性을 불성 정인正因의 체로 삼는다는 주장이다. 중생의 마음은 목석木石과 달라서 반드시 고苦를 싫어하고 낙樂을 구하는 성품이 있으므로 만행萬行을 닦아서 마침내는 무상無上의 보리낙과菩提樂果에 귀착하게 되기 때문이라는 것이다.

④ 양무제梁武帝 소연천자설蕭衍[43]天子說

마음에 있는 신령스러운 성품(心神)을 불성 정인의 체로 삼는다는 주장이다. 즉 심신心神이 이미 몸 안에 있으므로 능히 대각의 과果를 이루게 되기 때문이라는 것이다.

(②에서 ④까지의 原經文 논거는 생략하였음.)

『校訂國譯』 본본에도 그대로 고치지 않는 것으로 미루어 原經文을 대조하지 않은 듯하다. 그리고 이 인용문에는 '悉有佛性' 앞에 '一闡提等' 네 글자가 빠져 있다.
43) 본문에는 '蕭焉'으로 되어 있으나, 梁武帝의 이름이므로 '蕭衍'으로 고쳤다.

⑤ 신사新師(玄奘) 등의 설

이는 아뢰야식阿賴耶識의 법이종자法爾種子가 불성의 체가 된다는 주장이다. 역시 논거로서 "佛性者 一切諸阿耨菩提中 道種子"의 경설과 『유가론瑜伽論』설을 인증하고 있다.

⑥ 진제삼장설眞諦三藏說

이는 아마라식阿摩羅識의 진여해성眞如解性을 불성의 체로 삼는다는 주장이다. 그 논거로 "佛性者 名第一義空 第一義空 名爲智慧"를 들고, 또 『보성론寶性論』의 설을 이끌어 와 논증하고 있다.

원효는 이와 같이 불성佛性의 본질이라 할 체體에 관한 6사師의 설說을 한 자리에 모아 보았는데, 이들 설說(주장)이 각각 다르므로 이쟁異諍인 것이다. 그는 여기에서 6설을 들면서 각각 설마다 그 첫머리에 '第一師云', '第二師云' …… '第六師云'이라 하였으며, 이들 설을 총칭할 경우에는 '六師所說'이라 하였다. 그런데 이 '사師'는 각각의 설주說主(견해를 주장한 사람)를 가리키는 말인데, 스님이라는 뜻으로 많이 쓰이지만, 여기에는 승려가 아닌 양무제도 있으므로 학자 곧 첫 번째 학자(第1師), 두 번째 학자(第2師)라고 하는 표현이 알맞을 듯하다고 하겠다.

『열반경종요』에 있어서 경교經敎상의 여러 해석과 견해 곧 이설異說(異諍)을 대립적으로 열거한 사례가 더 있지만 이상의 다섯 가지를 그 대표적인 예로 삼아 보았다. 이 중에는 아예 이쟁을 화해하는 것을 주제로 한 화쟁문도 있었으나, 이쟁異諍과 화해和解의 논법論法을 이해하는 데 있어서 가장 잘 갖추어진 보기라고 한다면 '백가의 설說'(百家之諍)이 있다 하여도 '여섯 가지를 벗어날 수 없다고 하여 6설說'(6師異諍)을 들고 있는 다섯 번째인 이 불성의 체體에 대한 제설諸說이라고 할 수 있을 것이다.

3) 이설에 대한 화해

앞에서 열거해 본 이설異說(諍)에 대한 원효의 조정화해調整和解의 실제를 각 항목별로 대강 다음과 같이 옮겨 본다.

(1) 경종經宗 이설에 대한 조화

경교經敎의 종지宗旨에 관하여서는 앞에서 본 바와 같이 그 견해가 주장하는 이마다 다르다(諸說不同)고 전제한 다음, 몇 설이 있다는 말도 없이 곧바로 '유사설언有師說言'이고 그 다음부터는 모두 '혹유설자或有說者'로 되어 있는데, 이들 설자說者 여섯 사람의 설이 끝나면서 바로 문답 형식의 글이 된다. "여섯 학자의 견해 중 어느 설이 옳은가?"(問 六師所說 何者爲實)라는 물음에 '답答'이라 하여 다음과 같이 6사師의 이설異說을 간략하게 조화시키고 있다.[44]

> 어떤 이는 말하기를, '여러 설說이 다 옳다. 부처님의 뜻은 특정한 방소方所가 없어서 해당되지 않음이 없기 때문이다'라고 하였다. 어떤 이는 말하기를 '나중에 말한 것이 옳다. 여래의 방소가 없는 뜻에 잘 들어맞았기 때문이다. 아울러 앞에서 말한 여러 학자의 주장(5說)을 모두 포용하였기 때문이다'라고 하였다. 그러므로 이 두 분의 말씀(2說)이 또한 서로 틀리지 않음을 알 수가 있다.(或有說 者 諸說悉實 佛意無方 無不當故 或有說者 後說爲實 能得如來 無方意故 並容前說 諸師義故. 當知是二說 亦不相違也)

라고 하여 『열반경』 종지에 대한 제사諸師의 견해를 판명한 두 가지 설을 끌어 와서 두 설이 서로 틀리지 않음을 밝혀 놓았다.

---

44) 『한국불교전서』 1책, 525쪽 下～526쪽 上, "問 六師所說 何者爲實?……當知是二說 亦不相違也."

(2) 열반 체성體性의 2설에 대한 화해

열반의 체성體性에 대하여서도 제설이 부동不同하다고 하면서 이끌어
온 두 설에 대해서는 앞에서 살펴본 바 있다. 그 두 가지 이설을 옮긴 다음
에 원효는 다음과 같이 그 두 견해를 화해和解하고 있다.[45]

그러한 두 설에는 모두 도리道理가 있다. 그 까닭은 열반과 보리는 공통됨이 있
고 구별됨이 있기 때문이다. 구별되는 부문에서 말하자면 보리는 곧 과위果位
로서 (열반을) 능히 증득하는 덕德에 있으므로 도제道諦에 섭수攝受된다. 열반
은 과위의 증득될 바의 법法이므로 멸제滅諦에 섭수된다. 공통되는 부문에서
말하자면, 과지果地의 도제 또한 열반이며, 증득될 진여眞如 또한 보리菩提인
것이다. 예를 들면 생사生死에도 공통됨이 있고 구별됨이 있으니, 구별됨에서
말하자면 내근內根의 시始와 종終을 일컬어 태어남과 죽음이라 한다. 이 『열반
경』에서 말씀하시기를 '생生이란 제근諸根이 새로 일어나는 것이요, 사死란 제
근이 없어져 다하는 것이다'라고 하셨다. 공통됨에서 논하자면, 모든 잡염雜染
의 법法이 모두가 다 생과 사이다. 이 경經에서 '공空이란 일체의 생과 사이다'
라고 하셨으며, 또한 무아無我와 일체의 생사에 이르기까지도 광설廣說하셨고,
이 생과 사에 상대하여서 열반을 말씀하셨다. 그러므로 열반에도 또한 공통됨
과 구별됨이 있음을 알 수가 있다.

라고 하였으며, 이어서 문답 형식으로 서술하고 있다.

문: 만약에 시각始覺이 갖는 공덕 또한 열반이라고 한다면 이는 곧 열반에도
생인生因이 있게 되는데, 그렇다면 어째서 「가섭품迦葉品」에 이르시기를, "3 해
탈문解脫門과 37도품道品은 능히 일체의 번뇌를 다시 내지 않는 생인生因이 되
지만, 또한 열반에서는 요인了因이 된다. 선남자善男子여, 번뇌를 멀리 여의면
곧 요료了了하게 열반이 드러남을 얻게 된다. 그러므로 열반에는 오직 요인만
있고 생인은 없다"고 하셨으며, 위아래의 여러 경문經文 가운데에서도 모두 오

---

45) 같은 책, 528쪽 上~中, "如是二說 皆有道理……由是道理故 不相違也."

직 요인만 있음을 말씀하셨을 뿐, 또한 생인이 있다고는 일찍이 말씀하시지 않았는가?

답 : 시각始覺에 있는 공덕이 비록 열반이지만 열반의 뜻은 적멸寂滅에 있다. 적멸의 덕德은 요달하는 達하는 바에 계합되는데, 그러므로 말씀하시기를 오직 요인了因만 있다고 하는 것이다. 마치 보리는 생인에서 나왔지만 또한 요인으로 요달了達한 바라고 하는 것과 같다. 곧 이러한 뜻에 준하여 마땅히 열반은 요인으로 나타난 것임을 알 수가 있다. 그러나 또한 생인에서 일어난 것이라고도 말할 수가 있다. 이러한 도리道理이기 때문에 서로 틀리지 않는 것이다.

(3) 왕복결택往復決擇 양설의 개실구득皆失俱得

"두 학자의 견해 중에 누가 그르고 누가 옳은가?"(問 二師所說 何失何得)라는 물음으로 시작되어, 왕복결택往復決擇의 두 가지 설에 대한 득실 판명을 문답 형식으로 풀이하고 있다.[46] '답答'이라 전제한 다음 여기에서도 '혹유설자或有說者'라고 하면서 다음과 같이 서술하고 있다.

결정적으로 한쪽 가장자리(一邊)만을 취하면 두 설이 모두 틀린 것이며, 만일 실다운 것으로 집착하지 않는다면 두 주장이 모두 옳다(定取一邊 二說皆失 若非實執[47] 二義俱得). 어째서 그러한가 하면, 불지佛地의 만덕萬德은 대략 두 부문이 있으니 만일 상相을 버리고 일심으로 돌아가는 문門에 나아간다면, 일체의 덕상德相은 같은 법계法界이기 때문에 오직 제일의신第一義身이라 색상色相의 차별된 경계는 없다고 말하게 된다. 만약 성性을 따라 만덕을 이루는 문門에 의한다면 색상과 심법心法의 공덕을 갖추지 아니한 것이 없기 때문에 무량한 상

---

46) 같은 책, 533쪽 上, 주 37)의 두 설에 이은 문답 부분.
47) 『涅槃經宗要』를 수록하고 있는 『大正新修大藏經』 권38이나 『한국불교전서』 1책(533쪽 上)에는 '報'로 되어 있으나 '執'이 옳음.(이영무, 『校訂國譯 涅槃宗要』, 111쪽) 이 밖에도 앞에서 번역해 옮긴 원문(『한국불교전서』 수록) 가운데에 본 『涅槃經』 원문과 대조해서 상당한 오자와 탈자가 있었으나 번역문만을 옮겼기 때문에 別註로 정정하지 못한 부분이 적지 않았음을 밝힌다.

호相好 장엄을 말하게 되는 것이다. 비록 그러한 두 가지 문이 있으나 다른 모양(異相)은 없다. 그러므로 제설이 모두 장애가 없으며, 이러한 무애無碍의 법문을 드러나게 한다. 「금강신품金剛身品」에 광설하시기를, "여래如來의 몸은 몸이 아니면서 몸이요, 식식識이 없으면서 식이다. 마음을 여의고도 또한 마음을 떠나지 아니하며 처소가 없는데도 또한 처소가 되고 집이 없으면서 역시 집이 되며, 상像이 아니고 상相도 아니면서 모든 상호相好를 장엄하였다"라고 하여 자세히 설하셨다. 여래 비장祕藏의 법문은 마땅히 유有를 설하고 무無를 설하는 것이 모두 도리가 있음을 알아야 할 것이다.

다시 말해서 원효는 상대되는 2설을 모두 틀리고 모두 옳다(皆失·俱得)고 하여 불의佛意의 진실을 들어서 조화되게 하고 있다.

(4) 불신 상주常住·무상無常의 이쟁 화해

여기에서도 역시 문답 형식으로 되어 있어서 먼저 "2사師의 설한 바 누가 옳고 누가 그른가?"(問 二師所說 何得何失)라는 물음으로 시작되어 있다.[48] 물음에 대답하는 형식의 '답'이라 내세운 다음에 두 학자(二師 또는 二家)의 주장에 대한 득과 실을 '혹유설자或有說者'라고 하여 서술하고 있다.

모두 옳고 모두 틀렸다. 그 까닭은 만약 결정적으로 한쪽 가장자리만을 고집한다면 모두 과실이 있게 된다. 그러나 그것이 장애가 없는 주장이라면 모두 도리가 있는 것이다.(皆得皆失 所以然者 若決定執一邊 皆有過失 如其無障碍說 俱有道理)

그리고는 『능가경』을 빌려 "여래응공정변지如來應供正遍知를 상常이라 합니까, 무상無常이라고 합니까? 부처님께서 말씀하시기를 '상도 아니고 무상도 아니다. 두 가장자리에서 치우치면 허물이 있게 된다.' 그러므로 광

---

48) 같은 책, 537쪽 中~下, 앞의 주 38)의 二家說의 異諍에 이은 문답 형식의 화해 부분.

설하시기에 이르시다"라고 옮긴 다음에,

이제 이 말씀은 비록 상주常住가 아니라 하여도 생각이 멸하지 않는다는 것이
다. 이러한 경문經文들은 그 치우친 고집을 깨뜨린 것으로 결정적인 한쪽 가장
자리를 취하는 것은 도리에 맞지 않다는 것이다. 장애가 없는 주장(無障碍說)이
라면 두 견해가 모두 옳다고 한 것은, 보신불報身佛의 공덕은 상相을 여의고 성
性을 벗어났기 때문이다. 상相을 여의었으므로 생멸生滅의 상을 벗어나서 구경
에는 적정寂靜하여, 지음도 없고 행함도 없는 까닭으로 상주常住라고 말한다.
성품을 벗어났으므로 상주의 성질을 여의어 지극히 시끄럽게 움직여서 못하는
일이 없는 까닭으로 무상無常이라고 말한다. 그러나 성품을 여읜 것과 형상을
벗어난 것이 둘이 아니고 따로 없는 것(然離性離相⁴⁹) 無二無別)이어서, 성품을
벗어난 것이 형상을 여읜 것과 다르지 아니하다. 그러므로 상주가 생하고 멸하
는 것에 방해되지 아니한다. 성품을 여읜 것이 형상을 떠난 것과 다르지 않은
까닭으로 생하고 멸하는 것이 상주에 장애되지 아니한다. 그러한 도리로 말미
암아 두 주장(二說)이 모두 옳은 것이다. 이를 더 자세히 살피면 또한 많은 부분
이 있게 되는데, 『능가경종요』⁵⁰) 가운데에서 구체적으로 설명하였다.

라고 하였다. 이어서

그러나 무상無常을 고집하는 학자들의 주장(執無常家義)에는 미진한 뜻이 있다.
말하자면 법신法身을 결정적 상常이라 주장하기 때문인데, 만약에 결정적인 상
주라면 곧 지음의 법(作法)이 아니니 지음의 법이 아닌 까닭으로 두 몸(報身·化
身)을 짓지 못한다. 그러므로 법신 또한 무위無爲가 아니다.

라고 하여 『능가경』과 『섭대승론』의 해당 글귀를 이끌어 와서 문증文證으

---

49) 『大正新修大藏經』과 『한국불교전서』(1책, 537쪽 中)에는 "離性無二無別"로 되어 있어
    서 '離相'이 없으나 "離性離相無二無別"(이영무, 『校訂國譯 涅槃經宗要』, 153쪽)이
    옳다고 하겠다.
50) 『新編諸宗教藏總錄』 권1 등 옛 목록집에 元曉 撰으로 『楞伽經宗要』 권1이 보이고
    있으나 현재 전하지 않는다.

로 삼고 있는데, 특히 『섭대승론』에서 법신法身의 5상相을 설한 가운데 세 번째의 한 구절인 "有爲無爲 無二爲相 非惑業集51)所生故 由得自在 能顯有爲相故"52)를 옮겼으며, 또 『논석論釋』53)의 이 부분 '석왈釋曰' 중에서 "非惑業集所生故"와 "由得…… 爲相故"의 두 '석왈'54)에 해당하는 부분을 하나의 '석왈' 아래에 옮겨 놓고 있다.55) 그리고는 이어서 "이는 법신이 비록 혹업惑業으로 생긴 바의 유위는 아니지만 응연凝然하여 동작이 없는 것이 아님을 밝힌 것이다"라고 하여, 집무상가執無常家의 주장을 바로잡은 다음에 집상가執常家의 주장에 대하여 다음과 같이 언급하였다.

또 상常을 고집하는 학자들은 비록 상주常住를 좋아하기는 하나 그 상의 주장에는 또한 부족한 뜻이 있다. 말하자면 비로소 간직된 공덕은 그 앞의 위계에 두루하지 못하기 때문이다. 만약 이 공덕이 두루하지 못한 바가 있다면 곧 법계法界를 증득하지 못한 것이 있게 된다. 법계에 있어서 증득하지 못한 것이 없어야만 곧 평등한 법성法性이 두루하지 못하는 바가 없는 것이다.

라고 하여 『화엄경』의 다음 말씀을 옮겨 놓았다.

여래께서 정각正覺으로 보리菩提를 이루었을 때 불방편佛方便에 머물러서 일체중생등신一切衆生等身을 얻고, 일체법등신一切法等身을 얻으며, 일체찰등신一切刹56)等身·일체삼세등신一切三世等身·일체법계등신一切法界等身·일체허공

---

51) 『大正新修大藏經』의 것을 옮긴 『한국불교전서』(1책, 537쪽 中)에서는 이 '集'이 '雜'으로 되어 있으며, 이영무 교수는 그의 『校訂國譯 涅槃宗要』(155쪽)에서 '雜'의 옆에 '染'자를 덧붙여 놓고 "大正藏無染字 今依文勢補入"이라 註記하였다.
52) 無著菩薩 造, 眞諦三藏 譯, 『攝大乘論』下(『大正新修大藏經』 권31, 129쪽 下).
53) 世親菩薩 釋, 眞諦 譯, 『攝大乘論釋』.
54) 世親菩薩 釋, 眞諦 譯, 같은 책, 권13(『大正新修大藏經』 권31, 251쪽 中).
55) 『한국불교전서』 1책, 537쪽 中~下, "一切有爲法……故非有爲"는 "非惑業……"의 釋曰이고, "法身由得……故非無爲"는 "由得自在……"의 釋曰에 해당한다.
56) 『大正新修大藏經』, 권38, 248쪽 下에 '殺'로 되어 있어서 이를 저본으로 삼은 『한국불교전서』 1책, 537쪽 下 등 모든 책에서 다 '殺'로 하고 있으나 '刹'이 옳다. 『大正新修

계등신一切虛空界等身 내지 적정열반계등신寂靜[57]涅槃界等身을 얻으셨다. 불자佛子여, 여래의 얻으신 바 몸을 따라서 마땅히 음성과 무애의 마음도 또한 이와 같다. 여래는 이 같은 세 가지 청정무량함을 다 갖추셨다.[58]

그리고는, "이는 여래께서 성도하신 뒤에 얻으신 색신色身과 음성과 무애심無碍心이 평등하지 않음이 없고 두루 하지 않음이 없음을 밝힌 것이다. 이미 일체삼세一切三世에 평등하다고 말씀하셨거늘 어찌 금강金剛(如來金剛身)의 이전에는 두루하지 않으랴. 그러나 이 도리는 제불諸佛의 비장祕藏이어서 사량思量하는 것으로 능히 헤아릴 수가 없다. 다만 부처님의 말씀에 의거하여 믿음을 일으킬 뿐이다"라고 회통會通하여 매듭을 풀었다.

(5) 불성의 체에 대한 제설의 옳고 그름

이미 앞쪽에서 불성佛性의 체體에 대한 여러 이설異說(序諸說)을 보았는데, 원효는 그 주장들(異諍)에 대해 옳고 그름을 가려서(判是非하여) 화해和解하고 있다. '次 判是非者'라는 항목을 들고 그 아래에 "이들 학자의 주장이 모두 옳기도 하고 모두 그르기도 하다"(此諸師說 皆是皆[59]非)라고 전체적인 평을 한마디로 내리고 나서 다음과 같이 서술하였다.

大藏經』권9, 626쪽 下에 "得一切利等身"으로 되어 있다.

57) 이 '寂靜'도 『華嚴經』 원문(『大正新修大藏經』권9, 626쪽 下)에는 '寂滅'로 되어 있다.

58) 원효가 인용하고 있는 이 대목은 60권본 『華嚴經』권35, 「寶王如來性起品」에 설해져 있는 "佛子 如來應供等正覺 成菩提時……如來具足 如是等三種淸淨無量"의 부분을 옮긴 것인데, 첫머리에 '如來正覺成菩提時'라고 옮겨서 '應供等' 3자가 줄어 있으며, 끄트머리의 '如是三種淸淨無量'도 '如是等'의 '等' 자가 빠져 있다.

59) 『大正新修大藏經』 및 이를 옮긴 『한국불교전서』(1책, 538쪽 中) 등에 모두 '皆是非'로 되어 있으나, 그 저술의 다른 예에 미루어 '非' 앞에도 '皆'가 있는 것이 옳다고 하겠다.(앞에 나온 이영무 교수의 『校訂國譯本』, 166쪽)

그러한 까닭은, 불성佛性이 그러한 것도 아니고 그러하지 않은 것도 아니기 때문이다. 그러하지 않음으로써 여러 주장이 모두 옳지 않으며, 그러하지 않은 것도 아닌 까닭으로 여러 견해가 다 옳은 것이다. 그 의미가 무엇인가 하면, 6사師의 주장은 두 갈래에서 벗어나지 않는다. 처음의 하나는 당래에 있을 불과(當有之果)를 가리킨 것이고, 나중의 다섯은 지금에 있는 원인(今有之因)을 근거로 하였다. 이들 다섯 주장 중에서도 또한 두 갈래가 되는데, 맨 나중의 하나는 진제眞諦에 머물렀고, 그 앞의 네 가지는 속제俗諦에 따른 것이다. 속제에 따른 4설은 인人과 법法을 벗어나지 않았다. 앞의 1설은 인人을 들었고, 나중의 3설은 법을 근거하였다. 법을 근거로 하는 세 주장도 기起와 복伏에 지나지 않는다. 뒤의 1설은 종자種子(伏)요 앞의 2설은 상심上心(起)으로서, 상심을 의거한 것에도 주장(義)을 따라 설을 달리한다.

이와 같이 여섯 학자의 주장(6師의 學說 또는 6師의 異諍)을 평석評析한 그는 여기에서 다음과 같이 자신의 견해를 들어 여러 설들을 화해하고 있다.

불성의 체는 바로 일심(然佛性之體 正是一心)이다. 한 마음의 성품은 여러 가장자리를 멀리 여읜다. 그러므로 도무지 해당하는 것이 없다. 해당하는 것이 없으므로 해당되지 않는 것도 없다. 이를 마음의 입장에서 논한다면(就心論), 일심은 인因도 아니고 과果도 아니며, 진眞도 아니고 속俗도 아니다. 따라서 인人도 아니고 법法도 아니며, 기起도 아니고 복伏도 아니다. 그러나 조건(緣)에 결부시켜 논한다면(約緣論), 마음은 기起도 되고 복伏도 되며, 법法도 되고 인人도 되며, 속俗도 되고 진眞도 되며, 인因도 짓고 과果도 짓는다. 그래서 그러한 것도 아니고 그러하지 않은 것도 아니라는 뜻(義)이므로, 여러 주장(諸說)이 모두 옳지 않기도 하고 옳기도 하다는 것이다.

그리하여 그는 총설로는 비록 그러하나 그것을 분별하면 다음과 같다고 하여 각별론各別論을 펼쳐 마무리하고 있다.

일심법一心法에는 두 가지의 뜻이 있으니 하나는 더럽히지 않아도 더럽혀지는 것(不染而染)이고, 하나는 더럽혀도 더럽혀지지 않는 것(染而不染)이다. 뒤의 것 곧 '염이불염染而不染'은 일미적정一味寂靜이며, 앞의 것 곧 '불염이염不染而染'은 육도六道의 유전流轉이다. 이 경經의 아래 글에 이르시기를, "일미의 약은 그 흐름의 곳에 따라 갖가지의 맛이 있으나, 그 참맛(眞味)은 산에 머무르고 있다"(一味藥 隨其流處有種種味 而其眞味停留在山)라고 하셨고, 『부인경夫人經』(『勝鬘經』)에서는 "자성自性의 청정한 마음은 확실하게 알기가 어렵다. 그 마음이 번뇌에 더럽히는 것도 또한 확실하게 알기가 어렵다"(自性淸淨心 難可了知 彼心爲煩惱所染 此亦難可了知)라고 말하였으며, 『기신론』 가운데서도 이 뜻을 자세히 드러내었다. 이것은 진제삼장眞諦三藏의 주장으로 여섯 번째 학자(第6師)가 설한 진여불성眞如佛性이니, 염이불염染而不染의 문門에 해당한다.

앞의 다섯 주장은 모두가 염문染門에 있게 되는데, 왜 그런가 하면 염染을 따르는 마음은 하나의 성품을 지키지 못하고 연緣을 상대하여 과果를 바라보면 반드시 생生함이 있게 된다. 가히 생生하게 되는 성품은 훈습熏習으로 인하여 이루어지는 것이 아니니, 그러므로 이름을 법이종자法爾種子라 말하는 것으로 다섯 번째 학자(第5師)의 주장이 이 문에 해당한다.

또 이와 같은 염染을 따르는 마음이 변전하여 생멸生滅하는 식위識位를 짓는 데까지 이르게 되지만, 언제나 신해神解하는 성품은 잃지 않는다. 잃지 않음을 말미암기 때문에 끝내는 심원心原으로 돌아가게 되니, 네 번째 학자의 주장이 또한 여기에 해당한다.

또 염染을 따르는 생멸의 마음이 안에서 훈습하는 힘에 의해 두 가지의 업業을 일으키게 되는데, 이른바 염고厭苦와 구락求樂의 능인能因이다. 이를 근본으로 하여 당래의 극과極果에 이르게 되니 세 번째의 주장이 여기에 해당한다.

그와 같은 일심一心이 염染을 따라 변전할 때 이르는 곳을 따라 제법을 모두 부려서 곳곳에 생生을 받으니, 이를 일러 중생衆生이라고 한다. 두 번째의 설이 여기에 부합된다.

그러한 중생은 본각本覺이 변전한 것이므로 반드시 대각大覺의 과果에 이르게 되지만, 지금은 나타나지 않았으므로 당과當果라고 일컫는데 첫 번째의 주장이 여기에 해당한다.

이와 같이 6사師의 설을 하나하나 따로 논하여 자리매김한 그는 다음과 같이 불성체상론佛性體相論의 결론을 맺으며 전체적으로 회통시킨다.

그러한 의의가 있으므로 6사師의 주장(所說)은 비록 불성佛性의 실체實體에는 모두 미진하나, 각기 그 부문에서 설명한다면 모두 그 의義에 부합한다고 할 수가 있겠다. 그러므로 경설經說에서 마치 장님들의 코끼리에 대한 설명이 비록 그 실체를 적중하지는 못하였으나 코끼리를 설명하지 않은 것은 아니듯이, 불성을 설명한 것도 또한 그와 같아서 6사의 주장 그대로도 아니고 그 여섯 가지를 벗어난 것도 아님을 알아야 할 것이다.(由是義故 六師所說 雖皆未盡 佛性實體 隨門而說 各得其義. 故下文說 如彼盲人 各各說象 雖不得實 非不說象 說佛性者 亦 復如是 不卽六法 不離六法 當知此中 六說亦爾)[60]

지금까지 우리는 『열반경종요』에서 볼 수 있는 화쟁和諍의 실제 사례 다섯 가지를 이끌어 와서 그 대강을 살펴보았다. 편의상 쟁諍(異說)을 먼저 들고 화和(解)를 나중에 검토함으로써 각각 화쟁 논리의 실상을 파악해 보고자 하였다. 그 다섯 사례가 모두 화쟁의 실제를 잘 보여 주고 있지만, 그 중에서도 맨 마지막에 본 불성의 체상體相을 밝힌 부분에서 화쟁의 논법이 (오히려 화쟁문이라 제명한 항목보다도) 가장 정연하게 구체적으로 잘 드러나 있다고 할 수가 있을 것이다.

3. 회통의 진실

『열반경종요』를 통해 볼 수 있는 화쟁의 실제를 다섯 가지 사례로 묶어 보았다. 그 이쟁의 화和에는 반드시 결론을 맺으면서 이설을 조화 회통시키고 있음을 볼 수 있었다. 이를 미루어 원효의 화쟁 논리는 회통이 뒷받

---

60) 6說에 대한 원효의 비판과 견해에 관하여서는 이미 졸고, 「元曉의 佛性論考」(『효성조 명기박사추모 불교사학논문집』, 동국대학교 출판부, 1988), 265~267쪽에서 본 바 있다.

침됨으로써 완결된다는 사실을 알 수 있게 된다. 그의 현존 저술 여러 군데에서 그러한 사례를 볼 수 없는 바는 아니지만, 특히 일부 학자들에 의해 원효 사상의 대명사처럼 여겨져 왔던 화쟁을 주제로 삼은『십문화쟁론』의 잔문을 통해서 뚜렷하게 그 사실을 확인할 수 있다. 즉 극히 일부분이 불완전하게 남아 있기는 하나 그 본문에는 주제명主題名인 화쟁의 낱말은 찾아볼 수 없고 오직 "如理會通 如實和會"[61]라는 말을 보게 된다. 이는 물론 '이치(眞理 또는 理法) 그대로 회통會通하고, 참다움(實相 또는 眞實) 그대로 화회和會한다'는 뜻이므로 10문에 걸친 이쟁의 문제들을 논파 화해하여 여리如理하게 회통하고 여실如實하게 화회한다는 것으로 볼 수 있을 것이다.

앞에서 본 화쟁의 논리는 비단 '화쟁문'에서만이 아니고『종요』전편에 걸쳐서 보여 주고 있으므로 그 가운데서 다섯 가지만을 예로 들어보았었다. 그 화쟁의 경우와 마찬가지로 이『종요』에는 '회통문'이 항목화되어 있으나, 회통의 논법은 역시 전편에 걸쳐서 적용되어 있다. 그러나 그 사례를 다른 항목 부문에서 일일이 찾아 옮겨 보는 번다함을 피하여 (和諍의 경우와는 달리) 여기에서는『종요』의 '회통문'을 통해서만 그의 회통 논법의 진실을 살펴보기로 하겠다.

앞쪽에서 이『종요』의 과목 짜임을 본 바와 같이 '회통문'은 불성을 논명論明한 6문 중에서 여섯 번째의 결론 부분에 해당한다. 이 부문에서 그는 통문이通文異와 회의동會義同의 두 갈래로 나누어서, 먼저 통문이 곧 경문의 각각 다름(文異)을 소통하여 풀이(通解)하였으며, 다음에 불설교의佛說敎義가 하나같음(義同)을 확연히 알도록 회석會釋하여 밝히고(會明하고) 있다. 이 차례에 따라 여기에서도 통해通解를 먼저 보고, 회명會明을 나중에 보기로 하였다.

---

61) 海印寺 刊藏本을 저본으로 한『한국불교전서』1책, 838쪽 下.

1) 소통하여 풀이함(通解)

원효는 앞의 5문門(體相·因果·見性··有無·三世門)을 풀이하면서 이끌어 온 경설의 서로 다른 여러 부분들을 문답의 형식으로 하나하나 통해通解하였다. 여기서의 통해는 말할 것도 없이 문이文異(經文이 서로 다름)를 소통하여 풀이(通解)한 것이므로 문이가 생략되어 있는 항목명이라 할 수 있다. 이 부분의 설명 순서는 6문의 차례대로가 아니고, 『종요』 원문의 순서를 그대로 따라 정리해 옮긴 것이다.

(1) 인과문에서

① 경문의 각각 다름(文異)

앞의 인과문因果門에서 인용한 (『열반경』 「가섭품」) 글 가운데 "아뇩보리阿耨菩提를 얻지 못하였을 때[62]의 일체 선善과 불선不善과 무기법無記法을 이름하여 불성(盡名佛性)이라 한다"라고 있는 것에 의한다면 보리심菩提心과 육도六度 등의 행행이 모두 불성인데, 어째서 「사자후품獅子吼品」 중에서는 "정인正因이란 불성을 이름함이며, 연인緣因이란 보리심을 발하는 것이다"라고 하였으며, 그와 같이 서로 틀리는 것을 어떻게 회통會通할 수가 있는가?

② 소통하여 풀이함

"두루 통하게 하여 풀이하면"(通者解云)이라 하여 그 문제를 다음과 같이 풀고 있다.

성性으로는 포용되나 행行으로는 포용되지 않으므로 일체를 다 불성佛性이라 일컫는다.(以性攝 行不攝故 說一切盡名佛性.) 또 행行으로써 성性을 바라보면 성

---

62) 『大正新修大藏經』과 『한국불교전서』(1책, 543쪽 下)에는 "未得阿耨菩提之時"의 時를 約 자로 잘못 쓰고 있는데, 이영무 교수는 (『校訂國譯本』, 214쪽에서) 이 約을 살려 그 글자 앞에다 時 자를 넣고 있다.

으로는 있으나 행은 아니다. 그러므로 성과 행을 나누어서 두 가지 인因을 말한 것이다. 또한 성에는 두 가지 뜻이 있으니 하나는 시인의是因義요, 하나는 비작의非作義이다. 인의因義에 취하였으므로 진명불성盡名佛性이라 하나, 비작의에 결부시키면 행은 곧 성이 아니다. 이러한 도리에 의하면 서로 틀리지 않는다.

(2) 체상문에서

① 경문의 각각 다름

체상문體相門에서 인용한 경문에 "불성이 아닌 것은 이른바 일체의 장벽牆壁과 와석瓦石 등의 무정지물無情之物이다"라고 하였는데, 『열반경』의 「가섭품」 중에서는 "혹은 불성佛性이 오음五陰 가운데 주住하는 과果라고 하며, 혹은 불성은 오음을 벗어나 있어서 흡사 허공과 같다고 말한다. 그러므로 여래께서 중도中道를 설하셨는데, 중생의 불성은 안의 육입六入(六根)도 아니고 밖의 육입(六境)도 아니며, 안과 밖이 화합한 까닭으로 중도中道라 이름한다"라고 하였다. 만일 뒤의 경문에 의하면 와석瓦石 등의 무정물無情物은 외육입外六入(六境)에 포함되므로 불성이 된다고 할 수 있다. 이와 같이 서로 틀리는 것을 어떻게 회통하겠는가?

② 소통하여 풀이함

만약에 유정有情과 무정無情의 다른 부문(異門)에 의거한다면 와석瓦石 등의 물건은 불성이라 할 수 없다. 만일 유식소변唯識所變의 현문現門에서 본다면 안과 밖이 둘이 아니므로 모두 불성이 된다. 이는 오직 보불성報佛性에 결부시켜 설한 것이다. 또는 앞의 인용문은 보불성을 설한 것이고, 뒤의 인용문은 법불성法佛性을 설한 것이다. 이렇게 본다면 이 설은 또한 서로 틀리지 않다.

(3) 견성문에서

① 경문의 다름

견성문見性門 안에서 인용한 논에 "초지初地보살은 무애의 지안智眼으로 모든 중생이 다같이 불성이 있음을 본다"라고 하였는데, 이 경의 「덕왕품德王品」과

「사자후품」등의 여러 군데에서 십지十地 이하의 보살이 중생의 불성을 보지 못한다고 하였다. 이러한 글들을 어떻게 회통하겠는가?

② 소통하여 풀이함

통상通相으로 말한다면 구경究竟과 불구경不究竟의 차이를 나타내기 위한 것이다. 그러므로 십지十地에서는 보면서도 명료하지 못하다고 설하였다. 만약에 수분증견문隨分證見門에 의거한다면 초지보살 또한 불성을 눈으로 볼 수 있게 된다. 나머지 은현문隱顯門에서 나투기도 하고 숨기기도 한 설이니, 십지의 인因이 만위滿位임을 드러내기 위하여 득견得見이라 하였다. 구지九地 이하는 인因이 원만하지 못하기 때문에 불견不見이라 한 것이다.

이어서 좀더 자세히 설명을 하고 그는 "보살은 일체각一切覺을 얻지 못하였으므로 비록 보기는 하나 불명료한 것이다"라는 경문을 든 다음에, 나머지 경문의 서로 다른 것은 이를 준해서 소통하여 풀이할 수가 있다고 하였다.

2) 회통하여 밝힘(會明)

한마디로 말해서 교의敎義가 같은 것(義同)임을 회석會釋하여 밝혔으므로 회명會明이라 한다. 원효는 여기에서 동류同類의 의義를 가지고 있으면서도 문구가 다른 경우에 그 같은 유형(同類)의 뜻으로 여러 경문을 회명(會義同)하고 있다. 그래서 여기에서는 불성의 의를 밝히려는 저자의 저술 의도에 따라 먼저 회의동會義同을 보고, 다음에 저자 원효의 불성론에 대한 결론적 회통會通을 옮겨 보려고 한다.

(1) 회의동會義同

불성의 의義에는 무량의 문이 있으나 같은 의義끼리(類로써) 서로 융섭하면 다섯 가지에 벗어나지 않는다고 하여 그는 다음의 다섯 가지를 들었다. ① 성정문性淨門 상주불성常住佛性, ② 수염문隨染門 무상불성無常佛性, ③ 현과제불소득現果諸佛所得, ④ 당과중생소함當果衆生所含, ⑤ 일심비인비과一心非因非果이다. 이 중에서 앞의 두 가지는 인위因位의 불성을 말한 것이라고 하였으므로 ③과 ④는 과위果位의 불성임을 알게 된다.

① 상주불성문常住佛性門

그는 여기에서 『열반경』의 「사상품」과 「여래성품」에서 각각 한 구절, 「사자후품」에서 세 구절의 불설佛說[63] 부분을 인용해 놓고는 대략 다음과 같이 서술하였다.

이러한 경문들은 모두 이명異名을 들고 있으나 다같이 자성청정의 진여불성眞如佛性을 나타낸 것이다. 삼승三乘이 동귀同歸하므로 일승一乘이라 이름하며, 12인연의 근본이기 때문에 인연因緣이라 하고, 일체를 멀리 여의었으므로 공空이라 하며, 성품에 본각本覺이 있기 때문에 지혜智慧라 하고, 중생 가운데에 실實다우므로 실의實義라 하며, 자체를 자조自照하기 때문에 아견我見이라 한다. 여러 일컬음들이 비록 다르나 밝혀야 할 대상(所詮)의 체는 하나이므로, 그처럼 많은 일컬음을 말하고 있는 까닭은 모든 경전이 오직 일미一味임을 드러내고자 한 때문이다.

아견我見이라 일컫고 여래장如來藏이라 이름한 것은 『승만경』과 『능가경』 등의 뜻(義旨)에 회통한 것이며, 또 공空이라 하고 지혜라 이름한 것은 여러 반야부般若部 경전의 교의에 회통되는 것이고, 또 일승一乘이라 이름한 것은 바로 『법화경』 등에 회통되며, 또 진해탈眞解脫이라 한 것은 곧

---

63) 각 품의 經文은 앞에 나온 졸고, 「元曉의 佛性論考」, 『효성조명기박사추모 불교사학 논문집』(동국대학교 출판부, 1988), 283~284쪽에 原經文과 대조하여 옮겨 놓았으므로 여기에서는 생략하였다.

『유마경維摩經』 등에 회통되는 것이다. 이들 여러 경전은 글귀가 다르면서도 같은 뜻을 드러내고 있으므로 하나의 불성에 있어서 여러 명칭을 세운 것이라고 할 수가 있다.

② 수염문隨染門 보불성報佛性

앞의 것이 '성정문性淨門 상주불성常住佛性'인 데 반해 이 항목의 전제된 명칭은 '수염문隨染門 무상불성無常佛性'이다. 여기에서도 그는 본 경의 「사자후품」에서 두 구절, 「가섭품」에서 두 글귀[64]를 이끌어 옮긴 다음, "이러한 경문들은 다같이 수염문 안의 보불성報佛性을 나타낸 것이다"라고 하였다.

③ 명현과불성明現果佛性

이 또한 전제된 제목은 '현과제불소득現果諸佛所得'이다. 여기에서도 그는 「사자후품」과 「가섭품」에서 각각 해당하는 한 구절[65]씩 이끌어 옮긴 다음에 "이와 같은 경문은 함께 현재 과위果位의 불성을 밝힌 것이다"라고 하였다.

④ 설당과불성說當果佛性

전제된 제목이 '당과중생소함當果衆生所含'인데, 그는 「사자후품」과 「가섭품」에서 각각 해당 경설 한 구절[66]씩 옮겨서 '당래當來 과위果位의 불성을 밝힌 것'이라고 하였다.

---

64) 졸고, 「元曉의 佛性論考」, 『효성조명기박사추모 불교사학논문집』(동국대학교 출판부, 1988), 285쪽에 원문 참조.
65) 졸고, 같은 책, 285~286쪽.
66) 졸고, 같은 책, 같은 곳.

⑤ 일심비인비과一心非因非果

여기에서 그는 「고귀덕왕품高貴德王品」과 「사자후품」의 불설佛說 한 구절[67]씩 문증文證으로 이끌어 와서, 불성의 비인비과非因非果 및 비상비무상성非常非無常性이 다같이 드러나 있음을 밝히고 있다.

(2) 불성론佛性論의 회통

원효는 다음과 같이 자신의 불성관佛性觀을 전반적으로 결론지어 회통하고 있다.

성품이 청정한 본각本覺은 무루無漏의 선善이며, 물듦을 따르는 뭇 선善은 유루有漏의 선善이다. 일심一心의 체體는 그 두 문에 해당하지 않으므로 유루도 아니고 무루도 아니다. 또 부처님의 과果는 상선常善이고 인因은 무상선無常善이다. 일심一心의 체體는 인因도 아니고 과果도 아니므로 상常도 아니고 무상無常도 아니다. 만약에 마음이 인因이라면 과果를 지을 수도 없고, 과果라면 인因을 지을 수도 없다. 그런데 일심은 인因도 아니고 과果도 아니므로 인因을 짓기도 하고 과果가 되기도 한다. 또한 인因의 인因을 짓기도 하고 과果의 과果가 되기도 한다. 그러므로 불성佛性에는 인因도 있고 인因의 인因도 있으며, 과果도 있고 과果의 과果도 있다고 하는 것이다.
그러기 때문에 앞에서 본 4문의 염染과 정淨의 두 가지 원인(2因) 및 당래와 현재의 두 결과(2果)는 그 성품(自性)이 둘이 아니고 오직 하나의 마음(一心)임을 알아야 한다. 한 마음의 성품은 오직 부처님의 체증體證하는 것이므로 이 마음을 일러 불성佛性이라 이름한다. 다만 여러 문門을 의지하여 이 하나의 성품(一性)을 나타낸 것이며, 다른 문門을 따라서 따로 성품이 있는 것은 아니다. 그렇게 다름이 없다면 어째서 하나가 있게 되는가. 하나라고 할 것도 아니기 때문에 능히 여러 부문(諸門)에 해당한다. 다른 것도 아닌 까닭으로 여러 문門이 일미一味인 것이다.[68]

---

67) 졸고, 같은 책, 286~287쪽.
68) 졸고, 같은 책, 287쪽.

3) 회통에 의해 화회의 세계는 이루어진다

이제까지 우리는 성사 원효의 『열반경종요』 안에서 화쟁과 회통의 사례를 중점적으로 대충 살펴보았다. 대체적으로 보아 『열반경종요』에서 가장 중심이 되는 부분은 '광개분별' 중의 두 번째인 '명(변)교종문明(辨)敎宗門'이며, 이 경교經敎의 종지를 밝히는 부문의 주제를 '열반문'과 '불성문' 둘로 나누고 있음을 보았었다. 말할 것도 없이 열반론涅槃論과 불성론佛性論은 그의 『열반경종요』 전체에 있어서 가장 핵심이 된다고 할 수 있다.

그런데 흥미로운 것은 이 열반론의 결론 부분을 '화쟁문'이라 하고, 불성론의 결론 부분을 '회통문'이라 제목하였다는 점이다. 지금까지 보았듯이 화쟁문이라 이름 붙인 항목 밖에서도 『열반경종요』의 전편에 걸쳐서 화쟁의 논리적 전개를 많이 볼 수 있었으며, 그 대표적인 사례로 다섯 가지를 이끌어 내어 옮겨 보았었다. 이들 다섯 문제 중에서 첫 번째의 경종經宗이설異說에 대한 조화(이는 여섯 異說을 評解한 2說을 끌어와서 조화시키고 있으므로 經證이 생략되었음)를 제외한 네 가지 문제가 모두 여러 경설을 문증으로 삼아 화해하여 회통하고 있다.

그는 '회통문'에서 '통문이通文異'와 '회의동會義同'의 두 갈래로 나누었지만, '통문이'에서도 경설의 다른 부분(異文)을 각각 보기로 들고는 "이와 같이 서로 다른 것을 어떻게 회통하겠는가?"(如是相違 云何會通)라고 자문한 다음 "두루 통하게 하여 풀이하면"(通者解云)이라고 하여 문제점들을 화해하고는 "이러한 이치(道理)이므로 서로 틀리지 않는다"(由是道理故 不相違也)라고 회통하였다. '회의동'에서는 화쟁이나 통해라는 말을 한마디도 쓰지 않으면서도 같은 의류義類의 다른 경문들을 이끌어 와서 교의敎義가 같은 점을 밝혀 화회하였다.

그런 까닭으로 이 글에서는 『열반경종요』 전편에 드러나 있는 화쟁회통의 논리 체계를 먼저 화쟁에서 이쟁異諍과 화해和解의 둘로 나누었으며, 다음에 회통에서는 통해通解와 회명會明으로 나누어 보았었다. 화쟁은 『종요』 전체를 통하여 이설(諍)이 먼저 열거되고 이어서 평석評析 조화가 논리 정연하게 서술된 대표적인 사례만을 골라서, 편의상 앞부분을 이쟁이 라 하고 해답 부분을 화해라고 제목 붙여 보았다. 회통의 항목 분류는 『종 요』의 '회통문'에만 국한시켜 그 앞쪽 '통문이'를 통해로 제목하고 뒤쪽의 '회의동'을 회명으로 제목하였었다.

그와 같이 작게는 네 분류(異諍·和解·通釋·會明), 크게는 두 부문(① 和 諍, ② 會通)으로 나누어져 있는데, 이는 말할 것도 없이 『종요』에 있는 그대 로를 항목화한 것일 따름이다. 이 화쟁과 회통을 다시 하나의 말로 합치면 화회가 된다. 화쟁의 경우에도 결국은 경증經證을 들어 통해하고 불설佛說 로 회통하는 것이므로 화쟁이든 화회든 모두가 회통에 의하여 논법이 완성 된다고 할 수 있다.

그의 『종요』에는 끝으로 교적教迹을 밝히고 있는데, 이는 일종의 교판 론이다. 여기에서 그는, "예로부터 남토南土의 제사諸師들은 많이 무도산 武都山 은사隱士 유규劉虬[69]의 주장에 의거하여……"라고 시작하여, 남토 의 5시교時教와 북방의 4종宗을 비교 거론한 다음, "남북의 두 주장은 어느 것이 옳고 어느 것이 그런가"라는 물음에 다음과 같이 대답 형식으로 화해 하고 있다.

만약에 한쪽을 고집하여 한결같이 그러하다고만 한다면 2설이 모두 옳지 않다. 만일 분수에 따라 그 주장하는 것이 없다면 2설은 다 옳다고 할 수 있다. 그러한

---

69) 이 劉虬를 『大正新修大藏經』과 『한국불교전서』(1책, 546쪽 中) 및 이영무 『校訂國譯本』 (238쪽)에서는 모두 劉虯이라 틀리게 쓰고 있다. 隋 慧遠 撰 『大乘義章』 권1, '衆經教 迹義'(『大正新修大藏經』 권44, 465쪽 上) 첫머리에 "晋 武都山 隱士 劉虬說言"이라 시작되어 있다.

까닭은 부처님이 설하신 반야(般若) 등의 여러 교의가 광대하고 매우 깊어서, 얕고 깊은 것으로 한 가장자리에다 한정시키는 것은 옳지 않기 때문이다.

이는 이쟁의 화해이면서도 남북 2설의 화회라고 할 수가 있을 것이다. 그러나 그는 여기에서 끝내지 않고 천태지자(天台智者)와 신인(神人)의 문답을 끌어와서 남북 2설의 득실을 비교하고 있다. 그리하여 그는 끝으로

> 부처님의 뜻(佛意)이 깊고 넓기가 한량이 없는데, 4종(宗)(北方說)으로 경지(經旨)를 자리매김하려 하고, 또한 5시(時)(南方說)로써 부처님의 뜻을 한정하려고 하는 것은 마치 소라로 바닷물을 퍼내고, 대롱으로 하늘을 엿보려는 것과 같음을 알 수 있다.

라고 하였다. 이는 지금까지의 모든 견해와 이설(異說)들을 불의(佛意)와 경지(經旨)로 회통시킨 한마디의 결론이라 할 수 있다.

다시 말해서 성사 원효의 화쟁 논리는 회통이 있음으로써 완성되는 것이므로, 화회가 그 바른 일컬음이라고 할 수 있다. 화쟁도 반쪽이고 회통도 반쪽이라 할 수 있으나 회통에 의해서 화쟁이 성립되는 것이라면 결국은 회통을 떠나서는 화쟁이나 화회가 존립 불가능하다고 할 수 있을 것이다. 앞에서도 본바 있지만 화쟁을 주제로 한 그의 『십문화쟁론』의 남은 글 쪽에서 보게 되는 '여리(如理)한 회통(會通), 여실(如實)의 화회(和會)'는 그것을 입증해 주는 좋은 예라고 할 수가 있을 것이다.

이와 같이 화쟁이라는 말은 불완전한 부분 용어이면서도 오늘날 하나의 갖춘 낱말처럼 쓰이고 있는 사실은, 흡사 석가세존(釋迦世尊) 또는 석가불타(釋迦佛陀(如來))를 줄여 앞의 두 글자만을 취하여 석가라고 일컫는 경우와 같다고 할 수 있다. 실은 석가는 고대 인도의 씨족명일 따름이었으나 고오따마(瞿曇) 수행자가 성불한 이후에 석가족의 대성(大聖)이라는 뜻으로 그를

석가모니釋迦牟尼(世尊·佛陀·如來)라고 존칭하였는데, 후대에 와서 석가불釋迦佛·석존釋尊·석가釋迦 등으로 줄여 썼으며, 특히 석가는 오늘에 이르도록 일반적 통칭처럼 되어 왔다. 그러한 예에 견준다면 화쟁회통의 네 자를 앞쪽의 두 글자 '화쟁和諍'만으로 줄여 쓴 경우가 '석가釋迦'와 같고 네 자(釋迦佛陀·釋迦世尊)의 뜻을 살려서 두 글자로 줄여 '석존釋尊'이라 한 예가 '화회和會'라 일컫는 경우에 견주어질 수 있겠다는 것이다.

그러므로 성사 원효의 중심 사상을 오늘날 흔히 화쟁 사상이라고 하는 것에는 문제가 있다고 할 수 있다. 지금까지 우리가 살펴본 『열반경종요』에 보이고 있는 화쟁은 결코 사상이라고는 일컬을 수 없는 하나의 논리 체계(論法)를 일컫는 부분어 또는 줄임말(略稱)이기 때문이다.[70]

『열반경』(다른 佛典도 마찬가지임)에 펼쳐져 있는 중요한 문제와 중심 사상을 밝히기 위하여 종래의 제설諸說과 각기 다른 견해(異諍)들을 부정과 긍정을 통해 화해하고, 불설佛說 경교經敎의 문증文證을 들어서 회석소통會釋疏通, 곧 여리如理하게 회통함으로써 불리佛理에 계합되어 일심구현一心具現의 진리 세계가 여여如如하게 드러나도록 하였다. 그래서 이를 '여실如實의 화회和會'가 이루어진 것이라고 할 수가 있을 것이다. 그러한 참다운 화회(如實和會)의 정신이야말로 오늘날 우리 겨레가 직면하고 있는 민족 통일의 지상 원리일 것으로 여겨진다.

---

70) 졸고, 「元曉의 佛性論考」(『효성조명기박사추모 불교사학논문집』, 동국대학교 출판부, 1988, 288쪽)의 결론 부분에서 和諍을 전혀 사상으로 보지 않고 "和諍會通의 독특한 연구 방법과 논리……"라고 하였었다.

원효 사상 전개의 문제점

— 박종홍 박사의 경우 —

박 성 배

1. 머리말

원효元曉 사상의 핵심은 그의 화쟁和諍 사상에 있다. 이것은 옛날부터 널리 알려진 이야기이다.[1] 그렇지만 막상 중요한 원효의 화쟁 사상 자체가 무엇인지, 그리고 실제로 그러한 화쟁이 어떻게 해서 이루어지는지에 대해서는 최근까지도 잘 알려지지 않은 것 같다.[2] 이러한 사상적 암흑의 장벽을 뚫고 나온 최근의 논문이 1966년에 발표된 열암洌巖 박종홍朴鍾鴻 선생

---

1) 화쟁 사상이 원효 사상의 핵심이라는 견해는, 원효를 다루는 거의 모든 현대 학자들 간에 공통적이며, 역사적으로는 대각국사 의천과 「高仙寺誓幢和上塔碑」까지 소급된다. 조명기, 『新羅佛教의 理念과 歷史』(신태양사, 1962), 84쪽; 이기영, 「教判史上에서 본 원효」(동양학술세미나, 제3회, 1973), 521쪽; 이종익, 『원효의 근본사상: 十門和諍論 연구』(동방사상연구원, 1977), 11∼13쪽; 박종홍, 『한국사상사』(서문당, 1972), 105쪽 등 참조.
2) 이 점에 대해서는 이종익, 『원효의 근본사상: 十門和諍論 연구』서론(동방사상연구원, 1977), 3∼9쪽 참조. 본 논문에서는 박종홍 선생의 논문이 발표된 후에 나온 논문들은 고려의 대상에서 제외하였다. 왜냐하면 이들은 아무도 박종홍 선생의 원효관을 문제삼지 않았기 때문이다.

의 「원효의 철학사상」이라는 소논문이었다고 생각한다.[3] 이 논문은 화쟁
이라는 초점을 가지고 원효의 전 사상 체계를 꿰뚫어보려고 했다는 점에서
매우 야심적이며, 또한 획기적인 웅편雄篇이라 말하지 아니할 수 없으며,
또한 이 논문은 원효의 저술상에 나타난 방법적인 특색을 밝혀 냈다는 점
에서 그 동안 구각舊殼을 탈피하려고 몸부림치던 원효학을 진일보시킨 디
딤돌의 역할을 했다고 말해도 좋을 줄 안다.

그러나 박종홍 선생의 원효 해석은 그 방법론에 있어서 뿐 아니라 구체적
인 원효의 문장에 대한 이해에 이르기까지 종래의 전통적인 원효 해석과는
현저히 다르기 때문에 진지한 독자들을 당혹하게 할 때가 없지 않았다. 그러
므로 우리는 여기에서 이 차이점을 밝혀 내고 박종홍 선생의 논문 가운데서
문제되는 부분을 골라내어 이를 분석하고 관련된 문제를 제기해 보고자 한다.

2. 자료상의 문제점

원효의 화쟁 사상에 관한 최초의 역사적인 기록은 원효(617~686)가 세상
을 떠난 뒤 약 100년 후에 세워진 것으로 알려져 있는 「고선사서당화상탑비
高仙寺誓幢和上塔碑」에 나타나 있다. 이 탑비에는 원효의 『십문화쟁론十門
和諍論』서문으로 생각되는 한 문장이 인용되어 있으며, 또한 그 당시에 원
효의 화쟁 사상이 어떻게 받아들여졌는가를 말해 주는 중요한 글귀들이 포
함되어 있다. 그러므로 우리는 여기에서 이 관계 부분을 번거로움을 무릅쓰
고 좀 자세히 분석해 보기로 한다. 우선 그 원문을 아래에 적어 보자.

---

3) 박종홍, 「원효의 철학사상」, 『한국사상사』 III(서문당, 1972), 85~127쪽 참조. 이 논문은
   이보다 먼저 1966년에 일신사에서 출간한 『韓國思想史: 古代篇』에 수록되어 있으며,
   최초로는 『韓國思想』 誌에 발표된 것으로 기억하지만, 지금 이곳에서는 확인할 길이
   없어 그냥 1966년에 발표되었다고 적어 둔다.

王城西北 有一小寺 □ 識記□□外書等見斥於世□ 就中十門論者 如來在世已賴圓
音衆生等(解) 雨驟 空空之論雲奔或言我是 言他不是 或說我然 說他不然遂成河漢矣
大山而投廻谷 憎有愛空猶捨樹以赴長林 譬如靑藍共體 氷水同源 鏡納萬形 水分通
融 聊爲序述 名曰十門和諍論 衆莫不允 僉曰善哉.[4]

위의 인용문에는 네 개의 탈자脫字와 몇 군데의 문맥이 잘 통하지 않는
곳이 있다. 우리는 이에 대한 철저한 고증을 다하지 못한 채 다만 뜻이 통
하도록 이를 다음과 같이 풀이해 보았다.

왕성王城의 서북방西北方에 하나의 작은 절이 있었다. (원효대사는 이 절에서)[5]
참기讖記, □□(雜文)[6] 외서外書 같은 세상에서 배척받아 온 지 (오래된) 책들을
(읽었다.) 특히 『십문화쟁론』이라는 책에 의하면 부처님께서 세상에 계셨을 때
에는 (모두들 부처님의) 흠 없는 말씀에 귀의하여 모든 중생들이 다 한결같이
(알아들을)[7] 수 있었지만, 한 번 부처님이 가신 뒤에는 여러 가지 是非가) 비 쏟
아지듯 생기고, 또한 그들의 헛된 이론들이 구름이 내닫듯 (속출하여) 혹은 나는
옳고 남들은 옳지 않다고 말하는가 하면, 혹은 나는 그렇지만 남들은 그렇지
않다고 주장하여 (세상은) 마침내 홍수가 터진 듯 (걷잡을 수 없는 판국에) 이르
고 말았다. (그 싸우는 모습을 대강 살피자면 사람들이 공空을 싫어하면서 유有
를 좋아하는 꼴은 마치) 큰 산을 (피해 다니면서) 깊은 골짜기를 찾아다니는 것
과 같고, 유有를 싫어하면서 공空만을 좋아하는 따위는 마치 나무를 싫어하면
서 큰 숲만 찾아다니는 것과 같았다. 비유를 들어 (이 잘못을) 깨우치자면 (空과

---

4) 葛城末治,「新羅誓幢和上塔碑に就いて」(『靑丘學叢』 제5호, 1931), 153쪽.
   本井信雄,「新羅元曉の傳記について」(『大谷學報』, XLI, No. 1, 1961), 34쪽.
5) 본 논문에서 ( )표시는 항상 필자가 문맥의 소통을 위해서 임의로 부가한 부분임을 나
   타낸다.
6) □ 표시는 문자가 탈락된 부분임을 나타낸다. 雜文이라는 말은 필자가 짐작으로 넣어
   본 낱말이다.
7) 葛城, 本井의 논문에는 衆生等이라고만 되어 있고 '解' 자가 없었지만 이종익 선생의
   논문「원효의 근본사상: 十門和諍論 연구」(동방사상연구원, 1977), 12쪽에 있는 주 1)에
   따라 '解' 자를 붙여 해석하였다. 이는 眞諦 譯, 『大乘起信論』 중 '異類等解'라는 말
   과 일치하기 때문이다.(T. 1666, 권32, 575c, 10줄 참조. 여기에서 T는『大正新修大藏經』
   을 의미한다.)

有의 관계는) 청빛과 남빛이 (원래) 체體를 함께 하며, 얼음과 물이 (원래) 같은 데서 나왔으며, 거울은 가지가지의 형상을 모두 다 용납하며, 물은 나누어 놓자 마침내 서로 통하며 하나로 되어 버리는 것과 비슷하다. 부족하나마 이로써 서문을 삼고 이름을 붙여 『십문화쟁론』이라 하니 모두들 옳다고 말하지 아니한 사람이 없었으며, 다들 참으로 좋다고 찬탄하였었다.

거듭 밝히는 바이지만, 우리의 해석은 앞으로 이 비碑에 대한 보다 더 철저한 고증을 통해서 다시 확인되어야 할 줄 안다. 그러므로 우리는 여기에 우리의 해석이 지니고 있는 문제점을 미리 적어 놓기로 한다.

첫째는 왕성의 서남방에 있는 한 작은 절에서 누가 무엇을 했느냐는 문제이다. 우리는 이를 원효가 세상에서 배척받은 지 오래된 참기讖記, 잡문雜文, 외서外書 등을 읽었다고 해석하였다. 다시 말하면 이 문장에 들어 있는 네 개의 탈자를 차례로 '간看', '잡문雜文' '구久' 자로 본 것이다. 첫째의 탈자는 '간' 자 대신에 '작作' 자를 넣어 볼 수도 있다. 그 때에는 원효가 참기, 외서의 저자가 되어 버린다. 그러나 원효를 그렇게 해석하기에는 우리의 자료적 근거가 너무 빈약하다. 그렇지만 어느 경우이건 원효가 세상에서 배척받은 지 오래된 책들과 관련이 있었다고 하는 사실은 의심할 수 없을 줄 안다.

둘째는 여기에서 말하는 외서라는 책들이 구체적으로 어떤 책이었을까 하는 문제이다. 원효의 문체에는 노자풍老子風이 짙게 배어 있으며,[8] 그의 사고 방식에는 공자의 이순耳順 사상이 엿보인다[9]는 점 등을 생각하면 여

---

[8] 일례를 들면 『大乘起信論別記』의 玄之又玄之, 曠兮, 蕩兮, 無理之至理 등의 문체는 모두 노자의 『道德經』을 연상시킨다. 원효의 이러한 문체상의 특징은 그의 저술의 도처에서 발견된다.(T. 1845, 권44, 226a; T. 1730, 권34, 961a 등 참조)

[9] 원효가 즐겨 쓰는 문자들 가운데 '二說皆得'이라는 말이 있다. 서로 대립되어 싸우고 있는 兩說이 모두 다 옳다는 말이다. 누구의 말을 듣건, 잘만 들어보면 그 사람으로서는 그렇게 말할 수밖에 없는 도리를 발견하게 되고, 그러면 그 사람의 말에 귀를 기울일 수 있게 된다는 것이다. 분명히 유교의 耳順 사상이다. 그러나 조심해야 할 것이 있다. 그것은 원효가 '二說皆得'이라고 말할 때는 반드시 '由是道理'라는 말이 붙어 다닌다는 사실이다. 그리고 이 때의 도리라는 말엔 멍청한 맞장구엔 칼을 꽂는 날카로움이 서려 있다. 말하자면 '皆是皆非'라는 자기 부정을 통한 和諍者 자신의 질적 전

기에서 말하는 외서란 노장과 공맹의 서라고 생각해 볼 수 있다. 원효 당시에도 불교 사원에서는 공맹과 노장의 서를 외서라고 하여 읽지 못하게 했었던 것 같다.[10]

셋째는 원효가 이러한 외서를 읽었다는 사실과 그가 『십문화쟁론』을 지었다는 사실 사이에 어떠한 관계가 있느냐 하는 문제이다. 원효가 세상에서 배척받은 지 오래된 외서를 읽었다는 기사가 나온 다음에 바로 이어서 『십문화쟁론』이라는 책의 소개가 뒤따르는 것을 보면 원효가 말하는 화쟁은 불교 집안의 시비를 화쟁하는 것 이상의 것이 아니었겠느냐 하는 생각이 든다.

넷째는 화쟁의 원리를 제시하는 것으로 해석될 수 있는 '청람공체靑藍共體' 이하의 4구를 어떻게 이해하느냐 하는 문제이다. 처음의 '청람공체'와 '빙수동원氷水同源'이라는 구절은 현상적인 차이의 밑바닥에 서로 통하는 면이 있음을 간파해야 한다는 말인 듯하며, 그 다음의 '경납만형鏡納萬形'은 보다 적극적으로 이 세상에 있는 모든 차이를 다 포용하는 이치를 암시하고 있다고 볼 수 있으며, 마지막의 '수분통융水分通融'은 수분과 통융 사이에 탈락된 문자가 발견되지 않는 한 우선은 어떤 시비를 넘어선 경

환을 반드시 전제하고 있기 때문이다. "모든 사람의 말이 다 옳다"는 원효의 말을 받아들이면 우리는 사실상 말문이 막혀 버리고, 생각이 다 끊어져 버리고, 그리하여 일종의 지적 기능상의 질식 상태에 빠지게 된다. 왜냐하면 우리가 지금 하고 있는 말, 하고 있는 생각은 모두 "모든 사람의 말이 다 옳다"는 말이 들어올 자리를 주지 않는 것들이기 때문이다. 따라서 원효의 '二說皆得'이라는 말을 받아들인다고 하면서 종래의 말문이나 생각에 아무런 변화가 없다면 이는 소위 이미 道通을 했거나, 아니면 멍청한 맞장구이거나, 그것도 아니라면 원효의 저술 의도와는 아무런 관계가 없는 세계에서 원효를 읽고 있다고 말할 수 있을 것이다. 우리가 원효의 저술 의도와는 아무런 관계 없는 세계에 안주하면서 원효를 제대로 이해할 수 있을는지 의심스러운 일이다.
'由是道理, 二說皆得'에 대해서는 불교학동인회 편, 『원효전집』(동국역경원, 1973), 37a〜43c; 박종홍, 『한국사상사』(서문당, 1972), 101〜102쪽; 이종익, 『원효의 근본사상: 十門和諍論 연구』(동방사상연구원, 1977), 15〜19쪽 등 참조. 공자의 耳順에 대해서는 『논어』, 「爲政」(성균관대학교 대동문화연구원, 『經書』, 1968년판, 79쪽) 참조.

10) 전통적인 불교의 교육 과정에서는 불전 이외의 외서를 가르치지 아니하였지만, 한국의 고승들은 대개 외서에도 밝았다. 西山大師의 『三家龜鑑』은 한 좋은 예라고 하겠다. 이지관, 『韓國佛敎所依經典硏究』(해인사, 1969) 참조.

지를 일러주고 있다고 보아도 무방할 줄 안다.

아무튼 우리는 이상의 분석을 통해서 원효의 화쟁이 노리는 바는 불교 집안의 시비뿐 아니라 유교와 도교와의 관계까지를 포함한 모든 시비를 화쟁하는 것이었다고 말할 수 있을 줄 안다. 이 점은 분명히 종래에 소홀히 되었던 점이 아닌가 생각된다.

다음에 우리들이 살펴보아야 할 자료는 988년 중국의 찬녕贊寧에 의하여 출판된 『송고승전宋高僧傳』 가운데 실려 있는 「원효전元曉傳」이다.[11] 이는 현재 우리들이 볼 수 있는 「원효전」으로서는 가장 오래된 본격적인 원효의 전기라는 의미에서 자세히 검토해 볼 필요가 있다. 그러나 과연 우리들이 여기에서 얼마만큼 원효의 화쟁 사상 관계 자료를 얻어 낼 수 있는지는 의문이다. 여기에는 너무나 많은 고증 불가능한 전설적인 이야기들이 가득 차 있기 때문이다. 그러므로 우리는 여기에서 화쟁 사상에 관계됨직한 부분만을 골라서 살펴볼 수밖에 없다. 이 때 우리의 눈에 맨 먼저 띄는 문장은 다음과 같다.

蓋三學之淹通, 彼土謂爲萬人之敵, 精義入神, 爲若此也.[12]

우리는 이를 다음과 같이 풀어 볼 수 있다.

(원효는) 삼학三學에 두루 통하여 (그 당시) 신라에서는 그를 가리켜 아무도 대적할 수 없는 사람이라고들 했다. 이는 다름아닌 그의 경전 해석이나 그 가운데에 있는 종교적·철학적 문제에 대한 뜻을 밝혀 냄이 아무도 추종 못할 가위 입신入神의 경지에 있었음을 말하는 것이다.

---

11) 贊寧의 「元曉傳」은 T. 2061, 권50, 730a~b에 수록되어 있다.
12) 贊寧, 같은 책(T.2061, 권50, 730a, 9~11행).

여기에서 문제가 되는 것은 찬녕이 말하는 삼학三學이 과연 무엇을 뜻하는가를 밝히는 일이다. 불교에서는 물론 계학戒學과 정학定學과 혜학慧學을 삼학이라 한다. 그러나 여기에서는 전후 문맥으로 보아서 불교라는 카테고리를 넘어설 가능성도 없지 않다. 만일 찬녕이 말하는 삼학이 유학, 불학, 선학仙學을 가리킨다고 볼 수 있다면, 이는 먼저 살핀 고선사탑비에 있는 원효가 외서를 읽었다는 사실과 일맥상통한다고 하겠다. 그리고 원효의 정의精義가 입신入神의 경지에 있었고, 아무도 이에 대적할 사람이 없었다는 말은 그의 화쟁이 우리의 상상을 훨씬 더 넘어선 무쟁無諍의 경지에까지 이르러 있었음을 암시하는 것이 아닌가 생각된다.

찬녕이 지은 「원효전」은 대정신수대장경본大正新修大藏經本으로 한 페이지도 채 못되는 짧은 전기이다. 그것도 전 53행 가운데 39행이 원효의 『금강삼매경론金剛三昧經論』[13)에 관한 이야기로 차 있다. 이 이야기 가운데 원효의 화쟁 사상과 관련지어 주목할 만한 대목은 다음의 두 문장이다.

① 『金剛三昧經』, 乃二覺圓通, 示菩薩行也.[14)
② 謂使人曰, 此經以本始二覺爲宗, 爲我備角乘, 將案几. 在兩角之間, 置筆硯, 始終於牛車, 造疏成五卷.[15)

먼저의 우리는 위의 두 문장을 우리말로 옮겨 보자.

① 『금강삼매경』[16)이란 두 가지의 각覺, 다시 말하면 본각本覺과 시각始覺[17)

---

13) 한문본으로 가장 시원스럽게 읽을 수 있는 것은 1958년 동국대학교에서 출판한 영인본이며, 우리말로 번역된 것은 다음과 같다.
성낙훈 역, 『金剛三昧經論』(『한국의 사상대전집』1, 동화출판공사, 1972), 133~281쪽, 한글대장경 155, 『한국고승』5(동국역경원, 1975), 21~573쪽, 이기영 역주, 『金剛三昧經論』(대양서적, 1972).
14) T. 2061, 권50, 730a, 24~26행.
15) 같은 책, 730b, 10~13행.

이 원만하게 융통하는 것으로서 보살의 行行을 나타내 보이는 책이다.

② (원효가) 사신使臣들에게 말하기를, 이 경은 본래 본각과 시각의 두 각覺을 그 근본으로 삼고 있으니 나를 위해서 소가 이끄는 수레를 준비해 주고 책상을 가져오라고 하였다. 원효는 소의 두 뿔 사이에다 붓과 벼루를 놓고서 처음부터 끝까지 그 소가 끄는 수레 위에서 소疏 5권을 다 지었다.

무엇보다도 먼저 우리는 이 이야기를 문자 그대로 받아들일 수 없음을 고백하지 않을 수 없다. 그 당시의 소 수레가 얼마나 잘 만들어져 있었기에, 또는 그의 붓글씨 솜씨가 얼마나 능숙했기에 원효는 소가 끄는 수레 위에서, 그것도 벼루를 소의 두 뿔 사이에다 놓고 소疏 5권을 모두 다 지어 낼 수 있었다는 말인가? 믿어지지 않는 이야기이다. 그렇다고 하여 우리는 그 사실 여부를 가릴 처지에 놓여 있지도 않다. 우리에게 납득이 가지 않고 우리에게 증명이 불가능한 이 일이 「원효전」을 지은 찬녕 자신에겐들 그리 쉽게 납득이 갔으리라고는 생각되지 않는다. 이러한 어려움이 있었음에도 불구하고 그가 이 이야기를 「원효전」에 집어넣었을 때에는 그에게는 그렇게 해야만 될 무슨 까닭이 있었을 것임에 틀림없다. 더구나 이 이야기는 그가 지은 「원효전」의 3분의 2 이상을 차지하고 있다는 자료적 비중을 생각할 때 우리는 이 이야기를 납득이 가지 않는다는 이유 하나만으로 소홀히 다룰 수는 없다.

그렇다면 이 이야기를 두고 우리들이 할 수 있는 일은 무엇인가? 우선 가장 손쉬운 일은 이 이야기의 상징적인 의미를 캐내는 일이다. 이러한 작업의 벽두에 부딪히는 일이 앞서 인용한 두 문장 가운데 첫 번째 것, 즉 『금강삼매경』은 두 가지의 각이 원만하게 융통하는 것으로서 보살행을 나타내 보이는 책이라는 글을 어떻게 해석할 것이냐 하는 문제이다. 왜냐하

---

16) T. 273, 권9, 365c~374b.

17) 본각과 시각의 문제를 본격적으로 다룬 불전은 『大乘起信論』(T. 1066, 권32, 575~583쪽)이며, 일본에서는 옛날부터 이 문제에 대해서 논란이 많았다.
多田厚隆 編, 「天台本覺論」, 『日本思想大系』 9(東京: 岩波書店, 1973) 참조

면 이 이야기의 초점이 원효가『금강삼매경』에 대한 소疏를 지었다는 데에 맞추어져 있기 때문에 우리는 불가불『금강삼매경』이란 무슨 책인가에 대한 어느 정도의 이해를 필요로 한다. 그러므로『금강삼매경』에 대한 정의라고도 말할 수 있는 글이 이 이야기 속에 나온다는 것은 반가운 일이 아닐 수 없다. 이 글의 핵심은 '이각원통二覺圓通 시보살행示菩薩行'이라는 여덟 글자에 있다. 대승大乘이 대승다운 소이는 보살행에 있으므로 우리는 항상 보살행의 가능 근거를 묻지 않을 수 없다.

찬녕에 의하면, 이에 대한『금강삼매경』의 대답이 여기에 있다. 불교 사상에서 본각과 시각은 항상 서로 팽팽히 맞서 있는 개념들이다. 본각이란 말은 일체중생이 본래부터 깨달은 존재임을 주장할 때에 그 근거로 쓰여지는 말이며, 시각이란 말은 일체중생이 현재 미迷한 존재임을 전제하고 이러한 미한 중생이 어떻게 본각을 유감없이 드러낼 수 있는가를 설명할 때 쓰이는 말이다. 그러므로 본각이라는 말은 시각이라는 말이 있을 자리를 주지 아니하며, 시각이라는 말은 항상 본각이라는 말을 무색하게 만들어 버린다. 다시 말하면, 양각兩覺의 관계는 대립 관계요 상극相剋 관계이다. 그런데『금강삼매경』에 의하면 이러한 두 각이 서로서로 원만하게 융통할 때에 보살행이 가능하다는 것이다.

그러면 어떻게 해야 이러한 '이각원통'의 사상이 실현될 수 있을까? 우리는 위의 두 번째 문장에서 그 답변을 찾아낼 수 있다고 생각한다. 두 번째 문장의 첫머리에서 원효의 말을 그대로 인용하고 있고, "이 경은 본각과 시각의 이각二覺으로 종宗을 삼는다"(此經, 以本始二覺, 爲宗)는 말은 첫번째 문장과 똑같은 취지의 글임을 우리는 곧 알 수 있다. 다만 여기에서는 그 내용이 전설적인 방향으로 이어져 나가고 있음이 다를 뿐이다.

박종홍 선생은 "소의 양각兩覺 사이에 필연筆硯을 준비해 놓고 시종 우거牛車 위에서 저술을 하였다"는 이야기를 "본각과 시각의 양각으로써 이론 전개의 기반으로 삼았다"는 뜻으로 풀이하였다.[18] 우리말에서나 중국 말에서나 '각角' 자와 '각覺' 자는 그 음이 서로 통하며, 우거는 항상 대승을 상징하므로 박종홍 선생의 해석은 아주 재미있다.

여기에서 우리는 원효가 그의 붓과 벼루를 소의 두 뿔 사이에다 놓았다고 말할 때의 '사이'의 의미를 좀더 깊이 파고들어 가야 한다고 생각한다. 붓과 벼루가 원효의 저술 활동을 상징한다면 붓과 벼루를 소의 두 뿔 사이에다 놓았다는 말은 소疏를 짓는 그의 정신적 자세를 말해 주고 있다고 풀이할 수 있을 줄 안다. 그리고 두 뿔이 시각과 본각의 양각을 상징한다면 두 뿔의 '사이'란 시각과 본각에 두루 통한다는 점을 말해 주고 있는 듯하다. 그러므로 이 이야기는 원효가 『금강삼매경소金剛三昧經疏』 5권을 지을 때에 처음부터 끝까지 이각二覺이 원통圓通하는 경지에서 한 발도 벗어나지 아니 했음을 보여 준다고 해석할 수 있을 줄 안다. 또한 이 이야기는 시각과 본각에 두루 통하기 위해서 원효가 그의 붓과 벼루를 소의 두 뿔 사이에 놓듯 우리도 시각과 본각의 사이에 서 있어야 함을 가르쳐 주고 있는 것 같다.

그렇다면 두 각覺의 사이에 서 있어야 한다는 말은 무슨 말인가? 이는 두고두고 우리들이 참구參究해야 할 문제이지만 우선은 시각과 본각의 어느 편에도 기울어지지 않는 양부정적 태도를 지니면서 동시에 시각의 의미도 본각의 의미도 다 살리는 양긍정적 태도를 지니는 것이라고 말해 두어야 좋을 줄 안다. 그러므로 찬녕은 그의 「원효전」에서 원효의 화쟁 사상을 구체적으로 언급하지는 않았지만, 전설적인 서술 방식을 통해서 원효의 화쟁 정신과 화쟁하는 모습을 보여 주었다고 말할 수 있을 것이다.

고려의 학승學僧인 일연一然이 지은 『삼국유사』에도 원효의 전기가 들어 있다.[19] 그러나 일연도 원효의 『십문화쟁론』이나 그의 화쟁 사상에 대해서

---

18) 박종홍, 『한국사상사』(서문당, 1972), 108쪽 참조

는 아무런 언급을 하지 않았다. 그러므로 우리는 여기에서도 같은 방법으로 화쟁 사상에 관계됨직한 이야기들을 추려 내어 분석해 보기로 한다.

먼저 우리는 유명한 무애가無碍歌[20]의 이야기를 생각해 보자. 원효가 무애가를 부르면서 전국 방방곡곡 안 가는 데가 없이 돌아다녔다는 이야기는 과연 무엇을 의미하는가? "모든 것에 걸림 없는 사람이라야 한 길로 생사를 뛰어넘을 수 있다"(一切無碍人, 一道出生死)라는 무애가의 가사는 서기 421년에 각현覺賢(Buddhabhadra)이 한문으로 번역한 60권 『화엄경』의 「보살문난품菩薩問難品」 제6에 나오는 한 게송偈頌이다.[21] 생사를 뛰어넘는 일은 불교적 수도의 지상 과제이다. 어떻게 해야 그렇게 될 수 있는가? 무애無碍라야 한다. 모든 것에 걸림이 없어야 한다. 이 말이 얼마나 좋았기에 원효는 이를 노래 부르면서 천촌만락千村萬落 안 가는 데 없이 춤을 추며 돌아다녔을까? 무애, 그것도 일체무애, 이는 분명히 모든 시비와 대립이 다 녹아 버린 가장 자유로운 모습이며, 모든 이치를 다 통달한 경지를 그려 내는 데 가장 적절한 표현이다. 흔히 원효를 책을 많이 저술한 학승으로 생각하기 쉽지만, 만일 원효가 책을 저술하는 데 그치고 책에서 밝힌 진리를 몸소 실천하는 데 소홀했다면 그의 위대성도 영향력도 모두 감소되고 말았을 것이다. 원효를 두고 찬녕이 암시한 '원통圓通'이란 말과 일연이 사용한 '무애無碍'라는 말이 모두 원효의 사람됨과 그의 세상을 살아가는 모습을 그린 말이라고 보지 아니할 수 없고, 동시에 이는 원효 사상의 핵심인 화쟁과 관련이 없을 수 없다. 사실 원통과 무애라는 말을 빼놓고서 달리 화쟁의 의미를 풀어 낼 수 있을지 의문이다.

일연은 찬녕의 「원효전」을 읽은 사람이고 따라서 그는 피차의 중복을

---

19) T. 2039, 권49, 1006a~b.
20) 같은 책, 1006b, 12~14행.
21) T. 278, 권9, 429b, 19행. 이 經의 번역 연대 및 해제에 대해서는 『高麗大藏經』 제48 총목록, 해제 색인(동국대학교, 1976), 552~557쪽 참조

의식적으로 피했음에도 불구하고 소의 두 뿔 사이에다 붓과 벼루를 놓고서 『금강삼매경소』을 지었다는 이야기를 되풀이해서 기록하였다. 이는 이 이야기의 중요성을 재확인하는 것으로 보아도 무방할 것이다.

이상은 주로 원효의 전기를 중심으로 원효의 화쟁 사상에 대한 전통적인 학자들의 견해를 살펴본 것이다. 이밖에도 고려의 균여均如,[22] 의천義天,[23] 지눌知訥[24] 등의 저술에도 원효가 빈번하게 인용되고 있지만, 원효의 화쟁 사상을 본격적으로 다룬 것은 발견되지 아니하므로 우리는 일단 여기에서 전통적인 학자들에 대한 고찰을 마치기로 한다. 다만 이상의 고찰을 통해서 놀라지 않을 수 없는 것은 원효의 화쟁 사상을 다룬 후인後人

---

22) 균여(923~973)의 저술에 대해서는 K. 1507, K. 1508, K. 1509, K. 1510(동국대학교 『고려대장경』 제47권 중 수록)과 金知見 박사 編註, 『均如大師華嚴學全書』 상·하권(大韓傳統佛敎硏究院, 1977) 참조. 여기서 K는 동국대학교에서 영인 출판한 『고려대장경』을 의미한다.

23) 이종익 교수는 그의 「원효의 근본사상: 十門和諍論 연구」(동방사상연구원, 1977)라는 논문에서 의천을 원효의 발견자라고 높이 평가했고(12쪽 참조), 박종홍 선생은 그의 『한국사상사』(서문당, 1972)에서 의천을 원효의 화쟁 사상의 계승자라고 칭찬했다(148~170쪽 참조). 필자도 이에 반대하지는 않지만 의천의 원효 관계 문장들은 모두 찬사와 둥글둥글한 표현뿐이어서 과연 의천이 얼마만큼 원효의 원효다운 면을 발전시켰는지 알 수가 없었다. 그러므로 아직은 후일의 보다 더 철저한 연구를 기다림이 졸속보다는 낫다고 생각되어 여기서는 의천의 원효관을 다루지 않기로 했다. 박종홍 선생은 그의 『한국사상사』, 94쪽에서 의천의 『圓宗文類』, 「和諍」 편에 나오는 "不壞眞明俗還因色辯空"이라는 글을 "不壞의 眞은 俗을 밝히고 還因의 色은 空을 辯한다"고 해석하였다. 그러나 여기서 不壞의 眞이란 과연 무엇이며, 還因의 色이란 어떤 것인지 불분명하다. 필자는 이를 "眞을 破壞하지 않고 俗을 밝히며, 오히려 色을 因緣해서 空을 드러낸다"고 번역하는 것이 더 원효의 화쟁 사상에 가깝다고 생각한다. 대각국사의 문집은 김달진 선생의 번역으로 『한국의 사상대전집』 1(동화출판공사, 1972) 353~427쪽에 수록되어 있다.

24) 최근에 知訥 관계 논문들이 많이 나왔다. 그러나 지눌과 원효의 관계는 여전히 미개척의 분야로 남아 있는 것 같다. 지눌 관계 박사학위논문들로서 필자에게 입수된 것은 다음과 같다.
이종익, 「高麗普照國師の硏究」(프린트 版, 1974).
Keel Hee Sung, *Chinul, the founder of Korean San(Zen) tradition*, Cambridge: Harvard University, April 1977.
Kang Kun Ki, *Thomas Merton and Buddhism: A Comparative Study of the Spiritual Thought of Thomas Merton and that of National Teacher Bojo*, New York: New York University, 1979.

들의 문헌이 별로 없다는 사실이다. 원효가 그렇게 훌륭했다고 모두들 입을 모아 극찬하면서도 원효 사상의 핵심인 화쟁 사상에 대해서 단 한 편의 글도 남아 있지 않다고 하는 사실은 참으로 믿어지지 않는 일이다. 원효가 위대한 정상이었다는 것은 그의 현존하는 20여 종의 저서만으로도 충분히 입증된다. 그렇게 높은 봉우리가 갑자기 생겨났을 리도 없고 갑자기 없어졌을 리도 없다. 그러나 지금 우리에게 보이는 것은 공허한 찬사와 옛날 것의 되풀이뿐이니 어찌된 일일까? 원효의 전통은 우리들의 예상과는 전혀 다른 방향으로 또는 전혀 다른 형태로 계승되어 가고 있는데, 우리들의 눈이 어두워 이를 바로 보지 못하고 있는 것이 아닐까? 아무튼 이는 오늘날의 학자에게 주어진 한 숙제라고 하겠다.

3. 해석상의 문제점

원효의 화쟁 사상에 대해서 언급한 현대 학자들은 많지만 이를 논리라는 이름으로 체계를 세워 보려고 시도한 사람은 박종홍 선생이 처음이었다. 그는 처음부터 그의 입장을 원효의 철학 사상을 밝히는 데에다 국한시켰다. 그러나 그는 각覺의 원리, 각의 방법, 그리고 무애의 구현에 이르기까지 원효 사상 전반에 걸친 불교학적 이슈들을 광범위하게 다루었다. 그리고 그는 현존하는 원효의 저술에 충실하면서 원효가 화쟁 사상을 전개하는 데 있어서 어떠한 논리를 구사했는가를 살피는 데 시종 일관하고 있다.

박종홍 선생에 의하면 "원효의 논리는 화쟁의 논리이며, 그것은 다름아닌 개합開合으로서 종요宗要를 밝히는 것"[25])이었다. 선생의 이러한 정의는 오늘날 널리 받아들여지고 있는 것 같다.[26]) 그러나 우리는 먼저 이 자리에서

---

25) 박종홍, 『한국사상사』(서문당, 1972) 88쪽.

이 말의 뜻이 무엇인가를 좀더 분명히 하고 넘어가는 것이 좋을 것 같다.

원효가 즐겨 쓰는 종요라는 말과 개합이라는 말에 대해서 박종홍 선생은 다음과 같이 정의를 내리고 있다.

종요의 종宗이라 함은 다多로 전개함이요, 요要라 함은 일一로 통합함이니, 종요가 곧 개합 이외의 다른 것이 아니다.[27]

여기서 개합의 '개開'는 '전개'라는 뜻으로, '합合'은 '통합'이라는 뜻으로 이해되고 있으며, 또한 개합과 종요는 동일시되고 있다. 그러나 선생의 이러한 개념 규정에는 약간의 문제점이 있는 것 같다. 종요가 개합 이외의 다른 것이 아니라면 어떻게 개합으로써 종요를 밝힌다고 말할 수 있을까 하는 의심이 난다. 아무리 종요와 개합 사이에 서로 비슷한 면이 없지 않다 할지라도 선생의 체계에 있어서는 말을 바꾸어 종요로써 개합을 밝힌다고 말하지는 아니할 것이다. 이는 앞서 인용한 선생의 화쟁의 논리에 대한 정의상 불가능하다. 개합이라는 말에는 도구격instrumental cause인 '으로써'라는 어미를 달았고, 종요라는 말에는 목적격objective cause인 '를'이라는 어미를 달았으니, 여기에서 개합은 일종의 도구적 또는 방법론적인 의미를 가지고 있으며, 종요는 '밝힌다'라는 타동사의 목적어로 되어 있다. 그러므로 우리가 이해하는 한에 있어서 박종홍 선생이 말하는 원효의 화쟁의 논리란 전개와 통합이라는 작업을 통해서 다多와 일一의 관계가 무애자재無碍自在함을 밝히는 것이라고 말할 수 있을 것이다. 이와 같이 개합을 방법론적인 의미로 사용하고 있는 점은 선생의 다음과 같은 문장에서도 더욱 뚜렷이 나타나 있다.

---

26) 蔡印幻, 『新羅佛教戒律思想研究』(東京: 國書刊行會, 1977), 292쪽; 유동식, 『한국종교와 기독교』(대한기독교서회, 1977) 50~51쪽 등 참조

27) 박종홍, 『한국사상사』(서문당, 1972), 87쪽.

원효의 진리 탐구 방법은 이 개합의 논리로서 철두철미 일관되어 있는 것이요, 그 어느 경經이나 논論을 연구함에 있어서 우선 이 개합의 견지見地, 즉 종요의 입장에서 전체적인 통찰을 먼저 하곤 하였다. 개합이나 종요를 말한 사람이야 다른 데서도 찾아볼 수 있을 것이요 원효에서 비롯한 것도 아니겠으나, 이처럼 자초지종 근본적인 태도로 한결같이 뚜렷함은 원효에 있어서의 방법적 특색이 아닐 수 없다.[28]

박종홍 선생은 계속해서 이러한 논법으로 입파立破와 여탈與奪, 동이同異와 유무有無, 이변비중일미離邊非中一味와 절언絶言 등으로 표현된 원효의 거의 모든 화쟁 관계 문장들을 다루어 나감으로써 개합의 논리가 가지고 있는 뜻을 널리 그리고 깊게 파악하려고 노력하였다. 박종홍 선생이 원효의 개합을 진리 탐구의 방법으로 이해했다는 점은 특기하고 주목해야 할 일이다. 왜냐하면 이러한 원효 해석은 원효 연구 사상 처음 있는 일이며, 전통적인 학자들에게서는 볼 수 없는 시도이기 때문이다.

우리는 이제부터 박종홍 선생의 이러한 원효 해석을 밑받침하는 논거들을 차례로 분석하면서 그 타당성의 여부를 생각해 보기로 하자.

1) 화쟁 사상의 논리적 가능 근거에 대해서[29]

박종홍 선생은 그의 논문 벽두에서 『십문화쟁론』의 서문과 『동문선』 권

---

28) 박종홍, 같은 책(서문당, 1972), 88쪽.
29) 화쟁 사상의 논리적 가능 근거에 대한 질문은 박종홍 선생의 『한국사상사』 87쪽에 있는 개합과 종요의 장의 첫머리에 나와 있다. 엄밀히 말해서 이 질문은 박종홍 선생이 말한 것처럼 『涅槃經宗要』에 나오는 "統衆典之部分, 歸萬流之一味, 開佛意之至公, 和百家之異諍"으로 받을 것이 아니라 선생이 이 질문의 직전에 말한 바 있는 "生起門과 歸原門의 二門이 相通無碍하다"는 말로 돌아가서 받았어야 할 것이다.
二門相通의 문제는 원효의 『大乘起信論疏』와 『大乘起信論別記』의 벽두에서부터 등장하여 끝까지 일관되어 있다고 말해도 과언이 아니다. 필자는 二門相通의 사상에서 화쟁 사상의 논리적 가능 근거가 찾아져야 한다고 생각한다. 그러나 본 논문에서는 박종홍 선생의 이론을 이해하는 데에만 치중하였다.

27에 나오는 「관고」를 인용하면서 원효의 사상을 다음과 같이 특징짓고 있다.

석가 생존시에는 그의 설법을 중생들이 직접 들어 진의眞義를 깨칠 수 있었던 만큼 별로 이론이라고 할 것이 없었으나, 이미 오랜 세월이 경과하고 또 널리 전파됨에 따라 서로 다른 이론들이 속출하여 혹은 내가 옳고 다른 사람은 옳지 못하다고 하는가 하면, 혹은 나는 그렇지만 다른 사람은 그렇지 않다고 하여 드디어 무수한 논란을 형성하게 되었다. 그리하여 오랫동안 모순 상쟁相爭하던 차에 백가百家의 이쟁異諍을 화합하여 서로 다른 견해를 귀일시킨 것이 바로 원효 사상의 가장 근본적인 특색이다.[30]

박종홍 선생의 위와 같은 특징지음은 분명히 새로운 것은 아니다. 우리는 그 동안 여기저기서 이와 비슷한 이야기들을 하도 많이 들어왔기 때문에 우리의 귀는 이제 이러한 말들이 아무 저항 없이 받아들여지도록 되어 있다. 그러므로 우리가 참으로 궁금한 것은 원효가 어떻게 하여 백가의 이쟁을 화합시켰을까 하는 점이다. 박종홍 선생은 우리의 이 같은 궁금증을 풀어 주기 위해서 "그러면 원효의 이러한 화쟁 사상의 논리적 가능 근거는 무엇인가?"라고 물은 다음, 그 대답으로 원효의 『열반경종요』에 나오는 한 구절을 인용하여, "불교중전佛敎衆典의 부분을 통합하면 만류가 일미一味이며 불의佛意의 지공무사至公無私함을 전개하면 백가의 이쟁이 그대로 살려져 화和할 수 있기 때문이다"라고 하였다.

우리는 위의 질문과 대답 사이에 언뜻 연결이 되지 않는 어려움을 발견한다. 그것은 무엇보다도 선생의 해석이 원효의 원의原意와는 상당히 다르기 때문인 것 같다. 다음에 원효의 원문과 선생의 해석을 병렬적으로 기록하여 양자를 비교해 보자.

---

30) 박종홍, 『한국사상사』(서문당, 1972), 85~86쪽.

<원효의 원문>[31] <박종홍 선생의 해석>[32]

① 統衆典之部分 ······ ① 불교중전佛敎衆典의 부분을 통합하면

② 歸萬流之一味 ······ ② 만류가 일미一味이며

③ 開佛意之至公 ······ ③ 불의佛意의 지공무사至公無私함을 전개하면

④ 和百家之異諍 ······ ④ 백가의 이쟁이 그대로 살려져 화할 수 있기 때문이다.

위에 인용한 원효의 원문에는 네 개의 동사가 있다. 그것들은 위 각 행의 맨 처음에 있는 '통統', '귀歸', '개開', '화和' 등이다. 이들 네 개 동사의 주어는 원효의 경우 모두가 『열반경』으로 되어 있다.[33] 다시 말하면, 『열반경』이 모든 불전에 있는 분산된 교리를 통섭하여 만류가 일미인 경지에 귀착하게 하였고, 『열반경』이 불의佛意의 지공至公한 이치를 열어 백가의 이쟁을 화합해 놓았다는 것이다. 그러나 박종홍 선생은 ①행의 '통統' 자와 ③행의 '개開' 자의 주어를 우리들 일반인 것처럼 보았고, ②행의 '귀歸' 자와 ④행의 '화和' 자는 각각 그 다음에 오는 '만류지일미萬流之一味'와 '백가지이쟁百家之異諍'을 주어로 하는 자동사처럼 다루었다. 따라서 우리들 가운데 아무나 불교중전의 부분을 통합하고 불의의 지공을 전개하기만 하면 그 결과는 만류가 일미이고 백가의 이쟁이 그대로 살려져 화和할 수 있게 되는 것처럼 되어 있다.[34] 박종홍 선생은 어째서 이와 같이 주어를

---

31) T. 1769, 권38, 239a, 22~24행.

32) 박종홍, 『한국사상사』(서문당, 1972), 87쪽.

33) 이 인용문 가운데 있는 네 개의 동사의 주어가 『涅槃經』임을 확인하기 위해서는 이 인용문이 들어 있는 원효의 「涅槃經宗要序」를 전부 읽어 볼 수밖에 없다. 이 序는 불교학동인회 편, 『원효전집』(동국역경원, 1973), 31~33쪽에 들어 있다. 또한 T. 1769, 권 38, 239a 참조.

34) 민영규 선생은 1953년 8월호 『사상계』에 발표한 「元曉論」에서 이 문장을 "諸大小經論의 異說을 統攝하고 百家의 논쟁을 화합시켜서 하나로 귀일시킨다"고 이해했고, 이종익 선생은 그의 「원효의 근본사상」에서 똑같은 문장을 "衆典의 부분을 統括하여 萬流의 一味에 돌아가며 佛意의 至公을 열어서 百家의 異諍을 화합하였다"고 해석하였다. 두 분이 다 『涅槃經』을 주어로 보고 있음이 분명하다.

민영규, 「元曉論」, 『사상계』 권1, 제5호(1953. 8), 186쪽.

이종익, 「원효의 근본사상: 十門和諍論 연구」(동방사상연구원, 1977), 19쪽 참조.

바꾸고 문맥을 전도시켰을까? 선생은 원래 원효의 화쟁을 개합開合으로써 종요를 밝히는 것이라고 정의를 하였다. 여기에서 ①행을 통합을 나타내는 부분으로 보면 ②행은 그 결과, 일一로 되는 부분이며, ③행을 전개를 나타내는 부분으로 보면 ④행은 다多로 되는 부분이 된다. 다시 말하면 선생은 일一로 통합되고 다多로 전개되는 종요의 뜻을 여기서 읽은 것 같다. 선생의 이러한 고전 해석 태도는 불교의 전통적 교육에서는 허용되지 않았다. 이는 문법과 문맥의 문제라기보다도 불교의 교리적 문제라고 말해야 할 것이다. 무엇보다도 우리가 불교중전의 부분을 통합한다고 하여 반드시 만류가 일미로 될 보장이 없으며, 불의佛意의 지공무사至公無私함을 전개한다고 할 때에도 마찬가지의 난점이 있다. 그러므로 이는 원효의 원문처럼 『열반경』이 주어로 될 때만이 말이 된다. 그리고 설사 박종홍 선생의 해석처럼 ①행과 ②행의 관계 및 ③행과 ④행의 관계가 조건과 귀결의 관계로 당연하다 할지라도 우리는 또다시 보다 더 근본적인 어려움에 봉착하게 된다. 그것은 다름아닌 "어떻게 통합하고 어떻게 전개하느냐" 하는 문제이다. 우리가 불교중전의 부분을 통합한다고 할 때 우리가 해야 할 일은 무엇일까? 불교 학자들처럼 불교중전의 부분을 하나하나 모두 주워 모아야 한다는 말인가? 우리가 불의 지공무사함을 전개한다고 할 때는 또한 어떻게 해야 할 것인가? 모두들 스님들처럼 수도를 해야만 할 것인가? 이렇게 되면 화쟁 사상의 논리적 가능 근거가 갈수록 오리무중이 되고 말 것만 같다. 아무튼 우리의 가장 큰 관심사인 "어떻게 해야 백가의 이쟁을 화합시킬 수 있을까" 하는 궁금증은 여전하기만 하다.

2) 개합의 논리에 대하여

박종홍 선생은 원효가 즐겨 쓰는 개開와 합合이라는 말을 전개와 통합이라는 현대어로 바꾸어 사용하였다. 과연 그렇게 해도 좋은지 우리는 이 점을 문제삼아야 될 줄 안다. 박종홍 선생이 개합의 논리의 전거典據로 삼고 있는 구절은 유명한『기신론해동소起信論海東疏』의 종체장宗體章에 나오는 말이다. 우리는 여기에서도 앞에서와 똑같은 방법으로 원효의 원문과 선생의 해석을 대조해 보기로 한다.

<원효의 원문>[35]   <박종홍 선생의 해석>[36]

① 開則無量無邊之義爲宗 …… ① 개開하면 무량무변지의가 전개되지만

② 合則二門一心之法爲要 …… ② 합合치면

③ 二門之內容萬義而不亂 …… ③

④ 無邊之義同一心而混融 …… ④ 하나로 혼융混融되어

⑤ 是以開合自在立破無碍 …… ⑤ 이른바 개합이 자재하고 입파가 무애하여

⑥ 開而不繁合而不狹 ………… ⑥ 개한다고 번거로운 것도 아니요, 합친다고 좁아지는 것도 아니다.(다시 말하면 개합에 따라 증멸增滅하는 것이 아니다.)

⑦ 立而無得破而無失 ………… ⑦ 그리하여 정립定立하되 얻음이 없으며 논파論破하되 잃음이 없다고 한다.

위의 인용문과 그 해석에서 각 행의 머리에 붙어 있는 번호는 나중에 문장을 따지는 데 사용하도록 필자가 붙인 것이다. 우리는 여기에서도 또한 박종홍 선생이 그의 지론인 개합의 논리에 초점을 맞추어 원효의 원문을 퍽 자유롭게 해석하고 있음을 곧 알 수 있다. 다시 말하면 원효에 있어서 전개와 통합이라는 진리 탐구의 방법론적 특색을 부각시키기 위해서 선생은 원문의 ②③④행 속에 들어 있는 한자 30자를 우리말 10자로 압축하였다. 선생은 여기서 문헌학적인 고증을 하고 있는 것도 아니고, 훈고학

---

35) T. 1844, 권44, 202b, 18~22행.
36) 박종홍, 『한국사상사』(서문당, 1972), 87~99쪽.

적인 주석을 달고 있는 것도 아니며, 오직 한 철학자로서 원효의 철학 사상을 논리적으로 체계 세우려 하는 것뿐이니까 우리는 박종홍 선생의 이러한 자유로운 해석을 탓할 수는 없을지 모른다. 물론 그렇다. 그러나 우리가 여기서 문제삼고 있는 것은 박종홍 선생의 사상이 아니고 원효의 사상인 만큼 박종홍 선생의 해석이 원효의 원의原意와 멀어져 간다고 생각될 때에는 기탄 없이 이의를 제기해야 한다고 믿는다. 그러면 원효의 원문 가운데 ②③④를 박종홍 선생처럼 간단하게 "합치면 하나로 혼융되어"라고 해석하면 무슨 잘못된 점이라도 있다는 말인가?

여기서 우리가 제기하고 있는 문제의 성격을 좀더 뚜렷이 하기 위해서 먼저 우리의 해석을 내놓기로 하자.

① 펼칠 때는 무량무변無量無邊한 뜻(義)이 그 대종大宗으로 되어 있고
② 합칠 때는 이문일심二門一心이라는 법法이 그 요체要諦로 되어 있다.[37]
③ (그런데 묘하게도) 그 이문二門 속에 (위에 말한) 무량한 뜻이 다 포용되고도 조금도 혼란됨이 없으며
④ (또한 위에 말한) 무변無邊한 뜻이 일심과 하나가 되어 혼연히 융합해 버린다.
⑤ 이렇기 때문에 개開와 합슴은 서로 자재自在하고 정립과 논파論破는 서로 걸림이 없는 것이다.

⑥행과 ⑦행에 대한 우리의 해석은 선생의 것과 별로 차이가 없으므로 생략했다. 우리의 해석도 퍽 자유롭고 다분히 해설적이다. 이 문장을 통해서 원효가 무엇을 말하려고 했는가를 잡아내기 위해서는 어떠한 형태로든

---

37) 여기서 필자는 원효의 宗과 要를 각각 大宗과 要諦라고 번역해 보았지만 여전히 만족할·수 없으므로 필자가 이해한 바를 여기에 밝혀 후일을 기다리기로 한다. 여기서 宗이란 형식논리학에서 말하는 外延이 가장 넓은 개념이며, 要란 內包가 가장 작은 개념이다. 新儒敎의 程伊川이 『中庸』을 주석하면서 그 첫머리에다 "放之則彌六合, 卷之則退藏於密"이라는 말을 했는데, 이는 각각 원효의 宗과 要라는 개념에 가까운 것이라고 생각한다. 대동문화연구원, 『經書』(성균관대학교, 1968), 769b 참조

우리가 이해한 바를 모두 다 털어놓아야만 했기 때문이다. 그러면 우리의 해석을 바탕으로 필요한 분석을 시도해 보자.

①행과 ②행은 일종의 병렬구조parallel construction로서 양자는 서로 상반된 성격을 지니고 있는 것이 그 특징이다. 원효는 여기서 개와 합, 무량무변지의와 이문일심지법, 종宗과 요要, 이러한 것들이 모두 서로서로 팽팽히 맞서 있음을 의식적으로 대조시켜 보여 주고 있다. 이러한 대조는 현顯과 밀密, 용用과 체體, 생기生起와 귀원歸原 등등 여러 가지로 나타날 수 있다. 그런데 세상 사람들은 이러한 쌍쌍의 어느 하나만을 보거나 또는 둘 다 본다 하더라도 양자의 진정한 관계를 못 보고 곧잘 그 가운데 어느 하나만을 더 강조한다. 그래서 시비가 벌어진다. 원효는 지금 어떻게 해서든지 이러한 시비가 아무런 근거가 없음을 밝히려 하고 있다. 그 첫째 작업이 여기서는 ③행과 ④행의 표현으로 나타난 것이다. 다시 말하면 시비하는 세상 사람들이 생각하는 것과는 달리 펼칠 때(開), 나타난 무량무변한 뜻이 합칠 때(合), 나타난 이문일심 속에 완전히 포용되어 조금도 혼란이 없이 융합되어 있다는 것이다. 그래서 원효는 ⑤행과 같은 결론을 자신 있게 내릴 수 있는 것이다. 즉 개측開側과 합측合側의 두 쪽이 시비를 하기는커녕 개는 합의 나타남이고, 합에 개가 포용되어 개가 곧 합이요, 합이 곧 개가 되는 양자의 무애자재無礙自在한 관계가 드러난다. 개합이 자재한다는 말은 원효의 화쟁 사상을 단적으로 가장 잘 드러낸 말이다. 지금 우리들이 문제삼고 있는 ③행과 ④행은 개합이 자재한 가능 근거를 파헤치고 있는 부분이므로 원효의 원효다운 면을 가장 잘 드러낸 중요한 대목이라고 말할 수 있다. 이는 개측과 합측 사이에 가로막혀 있는 두터운 벽을 터서 통하게 하고 시비를 무쟁無諍으로 질적으로 전환시키는 화쟁 작업이기 때문이다. 만일 원효가 ①행과 ②행만을 말했다면 그는 한낱 지식인에 불과하다고 말해 마땅할 것이며, 만일 그가 ⑤행만을 말했다면 그는 한낱 기이奇

異를 능사로 하는 도인道人에 불과할 것이다.[38] 그가 ③행과 ④행을 마저 말했기 때문에 그는 지식을 지혜로 승화시키고, 그 지혜를 다시 지식으로 표현한 보살행의 실천자가 될 수 있었으며, 한국 불교의 특징인 통불교通佛敎의 건설자가 될 수 있었던 것이 아닌가 생각한다.[39]

그러면 박종홍 선생처럼 ②③④행을 하나로 묶어서 "합치면 하나로 혼융되어"라고 줄여 버릴 때 어떠한 결과가 생기는가를 살펴보자. 첫째, ②행을 철두철미하게 ①행에 맞서게 하지 아니하고 '합치면'이라는 단 한마디의 말로 대치하고 넘어가 버리면 원효가 제기한 문제, 즉 시비하는 사람들이 빠지기 쉬운 '대립對立'이라는 함정을 여실히 부각시킨다는 초점이 흐려져 버릴 우려가 있고, 둘째, ③행과 ④행을 단순히 "하나로 혼융되어"라는 말로 대치해 버리면 ⑤행의 결론이 진부한 고투古套의 되풀이로 밖에는 들리지 않을 수도 있다.

그러나 거듭 밝히는 바이지만 우리는 여기에서 박종홍 선생이 말하는 개합의 논리가 원효의 특색이 아니라고 말하고 있는 것은 아니다. 개합의 의미에 있어서 양자간에 거리가 있다는 점을 말하고 있을 뿐이다. 원효에게 있어서 개합은 문제 제기일 뿐이요, 더 중요한 것은 개와 합의 관계가 어떻게 해서 대립對立의 관계에서 자재自在의 관계로 넘어 가느냐에 있었다. 그런데 박종홍 선생에게 있어서는 개합이 진리 탐구의 방법이 되어 있고 따라서 전개와 통합만을 잘해 나가면 진리는 발견되게 되어 있다. 이러한 차이는 결코 작은 차이가 아니다. 원효에게 있어서는 개합을 아무리 잘

---

38) 이 문장은 道人을 貶價하는 것으로 오해되어서는 안 될 것이다. "한낱 奇異를 능사로 하는 道人"이라는 말은 "奇異를 능사로 하는 한낱 道人"이라는 말이 아니며, 이 세상에는 奇異를 능사로 하지 않는 道人도 많기 때문이다.

39) 필자는 '菩薩行의 실천'이라는 말을 빼고 '通佛敎'라는 말을 생각해 볼 수가 없다. 이 때의 '通'이라는 말은 여러 종파를 하나로 統合했다는 뜻이 아니라 지식의 차원이 승화되어 지혜의 차원이 되고, 이는 다시 지식의 차원으로 내려와서 서로서로 通하는 것을 의미하며, 菩薩이란 자기 자신도 이렇게 되고 남들도 이렇게 되도록 돕는 사람들을 말하기 때문이다.

해 놓아도 그것이 곧 화쟁은 못 된다. 더 요청되는 것이 있다. 그것은 개와 합의 관계에 대하여 새로 눈을 뜨는 것이다. 다시 말하면 종래엔 대립 관계로 보던 것을 조화된 융통 관계로 새롭게 다시 보는 것이다. ③행과 ④행은 바로 이 소식을 알리는 구절들이다. 여기에 ②③④행을 하나로 합쳐 버려서는 안 된다고 주장하는 우리의 이유가 있다.

3) 입파무애와 여탈자재에 대하여

박종홍 선생은 그의 논문 가운데 입파立破와 여탈與奪의 장에서도 개합과 종요의 경우에서와 똑같은 성격의 문제점을 드러냈다. 다시 말하면 앞에서 개합이 진리 탐구의 방법론으로 다루어질 경우 어떻게 해서 개합이 자재하게 되는가가 문제되었듯이 여기서는 어떻게 해서 입파가 무애하게 되는가가 문제되고 있다. 다음에 박종홍 선생의 논거가 되어 있는 원효의 원문과 선생의 해석을 비교해 보자.

<원효의 원문>[40]	<박종홍 선생의 해석>[41]
① 今此論者 ··························	① 마명馬鳴의 『기신론』은
② 無不立而自遣 ·····················	② 정립定立하면서도 자견自遣하지 않음이 없고
③ 無不破而還許 ·····················	③ 논파論破하면서도 환허還許하지 않음이 없다.
④ 而還許者顯彼往者往極而遍立 ······	④ 여기서 환허는 왕往 즉 논파가 극極하여 편립遍立함을 현시顯示함이요
⑤ 而自遣者明此與者窮與而奪 ·········	⑤ 자견은 여與 즉 허허許가 궁궁窮하여 탈탈奪함을 밝힘이니

---

40) 이 문장은 원효의 『大乘起信論別記』에 나온다. T. 1845, 권44, 224b, 9~12행 참조
41) 박종홍, 『한국사상사』(서문당, 1972), 89~90쪽 참조

⑥ 是謂諸論之祖宗群諍之評主 …… ⑥ 이것이야말로 제론지조종諸論之祖宗
이요 군쟁지평주群諍之評主라 한다.

　위의 인용문에서 ②행과 ③행은 정립과 논파가 자유자재함을 선언한 대목이고, ④행과 ⑤행은 그에 대한 설명 부분이라고 말할 수 있다. 그러므로 ④⑤행은 원효의 원효다운 면을 알아볼 수 있는 가장 중요한 대목이라고 말할 수 있다. 그런데 우리는 여기에서도 박종홍 선생의 해석에 대해서 의문을 가지지 않을 수 없다.

　그러면 먼저 ④행과 ⑤행을 철저히 분석해 보자. ④행의 본동사는 '현顯' 자이며 ⑤행의 본동사는 '명明' 자이다. '현顯' 자의 주어는 '이환허자而還許者'이고, '명明' 자의 주어는 '이자견자而自遣者'이다. 원래 용수龍樹 계통은 논파하지 아니함이 없는 것(無所不破)이 특징이고, 세친世親 계통은 정립하지 아니함이 없는 것(無所不立)이 그 특징이었다. 그런데 원효에 의하면 마명馬鳴의 『대승기신론大乘起信論』의 특징은 이상 두 가지의 서로 다른 특징인 무소불파無所不破와 무소불립無所不立을 다함께 가지고 있는 것이었다. 그러면 어떻게 그것이 가능한가 하는 문제가 생긴다. 여기에서 원효의 특징이 드러난다. ②행에서 보는 바와 같이 '무불립無不立' 다음에는 '이자견而自遣' 석 자를, 그리고 ③행의 '무불파無不破' 다음에는 '이환허而還許' 석 자를 덧붙임으로써 원효는 그의 작업을 시작한 것이다. 그러므로 ④행과 ⑤행의 주제는 어떻게 해서 정립이 논파가 되고 논파가 정립이 되는가를 밝히는 것이다.

　그러면 우리의 분석 작업을 진일보시켜 ④행의 동사인 '현顯' 자를 목적절인 '피왕자왕극이편립彼往者往極而遍立'이라는 문장과 ⑤행의 동사인 '명明' 자의 목적절인 '차여자궁여이탈此與者窮與而奪'이라는 문장을 분석하기로 하자. 이상 두 목적절 내의 주어들을 각각 '피왕자彼往者'와 '차여자此與者'이며 그들의 동사는 각각 맨 끝에 있는 '립立' 자와 '탈奪' 자이다. 그러면 이들 주어와 동사 사이에 끼여 있는 '왕극往極'이라는 말과 '궁여窮與'라는 말을 어떻게 처리할 것인가 하는 문제가 남는다. 우선 '왕극往極'과 '궁여窮與'를 빼놓고 주어와 동사를 바로 연결시켜 이를 알기 쉬운 우리말로 옮겨 보면 "저 부정된 자는 모두 살려지고" "이 긍정된 자는 부정된다"는 뜻이 된다. 우리는 여기서 대강이나마 원효가 왜 '왕극往極'과 '궁여窮與'를 각각 주어와 동사 사이에 끼워 넣었는가를 짐작할 수 있다. 즉 '왕극往極'은 그의 주어인 '피왕자彼往者'가 '이편립而遍立'으로, '궁여窮與'는 그의 주어인 '차여자此與者'가 '이탈而奪'로 각각 질적 전환되는 데 없어서는 안 될 말들이다. 그러한 의미에서 이 말들은 ④행과 ⑤행의 사명을 완수하는 데 있어서 가장 중요한 역할을 하는 핵어核語들이라고 말할 수 있으며, 원효를 원효답게 만드는 것도 이러한 말들이 있어야 할 자리에 바로 놓여 있기 때문이라고 하겠다.

그러면 이제부터는 '왕극往極'과 '궁여窮與'의 의미만을 집중적으로 탐구해 보자. 논파라는 작업 즉 왕往이 그 극極에 이르지 못하면 저 논파되어 버린 자 즉 피왕자彼往者가 모두 다 긍정되는 질적 전환이 있을 수 없는 것이요, 정립하는 일 즉 여與가 그 궁극에 이르지 못하면 지금 정립되어 있는 자 즉 차여자此與者가 다시 부정되는 질적 전환이 불가능하다. ②행의 '무불립無不立'이라는 말과 ③행의 '무불파無不破'라는 말에서 '무불無不'이라는 이중 부정사는 정립과 논파라는 작업을 그 극치에까지 몰고 가기 위해서 쓰는 극단적인 강조 어구이다. 그러므로 우리는 '왕극往極'과 '궁여窮與'가 각각 ②행과 ③행의 첫머리에 있는 '무불無不'이라는 말을 받아서 이를 발전시키는 말이라고 볼 수 있다. 다시 말하면 정립이 정립되지 아니함이 없을 때 비로소 자견하게 되고, 논파가 논파하지 아니함이 없을 때 오히려 다 살려진다는 것이다.

이제 우리는 다시 맨 처음의 화제로 돌아가서 박종홍 선생의 해석 가운데서 우리들이 납득할 수 없는 대목을 분명히 밝혀 보기로 하자. 박종홍 선생은 ②③행에 나오는 두 개의 '무불無不' 해석과 ④⑤행에 나오는 '왕극往極'과 '궁여窮與'의 해석을 모두 애매하게 해 놓았다. 좀더 구체적으로 이야기하자면 선생의 해석 가운데 ②행과 ③행의 "하지 않음이 없다"는 말은 둘 다 '자견自遣'과 '환허還許'에 걸리도록 되어 있으며, ④행과 ⑤행에 있어서 각각 두 번 거듭해서 나오는 '왕往' 자와 '여與' 자는 모두 하나로 다루어 실제로 긍정되는 것과 실제로 부정되는 것이 과연 무엇인가가 불분명하게 되어 있다.

한문이란 원래 간결을 미덕으로 삼아서 주어와 목적어를 명시하지 않는 것이 보통이고 주문과 종속문의 구별이나 또는 능동과 피동의 구별조차 분명히 해놓지 않을 때가 많아서 해석상에 있어서 항상 차이가 생기게 마련이다. 그러므로 우리는 여기에서 우리가 이해한 바를 밝히기 위해 번거로움을 무릅쓰고 문장 분석에 힘쓰고 있다. 원효의 원문 가운데 ②행의 동사는 '립立' 자이고, 주어는 전후 문맥상『기신론』임이 분명하며, 동사의 목적어는『기신론』속의 모든 주장들이다. 그리고 '이而' 자 다음의 '자自' 자는 부사로서 동사인 '견遣' 자를 수식하며, '견遣' 자는 피동태이므로 '견遣'을 당하는 것은 방금 정립해 놓은 것들이다. ③행의 경우를 보면 동사인 '파破' 자의 주어는 역시『기신론』이고, 그 목적어는『중론中論』,『유가론瑜伽論』을 비롯한 백가의 학설들이다. '이而' 자 다음의 '환還' 자는 부사로서 동사인 '허許' 자를 수식하며, '허許' 자는 역시 피동태이므로 허여許與된 것은 방금 논파당한 모든 학설들이다. 그런데 만일 우리들이 박종홍 선생처럼 ②행의 '이자견而自遣'과 ③행의 '이환허而還許'를 모두 피동태로 보아 "정립定立하면서도 자견自遣하지 않음이 없고, 논파論破하면서도 환허還許하지 않음이 없다"고 해석한다면 이 경우엔 '립立'에서 '파破'

로, '파破'에서 '립立'으로 질적 전환하는 과정을 설명하는 대목을 넣을 필요가 그렇게 절실하지 않게 된다. 왜냐하면 논파와 정립은『기신론』이 원래 가지고 있는 방법론적인 두 개의 칼이기 때문이다. 거듭 말하는 바이지만 원효가 본『기신론』의 특징은 정립과 논파라는 두 개의 칼을 다 가지고 있다는 데 있지 않고 정립과 논파가 상호 전환한다는 데 있었다. 그리고 원효에 의하면 이러한 전환의 가능 조건이 다름아닌 '왕극往極'과 '궁여窮與'라는 것이다. 다음에 우리의 분석을 바탕으로 한 해석을 적어 놓기로 한다.

① 『기신론』에서는
② 주장되지 아니함이 없으면서도 (그 모든 주장된 것들이) 스스로 부정되어 버리고
③ 논파되지 아니함이 없으면서도 (그 모든 논파된 것들이) 오히려 긍정되어 버린다.
④ 여기서 "오히려 긍정되어 버린다"고 말하는 것은 저 논파되어 버린 것들이, (『기신론』의) 논파 작업에 이를 때 모두 되살려지는 것임을 나타내는 것이요,
⑤ "스스로 부정되어 버린다"고 말하는 것은 여기서 주장된 것들이, (『기신론』의) 정립 작업을 끝까지 밀고 나갈 때 스스로 부정되어 버리는 것임을 밝히는 것이다.42)

4) 원효가 승랑과 원측을 화합했다는 데 대해서

박종홍 선생은 그의 입파立破와 여탈與奪의 장 마지막에서 "원효는 바로 삼론三論과 유식唯識의 사상을 그의 화쟁의 논리로써 지양한 것, 다시

---

42) 이기영 선생은 그의『원효사상』(홍법원, 1976) 52~53쪽에서 이 부분을 다음과 같이 해석하였다. "지금 이 논을 보건대……긍정적 주장이 있으나 또 적극적 부정이 있다. 긍정과 부정이 모두 용인된 셈이다.『大乘起信論』의 'Nāgārjuna'의 부정적 논리를 그 궁극점에 이끌어, 거기에 논리를 넘어선 보편적 진리가 드러남을 밝히고 또 'Maitreya-nātha'의 긍정적 논리를 끝까지 몰고 가, 마지막에는 그 긍정적 논리의 가능성을 빼앗는 것이다." 여기서 이기영 선생의 해석은 우리의 분석이 뒤쫓아 갈 수 없을 만큼 본위로 되어 있지만 우리의 해석과 다른 점은 ④행의 彼往者를 Nāgārjuna의 부정적 논리로 ⑤행의 此與者를 Maitreya-nātha의 긍정적 논리로 보았다는 점이다.

말하면 승랑僧朗과 원측圓測의 사상을 보다 심오하고 근본적이며 전체적인 입장에서 화합시킴으로써 전 불교 사상의 올바른 방향을 명시한 것"이라는 결론을 내렸다. 그런데 박종홍 선생은 무엇을 근거로 이러한 결론을 내렸는지 궁금하다. 원효가 승랑과 원측을 만났다는 기록도 없고, 그들에 대해서 언급한 적도 없다. 승랑과 원측은 둘 다 한 번 중국으로 건너간 뒤 그들의 조국에 돌아온 적이 없었다.[43] 뿐만 아니라 그들이 조국에 남아 있는 사람들과 편지를 주고받으며 사상적 교류를 했다는 증거도 남아 있지 않다. 그렇다면 무엇을 근거로 원효가 승랑과 원측의 사상을 화합, 한국 불교의 방향을 명시했다고 주장할 수 있을 것인가? 오직 그들이 원래 반도 출신이었다는 사실 하나만으로 그러한 주장을 할 수 있을까? 물론 원효는 그의 『대승기신론별기』에서 『중관론中觀論』, 『십이문론十二門論』 등의 삼론종三論宗 계통의 논서論書와 『유가론』, 『섭대승론攝大乘論』 등의 유식종唯識宗 계통의 논서를 모두 한쪽에 치우친 불변론不偏論들이라고 비판한 일이 있다. 그러나 원효의 이러한 비판은 오늘날 학적인 지지를 받기에는 너무 단편적인 발언만이 남아 있을 뿐 그것을 밑받침할 만한 원효 자신의 논리적 근거가 아직 발견되지 않고 있으며, 이에 대한 후학들의 연구도 없는 것 같다. 원효의 『중관론』, 『유가론』에 대한 비판은 어디까지나 그 뒤에 나온 『대승기신론』의 특징을 드러내기 위한 방편적인 성격을 띠고 있을 뿐이다. 만일 우리들이 처음에 씌어진 것으로 알려진 저 유명한 『대승기신론소』 즉 『해동소海東疏』하고 자세히 비교해 보면 이 점이 뚜렷하게 드러난다.

우리에게 지금 문제가 되어 있는 원효의 『중관론』과 『유가론』에 대한 비판 문장은 별기別記에만 있을 뿐 소疏에서는 삭제되어 있다. 이러한 사

---

43) 圓測이 귀국하지 않았다는 데 대해서는 박종홍의 『한국사상사』(서문당, 1972), 82~83쪽에 있는 주1)을 참조

실은 무엇을 의미하는가? 원효가 처음에 별기를 지을 때에는 『기신론』을 군쟁群諍의 평주評主로 보고 따라서 타서他書에 대한 비판을 서슴지 않다가 나중에 소疏를 지을 무렵에는 그의 태도를 바꾼 것으로 해석할 수도 있을 것이다. 사실 『해동소』에서는 유식계의 학설들이 자주, 그리고 소중하게 인용되고 있다.[44]

아무튼 위의 박종홍 선생의 주장은 매우 홍미롭고 고무적이지만 앞으로 우리 나라에서의 용수계龍樹系와 세친계世親系의 사상 발전에 대한 학적 연구가 여러 가지 면에서 심화될 때까지 좀더 토론이 계속되어야 할 것 같다.

5) 동이와 유무에 대하여

박종홍 선생은 『금강삼매경론』에 나오는 동이同異의 장을 다음과 같이 해석하였다.

<원효의 원문>[45]　　　　<박종홍 선생의 해석>[46]

① 若諸異見諍論興時 ………… ① 여러 이견異見의 논쟁이 생겼을 때에

② 若同有見而說則異空見 …… ② 만일 유견有見과 같이 설說한다면 공견空見과 다를 것이요

③ 若同空執而說則異有執 …… ③ 만일 공집空執과 같이 설說한다면 유집有執과 다를 것이다.

④ 所同所異彌興其諍 ………… ④ 그리하여 소동소이所同所異가 쟁론諍論만 더욱 야기할 것이다.

⑤ 又復兩同彼二則自內相諍 … ⑤ 그렇다고 또 동이同異의 둘을 같다고 한다면 자기 속에서 상쟁相諍할 것이요

---

44) 원효가 唯識系의 학설을 소중히 다루었다는 이야기는 민영규 선생도 지적하고 있다. 민영규, 「元曉論」, 『사상계』 권1, 제5호(1953. 8), 18b.

45) T. 1730, 권34, 982c, 11~17행.

46) 박종홍, 『한국사상사』(서문당, 1972), 91~92쪽.

⑥ 若異彼二則與二相諍 ………⑥ 동이同異의 둘이 다르다면 그 둘과 더불어 상쟁相諍할 것이다.

⑦ 是故非同非異而說 …………⑦ 그러므로 동同도 아니요 이異도 아니라고 설說한다.

⑧ 非同者如言而取皆不許故 … ⑧ 동同이 아니라고 함은 말 그대로 모두를 불허不許하기 때문이요

⑨ 非異者得意而言無不許故 … ⑨ 이異가 아니라고 함은 뜻을 밝혀 허許하지 않음이 없기 때문이다.

⑩ 由非異故不違彼情 …………⑩ 이異가 아니라고 하니 만큼 그의 정情에 어그러지지 않고

⑪ 由非同故不違道理 …………⑪ 동同이 아니라고 하니 만큼 도리道理에 어그러지지 않는다.

⑫ 於情於理相望不違 …………⑫ 그리하여 정情에 있어서나 리理에 있어서나 서로 불가리不可離의 관계에 있어서 어그러지 않는 것이다.

위의 총 12행의 인용문은 크게 둘로 나누어 볼 수 있다. 즉 제1행에서부터 제6행까지는 어째서 시비가 그치지 않고 있는가를 이야기하고 있으며, 제7행부터 제12행까지는 어떻게 해야 시비가 멎을 수 있는가를 말하고 있다. 원효는 다시 전반부를 둘로 나누어 ②행과 ③행에서는 소위 시비꾼들의 시비에 부채질하는 모습을 드러냈고, ⑤행과 ⑥행에서는 소위 시비를 초월하려는 사람들이 여전히 시비의 테두리를 벗어나지 못하고 있음을 지적하고 있다. 다시 말하면 지금 싸우고 있는 유견有見과 공견空見의 둘을 다같이 긍정한다든가 또는 둘을 다같이 부정함으로써 화쟁이 이루어지는 것처럼 착각하는 폐단을 통쾌하게 찌르고 있다. 그러므로 제7행은 이러한 모든 시비꾼 내지 사이비 화쟁꾼들에 대한 대안을 제시하고 있는 가장 중요한 대목이라고 하겠다. 제8행 이하는 제7행을 설명하고 있다고 보아도 무방할 것이다.

그러므로 우리는 여기에서 제7행의 의미를 집중적으로 탐구해 보자. 우리는 박종홍 선생의 해석인 "동同도 아니요 리異도 아니라고 설說한다"라는 말이 원효의 뜻을 충분히 드러냈다고 생각하지 않는다. 제7행이 제대로 해석되려면 '동同' 자와 '이異' 자가 여기에서 무엇을 의미하는가가 분명해져야 할 것이다. 그러기 위해서는 물론 전반부인 제6행까지에서 '동同' 자와 '이異' 자가 어떻게 쓰여졌는가를 살피지 않을 수 없다. 필자가 보는 바로는 여기에서 '동同' 자는 항상 '동의한다'는 뜻으로, '이異' 자는 항상 '동의하지 않는다'는 뜻으로 쓰여지고 있다. 그러므로 ①②③④행의 취지를 간추리면 대강 다음과 같은 뜻이 될 줄 안다.

① A와 B가 싸우고 있을 때에
②③ 만일 A에 동의하면, 이는 B에 동의하지 않는 것이니 역시 싸움의 해결엔 도움이 안 되어
④ (그 결과는 A를 지지하건 B를 지지하건) 지지 받는 쪽(所同)과 지지 받지 못하는 쪽(所異) 사이의 싸움만 더욱 더 심각해지는 것밖에 없을 것이다.

이상 우리의 해석은 박종홍 선생의 그것과 별 차이가 없다. 그러나 그 다음 ⑤행의 '동同' 자와 ⑥행의 '이異'자를 각각 '같다고 본다'와 '다르다고 본다'는 뜻으로 해석하였고, 둘째 이들의 목적어인 '피이彼二'를 '동同'과 '이異'의 둘이라고 보았다. 이는 분명히 ④행의 '소동所同', '소이所異'를 '동이同異'와 동일시했기 때문이라고 생각된다. 그러나 여기서 '소동所同'을 '동의同意된 것' 즉 지지 받는 쪽이라 해석하고, '소이所異'를 '동의 받지 못한 것' 즉 지지 받지 못하는 쪽이라 해석하면, 그것들은 결국 이제까지 시비를 벌여 오던 유견有見과 공견空見 밖에 다른 것이 아니게 된다. 이렇게 볼 경우 ⑤행의 '동同' 자 앞에 붙어 있는 '양兩' 자가 매우 중요한 역할을 하고 있음을 알 수 있다. 즉 그것은 부사로서 동사인 '동同' 자를

수식하면서 소위 화쟁을 지향한다는 사람들이 유견도 OK, 공견도 OK 하는 식으로 상반된 두 의견에 동의하는 폐단을 지적하고 있는 것이다.[47] 이 점은 '즉則' 자 다음의 '자내상쟁自內相諍'이라는 말이 더욱 뚜렷하게 밑받침해 주고 있다. 다시 말하면 입으로만 또는 작전 방편상 둘 다 OK 하는 화쟁술은 유견과 공견이 가지는 문제점의 진정한 해결을 짐짓 못 본 체하기 때문에 그 사람 자신 속에서 아직 해결을 못 본 유견과 공견이 계속 싸울 것이라는 점이다. ⑥행의 '이異' 자 앞에서 '양兩' 자가 생략되어 있다고 보고 이번에는 유견에도 NO, 공견에도 NO 하는 식으로 둘 다 동의하지 않는 것으로 장기를 삼는 사이비 화쟁술을 비판하고 있다고 해석한다.[48]

사실 화쟁은 술術이 아니다. 그것은 도道이어야 한다. 술述에는 자기 비판이 없다. 그러므로 바꾸어져야 할 것은 항상 남들이다. 그러나 원효의 화쟁에는 항상 자기 자신의 질적 전환이 말없는 가운데 전제되어 있었다. 이 점은 ⑦행의 해석에서도 마찬가지이다. ①행부터 ⑥행까지는 계속 '동의한다'든가 '동의하지 않는다'는 태도로 세상 사람들의 시비를 대해 왔다. 심지어 ⑤행과 ⑥행의 경우까지도 예외는 아니었다. 그러나 어느 경우도 화쟁은 실패했다. 왜 그랬을까? 그러면 어떻게 해야 될까? 이러한 의문에 대한 답변이 바로 ⑦행의 '메시지'이다. ⑦행은 ②행과 대조해 볼 때 그 문의가 더욱 뚜렷이 드러난다.

② 若同有見而說……
⑦ 非同非異而說……

②행과 ⑦행의 차이는 어디에 있는가? ②행은 '동의한다'든가 또는 '동의

---

47) 이러한 폐단을 필자는 兩同의 오류라고 부르기로 했다.
48) 이것은 兩異의 오류이다. 兩同과 兩異는 그 증상이 정반대로 나타났지만, 그 병인은 똑같다.

하지 않는다'는 두 가지의 길 가운데 하나를 택한 태도라면 ⑦행은 '동同'과 '이異'로 대립되는 차원을 뛰어넘으라는 것이다. 비동비이非同非異라는 양부정兩否定은 이제까지의 모든 길을 차단해 버림으로써 길을 찾고 있는 사람 자신을 죽여 버리는 것을 의미한다.[49) 크게 죽어 거기서 다시 살아나는 대사일번大死一飜의 소식이다. 그러므로 ②행과 ⑦행의 차이는 시비에 임하는 사람이 원용하는 '방법의 차이'가 아니라 일종의 '차원의 차이'이다. 그러므로 우리는 ⑦행의 해석을 박종홍 선생처럼 "동同도 아니요 이異도 아니라고 설설說한다"고 해석하기보다는 "동의한다 또는 동의하지 않는다는 차원을 모두 떠나서 설한다"고 해석하고 싶은 것이다. ②행이나 ⑦행이나 본동사는 '설說' 자이다. 그런데 이들 '설說' 자 앞에 '이而' 자로 연결되는 전반부가 있다는 것이 재미있다. ②행에서는 동유견同有見이었는데 ⑦행에서는 비동비이非同非異이다. 전자는 한쪽에 치우쳐 있지만 후자에서는 치우칠 길마저 없어져 버렸다. 그러므로 설은 같은 설이지만 전자는 구태의연한 체로 설하는 것이고, 후자는 자아 혁명의 질적 전환을 수행한 사람의 설이다. 박종홍 선생의 해석에서는 이 점이 분명치 아니하며, 원효의 원본을 설비동비이說非同非異로 바꾸어 놓은 듯한 불안감마저 있다.[50)

다음은 우리의 이해한 바에 따라 ⑤⑥⑦행을 그 취지 본위로 해석해 본 것이다.

---

49) 非同非異는 同有見도 아니고 異空見도 아니고 兩同도 아니고 兩異도 아니다. 그러므로 화쟁자는 크게 한 번 죽어야 한다는 것이다. 남 보기에는 예전이나 조금도 다름 없고 다른 사람들과도 조금도 다름없는 사실은 한 번 크게 죽고 난 사람이기 때문에 그 큰 죽음은 보통 사람들의 숨이 끊어진 죽음과는 다르며, 따라서 그 다음의 쓰임이나 힘이 화쟁을 할 만하게 된다.

50) 非同非異而說이라는 말은 說非同非而라는 말과 다르다. 전자는 원효가 말하는 和諍者의 차운을 나타내는 말이며, 후자는 和諍者의 필수 조건인 속 사람의 질적 전환을 수행함이 없이 입으로만 非同非異를 說하는 것이므로 兩者의 차이는 하늘과 땅의 거리만큼 크다.

⑤ 그렇다고 하여 저렇게 시비하는 A와 B의 둘을 다 옳다고 하면(兩同), (A와 B의 싸움에 무슨 해결이 나서 그렇게 한 것이 아니기 때문에) 이제 자기 속에서 (아직 해결을 못 본 저 둘(彼二)이) 서로 싸울 것이요

⑥ 만일 저 A와 B의 둘을 둘 다 그르다고 하면(兩異), 이젠 (나하고) 저들 둘하고 서로 싸우게 될 것이다.

⑦ 그러므로 '동의한다' 또는 '동의하지 않는다'는 두 입장을 모두 떠나서 (시비하는 사람들을 대하는 것이다.)

　이상에서 시도한 우리의 해석은 얼핏 보기에 다음의 ⑧ ⑨ ⑩ ⑪행에 나타나 있는 원효의 비동非同과 비이非異에 대한 설명과 일치하지 않는 것처럼 보인다. 다시 말하면 비동은 동의하지 않는 것이요, 비이는 동의하는 것처럼 보여서 비동비이를 한데 묶어서 양부정으로 보려는 우리와는 다른 것처럼 보인다. 그러나 ⑧행의 결론인 '개불허皆不許'와 ⑨행의 '무불허無不許'가 사실상 어떠한 경우에 가능한가를 생각해 보면 그러한 의문은 해소될 것이다. 모두 다 불허하는 경지에 어떻게 '동의한다'라든가 '동의하지 않는다'는 태도를 지닐 수 있을까? ⑨행의 '허락하지 않음이 없다'고 말하는 경우도 마찬가지이다. 일체의 허락되지 않는 자리에 무슨 '동의한다' 또는 '동의하지 않는다'는 구별이 있을 수 있겠는가? 그러면 다시 여기에서 의심이 생긴다. ⑧행과 ⑥행, 그리고 ⑨행과 ⑤행이 서로서로 비슷하게 보이는데 양자를 구별짓는 무슨 뚜렷한 차이라도 있는가? 비슷하게 보인다고 하는 것은 ⑨행의 '무불허無不許'가 ⑤행의 '양동兩同의 오류'처럼 보이며, ⑧행의 '개불허皆不許'가 ⑥행의 '양이兩異의 오류'처럼 보인다는 말이다. 한마디로 말해서 ⑧ ⑨ ⑩ ⑪행은 ⑦행의 설명 부분이면서 동시에 ⑫행의 결론을 정당화시키려는 이유 부분이기 때문에 이들은 항상 불교 사상의 양부정과 양부정을 거친 다음의 융통자재함을 전제하고 있다. ⑫행의 '어정어리상망불위於情於理相望不違'라는 말은 정적情的인 면에서나 리적

理的인 면에서나 어느 경우를 막론하고 일체가 조금도 어긋남이 없이 서로 서로 통한다는 말이다. 그러므로 양부정의 고비를 넘기지 못한 사이비 화쟁술의 소산인 '양동양이兩同兩異의 오류'로서의 ⑤⑥행과 양통兩通을 이야기하는 ⑧⑨행은 겉은 비슷해 보이나 그 질은 하늘과 땅 차이라고 말해야 할 것이다. 이 밖에도 ⑧행과 ⑨행에는 원효의 화쟁 사상을 이해하는 데 있어서 소홀히 넘겨 버릴 수 없는 중요한 말이 들어 있다. 그것은 원효가 '개불허皆不許'와 '무불허無不許'의 근거로서 각각 '여언이취如言而取'라는 말과 '득의이언得意而言'이라는 말을 쓰고 있다는 사실이다. 원효는 이 두 말을 각각 인간이면 누구나 다치기 싫어하는 감정이라는 개념과 인간이면 누구나 고개 숙이는 도리라는 개념에다 결부시키고 있다. ⑧행의 '여언이취개불허如言而取皆不許'라는 말을 "말 그대로 받으면 아무도 용납될 수 없다"는 뜻이며 ⑨행의 '득의이언무불허得意而言無不許'라는 말은 "뜻을 살려서 들으면 누구나 용납될 수 있다"는 뜻이다. 여기서 원효는 인간의 언어를 본래 불완전한 것,[51] 그래서 항상 공격의 대상이 될 수 있는 것이라 보고 있으며 동시에 그는 인간의 언어가 아무리 모순되어 보여도 항상 그 이면에는 어딘가에 살려야 할 좋은 뜻이 숨어 있다고 보고 있다.[52]

생각해 볼수록 옳은 말인 듯한데 이를 시비하는 사람이 있고, 아무리 생각해도 말이 안 되는 소리를 하는 것 같은데 그래도 이를 두둔하는 사람이 있으니, 이것이 바로 세상일이다. 일반 세상에서는 이미 내 편과 네 편이 갈라져 있기 때문에 이러한 일이 벌어진다. 그런데 여기에서 원효는 이를 화쟁의 원리로 역이용하고 있다. 다시 말해서 이제까지 미운 사람에게만

---

51) 원효는 禪宗이 들어오기 이전에 살았지만 離言絶慮라는 말은 원효가 가장 애용한 말 가운데 하나이다.
52) 이 점은 원효의 인간 존중 사상과 사회 존중 사상에서 나온 것으로 보인다. "아무리 어리석어 보이고, 또한 피차에 의견 차이가 크더라도 우리는 모두 함께 살아야 한다"는 달관이 없으면 아무도 得意而言하는 태도를 지닐 수 없을 것이다. 우리는 원효에게서 신라 사회의 밝은 면을 보는 것 같다.

쏠렸던 시비하는 마음을 자기 자신에게도 돌리고, 고운 사람에게만 쏠렸던 두둔하는 마음을 남에게도 돌리라는 것이다. 왜냐하면 말은 누구의 말이건 허점이 있게 마련이고, 뜻은 누구의 뜻이건 살려야 할 좋은 점이 있기 때문이다. 말과 뜻의 관계는 원효의 사상 가운데서 더 깊이 연구되어야 할 중요한 대목인 것 같다. 아무튼 원효에 있어서 '말 그대로 받는다'는 것은 자기 자신과 자기 자신이 속한 단체까지를 포함한 일체를 부정하는 원리로 등장하고 있으며, '뜻을 살려서 듣는다'는 것은 원수까지를 포함한 일체를 긍정하는 원리로 탈바꿈하고 있다. 불교에서 항상 강조하는 이러한 일체 부정과 일체 긍정의 가능 근거를 원효는 말과 뜻의 관계 속에서 사는 인간의 구조 자체에서 보았다고 말할 수 있다.

그러므로 화쟁에 뜻을 둔 사람은 아무리 가까운 사람들의 그럴듯한 말에서도 여언이취如言而取하는 원칙에서 그 허점을 지적할 줄 알아서 일시도 도리에서 벗어나는 일이 없어야 할 것이요, 또한 아무리 미운 사람들의 말에서도 득의이언得意而言의 원칙에 입각하여 오랫동안 엉킨 감정을 풀어 버려야 할 것이다. 상대방이 누구이건 무슨 말을 하건 공격의 대상이 되는 말에는 맞장구 치지 않는다면 항상 도리에 어긋나지 아니할 것이요, 상대방이 누구이건 무슨 말을 하건 그 사람의 말하고자 하는 뜻을 살려 내 주면 그 사람의 감정을 상하게 하지는 아니할 것이다. 여기에 원효의 화쟁이 매우 심오한 철학적인 성격이 띠고 있는 것 같으면서도 극히 상식적인 세계를 무시하지 아니하며, 그러면서도 그것은 지적인 것만도 아니요 정적情的인 것만도 아닌 전인적全人的인 것임을 알 수 있다. 이러한 원효의 이상은 철저한 자기 심화를 통하여 결국은 모든 사람들을 다 소중히 여기면서 그들과 함께 살아야 하는 긍정적인 사회관이 그 바탕이 되어 이루어져 나아가고 있음을 알 수 있다.

얼핏 생각하면 '여언이취如言而取'는 그 결과가 모두 불허不許이기 때문에 화쟁을 위해서는 무불허無不許를 가져오는 득의이언만이 상책일 듯 싶으나 원효의 뜻은 그렇지 않다. 원효는 오히려 어떻게 하면 말이 치우칠 때에는 이를 지적하여 바로잡고 동시에 뜻이 옳을 때에는 이를 살려낼 것 인가를 문제삼았다고 볼 수 있다. 다시 말하면 여언이취하여 비동非同할 줄 알고 동시에 득의이언하여 비이非異할 줄 아는 것이 화쟁의 길을 가는 사람들의 사는 모습이다. 원효는 비동의 정신으로 삼론三論과 유식唯識을 비판했으며, 비이의 정신으로 삼론과 유식을 살려냈다고 말할 수 있다.

마지막으로 우리는 다음에 ⑧ ⑨ ⑩ ⑪ ⑫에 대한 우리의 해석을 적어 놓 기로 하자.

⑧ (非同非異 가운데 非同 부분인) '동의하지 않는다'는 말은 (누구를 막론하고 사람의 말이란) 말 그대로 받으면 모두 용납될 수 없기 때문에 (가능한 것이요)

⑨ (非同非異 가운데 非異 부분인) '동의하지 않는 것이 아니다'는 말은 (누구를 막론하고 사람의 말이란) 그 뜻을 살려서 들으면 모두 용납될 수 있기 때 문에 (가능한 것이다.)

⑩ 동의하지 않는 것이 아니기 때문에 (다시 말하면 상대방의 뜻을 살려서 듣기 때문에) 상대방의 감정을 거스르지 않게 되고

⑪ 동의하지 않기 때문에 (다시 말하면 상대방의 말을 뒤쫓아가지는 않기 때문에) 도리에 어긋나지 않게 된다.

⑫ 이와 같이 정적情的인 면에 있어서나 리적理的인 면에 있어서나 조금도 어 긋남이 없이 서로서로 융통자재하게 된다.

4. 맺음말

박종홍 선생은 그의 논문 가운데 '동이同異와 유무有無'라는 장章의 후 반부에서부터 원효의 화쟁의 논리가 비합리의 합리요, 비논리의 논리라는

점을 강조하였다. 그리하여 이제까지는 비교적 소홀히 다루었던 개합과 입파의 관계에 있어서의 자재하는 면과 무애한 면에다가 역점을 두었다. 그래서 일一과 다多, 성性과 상相, 연然과 불연不然, 변邊과 중中, 일미一昧와 절언絶言 등의 문제들을 양자 모두가 서로 통하는 측면에서 다루었다. 그러므로 선생의 논문의 전반부와 후반부 사이에 나타난 성격상의 변화는 가위 급회전이라고 해도 과언이 아니다. 그런데도 선생은 이를 똑같은 개합의 논리 이외의 다른 것이 아니라고 강조하면서 형식 논리의 분별지分別知에 집착하지 말라고 경계하였다.

그러나 박종홍 선생은 무분별지無分別知의 소산인 후반부의 비논리의 논리가 어떻게 해서 전반부에서 무애와 자재에 대한 부분을 계속 소홀히 하면서까지 부각시키려고 애썼던 진리 탐구 방법으로서의 개합의 논리와 다른 것이 아니라는 점을 설명하지 아니하였다. 우리는 앞에서 원효에 있어서의 개합이라는 말이 박종홍 선생이 말하는 전개와 통합이라는 개념과는 상당히 거리가 먼 말들임을 지적하였다. 그러면서도 우리는 원효가 그의 6장을 쓸 때에 그 형식적인 문장 서술 기법상의 순서를 항상 개開했다가는 합合하고 합했다가는 개하면서 나중에는 개에서 합을 드러내고 동시에 합 속에서 개를 봄으로써 이 양자가 무애자재하게 융통함을 밝히는 문장 형식을 쓰고 있다는 사실을 인정하였다. 박종홍 선생은 원효의 현존 저술에 나타나 있는 이러한 개합 형식의 문장들을 빠짐 없이 망라하였다. 어떻게 보면 선생이 줄기차게 밝히려 했던 것은 원효 사상의 내용이었다기보다도 논리라는 이름의 이러한 형식이었던 것 같다. 물론 내용을 무시한 형식이란 있을 수 없다. 박종홍 선생도 그의 각覺의 원리의 장에서 이 점을 분명히 하고 있다.

화쟁의 논리를 원효 철학의 방법적인 면이라고 할 수 있다면, 본시本始의 양각

兩覺을 추축樞軸으로 하여 전개되는 각覺의 원리는 원효의 철학적 내실內實을 제시하는 것이라고 하겠다. 그러나 내실 자체의 전개하는 모습이 다름아닌 논리인 이상 화쟁의 논리가 각의 원리와 유리遊離되어 있을 리는 없다.[53]

　논리와 내실은 따로 떨어질 수 없다는 소론所論은 매우 불교적이며 또한 원효적이다. 그러나 진리 탐구의 방법으로서의 개합의 논리가 어떻게 해서 각覺의 원리라는 내실 자체의 전개하는 모습이라는 점을 밝히지 않고서는 원효의 체계와 박종홍 선생의 체계는 여전히 거리가 먼 것 같다. 논리와 내실의 상관 관계상 개합의 논리가 원효의 특징이라면 각의 원리도 원효의 특징이어야 할 것이다. 그러나 불교 교리상 원효에 있어서의 각의 원리가 다른 불교 학자들의 각의 논리와 다르다고 주장할 수 있을까? 만일 각의 원리가 모든 개별적인 차이를 떠난 것이며, 또한 초시공적인 것이라면 왜 그것이 하필 개합이라는 형태로만 나타날 것인가? 그것은 때로는 논리로도 나타나고 때로는 비논리로도 나타나며, 사랑으로도 나타나고 징벌로도 나타나고 지혜 모순 등등 가지가지의 모습으로 나타날 것이다. 만일 그렇다면 우리는 여기에서도 원효의 개합 논리가 진리 탐구의 방법이라는 말에 어떠한 단서를 붙여야만 할 것 같다.
　우리는 진리 탐구의 방법이라는 말을 들을 때 그 방법에 의해서 그 진리에 도달한다고 생각하는 것이 보통이다. 그러나 원효의 화쟁 사상에 관한 한 개합이라는 방법에 의하여 화쟁이 이루어진다는 보장은 되어 있지 않다고 생각한다. 왜냐하면 원효의 화쟁은 앞에서도 우리가 누누이 지적한 바와 같이 화쟁자和諍者의 세계에 무애자재가 구현된다는 점을 항상 전제하고 있기 때문이다. 그러나 필자는 불교적 근본주의자들처럼 "그러니까 우리는 먼저 도통해야 한다"고 주장하고 있는 것은 아니다. 왜냐하면 무애

53) 박종홍, 『한국사상사』(서문당, 1972), 108쪽.

자재를 핵으로 하고 있는 원효의 화쟁 사상은 무엇보다도 먼저 비화쟁적非和諍的인 사고 방식으로부터 자유로워지는 것을 가르치고 있으며, 이 때에 비화쟁적인 사고 방식이란 다름아닌 "이렇게 하기만 하면 된다"는 방법론 지상주의자나 또는 "길은 이 길밖에 없다"는 근본주의자들의 통폐通弊를 두고 하는 말이기 때문이다. 이상적으로는 논리와 내실이 둘일 수 없지만, 현실적으로 미迷한 중생이 논리를 길잡이로 삼아 내실에 도달하려고 할 때에는 가지가지의 폐단이 생기게 마련이다. 이 점은 체體와 용用의 관계에 있어서 양자가 둘일 수 없지만 양자를 아직도 둘로 보는 사람이 용을 길잡이로 체를 알려고 할 때에는 가지가지의 폐단이 생기는 것과 흡사하다고 하겠다. 그러므로 미迷한 중생이 논리라는 방법으로 내실에 도달한다는 '실천적인 문제'와 논리는 내실의 드러남이라는 '인식론적인 문제'는 혼동해서는 안 될 별개의 문제이다.

아무튼 박종홍 선생의 원효관에 있어서 '논리論理'라는 말의 비중은 대단히 크다. 그가 각覺의 방법이라는 장에서 "각覺의 방법으로서의 지관止觀이 원효의 화쟁의 논리와 뗄 수 없이 긴밀하게 일체가 되고 있다"고 강조하는 것이나 또는 무애의 구현이라는 장에서 "원효가 퇴속退俗한 후 소성거사小姓居士로서 참회하는 것을 무애의 이론적 탐구를 넘어선 다음의 구현하는 단계"로 보려는 것 등은 그 좋은 예라고 하겠다. 그러나 원효 자신이 말하는 지관과 무애의 구현이 과연 박종홍 선생이 강조하는 것만큼 그렇게 긴밀하게 논리와 관계를 가지고 있는 것인지는 앞으로 더 연구해 보아야 할 과제라고 생각한다.

우리는 박종홍 선생이 원효 사상을 올바로 소개하고 이를 다시 계승 발전시켜야 할 고충을 발견한다. '무애자재無碍自在'하다는 말은 분명히 원효의 화쟁 사상의 핵심이 되는 말이며, 이는 또한 무분별지의 세계에서나 가능한 일이기 때문에, 응당 비합리의 합리라는 말이나 비논리의 논리라는 말로밖에는 달리 어떻게 잘 표현할 길이 없을 것이다. 그러나 안타까운 것은 우리의 독자들이, 아니 우리들 자신이 형식 논리의 분별지에 집착하지 말라는 경고를 받았다고 하여 곧 이에 집착하지 않게 될 수 있느냐 하는 점이다. 합리적이어야 하고 논리적이어야 한다는 것을 강요당해 온 우리들이 어떻게 비합리의 합리, 비논리의 논리라는 세계를 올바로 이해할 수 있을까 하는 문제는 결코 작은 문제가 아니며, 이는 원효 사상 전개상 다루지 않을 수 없는 중요한 문제라고 생각한다. 아직은 분별지分別知에의 집착을 어찌하지 못하는 우리가 어떻게 무분별지無分別知의 소산인 비논리의 논리를 제대로 따라갈 수 있을 것인가? 박종홍 선생은 이러한 문제조차 제기하지 않았다. 이는 무엇을 의미하는 것일까? 논문의 제목이 원효의 철학 사상이니까 영역 밖의 일로 생각했기 때문이었을까? 아니면 분별지와 무분별지의 차이를 불교인들처럼 심각하게 생각하지 않았기 때문이었을까?

여기에서 소위 학어자學語者의 길과 수도자의 길이 갈라진다. 전통적인 불교 교육에서는 학어자의 길은 항상 무시당해 왔다. 학어자라는 용어 자체가 일종의 폄칭이다. 원효 이후에 원효 같은 사람이 다시 나오지 아니한 것은 이러한 전통 사회의 풍조 때문이었는지도 모른다. 그러면 오늘날 우리들은 어느 길을 택해야 할까? 흔히 현대적인 의미의 학자의 길을 전통적인 의미의 학어자의 길로 착각한다. 그러나 우리들이 오늘날 학자의 사명이 무엇인가를 한 번 생각해 본다면 대답은 자명하다. 원효 사상 전개의 경우 현대 학자들이 다루고 있는 것은 원효의 언어요 원효의 문장이지만, 학자들이 정말 밝히고자 하는 것은 원효의 사상이기 때문에 오늘날의 학자들은 어찌할 수 없이 원효가 체험한 경지, 원효가 구현한 세계를 문제 삼아야만 될 것이다. 그러므로 오늘날 원효 사상을 전개하는 사람은 겉으로는 학어자들처럼 보이지만 사실은 학어자이기만 해서는 안 되고, 겉으로는 수도자들처럼 보이지 않지만 사실은 수도자들 이상이라야 한다. 얼핏 듣기에 이는 너무 엄청난 무거운 짐을 지우는 것 같지만 그것이 어차피 우리들이 가야 할 길이라면 우리는 그 길을 외면할 수도 없고 외면해서도 안 될 것이다. 진리를 탐구하는 사람의 길을 학어자의 길과 수도자의 길로 나누는 폐풍은 먼저 우리의 사고 방식에서부터 시정되어 나가야 한다. 찬녕과 일연이 원효의 『금강삼매경소』를 짓는 태도를 소의 두 뿔 '사이'에다 그의 붓과 벼루를 놓고 지었다고 말하듯이, 오늘날의 학자들은 원효 사상을 전개할 때 학어자의 길과 수도자의 길 '사이'에 서서 생각하고 실천하면서 이론을 전개해 나가야 할 것이다.

원효에 있어서 화쟁과 언어의 문제

최 유 진

1. 서론

　원효元曉의 화쟁和諍 사상을 논의함에 있어 언어가 문제되는 이유는 화해시켜야 할 논쟁이 언어로 나타나기 때문이다. 그리고 논쟁이 언어에 대한 그릇된 태도로 인하여 나타날 수도 있기 때문이다. 곧 원효가 언어로 나타나는 여러 이론들을 화해시킬 때에, 기본적으로 언어에 대한 태도의 변경을 요구하고 있는 것으로 볼 수 있다. 구체적으로 각각의 이론들을 화해시켜 나간다 하더라도 언어에 대한 태도의 변경이 그 작업의 수행에 전제되어 있음을 원효의 저술에서 확인할 수 있다. 그러므로 구체적 화쟁의 방법을 따지기 전에 원효가 언어에 대해 어떤 태도를 가지고 있었고, 무슨 주장을 하고 있는지 확인되어야 할 것이다.

　원효는 당시 발달된 대승불교 이론들을 모두 흡수하여 자기의 것으로 만들었다. 언어관 역시 예외는 아니다. 당시의 발전된 대승불교의 언어관을 받아들이고 있다. 따라서 우리가 여기에서 문제삼는 원효의 언어관은 원효 자신의 독창적인 견해라고 하기에는 곤란하다. 다만 화쟁 사상을 살펴보기 위한 예비 작업으로, 원효의 전체 저술에 나타나는 언어에 대한 언급을 화쟁 사상과 연관시켜 살펴보고자 한다.

한두 가지 특별히 살펴볼 것이 있다면, 길장吉藏의 약교約敎의 이제설二諦說 및 노자老子의 언어관과의 비교이다. 원효는 길장의 약교이제설의 영향을 강하게 받았다고 볼 수 있고, 또 원효의 저술에서 노자류의 표현이 눈에 많이 띄기 때문이다. 먼저 언어와 그것이 표현하고자 하는 이치와의 관계를 원효가 어떻게 보고 있는가 하는 문제부터 살펴보도록 하자.

2. 말과 이치

언어란 무언가를 표현하고자 하는 것이라 할 수 있다. 그런데 표현하고자 하는 대상 또는 이치와 그 말의 관계는 어찌되는가 하는 문제가 생긴다. 먼저 말과 뜻의 관계를 살펴보도록 하자. 원효는 말과 뜻의 관계에 대해서 표시하는 것이 말이고, 표시되는 것이 뜻이라 한다.[1] 그런데 그 다음에 아래의 문장이 계속된다.

'언설이 아니며 문자가 아니며'란 능전能詮(능동적으로 설명함)의 명언名言을 끊었기 때문이며, '진리(諦)가 아니며 해탈이 아니다'란 소전所詮의 실의實義를 벗어났기 때문이다.[2]

이것은 『금강삼매경론金剛三昧經論』에서 상법常法을 설명하는 부분에

---

1) 元曉, 『金剛三昧經論』, 「如來藏品」(『한국불교전서』 1책, 동국대학교 출판부, 664c).
2) 元曉, 같은 책, 「如來藏品」(『한국불교전서』 1책, 664c), "非說非字者, 絶能詮名言故, 非諦非解脫者, 超所詮實義故."

서 나오는 말이다. 상법은 능전能詮의 명언名言과 소전所詮의 실의實義를 다 벗어난다는 얘기인데, 어쨌든 명언으로써 설명하고 설명되는 것이 뜻이라고 보는 것만은 분명하다. 그것은 말로써 어떤 뜻을 드러내고자 한다는 것이다. 그런데 상법은 그 뜻마저도 벗어나 있음을 말하고 있다. 상법의 성격을 개념적인 뜻으로 드러낼 수 없다는 것이다. 이것은 말과 뜻이 서로 일치될 수 없는 것임을 말하고 있다고 보아야 할 것이다. 이름과 뜻에 대한 다른 부분에서의 논의를 살펴보면 그것은 보다 확실히 알 수 있다. 원효는 다음과 같이 말하고 있다.

'이름이 아니다'라고 하는 것은 명名과 구句와 문文의 능전상能詮相을 떠난 까닭에서이고, 상相과 의義가 아니라고 하는 것은 이름의 소전상所詮相과 명名에 해당하는 의義를 떠난 까닭에서이다.3)

여기에서도 이름(名)은 가리키는 것이고 뜻(義)은 가리킴을 받는 대상이라고 하여, 이름과 뜻의 관계를 가리킴과 가리킴의 대상과의 관계로 보고 있다. 그런데 명名과 의義의 관계가 고정불변의 관계로 파악된다면 진정한 가르침을 이해할 수 없게 된다. 따라서 명도 아니고 의도 아니라고 말하는 것이다. 다음의 말들은 명과 의가 독립적으로 존재하는 것이 아니라는 것을 잘 보여 준다.

원효는 "본식本識은 능전能詮의 법法도 소전所詮의 법도 아니다. 그 이유는 명名과 의義가 서로 객客이 되기 때문"4)이라고 말한다. '법상法相이 불기不羈'라고 하는 『금강삼매경』의 말에 대한 주석에서는 "불기不羈(굴레 씌울 수 없다)라고 하는 것은 명名도 의義도 아니기 때문이니, 명과 의는 서

---

3) 元曉, 같은 책, 「入實際品」(『한국불교전서』 1책, 643a), "非名者, 離名句文能詮相故, 非相 義者, 離名所詮相, 當名之義故."
4) 元曉, 같은 책, 「眞性空品」(『한국불교전서』 1책, 655a), "名與義互爲客故."

로 객客이 되기 때문이다"5)라고 말하고 있다. 이것은 명名과 의義가 서로 상대적으로 성립하고 있음을 지적하는 말이다. 그러므로 이름이 따로 불변하는 것으로서 있거나 또는 의미가 따로 있고 난 다음에 서로 관계 맺음으로써 의사를 전달한다기보다는 뜻과 이름과의 연관 관계에서 의사가 전달됨을 강조하고 있다고 볼 수 있다. 언어로 표현하는 데에서 의미가 나오는 것이지 의미가 독립적으로 따로 존재하는 것은 아니라는 것이다. 말과 뜻의 관계는 상호 의존적이기 때문이다.

따라서 불변의 본질로서의 언어 또는 의미를 찾는 것이 되어서는 안 된다. 원효는 모든 언설에는 불변의 본성이 없다고 말한다. 즉『대승기신론소大乘起信論疏』에서는 "일체언설一切言說은 가명假名이어서 실체實體가 없다"6)고 말하고 있다.『금강삼매경론』에서는 "능연能緣이니 소연所緣이니 하는 것이 다 본래 이름뿐이요 자성自性이 없다"7)고 말하고 있다.『금강삼매경』의 본문에도 같은 말이 나오는데, 그것을 해설하면서도 이와 같이 말하고 있다. 이름에 불변의 의미가 내재적으로 포함되어 있는 것이 아니라는 주장을 여기에서도 확인할 수 있다. 필연적 대응물이 먼저 있어서 이름이 있는 것은 아니다. 언어는 사용함으로 해서 무언가를 전달하고자 한다. 그런데 이름과 대상이 완전히 일치하기 때문에 전달이 가능한 것은 아니다. 상호 의존적으로 작용함으로써 전달할 수 있다고 보아야 한다. 그와 같은 것이 길장에게서는 약교의 이제로 나타나고, 원효도 지월指月의 예例를 들어 설명하고 있다.

원효는『십문화쟁론十門和諍論』에서 "나는 언설에 의지하여 절언絶言

---

5) 元曉, 같은 책,「入實際品」(『한국불교전서』 1책, 643b), "不羈者, 非名非義故, 名義互 爲客故."
6) 元曉,『大乘起信論別記』(『한국불교전서』 1책, 744a), "諸言說唯是假名, 故於實性不得 不絶."
7) 元曉,『金剛三昧經論』,「總持品」(『한국불교전서』 1책, 669c), "能緣所緣, 俱是本來, 但名 無自."

의 법法을 보이고자 한다. 마치 손가락에 의지하여 손가락을 여윈 달을 보이는 것과 같다"[8]고 말하고 있다. 손가락이 달이 아닌 것은 당연한 말이다. 그런데도 상대편에서 이 말의 의미를 잘 알지 못한 채 손가락과 달이 다르다고만 하여 비난할지라도 달을 드러내고자 할 때 손가락이 필요하듯이, 뜻을 드러내기 위해서는 언어가 필요한 것이라 하겠다. 곧 그는 앞의 문장에 이어서 "너는 지금 말대로 뜻(義)을 취하고, 말하기 좋은 비유를 들어 언설을 떠난 법法을 문난問難하는데, 다만 손가락 끝을 보고 달이 아니라고 책責하는 것과 같은 것이다"[9]라고 말하고 있다. 계속해서 말과 뜻이 다름을 강조하고 있는데, 인용된 이 말 또한 또 다른 형태로 말과 뜻의 다름을 강조하고 있다고 하겠다. 그러므로 말과 뜻이 다르다는 것을 알아서 말에 집착하지 말고 가르침을 이해해야 한다. 그저 다르다고만 하는 것은 오히려 그것을 이해하지 못하는 것이라고 볼 수 있기 때문이다.

『대승기신론별기大乘起信論別記』에서는 말과 이치와의 관계에 대해 다음과 같이 말하고 있다.

만일 이치를 설說하여 실제로 말을 끊는다고 하면, 우선 말을 끊는다는 말로 말이 끊어지지 않고 이어지는데, 이치는 실제로 말을 끊기 때문에 스스로의 주장과 모순되어 잘못에 떨어진다. 만약 말을 끊는다는 말로써 말이 끊어지게 된다면, 우선 말을 끊는다는 말이 끊어져도 말이 말을 설할 수 있으니, 스스로의 주장과 모순되어 잘못에 떨어진다.[10]

---

8) 元曉, 『十門和諍論』(『한국불교전서』 1책, 838b), "我寄言說, 以示絶言之法, 如寄手指, 以示離言之月."

9) 元曉, 같은 책(『한국불교전서』 1책, 838b), "汝今直爾, 如言取義, 引可言喩, 難離言法, 但看指端, 責其非月."

10) 元曉, 『大乘起信論別記』(『한국불교전서』 1책, 743a), "若言得說理實絶言者, 則墮自宗相違過, 先以絶言之言不絶而理實絶言故. 若使絶言之言亦言絶者, 則墮自語相違過, 先以絶言之言亦絶而言得說言故."

말로써 이치를 설명함에 있어서 비록 그것이 부정의 형식으로 나타난다 해도 언어적 표현임에 틀림없다. 이치가 말을 떠난다고 해도 그것 역시 결국 말이라는 것이다. 그리고 우리는 그 언어적 표현으로 이치를 전달하려고 한다. 언어가 이치 그 자체는 아니지만 그것이 이치와 전혀 상관없이 성립하는 것이 아님을 알 때, 비로소 올바른 견해에 도달할 수 있게 된다. 결국 언어와 이치와의 관계는 다음과 같이 말할 수 있다.

이치는 말을 끊는 것도 아니고, 또 말을 끊는 것이 아님도 아니다. 이런 까닭에 이치는 또한 말을 끊는 것이기도 하고, 끊지 아니하는 것이기도 하다.[11]

곧 이치와 말과의 관계는 상호 의존적으로 성립하는 것이라고 말할 수 있을 것이다. 그런데 말과 이치와의 관계가 이러하다면 그런 관계에서 우리는 어떻게 이치를 파악할 수 있는가가 문제된다. 결국 우리가 파악하고자 하는 것은 이치라고 할 수 있는데, 이치가 말을 끊는 것도 끊지 않는 것도 아니라고 한다면 도대체 그것이 뜻하는 바는 무엇인가? 이치가 말과 떨어져 독립적으로 있은 연후에 그것을 파악하는 것이 아니라면, 이치를 제대로 알기 위해서 말이란 어떤 것인가를 잘 알아야 한다. 그것은 말과의 연관 관계를 통해 이치를 파악할 수 있게 된다. 결국 이치라는 표현 자체도 언어적 표현의 속성을 가지고 있음으로 해서 언어적 표현에 매달리지 않게 하려는 의도 때문에 이치가 말을 끊는 것이기도 하고 끊지 않는 것이기도 하다고 말하고 있는 것으로 볼 수 있다. 따라서 여기에서 말로 표현할 수 있는가 없는가 하는 이언離言과 의언依言의 문제가 제기된다. 앞서도 지적했듯이 '말로 표현할 수 없음'이라는 표현도 말의 표현이라는 점을 잊지 말아야 할 것이다. 결국 언어적 표현의 한계가 문제되는 것이다.

---

11) 元曉, 『大乘起信論疏』(『한국불교전서』 1책, 743b), "理非絶言, 非不絶言, 以是義故, 理亦絶言, 赤不言絶."

3. 이언離言과 의언依言

원효는 이치를 말로써 표현할 수 없다고 하지만, 또 말로써 표현할 수 있다고도 말한다. 결국 언어와 이치가 전혀 다른 것도 아니고 같은 것도 아니라는 데에서 이언離言과 의언依言이 논해질 수 있다. 즉 언어와 이치가 비일비이非一非異의 관계라면, 일단 다르다는 면에서 볼 때 언어로 이치 그 자체를 직접 표현하는 것은 불가능하다. 그러나 전달의 필요성 때문에 언어의 일상적인 사용법에 따라 표현해서 이치를 전달하고자 한다. 따라서 이언을 먼저 말하는 것은 언어적 표현의 한계를 지적하는 것으로 볼 수 있다. 그리고 의언은 언어적 표현의 한계를 이해하여 앞서 말한 손가락과 달의 비유에서처럼 손가락 끝이 달이 아니라는 데에만 매달리지 말고, 손가락을 통해 드러내고자 하는 의미를 정확히 받아들일 수 있도록 하자는 것이다.

이언과 의언은 상호 의존적인 관계로 성립한다. 이언이 아니면 의언도 없고, 의언이 아니면 이언도 없다. 이언과 의언의 관계는 말과 이치의 관계에서 말할 수 있다. 말과 이치가 서로 다르다는 면을 강조하면 그것이 이언이고, 말과 이치가 서로 밀접한 연관 관계를 맺고 있어서 이치가 말에서 떨어지지 않는다는 면으로 보면 그것이 의언이 된다. 먼저 이언에 대해 살펴보도록 하자.

원효는 도처에서 모든 것은 말을 떠나 있음을 강조한다. 『대승기신론』의 "일체법一切法은 본래부터 언설상言說相을 떠나고, 명자상名字相을 떠나고, 심연상心緣相을 떠난다"[12]는 말을 풀이하면서 법法은 말로 할 수 없고 이름이나 구절로 표현되는 것이 아니며, 이름이나 말이나 분별로 능연

---

12) 馬鳴, 『大乘起信論』(『한국불교전서』 1책, 743b), "一切法從本已來, 離言說相, 離名字相, 離心緣相."

能緣이 될 수 있는 것도 아니라고[13] 해설하고 있다. 일심一心은 이언절려離言絶慮[14]라고 설명하고 있는『대승기신론소』에서의 논의와『법화경法華經』에서 설하는 바 일승법상一乘法相에 이언절려의 뜻이 있다[15]고 설명하는『법화경종요法華經宗要』에서의 말들 또한 그 예이다. 또 "일체법은 본래부터 색色도 아니고 심心도 아니며 지智도 아니고 식識도 아니다. 그리고 유有도 아니고 무無도 아니어서 결국 그 상相을 말할 수 없다"고 하는『대승기신론』의 말을 "제법諸法이 말을 떠난 도리를 밝힌 것이다"[16]라고『대승기신론소』에서 해설하고 있다. 대승大乘의 체體를 설명하는 부분에서는 "대승의 체體 그것은 무슨 말로 표현할 수 없기 때문에 억지로 대승이라 한다"[17]고 말한다.

　요컨대 언어는 진실 그 자체는 아니다. 원효는 그것을 "모든 언설은 오직 가명假名이므로 실성實性에는 끊어지지 않을 수 없다"[18]고 말하고 있다. 모든 언어는 진실 그 자체는 아니고, 다만 임시적인 이름일 뿐이라는 것이다. 이런 견지에서 본다면, 모든 것은 언어를 떠나 있는 이언離言이다.

　그렇다면 우리에게는 어떻게 말을 해서 진리를 전달해야 하는가 하는 것이 문제가 된다. 그것이 의언依言의 차원이다. 말로 하는 것이 전혀 불가능한 것은 아니라는 것이다. 모든 것이 말을 떠나 있기는 하지만 표현이 불가능한 것은 아니라는 것이 원효의 주장이다. 말이 진리 그 자체는 아니지만, 말을 떠나서 진리가 따로 독립적으로 존재하는 것은 아니기 때문이다. 그래서 원효는 말하기를, "고요하고 또 고요하지만 백가百家의 말속에

13) 元曉,『大乘起信論疏』(『한국불교전서』 1책, 744a).
14) 元曉, 같은 책(『한국불교전서』 1책, 741a~b).
15) 元曉,『法華經宗要』(『한국불교전서』 1책, 492c).
16) 馬鳴,『大乘起信論』(『한국불교전서』1책, 774c), "一切法從本已來, 非色非心, 非智非識, 非有非無, 畢竟不可說相."
元曉,『大乘起信論疏』(『한국불교전서』 1책, 774c~775a), "先明諸法離言道理."
17) 元曉,『大乘起信論疏』(『한국불교전서』1책, 733a), "不知何以言之, 强號之謂大乘."
18) 元曉, 같은 책(『한국불교전서』 1책, 744a), "諸言說唯是假名, 故於實性不得不絶."

들어 있다"[19]고 하여 진리가 말로 전달될 수 있다고 말한다. 보통 말을 떠나 있다고 말하기는 하지만 그것 또한 말이라는 것을 알아야 한다는 것이다. 거기에 대해서는 말과 뜻의 관계에서 말은 이치를 떠나지만 한편으로는 말로써 이치가 전달될 수 있다는 것을 논의했었다.

그러나 말로 표현할 수 있다고 하여 누구나 진리를 전달할 수 있는 것은 아니다. 원효는 『대승기신론소』에서 "입을 다문 대사大士와 직접 눈길로 본 장부丈夫가 아니고서야 누가 능히 언설을 떠난 대승을 논할 수 있겠는가"[20]라고 하여 그것을 논할 수 있는 가능성은 인정하면서도 그것이 어려움을 가지고 있음을 말하고 있다. 『금강삼매경』에서의 의어義語와 문어文語의 구별[21]도 그런 맥락에서 이해할 수 있다. 의어일 수 있기는 진정 어려우며, 진실로 아는 사람만이 말할 수 있는 것이 된다.

결국 이언과 의언을 우리들이 논한다 해도 그것은 크게 보아서 의언의 테두리 안에서이다. 그런데 그 언어가 진리와 다르다는 것을 잊어서는 안 된다는 것이 이언의 함축하는 바이다. 이런 관계 속에서 논의를 전개시키면, 언어는 언어가 아니라는 역설적인 표현에 도달하게 된다. 그러나 그것 때문에 '말로써 말을 버리는'(以言遣言) 단계에 도달할 수 있다. 따라서 이언과 의언의 관계는 언어의 기능을 논의하는 것으로 볼 수 있다. 말을 떠난 진리를 말로써 가리키는 관계가 바로 의언과 이언의 관계라고 볼 수 있는 것이다. '이언의 진리'라고 말하지만 그것이 언어적 표현인 한에 있어서는 무엇인가를 전달하고 있는 것이다. 진리가 말을 떠나 있다는 점만 강조한다고 그 말이 그대로 진리와 전혀 상관없이 성립하고 있는 것은 아니다.

---

19) 元曉, 같은 책(『한국불교전서』 1책, 733a), "寂之又寂之, 猶在百家之談."
20) 元曉, 같은 책(『한국불교전서』 1책, 733b), "自非杜口大師目擊丈夫, 誰能論大乘於離言."
21) 元曉, 『金剛三昧經』, 「眞性空品」(『한국불교전서』 1책, 653a).
　　義語는 實이 있는 말이고, 文語라는 實이 없는 말. 부처의 말은 義語이고, 중생의 말은 文語라 한다.

오히려 그것은 언어의 한계를 지적하는 말이라 하겠다. 그래서 원효는『법화경종요』에서 다음과 같이 말한다.

모두 그르다는 말이나 말대로 취하지 말라고 하는 두 말이 다르지 않다.[22]

곧 언어에 집착하지 말 것을 강조하는 것이 언어적 표현에서는 부정의 형식으로 나타난다는 것을 알 수 있다.

4. 노자 및 길장과의 비교

원효는 일정한 스승이 없었고, 불교 이외의 것들도 많이 공부했음을 여러 기록에서 알 수 있으며, 그런 사상들의 영향은 직접 여러 저술에서 확인할 수 있다. 그런데 그 중에서도 특히 노자의 영향이 강하게 나타난다. 곧 노자의 책에 있는 여러 표현들과 거의 비슷한 말들을 도처에서 발견할 수 있다. 원효의 저술에 나타나는 노자적 표현을 몇 가지 살펴보면서, 노자의 언어관과 원효의 언어관을 비교해 보도록 하자.

먼저 '현지우현玄之又玄'[23)이라는 표현이 있다. 그것은 도를 나타내기 위해서 노자가 쓰는 말인데, 원효가 그것을 자신의 저술에서 사용하고 있다. 곧 "대승大乘의 체體는…… 유현幽玄하고도 유현幽玄하다"(玄之又玄)[24] 고 하여 대승의 체를 표현하는 데에 이 말을 쓰고 있다. '현지우현玄之又玄'이라는 표현은 원효뿐만 아니라 원효의 동시대 또는 그 후대의 사람들도 많이 쓰는 표현이다. 이러한 사실로 볼 때, 그것은 당시의 관용적인 표

---

22) 元曉,『法華經宗要』(『한국불교전서』 1책, 419a), "邃言俱非, 不如言取, 二說無異."
23)『老子』 1장.
24) 元曉,『大乘起信論疏』(『한국불교전서』 1책, 733a), "大乘之爲體也……玄之又玄."

현이었던 것으로 보인다.[25] 도道를 표현하는 '현지우현玄之又玄'이라는 말이 불교의 궁극적인 진리를 표현하는 데에 적합한 것으로 생각했던 것 같다. 원효의 이러한 표현도 당시의 관습을 따른 것이라고 볼 수 있다.

앞의 예는 원효가 노자를 빌려서 불교 사상을 해설하고 있는 것인데, 노자적인 영향을 받고 있는 사실을 밝히는 주요 예증이라고 볼 수 있다. 구체적으로 노자의 도와 불교에서 말하는 궁극적인 것이 어떻게 다른가 하는 문제는 논외로 하더라도, 불교를 이해함에 있어서 당시 주요 중국 사상인 노자 사상을 차용했다 함은 그가 알게 모르게 영향을 받고 있었다고 볼 수 있을 것 같다.

노자적 표현을 차용하고 있는 또 다른 예는 다음과 같은 것인데, 언어관의 문제에서 이것이 더욱 우리의 관심을 끈다. 그 표현은 다음과 같은 것들이다.

무엇이라고 할지 몰라서 억지로 이름지어 말하기를 대승大乘이라고 한다.[26]

무엇이라고 할지 몰라서 억지로 부르기를 묘법연화妙法蓮花라고 한다.[27]

이것들은 노자가 도를 표현하면서 "나는 그 이름을 알지 못하여 억지로 자호字號를 지어 도道라 부르고, 억지로 이름을 지어 대大라 할 뿐이다"[28]라고 한 말을 거의 그대로 차용하고 있다.

노자의 언어관에 대해서는 여러 가지 논의가 가능하지만 도道는 말로

---

25) 鎌田茂雄, 『中國華嚴思想史の硏究』(東京大出版會, 1970), 273~279쪽.
  '玄之又玄'은 또 다른 말로는 '重玄'으로 표현된다. 木村淸孝의 『初期中國華 嚴思想史の硏究』(春秋社, 1977), 137쪽에서 "'重玄'은 물론 老子에 설해진 衆妙의 門으로서의 '玄之又玄'일 것이다"라고 하였다.
26) 元曉, 『大乘起信論疏』(『한국불교전서』 1책, 733a), "不知何以言之, 强號之謂大乘."
27) 元曉, 『法華經宗要』(『한국불교전서』 1책, 488a), "不知何以言之, 强稱妙法蓮花."
28) 『老子』 25장, "吾不知其名, 强字之日道, 强爲之名日大."

표현할 수 없다는 주장에 대해서만 논의하기로 하자. 노자는 도道를 말로 표현할 수 없다고 한다. 그런데 도道에 대해서는 표현 불가능을 말하지만 일반적인 것을 표현하는 것도 불가능하다고 말하는 것은 아니다.[29] 노자는 언어가 궁극적인 것, 즉 도道를 표현하는 데에는 불충분하다는 것을 문제삼고 있을 뿐이다. 반면에 불교에서는 그렇지 않다. 언어 그 자체에 대해서 문제삼는 것이다. 언어로 진리를 전달하고자 하지만 언어는 진리 그 자체가 아님을 강조하고 있다. 말과 그것이 지칭하는 것이 다름은 너무도 당연한 말이지만 그것을 강조하는 이유는 언어의 한계를 알아서 집착하지 말아야 한다는 것을 주장함에 있다. 이런 언어관과 노자의 도道는 언어로 표현할 수 없다는 언어관과는 차원이 다른 것이라고 할 수 있다.

그런데 원효가 앞서 말한 바와 같이 노자적 표현을 말한다면 그는 언어가 궁극적인 것을 표현하는 데에는 불충분하다는 노자의 견해를 받아들이고 있는 것으로 보아야 할 것인가의 문제가 생긴다. 원효는 우선 모든 것이 말을 떠나 있다고 주장하는 점에서 노자와 다르다고 할 수 있다. 즉 궁극적인 도道라는 이유 때문에 언어로 표현이 불가능한 것은 아니다. 그것은 먼저 "아마륵阿摩勒 과일이 이와 같이 언설을 넘어서 있다. 법인法忍의 마음도 이와 다를 바 없다"[30]고 하는 『금강삼매경론』의 말에서 확인할 수 있

---

29) 노자의 언어관과 불교에서의 언어와 진리의 문제에 대한 논의는 다음을 참조할 것.
   Whalen W. Lai, "Further developments of two truths theory in China", *Philosophy East and West* vol. 30 No. 2 1980.
   최유진, 「中觀哲學의 二諦說 硏究」, 『철학논구』 9집(서울대학교 철학과, 1981).
   _____, 「吉藏의 二諦說」, 『철학논집』 1집(경남대학교 철학과, 1984).
   _____, 「元曉의 和諍思想」, 『철학논집』 2집(경남대학교 철학과, 1985).
   박이문의 『老莊思想』(문학과지성사, 1980, 24~65쪽 참조)에서는 老子가 표현이 불가능하다고 하는 것이 道에만 해당하는 것이 아니라 모든 것에 다 해당된다는 관점에서 논의를 진행시킨다. 그러나 Lai의 경우는 그렇지 않다. 궁극적인 존재인 도의 경우에만 표현이 불가능하다고 보고 있다.(Whalen W. Lai, "Further developments of two truths theory in China", *Philosophy East and West* vol. 30 No. 2 1980., 139~140쪽) 이 문제에 대한 자세한 논의는 생략하고 Lai의 입장을 받아들여서 논의를 전개시키도록 하겠다. 老子가 道 이외의 것에 대해서 표현 불가능을 말하는 것은 찾아볼 수 없기 때문이다.

다. 말로 얘기할 수 없고 언설을 넘어서 있는 것이 어떤 궁극적인 것만은 아니다. 아마득 과일이라는 구체적인 사물의 이름도 말을 넘어서 있다. 그것은 다음과 같은 말에서도 알 수 있다.

불의 성질이란 이름에서 뜻을 얻을 수는 없는 것이다. 이와 같이 불의 성질이 비록 얻어지지 않는다 하더라도 그 나무 속에는 불의 성질이 없지 아니한 것이다. 이러한 도리를 밝히고자 하여 불의 성질이란 이름을 말한 것이나 그 이름을 아무리 두드리고 쪼개어 보아도 다만 글자가 있을 뿐이다. 모든 글자를 다 찾아 돌아보아도 불의 성질은 얻어지지 않는다.[31]

언어와 그것이 지칭하는 바는 이와 같을 수밖에 없다. 요컨대 "모든 언설은 오직 가명假名이므로 실재성實在性이 결여되어 있다."[32] 이것은 앞서 말과 이치와의 관계에서 말은 이치를 떠나서 있을 수밖에 없다는 측면을 말한 것이다. 노자적 언어관과 다른 것은 언어가 궁극적인 것을 표현하는 데에 불충분하다는 것이 아니라 언어 자체가 실질일 수 없다는 점 때문이다. 궁극적인 것이기 때문에 표현 불가능하다고 주장한다면 언어는 그 자체가 원래 지칭되는 대상과 다를 수밖에 없다는 사실을 잊고 있는 것이라고 말할 수 있다. 따라서 노자는 언어 그 자체가 갖는 본성상本性上의 문제를 본격적으로 다루고 있지 않다고 볼 수 있다.

다음으로 모든 것이 말을 떠나 있긴 하지만 표현이 전혀 불가능한 것은 아니며, 한편으로는 언어가 그 자체 진리의 표현이라는 것을 인정하는 점

---

30) 元曉, 『金剛三昧經論』, 「無生行品」(『한국불교전서』 1책, 625c), "阿摩勒菓, 如是絶言, 法忍之心, 亦不異此."

31) 元曉, 같은 책, 「無生行品」(『한국불교전서』 1책, 624c), "火性名下, 義不可得, 如是火性, 雖不可得, 而其木中, 非無火性, 欲詮此理, 說火性名, 推析此名, 但有諸字, 轉求諸字, 皆無所得."

32) 元曉, 『大乘起信論疏』(『한국불교전서』 1책, 744a), "諸言說唯是假名, 故於實性不得不絶."

에서도 원효는 노자와 다르다고 할 수 있다. 말이 진리 그 자체는 아니지만 언어를 떠나서 따로 진리가 있는 것은 아니라는 것이 원효의 주장이다. 그는 말하기를 "고요하고 또 고요하지만 백가百家의 말속에 들어 있다"[33] 고 하여 진리가 말로써 전달될 수 있음을 주장한다. 궁극적인 것이든 아니든 그것은 관계없이 그러하다고 할 수 있다. 이 점이 원효와 노자와의 또 다른 차이점이다.

결론적으로 말해서 원효는 모든 것이 언설과 다르고 떠나 있다는 것을 주장한다는 점에서 노자와 다르고, 비록 언어적인 표현과 그것이 지칭하고자 하는 것은 다를 수밖에 없지만 표현이 불가능한 것은 아니고, 언어적 표현 그 자체가 진리의 드러냄일 수 있다고 주장하는 것이 노자와의 또 다른 차이점이다. 원효가 노자식으로 표현하고 있는 것은 한편으로는 불교가 당시의 문화에 적응해 나가는 과정을 반영하는 것이며, 다른 한편으로는 원효가 불교 이외의 여러 사상에도 익숙했음을 보여 주는 것이다. 그는 언어와 언어가 드러내고자 하는 이치와의 관계를 보여 주기 위해 근본적인 면에서의 차이는 간과한 채 노자적인 표현을 썼던 것이다. 노자가 도道를 표현하는 데에는 언어로서는 불충분하다는 것을 보여 주기 위해서 사용했던 말들을 그대로 차용해서 표현했기 때문에 해석상의 혼란도 약간 있을 수 있었다.

다음으로 원효의 언어적 표현법은 길장의 표현법과 많은 유사점이 있음을 지적할 수 있다. 길장은 언어의 문제에서 보자면, 이제二諦를 가르침으로 파악했다는 점에서 특히 중요한 사람인데, 원효는 언어관에서 그와 유사한 것이 많다. 『십문화쟁론』의 공空과 유有에 관한 이설異說을 화해시키는 부분에서 원효는 다음과 같이 말하고 있다.

---

33) 元曉, 같은 책(『한국불교전서』 1책, 733a), "寂之又寂之, 猶在百家之談."

이 유유라고 인정한 바는 공空과 다르지 않다. 따라서 비록 앞(결정적인 有)과 같다고 하더라도 증익增益이 아니다. 임시로 유유를 인정하므로 실제로 유有에 떨어지는 것은 아니다. 그러므로 비록 뒤(결정적인 無)와 같더라도 손감損減이 아니다.[34]

그리고 계속하여 "앞에서 실제로 이것이 유有라고 설한 것은 공空과 다르지 않은 유有이다. 뒤에 유有에 떨어지지 않는다고 설한 것은 공空과 다른 유有에 떨어지지 않는다는 것이다"[35]라고 말하고 있다. 유有니 공空이니 말한다고 해도 그것이 결정적인 유有나 공空은 아니라는 것이다. 그런데 '공空과 다르지 않은 유有'라는 등의 표현은 길장의 표현과 거의 비슷하다. 길장은 『이제의二諦義』에서 다음과 같이 말하고 있다.

가명假名으로 유有를 설하고 가명假名으로 공空을 설한다.…… 비유非有가 유有가 됨은 공空과 다르지 않은 유有이다. 비공非空이 공空이 됨은 유有와 다르지 않은 공空이다.[36]

이와 같은 길장의 입장은 이제二諦를 가르침으로 보는 입장이다. 즉 공空이라 하든 유有라 하든 그것은 절대적인 진리 그 자체가 아니라 가르침의 수단이라는 것이 길장의 견해이다. 언어와 이치와의 관계에서 생각해 본다면 언어와 이치의 상호 의존적인 성격을 주장하고 있다고 이해해도 좋을 것이다. 언어가 이치 그 자체는 아니므로 언어에 매달리지 말고 가르침을 이해하라는 입장이라 하겠다. 그리고 원효는 길장과 견해를 함께 하고 있음을 알 수 있다. 표현법까지도 비슷하여 그것을 더욱 확실히 알 수

---

34) 元曉, 『十門和諍論』(『한국불교전서』 1책, 838a), "此所許有, 不異於空, 故雖如前, 而非增益, 假許是有, 實非墮有, 此所許有, 非不墮有. 故雖如後, 而非損減."
35) 元曉, 같은 책(『한국불교전서』 1책, 838a), "前說實是有者, 是不異空之有. 後說不墮有者, 不墮異空之有."
36) 吉藏, 『二諦義』(『大正新修大藏經』 권45, 105c), "假名說有, 假名說空……非有爲有, 非異空之有. 非空爲空, 非異有之空."

있다. 원효도 말 그 자체에 매달리지 말 것을 강조하고 있고, 공空·유有의
표현이 임시적인 이름이라는 것을 거의 비슷한 표현으로 말하고 있다.

5. 화쟁과 언어

1) 여러 학파의 학설

이제 직접 화쟁과 연관해서 언어의 문제를 논의한다면, 여러 학파의 다양
한 학설들을 어떻게 받아들여야만 하는지가 문제된다. 언어적으로 다양하게
나타나는 이론들을 화해시키는 것이 화쟁이기 때문이다. 원효는 여러 학파의
학설에 대해 『대승기신론소』의 머리 부분에서 다음과 같이 말하고 있다.

> 대승大乘의 체體는…… 현묘하고도 현묘하나 어찌 만상萬像의 밖에 벗어났으
> 랴. 고요하고도 고요하나 오히려 백가百家의 언설(百家之談) 안에 있다. 만상萬
> 像의 밖이 아니건만 오안五眼으로 그 형체를 볼 수 없고 언설의 안에 있으나
> 사변四辯으로 그 형상을 말할 수 없다.[37]

진리는 언설 안에 그것도 다양하게 나타나는 여러 학파의 말속에 있다
고 말하고 있다. 여러 가지로 다양하게 전개되는 학설 속에 진리가 들어
있다면 여러 학파들이 다 나름대로의 가치를 갖고 있다는 말이 될 것이다.
그러나 아무렇게나 말하는 말들이 그대로 진리인 것은 아니다. 그런데도
백가지담百家之談 속에 다 들어 있다고 말하는 것은 앞서 논의의 맥락에서
볼 때 말로 표현되지 않으면 전달이 불가능하다는 측면에서의 말이라고

---

37) 元曉, 『大乘起信論疏』(『한국불교전서』 1책, 733a), "大乘之爲體也……玄之又玄之, 豈
出萬像之表. 寂之又寂之, 猶在百家之談. 非像表也, 五眼不能見其軀, 在言裏也, 四
辯不能談其狀."

볼 수 있다. 그리고 또 한편으로는 여러 학설들이 각각 나름대로의 위치를 가질 수 있다고 하는 의미에서의 말이다.

진리라고 하는 것은 여러 학파의 주장에서 벗어나서 따로 독립적으로 존재하는 것이 아니라는 의미를 백가지담百家之談 속에 들어 있다는 말에서 찾을 수 있다. 그러면 모든 학파의 말이 그대로 다 진리인가 하면 그것은 그렇지 않다. 말로 표현한다고 해도 누구나 다 진리를 드러낼 수 있는 것은 아니기 때문이다. 원효는 『대승기신론소』에서 "입을 다문 대사大士와 직접 눈길이 마주쳐서 도를 깨달은 장부丈夫가 아니고서야 누가 능히 언설을 떠난 대승大乘을 논할 수 있겠는가"[38)라고 하여 논할 수 있는 가능성은 인정하면서도 그것이 극히 어려운 것임을 말하고 있다. 또 앞서 인용했듯이 『금강삼매경론』에서는 의어義語와 문어文語를 구분하여, 실의實義에 맞는 것을 의어라 하고 단지 헛된 글에 그치는 것을 문어라 하면서 부처의 말은 의어이고 중생의 말은 문어라고 말하고 있다.[39) 진리를 잘 표현하는 것이 쉬운 것이 아님을 잘 알 수 있다. 말이라고 하여 다 같은 것이 아니라는 주장이다.

의어義語와 문어文語를 구분한다면 모든 학파의 말들이 다 의어일 수는 없다. 부처의 진리의 말이 아니기 때문이다. 그러면 어떻게 여러 학파의 말 속에 진리가 들어 있다고 말할 수 있는가? 이에 대한 대답은 언어적 표현의 본성에 대한 논의에서 찾아져야 할 것이다. 각 학파의 말들에 각자 나름대로의 진리가 있음을 인정하고 있지만, 그것은 이렇게 보면 이렇고 저렇게 보면 저렇다는 식의 편의적 상대주의 입장에서의 인정이어서는 안 될 것이다. 상대주의 입장으로는 쟁론이 해소될 리 없기 때문이다. 『열반경종요涅槃經宗要』에서의 말을 예로 들어보기로 하자. 원효는 『열반경종요』에

---

38) 元曉, 같은 책『한국불교전서』 1책, 733b), "自非杜口大師目擊丈夫, 誰能論大乘於離言."
39) 元曉, 『金剛三昧經論』, 「眞性空品」(『한국불교전서』 1책, 653b) 참조.

서 불성에 대한 여섯 가지 이론을 말한 뒤에 경전을 인용하여 다음과 같이 말한다.

> 마치 장님들이 각각 코끼리를 말하는데 비록 사실대로는 얻지 못하였지만 그러나 코끼리를 말하지 않은 것이 아닌 것처럼, 불성佛性을 말하는 것도 또한 그와 같아서 여섯 가지 진리(六法) 그대로를 말한 것은 아니지만, 여섯 가지 진리를 떠난 것도 아닌데 여기 여섯의 주장 또한 그러함을 알아야 한다.40)

각각의 주장이 각각 나름대로 일리가 있음이 인정되고 있다. 진리 그대로는 아니지만 그것을 떠난 것도 아니라는 데에 논의의 핵심이 있다. 장님이 부분적인 코끼리를 말할 수밖에 없듯이 언어도 역시 근본적인 한계를 가진다. 그러나 언어와 이치가 따로 독립적으로 존재하는 것은 아니다. 이것을 본다면 여러 가지 방식으로 진리에 대해서 말하는 것이 나름대로의 한계이면서도 진리를 전달할 수 있는 가능성이라고 할 수 있다. 이것이 언어적인 차원에서 접근한 것이라면, 근본적인 모습에서는 하나일 수밖에 없다는 일종의 존재적 차원에서도 논의가 가능하다. 원효는 『법화경종요』에서 『니건자경尼犍子經』을 인용하여 다음과 같이 말한다.

> 『니건자경尼犍子經』 「일승품一乘品」에서는 부처가 문수에게 말하기를 "내 불국토에 상키야 학파, 자이나교 등 외도들이 있는데, 그들은 다 여래如來의 주지住持하는 힘으로 말미암아 방편으로 나타내 보인 것이다. 선남자들아, 그들은 비록 갖가지 이학異學의 모양을 행하지만 다같이 불법佛法이라는 한 다리를 건너는 것이니, 다른 건널 다리가 없기 때문이다"라고 하였다. 생각건대 이 글에 의해 불법佛法의 오승五乘의 모든 선善 및 외도外道의 갖가지 다른 선善 등 일체가 다 일승一乘임을 알아야 하나니, 그것은 다 불성佛性을 의지한 것이요 다

---

40) 元曉, 『涅槃經宗要』(『한국불교전서』 1책, 539a), "如彼盲人各各說象, 雖不得實非不說象, 說佛性者亦復如是, 不卽六法不離六法, 當知此中六說亦爾."

른 본체가 없기 때문이다.[41]

결국 다른 여러 학파의 이론까지도 일승으로 귀결된다는 의미에서 받아들일 수 있다는 주장이다. 그런데 일승으로 되는 이유는 불성에 의지하고 다른 본체가 없기 때문이라고 한다. 궁극적인 데서 본다면 근원적으로는 동일하다는 것이 이 주장의 배후에 깔려 있는 것이다. 근원적인 데서는 하나로 돌아간다는 것이다. 그러나 이제까지 논의의 결과로 볼 때 모든 이론들이 무조건 다 옳은 것은 아님은 당연하다.

결론적으로 말해 언어와 이치와의 관계에서 언어가 진리를 떠난 것이 아니라는 점에서 여러 학파의 말속에 들어 있다고 인정되므로 딴 학파의 말도 받아들일 수 있다. 그리고 근원적인 면에서 볼 때 평등 무차별하다는 의미에서 그 여러 이론들이 포용되므로 진리임을 인정할 수 있다. 집착함이 없이 보면 되는 것이다.

2) 표현 방식

화쟁의 작업은 언어적인 표현으로 나타난다. 그럼 어떻게 언어적으로 표현하여야 화쟁이 가능할 것인가가 문제이다. 그 문제에 대한 논의에 들어가기 전에 먼저 알아야 할 것은 언어의 성격이다. 진리를 드러내고 전달하는 것이 언어지만, 한편으로 그 언어는 진리를 가리고 은폐시키는 특성이 있음을 알아야 한다. 그것을 먼저 알고 모든 논의에 임할 때에 진리를 드러내는 언어의 특성에 따라 우리는 진리를 배울 수 있게 된다.

---

41) 元曉, 같은 책(『한국불교전서』 1책, 489a), "尼犍子經, 一乘品言, 佛語文殊, 我佛國□ 所有僧伽尼犍子等, 皆是如來住持力故, 方便示現此諸外道. 善男子等, 雖行種種諸異學相, 皆同佛法一橋梁度, 更無餘度故. 案云, 依此等文, 當知佛法五乘諸善及與外道種種異善, 如是一切皆是一乘, 皆依佛性無異體故."

표현 방식에 대한 문제는 먼저 동견同見과 이견異見에 대한 것에서부터 시작하도록 하자. 화쟁을 언어적으로 수행한다면 그것은 의견이 같거나 다른 사람들을 어떻게 인도하느냐의 문제가 될 것이기 때문이다. 원효는 『금강삼매경론』에서 동의함과 동의하지 않음의 문제에 대해서 다음과 같이 말하고 있다.

만일 여러 가지 다른 견해가 엇갈려 쟁론하고 있을 때 유견有見에 의해 설한다면 공견空見과 다를 것이요, 또 만일 공집空執에 동의하여 설한다면 유집有執과 다를 것이다. 그리하여 동의하든 동의하지 않든 쟁론만 더욱 일어나게 할 것이다. 또 저 두 가지에 다 동의하면 자기 안에서 서로 논쟁할 것이고, 저 두 가지에 다 동의하지 않는다면 그 둘과 더불어 서로 논쟁할 것이다. 이런 까닭에 동의도 하지 않고 이의도 제기하지 않으면서 설한다. 동의하지 않는다 함은 말 그대로 취하면 모두 용납되지 않기 때문이고, 동의하지 않는 것이 아니라고 함은 그 뜻을 살려서 들으면 허용되지 않는 바가 없기 때문이다. 동의하지 않는 것이 아니기 때문에 정情에 어긋나지 않고, 동의하지 않기 때문에 도리道理에 어긋나지 않는다. 정情에 있어서나 리理에 있어서나 서로 어긋나지 않는다.[42]

여기에서의 결론은 동의하지도 않고 동의하지 않지도 않으면서 설한다는 것이다. 동의하지 않는 이유는 말 그대로 취하면 모두 용납되지 않기 때문이다. 앞에서도 계속 논의해 본 바와 같이 언어는 이치 그 자체라고는 할 수 없다. 따라서 말 그대로 취한다면 잘못에 빠지게 된다. 이것이 동의하지 않는 이유이다. 다음으로 동의하지 않지도 않는 이유는 그 뜻을 살려서 들으면 모든 것이 용납되기 때문이다. 앞에서도 논의했듯이, 원효는 모

---

42) 元曉, 『金剛三昧經論』, 「入實際品」(『한국불교전서』 1책, 638a), "若諸異見諍論興時, 若同有見而說, 則異空見, 若同空執而說, 則異有執. 所同所異, 彌興其諍. 又復兩兩彼二則自內相諍, 若異彼二則與二相諍. 是故非同非異而說. 非同者, 如言而取, 皆不許故, 非異者, 得意而言, 無不許故. 由非異故, 不違彼情, 由非同故, 不違道理. 於情於理, 相望不違."

든 말들이 다 나름대로 옳은 바가 있다는 것을 인정하고 있다. 따라서 살려서 들으면 이의를 제기할 것이 없다. 이것이 이의를 제기하지 않는 이유이다. 결국 동의하고 동의하지 않음의 문제는 언어의 성격을 잘 알아서 표현해야 되고, 또 그 사람의 태도도 잘 감안해서 뜻을 살려 말을 인정해 주어야 한다는 것이라 하겠다. 동의하지도 않고 동의하지 않지도 않으면서 설함으로 해서 그 도리와 정情에 모두 어긋남이 없게 된다는 것이다. 언어로 표현할 때 그 받아들이는 태도도 중시함을 알 수 있다.

앞에서 "모두 그르다고 말하는 것이나 말 그대로 취하지 말라고 하는 것은 다르지 않다"[43]고 했었다. 부정을 하게 되는 이유는 집착을 버리게 하고자 함에서이다. 말 그대로 취하면, 용납되지 않을 수밖에 없게 되는 것은 집착 때문이다. 언어와 대상의 관계의 본성을 모르고 집착을 하므로 그것을 버리게 하고자 함이다. 그러나 뜻을 살려서 들어준다는 것은 또 무슨 말인가? 집착을 하게 만드는 것이 아닌가? 그것은 언어가 이치를 표현하고 전달할 수 있는 기능이 있다는 면에서 해명해야 할 것이다. 똑같은 것은 아니지만 다른 것도 아닌 것이 언어와 이치의 관계라면 다르지 않는 면을 '득의이언得意而言'이라는 말로써 밝히고 있다고 볼 수 있다. 이치에 어긋난다고 하여 부정을 해서 집착을 버리게 하고, 다음에 살릴 것이 있음을 보여 주는 상당히 역설적인 방법이 이 방법이다. 원효에게 많이 나타나는 역설적인 표현은 다 이와 같은 이유에서 생기는 것 같다. 언어 자체의 한계를 알고 집착하지 말고 받아들이라는 의미에서 그런 표현이 나온다고 할 수 있다.

그런데 동의하고 동의하지 않음의 문제에서 동의함과 동의하지 않음 모두를 떠나서 설한다는 것이 중요하다. 동의하든 동의하지 않든 두 가지 모두 문제가 생긴다는 것은 앞서 인용문에서도 말하고 있다. 따라서 그런 문

---

43) 元曉, 『法華經宗要』(『한국불교전서』 1책, 491a), "遂言俱非, 不如言取, 二說無異."

제가 없도록 하기 위해서 동의함과 동의하지 않음에서 자유로울 수 있어야 한다. 그것이 가능하려면 그 자신이 집착 없는 상태여야 한다. 따라서 화쟁에서는 화쟁하는 사람의 집착 없는 상태가 전제되어 있다고 할 수 있다. 그저 아무렇게나 동의하고 동의하지 않음을 되풀이해서 화쟁이 되는 것은 아니다. 일심一心의 상태가 화쟁和諍의 근거가 되는 것이다.

여기에서 한 가지 더 언급할 것은, "동의하므로 도리에 어긋나고 동의하지 않음으로 해서 정情에 어긋나는 것이 아니냐"는 반대편의 주장이 있다면 이에 대해서는 어떻게 답할 것인가의 문제이다. 동의하는 것을 리理에 대응시키고, 동의하지 않음을 정情에 대응시킬 수 있다. 그래서 "동의하므로 도리에 어긋나고, 동의하지 않기 때문에 정情에 어긋난다. 정情과 리理에 모두 어긋난다"고 하는 반反딜레마가 성립할 수 있다. 이 반反딜레마도 의미 있는 표현이다. 부정의 방식으로 집착을 벗어나게 하는 것이라 할 수 있다. 정情과 리理에 모두 어긋난다고 표현된다면 그것은 말 그대로 취하지 못하게 하는 말이다. 다른 말로 하면 집착을 경계하는 말이 될 것이다. 그리고 그 집착을 벗어난 상태에서 설하는 것을, 동의도 않고 동의하지 않지도 않으면서 설한다는 마찬가지의 말로 표현할 수 있다. 동의하면 도리에 어긋나고, 동의하지 않으면 정情에 어긋나기 때문이다. 동의에서도 벗어나고 동의하지 않음이라는 데서도 벗어나야 한다는 뜻에서 그런 표현이 가능하다.

6. 결론

화쟁에서 언어가 문제되는 이유는 화쟁의 작업 역시 언어로 나타나기 때문이었다. 그리고 쟁론을 하고 있는 상황에서 그것을 벗어나게 해주려면 언어가 어떤 특성을 가지고 있는가를 알게 해주어서 말꼬리에 매달리지 않게 되도록 해야 하기 때문이다. 언어에 대한 태도의 변경이 전제되어 있기 때문이다. 그러면 구체적으로 말과 이치와의 관계는 어떻게 되는가? 그것은 단적으로 말하면 상호 의존적으로 성립하는 것으로서 같은 것도 아니고 다른 것도 아니다. 이치는 말로 표현하지만 그러나 그것이 말 자체는 아니다. 그것은 너무도 당연한 이야기이다. 그러나 또 한편 말을 떠나서 이치가 따로 독자적으로 존재하는 것은 아니다.

다음으로 문제가 되는 것은 언어로 표현할 수 있느냐 없느냐(즉 離言과 依言) 하는 것이다. 언어로 표현할 수 없음(離言)은 이치와 언어가 다를 수밖에 없어서 이치를 전달하는 것이 불가능하다는 면을 말하는 것이고, 의언依言은 말로 표현하여 전달하는 측면을 말하는 것이라 할 수 있다. 그러나 말로 표현할 수 없음도 또한 언어적인 표현이기 때문에 여러 가지 복잡한 논의가 나오게 된다. 결국 언어를 떠나는 면과 언어에 의해서 설명할 수 있는 면이 있음을 말하는 것이 이언離言과 의언依言의 문제에서 말하는 것이라고 할 수 있다. 언어의 성격이 그렇다는 것이다. 모두 그렇다고 말하는 것과 말대로 취하지 말라고 하는 말이 다르지 않다는 데에서 언어의 제약적 성격을 이해할 수 있게 된다. 곧 언어의 성격을 제대로 알고 그것에 따라 표현해야 한다는 것이 이언과 의언을 말하면서 강조하는 점이라 할 수 있을 것이다.

다음으로 이러한 원효의 언어관은 노자와 길장과 비교할 때 어떠한가? 원효의 저술에서 노자적인 표현이 눈에 많이 띄는 것을 볼 때 노자의 영향이 없지 않은 듯이 여겨진다. 그러나 노자에 있어서는 언어에 대해 불신하는 태도가 어느 정도 나타나기는 하지만 언어 그 자체에 대해 본격적으로 논의하지 않았다. 즉 도를 표현하는 데 언어가 불충분하다는 것만을 문제 삼았다. 그 점에서 원효와는 다르다고 볼 수 있다. 원효는 언어 자체의 성격이 진리 그 자체를 가리는 면이 있다고 보는 데 반해 노자는 그러한 것을 문제삼지 않았다고 보아야 할 것이다. 따라서 원효는 노자적인 표현을 즐겨 쓰고 있고, 그 영향을 받았음이 짐작되기는 하지만 언어관에 있어서는 다르다고 해야 할 것이다. 또한 길장의 영향이 눈에 띈다. 즉 유무有無를 논함에 있어 유有라 해도 그것이 바로 유有를 지칭하는 것이 아님을 말하는 면이 그것이다. 원효가 특히 주력했던 것이 유무 대립의 화해였는데, 그것에 대한 표현을 그렇게 함을 보면 영향을 받았음을 알 수 있다.

다음으로 이런 언어로써 화쟁은 어떻게 하는가? 먼저 원효는 여러 학파의 다양한 이론들을 한편으로는 인정할 수 있다고 한다. 어떤 학파의 이론이든지 그것이 나오게 되는 이유가 있다는 것을 인정한다. 여러 학파의 이론을 떠난 별도의 곳에 진리가 따로 있는 것이 아님을 말하고 있다. 그것들은 일부의 진리를 전하고 있다. 그리고 그것이 인정되는 이유는 궁극적으로 하나로 통하기 때문이다. 궁극적으로 통한다는 것은 그의 일심에 대한 이론에서 뒷받침되고 있다고 볼 수 있을 것이다. 다음으로 화쟁을 행함에 있어서 표현 방법은 어떤 견해에 대해 '동의하지도 않고 거부하지도 않으면서 설한다'는 것이다. 앞서 말한 것과 같은 언어관을 가진 원효로서는 어떤 면에서는 당연한 귀결이라 하겠다.

원효의 화쟁을 살펴봄에 있어서는 그가 언어에 대해 어떻게 생각하고 있는가 하는 문제는 대단히 중요한 위치를 차지한다고 할 수 있다. 그의 언어에 대한 견해에서부터 살펴볼 때에 그가 괜히 긍정했다 부정했다 하는 것이 아님을 확실하게 알 수 있다. 그리고 그의 언어관은 구체적인 화쟁 방식과도 밀접한 연관관계를 갖고 있음을 알 수 있다. 구체적인 화쟁의 방법에 대해서는 여기에서 다루지 않았지만 화쟁의 방법이 언어에 대한 태도와 밀접한 연관을 갖는다는 것은 확실하게 말할 수 있다.

『대승기신론』 사상을 평가하는 원효의 관점

박 태 원

중국에서 처음 등장하여 담연曇延, 혜원慧遠 등 중국 불교계의 쟁쟁한 인물들에 의해 연구되면서 그 위상의 비중을 확보해 가던 『대승기신론大乘起信論』은 중국 밖의 한 탁월한 불교인에 의해 화려하게 조명된다. 신라 원효元曉의 『기신론』 연구가 그것이다. 당대에 접할 수 있었던 거의 모든 경론을 섭렵하여 연구한 것으로 보여지는 원효는 다양하고도 깊이 있는 방대한 저술을 이룩하였는데, 현존 저술에 나타나는 그의 사상에는 모든 논의의 본의를 적출하여 일미一味로 엮음으로써 불필요한 대립과 다툼을 화해시키는 회통會通과 화쟁和諍의 태도 및 그 논리가 일관되게 자리잡고 있다. 원효는 특정한 학파나 종파 의식으로 인한 편견으로부터 벗어나 화쟁과 회통의 정신으로 모든 경전을 소화하였고 그의 삶 역시 이에 충실하였다는 것은 원효를 연구하는 모든 학자들의 한결같은 지적이기도 하다.

이러한 원효의 사상을 흔히 일심一心 사상이라고도 부르고 있는데, 원효가 비록 모든 경론의 다양한 사상을 일미로 회통시킨다고 하여도 그의 사상에 중심 원리로 작용하고 있는 사상 체계를 부인할 수는 없다. 그런데 기존의 불교 사상 가운데 원효 사상의 토대를 이루는 사상 유형은 무엇인가라는 문제에 대한 학계의 대답은 일정하지 않다. 이른바 여래장如來藏 사상을 중심으로 그 대답을 구하는가 하면, 화엄華嚴 사상에서 원효 사상의 핵심부를 찾으려고도 한다.[1] 그러나 원효 사상의 토대나 핵심 원리를

---

1) 高峯了州는 원효 사상의 근본 교학이 여래장 사상이라고 하고(『華嚴思想史』, 京都 : 百華苑, 1976, 190쪽), 고익진은 원효 사상을 화엄 사상에 소속시키는 동시에 원효의 화엄 사상은 중국 화엄보다도 그 이론 전개가 치밀하고 정연하다고 주장한다.(『한국고대불교사상사』, 동국대학교 출판부, 1989, 237쪽, 274쪽) 또한 이기영은 원효가 敎判的으로 화엄경의 정신을 가장 높이 평가하고 그 우주관과 세계관에 서서 여래장 사상을 고취하였으며, 여래장 사상이 般若와 唯識哲學의 바탕 위에서 비로소 정립되었다는 것을 밝혔다고 말한다.(「경전 인용에 나타난 원효의 독창성」, 『한국불교연구』, 한국불교연구원, 1982, 360쪽) 또한 원효는 모든 사상을 회통하는 一心의 淨化에 최고의 가치를 부여하면서 중생의 제도에 중점을 둔 실천 불교인 여래장 불교를 고취해 갔으며, 이 여래장 불교의 기초를 『楞伽經』·『勝鬘經』에서 찾았으나 그 사상을 가장 잘 정리한 문헌은 『大乘起信論』이라고 보았기 때문에 이 『大乘起信論』을 가장 중시하여 철저히 연구하였다고 말한다.(『한국의 불교 사상』, 삼성출판사, 1978, 18~19쪽) 따라서 이기영의 경우는 원효 사상의 핵심을 화엄 사상과 여래장 사상 모두에서 구하면서도 결국에는 여래장 사상을 주목하고 있는 것으로 보인다. 이평래 역시 원효의 불교학은 『大乘起信論』의 如來藏說을 토대로 하고 있으며 여래장설의 천명에 생애를 바쳤다고 하여 원효 사상의 중심을 여래장 사상에서 찾고 있다.(「如來藏說과 元曉」, 『元曉思想論叢』, 국토통일원, 1987, 479쪽·486쪽) 이 밖에도 여래장 사상과 관련하여 원효 사상이 지니는 의미에 주목하는 論究들이 있다. 원효는 여래장 사상의 가치를 최초로 깨달은 사상가 중의 한 명이며, 여래장 사상의 독자적 가치를 발견함에 따라 여래장 사상과 유식철학을 구별하고 있고, 이 구분은 法藏의 사상적 선구로도 간주할 수 있다고 하는 견해(안성두, 「원효의 여래장 사상 분립 이유에 관한 연구」, 한국학대학원 석사학위 청구논문, 1981, 53~55쪽), 역시 중국 및 한국·일본의 여래장 사상 전개사에 있어서 선구적 역할을 담당한 것은 법장 이전의 원효라고 보아야 하며, 원효는 모든 철학적 귀결점을 여래장 사상에로 돌리고 歸一心源·饒益有情의 實踐道로서 여래장 사상을 중시하였다는 견해(이양희, 「원효의 여래장 사상 연구」, 한국학대학원 석사학위 청구논문, 1982, 101~102쪽) 등이 그것이다. 한편, 원효의 근본 사상이 여래장 사상에 입각한 것이라는 주장도 타당성이 있으나 단지 여래장 사상에만 한정시킬 수는 없고 원효 사상의 근본은 一心에서 찾아야 하며, 원효의 일심 사상은 여래장 사상의 연장선 위에서 파악할 수 있으나 동시에 일심은 화엄 사상을 비롯한 여러 이론들을 아우른 더욱 포괄적인 것이라고 하는 견해도 있는데(최유진, 「元曉의 和諍思想研究」, 서울대학교 대학원 박사학위논문, 1988, 2쪽·25쪽), 一心思想이라는 개념은 불교사상사적 분류 방식에 포함시키기에는 그 사상적 성격이 너무 포괄적이므로 원효 사상의 토대를 기존의 불교 사상 유형 속에서 확인해 보려는 물음에 대한 대답으로는 이 경우 역시 여래장 사상을 일차적으로 주목하고 있다고 할 수 있다. 이렇게 볼 때 원효 사상의 핵심을 여래장 사상에서 구하는 입장이 학계의 전반적인 추세라고도 여겨진다.

무엇이라고 판단하든 간에 그것은 기신론 사상에 크게 혹은 결정적으로 의존하고 있다고 보아야 한다는 점에서는 학자들의 견해가 일치하고 있으며, 원효의 저술을 통해서도 이 점은 분명히 확인된다. 원효는 자기 사상의 기본 원리를 『기신론』에서 확고히 마련할 수 있었던 것이다.

그렇다면 원효는 기신론 사상을 어떻게 평가하고 있는가? 이 질문에 대한 대답으로 간주할 수 있는 학계의 기존 연구 성과는 대체로 두 가지 유형으로 구분할 수 있다. 기신론 사상을 평가하는 원효의 관점을 여래장 사상의 연장선 위에서 이해하는 입장과 굳이 여래장 사상을 전제로 하지 않는 입장이 그것이다.

전자의 경우는, "원효는 반야중관설般若中觀說이나 유가유식설瑜伽唯識說보다도 『기신론』의 여래장설을 최고의 위상에 두고 그 토대 위에 불교 사상을 통일하려고 한다"[2]는 견해에서와 같이 원효가 기신론 사상을 평가하는 초점이 여래장 사상에 놓여 있다고 이해하는 입장인데, 원효 사상의 근본을 여래장 사상에서 구하는 경우에는 기본적으로 이와 같은 입장에 서 있다고 할 수 있다.

한편 후자의 경우는, 기신론 사상을 반야중관설과 유가유식설의 종합·지양이라고 하는 『기신론별기起信論別記』 대의문大意文에서의 원효의 평가 그 자체에 원효가 기신론 사상을 평가하는 관점의 핵심이 있다고 보는 입장인데, 고익진과 은정희의 경우가 이러한 입장을 취하고 있다.[3] 특히

---

2) 이평래, 「如來藏說과 元曉」, 『元曉思想論叢』(국토통일원, 1987), 479쪽.

3) 고익진의 「元曉의 『起信論疏·別記』를 통해 본 眞俗圓融無碍觀과 그 성립 이론」, 『불교학보』 10집(동국대학교 불교문화연구소, 1973), 287~319쪽 및 「원효의 화엄사상」, 『한국화엄사상연구』(동국대학교 출판부, 1982), 49~79쪽 및 「한국 불교 철학의 원류와 전개: 공관을 중심으로」, 『철학사상의 諸問題(Ⅵ)』(한국정신문화연구원, 1986), 53~125쪽 및 『한국고대불교사상사』(동국대학교 출판부, 1989), 186~216쪽을 통해, 또한 은정희는 「『起信論疏·別記』에 나타난 원효의 一心思想」(고려대학교 박사학위논문, 1982) 및 「원효의 中觀·唯識說」, 『서울교대 논문집』 18집(서울교대, 1985), 27~41쪽을 통해 이러한 입장을 밝히고 있다.

이 입장은, 원효가 『기신론』의 심진여문心眞如門과 심생멸문心生滅門에 각각 반야중관 사상과 유가유식 사상을 배대시킴으로써 『기신론』을 일심 이문一心二門 구조에 의한 중관·유식의 지양·종합으로 파악하였다고 이해하고 있는데, 이와 같은 입장에 대해 최근 들어, 비록 촌평의 형식이긴 하지만, 이의를 제기하는 경우가 속출함으로써 원효의 기신론 사상 평가를 둘러싼 이견들이 점차 논쟁으로 진전될 조짐이 엿보이고 있다.4)

본고에서는 먼저 일반적으로 기신론 사상을 평가하는 원효의 관점이 담겨 있는 핵심 구절로서 인정되는 『기신론별기』 대의문 구절이 지니는 의미를 추구해 본 다음, 기신론 사상 평가에 관한 원효의 입장을 논구해 보고자 한다.

1. 『기신론별기』 대의문 구절과 원효의 기신론관

원효의 기신론관을 논할 때 무엇보다도 먼저 주목하게 되는 것은 『기신론별기』의 다음과 같은 구절이다.

『대승기신론』은 세우지 않는 바가 없으며, 깨뜨리지 않는 바가 없다. 『중관론中觀論』·『십이문론十二門論』 등과 같은 것은 모든 집착을 두루 깨뜨리고 또한 깨뜨린 것을 또 깨뜨리되 능파能破와 소파所破를 다시 허락하지 않으니, 이것을 '보내기는 하되 두루(허락)하지는 않는 논論'이라고 말한다. 『유가론』·『섭대승론』 등은 심천深淺을 두루 세워 법문法門을 판별하되 자신이 세워 놓은 법法을 융견融遣하지는 않으니, 이것을 '허락하기는 하되 빼앗지 않는 논論'이라고 말한다. 지금 이 『대승기신론』은 지혜롭고 어질며 깊기도 하고 넓기도 하여, 세우지

4) 二門에 각각 중관 사상과 유식 사상을 배대시켜 원효의 기신론관을 중관·유식의 지양·종합이라고 파악하는 입장에 대한 論者의 견해는 「元曉의 起信論觀 理解를 둘러싼 문제점 小考」, 『동양철학』 1집(한국동양철학회, 1990), 273~315쪽에 피력되어 있다.

않음이 없되 스스로 보내 버리고 깨뜨리지 않음이 없되 다시 허락한다. '다시 허락한다'는 것은 '저 보내 버리는 것이 보냄이 다하여 두루 세움'을 드러내며, '스스로 보내 버린다'는 것은 '이 허락하는 것이 허락함을 다하여 빼앗음'을 밝히니, 이것을 모든 논論의 조종祖宗이요 여러 다툼의 평주評主라고 일컫는다.5)

중관과 유식의 특징은 각각 부정(破・往) 및 긍정(立・與)에 있으며, 이러한 중관・유식은 모두 일방에 치우친 한계를 지니는 반면, 『기신론』은 부정과 긍정을 동시에 간직한 으뜸가는 논서라고 하는 원효의 이 언명은 그가 『기신론』을 중관・유식의 지양・종합으로 평가하고 있다고 간주하기에 충분한 내용을 담고 있다. 따라서 원효가 자신의 기신론관의 핵심을 이 구절에 담은 것이라면, 그가 『기신론』을 평가하는 기준이 중관・유식의 지양・종합이라는 점에 있다고 보는 것이 당연하다. 그러나 과연 이 구절이 원효의 기신론관을 대변한다고 볼 수 있는가?

『기신론별기』의 이 구절을 음미할 때 우선 주의해야 될 것은 『기신론소起信論疏』와 『기신론별기』가 원래 별개의 저술이었다는 점이다. 즉 원효는 『기신론소』에 앞서 『기신론별기』를 지었고, 이들은 각각 별본으로 전해졌으며, 현재 흔히 사용되고 있는 『대승기신론소기회본大乘起信論疏記會本』은 후대의 편집이라는 사실을 유념해야 한다는 것이다.6)

---

5) 元曉, 『大乘起信論別記』(『한국불교전서』 1책, 동국대학교 출판부, 1979, 1~678a); 『大乘起信論疏記會本』(『한국불교전서』 1책, 1~733b), "其爲論也, 無所不立, 無所不破. 如中觀論十二門論等, 偏破諸執亦破於破, 而不還許能破所破, 是謂往而不偏論也. 其瑜伽論攝大乘等, 通立深淺判於法門, 而不融遣自所立法, 是謂與而不奪論也. 今此論者, 旣智旣仁, 亦玄亦博, 無不立而自遣, 無不破而還許. 而還許者, 顯彼往者往極而偏立, 而自遣者, 明此與者窮與而奪, 是謂諸論之祖宗, 群諍之評主也."

6) 논자로서는 현재 통용되고 있는 會本이 언제 처음 편집되었는지를 알려 주는 자료를 확인할 수 없었다. 아마 학계에 알려진 현존 자료 가운데는 이에 필요한 자료가 없는 것 같다. 다만 義天(1055~1101)의 『新編諸宗敎藏總錄』(1090)을 비롯한 여러 古文獻들이 전하는 원효의 저술 목록에 『大乘起信論疏記會本』이 없는 것만을 보아도, 이 책은 훨씬 후대에 이루어졌음이 분명하다. 원효의 저술 목록에 대해서는 조명기의 「新羅佛敎의 理念과 歷史」(경서원, 1982) 및 민영규의 「新羅章疏錄長編」(『백성욱박사송수

이 점을 염두에 둘 때 우선 주목되는 것은, 이미 박성배가 적절히 지적한 것처럼[7] 『기신론별기』에 실려 있던 이 구절이 후에 저술된 『기신론소』에서는 빠져 있다는 점이다. 이 점은 좀더 구체적으로 살펴볼 필요가 있다.

원효가 기신론 사상을 총체적으로 평가하고 있는 곳은 『기신론별기』의 대의문과 『기신론소』의 표종체문標宗體文이며, 『기신론소』의 표종체문은 『기신론별기』의 대의문 내용 일부를 삭제하고 새로운 내용을 일부 추가하여 만들어진 것이다. 이 때 삭제된 내용 가운데 한 부분이 바로 지금 문제가 되고 있는 구절 전체이다. 그런데 대의문과 표종체문을 합하여 볼 때, 만약 원효가 『기신론』을 일심이문의 구조에 입각한 중관·유식의 지양·종합으로 파악했다면, 문제의 이 구절은 문맥상 도저히 제외시킬 수 없는 위치와 내용을 지니고 있음을 확인할 수 있다.

『기신론별기』 이후에 쓰여진 『기신론소』에서는 "마명馬鳴보살이 위학자爲學者에게는 이 『기신론』 한 권으로 대장경의 뜻을 두루 구명究明하게 하고 위도자爲道者에게는 온갖 분별 경계를 영원히 그치어 일심의 근원에 돌아가게 하려고 한 것"이라고 하는 말 바로 뒤에 등장하는 문제의 이 구절이 제외된 대신, "『기신론』의 내용을 간략히 말하자면 일심에서 이문을 연 것

기념 불교학논문집』, 1959)을 참조

7) 박성배, 「元曉思想 전개의 문제점」, 『東西哲學의 諸問題』(김규영박사화갑기념논문집 간행위원회 편, 1979), 60~96쪽. 박성배는 이 논문에서 『大乘起信論別記』에서의 중관·유식에 대한 원효의 비판에 대하여, "원효의 이러한 비판은 오늘날 학적인 지지를 받기에는 너무 단편적인 발언만이 남아 있을 뿐 그를 밑받침할 만한 원효 자신의 이론적 근거가 아직 발견되지 않고 있으며, 이에 대한 후학들의 연구도 없는 것 같다. 원효의 중관론, 유가론에 대한 비판은 어디까지나 그 뒤에 나온 『大乘起信論』의 특징을 드러내기 위한 방편적인 성격을 띠고 있을 뿐이다"라고 말한다. 아울러 그는 이러한 견해의 근거로서 원효의 중관·유식에 대한 비판 문장이 『大乘起信論別記』에만 있을 뿐 『大乘起信論疏』에서는 삭제되어 있다는 점을 지적함과 동시에, 이 점에 대해서는 '원효가 처음에 『大乘起信論別記』를 지을 때는 『大乘起信論』을 群學의 評主로 보아 他書에 대한 비판을 서슴지 않다가 나중에 『大乘起信論疏』를 지을 무렵에는 자신의 태도를 바꾼 것'으로 해석한다. 또한 이에 덧붙여 『海東疏』에서는 唯識系 학설들이 자주 소중하게 인용되고 있음을 지적하고 있다.

으로서 『능가경楞伽經』·『승만경勝鬘經』·『열반경涅槃經』·『법화경法華經』·『화엄경華嚴經』·『반야경般若經』 등 여러 경전의 핵심을 하나로 관통한 것은 오직 이 『기신론』뿐"이라는 말에 이어 다음과 같은 새로운 내용이 추가되고 있다.

> 열면 무량무변無量無邊의 뜻이 종宗이 되고, 합하면 이문일심二門一心의 법法이 요要가 된다. 이문 안에서는 온갖 뜻을 허용하되 산만하지 않고, 한량없는 뜻이 일심에서 같아져 혼융混融하니, 이런 까닭에 개합開合이 자재自在하고 입파立破가 무애無碍하다. 열어도 번거롭지 않고 합하여도 협소하지 않으며, 세워도 얻음이 없고 깨뜨려도 잃음이 없으니, 이것이 마명馬鳴의 묘술妙術이며 『기신론』의 종체宗體이다.[8]

『기신론별기』와 『기신론소』의 대의문 및 표종체문을 이렇게 대비해 보면, 『기신론별기』에 실려 있는 문제의 구절이 『기신론소』에서 제외된 이유에 대해 심각한 의문이 제기되게 된다. 『기신론별기』와 『기신론소』의 양문兩文을 합하여 읽어 보면 『기신론소』에서 제외된 구절과 새로 추가된 구절은 밀접한 관련을 지닐 수 있는 내용이라고 판단할 수 있는데, 이 상관성은 두 가지 측면에서 음미할 수 있다.

첫째는, 만약 원효가 『기신론』을 일심이문 구조에 의한 중관·유식의 지양·종합이라 파악하였다면, 추가된 『기신론소』의 구절은 『기신론별기』의 구절을 훌륭히 보완해 주는 내용이라 할 수 있다. 『기신론별기』의 구절은 『기신론』의 '무소불립無所不立, 무소불파無所不破'라는 특징을 중관 및 유식의 사상적 특징과 관련시켜 설명하고 있는 데 비해, 『기신론소』의 추가된 구절은 '입파무애立破無碍'를 일심이문一心二門과 관련시켜 설명하

---

8) 元曉, 『大乘起信論疏』(『한국불교전서』 1책, 698c), "開則無量無邊之義爲宗, 合則二門一心之法爲要. 二門之內, 容萬義而不亂, 無邊之義, 同一心而混融, 是以開合自在, 立破無碍. 開而不繁, 合而不狹, 立而無得, 破而無失, 是爲馬鳴之妙術, 起信之宗體也."

고 있기 때문이다. 따라서 만약 원효가 기신론을 일심이문에 입각한 중관·유식의 지양·종합이라고 파악했다면 『기신론별기』의 구절을 『기신론소』에서 제외시킬 까닭이 없다고 보아야 할 것이다. 양구절이 병존해야 비로소 자신의 관점이 선명하게 부각될 수 있는데, 무엇 때문에 『기신론별기』의 구절을 『기신론소』에서 제외시켜 버렸는지 이해하기 곤란해지는 것이다.

둘째는, 만약 어떤 이유로 인해 원효가 『기신론별기』의 구절을 삭제하였을 경우, 제외된 『기신론별기』의 구절을 대체하기 위해 마련된 것이 바로 『기신론소』에서 추가된 구절이라고 볼 수 있다. 『기신론별기』의 '무소불립無所不立, 무소불파無所不破'나 『기신론소』의 '개합자재開合自在, 입파무애立破無碍'는 모두 『기신론』이 지니는 동일한 논리적 특성을 서술하는 것이기 때문이다. 동일한 논리 구조를 『기신론별기』에서는 중관·유식의 사상적 특징에 적용시키고, 『기신론소』에서는 일심이문의 특징에 각각 적용시킨 것일 뿐 양자는 논리의 전개 방식이나 문장 구성이 너무나 흡사하다는 점을 고려할 때, 『기신론소』에 추가된 구절은 삭제시킨 『기신론별기』의 구절을 대체하기 위해 마련된 것일 가능성이 높다.

삭제된 『기신론별기』의 구절과 추가된 『기신론소』의 구절이 지니는 상관성의 이와 같은 두 가지 측면으로부터 도출할 수 있는 추측은 무엇일까? 논자는 이렇게 추측해 본다;

원효는 이전에 마련해 놓았던 『기신론별기』를 기초로 하여 『기신론소』를 저술함에 있어서, 『기신론별기』의 내용 가운데 삭제나 수정 및 보완해야 할 필요가 있다고 판단했을 부분이 당연히 있었을 것이다. 그리고 『기신론소』 표종체문에서는 삭제시킨 『기신론별기』의 구절이 이 경우에 해당한다. 즉 원효는 『기신론』을 특징 지우는 '무소불립, 무소불파'의 논리를 중관·유식의 사상적 특징에다 적용시켜 전개시킨 것이 적절치 못하다고 판단하였고, 그리하여 『기신론소』에서는 일심이문에다가 '개합자재, 입파무애'의 논리를 적용하여 그 내용을 재구성하였던 것이다.

이전의 저술에 기초하여 새롭게 조론造論함에 있어서 기존의 논술 가운데 그 내용 일부를 완전히 삭제시키는 경우, 이것은 저자의 견해가 달라지거나 연구가 진전되어 이해가 더욱 깊어지고 원숙해진 결과, 이전의 견해가 틀렸다거나 부적절하다고 판단하게 된 것이 그 원인이라고 생각해야할 것이다. 이런 의미에서 문제의 『기신론별기』 구절이 『기신론소』에서 삭제된 것은 원효가 『기신론소』를 지을 때 자신의 태도를 바꾼 것으로 해석할 수 있다고 하는 박성배의 추측은 타당하다고 생각한다. 특히 원효는 『기신론별기』 대의문을 마무리하면서 "자신을 위해서 써본 것일 따름이어서 감히 세상에 널리 유통되기를 바라지는 않는다"⁹⁾라고 하여 이 『기신론별기』가 『기신론』에 대한 만족할 만한 연구가 아님을 시사하고 있는 점을 고려하면, 그가 『기신론소』를 저술함에 있어서 『기신론별기』의 내용을 부적절하고 불필요하다거나 잘못되었다고 판단하여 새롭게 수정·보완했거나 아예 삭제시켜 버렸을 가능성이 충분하며, 또한 상식적으로 보아도 그가 그렇게 하는 것은 자연스러운 일이라고 생각된다.¹⁰⁾

9) 元曉, 『大乘起信論別記』(『한국불교전서』 1책, 378b), "爲自而記耳, 不敢望宣通世."
10) 논자는 이러한 의미에서 원효 사상을 논하는 데는 우선 『大乘起信論別記』와 『大乘起信論疏』를 면밀히 대조하는 작업이 선행되어야 할 필요를 느낀다. 원효 사상, 특히 원효의 『大乘起信論』 이해를 논할 때 『大乘起信論疏記會本』을 아무런 구별 없이 활용하면 『大乘起信論』을 해석하는 원효의 이해나 관점의 변화가 무시되어 버려 상술한 것과 같은 무리가 생겨나게 되기 때문이다. 예컨대 고익진의 「元曉의 『起信論疏·別記』를 통해 본 眞俗圓融無碍觀과 성립 이론」(『불교학보』 10집, 동국대학교 불교문화연구소, 1973, 287~319쪽)이라는 논문 역시 『大乘起信論別記』와 『大乘起信論疏』의 撰述 時差에 내재된 문제점을 전혀 의식하지 않고 『大乘起信論疏記會本』에만 의지하여 원효의 기신론관을 탐구함으로써, 논구의 시작부터 간과될 수 없는 무리를 범하고 만 것이라 여겨진다. 그 결과, 원효의 기신론관을 一心二門에 의한 중관·유식의 지양·종합이라고 판단하는 데에, 다시 말해 원효 논구의 기준을 마련하는 데서부터 이 무리가 개입함으로써 이후 논의의 합리성과 타당성에 원초적 흠결을 초래하고 있다. 고익진은 同 論文에서 宗體文을 '대승의 종교적 경지(『疏』)'와 '불교와 국가와의

이렇게 볼 때,『기신론』의 특징을 대변하는 '무소불립無所不立, 무소불파無所不破'의 논리를 중관·유식의 지양·종합이라는 방식으로 전개하고 있는『기신론별기』의 구절을 원효의 기신론관을 파악하는 결정적인 단서나 근거로 삼는 것은 무리라고 할 수 있다.『기신론별기』의 이 구절을, 기신론 사상을 평가하는 원효의 관점을 확정시켜 주는 기준으로 삼기 어려운 또 하나의 중요한 이유가 있다.『기신론』을 일심이문 구조에 입각한 중관·유식의 지양·종합으로 파악하는 관점을 뒷받침해 주는 원효의 이론적 근거 제시를 전혀 찾아볼 수 없다는 점이 그것이다.

　　원효 저술의 논리적 치밀성을 고려할 때 그가 기신론 사상을 총체적으로 평가하는 것과 같은 핵심적인 논점에 대해 직접적이고도 명확한 이론적 근거를 제시하고 있지 않다는 것은 쉽게 납득되지 않는다. 원효가 이처럼 문제의『기신론별기』구절에서 표명된 관점에 대해 직접적인 논거를 제시하지 않을 뿐 아니라 더 이상 동류同類의 발언도 행하고 있지 않다는 사실은, 그가 기신론 사상을 평가하는 자신의 일관된 관점의 핵심을『기신론별기』의 이 구절에 부여한 것이 아니라는 추측을 가능케 한다.

　　『기신론별기』에서 제시된 논점에 대해 더 이상의 직접적이고도 명확한 논거 제시가 없다는 점과 그『기신론별기』의 구절 자체가 후에 쓰여진『기신론소』에서는 완전히 삭제되어 버렸다는 점을 아울러 고려할 때, 다음과 같은 판단이 자연스럽게 도출될 수밖에 없을 것이다;

관계(『別記』)'라는 두 가지 측면에서 음미하면서, 宗體文은 眞俗圓融無碍한 대승의 순수한 종교적 경지를 표현한 것이고,『大乘起信論別記』는『疏』宗體文이 二門을 '空寂' '沖玄'으로 파악하고 있는 것을 '無私' '至公'으로 파악하고 있으므로 眞俗圓融無碍論을 국가 사회에 적용시켜 불교와 국가와의 관계를 밝힌 것이라고 해석하고 있는데, 이 때 고익진이 의거하고 있는『大乘起信論別記』의 내용 전체는 원효가『大乘起信論疏』를 지으면서『大乘起信論別記』大意文 가운데서 삭제시켜 버린 두 부분 중의 한 부분이다. 이 점에서도 역시 이 논구가 범한 원초적 무리의 한 결과를 확인하게 된다.

'무소불립無所不立, 무소불파無所不破'의 논리를 중관과 유식의 사상적 특징에 적용시켜 전개하고 있는 『기신론별기』의 구절은 원효의 기신론관을 확정시켜 주는 결정적인 근거로 활용되기에는 적절치 못하다.

『기신론별기』 대의문 구절이 원효의 기신론관을 파악할 수 있는 결정적 근거가 될 수 없다고 하여도, 중관·유식의 사상적 특징과 한계를 간명하게 정리하고 있는 이 구절은 불교 사상에 대한 원효의 이해가 어떤 수준이었는지를 짐작하게 하는 중요한 내용을 담고 있다. 원효의 이 발언은 불교 사상을 소화해 나가는 그의 안목과 태도를 선명하게 보여 주고 있다고 할 수 있는 것이다. 이러한 의미에서 『기신론별기』 대의문 구절의 의미, 특히 중관과 유식에 관한 언명이 지니는 불교사상적 의미를 고구考究해 볼 필요가 있다.

원효가 기신론 사상을 평가함에 있어서 중관·유식의 사상적 특징을 비판적으로 처리하고 있는 『기신론별기』 대의문의 구절을 이해하기 위해서는 청변淸辨(Bhavaviveka: 490~570)과 호법護法(Dharmapāla: 531~561)의 이른바 '공空·유有의 논쟁'을 참조하는 것이 적절하다고 여겨진다. 청변과 호법의 견해를 중심으로 한 공·유의 논쟁에 대해 학계에서는 한역漢譯되지 않은 현존 범본梵本 및 서장西藏 자료에 의거하여 공·유 논쟁의 실체를 밝히고도 있는데,[11] 원측圓測 역시 이러한 중관·유식의 사상 대립 문제를 선명하게 의식하여 그의 저술에서 호법과 청변의 대립적 입장을 상술하고 있다. 그리고 원측(613~696)과 원효(617~686)가 비록 활동 공간은 달리하고 있지만 거의 같은 시대에 활동하였다는 점과 원효는 당시 접할

---

11) 中觀·唯識의 空·有의 논쟁에 관한 연구로서는 山口益의 『佛教における無と有との對論』(修訂版: 山喜房佛書林, 1975)과 安井廣濟의 『中觀思想の研究』(京都: 法藏館, 1970) 가운데 後編인 「中觀思想と瑜伽唯識思想との對決」과 번역 부분을 참조할 수 있다. 『中觀思想の研究』는 김성환 譯 『中觀思想研究』(문학생활사, 1988)로 번역되어 있기도 하다.

수 있었던 거의 모든 경론에 대해 연구하였다는 점, 특히 원측이 연구하여 저술을 행한『반야심경般若心經』,『해심밀경解深密經』,『아미타경阿彌陀經』,『미륵상생경彌勒上生經』,『광백론廣百論』,『성유식론成唯識論』,『인명론因明論』,『유가론瑜伽論』등에 관해 원효 역시 연구 저술을 행하였고, 그밖에도『섭대승론攝大乘論』,『잡집론雜集論』,『중변분별론中邊分別論』,『장진론掌珍論』,『중관론中觀論』등 유식과 중관의 중요 논서에 관한 저술을 남겼다는 점 등을 고려하면, 원효 역시 청변과 호법의 입장을 중심으로 한 중관·유식의 사상적 쟁점들에 관하여 나름대로 숙지하고 있었을 가능성은 충분하다고 할 수 있다. 특히 원효가 종요宗要와 요간料簡(이 두 저술은 현존하지 않음)을 저술하였다고 하는『장진론』은 청변이 호법의 견해를 논파하고 있는 논서이기 때문에, 원효가 청변과 호법을 에워싼 중관·유식의 대립적 논의들을 상당한 정도로 소화하고 있었다고 보아도 무방할 것이다.

이렇게 볼 때, 중관과 유식의 특징을 각각 '파破'(부정)와 '립立'(긍정)으로 규정하여 비판적으로 취급하고 있는『기신론별기』에서의 원효의 언급을 이해하기 위해서는 불교사상사에 있어서의 중관·유식의 이른바 공·유 대립 논쟁을 참고하는 것이 타당하다고 할 수 있다. 먼저 원효의 말을 이해하는데 필요한 공·유 논쟁의 핵심적 쟁점을 기존 학계의 연구 성과를 참고하며 제한적으로 확인해 보자.

용수의 중관학설에서는 세속은 연기적, 상대적 존재이기 때문에 독립 자존성이 없는 무자성無自性이며 공불가득空不可得인데, 이 공불가득이야말로 자각해야 할 승의勝義의 진실이라 한다. 이 용수의 공론空論은 세속에 대한 상대적 부정이 아니라 세속에 즉卽한 중도의 진실로서 세속 내에서 절대 부정적으로 승의의 공을 증득하는 것이다. 그런데『해심밀경』을 중심으로 형성된 무착無着·세친世親의 유가행파는 용수가 설하는 '일체

지각(言說·世俗)의 적멸寂滅'인 공불가득을 이와 같이 이제설二諦說에 의해 이해하지 않고 삼성설三性說로써 새롭게 해석한다.

유가행파에 있어서 '일체 지각의 적멸'은 이제설에서 말하는 것처럼 세속(緣生法)이 절대 부정적으로 승의공불가득勝義空不可得이라는 것이 아니라 세속에 있어서 인식의 전도성(遍計所執性)이 공불가득空不可得이라는 것이며, 세속인 연생법緣生法 그 자체(依他起性)는 전도된 인식이 본래 공불가득인 적멸이라고 요해了解할 수 있는 기반이며 방편이 되는 것으로서 존재한다고 말한다. 그리하여 유가행파에 있어서 세속인 연생법 그 자체의 존재는, 전도된 변계적遍計的 인식이 공불가득인 적멸임이 드러날 때 청정과 진실(圓成實性)로서 긍정적으로 요해되는 승의적 실재實在 바로 그 것이다. 즉 세속인 연생법 그 자체 존재(依他起性)의 전도성(遍計所執性)을 부정하여 세속인 연생법 그 자체의 전도되지 않은 진실성(圓成實性)을 전환적으로 인식하려고 하는 것이 유가행파 삼성설의 기본 입장이다.

따라서 유가행파의 입장에서 볼 때, 세속인 연생법을 절대 부정적인 승의공불가득이라고 말하는 중관파의 이제설은 세속(依他起性)을 공무空無로 만들어 버려 전미개오轉迷開悟의 수행을 불가능하게 만드는 허무손감론虛無損減論이다. 일체 지각의 적멸인 원성실성圓成實性을 요해할 수 있는 기반이며 방편이 되는 세속인 연생법 그 자체(依他起性)마저 손감시켜 버리기 때문이다. 다시 말해 유가행파의 입장에서 볼 때 중관파의 이제설은 승의의 진실을 성립시켜 주는 기반 자체도 부정해 버리기 때문에 세속인 연생법을 공불가득인 승의의 진실로서 파악하는 '세속 즉 승의'가 될 수 없는 허무주의적 공무론空無論이며 악취공惡取空에 불과한 것이라 말하게 되는 것이다.

그러나 중관파의 입장에서는 이러한 비판이 부당하다고 할 것이다. 중관파의 이제설은 세속을 부정하지 않고서 세속을 성립시키는 것이며, 세속에 즉하여 세속 내에서 승의공勝義空을 증득하고자 하는 '세속 즉 승의'의 중도中道라고 주장하기 때문이다.

유식파의 삼성설에서는 변계遍計의 '무無'가 의타依他의 진실이며, 이 때 의타는 변계를 부정한 '무無인 성품'으로서 부정 즉 긍정으로 원성圓成한다. 따라서 삼성설에서는 '무無'(遍計, 不可得)와 '무無의 성품'(依他, 不可取)이 '제거되어야 할 부정면'과 '정립되어야 할 긍정면'으로서 대립적이며, '무無인 성품'인 긍정면이 '무無'인 부정면 밖에 초월적으로 성립한다고도 말할 수 있다. 긍정과 부정이, 적어도 논리적으로는, 대립적 관계로 성립하는 것이다.

이에 비해 중관파 이제설의 공론은 세속을 절대적으로 부정한 곳에서 세속의 진실을 곧바로 증득한다고 하는, 세속의 단적인 '부정 즉 긍정'을 꾀하는 것이다. 그러므로 중관파의 입장에서는 삼성설이 지니는 '무無'와 '무無인 성품'의 대립적 단절을 논파의 대상으로 삼게 된다. 반면 유가행파의 입장에서는 이제설이 비록 절대 부정에 곧바로 긍정적 의의를 부여하지만, 절대 부정의 입장에 서는 한 부정이 긍정으로 전환될 여지는 없으며, 부정이 곧 긍정이라고 하는 것은 단순한 견해에 불과하다고 비판하게 된다.

결국 중관의 이제설이 세속의 철저한 부정(空)에서 승의勝義의 진실을 설하는 체계라면, 유식의 삼성설은 변계소집을 부정(空)하여 세속을 여실히 인식하는 곳에서 승의의 진실을 말하는 체계라 할 수 있다. 이제설은 공성空性의 자각을, 삼성설은 세속의 허망성(非有性, 空性)의 자각을 각각 설하는 것이다. 다시 말해 이제설이 세속의 공空인 승의의 진실에 절대 부정적으로 철저한 것을 설한다면, 삼성설은 세속의 공인 승의의 진실을 여실히 인식하는 것을 설하는 체계이다.

이처럼 모두가 세속을 부정 즉 긍정하여 세속 즉 승의의 중도中道를 드러내어 승의공勝義空을 증득함을 설하고 있으면서도, 그 해석의 관점과 방법에 있어서는 상이한 태도를 취하기 때문에 상호 논쟁과 대립이 불가피하게 된다. 간략히 말하자면, 세속(一切法) 자체가 연기의 도리에 의해서 공불가득空不可得인가, 아니면 변계遍計로서의 세속이 삼성三性의 도리에 의해서 공불가득인가라고 하는, 세속에 대한 부정의 의미에 관한 대립에서 이른바 공·유 논쟁의 근본 원인을 찾을 수 있다.

이렇게 볼 때 공·유의 대립은 중관과 유가라는 학파적 대립이 형성된 5세기 말, 대체로 청변 시대부터 심각한 논쟁이 시작되었으나, 그 기원은 이미 무착無着·세친世親의 초기 시대까지 거슬러 올라간다고도 할 수 있다. 공·유의 논쟁은 용수 교학의 말류末流와 유가유식 교학의 말류가 서로 그 교학적 특징을 과장해서 논쟁을 일으킨 것이라기보다는 공교학空敎學의 해석과 정통성을 둘러싼 근원적 대립으로 이해할 수 있는 것이다. 이와 같은 공·유 논쟁은 유식파의 삼성설이 의타기성依他起性과 원성실성圓成實性의 유有를 주장하는 데 반해, 중관파는 이들을 모두 무無로 부정하는 데서 그 입장이 선명하게 대립된다.

유가행파에서의 의타기성은 비변계적非遍計的 승의의 인식에 의해 무자성공無自性空인 진실로서 승의적으로 긍정하여 인식되어야 할 기체基體로서의 유有이다. 따라서 의타기성은 잡염雜染인 변계소집성의 의지처인 동시에 청정淸淨인 원성실성의 의지처이기도 하다. 잡염으로부터 청정에로의 전환이 이루어지는 장소이며 기체基體인 유有가 의타기성이라는 것이다. 또한 유가행파에서는, 공空인 진실이고 능취能取와 소취所取의 둘이 없는 무이無二의 원성실성을 의타기依他起 제법諸法의 진여인 '무無의 유有'로서 긍정적으로 인식한다. 유가행파의 이와 같은 유적有的인 입장에 대해 청변의 중관파는 세속을 초월한 승의의 진실을 세속 밖에 초월시켜 유상有相으로서 인식하지 않고 철저히 세속 내에서 절대 부정하여 무상無相으로서 직관하려는 입장을 견지한다. 그리하여 시종일관 승의무상勝義

無相의 입장에서 유가행파의 유적有的 입장을 비판하는 것이다.

유가행파의 입장에서 볼 때, 세속 내에서 절대 부정적으로 승의공을 직관하려는 청변의 공론은 승의공의 진실을 가치적인 입장에서 유적으로 파악하려는 시도를 모두 부정하고, 주관과 객관이 모두 사라진 공무상空無相을 강조한 결과, 아무래도 허무주의적 악취공惡取空에 떨어질 소지가 있다. 따라서 진실인 승의공의 세계는 몰가치적인 단멸斷滅의 상태가 아니라 '무無의 유有'인 공승의제空勝義諦라고 표현할 수 있는 긍정적 가치이며 그 인식이라고 해야 한다는 것이다. 이 점에서 공에 대한 유가행파의 새로운 해석인 삼성설 대두의 사상사적 의미를 찾을 수 있다.

반면, 공승의제를 가치적으로 긍정하여 유적有的으로 접근하는 유가행파의 입장은 자칫 공승의제를 세속 밖에서 추상적으로 실체시하는 소지를 지니고 있다. 이에 공승의제를 다시 세속 내에서 절대 부정적으로 직관하는 승의무상勝義無相의 입장을 천명하는 청변의 중관파 입장이 자리잡게 되는 것이다.[12]

중관파 이제설과 유가행파 삼성설의 이와 같은 대조적 입장은 유식 사상에서의 심식설心識說 형성 배경을 드러내 주기도 한다. 중관파와 마찬가지로 유가행파 역시 승의공의 진실, 해탈을 지향하면서도 그 접근 방식은 중관파가 미처 주목하지 않았던 영역으로 뛰어들고 있다. 그리하여 중관파가 연기의 도리에 입각하여 세속에 즉하여 세속을 철저히 부정함으로써 세속 내에서 세속의 공성空性을 자각하는 방식을 취하는 데 비하여, 유가행파는 세속을 전도된 변계적 인식의 결과(遍計所執性)라고 보고 그러한 세속이 본질적으로는 공불가득空不可得한 적멸(非有性, 空性)이라고 여실

---

12) 이상 空・有 논쟁에 관한 서술은 安井廣濟의 『中觀思想の研究』, 223~304쪽을 참조하였다. 氏의 이 연구는 청변의 『般若燈論』 제25장 「涅槃品」의 '中觀二諦說과 唯識三性說의 논쟁'(티벳 譯만 존재함을 중심으로 하여 이루어진 것인데, 空・有 論爭의 의미와 대강을 이해하는 데 매우 유용한 내용이다.

히 자각함으로써 본래의 진실성(眞如, 圓成實性)을 확보하는 방식을 택한다. 즉 전도된 변계적 인식을 전도되지 않은 여실한 인식으로 전환시킨다는 인식의 전환 과정과 그 내용에 초점을 맞추는 것이다.

중관파 역시 유자성적有自性的 인식으로부터 '연기緣起－무자성無自性－공空'적 인식에로 전환할 것을 요구하는 체계이므로, 궁극적으로는 인식의 자기 전환을 문제삼고 있다고 말할 수 있다. 그러나 중관파는 공승의제적 인식을 지향한다고는 하여도 그 방법론상에 있어서는 어디까지나 연기의 도리에 입각한 철저한 절대 부정의 과정 그 자체에 초점을 맞추는 것이지, 유가행파처럼 인식의 전도와 전환 과정을 의식 내에서 설명해 보려는 노력에 몰두하고 있지는 않다.

이처럼 유가행파는 공승의제의 증득과 관련하여 인식의 전도와 전환 및 그 내용에 초점을 맞추므로, 자연히 인식의 전도 과정과 내용을 상세히 밝혀야 할 필요가 있게 된다. 그리하여 인식이 전도되어 변계해 가는 과정을 심식설心識說로 체계화한 것이 바로 아뢰야연기설阿賴耶緣起說이라고 해도 무방할 것이다. 즉 인식의 전도 과정을 이론적으로 해명하려는 유가행파의 노력이 아뢰야식에 의한 생멸세계生滅世界(妄境界)의 전개 과정을 상세히 밝히는 교학적 성과로 귀결되었으며, 그것이 바로 아뢰야연기설이었던 것이다. 유식에서는 주로 생멸인연을 밝히고 있다는 인상을 주게 되는 까닭도 여기에 있다.

중관과 유식은 이와 같이 그 교학 구성의 토대에 있어서 나름대로의 개성을 지니고 있기 때문에 공空·유有 논쟁과 같은 사상 대립은 불가피한 것일 수도 있다. 그러나 오히려 공·유 논쟁을 통해 공승의제의 증득에 이바지하는 각자의 역할을 확인하게 되어 결과적으로는 공승의제 실현에 있어서 각자 상보적 위치를 확보하게 되었다고도 생각할 수 있다.

이상과 같은 공·유 논쟁의 기본 의미를 염두에 두고,『기신론별기』대의문 가운데 중관과 유식에 관한 언급이 의미하는 바가 무엇인지를 생각해 보자.

원효는 중관의 입장을 "偏破諸執亦破於破, 而不還許能破所破, 是謂往而不偏論也"라 하고, 다시 유식의 입장을 "通立深淺判於法門, 而不融遣自所立法, 是謂與而不奪論也"라고 규정하고 있다. 언뜻 보아도 중관과 유식의 사상적 특징을 각각 부정(破)과 긍정(立)으로 대변시키고 있음을 쉽게 알 수 있다.

그런데 중관·유식의 사상적 입장에 대한 원효의 이와 같은 규정은 이미 살펴본 공·유 논쟁에서 드러나는 중관과 유식의 사상적 입장에 입각해 볼 때 그 의미가 선명히 드러나게 된다. 즉 '偏破諸執亦破於破'는 정립과 긍정이 초래하는 모든 유자성적有自性的 오류를 철저히 부정하는 중관의 절대 부정을 지칭하는 말이고, '而不還許能破所破'는 가치적인 입장에서 승의공의 진실을 유적有的으로 파악하려는 시도마저 모두 부정하고 주관(能破)과 객관(所破)이 모두 사라진 공무상空無相을 강조한 결과 자칫 긍정적 인식으로서 정립되어야 할 가치의 영역마저 부인하는 허무주의적 악취공惡取空에 떨어질 수 있는 맹점을 지적하는 말이라고 이해할 수 있다. 또 '通立深淺判於法門'은 인식의 전도성과 진실성의 구조를 유적으로 밝혀(通立深淺) 삼성의 법문法門을 판별해 놓은(判於法門) 유식의 유적 접근을 지칭하는 것이고, '而不融遣自所立法'은 공승의제를 가치적으로 긍정하는 입장에서 유적有的으로 접근함으로써 자칫 유적으로 긍정한 의타기성이나 원성실성을 실체시할 수 있는 맹점을 가리키는 말로서 해석할 수 있다. 그리고 '往而不偏論'과 '與而不奪論'은 중관과 유식의 이와 같은 특징과 맹점을 종합적으로 표현하는 것임이 분명하다. 중관·유식의 사상적 입장에 대한 원효의 이상과 같은 언급은 중관·유식 사상 체계의 정곡을 찌르는 것이며, 이런 점에서도 불교 사상에 대한 원효의 깊이 있고도 정확한 이해를 확인할 수 있다.

이제 마지막으로, 『기신론별기』의 이 구절이 후일 『기신론소』를 지을 때는 삭제되어 버린 까닭을 추론해 보자. 원효가 『기신론소』에서 『기신론별기』의 이 구절을 모두 삭제시켜 버린 이유를 중관·유식에 관한 지금까지의 언급에서는 발견하기 어렵다. 문제는 그 다음에 이어지는 내용에서 생겨났다고 추측된다.

원효는 중관·유식에 관한 언급에 이어 『기신론』에 대해 "今此論者, 既智既仁, 亦玄亦博, 無不立而自遣, 無不破而還許, 而還許者, 顯彼往者往極而偏立, 而自遣者, 明此與者窮與而奪, 是謂諸論之祖宗, 群諍之評主也"라고 평한다. '지智와 인仁', '현玄과 박博'이라는 상호 대조적인 개념을 사용하여 『기신론』의 종합적 성격을 표현한 다음, '無不立而自遣, 無不破而遣許'라고 하여 기신론이 유식(立)과 중관(破)의 특성을 아울러 지닌 동시에(無不立, 無不破) 양자의 맹점들도 모두 극복하고 있음을(而自遣, 而遣許) 천명하고 있는 것이다. 그리하여 『기신론』을 '諸論之祖宗, 群諍之評主也'라고까지 극찬하고 있다. 『기신론』을 중관·유식의 지양·종합이라는 관점에서 평가하고 있음이 분명하다. 따라서 후일 『기신론소』를 지을 때의 견해가 어떠했던 간에 원효가 『기신론별기』의 이 구절을 쓸 때에는 『기신론』이 지니는 중관·유식의 지양·종합적 성격을 어떤 형태로든 의식했다고 보아야 할 것이다.

그렇다면 원효는 『기신론』의 어떤 내용에 의거하여 이와 같은 발언을 하였을까? 이 문맥에서 원효가 기신론 사상을 평가하는 기준은 분명 중관의 '부정'(破)과 유식의 '긍정'(立)이라는 두 개념이다. 그리고 이 두 개념이 지니는 불교 사상적 의미는 중관과 유식의 이른바 공·유 논쟁의 쟁점을 통해 선명하게 드러나며, 원효 자신도 공·유의 대립적 사상 구조를 의식하면서 이 개념을 사용했다고 추측된다.

그런데 『기신론』 자체는 중관처럼 '연기緣起-무자성無自性-공空'의 도리에 입각하여 모든 유자성적有自性的 오류를 철저히 논파하는 절대 부정의 방식으로써 진여眞如인 공승의제를 드러내는 체계가 아니다. 오히려 인식의 전도성顚倒性과 그 구조 및 여실한 인식에로의 전환 과정을 심생멸문心生滅門에서 밝혀 여실한 인식의 경지인 심진여心眞如를 지향하는 체계이기 때문에 기본적으로는 유식적唯識的 관점에서 공승의제에 접근하고 있다.

그러나 『기신론』은 기본적으로 유식적 관점에서 자신의 체계를 형성하면서도 유식 사상을 그대로 답습하지 않고 나름대로 상당한 독자성을 확보하고 있다. 유식적 문제 의식을 기반으로 하면서 이를 보완하고 더욱 발전시켜 독특하게 재구성하고 있는 것이다.[13] 그리하여 『기신론』에서는 유식의 삼성설도 그대로는 거론하지 않고 있다. 삼성설의 문제 의식만을 취하고 있을 뿐이다. 따라서 공·유 논쟁의 쟁점인 삼성설을 염두에 둘 때, 원효가 거론하는 '입立(긍정, 유식)·파破(부정, 중관)의 종합'이라는 관점을 적용시켜 볼 수 있는 『기신론』에서의 개념은 진여眞如라고 할 수 있다. 삼성설에서의 원성실성이 바로 진여에 해당하며, 이 진여인 원성실성을 유식에서는 '유적有的'으로 접근하는 반면, 중관에서는 시종일관 승의무상勝義無相의 입장을 견지하며 유식의 '유적' 입장을 비판하고 있기 때문이다. 따라서 『기신론』이 중관·유식의 지양·종합적 성격을 지녔다면, 그것은 진여에 대한 서술에서 반영될 가능성이 있다고 추측할 수 있다.

그렇다면 실제 『기신론』에서의 진여에 대한 서술은 어떠한가? 『기신론』은 일심을 두 가지 관점에서 파악하고 있는데, 심진여문心眞如門과 심생멸문心生滅門이 그것이다. 그리고 심진여문은 중관과 유식 모두의 궁극적 지표이며 기본적 과제인 공승의제(眞如, 圓成實性)를 『기신론』의 관점에서

---

13) 이 점은 결론 부분에 가서 재론한다.

천명하고 있다. 그런데 심진여문에서는 진여를 특별히 '심진여心眞如'라고 표현하는 것이 우선 주목된다. 진여를 심心의 측면, 다시 말해 인식의 측면에서 파악하려는 입장을 취하고 있는 것이다. 심진여문의 첫 머리는 이러한 입장을 천명하고 있다.

> 심진여心眞如란 것은 곧 일법계대총상법문체一法界大總相法門體이니, 소위 심성心性이 불생불멸不生不滅함이다. 일체제법一切諸法이 오직 망념妄念을 의지하여 차별이 있으니, 만일 심념心念을 여의면 일체경계一切境界의 상相이 없다. 이런 까닭에 일체법이 종본從本 이래로 언설상言說相을 여의고 명자상名字相을 여의며 심연상心緣相을 여의어서 필경 평등하여 변이變異함이 없어서 가히 파괴하지 못하니, 오직 일심一心이기 때문에 진여眞如라 이름한다.[14]

진여를 심진여라 한 후, 이 심진여는 '심성心性이 불생불멸不生不滅함' 이라 하는 동시에 끝에 가서는 '오직 일심一心이기 때문에 진여眞如라 이름한다'라고 하여, 진여를 심心의 측면에서 이해하는 입장을 분명히 하고 있다. 진여를 이처럼 인식의 영역으로 끌어들여 파악하는 입장을 분명히 하는 것은 유식 사상의 관점을 계승한 것으로 볼 수 있다. 특히 '오직 일심이기 때문에 진여라 이름한다'는 말은 '유식무경唯識無境'의 기신론적 표현이라고 생각한다. 또한 '일체제법一切諸法이 오직 망념妄念을 의지하여 차별이 있으니, 만일 심념心念을 여의면 일체경계의 상相이 없다'는 말은 전도된 인식(妄念)의 변계소집(차별) 및 여실한 인식에로의 전환(若離心念)을 통한 공승의제의 증득을 강조하는 유식 사상의 기본 자세를 충실히 답습하고 있는 것이라 할 수 있다. 이렇게 볼 때, 『기신론』의 심진여문은 진

---

14) 馬鳴, 『大乘起信論』(『大正新修大藏經』 권32, 576a), "心眞如者, 卽是一法界大總相法門體, 所謂心性不生不滅. 一切諸法唯依妄念而有差別, 若離心念則無一切境界之相. 是故一切法從本已來, 離言說相離名字相離心緣相, 畢竟平等無有變異不可破壞, 唯是一心故名眞如."

여를 일단 유식적 관점에서 파악하고 있다고 하겠다.

그렇다면 원효는 『기신론』의 이 구절을 어떻게 이해하고 있을까? 흥미롭게도 원효 역시 이 구절을 유식 사상의 관점에서 해석하고 있다. 원효의 해석을 들어보자.

……총상總相에 사품四品이 있는데, 그 가운데서 삼무성三無性이 드러내는 진여를 설하기 때문에 대총상大總相이라 말한다.…… (眞如體를 드러내는 것에 세 가지가 있으니) 첫째는 진실성眞實性에 당하여 진여를 드러내는 것이요, 둘째는 분별성分別性을 대하여 진여가 상相을 끊는 것임을 드러내는 것이고, 셋째는 의타성依他性에 나아가 진여가 말을 여읜 것임을 드러내는 것이다. '일체제법一切諸法이 오직 망념을 의지하여 차별이 있다'고 말한 것은 변계소집상을 말한 것이고, 다음에 '만일 심념心念을 여의면 일체 경계의 상相이 없다'고 말한 것은 변계소집상에 대하여 무상성無相性을 드러낸 것이다.…… (세 번째 문단 가운데 三句가 있으니) 처음은 의타성법依他性法에 의하여 이언절려離言絶慮를 밝힌다.…… '이런 까닭에 일체법'이라고 말한 것은 연緣을 따라 생겨난 의타기법依他起法을 일컫는다.…… 의타기법도 마땅히 이와 같음을 알아야 하니, 모든 훈습熏習을 따라 차별이 현현顯現하지만 가히 말할 수 있는 성性의 차별은 여의었다…….[15]

원효는 심진여문의 첫머리에서 천명되고 있는 진여의 정의를 전적으로 유식 사상의 삼성三性·삼무성설三無性說에 입각하여 해석하고 있는 것이다.

그런데 『기신론』 심진여문에서는 진여를 중관적으로 설명하고 있는 부분도 있어 주목된다. 즉 진여를 언설분별言說分別에 의지하여 '여실공如實·

15) 元曉, 『大乘起信論疏』(『한국불교전서』1책, 705b~c), "於總相有四品中, 說三無性所顯眞如故言大總相.……一者當眞實性以顯眞如, 二者對分別性而明眞如絶相, 三者就依他性以顯眞如離言.……初言一切諸法唯依妄念而有差別者, 是擧遍計所執之相, 次言若離心念則無一切境界相者, 對所執相顯無相性.……先約依他性法以明離言絶慮.……初中言是故一切法者, 謂從緣生依他起法.……依他起法當知亦爾, 隨諸熏習差別顯現, 而離可言之性差別."

空'과 '여실불공如實不空'의 이종의二種義로써 설명함에 있어서, 여실공에 관한 해설 가운데 다음과 같은 내용이 있는 것이다.

마땅히 알라. 진여眞如의 자성自性은 유상有相도 아니며 무상無相도 아니며 유상이 아님도 아니며 무상이 아님도 아니며 유무구상有無俱相도 아니며 일상一相도 아니며 이상異相도 아니며 일상 아님도 아니며 이상 아님도 아니며 일이구상一異俱相도 아니니…….16)

진여의 공성空性을 중관의 부정적 방식으로 밝히고 있는 것이다. 원효역시 이 구절을 해석함에 있어서, 중관론서中觀論書인 『광백론廣百論』의구절을 인용한 후 다시 그 내용을 절絶 4구句의 논의로써 상세히 풀이하고 있다.17) 『기신론』 본문 가운데서 중관적 논리를 활용하고 있는 것으로 간주할 수 있는 부분으로서는 심진여문에서의 상기 구절과 심생멸문에서의 대치사집對治邪執 마지막 부분을 들 수 있겠는데, 그 중에서도 심진여문에서의 이 구절이 더욱 전형적인 것이라 할 수 있다.

이처럼 『기신론』에서는 진여에 대해 유식적 관점에서 정의를 내리는가 하면, 진여자성眞如自性의 공함을 중관적 방식으로도 설하고 있다. 따라서 『기신론』은 진여에 대해 유식적 접근(立)과 중관적 접근(破)을 모두 허용하고 있는 셈이다. 즉 중관과 유식을 종합함으로써 결과적으로 양자를 지양·통합하고 있다고도 볼 수 있는 것이다. 원효가 『기신론별기』를 지을때, 『기신론』의 특징으로 파악한 '무소불립無所不立, 무소불파無所不破'의 논리를 중관·유식의 사상적 특징에다 적용시켜 『기신론』을 중관·유식의 지양·종합으로 평가하는 말을 하게 된 동기 가운데 하나가 바로 여기

---

16) 馬鳴, 『大乘起信論』(『大正新修大藏經』 권32, 576a〜b), "當知眞如自性, 非有相非無相, 非非有相非非無相, 非有無俱相, 非一相非異相, 非非一相非非異相, 非一異俱相."
17) 元曉, 『大乘起信論疏』(『한국불교전서』 1책, 706b〜707a).

에 있지 않을까 추측해 본다.

그런데 원효는『기신론소』를 지을 때 이『기신론별기』의 구절을 전부 삭제해 버린다. 이 구절의 내용이 틀렸거나 부적절하다고 판단되어 수정이나 보완을 위해 삭제해 버린 것일 거라고 추측해 보았다. 그렇다면 원효는『기신론별기』구절의 내용에서 어떤 문제점을 발견했던 것일까? 아마도 원효는『기신론』을 면밀히 연구해 본 결과, 비록『기신론』에는 대승불교의 두 기둥인 중관과 유식의 관점들이 함께 수용되고 있기는 하지만, 중관과 유식을 동렬同列에 놓고『기신론』이 양자를 지양·종합한 것처럼 표현하는 것은 적절치 않다고 판단했을지 모르겠다.『기신론』일심一心 사상의 대승불교적 기반은 기본적으로 유식 사상의 맥락에서 찾을 수 있기 때문이다. 비록『기신론』이 유식 사상의 기본 발상을 독자적 체계와 내용으로 재구성하여 소화하는 동시에 여래장 및 삼대三大의 개념 등을 주목하여 적극 활용하고 중관적 관점도 아울러 수용하면서 독특한 개성을 확보하지만, 그 사상적 기반은 압도적으로 유식적 관점을 중심으로 형성되었다고 볼 수 있다.[18] 따라서 중관을 유식과 병립시켜 놓고 이들을 지양·종합시키는 방식으로『기신론』의 개성을 설명하는 것은, 기신론 사상의 개성을 부각시키려는 의도는 극적으로 달성할 수 있을지 몰라도 기신론 사상의 주된 기반이나 기본 성격 및 그 구조에 대한 판단을 왜곡시켜 버릴 가능성이 있다. 원효는 아마도 이와 같은 문제점을 느끼게 된 까닭에 이『기신론별기』구절을 삭제시켜 버렸을 것이라고 추측해 본다.

원효가『기신론』을 중관과 유식의 지양·종합이라고 말하게 된 동기로서 추측해 본, 진여에 대한 심진여문心眞如門에서의 중관 및 유식적 서술을 확인해 본 바 있는데, 이 때 인용했던 진여자성眞如自性에 대한 중관적 서술은 다음과 같이 끝을 맺고 있다.

---

18) 이 점은 뒤에 재론한다.

총설總說컨대, 일체중생이 망심妄心이 있어서 염념念念이 분별하여 모두 상응相應하지 않음을 의지하는 까닭에 공空이라고 설한다. 만약 망심을 여의면 실로 가히 공空이라 할 것도 없기 때문이다.[19]

전도된 인식(妄心)이 변계소집하여(念念分別) 원성실성에 상응하지 못한다(皆不相應)는 사실에 의거하기 때문에 진여자성은 공空이라고 설한다는 것이다. 중관적 방식을 활용하면서도 결국 유식적 관점에 입각하여 진여자성의 공성空性을 밝히고 있음을 알 수 있다. 이처럼 진여의 해명에 유식적 관점은 물론 중관적 관점도 아울러 활용되고 있기는 하나 어디까지나 유식적 관점의 맥락에서 중관적 접근을 수용하고 있다는 사실에서도, 원효는 문제의 『기신론별기』 구절이 기신론 사상의 기본 성격상 적절치 않다는 판단을 내릴 수밖에 없었을 것이다.

그리하여 원효는 『기신론소』를 지을 때 『기신론별기』의 이 구절을 삭제하는 대신, 『기신론별기』에서 『기신론』의 특징을 표현하는 논리였던 '무소불립無所不立, 무소불파無所不破'를 '개합자재開合自在, 입파무애立破無碍'의 논리로 재구성하여 일심이문의 구조에다 적용시킨다. 따라서 삭제된 『기신론별기』 구절에서의 '립立'과 '파破'라는 개념과 『기신론소』에서 추가된 구절에서의 그것과는 지시 내용을 달리하고 있다. 전자에서는 '립'과 '파'가 각각 유식과 중관 사상의 특징을 지시하는 데 비하여, 후자에서는 '이문 안에서는 온갖 뜻을 허용하되 산만하지 않고 그 한량없는 뜻이 일심에서 같아져 혼용하게 되는' 일심이문一心二門의 특징에 입각하여 입파무애를 설하고 있는 것이다.

결국 『기신론』을 중관·유식의 지양·종합으로 평가하는 『기신론별기』 대의문 구절과 원효의 기신론관과의 관계에 대해서는 다음과 같은 추측을

---

19) 馬鳴, 『大乘起信論』(『大正新修大藏經』 권32, 576b), "乃至總說, 依一切衆生以有妄心念念分別皆不相應故說爲空. 若離妄心實無可空故."

가능케 한다;

원효는 처음『기신론별기』를 지을 때『기신론』의 특징을 '무소불립, 무소불파'라 규정한 후, 이를 부각시키기 위해 대승불교의 두 기둥인 중관과 유식의 사상적 특징을 대비시켜 그것을 지양·종합하는 방식을 통해 '무소불립, 무소불파'의 논리를 천명하였다. 그러나『기신론소』를 지을 때는 중관·유식의 지양·종합이라는 방식으로『기신론』의 특징을 부각시키는 것이『기신론』사상의 기본 성격상 적절하지 않다고 판단하여, '무소불립, 무소불파'의 논리를 '개합자재, 입파무애'의 논리로 재구성하여 일심이문의 특징을 드러내는 데 적용시킨 것이다.

2.『기신론』 사상을 평가하는 원효의 관점

원효가 기신론 사상을 중관·유식의 지양·종합으로 파악한 것이라고 보기는 어렵다. 그러나 기신론 사상을 평가하는 원효 관점의 핵심이 여래장 사상에 있다고 말하는 견해 역시 그대로 수긍하기는 어렵다고 생각한다. 원효가 여래장 개념을 매우 중시하고 있는 것은 분명하다. 그리고 이러한 원효의 태도는 법장이 여래장 개념을 주목하게 되는 데에 상당한 영향을 미쳤다고까지 말할 수 있을 것이다. 그럼에도 불구하고, 특히 현대에 이르러 일관된 체계로 정리된 여래장 사상의 입장에서 원효 사상 및 원효의 기신론관을 이해하려는 시도는 재고의 여지가 있다고 여겨진다. 여래장 사상에 대하여 현대 학계, 특히 일본 학계가 이룩한 괄목할 만한 연구 성과를 너무 의식하고 일방적으로 흡수한 나머지『기신론』이나 원효 사상을 이해함에 있어서도 소위 여래장 사상에 필요 이상으로 경도되어 자칫 편견 없는 탐구를 저해할 수 있는 선입견을 지니게 될 위험성마저 우려하게 된다.

실제, 최근에 행해지는『기신론』및 원효 사상에 대한 논구들은 대개 일본 학계가 성취한 여래장 사상에 대한 이해에 의거하고 있음을 확인할 수 있다.[20]

『기신론』이나 원효 사상에 대한 탐구를 여래장 사상이라는 틀에 맞추어 진행하는 것은 기신론과 원효 사상의 중요한 한 측면을 파악하는 데 상당히 유효하며, 따라서 이러한 연구 방법의 의의를 절대로 과소평가할 수는 없다. 또한 앞으로도 이와 같은 시각에서 보다 깊이 있는 연구들이 진행되어야 할 필요가 있다고 생각한다. 그러나『기신론』이나 원효 사상이 여래장 개념을 부각시켜 중시하고 있는 것은 사실이지만, 근자에 일관되게 정리된 여래장 사상 체계에 입각하여 그 틀 속에서『기신론』이나 원효 사상을 파악하는 것이 반드시 적절하지는 않다고 생각한다.

'원효 사상'과 '원효의 기신론관'을 동일하게 취급할 수는 없을 것이다. 원효 사상을 형성하고 있는 교학적 배경은 기신론 사상에만 국한되는 것이 아니기 때문이다. 그러나 그의 사상 체계에서『기신론』이 차지하는 비중은 가히 결정적이라 해도 무방할 정도이다.『기신론』은 원효 사상의 일관된 핵심적 기반으로 작용하고 있음이 분명하다.

『기신론』에 대한 원효의 총평은『기신론소』의 표종체문에 나타나 있다. 표종체문에서 원효는 기신론 사상의 궁극적 이념이 일심一心의 근원으로 돌아가는 데 있음을 분명히 하고 있고, 그리하여 일심이문一心二門의 '개합자재, 입파무애'한 성격이야말로『기신론』의 가장 뛰어난 장점이며 핵심

---

20) 원효 사상의 핵심을 여래장 사상에서 구하려는 것이 오늘날 학계의 전반적인 추세임을 이미 소개한 바 있다. 그 중에서도 최근에 발표된 것으로서 원효 사상 및 원효의 기신론관을 여래장 사상의 틀에 의해 파악하고 있는 전형적인 논구로는 이평래의 「如來藏說과 元曉」(『元曉思想論叢』, 국토통일원, 1987, 477~503쪽)를 들 수 있다. 이 논문은 여래장 사상에 대한 일본학계의 연구 성과를 적극 활용하여 기신론과 원효 사상 및 원효의 기신론관을 일관되게 여래장 사상의 틀 속에서 파악하고 있다. 따라서 원효가 『大乘起信論別記』大意文에서 언급한 중관·유식의 지양·종합이라는 관점에 대해서도, 원효는 여래장설에 입각하여 중관·유식의 대립을 和諍하려고 한 것이라고 이해한다. 그리하여, 원효의 불교 사상은 여래장설의 전개로써 일관되어 있으며 여래장설의 천명에 생애를 바쳤다고까지 평가하고 있다.

(馬鳴之妙術, 起信之宗體)이라고 평한다. 따라서 기신론 사상에 대한 원효의 평가는 이른바 일심의 두 가지 관점인 이문을 중심으로 행해지고 있다고 할 수 있다. 그리고 넓게 보면, 원효의『기신론』주석 전체가 일심이문을 해명하기 위한 작업이라 하겠다.

그런데 일심一心과 이문二門의 의미를 밝히기 위한 원효의『기신론』해석에서 무엇보다도 두드러진 현상은『능가경』과 유식 사상을 특히 적극적으로 활용한다는 점이다. 그리고 바로 이 점에서 기신론 사상을 평가하는 원효의 관점이 지니는 불교 사상적 의미의 한 중요한 측면을 확인할 수 있다고 판단된다. 이하에서는 일심과 이문 자체에 관한 원효의 직접적인 설명과, 주석 일반에서 중요한 역할을 부여하여 각별히 취급하고 있는『능가경』과 유식 사상의 적극적 활용을 중심으로, 기신론 사상을 평가하는 원효 관점의 불교 사상적 의미를 도출해 보고자 한다.

1) 일심이문의 해석

표종체문에서의 언급 이외에 일심이문一心二門에 대한 원효의 직접적이고도 대표적인 해석으로는 다음의 두 가지를 주목하고 싶다.

첫째는 귀경게歸敬偈의 주석 가운데 나오는 것이며, 둘째는 현시정의顯示正義의 내용을 설하는 "依一心法有二種門" 이하의 내용에 관한 주석에서 등장하는 것이다. 이것은 대승을 구하는 자가 지니는 두 가지 의혹, 즉 발심發心을 가로막는 '법法에 대한 의혹'(疑法)과 수행修行을 가로막는 '교문教門에 대한 의혹'(疑門)을 설정한 후 그에 대한 해답으로서 일심이문의 의미를 설명하는 것인데, 그 요지는 이러하다;

일심법一心法을 세운 것은 대승의 법체가 일一인가 다多인가 하는 의문을 풀어주기 위함이다. 즉 대승의 법은 오직 일심이 있을 뿐이며, 일심 이외에 다른 법은 없다. 단지 무명無明이 일심을 미혹시켜 육도六道에 유전流轉케 하지만, 이때에도 역시 일심을 벗어나는 것이 아니다. 이처럼 일심으로 말미암아 육도를 지어내기 때문에 널리 중생을 제도하겠다는 원願을 발할 수가 있고, 육도가 일심을 벗어나는 것이 아니기 때문에 동체대비同體大悲을 일으킬 수 있는 것이니, 이리하여 의혹을 버리고 발심할 수 있게 된다. 또한 이종문二種門을 연 것은 여래가 세운 수많은 교문 가운데 어떤 교문을 의지하여 처음 수행에 들어가는가라는 의문을 풀어 주기 위함이다. 즉, 비록 많은 교문이 있지만 처음 수행에 들어가는 것은 다름아닌 이문에 의해서이다. 다시 말해 진여문眞如門에 의지하여 지행止行을 닦고 생멸문에 의지하여 관행觀行을 일으켜 지관止觀을 쌍운雙運하면 만행萬行이 갖추어지니, 이 이문에 들어가서 제문諸門을 통달하게 되는 것이다. 이리하여 의혹을 버리고 수행을 일으킬 수 있게 된다.[21]

이는 발심수행發心修行이 가능한 근거를 일심이문으로 설명하고 있는 것이다. 특히 진여문과 생멸문에 의해 지관수행止觀修行을 밝히는 것은 매우 독특한 이문 해석이다. 일심이문에 의해 발심과 지관수행까지 설명하고 있다는 점에서, 원효가 일심이문을 불교의 모든 개념을 해명하는 기본틀로 활용하고 있음을 엿볼 수 있다.

일심이문에 관한 두 번째 해석은 "顯示正義者, 依一心法, 有二種門, 云何爲二, 一者心眞如門, 二者心生滅門, 是二種門皆各總攝一切法, 此義云何, 以是二門不相離故"[22]에 관한 주석을 통해 제시되고 있다. 원효는 여기서 『능가경』의 "寂滅者名爲一心, 一心者名如來藏"[23]이라는 구절을 인용한 다음, 『기신론』에서 말하는 심진여문이란 것은 '적멸자명위일심寂滅者名爲一心'을 해석한 것이요, 심생멸문이란 것은 '일심자명여래장一心者名如來藏'을 해석한 것이라고 말한다.[24] 그리고 이렇게 말할 수 있는 이유를 다음과 같

---

21) 元曉, 『大乘起信論疏』(『한국불교전서』 1책, 701b~c); 『大乘起信論疏記會本』(『한국불교전서』 1책, 736c~737a).
22) 馬鳴, 『大乘起信論』(『大正新修大藏經』 권32, 576a).
23) 『十卷楞伽經』(『大正新修大藏經』 권16, 519a).

이 제시한다.

> 일체법一切法은 무생무멸無生無滅이고 본래적정本來寂靜하여 오직 일심一心이
> 니, 이와 같은 것을 심진여문이라 하기 때문에 '적멸자명위일심寂滅者名爲一心'
> 이라 말한 것이다. 또 이 일심의 체體는 본각本覺이지만 무명無明을 따라 동작
> 하여 생멸生滅한다. 따라서 이 문門에서 여래의 성품이 감추어져 드러나지 않
> 는 것을 여래장如來藏이라고 부른다. 이것은 『능가경』에서 '여래장이란 것은
> 선善과 불선不善의 인因이니, 능히 두루 일체 취생趣生을 일으켜 짓는 것이 비
> 유하건대 재주 부리는 아이가 갖가지 모습을 변현變現하는 것과도 같다'고 말
> 하는 것과 같다. 이와 같은 뜻이 생멸문에 있기 때문에 '일심자명여래장一心者
> 名如來藏'이라 말한 것이니, 이것은 일심의 생멸문을 나타낸다.[25]

일체법一切法이 무생무멸無生無滅하고 본래적정本來寂靜하여 오직 일
심인 것을 심진여문이라 하고, 본각本覺인 일심의 체體가 무명을 따라 생
멸하게 되면 여래의 성품이 감추어져 드러나지 않게 되니 이것을 여래장
이라 부르며, 이 여래장이 선善과 불선不善의 원인이 되는데 이것이 일심
의 생멸문이라는 것이다. 그리고 그 경증經證으로서 『능가경』의 "寂滅者名
爲一心, 一心者名如來藏"이라는 구절을 들고 있다. 또 원효는 이에 덧붙여,
단지 생멸심만을 취하여 생멸문生滅門으로 삼는 것이 아니라 생멸자체生
滅自體와 생멸상生滅相을 모두 취하여 함께 생멸문내의生滅門內義에 두는
것이라는 점을 주의시키고 있기도 하다.[26]

---

24) "此言心眞如門者, 卽釋彼經寂滅者名爲一心也. 心生滅門者, 是釋經中一心者名如來藏也."

25) 元曉, 『大乘起信論疏』(『한국불교전서』 1책, 704c~705a); 『大乘起信論疏記會本』(『한국불교전서』 1책, 741a), "以一切法無生無滅, 本來寂靜, 唯是一心, 如是名爲心眞如門, 故言寂滅者名爲一心. 又此一心體是本覺, 而隨無明動作生滅. 故於此門, 如來之性隱而不顯名如來藏. 如經言如來藏者是善不善因, 能徧興造一切趣生, 譬如伎兒變現諸趣. 如是等義在生滅門, 故言一心者名如來藏, 是顯一心之生滅門."

26) 고익진은 원효와 法藏의 기신론관이 지니는 차이를 二門과 三大의 配對에서 찾고 있다. 즉 法藏이 體·相·用 三大를 모두 생멸문에 배속시키고 있는데 비해, 원효는 기

이처럼 이문을 해석한 후 다시 일심에 대해 "염정제법染淨諸法의 성性이 둘이 아니고 진망이문眞妄二門이 다르지 않기 때문에 일─이라고 부르는 것이요, 이 둘이 없는 곳에서 제법諸法 가운데의 실實다움은 허공과 같지 않아 성품이 스스로 신령스럽게 알기 때문에 심心이라 부르는데, 이미 둘이 없으니 하나도 있을 수 없으며, 하나가 없는데, 무엇을 심心이라 할 것인가? 이와 같은 도리는 말을 여의고 분별심이 끊긴 경지라서 무엇을 가지고 이름 붙여야 될지 알 수 없는데 억지로 일심─心이라고 불러 보는 것이다"라고 해석한다.

　일심이문에 대한 원효의 이와 같은 두 번째 해석에서 무엇보다도 주목되는 것은 이문의 경증經證으로서『능가경』을 활용하고 있다는 점이다. 그리고 인용된『능가경』의 구절에서 일심이 문장의 연결 개념으로 등장하고 있다는 점을 고려할 때, 원효는 사실상『능가경』의 이 구절을 일심과 이문 모두의 경증으로 삼고 있는 것이라 보아도 무방할 것이다. 즉 원효는 기신론 사상의 핵심이라고 평가하고 있는 일심이문의 경전적 근거를『능가경』에서 찾고 있는 것이다. 따라서 원효는『능가경』과『기신론』을 기본적으로 동일한 사상 유형으로서 파악하고 있는 것이라 할 수 있다.

　또 하나 주목되는 것은 일심과 여래장의 관계이다. 여기서 원효가 이해하는 일심은 분명 이문의 상위 개념이다. 일단 일심이 전제된 후, 그 일심에서 무생무멸하고 본래적정하여 오직 진여 그 자체인 측면을 심진여문이라 하고, 무명에 의해 일심이 생멸케 되는 측면을 심생멸문이라 구분하기 때문이다. 그리고 여래장이란 것은 심생멸문 내에서의 일심, 즉 심생멸문을 전제로 한 개념인 데 비하여, 일심은 이문 모두가 귀속되는 개념이다.

　신론이 중관·유식의 사상적 문제를 극복하고자 하여 성립된 것이라고 보았기 때문에 三大 가운데 體大는 진여문에, 相·用 二大는 생멸문에 배속하였다고 주장한다. 그러나 원효 역시 三大 모두를 생멸문에 배속시키고 있음은 여러 구절을 통해 확인할 수 있는데, 지금 이 구절도 그 하나이다.

따라서 일심은 여래장의 상위 개념이라 할 수 있다. 여래장의 본질이 바로 일심의 본원本源이며 심진여라고 해서, 일심과 여래장이 동위일 수는 없다.

여래장은 심생멸문에서 생멸의 원인으로 부각되고 있는데, 심생멸문은 어디까지나 망妄의 세계이다. 그런데 일심이문의 궁극적 이념은 심진여心眞如로서의 일심一心, 즉 일심의 본원으로 돌아가는 것임을 원효 역시 표종체문에서 이미 천명하고 있다. 원효로서는 생멸연기의 주체를 무엇이라 해야 하는가도 중요하지만, 고苦인 생멸로서의 세계가 극복된 일심의 본원, 심진여로서의 세계가 보다 궁극적인 관심사인 것이다.

따라서 적어도 일심이문의 구조에 있어서는 원효 사상의 핵심 개념을 여래장이라 할 수 없다. 여래장은 일심의 본원本源을 밝히고 지향하는 과정에서 적절하게 활용될 수 있는 중요한 보조 개념일 따름이다. 일심의 본원으로 돌아갈 수 있는 잠재력과 가능성을 중생 모두가 본래부터 갖추고 있음을 확인시켜 주며, 일심과 이문의 상관 체계에서 적절한 역할을 담당해 주는 중요한 보조 개념이 여래장인 것이다. 원효가 경우에 따라 일심과 여래장을 직결시켜 활용하는 것도, 여래장이 일심의 본원을 밝히고 증득하는 데 매우 유용하며 중요한 개념이라는 점을 의식한 결과일 것이다. 따라서 여래장은 원효 사상에 있어서 중요한 기반의 하나임이 분명하다 할지라도 원효 사상, 특히 그의 기신론관의 궁극적 지위를 차지하기는 어렵다. 원효의 기신론관에 있어서 여래장은 어디까지나 중요 개념이지, 핵심 내지 궁극 개념이라고는 말할 수 없을 것이다.[27]

---

27) 이러한 판단은 물론 제한적으로 유효하다. 원효는 他 著述, 특히 『金剛三昧經論』에서는 一心과 本覺 및 如來藏 개념을 하나로 연결해 사용함으로써 如來藏을 一心과 同位에 놓는 등, 如來藏 개념을 크게 부각시키고 있기 때문이다. 원효는 經論의 성격이나 주제에 따라 각각 논의의 초점을 탄력적으로 변화시키며 그 本意를 밝히는 자유로운 태도를 취하기 때문에, 어떤 개념이 원효 사상 전체에서 차지하는 位相을 정확하게 확정하기란 어렵다. 그러나 원효 사상의 중심부에 기신론 사상이 굳건하게 자리잡고 있음은 분명하다. 그리고 원효는 기신론의 핵심을 一心二門이라는 구조에서 발견하고 있으므로, 一心二門이야말로 원효 사상의 가장 핵심적인 틀이라고도 할 수 있다. 이런

2) 『능가경』과 유식 사상에 의한 해석

『기신론』을 해석하는 원효의 태도에 있어서 유난히 부각되는 점이 『능가경』의 중시와 유식 사상의 적극적이고도 빈번한 활용이다. 원효의 『기신론』 이해에 있어서 『능가경』과 유식 사상의 비중이 두드러지는 것이다. 이 점은 기신론 사상을 평가하는 원효의 관점을 이해하는 데 중요한 실마리가 된다고 여겨진다. 이 점과 관련하여 특히 주목하고 싶은 것은, 원효는 『능가경』을 『기신론』의 소의경전所依經典으로 취급하여 활용하고 유식설을 『기신론』 의미 파악의 중요한 수단으로 이용하는 동시에, 궁극적으로는 『기신론』과 『능가경』 및 유식 사상을 회통시켜 이들 삼자三者를 동일한 맥락의 사상 체계로 파악하려 한다는 사실이다. 이하에서는 이에 해당하는 원효의 『기신론』 해석을 확인한 다음, 그것이 지니는 사상 평가적 의미를 도출해 보는 순서로 논의를 진행한다.

원효에 앞서 『능가경』을 『기신론』의 소의경전이라고 천명한 사람은 혜원慧遠이다. 그런데 『능가경』을 『기신론』의 소의경전으로 취급하는 점에서는 동일하지만, 원효는 양서兩書의 관계를 밝히는 작업에 있어서 더욱 적극적이고 철저한 태도를 보여 준다고 할 수 있다.

원효가 『능가경』을 『기신론』의 소의경전으로 파악하고 있다는 것은 앞서 살펴본 일심이문의 경증經證을 비롯하여 여러 문구의 경증으로서 수시로 활용하고 있는 점으로도 추측되지만, 『능가경』에 대한 그의 입장이 명백히 표현되고 있는 구절들도 지적할 수 있다. 그 하나로서 우선 표종체문 말미에 나오는 "今直依此論文, 屬當所述經本"[28]이라는 구절을 주목할 수 있다. 원효는 혜원과 마찬가지로 『능가경』을 경본經本이라고 부르기도 하

의미에서 一心二門에 관한 원효의 해석으로부터 一心과 如來藏의 관계를 差等的으로 구별하여 그것을 원효 사상, 특히 그의 기신론관으로 확대, 적용시켜 본 것이다.

28) 元曉, 『大乘起信論疏』(『한국불교전서』 1책, 733c).

는데, 이 구절에서의 경본 역시 『능가경』을 지칭한다고 본다면 『기신론』 과 『능가경』의 관계를 분명히 밝히는 것이 『기신론』을 주석하는 원효의 기본 태도라는 뜻이 되므로, 그가 『능가경』을 명백히 『기신론』의 소의경 전으로 취급하고 있음을 확인하게 된다.

『능가경』에 대한 그의 태도가 분명히 드러나는 곳은 『기신론별기』에서 도 찾을 수 있다. 원효는 이문二門에 소섭所攝되어 있는 리理의 차이를 밝 힘에 있어서 진여문소섭眞如門所攝의 리에 대해서는 『대품大品』 등 제반 야경諸般若經에서 설하는 진여眞如·실제實際 등의 명칭을 가립假立하며, 생멸문소섭生滅門所攝의 리에 대해서는 『열반경』·『화엄경』 등에서 설하 는 불성佛性·본각本覺 등의 명칭을 가립한다고 한 다음, "今論所述楞伽經 等, 通以二門爲其宗體"[29]라고 하여 『능가경』이 『기신론』의 소의경전임을 분명히 하고 있는 것이다. 이처럼 『능가경』을 『기신론』의 소의경전으로 설정한 원효는 『사권능가경四卷楞伽經』과 『십권능가경十卷楞伽經』의 심 식설을 회통시켜 양권본兩卷本 모두를 사용하면서 『기신론』과의 관계 및 『기신론』 문구의 의미 파악에 종횡무진으로 활용하고 있다.

이러한 『능가경』의 중시와 더불어 원효는 유식 사상 역시 『능가경』에 못지 않은 비중을 부여하면서 『기신론』 의미 파악의 주춧돌로 이용하고 있다. 원효가 유식설을 활용하고 있는 구체적 사례는 일일이 열거할 수 없 을 정도로 많은데, 여기서는 『기신론』 심식설을 팔식설八識說에 배대시키 는 원효의 입장 및 『기신론』과 유식 사상을 회통시키고 있는 대표적 사 례들을 확인해 보도록 하자.

원효 이전의 담연과 혜원 역시 『기신론』 심식설을 팔식설에 배대시키려 는 시도를 행하고 있다. 그런데 원효는 이러한 배대 작업을 더욱 엄밀하게

---

29) 元曉, 『大乘起信論別記』(『한국불교전서』 1책, 680a~b); 『大乘起信論疏記會本』(『한국 불교전서』 1책, 742a).

진행하고 있어 주목된다. 원효의 이와 같은 태도는 우선 삼세육추三細六麤와 팔식八識의 배대에서 나타난다. 즉 원효는 삼세三細인 무명업상無明業相·능견상能見相(轉相)·경계상境界相(現相)을 모두 제8 아려야식阿黎耶識(本識) 위위位에 배속하고 육추六麤 가운데 첫 번째인 지상智相은 제7식위에, 나머지 다섯(相續相·執取相·計名字相·起業相·業繫苦相)은 제6식위에 배속시킨다. 이 때 제6식위에 해당하는 육추의 다섯 가운데 특별히 상속상相續相·집취상執取相·계명자상計名字相·기업상起業相의 사상四相은 생기식生起識이라 하고, 업계고상業繫苦相은 그 소생계所生界라고 설명하기도 한다. 그리고 이러한 배대의 이론적 근거를 『능가경』·『섭대승론』·『유가론』에 의거하여 상세히 밝히고 있다.30)

  삼세육추三細六麤와 팔식설八識說의 배대에 관한 원효의 이와 같은 입장은 이전의 담연이나 혜원의 경우와 비교할 때 매우 독창적이다. 담연은 육추 전부를 제6식에 배속시키며, 삼세는 직접적으로 밝히고 있지는 않지만 제7식위에 배속시키고 있는 것으로 볼 수 있다. 또한 혜원은 삼세 전부와 육추 가운데 지상과 상속상까지를 제7식으로 하고, 육추의 나머지 사상四相을 제6식으로 보고 있다. 따라서 삼세를 모두 제8식위에 두며 육추의 지상만을 제7식위로 하는 원효의 견해는 완전히 새로운 독창이라 할 수밖에 없다. 그리고 원효는 자신의 이러한 새로운 해석을 뒷받침하기 위해 『능가경』과 유식논서唯識論書들에 의거한 이론적 근거를 마련하고 있는 것이다.

  또한 원효는 불각不覺에서의 삼세육추에 대한 팔식배대에 앞서 시각始覺에서의 생生·주住·이異·멸滅 사상四相에 대해서도 팔식배대를 행하고 있다. 즉 원효는 사상을 다시 생삼生三·주사住四·이육異六·멸칠滅七로 세분한 후 이들을 팔식에 배대하고 있는데, 생상生相은 업상業相·전상轉

---

30) 『大乘起信論疏記會本』(『한국불교전서』 1책, 756a~757a).

相·현상現相의 3종이라 하여 제8식위에, 주상住相은 아치我癡·아견我見·아애我愛·아만我慢의 4종이라 하여 제7식위에, 이상異相은 탐탐貪·진진瞋·치치癡·만만慢·의의疑·견見의 6종이라 하여 생기식위生起識位에 각각 배속하고, 멸상滅相은 신구身口로 짓는 칠지악업七支惡業이라 하여 이 악업惡業이 능히 이심異心을 멸멸滅하여 악취에 떨어지게 만든다고 해석한다.[31]

원효는 삼세육추의 팔식배대에 입각하여 생멸인연生滅因緣에서의 오의五意(業識·轉識·現識·智識·相續識)와 육염六染(執相應染·不斷相應染·分別智相應染·現色不相應染·能見心不相應染·根本業不相應染)에 대한 팔식배대도 행하고 있다. 그리하여 오의에 대해서는 업식·전식·현식을 모두 제8식위에 배속하고, 지식은 육추 가운데 지상智相에 해당하는 것으로서 제7식으로 하며, 상속식은 육추 가운데 상속상相續相에 해당하는 것으로서 의식意識이라 한다.[32] 다음으로 육염에 대해서는, 육염은 바로 오의와 의식에 해당하는 것으로서 오의와 의식은 인因에 의해 일어나는 뜻을 밝히기 때문에 세細에서부터 추麤에 이르는 순서로 설한 것인 반면, 육염은 치단위治斷位를 함께 나타내고자 하기 때문에 추麤로부터 세細에 이르는 순서로 설한 것이라고 구별한 다음, 육염과 오의 및 의식을 대비시키고 있다. 즉 집상응염執相應染은 의식意識, 부단상응염不斷相應染은 오의五意 가운데 상속식相續識, 분별지상응염分別智相應染은 지식智識, 현색불상응염現色不相應染은 현식現識, 능견심불상응염能見心不相應染은 전식轉識, 근본업불상응염根本業不相應染은 업식業識에 각각 대비시킴으로써 결국 육염 가운데 제1염染과 제2염染은 제6식識에, 제3염染은 제7식識에, 제4염染·제5염染·제6염染은 제8식識에 배대시키고 있는 것이다.[33]

31) 元曉, 『大乘起信論疏』(『한국불교전서』 1책, 708c~709a); 『大乘起信論疏記會本』(『한국불교전서』 1책, 750쪽 a~b).
32) 『大乘起信論疏記會本』(『한국불교전서』 1책, 760a~761a).
33) 『大乘起信論疏記會本』(『한국불교전서』 1책, 763b~764a); 元曉, 『二障義』(『한국불교전

원효가 이처럼 팔식배대에 남다른 관심을 기울여 정밀한 해석을 시도하는 것은, 그만큼 그가 기신론설과 유식설의 유사성을 강하게 의식했다는 의미를 지닌다. 『기신론』 문구의 해석에 유식설을 빈번하고도 비중 있게 활용할 뿐 아니라 기신론설을 유식의 팔식설 체계에 엄밀하게 배대시킬 만큼, 원효는 기신론을 유식 사상의 관점에서 파악하고 있는 것이다. 원효가 기신론설과 유식설의 관련성을 특별히 의식하고 있음은, 그가 양설兩說을 빈번하게 회통시키고 있다는 점을 통해서 더욱 분명히 확인할 수 있다. 그 대표적인 사례를 살펴보자. 우선 눈에 띄는 것은 유식설과 기신론설에 있어서의 아리야식阿梨耶識을 회통시키는 구절인데, 그 요지는 다음과 같다.

　먼저 원효는, 『유가론』 등에서는 아리야식을 이숙식異熟識이라 하면서 오직 생멸하기만 한다고 설하는데, 『기신론』에서는 아리야식이 생멸生滅과 불생멸不生滅의 이의二義를 모두 갖추고 있다고 설하니 서로 다른 것이 아니냐 하는 물음을 제기한 다음, 각자가 설하는 바가 서로 위배되지 않는다고 대답한다. 그리고는 아리야식을 파악하는 두 가지 측면을 설정하여 그것에 의해 『기신론』과 유식설의 입장을 설명한 후 최종적으로 양설을 회통시키고 있다. 즉 아리야식에는 '무無를 유有로 판별하여 오직 생멸하게만 되는 업번뇌소감의문業煩惱所感義門'과 '정靜을 움직여 동動하게 하나 동과 정은 일체一體인 근본무명소동의문根本無明所動義門'이라는 두 측면이 있다고 한 후, 『유가론』 등은 『해심밀경』에 의지하여 '하나(一)이다'거나 '항상(常)하다'는 견해를 제거하기 위해 업번뇌소감의문의 측면에서 '이 아리야식이 오직 생멸하여 심心과 심소법心所法으로 차별하며 전전轉轉한다'라고 설하는 것이고, 『기신론』은 『능가경』에 의지하여 진眞과 속俗이 별체別體라고 하는 집착을 다스리기 위해 무명소동의문無明所動義門의 측면에서 '불생멸과 생멸이 화합하여 다르지 않다'라고 설하는 것이라

서』 1책, 795a)에서도 六染과 八識의 이와 같은 배대를 거듭 밝히고 있다.

하여 양설의 입장을 구분한다. 그리고는 "그러나 이 무명無明에 의해 움직여지는 상相 역시 곧 업혹業惑에 감感하는 바가 되므로, 두 가지 의미가 비록 다르나 식체識體는 무이無二다"라고 하여 양설을 회통시키는 것이다.[34]

유식설, 특히 법상法相에서 말하는 아뢰야식阿賴耶識은 생멸식生滅識인 망식妄識인데 비해,『기신론』에서 설하는 아리야식阿梨耶識은 불생멸不生滅과 생멸生滅이 화합한 진망화합식眞妄和合識이므로, 양설兩說은 아리야식의 개념에서부터 근본적인 차이를 보여 준다는 것이 일반적인 견해이다. 그런데 원효는 양설이 달라진 배경을 아리야식 자체의 성격에서 찾음으로써 양설의 회통을 꾀하고 있다. 아리야식이 지닌 두 가지 측면 가운데서 유식설과 기신론설은 각기 특정한 목표를 위해 각각 하나의 측면을 취한 것일 뿐, 양설에서 설하는 아리야식은 본래 동일한 하나의 식체識體라는 것이다. 원효의 이와 같은 해석에는 '기신론설과 유식설은 동일한 식체의 아리야식을 배경으로 하고 있다는 점에서 기본적으로 동일 계열의 사상 체계로 이해할 수 있다'라는 의미도 내포되어 있다고 할 수 있다.

그런데『기신론』과 유식에서 설하는 아리야식의 식체가 본래 동일한 것이라고 한다면, 유식설에서의 아리야식 역시 결국은 불생멸의 측면을 간직한 것으로 보고 있는 셈이 된다. 즉 유식에서의 아리야식도 식체識體의 측면에서 볼 때는 진眞을 지니고 있다는 말이 된다. 원효가 이처럼 유식설에서의 아리야식에도 진을 설정할 수 있게 되는 사상적 배경은 무엇일까? 이에 대한 해답은 일차적으로 그의 유식 사상 이해에서 찾아야 할 것이다.

---

34) 元曉,『大乘起信論別記』(『한국불교전서』1책, 681c~682a);『大乘起信論疏記會本』(『한국불교전서』1책, 746b~c), "問, 如瑜伽論等說阿梨耶識是異熟識, 一向生滅, 何故此論乃說此識具二義. 答, 各有所述, 不相違背. 何者, 此微細心略有二義, 若其爲業煩惱所感義邊. 辨無令有, 一向生滅, 若論根本無明所動義邊, 熏靜令動, 動靜一體, 彼所論等, 依深密經, 爲除是常之見, 約業煩惱所感義門, 故說此識一向生滅, 心心所法差別而轉轉. 今此論者, 依楞伽經, 爲治眞俗別體之執, 就其無明所動義門. 故說不生滅與生滅和合不異. 然此無明所動之相, 亦卽爲彼業惑所感, 故二意雖異, 識體無二也."

원효는 구유식舊唯識과 신유식新唯識을 모두 소화하였으며, 저술에서도 양설의 입장을 아울러 활용하고 있다.[35] 그 결과 그는 진제삼장眞諦三藏의 제9 아마라식설阿摩羅識說을 취하여, 일심의 본원에 도달하면 바로 제9식의 명정明淨에 들어간다고 설한다.[36] 생멸을 벗어나지 못한 제8식 이외에, 본각本覺으로서 본래 청정한 제9식을 인정하고 있는 것이다. 따라서 아리야식의 식체에 해당하는 것이 바로 제9 아마라식이라 할 수 있는데, 이 점은 둔륜遁倫의 『유가론기瑜伽論記』에 실려 있는 "新羅曉法師云, 自性淸淨心名爲阿摩羅, 與第八賴耶識, 體同義別"[37]이라는 구절을 통해서도 확인할 수 있다.

이렇게 볼 때 원효가 아리야식에 대한 기신론설과 유식설을 회통시키는 사상적 배경은 유식, 특히 구유식설이라고 할 수 있게 된다. 원효는 구유식의 제9식설에 의거한 '식체무이識體無二'에 입각하여 『기신론』과 유식의 아리야식을 회통시키고 있는 것이다. 다시 말해, 『기신론』을 유식적 관점에서 파악하고 있다고 할 수 있다. 『기신론』과 유식설을 결국 같은 의미로 연결시켜 회통시키려고 하는 원효의 시도는 이밖에도 허다한데, 번거로움을 피하기 위해 생략한다.[38] 다만 원효의 『기신론』 해석에 있어서 유식설이 지니는 비중과 의미를 새롭게 확인시켜 주는 사례의 하나로서, 원효 저

---

35) 원효의 현존 저술에 나타난 각종 經論의 인용 회수를 종합, 비교한 오형근의 통계에 의하면 『瑜伽論』이 116회, 『攝大乘論』이 53회 인용되어 각각 1, 2위를 차지하고 있다. 이러한 통계에 의거하여 오형근은, 원효가 어떤 宗學을 해설하더라도 유식 사상을 도입하여 해설하고 있다는 점에서 그의 教理的 論理는 유식학에 바탕을 두었다고도 할 수 있다고 말한다.(오형근, 「元曉思想에 대한 唯識學的 研究」, 『불교학보』 17집, 동국대학교 불교문화연구소, 1980, 84~85쪽) 원효 사상에서 유식 사상이 차지하는 비중을 짐작하게 한다.

36) 元曉, 『金剛三昧經論』(『한국불교전서』 1책, 630c, 635c, 657a).

37) 遁倫, 『瑜伽論記』(『한국불교전서』 2책, 410b).

38) 『大乘起信論疏記會本』(『한국불교전서』 1책, 761b~c, 764b~c, 767b~c, 768a, 779b) 등이 그러한 시도이다. 또 『한국불교전서』 1책, 760a~c는 『大乘起信論』의 입장을 대변하는 『楞伽經』과 唯識論書인 『瑜伽論』·『中邊論』 등을 함께 회통적으로 활용하여 『大乘起信論』을 해석하는 대표적 사례라 할 수 있다.

술의 기본 원리인 화쟁의 논리를 유식설에 의하여 밝히고 있는 내용을 추가로 살펴보기로 하자.

원효는 이문二門에 섭섭攝攝하여 있는 사법事法들의 차별을 역시 유식설에 의해 밝히고 난 후, 이를 화쟁和諍의 토대로 연결시킨다. 즉 그에 의하면, 심진여문에 섭해 있는 사법은 분별성分別性이다. 제법諸法은 불생불멸하여 본래적정本來寂靜한데, 단지 망념에 의해 차별이 있다고 설하기 때문이다. 이에 비해 심생멸문에서 설하는 사법은 의타성依他性이니, 제법이 인연화합因緣和合하여 생멸이 있다고 설하기 때문이다. 그런데 인연으로 생겨난 생멸의 제법은 망념을 여의지 못하여 차별이 있는 것이므로, 이러한 의미에서는 분별성이 의타성과 다르지 않으며, 따라서 분별성은 생멸문에도 있다고 할 수 있다. 또 인연의 생겨남은 자自와 타他 및 자타自他 모두가 불가득不可得이므로 이러한 의미에서는 의타성이 분별성과 다르지 않으며, 따라서 의타성 역시 진여문에 있다고 할 수 있다. 이렇게 볼 때 이성二性이 비록 같은 것은 아니지만 그렇다고 다른 것이라고 할 수도 없다(非一而亦不異). 한편 분별성법分別性法은 본래 유有가 아니나 또한 무無도 아니며, 의타성법依他性法도 유가 아니지만 무도 또한 아니다. 따라서 이성은 비록 다른 것이 아니지만 또한 같은 것이라고도 할 수 없다(不異而亦非一).

이렇게 이문소섭사법二門所攝事法을 해석한 원효는 『섭대승론』의 "三性相望, 不異非不異, 應如是說"이라는 구절을 인증引證한 후, "만약 삼성三性이 불일불이不一不異하다는 의미를 이해할 수 있으면 백가百家의 다툼이 모두 화회和會된다"라고 결론짓는다.[39] 진여문과 생멸문에 섭해 있는

---

39) 『大乘起信論疏記會本』(『한국불교전서』 1책, 741c~742a), "眞如門中所攝事法是分別性. 以說諸法不生不滅本來寂靜, 但依妄念而有差別故. 心生滅門所說事法是依他性, 以說諸法因緣和合有生滅故. 然此二性雖復非一, 而亦不異, 何以故, 因緣所生生滅諸法, 不離妄念而有差別. 故分別性不異依他, 亦在生滅門也. 又因緣之性, 自他及共皆不可得, 故依他性不異分別, 亦在眞如門也. 如是二性雖復不異, 而亦非一. 何以故, 分別性法本來非有亦非不無, 依他性法雖復非有而亦不無. 是故二性亦不雜亂.

사법을 유식의 삼성설에 의해 구분하고 양자의 불일불이한 관계를 다시 삼성설에 의해 논한 다음, 그에 의거한 백가쟁론의 화쟁을 천명하고 있는 것이다. 『기신론』 일심이문의 '개합자재, 입파무애'한 성격에서 화쟁의 논리적 근거를 발견하고 있는 원효가, 그 이문소섭사법二門所攝事法의 의미를 유식설에 의거하여 밝힘과 동시에 그 유식설에 입각하여 화쟁의 토대를 해명하고 있다는 사실에서, 그가 기신론 사상의 이해에 얼마나 유식 사상의 관점을 중시하였는가를 다시금 확인하게 된다.

지금까지 기신론 사상을 평가하는 원효의 관점을 파악하기 위해 일심이문에 관한 그의 대표적인 해석과 『기신론』 주석에서 드러나는 『능가경』 및 유식설의 중시 경향을 살펴보았다. 원효는 기신론 사상의 궁극적 이념인 심진여心眞如를 비롯한 『기신론』 체계와 내용을 일관되게 『능가경』과 유식 사상에 입각하여 해석을 시도하는 점이 특히 두드러진다. 『능가경』을 『기신론』의 소의경전으로 하여 『기신론』의 입장을 대변시키는 동시에, 유식설에 입각하여 그 『기신론』의 해명을 꾀하고 있는 점이 원효가 행한 『기신론』 주석의 중요한 특징인 것이다. 다시 말해, 『기신론』의 사상 체계는 『능가경』에 의해 마련되었고, 그 사상 내용은 유식설에 의해 적절히 이해될 수 있다는 것이 원효가 『기신론』을 파악하는 주된 관점이라 할 수 있다. 원효의 이러한 주석 태도는 그가 『기신론』과 『능가경』 및 유식설을 동일한 계열에 속하는 유사한 사상 체계로 파악하고 있다는 점을 시사해 주고 있다. 물론 원효의 『기신론』 해석이 전적으로 『능가경』과 유식설에 의해 이루어지고 있는 것은 아니다. 원효는 대·소승의 다양한 경론과 교학을 모두 회통시켜 『기신론』의 본의를 밝히는 데 활용하고 있다. 그는 특정한 교학이나 종파적 제한에 구애되지 않고 『기신론』의 본의를 밝히는데 유용

如攝論說, 三性相望, 不異非不異, 應如是說. 若能解此三性不一不異義者, 百家之諍無所不和也."

한 것이면 무엇이나 선택하여 일미로 회통시키며 화쟁시킴으로써 불필요한 다툼과 대립을 해소시키려고 노력하고 있다.

그러나 원효가 이처럼 화쟁적 회통으로 일관한다고 해서 『기신론』 해석에 주도적으로 활용되는 경론이나 교학의 존재마저 부인되지는 않는다. 『기신론』을 주석하기 위해서는 『기신론』의 사상적 개성을 가장 적절하게 밝혀 줄 수 있는 『기신론』 이외의 경론이나 교학의 선택이 필수적이다. 그리고 원효는 『능가경』과 유식설에다가 『기신론』 해석의 주도적 역할을 부여하고 있다. 원효로서는 『능가경』과 유식 사상이야말로 『기신론』의 기본 체계와 내용을 가장 적절히 드러내 주는 경론 및 교학이라고 판단했던 것이다. 원효가 기신론을 『능가경』과 유식설에 입각하여 풀이하고 있는 점이 특히 두드러지는 것은 이와 같은 맥락에서 이해할 수 있을 것이다.

이렇게 볼 때, 원효의 『기신론』 해석이 지니는 사상 평가적 의미 역시 기본적으로는 유식 사상에서 찾을 수 있다. 원효는 『기신론』과 그 소의경전인 『능가경』 및 유식 사상을 동류의 사상 체계로 연결시켜 파악하고 있는데, 사상사적으로 볼 때 이 동류의 사상 체계는 유식 사상을 기반으로 한다고 말할 수 있다. 즉 원효는 『기신론』을 기본적으로 유식 사상의 연장선상에서 파악하고 있는 것이다. '기신론 사상에 대한 유식적 평가', 이것이 원효의 기신론관이 지니는 사상 평가적 의미라고 할 수 있다.

원효의 이와 같은 관점은 담연과 혜원의 관점과도 일맥 상통하는 것이며, 특히 혜원과 원효는 모두 『기신론』과 『능가경』 및 유식설을 동류의 사상 체계로 간주하고 있음이 주목된다. 다만 원효는 『능가경』과 『기신론』의 관계를 더욱 철저히 규명하려고 하며 유식설 역시 훨씬 적극적으로 활용하고 있다. 또한 담연과 혜원이 주로 『섭대승론』을 중심으로 한 초기 유식설에 의거하는데 비해, 원효는 구유식과 신유식을 모두 소화하여 회통적으로 활용하고 있다는 점에서도 차이를 보여 주고 있다.

제3부

원효의 무애행

원효의 윤리관
—『보살영락본업경소』를 중심으로 —

이 기 영

1. 원효의『보살영락본업경소』의 중요성

원효元曉의 윤리관을 말하고자 하면 그의 기본적인 인간관, 세계관을 아울러 이야기하고 그 전제 위에서 논의를 전개하는 것이 마땅한 순서일 것 같다. 그러나 필자는 지금까지 기회 있을 때마다 불충분하지만 피력해 온 그 방면 글들에 그 역할을 미루고 지금은 그 내용이 소개된 바 없는 원효의 중요한 저술,『보살영락본업경소菩薩瓔珞本業經疏』를 근거로 오늘날 우리들에게 새로운 안목을 갖게 하는 불교사상 획기적인 사상들을 이야기 하려 한다.

근래 원효의 윤리관이라고 해서 내놓은 책들과 직간접적으로 이 문제를 다룬 것임을 표방하는 몇 권의 책들이 있다. 그러나 어느 것도 직접적으로 『보살영락본업경소』를 전제로 삼는 것은 없다. 어떤 것은『범망경소梵網經疏』를 중심으로 해설했고, 또 다른 것은 일정한 전거典據 없이 일반적 상식선에서 대승보살도를 다루고 있다. 필자는 일찍이 원효가 보살계를 표방할 때, 『범망경』쪽보다는 『보살지지경菩薩地持經』(즉 『瑜伽論』의 菩薩戒本) 쪽을 더 중요하게 생각하고 오히려 『범망경』의 윤리관이 보다 출가出家 중심주의적이요 따라서 율법주의, 형식주의 잔재가 남은 것이라고 판단했음을 지적한 일이 있다.[1]

보살계본菩薩戒本이란 승僧·속俗 간에 누구든지 대승보살로서의 윤리 생활을 하려는 자가 수계受戒의 형식을 갖춰 발심서원發心誓願할 때 의식 절차에 사용되는 문헌이다. 『범망경』의 계본戒本이 주로 중국에서 출가 승려들 사이에 널리 유포되다 보니 근래에 이르기까지 우리 나라 불교 승단에서도 다른 모든 의궤儀軌와 마찬가지로 중국 대륙의 관습을 묵수墨守하는 경향이 있어서 원효의 승·속을 초월한 보살윤리 사상이 등한시된 감이 없지 않다.

원효의 이상은 결코 좋은 의미의 출가 종단 발전이나 성장에 있지 않고, 모든 중생의 보살화菩薩化, 전 세계의 정토화淨土化가 그 목표였다. 이러한 그의 이상은 우주 자연을 무애無碍한 연기緣起의 법계法界로서 불신佛身이라고 보며, 따라서 모든 중생이 그 분신이라고 천명하는 『화엄경華嚴經』의 주장에 근거를 두고 있다. 이 같은 세계관, 인간관의 선상에서 모든 중생을 여래의 씨올(如來藏)이라고 보는 여래장如來藏 계통 대승경론大乘經論이 원효의 주목을 끌었던 것이다.

이 『보살영락본업경』은 근본적으로 『화엄경』의 법을 계승하고 있다. 보살영락菩薩瓔珞이라는 말, 본업本業이란 말들 자체가 『화엄경』의 술어들이다. '가지가지의 아름다운 꽃으로 장엄된 세계, 즉 불佛·보살菩薩의 나라'란 곧 '화엄華嚴'이 의미하는 바이다. 이 세계가 아름다움으로 장엄되는 데

---

1) 원효의 菩薩戒觀, 이 양자의 菩薩戒 조항 열거 사항을 비교한 것은 졸고 『佛敎槪論』 9, 「菩薩戒」에도 간략하게 소개되어 있다.

있어서 그 주역을 누가 맡느냐 하면 그것은 보살(Bodhisattva)들이 맡는다. 그렇다면 보살이 누구인가? 그것은 불佛(正覺者)이 전생前生에 걸친 알찬 수행자, 단계적으로 현자賢者, 성자聖者의 모습을 나타내는 정진의 행자들을 지칭한 말이다. Sattva는 중생이기도 하지만, 그것은 그냥 악순환(輪廻, Samsāra)을 거듭하는 육도중생六道衆生(地獄·餓鬼·畜生·修羅·人·天)이 아니라 겉으로 보기에는 그들 속에서 그들과 같이 살기 때문에 별 차이가 없는 것 같지만 질적으로 전혀 다른 삶을 사는, 다시 말해 아집我執과 법집法執을 버리고 육도六度(彼岸에 이르는 功德行, 施·戒·忍·勤·定·慧)를 생활의 본질로 삼고 사는 Bodhi-sattva(Bodhi, 覺을 향해 가는 衆生)인 것이다.

이런 불교의 근본적 사상은 이미 초기 경전에도 포함되어 있었다. 그것이 이른바 본생담本生譚(前生 이야기, Jātaka)이었다. 대승불교 사상가들의 새로운 해석, 그 의미의 재발견이 있기까지 본생담의 Bodhisatta(Bodhisattva의 팔리어)는 먼 나라의 이야기, 자기네들 자신과는 무관한 일로만 생각하고 딴 길을 가고 있던 것이 부파불교部派佛敎 시대의 출가 승려들이었다. 그들은 보살이상菩薩理想을 모르고 살았다.

대승을 자처하는 반야중관론자들이 개념과 형식, 종교의 성역을 세속적 명리名利 의식으로 잘못 알고 있던 부파불교의 교만한 상좌上座(長老)들에게 공空·환幻을 강조하고 나선 것은 일대 쾌사요, 그것은 마땅히 대승이라 불려질 만한 일이었다. 아마도 그 상좌들에게는 참기 어려운 철퇴로 여겨졌을는지 모르지만, 이제 불교는 대승보살도와 함께 본래 위치로 되돌아온 것이다.

보살도를 말하지 않는 대승경론은 없다.[2] 그러나 우리는 제경론諸經論이 어떤 계통의 학파에서 편찬된 것이냐 하는 데 따라 보살도의 내용을 설

---

2) 극히 기술적인 論理書나 心理書에서는 비교적 실천적 윤리에 관해 言及할 기회가 적었던 것이 사실이며, 그런 의미에서 불교 공부는 단순히 한 분야의 기술적 논의에만 전력하다가 그 근본을 망각하는 일이 없도록 유의할 필요가 있다.

명하는 각도가 다르다는 사실을 알아야 한다. 대체로 초기 반야 사상가들의 경향은 그들의 중심 사상인 공空이란 입장에 영향을 입어 보살의 윤리가 철저한 수행 과제로서 구체적이고 적극적으로 강조되지 않고 흐지부지되는 경향을 보인다. 그런가 하면 유식 이론을 전개하는 쪽에서는 장황한 심리의 설명에 치우치다가 보살 실천 윤리를 가볍게 언급만 하고 넘어가는 경우가 많다. 후대의 선가禪家들은 계정혜戒定慧 삼학三學 중 정定과 혜慧에만 관심을 쏟다 보니 계戒를 우습게 생각함으로써 타종교인의 빈축과 비난을 사는 일도 생겼었다.

『보살영락본업경』은 축불념竺佛念(350~417)의 번역이라고 현존 장경본藏經本[3]에 새겨 있으나 정확한 역자는 알려지지 않고 있다.[4] 그래서 학자들 중에서는 이 경經이 중국에서 찬술된 위경僞經이 아닌가 하고 의심하는 사람도 있다. 望月信亨은 『화엄경』, 『인왕반야경仁王般若經』, 『범망경』, 『보살본업경』, 『보살지지경』, 『승만경勝鬘經』, 『대지도론大智度論』 등 모든 경론經論에서 그 요의를 초략抄略하여 하나의 경으로서 편찬한 중국 양대梁代 이전의 위찬僞撰이 아닌가 추측한다.[5] 우리는 이 경經에 대한 보다 자세한 내용 분석을 원효의 주소註疏를 가지고 시도해 갈 것이므로 지금 여기에서는 더 깊이 언급하지 않으려 한다. 다만 이 경은 대승불교가 오랫동안 해결하지 못한, 한편으로는 대승 철학과 또 다른 한편으로는 계율이 갖는 소승적 성격 사이의 모순 관계를 과감하게 해소시키려고 한 점에서 대승불교사상사에서 획기적 의미를 가진다는 사실을 강조해 두고자 한다.

이 경의 일본인 해제자解題者 오노 호도(大野法道)는 그 중요성을 최초

---

3) 『大正新修大藏經』, 1485. 그 臺本인 『高麗大藏經』의 K.530.
4) 『法經錄』 이하 모든 目錄에는 竺佛念 譯이라고 되어 있지만, 『出三藏記集』 제4에는 이를 失譯 『雜經錄』에 편입시키고 있다. 竺佛念은 『菩薩本業經』이란 다른 비슷한 이름의 經譯이 있는데, 이것은 지금 『瓔珞本業經』과 전혀 다른 내용, 다른 譯語의 책이다.
5) 望月信亨, 『佛敎大辭典』의 說, 『新佛典解題辭典』 중 平川 彰은 5~6세기 中國 撰述이라는 望月의 說이 대체로 學界에서 承認받고 있다고 했다.

로 인식한 사람이 천태종의 개창자인 중국의 천태대사天台大師 지의智顗 (538~598)라고 한다. 다음에 이를 중요시한 사람이 역시 중국 화엄종의 대성자大成者인 현수대사賢首大師 법장法藏(643~712)이라고 한다. 그리고 오노 호도(大野法道)는 "그 이후 수·당 이래 중국이나 일본의 대승계율사大乘戒律史에서는 『범망경』을 유일한 성전으로 간주한 많은 사상가들이 대부분 다 이 『보살영락본업경』에 대해서 언급하고 있다"고 했다.[6] 하지만 안타깝게도 한국 학자들의 학문적 무관심으로 원효대사의 공적은 무시되거나 묵살되고 만 것이다.

우리는 원효(617~686)가 현수법장賢首法藏의 지대한 존경을 받았으며, 법장이 원효로부터 매우 많은 것을 습득했고, 간간이 그런 사실을 고백하고 있음을 안다. 법장이 이 『보살영락본업경』을 중요시하게 된 이면에는 틀림없이 원효의 주소註疏가 크게 기여하고 있다고 보아야 한다. 여기에서 우리는 이 경이 반드시 주소를 필요로 하는 경이냐, 주소가 무엇이 그리 큰 문제가 될 수 있느냐라고 말할 수도 있다. 그러나 원효 이외에 다른 어느 누구도 주소를 안 남겼다는 사실, 원효의 주소가 보여 주는 특성 등을 살펴보면 원효가 이 경에 대해서 어떤 견해를 가지고 평가 내리고 있었는지를 알 수 있다. 결국 원효의 경론 이해는 다분히 선택적이었다고 말할 수 있을 것 같다. 이 말이 무슨 말인가? 일례를 들면, 『금광명경金光明經』을 원효가 중시했다면 그 전편을 다 중시한 것이 아니라 삼신사상三身思想을 말하고 있는 「불삼신품佛三身品」만을 항상 중시하고 인용한다.[7]

어디의 무엇을 중시했느냐 하는 것은 지의나 원효, 법장의 『본업경』 평가상 차이를 알아내는 데 중요한 의미가 있는 탐구 과제가 될 것이다. 오노 호도(大野法道)는 지의가 법화현의法華玄義를 쓰면서 공空·가假·중中

---

6) 大野法道의 解題 중의 말(『佛書解說大辭典』 권9, 413~415쪽).
7) 졸고, 「경전 인용에 나타난 원효의 독창성」, 『한국불교연구』, 359~400쪽.

삼관설三觀說과 오십이위설五十二位說을 구성하는 전거를 『본업경』에서 얻었으며, 그의 마하지관摩訶止觀과 보살계소菩薩戒疏에서는 심무진설心無盡說을 형성하는 근거를 이 『본업경』에서 얻었다고 한다.[8] 이러한 설들은 물론 지의의 창작이 아니라 『본업경』의 사상을 그대로 적출摘出해 내어 자가自家의 설로 삼은 것에 불과하다.

그런데 문제는 전체 사상 체계 안에서 이 저자들이 어느 정도의 비중을 이 『본업경』에 두고 있느냐 하는 것이다. 지의에게 있어서 가장 중요한 경전은 법화法華와 열반涅槃이었다. 그러나 원효는 법화와 열반도 중시했지만, 그에게 있어서 제일 중요한 경전은 『화엄경』 보현교普賢敎였다.[9] 그것이 일승교一乘敎라는 점, 그리고 다른 한편으로는 그것이 여래장如來藏 사상에 입각한 보살도 고양의 사상적 기반이 된다는 점 때문이었다.[10]

원효 사상과 천태 사상의 근본적 차이는 천태 사상이 오로지 지관止觀에만 중점을 둔 선禪 중심 사상이라면, 원효 사상은 관행觀行의 양면 즉 리입理入과 행입行入 둘을 다 강조하되 리입에 있어서는 교敎와 선禪이 모두 다 중시되고, 행입에 있어서는 특히 화쟁의 보살행菩薩行이 항상 전면에 부각되고 있다는 사실이다.

그러므로 원효의 저술을 보면 크게 그 사상에 세 가지 층이 형성되고 있음을 알 수 있다. 그의 주저主著는 현존 문헌에 의해서만 말하게 되는 아쉬움은 있지만, 뭐니뭐니 해도 (1)『기신론소起信論疏・별기別記』와 (2)『금강삼매경론金剛三昧經論』이 압권인 것은 사실이다. 그런데 필자는 지금 이 『본업경소』를 보면서 이 둘과 아울러 두 가지 큰 기간적基幹的 저술로 (3)『화엄경소華嚴經疏』와 (4)『보살영락본업경소』가 있다는 사실을 재인식해

---

8) 졸고, 같은 글, 같은 곳.
9) 졸고, 「敎判史上에서 본 원효의 위치」, 『한국불교연구』, 345~358쪽.
10) 졸고, 「『法華宗要』를 통해 본 元曉의 法華經觀」(동국대학교 불교문화연구소, 『韓國天台思想研究』所載).

야 한다고 생각하게 되었다. 이『본업경소』는 위의 (1)·(2)와 떼려야 뗄 수 없는 사상적 맥락을 갖고 있고, (3)은 (4)의 보살도菩薩道 사상을 구체적으로 부연하는 것이다. (1)은 범부 중생들의 마음 구조를 분석하면서 범부 중생들도 여래장으로서 일심一心의 테두리 밖에 나갈 수가 없는 것, 따라서 이들은 반드시 귀일심원歸一心源할 수 있고 또 해야 한다는 이론을 내세우며 일심이야말로 일법계一法界의 대총상大總相이요 법문法門의 체體라는 사실을 강조하는 문헌이다. 여기서 말하는 일심은『화엄경』에서 말하는 일법계요 비로자나 법신法身이지만,『기신론起信論』의 저자 자신이 그 한계를 중생심衆生心의 분석에 두고 있는 만큼 그것을 명확히 밝히고 있지는 않다. 그러므로 이러한 우주론적 일법계설一法界說을 말하는『화엄경』과『기신론』사이에는 뿌리와 가지의 관계가 있는 것이다. 그러나 그 범부 중생들이 십신十信·십주十住·십행十行·십회향十廻向·십지十地 등의 보살행을 닦아야만 한다는 사실을 지적했던『기신론』의 이 분야 설명은 이제『본업경소』를 통해 보완되고, 지관의 필요성을 강조만 하고 넘어갔던『기신론』의 이 분야 보완은『금강삼매경론』을 통해 이루어지는 것이다.

이렇게 볼 때 위의 (1), (2), (3), (4) 네 가지 저술은 원효 사상의 핵심을 이루는 경론으로서 그것은 화엄적 일법계一法界와 법신관法身觀에 입각하여 일심一心 즉 일법계인 이 일체법一切法 안에서 중생이 가야 할 '귀일심원歸一心源'·'요익중생饒益衆生'의 도리를 천명하는 것이라고 할 수 있다.

천태지의는 원효와 같은 뜻을 가진 초종파적超宗派的 보살행菩薩行의 강조자나 실천자는 결코 아니었다고 생각한다. 현수법장도 화엄을 따랐다는 점, 그리고 그 교강敎綱이 원효에게서 유래했다는 점은 인정할 수 있으나 그도 역시 종파주의자, 출가 승려로 시종하면서 실천적 보살행자는 되지 못하였다.

원효는 이『본업경소』의 구석구석까지 전부를 다 그대로 같은 비중으로 중시한 것 같지는 않다.『기신론』,『금강삼매경』에 대한 그의 태도를 볼 때 완전한 경도傾倒의 태도와는 다른 점이 엿보인다. 그것은『법화종요法華宗要』,『열반종요涅槃宗要』등에서『법화경』,『열반경』등 대소경론을 다룬 그의 태도에 비할 수가 있다. 이런 입장에서 보면 원효는 이『본업경』을 가장 정당한 사상적 안목에서 다룬 최초의 위대한 선각자라고 할 수 있을 것이다.

이제 우리는 항을 바꾸어『본업경』자체의 구성 내용에 대해 언급한 다음, 지면이 허락하는 대로 원효의 주해註解를 바탕으로 현대 불교의 지향할 바 윤리 사상이자 나아가 현대의 타종교뿐만 아니라 윤리적 방향 감각을 잃은 현대인 모두에게 도움이 될 만한 원효의 윤리 사상을 간추려 이야기해 갈 것이다.

2.『본업경』및『본업경소』의 구성과 내용

『본업경』은 8품으로 구성되어 있는데, 그 각 품별品別 대의大意 및 그 품에서 제기된 중요 사상, 그리고 그 중요 사상에 대한 타경他經과의 관계 등을 적기하면 대략 다음과 같다.

1) 집중품集衆品

이 부분은 아주 짤막한 도입 부분이다.[11] 병사왕국洴沙王國의 도량수道場樹 아래 정각正覺을 이루신 곳에 다시 오셔서 부처님이 앉으셨다. 옛과

---

11)『大正新修大藏經』의 한 페이지를 구성하는 3단의 단을 기준으로 2.5의 분량이다. 이하 같은 방식으로 각 품의 분량을 표시한다.

같이 지금도 또 사십이광四十二光을 나투신다. 그 빛들이 다 백만 아승기의 공덕을 간직한 구슬(瓔珞)이 되어 불신佛身을 장엄하고 법계에 충만하게 하였다. 광대무변하여 충만하기가 허공과 같고, 신력神力이 응결된 듯 고요히 빛을 비추고 있었다(湛若虛空, 凝神寂照). 이 때 그 자리에 모였던 일생보처一生補處 보살들이 한결같이 그 찬란한 광경을 보고 탄식하며 이렇게 말한다.

부처님이시여, 저희들이 큰 뜻을 세우고 있음을 생각하시어 제불세계諸佛世界가 지니는 호오수승好惡殊勝한 국토를 나타내 보이소서.…… 불佛의 본업영락인 십주十住·십행十行·십회향十迴向·십지十地·무구지無垢地·묘각지妙覺地를 저희를 위해 설해 주소서. 기필코 저희들이 하자瑕疵와 의망疑妄을 다 끊으오리다. 저희들을 위해 불토佛土·불신佛身·불신력佛神力·불정佛定·무량변화無量變化, 사등四等·무외無畏·무죄無罪의 삼업三業, 삼육三六의 불공不共, 일체의 공덕功德, 무상無上의 도법道法, 중사衆事 속에 깔아 놓은 교훈을 나투시어 시방일체十方一切의 국토에 유입케 하소서.[12]

시방十方에 십종十種의 불국토佛國土가 있고, 그곳마다 십불十佛이 계시며, 경수敬首·각수覺首·보수寶首·혜수慧首·덕수德首·목수目首·명수名首·법수法首·지수智首·현수賢首 등 십보살이 있다. 그 중 경수보살이 부처님의 성력聖力으로써 찬탄하기를, 이 자리에 모여 그 모양을 보건대 불국이 청정하고 여래의 덕이 다 갖춰지고 묘선妙善의 수행이 있으니, 사십이현성四十二賢聖의 인因으로써 경법經法을 연설하고 불佛의 변통력變通力을 얻어 사람들을 제도濟度한다. 그 도화道化가 미치지 않는 곳이 없다.

---

12) T. 1485, 1010 b~c, "佛念吾等建立大志, 乃悉現我, 該佛世界所有好惡殊勝之土……光明神足, 敎誨我等, 開示我意. 佛本業瓔珞, 十住·十行·十迴向·十地·無垢地·妙覺地, 爲我說要, 斷我瑕疵, 及諸疑妄. 悉爲我現佛土·佛身·佛神力·佛定·無量變化, 四等·無畏·無罪三業, 三六不共, 一切功德, 無上道法, 衆事敷敎, 流入十方一切國土……"

다른 모든 불국佛國에서도 다 영락본업瓔珞本業을 똑같이 설하신다고 한다.

우리는 이 설법이 이루어지는 장소가 화엄華嚴에 나오는 마가다국 보리수菩提樹 아래의 적멸도량寂滅道場이고, 그곳에서 부처님이 빛을 발하시는 모습, 그리고 시방 불국토의 모습과 보살명 등이 『화엄경』의 서술과 똑같으며, 이 경의 주제가 '제불諸佛의 수승殊勝 불국토요 사십이위四十二位로 요약되는 십주十住 · 십행十行 · 십회향十廻向 · 십지十地 · 무구지無垢地 · 묘각지妙覺地' 등이라는 것 역시 『화엄경』의 설을 그대로 따르고 있음을 본다. 이 경은 십주 · 십행 · 십회향 · 십지 · 무구지 · 묘각지 등 사십이위를 보살의 본업영락이라고 하고, 또 그 각위各位의 보살을 사십이현성이라 한다. 2, 3, 4 각 품에서 중점적으로 이 보살들이 근본적으로 행해야 하는 일들(本業), 그 자신과 그 국토와 세계를 아름답게 장엄하는 영락瓔珞(구슬)들에 관한 교훈을 준다.

2) 현성명자품賢聖名字品[13]

여기서는 먼저 십주 · 십행 · 십회향 · 십지 · 무구지 · 묘각지의 사십이현성의 범명梵名과 역명譯名을 열거한다.

부처님은 이어서 십주十住의 첫 자리인 초발심주위初發心住位에 들어가려면 항상 다음과 같은 십심十心을 닦는 것이 필요하다 하여 이른바 십순명자보살十順名字菩薩의 수행을 강조하신다. (1) 신심信心 (2) 염심念心 (3) 정진심精進心 (4) 혜심慧心 (5) 정심定心 (6) 불퇴심不退心 (7) 회향심廻向心 (8) 호심護心(護法心) (9) 계심戒心(捨心) (10) 원심願心, 이 열 가지 마음 자세를 끊임없이 가꾸어 나가야 비로소 초주위初住位에 들어갈 수 있다고 한다.

이 십심十心은 또 십신심十信心이라고도 불리고 있다. 이 십신심을 닦는

---

13) 이 品은 『大正新修大藏經』의 4段 정도밖에는 안 되는 아주 짧은 品이다.

사람은 열 번씩 열 번을 거듭해서 이 신심을 닦아야 한다. 그러므로 이를 백법명문百法明門을 닦는다고 한다. 그렇게 하면서 무량無量한 유행무행有行無行의 대원大願을 발한다. 그래서 습종성習種性 속에[14] 들어갈 수 있으면 또 널리 일체원一切願을 행행해 간다. 그 일체원은 24원願으로 요약되어 게송의 형식으로 제시되고 있다. 다 아는 바와 같이 보살이란 대승불교의 새로운 인간 이상이다. 그 보살은 원願을 발發하고 중생제도와 자기완성을 위해 회향廻向하는 것을 본령本領으로 삼는 인간들이다. 이 경이 제시하는 24원은 『본업경』 전체의 윤리 강령을 망라한 것이라고 할 수도 있어 매우 주목할 만하다. 처음의 여섯 가지 원願은 중생이 육바라밀을 봉행奉行할 수 있게 되기를 바라는 내용이고, 제13원에서 제22원까지는 중생들이 (1) 계단심計斷心 (2) 계상심計常心 (3) 계아심計我心 (4) 견도심見盜心 (5) 계도심戒盜心 (6) 사견심邪見心 (7) 의견심疑見心 (8) 탐간심貪慳心 (9) 치암심癡闇心 (10) 진쟁심瞋諍心을 멸하게 되기를 바라는 원이다. 이는 나중에 언급하게 될 칠견七見과 육착심六著心 중의 셋을 말하는 것으로 입법계入法界의 관문이 된다고 할 수도 있다.[15]

---

14) 『本業經』에서 나오는 六種性 중의 하나로 十住位에 해당하는 마음가짐이다. 이 경에서는 十行을 性種性, 十廻向을 道種性, 十地를 聖種性, 그 위에 等覺性, 妙覺性을 든다.
15) 24願은 다음과 같다.

1. 我今行施 捨貪欲意 入空道位	2. 法戒常行 攝行不破 得正解脫
3. 六忍常奉 得無諍心 寂法忍住	4. 大精進力 常行不住 入自覺果
5. 住禪定心 具足神通 無爲自安	6. 修正法智 入慧海流 紹菩薩位
7. 行無相願 一切願滿 流入佛海	8. 大慧方便 法河無碍 到二諦際
9. 大力神通 變化在我 得無所畏	10. 邊際智滿 金剛智成 登道場果
11. 入無垢地 坐佛道樹 敎化一切	12. 我今已覺 解相續假 滅計斷心
13. 覺照法化 悟法緣成 滅計常心	14. 我得滿體 悟相對法 滅計我心
15. 無緣大悲 解假因生 滅見盜心	16. 第一滅道 悟實法緣 滅戒盜心
17. 得十力果 悟二諦照 滅邪見心	18. 以金剛力 悟十二緣 滅疑見心
19. 獨照無方 識法無常 滅貪慳心	20. 五眼三達 修三明覺 滅癡闇心
21. 無碍和合 紹三寶解 滅瞋諍心	22. 得大明慧 入一切實 滅無明藏
23. 三十二相 相相嚴好 滅依報果	24. 得應身用 乘大法船 入佛法海

이상 각 항 중 둘째 句에 매번 '當願衆生'이란 구절이 있는 것을 생략한다.

이어서 십신十信을 행하는 사람은 나아가 무량한 공덕을 닦아야 함을 강조하면서 이번에는 십바라밀과 삼매삼三三昧(無相三昧·無願三昧·無作三昧)를 닦아 공관空觀을 성취하고, 이른바 사상四相(我相·人相·衆生相·壽者相)에 얽매이지 않고 잘못된 제견諸見을 버리고, 상락아정常樂我淨의 사덕四德을 얻어 삼계三界의 속박에서 벗어나 일체 업습業習(惡業의 熏習)을 끊고 모든 선한 마음씨가 다 마음속에 꽉 차도록 해 나간다고 한다. 그리고 나서 이 경은 십불가회계十不可悔戒란 열 가지 계戒를 열거하고, 이 계야말로 모든 불佛·보살菩薩의 근행根行임을 말하고는 이 십계十戒를 파괴破하고 현성賢聖의 과果를 얻는다는 것은 있을 수 없는 일이라고 매듭짓는다.

3) 현성학관품賢聖學觀品

이 품은 이 경에서 제일 긴 품이며(13.5) 그만큼 내용상 중요한 설명이 많이 포함되어 있다. 이 품은 크게 두 부분으로 나뉜다. 원효의 현존 주소註疏는 이 품의 1/3 이후 본문에 대한 것부터 포함되어 있는 하권만이 남아 있어 원효가 과연 어떻게 이 품을 분석했는지 알 길이 없으나, 대강 필자의 판단이 틀림없으리라고 생각한다.

첫 부분에서는 사십이현성의 명자의상名字義相(이름 글자와 그 이름이 나타내는 의미와 형상)을 어떻게 배우고 익힐까(學觀) 하는 것, 이와 아울러 사십이현성의 마음가짐을 굳건히 하기 위한 관심觀心(觀하는 마음)과 소관법所觀法(觀해야 하는 대상으로서의 법)을 각각 열 가지씩 차례로 설명해 간다. 이 첫 부분에서 우리가 주목해야 하는 이념에 첫째 육종명관六種明觀(또는 六明焰)이 있다. 이는 여섯 가지 종성(六種性)의 단계적 실현이 삼매에 의해 이루어지는 것을 (1) 십주十住 (2) 십행十行 (3) 십회향十廻向 (4) 십지十地 (5) 등각지等覺地 (6) 묘각지妙覺地의 여섯 단계에 결부시켜 이것을 각각 (1)

동보銅寶영락 (2) 은보銀寶영락 (3) 금보金寶영락 (4) 유리보琉璃寶영락 (5) 마니보摩尼寶영락 (6) 수정水精영락으로 비유하면서 설명한 것이다.

첫 부분의 둘째는 앞서 말한 바와 같이 사십이현성(위의 六種性이나 다를 바가 없지만)의 각 단계에 있어 보살이 지니는 마음이 어떤 마음이며, 그 각 단계에서 보살은 어떤 관심觀心으로 무슨 법을 관해야 하는가를 설명하는 부분이다. 다시 언급하겠지만 지금 여기에 간략한 표를 만들어 독자의 편의에 제공하고자 한다.(<표 1> 참조)

이 「현성학관품賢聖學觀品」에는 앞서 말한 육종명관 이외에 위의 여러 가지 설명 중 특별히 우리의 주목을 끄는 법문이 아주 간결하게 집약적으로 표명되어 있어서 많은 부연 설명을 필요로 하나 불행하게도 원효의 설명은 십지심十地心의 A 관심觀心, B 소관법所觀法 중 ⑨ 입법제지入法際智에서밖에는 들을 수가 없다. 다만 육종명관六種明觀의 설명 중 (5)와 (6)은 그 원문이 고스란히 원효의 『금강삼매론경론』 가운데 인용되어 있고,[16] 또 십주十住의 설명 중 ⑥과 또 십행十行의 ⑩ 보살삼보菩薩三寶에 관한 설명, 그리고 십회향十廻向의 ⑩ 삼관三觀에 관한 설명 역시 『금강삼매경론』에 그대로 인용되고 있어 우리를 기쁘게 한다.[17] 우리는 이 삼관(空·假·中)과 보살삼보란 개념이 불교 사상의 발전사에 있어서 대단히 획기적인 의의를 갖는 것이라고 생각한다. 여기 이 삼관의 설명을 보고 지의가 그 유명한 공空·가假·중中 삼제관三諦觀을 발설했다고 하나 그 발설의 선후 문제도 문제려니와 보다 더 후학으로서 고마움을 금치 못하는 것은 후학으로서도 경탄을 금치 못한 그 새로운 이념 제시가 우리들의 대성大聖에 의해 적확하게 결택決擇 제시되었다는 사실이다.

제3품의 둘째 부분은 과보果報와 신변神變의 이종법신二種法身이 초지

---

16) 『金剛三昧經論』(동국대학교 영인본), 227~229쪽.
17) 같은 책, 180~182쪽, 185~186쪽.

<표 1>

十住(十心)	十行心	十迴向心	十地心	第41地心(入法界心)	第42心(寂滅心)
①發心住 ②治地心住 ③修行心住 ④生貴心住 ⑤方便心住 ⑥正心住 ⑦不退心住 ⑧童眞心住 ⑨法王子心住 ⑩灌頂心住	①歡喜心行 ②饒益心行 ③無瞋恨心行 ④無盡心行 ⑤離癡亂心行 ⑥善現心行 ⑦無著心行 ⑧尊重心行 ⑨善法心行 ⑩眞實心行	①救護一切衆生離相 　迴向心 ②不壞迴向心 ③等一切佛迴向心 ④至一切處迴向心 ⑤無盡功德藏迴向心 ⑥隨順平等善根迴向心 ⑦隨順等觀一切衆生 　迴向心 ⑧如相迴向心 ⑨無縛解脫迴向心 ⑩法界無量迴向心	①四無量心 ②十善心 ③明光心 ④焰慧心 ⑤大勝心 ⑥現前心 ⑦無生心 ⑧不思議心 ⑨慧光心 ⑩受位心	入法界心 心所行法 　勇伏定 　入法光三昧 　入此定中修行十法 ①學佛不思議變通 ②集菩薩眷屬 ③重修先所行法門 ④巡一切佛國問迅 　一切佛 ⑤與無明父母別 ⑥入重玄門 ⑦現刧古佛現一切形相 ⑧二種法身具足 ⑨無有二習 ⑩登中道第一義諦山頂	寂滅心
A. 觀心 B. 所觀法					
①厚集一切善根 　四弘誓 ②修習無量善行 　四念處 ③善習佛道法 　觀十一切入 ④一切佛前受法而行 　八勝處 ⑤受諸淸白法 　八大人覺 ⑥爲諸佛所護 　八解脫觀 ⑦廣正法 　六和敬 ⑧信喜大法 　三空 ⑨心住四等法 　化衆生敎四諦法 ⑩好求佛功德 　六念	①爲自得一切種智故 　四正勤法 ②爲得自身有大力故 　四如意足 ③願無畏具足故 　五根 ④求具足三寶故 　五分法身 ⑤爲化一切衆生故 　八正道 ⑥得大悲故 　七觀覺支 ⑦爲得四無碍故 　五善根 ⑧入一切佛國中行故 　四化法(四無碍智) ⑨爲於一念中照一切法故 　三世十二因緣 ⑩爲自在轉大法輪故 　薩三寶	①二諦正直 　學習第一義諦 ②深第一義智 　五神通 ③淳至 　於無生慧中四不謷淨 ④量同佛力 　三相 ⑤善計量衆生力 　五陰色 ⑥佛敎化力 　十二入 ⑦趣向無碍智 　十八界 ⑧隨順自然智 　因果 ⑨能受佛法僧故 　二諦空 ⑩以自在慧化一切生 　中道第一義諦	①歡喜地住中道第一義諦 　二十歡喜心 ②金剛海藏法寶 　十善 ③入如幻三昧 　十二門禪 ④遍行法空藏 　根力八正七覺 ⑤入法界智觀 　十六諦 ⑥達有法緣故起智 　十二因緣十種照 ⑦盡果報無障無碍智 　以三空智觀三界二習 ⑧不思議無功用觀 　無相大悲方便大用 ⑨入法際智 　四十辯才 ⑩無碍智觀 　法雲		

440 한국의 사상가 10人 —— 원효

에서 여래지(妙覺地)에 이르는 보살에게 있는데, 그 색상色相은 어떠하며 그 심상心相은 어떠한가 하는 경수보살의 물음에 대한 대답이 부처님에 의해 설해지고 있다. 답에는 여섯 가지 내용이 들어 있다고 하여 원효는 다음과 같은 과판科判을 해놓았다.[18]

A) 출세계문出世界門 ─┬─ ⓐ 이신二身을 밝힘
　　　　　　　　　├─ ⓑ 이토二土를 밝힘
　　　　　　　　　└─ ⓒ 다시 신身과 토土를 거듭 밝힘

B) 세간과문世間果門 C) 능치문能治門 D) 소치문所治門 E) 이생문二生門
F) 이업문二業門

A)의 ⓐ에서는 실지實智가 바로 법신法身이며, 이 실지법신實智法身에서 일체계국토신一切界國土身, 일체중생신一切衆生身, 일체불신一切佛身, 일체보살신一切菩薩身 등 현응現應이 나타난다고 한다.

A)의 ⓑ에서는 일체현성一切賢聖이 거하시는 곳, 즉 '토土'가 바로 세간과世間果임을 말씀하신다. 여기 토에는 범부凡夫의 토, 그 과보果報의 토, 정보正報의 토, 의보依報의 토가 있음을 말씀하시고 초지성인初地聖人에

18) A) 出世界門의 科文은 다음과 같다.

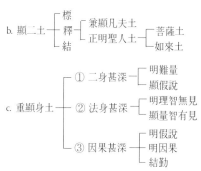

a. 顯二身 ─┬─ 總標
　　　　　└─ 別解

b. 顯二土 ─┬─ 標
　　　　　├─ 釋 ─┬─ 兼顯凡夫土
　　　　　│　　　└─ 正明聖人土 ─┬─ 菩薩土
　　　　　│　　　　　　　　　　　└─ 如來土
　　　　　└─ 結

c. 重顯身土 ─┬─ ① 二身甚深 ─┬─ 明難量
　　　　　　　│　　　　　　　└─ 顯假說
　　　　　　　├─ ② 法身甚深 ─┬─ 明理智無見
　　　　　　　│　　　　　　　└─ 顯量智有見
　　　　　　　└─ ③ 因果甚深 ─┬─ 明假說
　　　　　　　　　　　　　　　├─ 明因果
　　　　　　　　　　　　　　　└─ 結勤

게는 실지토實智土와 변화정예變化淨穢의 두 가지 보살토菩薩土가 있음을 밝히고, 끝으로 여래如來의 토로서 중도제일법성中道第一法性의 토가 있다고 답하신다.

A)의 ⓒ에서 두 가지 법신法身은 범부들의 심식사량心識思量으로서는 알 수 없는 것이라 하고 무명무상無名無相의 경지임을 밝힌다.

B)에서는 십주, 십행, 십회향의 삼현보살三賢菩薩과 초지初地 이상 묘각지妙覺地까지 도합 15단계를 따라 (1) 장엄莊嚴 (2) 왕위王位 (3) 권속眷屬 (4) 수교처受敎處 (5) 교화처敎化處 등 다섯 가지를 열거해 나간다. 다만 이지二地 이상의 보살의 경우에는 (4), (5)가 특별히 지적되지 않고 있다.[19]

C)에서는 가지가지의 추잡한 번뇌망상煩惱妄想을 사십이현성 보살이 11종의 인忍[20]으로 극복해 가는 도리를 말하고 있다.

D)는 특별히 대치되어야 할 우부愚夫들이 갖는 일곱 가지 잘못된 견해(七見)와 여섯 가지 집착하는 마음(六著心)과 그 칠견육착七見六著이 낳는 결과들에 관한 말이다. 이 전편은 오늘의 우리들에게는 뼈아픈 지적이며 교훈이 된다고 생각되는 부분이다. 이에 대한 것은 뒤에서 자세히 설명할 것이다.

E)는 업보로 말미암아 태어나는 수생受生, 즉 업생業生과 중생제도의 대원력大願力을 갖고 생生을 받는 변화생變化生(또는 變生)의 두 가지 생생에 관한 설명이다.

---

19) B) 世間果門의 元曉科文

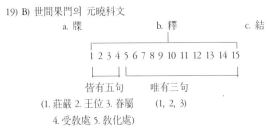

        (1. 莊嚴 2. 王位 3. 眷屬　　(1, 2, 3)
      4. 受敎處 5. 敎化處)

20) (1) 喜忍 (2) 離忍 (3) 明忍 (4) 焰忍 (5) 勝忍 (6) 現忍 (7) 無生忍 (8) 不動忍 (9) 光忍 (10) 寂滅忍 (11) 無垢忍

F)는 성위聖位 중에 이루어지는 두 가지 행위의 패턴, 혜업慧業과 공덕업功德業에 대한 설명이다.

4) 석의품釋義品

이 경의 경종經宗은 요컨대 육종명관六種明觀을 밝히는 데 있었다. 그 설명이 세 가지 큰 부분으로 나뉘어 진행되고 있는데, 첫째로 명자名字를 열거했고, 둘째로는 관상觀相을 분별했고, 지금 셋째로 관행觀行의 상相에 의거해서 다시 그 이름이 갖는 뜻을 풀이한다. 그래서 「석의품釋義品」(뜻을 풀이하는 품)이라고 한 것이다. 이는 원효의 말이다. 먼저 삼현三賢에 관해서 풀이한다. 처음 십주의 하나하나의 명의名義를 설명하는 가운데에 원효는 '주住에 들어가는 방편'(入住方便)과 '주住에 들어간 상'(入住相)이 차례로 설명되고 있다고 한다. 다음 십행, 십회향의 순으로 간략한 설명이 뒤따른다. 경의 설명은 아주 간결하지만, 원효의 주석은 매우 친절하다. 그 다음에 십지十地와 무구지無垢地, 묘각지妙覺地 등 십이지十二地에 대한 설명이 이어지고, 이리하여 육종명관에 관한 설명은 다 끝나는 것이다.

5) 불모품佛母品

원효가 여기서 불모佛母란 말을 쓴 까닭은 "모母란 낳아서 기르는 사람이란 뜻이다. 삼세제불三世諸佛의 일체종지一切種智가 다 이제중도二諦中道에서 생겨나므로 이런 뜻에서 이 품을 「불모품佛母品」이라 했다"고 한다.

이 품에는 네 쌍의 게송으로 된 이제二諦의 설명이 있고, 또 네 쌍의 설명으로 된 팔불八不의 설명이 있다. 경經의 설명은 매우 간결하므로 주석자 원효의 보충 설명은 아주 요긴하다. 이 이제중도二諦中道에 대한 설명이 있은 후 제불諸佛에게는 오직 돈각頓覺만이 있다는 설명이 첨가된다.

6) 인과품因果品

여전히 주제는 육위六位 사십이현성(즉 十住·十行·十廻向·十地·等覺地·妙覺地)의 행덕行德(실천적 德性)을 다루는 데 있지만, 앞의 절 「불모품」에서 본 바와 같이 이 제6품에서는 보살의 수행계위修行階位를 따라 설명하는 방식을 취하지 않고, 원칙적 윤리 규범에 관한 종합적 논의를 하고 있다. 어떻게 보면 구체적 보살 윤리가 여기에 총망라되어 있다고 말할 수도 있을 것이다. 원효는 "여래께서 하신 설법은 양대분兩大分되는데, 이 앞(「불모품」)까지는 광개문廣開門이었고, 지금부터는 약섭문略攝門이다"라고 했다. 분량은 「불모품」이 3, 「인과품因果品」이 6. 25에 불과하다.

「인과품」은 크게 인因과 과果 두 부분으로 나뉘어 있다. 인因은 삼세제불三世諸佛이 행한 바 인因으로서, 즉 그것은 여기서 십지十智라고도 불리고 있는 십바라밀十波羅蜜이다. 이 십바라밀을 이 경에서는 십반야바라밀十般若波羅蜜이라고도 하며, 이 십반야바라밀에서 모든 공덕행空德行이다 생긴다고 한다. 그 일체덕행一切德行은 (1) 칠재七財요 (2) 사섭四攝이요 (3) 사변四辯이요 (4) 사의四依요 (5) 십력十力이요 (6) 사무외四無畏요 (7) 육통六通이요 (8) 삼명三明이다. 이것들은 단순히 이름만 나열되어 있지만 이 덕행들에 대해 원효가 자세한 설명을 해주고 있어서 그의 관심이 이 덕행들에 대해 얼마나 진지한가를 알게 해 준다. 이어서 이번에는 제거되어야 할 장애들이 무엇인가를 설명한다. 우리는 이 「인과품」의 첫 부분에 대해 나중에 좀더 자세히 고찰할 필요가 있다고 느낀다.

다음에 경은 위의 인因에서 나오는 과果를 (1) 체과體果(體로서의 果)와 (2) 의과義果(즉 佛의 義功德身)로 나누어 설명한다. 여기에서는 (1) 십호十號 (2) 십팔불공법十八不共法 (3) 십력十力 (4) 사무량四無量 (5) 사무외四無畏 (6) 육통六通 (7) 오안五眼 (8) 오분법신五分法身 (9) 무죄삼업無罪三業 (10)

삼보三寶 (11) 멸제滅諦 (12) 해탈解脫 (13) 영지靈智 (14) 일승一乘 (15) 금강보장金剛寶藏 (16) 법신장法身藏 (17) 자성청정묘장自性清淨妙藏 (18) 삼달三達 (19) 삼무위三無爲 (20) 삼명三明 (21) 일제일도一諦一道 (22) 독법獨法 등이 열거되고 있다.

이 부분에 대한 원효의 주소는 그의 계율戒律 사상을 아는 데 있어서 매우 중요한 자료라 하지 않을 수가 없다.

7) 대중수학품大衆受學品

수학受學이란 수계受戒하고 학행學行하는 것을 말한다. 경수보살이 수학을 어떻게 하면 좋은가 하고 묻는다. 이에 대해서 삼취계三聚戒가 모든 계의 근본임을 밝히고, 또 수계에는 세 가지 방법이 있음을 설명한 다음 수계하는 방편, 그리고 수계할 때 가져야 할 마음가짐, 특히 신심信心을 깨뜨리지 말 것과 사의법四依法에 의거할 것, 이세二世에 걸친 죄과罪過를 뉘우칠 것 등을 강조한다. 그 후 정식으로 십계十戒를 준다. 이 때 말하는 십계十戒는 앞에서도 언급되었던 십불가회계十不可悔戒인데, 여기서는 십무진계十無盡戒라는 다른 이름으로 불리고 있다.

이렇게 수계한 바 십계十戒를 만족시키면 초주위初住位에 들게 됨을 말하고, 여기서 또 백법관문百法觀門을 수행한다고 한다. 백법관문이란 (1) 십신十信, (2) 십진十進, (3) 십발취十發趣, (4) 십승十乘, (5) 십금강十金剛, (6) 십수희十隨喜, (7) 십계十戒(또는 念), (8) 십원十願, (9) 십호十護, (10) 십회향十廻向이다. 이들에 대해 이름만 나열했지 아무런 설명을 가하지 않고 있다. 원효는 이들에 대한 설명을 해준다. 여기서 다시 삼계三界가 공空이요 가명假名이요 이 공과 가명도 또 공임을 통달하고, 일체법一切法이 무아無我요 무인無人이요 무수無受요 무인無因이요 다 무정성無定性임을 알게 되면 칠견육착七見六著의 십삼박十三縛이 다 사라지고 초행위初行位에 들어간다고 한다.

여기서 다시 십신·십주·십행·십회향 등 천법명문千法明門을 수행하면 초회향위初廻向位에 오르게 되고, 다음 만법명문萬法名門에 들어 다시 십신에서 십회향까지 평등관平等觀을 다 닦아 통달하면 초지도初地道에 들어간다고 한다. 그리하여 나아가 무구지, 묘각지에 이르는 과정들이 설명되고 있다. 이 품에 대한 원효의 설명은 앞의 여러 품에 비하면 매우 간략하다.

8) 집산품集散品

이 품은 마무리하는 품으로서 경수보살과 이 자리에 모였던 14억 나유타那由他의 대중이 차례로 발심發心하고, 제각기 본국으로 환귀還歸하는 장면을 그리고 있다.

3. 원효의 윤리관

1) 기본적인 전제

우리는 원효의 이 『본업경소』를 보며 다시 한 번 원효 사상의 모든 바탕에는 『화엄경』의 정신이 깔려 있다는 사실을 재확인하게 된다. 이 『본업경』은 시종일관 화엄의 보살도인 십주·십행·십회향·십지·등각지·묘각지의 단계적 수행 과정을 그 중심으로 논의를 펴 나가고 있다. 이것은 첫 머리에 역시 화엄과의 관련을 분명히 한 『범망경』이 이른바 사십이현성의 학관學觀을 말하지 않고 있는 것에 비할 때 엄청난 차이라고 할 수 있다. 또 이 『본업경』의 중요한 구절이 여러 차례 원효의 주요 저서 중의 하나인 『금강삼매경론』에 자주 인용되고 있다는 사실은 원효의 사상이 『화엄경』을 정점에 놓고 그 근본 취지에 부합되는 제경론諸經論을 유기적으로 회통시킨 데 있음을 알게 한다.

따라서 우리는 원효의 윤리관倫理觀은 단순히 자세한 계율 조항을 나열하거나 그 좁은 의미를 정의하거나 하는 데 있지 않고 보다 기본적이고 원천적인 심성의 함양에 중점을 두고 있음을 알 수 있다. 그 심성 함양의 과정을 원효는 이 경에서 말하는 육종성六種性의 단계적 개발로 이해하고, 그것은 인간이 보살의 길에 들어서 새로운 차원의 생활을 영위해 그들의 세계, 즉 삼계三界를 무애無碍한 연기緣起의 법계法界로 화化하는 데 그 목표를 두고 있다고 할 것이다.

그러면 먼저 우리는 다스려져야 할 우매한 중생의 상황, 그 고쳐야 할 마음가짐은 무엇이며, 또 그 결과 그들이 놓여진 삼계란 어떤 것인가를 경經과 소疏의 말들을 통해 알아보기로 하자.

2) 칠견육착과 삼계

「현성학관품」 두 번째 부분의 법신法身의 색상色相과 심상心相을 말하는 대목에서 우리는 고쳐져야 하는 어리석은 사람들의 심성과 그 결과 생겨나는 좋지 않은 세계들에 대해 다음과 같이 적혀 있음을 본다.

불자佛子야, 무명無明이라는 것은 일체법을 잘 몰라 법계에 미迷해서 삼계의 업과業果를 일으킴을 말한다. 그러므로 나는 무명장無明藏에서부터 열 세 가지 번뇌가 생겨난다고 말하는 것이다. 그 중에는 사견邪見·아견我見·상견常見·단견斷見·계도견戒盜見·과도견果盜見·의견疑見의 칠견七見이 있다. 일체처一

切處를 보고 구하는 까닭에 견見이라 하는 것이다. 이 견見으로부터 다시 탐貪·
애愛·진瞋·치癡·욕欲·만慢의 육착심六著心이 생긴다. 이것들이 법계 속에
서 일체시一切時에 생기는 것이다. 불자야, 일체의 번뇌는 이 열 세 가지를 본본
으로 삼는다. 무명이 이 열 세 가지 번뇌와 더불어 본本이 되는 것이다.[21]

『대승기신론』에서도 모든 죄과가 생기는 근본 원인은 무명無明에서 비
롯된다는 사실이 자세히 설명된 바 있고, 그 근본 취지는 불교의 공통된
원리이다. 그러나 여기서는 무명의 의미가 정확하게 천명되어 있고, 그 무
명에서 생겨나는 번뇌를 칠견七見과 육착심六著心으로 설명하고 있는 것
이 특이하다. 이것은 '어리석은 자들'의 성격을 밝히는 좋은 자료가 되며,
이것은 이른바 이장二障의 이명異名이라고 보아도 좋을 것이다.

지금『본업경』은『기신론』과 같이 인간 심성의 타락적 양상의 프로세스
를 이야기하는 데 중점을 둔 것이 아니라 반대로 인간 중의 가장 바람직한
인간, 보살의 수행 과정, 인간의 향상 일로를 달리는 그 과정을 밝히는 데
주안을 둔 경전이므로 인간의 죄악상, 타락상에 관한 언급은 바로 우리가
다루는 이 대목이 유일한 것이다.

오늘 우리 인류 사회는 어떤 인종, 어떤 문화, 어떤 종교 이상 또는 어떤
이데올로기가 지배하는 사회이든지 그냥 그대로 영락瓔珞처럼 아름답게
보살의 본업공덕本業功德으로 장엄된 그런 세계가 되지 못하고 있다. 그
원인을 살피면서 위의 글이 의미하는 바를 생각해 보면 어떨까?

무명無明, 그것은 탐貪·진瞋·치癡 삼독三毒의 치癡와 동의어이다. 원
어 avidyā는 '밝히 알지 못한다'는 뜻이다. 그 무명은 일체법一切法을 잘 알

21) 佛子야 無明者는 名不了一切法이니 迷法界而起三界業果하느니라. 是故로 我言: 從無
明藏하야 起十三煩惱하느니라. 소위 邪見·我見·常見·斷見·戒盜見·果盜見·疑
見의 七見이니 見一切處求故로 說見이오 從見復起 六著心하나니 貪·愛·瞋·
癡·欲·慢이니 於法界中一切時에 起하느니라. 佛子야 一切煩惱는 以十三으로 爲
本하나니 無明이 與十三으로 作本하느니라.

지 못하는 것을 지칭하는 말이라고 경은 말했다. 원효는 이를 더 정확히 "이 일체법一切法이 곧 일법계一法界인 것을 투철하게 알지 못하는 것"(不了一切法卽是一法界)이라고 하면서『기신론』의 구절을 인용하여 입증한다.

> 일법계一法界를 달관하지 못한 까닭에 아직은 주主・객客 미분未分의 잠재적인 것이기는 하나 홀연히 망념(念)이 생긴다. 그러므로 무명無明이라고 부르는 것이다.(不達一法界故, 心不相應, 忽然念起, 名爲無明故.)[22]

이『기신론』의 문구보다도 원효의 간단한 표현이 더 분명하다. 일체법이 그냥 그대로 일법계인데, 그것을 모르는 것이 문제이다. 그것을 '미법계迷法界', 즉 '법계에 미迷해서'라고 경經은 표현하고 있다. '법계法界'라는 말을 원효는 이미 다 아는 말로 여기고 설명하고 있다.『기신론』에서도 그 첫머리에 나오지만『화엄경』에서는 이미 법계무애연기法界無碍緣起가 이 우주 자연의 실상임이 천명되어 있다.

무명 때문에 삼계三界의 업과業果가 생긴다. 삼계란 두말할 것도 없이 속

---

[22]『大乘起信論』은 그 첫머리에서 大綱領을 선언한다. 그것은 다음과 같은 구절로 시작된다. "心眞如者는 卽時一法界 大總相法門의 體니 所謂 心性은 不生不滅이라. 一切諸法은 唯依妄念으로 而有差別이나 若離妄念이면 則無一切境界之相이니라. 是故로 一切法은 從本以來 離言說相이요 離名字相이요 離心緣相이요 畢竟平等하여 無有變異하며 不可破壞이며 唯是一心일새 故名眞如니라⋯⋯. 言眞如者는 亦無有相이라⋯⋯此眞如體는 無有可遣이니 以一切法이 悉皆眞인 故며 亦無可立이니 以一切法이 皆同如故니라⋯⋯."(졸저,『원효사상』권1, 112쪽)
『大乘起信論』은 사람의 마음의 문제를 중심으로 다루는 것이지 世界의 문제를 이야기하는데 중심이 있지 아니하므로, 여기서 一法界는 心眞如에 의해 나타나지는 경계로서 설명되어 있다. 그러나 "一切諸法은" 云云하는 것으로부터의 설명은 一法界 속의 一切諸法이 妄念이 없으므로 해서 境界의 相을 나타내지 않고 本來의 平等, 無異, 眞한 眞實 그대로임을 밝히고 있다. 이러한 一切法의 "皆眞同如"함, 無有可遣 無所可立의 體 그 자체를 화엄에서는 法界無碍緣起로서 설명한 것이며, 그 無碍의 관계는 六相 등으로 다시 부연 설명이 되어 있던 것이다. 원효가 여기서 인용하는 不達一法界故 云云하는 글귀는 染心을 설명하는 대목에 나오는 말이나 이에 대한 해석과 설명은 졸저,『원효사상』권1, 211~213쪽을 보라.

계俗界·색계色界·무색계無色界의 삼계를 말한다. 이 삼계를『화엄경』은 허망한 것, 다만 일심一心이 짓는 바라고 하였다.[23] 위에서 본 바와 같이 일법계만이 진실한 것이다. 그래서 바로 진제眞際요 본제本際요 실제實際요 오늘날 말하는 궁극적인 현실(Ultimate Reality)이라고 할 수도 있다. 이 법계의 본체와 의미가 무엇인가를 아는 것은 원효의 윤리적인 이상이 어디에 있는 가를 아는 관건이 아닐 수 없다. 그러므로 원효는 이『본업경』의「인과품」에서 그 법성체法性體 또는 법신체法身體 즉 일법계의 의미를 '체體로서의 과果'와 '의義로서의 과果' 두 가지 측면에서 풍부하게 설명한다.

필자는 이 논문이 갖는 지면 제한 때문에 그것 모두를 여기에 다 소개할 수 없음을 아쉽게 생각하며 그것은 후일로 미루고, 이러한 과보果報이자 본체인 법계공法界空의 이치를 방해하는 중생의 칠견육착七見六著의 성격을 먼저 생각해 보는 것이 순서가 아닌가 한다.

원효는 칠견七見 중 (1) (2) (3) (4)에 대해서는 특별히 주를 붙이지 않고 있다. 아마도 그것들은 다 이해된다고 생각했는지도 모른다. 일반적으로는 인과의 이치를 부정하는 견해를 (1) 사견邪見, 아我가 불변不變의 것으로서 있다고 생각하는 견해를 (2) 아견我見, 신심身心이 상주常住한다는 견해를 (3) 상견常見, 신심身心의 단멸斷滅에 집착하는 견해를 (4) 단견斷見이라고 이해하고 있다. 앞서 서두에 이야기한 24원 중 칠견이 나오는 곳에서는 과연 참고될 만한 설명이 없는지를 알아보자.

(1) 사견邪見에 대해서는 "중생들이 십력十力의 과果를 얻어 이제二諦가 조명하는 바를 깨달아 사견심邪見心을 멸할 수 있게 되기를 바라나이다"[24] 라는 구절이 있다. "이제二諦가 비추는 바를 깨닫는 것"만이 사견이 아니라는 말이 된다. 이 말은 곧『화엄경』에서 말하는 바와 같이 중도제일

---

23) "三界虛妄, 但一心作."
24) "當願衆生, 得十力果, 悟二諦照, 滅邪見心." 이 24願에 대한 大野法道의 日譯은 漢文句讀點을 잘못 찍어 전체적으로 誤譯이다.

의제中道第一義諦로써 진眞·속俗 이제二諦를 불가분리의 것으로 이해하는 견해만이 사견이 아니라는 뜻이 된다.

(2) 아견我見에 대해서는 또 뭐라고 말하고 있는가? "중생들이 각자 자기가 원만한 체體를 얻고 상대법相待法을 깨달아 자기를 불변하는 '나'로서 잘못 생각하는 것을 없앨 수 있게 되기를 바라나이다"라고 하는 구절이 있다.25)

(3) 상견常見에 대해서는 어떠한가? "중생들이 법法의 변화를 환히 비춰 깨닫고, 법法이 연성緣成(因緣所成)임을 깨달아 상주한다고 잘못 생각하는 일이 없어지게 되기를 바라나이다"라는 구절이 있다.26)

(4) 단견斷見에 대해서는 "제가 이미 깨달았으니 중생들이 상속가相續假(서로 인연으로 이어지는 假)라는 것을 깨닫고 (아무것도 없는) 단절(虛無)이라는 생각을 없애게 되기를 바라나이다"로 되어 있다.27)

여기까지는 원효가 침묵을 지키고 있다. 그러나 다음부터는 그의 발언이 있으므로 이를 함께 검토하도록 해보자.

(5) 계도견戒盜見에 대한 24원 중의 설명은 다음과 같다. "중생들이 제일第一의 멸도滅道를 이루어 실법實法의 연緣(緣起)을 깨달아 계도심戒盜心을 없애게 되기를 바라나이다."28) 이에 대해서 원효는 "계도견이란 곧 계취戒取니 사인邪因을 좋은 것으로 잘못 생각한 까닭이다"29)라고 하고 다음의 과도견果盜見을 설명한 다음 "이와 같이 두 가지 도견盜見이라는 이름은 왜 붙게 됐는가 하면 '사취邪取'는 곧 도둑질이기 때문이다"30)라고 하였다.

---

25) "當願衆生, 我得滿體, 悟相待法, 滅計我心." 아마도 여기서 말하는 (圓)滿한 體를 얻으라는 말은 굉장히 중요한 의미를 가진다고 보아야 할 것이다. 그것은 相待法이라는 뒤의 말과 함께 法身, 法界 전체가 갖는 一體性, 同體性을 의미한다고 볼 수 있기 때문인 것이다.

26) "覺照法化, 悟法緣成, 滅計常心."

27) "我今已覺, 解相續假, 滅計斷心."

28) "第一滅道, 悟實法緣, 滅戒盜心." 여기서 滅道를 필자는 滅度와 같은 뜻으로 보았으나 滅과 道의 二諦를 말하는 것인지도 모르겠다. 實法緣을 필자는 法界無礙緣起로 해석한다.

29) "戒盜見, 卽是戒取, 計邪因故."

(6) 과도견과果盜見에 대해서는 24원 중에는 똑같은 표현의 조항이 없고 견도심見盜心이 이에 해당한다고 생각된다. 말하기를 "중생들이 무연대비無緣大悲를 이뤄 그것이 가인假因의 생生(所生)임을 알아 견도심을 없애게 되기를 바라나이다"[31]라고 되어 있다. 이 역시 매우 중요한 선언이라 하지 않을 수 없다. 원효는 "과도견은 곧 견취見取이다. 이것은 사邪된 과보果報를 옳은 것이라고 잘못 생각하기 때문이다. 말하자면 생사生死와 같은 것을 낙樂이요 정淨이라고 하거나 그 이상이라고 잘못 생각하는 까닭에 과견과果見이라고도 부른다"[32]라고 하였다.

(7) 의견疑見에 대해서는 "중생들이 금강력金剛力으로써 십이인연十二因緣을 깨달아 의견심疑見心을 멸하게 되기를 바라나이다"[33]라고 24원 중에서 말한다. 원효는 이 말을 받아 "도리를 추구하되 아직도 분별을 하면서 머뭇거리며 그것을 혜분별慧分別이라 하는 까닭에 이를 견見이라 부른다. 유예猶豫하는 혜慧는 의심疑心이기 때문이다"라고 하였다.[34]

견見의 원어는 dṛṣṭri(드물게 darśana라고도 한다)이며 보는 행위를 말하나, 요샛말로는 견해, 사상, 주의, 주장쯤으로 옮길 수 있을 것이다. 정견, 사견 등으로 쓰이는데, 이는 대체로 잘못된 견해를 가리킨다. 이견二見, 사견四見, 오견五見, 칠견七見, 십견十見, 육십이견六十二見 등 다양하게 논의되어 왔다.[35]

---

30) "如是二種名盜見者, 邪取之義名爲盜故."
31) "無緣大悲, 解假因生, 滅見盜心."
32) "果盜見, 卽是見取. 計邪果故, 謂於生死, 計樂淨者, 又有是上, 故名果見."
33) "以金剛力, 悟十二緣, 滅疑見心."
34) "推求道理, 猶豫分別, 是慧分別故名爲見, 猶豫之慧, 以爲疑故."
35) 1. 二見: (1) 有見과 無見, 또는 (2) 常見과 斷見을 말한다. (1)의 경우 事物이 있다고 고집하는 見을 有見, 없다고 고집하는 見을 無見이라 하며, (2)의 경우는 특히 심신에 관련시켜 사람의 心身이 過·現·未에 걸쳐 常主하며, 間斷이 없다는 一邊을 고집하는 妄見을 常見, 사람의 심신은 단멸하여 연속하여 살아가는 것이 아니라는 일변을 고집하는 妄見을 斷見이라고 한다. 常見과 有見은 통하며, 斷見과 無見은 서로 통한다. 오늘날 말로 하자면 有見은 실재론,

칠견과 오견 사이에는 밀접한 연관 관계가 있다. 부파불교部派佛敎의 소론所論이었던 오견의 열거 방식을 계승, 이를 재정리해서 내놓은 유가계瑜伽系 대승불교 사상이 칠견 속에 나타나 있다고 볼 수 있다.

인과因果의 도리, 나아가 이 세상의 만사萬事(一切法)가 인연소기因緣所起 아님이 없다. 이른바 진실한 궁극적 현실 ─ 법계마저도 인연소기이다. 그것이 무애연기無碍緣起이기는 해도 말이다. 그러한 엄연한 법을 부정하는 견해, 그것을 잘라 말해서 첫째의 사견邪見이라 하는 것은 지극히 마땅하다. 아마도 이러한 잘못된 견해야말로 가장 흔한, 그리고 가장 초보적이요 기본적인 견해의 잘못이 아닐까 한다. 그래서 그것은 제일 앞에 열거되어 마땅하다고 생각된다.

無見은 허무론이라 할 수가 있을 것이다.

2. 四見: 『智度論』 권7에 나와 있는 바와 같이 "또 四種의 見이 있다. 世間常과 世間無常과 世間亦常赤無常과 世間亦非常亦非無常이다." 여기서는 常, 無常, 常亦無常, 非常亦非無常의 네 가지 견해로 세간을 보려는 태도

3. 五見: 『俱舍論』에서는 貪·瞋·癡·慢·疑·見을 근본 煩惱라 하는데, 그 중 見을 五見으로 나눠 다음과 같이 구분한다.
   (1) 薩迦耶見(satkāya-dṛṣṭi, 有身見, 身見, 僞身見, 壞身見): 我가 있다고 하는 我見과 我에 속하는 것이라는 我所見을 말한다.
   (2) 邊執見(anti-grāha-dṛṣṭi, 邊見): 치우친 극단적인 사실을 고집하는 견해, 我는 死後 常住한다는 常見(有見)과 我는 死後 斷絶한다고 하는 斷見(無見) 등이 그 예이다.
   (3) 邪見(mithyā-dṛṣṭi): 因果의 도리를 부정하는 견해.
   (4) 見取見(dṛṣṭi-parāmarśa-dṛṣṭi): 잘못된 견해에 집착하며 그것을 진실한 견해라고 하는 것.
   (5) 戒禁取見(śīla-vrata-parāmarśa-dṛṣṭi, 戒取見, 戒盜見): 옳지 않은 계율이나 禁制 등을 올바른 戒行이라고 고집하는 것.

4. 七見: 위에 나와 있는 것.

5. 十見: 위의 五見에다 다음의 다섯 가지를 더한 것.
   貪見·恚見·慢見·無明見·疑見.

6. 六十二見: 經論의 해석이 같지 않으나, 常·無常·常無常·非常非無常 등의 四句를 色·受·想·行·識의 各蘊에 해당시키면 20見이 나오고, 다음에는 有邊·無邊·有邊無邊·非有邊非無邊 등의 四句를 역시 五蘊에 해당시키면 또 20見이 나와 도합 60見이 된다. 여기에 身과 神의 一·異를 말하는 二見을 합치면 62견이 된다. 이는 『大般若波羅蜜多經』, 「佛母品」의 說을 일례로 든 것이다.

둘째 아견我見은 『구사론俱舍論』의 오견 중 (1)에 해당하는 오류인데, 여기에는 아소견我所見까지도 포함되어 있다고 보아야 할 것이다. 제법諸法은 무아無我다. 따라서 제행諸行도 무상無常이다. 내가 있다는 생각에서 아집我執이 나오고, 저것은 내 것이다 하는 생각에서 법집法執이 생긴다. 나 아닌 것을 나라고 생각하는 잘못은, 열반을 이룩한 그 자재自在의 경지야말로 대아大我라는 입장에 서서 말하자면 참된 나, 이 대아를 모르는 소치라고 해도 할말이 없을 것이다.

셋째와 넷째는 한 쌍을 이루지만, 이것은 옛날에는 변집견邊執見으로 묶여 있던 것이다. 그것을 여기서는 상견常見과 단견斷見으로 각각 독립시켜 논하고 있다. 우리는 그 의도를 잘 알 수는 없으나, 이 두 가지 견해는 따로따로 제각기 잘못된 추종자를 가진 주의 주장으로서 대치되어야 할 중대 편견이기 때문에 이들을 독립적으로 강조하게 된 것이 아닌가 한다. 오늘날에도 이 네 가지 부류의 견해는 많은 현대인들의 상식 속에서 지위지지 않고 깊이 물든 그릇된 상념들로 남아 있다.

다음 (5) 계도견戒盜見, (6) 과도견果盜見, (7) 의견疑見의 셋은 불교뿐만 아니라 다른 어떤 종교 또는 생활철학을 믿는다는 사람들 사이에서도 흔히 발견되는 잘못된 견해들이다. (5) (6) (7)에 대해서는 이미 보아 온 바와 같이 원효의 특별한 언급이 있었다. 원효는 "계도견이란 곧 계취戒取(戒를 取하는 것)이다. 왜냐하면 사邪된 원인을 진짜라 믿는 까닭이다"라고 하였고, (6) 과도견은 "곧 견취見取(見을 取하는 것)이다. 사邪된 결과를 진짜라 믿는 까닭이다. 다시 말하면 생사윤회生死輪廻를 잘못 알아 '락樂'이요 '정淨'이라고 생각하는 것 따위이다. 이 두 가지를 다 도견盜見이라고 하는 것은, 사취邪取(邪되게 取하는 것)는 곧 도둑질을 말하는 것이기 때문이다"라고 하였다.

우리는 (5) 계도견 (6) 과도견에 대해서 특별히 유의할 필요가 있다고 생각한다. 불교의 계율관戒律觀만 해도 다양다색이다. 가령 불살생不殺生이란 계율 한 조목만 하더라도 다양한 견해가 있을 수 있다. 스스로도 죽고 침략자도 죽이게 될 수 있을지라도 침략자를 저지하고 무고한 백성의 생명을 수호하기 위해 전쟁 마당에 나가 살인 무기를 가진 침입자와 대항하여 싸우는 경우가 있다. 혹은 어떠한 경우를 막론하고 무조건 무기를 들거나 전장에 나가는 것은 계율에 위배된다는 생각이 있을 수도 있다. 어느 쪽이 옳은가? 우리는 계율을 하나의 고정적 공식처럼 형해화形骸化해서 천편일률적으로 아무 때나 아무에게나 똑같이 적용하려는 계율관을 결코 옳다고 할 수 없다. 이것은 일종의 계도견이다. 계도견에 속하는 숱한 사이비 윤리관을 오늘 우리는 우리 주변에서 찾아볼 수 있을 것이다. 계율을 적당히 완화해서 잘못된 일들을 잘못된 것으로 여기지 않거나 반대로 계율을 지나치게 엄격히 해석해서 잘못되지 않은 것도 잘못됐다고 하는 것은 역시 계도견이라고 해야 할 것이다. 특히 어떤 종교를 믿지 않으면 구원을 못 받는다고 하는 따위의 독단적 주장을 강요하는 것은 '계戒도둑'의 사견邪見이라고 하지 않을 수 없다.

과도견도 '과果도둑의 사견'이라고 옮기는 편이 원효의 생각에 가깝지 않나 하는 생각이 든다. '과도둑'이란 앞서 적기摘記한 일반적 의미와는 달리 거짓 과보果報를 참 과보라고 내세워 그 거짓 과보를 갖고 사람들에게 자랑하고, 사람들 위에 군림하고, 사람들을 멸시하는 그런 태도를 지적하는 것이라고 해도 좋을 것이다. 이 과도견이란 한 조항은 과거의 오견 속에서도 찾아볼 수 없는 새로운 조항으로서 우리는 이것이 부파불교인들의 잘못된 성자상聖者像을 타파하는 의미가 있음을 짐작하게 된다.

(7) 의견에 대해서는 "도리를 알아보려고 이리저리 궁리를 하지만 머뭇거리고 망설이면서 이것인가 저것인가 분별하는 것"(推求道理, 猶豫分別)을 의견疑見이라 한다고 원효는 말하였다.

이러한 일곱 가지 잘못된 생각 때문에 여섯 가지 집착심執著心이 생긴다고 했다. 유식론 같은 데에서 보통 육대 번뇌煩惱라 하면 ① 탐貪 ② 진瞋 ③ 치癡 ④ 만慢 ⑤ 의疑 ⑥ 견見의 여섯 가지를 드는데, 여기서는 ⑤와 ⑥이 칠견 쪽으로 옮겨졌기 때문에 탐에서 다시 애와 욕을 파생시켜 육착심六著心으로 하고 있다. 이른바 이것은 소지장所知障에 해당하는 것과 번뇌장煩惱障에 해당하는 것을 명확히 구분한 것이다.

원효는 "탐貪을 열어서 셋으로 했다"를 개탐위삼開貪爲三이라 했는데, 이는 "출리도出離道(出家修道)에 장애가 되는 최고의 원인이기 때문이다. 음욕淫欲을 욕欲이라 했고, 나머지를 탐貪과 애愛라 했다. 눈앞에 보이는 어떤 대상에 대해 집착하는 것을 탐이라 부르고, 지나간 일을 되돌아보며 연연하고 미래를 내다보며 희구하는 것을 통틀어 애라 한다. 또 욕계欲界의 갖가지 외적 대상을 보고 일으키는 것을 탐이라 하고, 색계色界와 무색계無色界의 내적 대상에 대해 일으키는 감정을 애라고도 한다"고 했다.[36]

법계 중에 욕계·색계·무색계 삼계의 과보果報가 생기는 까닭을 이상과 같은 견見과 착著 두 가지 업業 때문이라고 하는 이 경의 설명은 매우 설득력 있는 설명이다. 욕계·색계·무색계의 개념이 언제 생겼으며 어떤 의미가 부여되었던가 하는 것은 그 자체 하나의 큰 문제이나 삼계에 대한 가장 보편적 이해는 『구사론俱舍論』「세간품世間品」의 삼계의三界義를 근거로 하는 것이라고 생각된다. 범부들이 생사왕래生死往來하는 세계를 셋으로 나누어 이렇게 말한 것인데,

(1) 욕계欲界란 음욕淫欲과 식욕食欲 두 가지 욕을 갖는 유정有情이 거주하는 곳이다. 위로 육욕천六欲天에서부터 중간의 인계人界의 사대주四大洲, 밑으로는 무간지옥無間地獄에 이르기까지를 욕계라고 한다.

---

36) "開貪爲三, 障出離道, 最勝因故. 淫欲名欲餘名貪愛, 著現前境名貪, 顯戀過去. 希求! 未來 總名爲愛. 又於欲界外門所起名貪, 色無色界內門, 所起名愛."

(2) 색계色界는 욕계의 위에 있고, 음淫과 식食의 이욕二欲을 떠난 유정
이 주하는 곳이다. 신체며 궁전宮殿이며 모든 물질적인 것은 다 수승정묘
殊勝精妙한 것이므로 색계色界라 한다. 이 색계를 선정禪定의 천심추묘淺
深麤妙로써 네 등급으로 나누어 사선천四禪天이라 하고, 그것을 다시 세분
하여 십육천十六天 혹은 십칠천十七天, 또는 십팔천十八天 등으로 나누기
도 한다.

(3) 무색계無色界는 색, 즉 물질적인 것은 하나도 없고 신체도 궁전 국토
도 없다. 오직 심식心識으로써 심묘深妙한 선정禪定에 주하는 것이므로 이
를 무색계라고 한다. 이 세계는 무물질無物質의 세계이므로 방소方所를 정
할 수도 없고 다만 과보果報가 수승하다는 뜻에서 색계 위에 있다고만 말
한다. 여기에 사천四天이 있어 사무색천四無色天 또는 사공처四空處라고
한다.[37)]

---

37) I. 欲界 Kāmadhātu
   1. 地居 Bhauma
   2. 虛空居 Āntarikṣavāsin
   3. 四天王天 Cāturmahārājākāyika ┌ 1) 持國天 Dhṛtārāṣṭra(東)
                                      ├ 2) 增長天 Virūḍhaka(南)
                                      ├ 3) 廣目天 Virūpākṣa(西)
                                      └ 4) 多聞天 Vaiśravaṇa(北)

   4. 忉利天 Trayastriṁśa
   5. 夜摩天 Yāma
   6. 兜率天 Tuṣita
   7. 化樂天 Nirmanarati
   8. 他化自在天 Paranirmitavaśavartin
II. 色界 Rūpadhātu
   1. 初禪天
   2. 二禪天
   3. 三禪天
   4. 四禪天
   5. 淨梵地
III. 無色界 Arūpadhātu
   1. 空無邊處

부파불교 시대의 산물이 확실한 이러한 삼계관三界觀은 세계의 객관적 존재를 상정했다는 점에서 대승 불교자들에 의해 비판당하지 않을 수 없었는데, 지금 여기 이 경의 해석과 원효의 주석은 삼계에 대한 현대인의 의문을 풀어 주기에 족한 것이라 하겠다.

경經에는 이렇게 쓰여 있다.

불자야, 견見과 착著 이업二業은 법계 중에서 일체색욕심一切色欲心에 미迷하여 일으키는 보報이므로 나뉘어 욕계보欲界報가 되고, 또 견착이업見著二業은 법계法界 중에서 일체색심에 미迷하는 까닭에 그 색심이 일으키는 보報이므로 나뉘어 색계보色界報가 되고, 또 견착이업은 법계 중에서 일체정심一切定心에 미迷하는 까닭에 정심定心이 일으키는 보報가 나뉘어 무색계보無色界報가 되는 것이다. 그러므로 일법계 중에 삼계의 보가 있는 것이다. 일체의 유위법有爲法은 혹 그것이 범凡이건 성聖이건 견착이건 인과법이건 법계를 벗어나지 못한다. 다만 불일인佛一人만이 법계 밖에 있다가 나중에 다시 법계장法界藏 속으로 들어 와서 무명중생無明衆生을 위해 일체의 선악도善惡道가 갖는 과보果報의 차별이 무량無量함을 나타내 보인다.[38]

원효는 견見·착著 두 가지 혹업惑業을 이숙식異熟識의 소섭所攝으로 보고 있다. 이숙식이란 문자 그대로 좋지 않은 다른 결과를 낳는 식識이란 뜻으로 아알라야식을 말하는 것인데, 그것은 아직도 무명의 습기習氣를 완

---

　　2. 識無邊處
　　3. 無所有處
　　4. 非想非非想處
38) 佛子야 見著二業은 迷法界中 一切色欲心하야 所起報로 分爲欲界報하고,
　　佛子야 見著二業은 迷法界中 一切色心故 色心所起報하야 分爲色界報하고,
　　佛子야 見著二業은 迷法界中 一切定心故 定心所起報하야 分爲無色界報하나니라.
　　是故로 於一法界中 有三界報하나니라.
　　一切有爲法은 若凡 若聖 若見著 若因果法이건 不出法界니라.
　　唯佛一人이 在法界外타가 然後에 爲復來入法界藏中하야 爲無明衆生하야 示一切
　　善惡道의 果報差別無量하나니라.

전히 떨치지 못한 중생의 마음이다. 그래서 이런 마음가짐들이 욕계·색계·무색계란 중생들의 생활 현장을 나타내게 되는 것이다. 갖가지 색욕(淫欲)심이 일으키는 결과가 욕계요, 음욕淫欲은 떠났다 하지만 색심(즉 물질과 형태 등에 대한 제반 受著心)이 일으키는 결과가 색계요, 한 걸음 더 나아가 이 색애色愛는 떠났지만 아직도 정심定心(禪定에 대한 자만심)이 있어 그것이 일으키는 과보果報가 무색계無色界라는 것이다.

위의 인용구 중 마지막 부분 "다만 불일인佛一人만이 법계 밖에 있다가 나중에 다시 법계장 속으로 들어와서 무명중생無明衆生을 위해 일체의 선도善道와 악도惡道가 갖는 과보의 차별이 무량無量함을 나타내 보인다"고 한 이 구절은 원효의 큰 관심을 끌고 있다. 그래서 그는 다음과 같이 말한다.

> 응화신應化身으로서 삼계三界에 들어오시는 까닭이다. 『인왕경仁王經』 중에 삼계장三界藏란 이름이 있는데, 거기서는 이렇게 말하고 있다. 일체중생의 번뇌가 삼계장을 벗어나지 못한다. 일체중생의 과보果報 이십이근二十二根이 삼계장을 벗어나지 못한다. 제불諸佛의 응화법신應化法身도 삼계장을 벗어나지 못한다. 삼계 밖에는 중생이 없다. 불佛이 어떻게 교화하겠는가? 그러므로 **나는 삼계 밖에 따로 일중생계장一衆生界藏이 있다고 말하는 것은 외도外道의 대유경大有經 속에서 설설所說한 것이지 칠불七佛의 소설所說이 아니라고 말한다.** 이런 뜻의 글은 『일도장一道章』에서 자세하게 이야기했다.39)

『일도장一道章』이란 원효의 저술이 현재는 남아 있지 않아 그 자세한 설명을 들을 수 없는 것이 아쉽지만, 원효의 그 정확한 그리고도 강경한 발언(강조한 부분)은 매우 높이 평가받아야 하는 혜안慧眼의 소치라 하겠다.

결론적으로 말하자면 중생계는 본래 일법계이다. 따라서 중생들은 법계

---

39) "以應化身, 入於三界故. 仁王經中, 名三界藏. 彼言: 一切衆生煩惱, 不出三界藏. 一切衆生果報二十二根不出三界藏. 諸佛應化法身亦, 不出三界藏. 三界外無衆生. 佛何所化. 是故我言: 三界外別有一衆生界藏者, 外道大有經中說. 非七佛之所說. 此義具如一道章說."

의 주인이요 주민이며 여래장이다. 그런데 견·착 때문에 스스로 욕계·색계·무색계란 속박의 세계를 만들고 그 속에 결박된 신세라는 것이다.

3) 섭사화물涉事化物과 망상관공忘相觀空

초발심주初發心住에 들어서면 보살은 커다란 원원을 발해야 한다고 했다. 보살의 십주위十住位는 이른바 습종성習種性 즉 그 마음씨를 익히고 또 익히는, 그래서 완전히 본성처럼 되어지게 하는 단계에 있다. 원래 보살의 최대 특징은 발원發願을 하고 회향廻向한다는 데에 있다. 그러므로 여기서도 광대한 원원을 발發할 것을 권유하는 것은 마땅한 일이라고 한다. 24원을 분석해 보면 1~10까지가 십바라밀다요, 13~22까지가 칠견七見 및 탐진치貪瞋癡 삼독三毒의 제거에 관한 것이요, 나머지는 다른 내용으로 되어 있다. 칠견七見·삼독三毒이 칠견七見·육착六著의 요약임을 생각할 때, 우리는 다시 한 번 그 견見·착著 이업二業으로부터의 자유가 보살행의 근본임을 실감한다.

이제 우리는 『본업경』이 강조하는 모든 보살 윤리의 제문제를 다 이야기할 지면의 여유가 없으므로 본론에서는 「인과품」을 중심으로 그 중요한 골자만을 간추려 제시하고, 전편의 상세한 검토는 다른 기회로 미루기로 한다.

발원發願은 수행修行에로 이어진다. 「인과품」의 첫머리에서는 매우 중요한 보살 윤리의 기본으로서 『해심밀경解深密經』, 『화엄경』 등 처음 강조된 십바라밀다의 실천이 '삼세제불소행三世諸佛所行의 인因'이라 하여 소개된다. 이 십바라밀다의 실천은 「현성명자품賢聖名字品」에서도 24원 다음에 그 실천이 강조된 것이며, 「인과품」에서는 다음과 같은 전문과 함께 소개되고 있다.

불자야, 삼세三世의 제불諸佛이 행한바 인因은 이른바 십반야十般若바라밀이
니 이는 백만 아승기 공덕의 본이다. 불佛과 보살이 다 그 속에 있다. 그러므로
이 십법十法은 금강金剛과 같은 지혜의 바다가 된 것으로 온갖 광명과 공덕을
다 나투는 행行이다.[40]

불자야, 십반야바라밀은,

1. 시施를 행하는 데 세 가지 연緣이 있으니, (1)은 재財요 (2)는 법法이요 (3)은
중생에게 무외無畏를 베푸는 것이다.

2. 계戒를 행하는 데도 세 가지 연이 있으니, (1)은 자성계自性戒요 (2)는 수선법
계受善法戒요 (3)은 이익중생계利益衆生戒이다.……

이하 같은 방식으로 서술이 계속된다. 그러므로 우리는 이 십반야바라
밀을 알기 쉽게 하나의 표로 정리하고, 이것을 다시 『해심밀경』의 십바라
밀다와 비교해 보기로 하자.(표 <A> <B> 참조)

<A>

	P (바라밀)	1	2	3
I	施有三緣	財	法	施衆生無畏
II	戒……	自性戒	受善法戒	利益衆生戒
III	忍……	忍苦行	忍外惡	第一義諦忍
IV	精進……	起大誓之心	方便進趣	勤化衆生
V	禪…	定亂相不起	定生一切功德	定利衆生
VI	慧……	照有諦	無諦	中道第一義諦
VII	願……	自行願	禪通願	外化願
VIII	方便……	眞趣向果	巧會有無	一切法不捨不受
IX	通力……	報通	修定通	變化通
X	無垢慧……	無相智	一切種智	變化智

---

40) "佛子, 三世諸佛所行之因, 所謂十般若波羅蜜, 是百萬阿僧祇功德本. 佛及菩薩亦攝
在中. 是故, 十法爲金剛知慧海藏, 出一切光明功德之行."

<B>

	P(바라밀)	1	2	3
I	施	法施	財施	無畏施
II	戒	轉捨不善戒	轉生善戒	轉生饒益有情戒
III	忍	耐怨害忍	安受苦忍	諦察法忍
IV	精進(勤)	被甲精進	轉生善法加行精進	饒益有情加行精進
V	靜慮(定)	無分別靜慮	引發功德靜慮	引發饒益有情靜慮
VI	慧	緣俗諦慧	緣勝義諦慧	緣饒益有情慧
VII	方便	施・戒・忍의 助伴		
VIII	願	精進의 助伴		
IX	力	靜慮의 助伴		
X	智	慧의 助伴		

첫째, <A>와 <B>이 경우 P의 순서에 따라 차이가 눈에 띈다. <A> Ⅶ의 원원과 <A> Ⅷ의 방편은 <B>의 경우 순서가 거꾸로 되어 있다. 둘째, 명칭의 차이가 있다. <A> <B> 공히 Ⅸ의 경우 하나는 통력通力이요 다른 하나는 그냥 역力이다. 또 Ⅹ의 경우 하나는 무구혜無垢慧요 다른 하나는 지智다. 셋째, <B>의 경우 Ⅶ 이하는 세분된 설명이 없으나 <A>의 경우에는 Ⅹ까지 똑같이 세분 설명하고 있다. 이러한 외형적인 차이는 그다지 큰 문제가 되지 않는다고 생각한다. 어떤 면에서는 <B>가 더 합리적으로 짜임새 있는 나열 방식인 것 같으나, 우리는 그 내용에 있어서는 큰 차이가 없다고 보아야 할 것이다.

육바라밀다에서 십바라밀다로 네 개의 바라밀다가 더 첨가된 바라밀다 열거 방식이 아직 반야, 법화, 열반 등 초기 대승경전에서는 나타나지 않고 있는 사실로 보아 이런 조직적 열거 방식이 나오는 것은 『해심밀경』이 처음이 아닌가 한다. 또한 『화엄경』은 모든 법문을 십수十數로 정리하는 원칙을 갖는 경전으로서 아마도 십바라밀의 기본 구상은 『화엄경』에서 나타나 있던 것을 유식唯識・유가瑜伽・여래장如來藏 계통 경론들이 받아들인 것으로 여겨진다.

『화엄경』 및 기타 유식 계통 경론에서 십바라밀다를 쓰고는 있지만, 위에서 보는 바와 같이 체계적 나열은 <A> <B>에서 처음 보는 일이다. 이 경우에도 바라밀다 사상의 근본은 육바라밀다에 있으며, 나머지 넷은 <B>가 말하는 바와 같이 육바라밀다의 조반助伴 구실을 하는 것으로 생각하는 것이 통례였다.

필자는 원효가 이 <A> <B>를 다 같이 잘 알고, 이것을 그의 윤리관의 기본으로 삼고 있는 만큼 이 두 가지를 다 존중하는 입장이었으리라고 생각한다. 따라서 양자가 일치하지 않는 경우에는 자기 나름대로 상황에 따라 취사하면서 이를 적용해 갔으리라 짐작된다.

이제 그 십바라밀다 중 시施와 계戒, 두 가지 바라밀다에 관련된 원효의 관점을 정리해 보기로 하자.

(1) 시施에 대하여

우리는 이미 원효의 『기신론소』나 『기신론별기起信論別記』에서도 육바라밀에 대해 강조하는 가운데에 시施에 관해 비교적 광범한 언급을 한 것을 소개한 일이 있다.[41]

거기에서도 (1) 법시法施 (2) 재시財施 (3) 무외시無畏施 세 가지에 대한 언급이 있었다. 법을 깨닫게 해 주는 시, 재물을 도와주는 시, 무외無畏 즉 두려움 없음과 안전, 또는 자신감과 용기를 베풀어 주는 일, 이 세 가지 보시布施가 차례로 열기될 때, <B>에서는 1, 2, 3의 순서대로 차차 더 행하기 어려운 덕목을 나열한 것이 분명했다. <B>의 3은 Ⅰ, Ⅲ만 같은 표현을 안 썼을 뿐 나머지 Ⅱ, Ⅳ, Ⅴ, Ⅵ이 다 요익유정饒益有情을 궁극적 목적으로 하는 덕목들이다. 원효가 그 주소註疏 등 모든 저술에서 항상 즐겨

---

41) 졸저, 『원효사상』, 권1, Ⅳ. 革命的 實踐 2. 完德의 實踐 (1) 베풀어주다(施) 362~369쪽. 여기서는 5바라밀만이 강조되고 있다.

쓰는 불교 최고의 이상, '귀일심원歸一心源', '요익중생饒益衆生'이란 표현 중 '요익중생'이란 표현은『화엄경』에서 제일 많이 쓰이고 있는 표현인데, 그 같은 낱말은『해심밀경』의 이 십바라밀 설명에도 나오고 있는 것이다. 아마도 여기에 예시된 <A> <B>의 두 가지 십바라밀 열거 방식은『화엄경』을 대본으로 거의 같은 시기에 같은 계통의 사상가들이 만들어 낸 것이 아닌가 생각된다.

<A>는 시施의 세 가지 연緣 즉 재財·법法·무외無畏의 순을 <B>와는 달리 재를 앞에 놓고 있다. 이것이 본래 원시불교 이래의 가치관이기는 했지만, <B>가 법시法施의 어려움보다도 재시財施가 어렵다는 관점을 가졌던 것처럼 해석할 수도 있다. 그러나 <A>는 여전히 재시보다는 법시의 가치를 한층 높게 평가하고 있다.

원효는 사섭四攝(布施·愛語·利行·同事)을 설명하면서 보시布施를 수순방편隨順方便, 애어愛語를 능섭방편能攝方便, 이행利行을 영입방편令入方便, 동사同事를 수전방편隨轉方便이라 하고 있다. 이 네 가지 방편에 대한 근거를 원효는『유가론瑜伽論』'보살지菩薩地'의 다음과 같은 구절에서 찾고 있다.

『유가론瑜伽論』'보살지菩薩地'에서 말씀하기를, 보살의 방편 속에 포함될 수 있는 신구의업身口意業이 무엇인가 하니 그것은 사섭사四攝事라 하였다. 그러면 무슨 인연으로 다만 사섭사만을 방편이라 하는가 하니, 대답하기를 모든 보살들은 이 네 가지로 말미암아 중생들을 모두 다 섭수攝受하고 조복調伏 성숙成熟시킬 수가 있다. 이것을 제외하고 더 다른 것들이 있을 수 없다. 그러면 네 가지 방편이란 무엇인가? (1) 수순방편隨順方便과 (2) 능섭방편能攝方便 (3) 영입방편令入方便 (4) 수전방편의 넷이다.42)

---

42)『續藏經』61책, 259쪽 下, "瑜伽論, 菩薩地, 云何菩薩方便所攝, 身語意業. 謂四攝事, 復何因緣, 唯四攝事說名方便. 謂諸菩薩, 由是四種, 於諸衆生, 善能攝受, 調伏成熟, 除此無有, 若過若增. 何等名爲四種方便. 1) 隨順方便 2) 能攝方便 3) 令入方

이에 대해서 원효는 보시布施의 의미를 다음과 같이 이야기하고 있는데, 이는 위의 <A> <B>에서 법시法施와 재시財施 사이의 가치 판단에 있어서 원효는 법시에 선행되어야 하는 방편이 재시임을 말함으로써 법시 쪽에 보다 중요한 가치를 부여하고 있음을 말하는 것이다.

먼저 가지가지 재물로써 보시布施하여 요익유정饒益有情하고, 그 사람으로 하여금 설說하는 바를 듣게 한 다음 교教를 받들어 행行하게 하는 까닭에 보시는 수순방편隨順方便이다.[43]

이 말에서 우리는 보시布施란 말이 재시 쪽을 의미하고 있음을 알 수 있다. 다음의 애어愛語에 대한 설명을 들어보면 그것이 법시를 내용으로 하고 있고, 이행利行·동사同事 등이 결국은 무외시無畏施임을 알게 된다. 원효는 다음과 같이 말을 잇는다.

다음에 애어愛語를 행한다. 여기저기 어리석은 자들이 있는 곳에서 그들의 어리석음(愚癡)을 제거하여 남김 없게 하고, 그들로 하여금 정리正理를 섭수하고 첨찰瞻察케 한다. 이렇게 하는 것을 능섭방편能攝方便이라고 한다. 다음에는 이행利行을 행한다. 그 유정들이 불선不善한 곳에서 빠져 나오게 하며, 그 선한 곳으로 권도조복勸導調伏하여 그 곳에 안주건립安住建立하게 한다. 이렇게 하는 것을 영입방편令入方便이라 한다. 마지막으로는 그들 유정有情과 함께 올바른 사업을 하며 함께 수행하여 그들이 함께 움직여 가도록(隨轉) 한다. 이와 같은 인연으로 화化를 받는 자가 이런 생각을 안 갖도록 한다. 즉 저 자신이 정신淨信과 지계持戒와 시혜施惠를 원만히 하지 못하고 있는데 어떻게 다른 사람에게 선을 권하고, 또 다른 사람 보고 잘못한다고 나무랄 수가 있는가? 이런 생각을 갖지 않도록 보살은 동사섭同事攝의 일을 한다. 이것을 수전방편隨轉方便이라 부르는 것이다.[44]

便 4) 隨轉方便."

43) 같은 책, 같은 곳, "先以種種財物, 布施, 饒益有情, 爲欲令彼, 聽受所說, 奉教行故."

오늘날과 같은 물질지상, 금전만능의 풍조가 팽배한 시대일수록 재財를 법法보다도 우월한 가치로 간주하려는 경향이 종교인들 사이에까지도 파급될 수 있다. 특히 분배의 불공평으로 인해 재가 균형을 잃은 상태에서 없는 자를 도우려는 양심을 내세우다 보면 법시보다도 재시가 더 어렵다고 생각하게 되고, 그 결과 법시 자체의 가치를 깎아 내리고 반면에 재시의 가치를 지나치게 올리는 경향마저 낳을 수 있다.

그러나 원효의 생각은 위의 사섭四攝에 대한 설명에서 뚜렷이 나타나 있다. 재시와 법시·무외시는 분리될 수 없는 가치들이며, 그 최고의 목표는 역시 귀일심원, 요익중생하는 데 있음을 부정할 수 없다. 사섭의 '섭攝'에 대하여 필자는 앞서 다른 글들에서 많이 강조한 바 있지만, 그 원어 Saṃgrahā는 integration인 것이다. 사람은 재財만 있어서 무외無畏가 되는 것이, 즉 불안과 소외에서 벗어나는 것이 아니다. 그 재財는 법法다운 재財이어야 한다. 그리고 그 법이란 어떤 인습적 관념들이 아니라 무외 integration의 실현인 것이다.

계戒·정定·혜慧 삼학三學이면 모든 불성佛性을 다 망라하는 총칭이 된다고 생각했던 불교 이론가들이 대승 불교운동의 시작과 더불어 시施·계戒·인忍·근勤·정定·혜慧의 육도六度(바라밀다)로 그 행동 강령, 전진 목표를 바꾼 것은 아무리 높게 평가해도 지나침이 없다. 삼학 속의 계는 너무나 소극적, 은둔적, 개인적이고, 혹 상가란 집단의 계라 할지라도 매우 폐쇄적이면서도 교만해진 출가 중심주의를 표방하는 형식적, 장식적인 것에 불과했었다.

---

44) 같은 책, 같은 곳, "次行愛語, 於彼彼處, 有愚癡者, 爲欲除彼所有愚癡, 令無餘故, 令其攝受, 瞻察正理如是名爲, 能攝方便. 若諸菩薩, 知彼有情, 受瞻察正道理已. 次行利行, 拔彼有情, 出不善處, 於其善處, 勸導調伏, 安處建立, 如是利行名令入方便. 若諸菩薩, 如是方便, 令諸有情, 得換入已. 最後與其, 於正事業, 同共修行, 令彼隨轉, 由是因緣, 令所化者, 不作是念: 汝自無有圓滿, 淨信, 屍羅, 施惠, 何賴於善, 勸導於他, 諫悔呵擯, 與作憶念, 是故, 菩薩同事攝事. 當知是名, 隨轉方便."

솔직히 말해서 삼학三學 중에서는 계戒만이 유일한 대對 사회적인 행동 규범이 될 수 있는 것인데, 만약 그것마저 상술한 바와 같이 퇴영적退嬰的이라고 한다면, 불교는 이 현실을 적극적으로 개척하며 변혁하면서 사는 생활철학은 주지 못했을 것이 뻔하다. 계戒라는 범주 속에서 우리는 얼마든지 그런 적극성 있는 덕목들을 기대해 볼 수 있지만, 시대의 상황이 이미 타성에 물든 판국 아래서는 새로운 캐치프레이즈를 크게 내세울 필요가 있었으리라고 생각된다. 시施와 인忍과 근勤이 결코 새로운 덕목은 아니었지만, 이런 가치들이 새로 삼학의 내용을 변혁하는 육六바라밀다 사상 속에 첫째와 셋째, 넷째 자리를 차지하게 된 것은 매우 경이적인 일이다.

(2) 계戒에 대하여

사실상 시施가 적극적인 이타행利他行의 근본 윤리라면, 계戒는 소극적인 자리행自利行의 윤리이다. 우리는 이미 잘 알려진 삼취정계三聚淨戒 즉 섭율의계攝律儀戒・섭선법계攝善法戒・섭중생계攝衆生戒가 그대로 <A>와 <B>에 다 포함되어 있다고 본다. <A>의 1을 자성계自性戒라 한 것이 무엇을 의미하는지 좀 불분명하지만 2, 3은 그냥 그대로이다. 필자는 일찍이 1은 제악制惡의 의미가 있고, 2는 행선行善을 권장하는 것이지만, 무엇이 선악의 기준이 되느냐 할 때 그 신구의身口意의 삼업三業이 누구를 어떻게 이익되게 하느냐에 달려 있음을 말한 바 있다. 그 이익중생利益衆生의 마지막 카드가 의미하는 내용, 그것을 아는 것은 궁극적으로 계가 중생을 어디로 인도하느냐 하는 것을 알게 해 준다. 이 경經의 전품이 사실은 이익중생의 과정에 관한 설명이라 해도 과언이 아닐 것이다.

그러나 『본업경』은 사십이현성이 지켜야 하는 기본적인 계로서 십불가회계十不可悔戒라는 것을 수지受持해야 한다고 강조하고 있다. 그것은,

1. 불살인不殺人 내지 이십팔천二十八天 제불보살諸佛菩薩

2. 부도不盜 내지 초엽초葉

3. 불음不淫 내지 비인非人

4. 불망어不妄語 내지 비인非人

5. 불설출가재가보살죄과不說出家在家菩薩罪過

6. 불고주不沽酒

7. 불자찬훼타不自讚毀他

8. 불간不慳

9. 부진不瞋 내지 비인非人

10. 불방삼보不謗三寶

로서 「현성명자품」에서는 다음과 같은 엄중한 경고까지 있다.

> 만약 이 십계十戒를 파하면 회과悔過할 수가 없다. 바라이죄波羅夷罪에 들어간
> 다. 불자야, 발심주發心住를 잃으면 이주二住, 삼위三位, 십지十地에 이르기까지
> 모두를 다 잃는다. 그러므로 이 계는 일체불一切佛 일체보살행의 근본이다. 만
> 약 일체불 일체보살이 이 십계법문十戒法門에 말미암지 않고 현성과賢聖果를
> 얻는다는 것은 있을 수가 없다.45)

이 십불가회계十不可悔戒는 「대중수학품」의 수계受戒를 말하는 대목에
서도 언급되고 있는데, 여기서는 이를 십무진계十無盡戒라고 하고 있다.
그 명칭과 순서에는 약간 같지 않은 점이 있는데, 여기에서는 고의로 살생
殺生하지 말라, 고의로 망어妄語하지 말라, 음淫하지 말라, 도盜하지 말라,
고주沽酒하지 말라, 재가출가在家出家 보살의 죄과를 말하지 말라, 간慳하

---

45) T, 1485, 1012b, "若破十戒不可悔過, 入波羅夷. 十劫中, 一日受罪, 八萬四千減, 八萬
四千生故, 不可破. 是故, 佛子, 失發心住, 乃至 二住, 三位, 十地, 一切皆失. 是故,
此戒, 是一切佛, 一切菩薩行之根本. 若一切佛, 一切菩薩, 不由此十戒法門, 得賢果
者, 無有是處."

지 말라, 진에瞋恚하지 말라, 자찬훼타自讚毁他하지 말라, 고의로 삼보장三寶藏을 방방謗하지 말라 등으로 되어 있다.[46]

필자는 이 십불가회계야말로 이른바 자성계自性戒, 즉 섭율의계의 내용이 아닌가 하는데, 그 까닭은 「대중수학품」에 다음과 같은 구절이 있기 때문이다.

> 초발심출가初發心出家하여 보살위菩薩位를 계승하고자 하는 자는 마땅히 먼저 정법계正法戒를 받아야 한다. 계라는 것은 일체행공덕장一切行功德藏의 근본根本이며 불과佛果를 향해 바로 가는 길의 일체행一切行의 본본이다. 이 계는 능히 일체대악一切大惡, 이른바 칠견·육착 등을 제거할 수 있는 정법正法의 명경明鏡이다. 불자야, 지금 제보살들을 위해 일체계의 근본을 말할 것이니 그것은 이른바 삼수문三受門이다.
> 섭선법계攝善法戒는 소위 팔만사천법문八萬四千法門이요, 섭중생계攝衆生戒는 소위 자비희사慈悲喜捨니 화化가 일체중생에게 미쳐 모두 다 안락을 얻는다. 섭율의계攝律儀戒는 소위 십바라이十波羅夷이다.[47]

「대중수학품」은 이어서 삼종수계三種受戒가 있다 하고 그 수계의 방법과 같은 것도 말하고 있다. 우리는 원효가 이에 대해 아무런 말도 남기지 않고 있음을 보나, 이는 그의 무언의 수긍일 수도 있다.

삼종수계三種受戒란 다음의 세 가지이다.

1. 상품계上品戒 —— 제불諸佛 보살의 현재전現在前에서 위의 십불가회계十不可悔戒를 받는 것이다.[48]

---

46) 이 경의 이와 같은 통일성의 결여, 그리고 간간이 눈에 띄는 잡다한 나열 형식 등은 이 경의 중국 위찬설僞撰說을 낳게 하는 근거가 될 수도 있다는 느낌이 든다. 그러나 우리의 원효는 그가 특별히 관심을 갖는 대목에 대해서 주해註解를 하는 일에 보람을 갖는 듯싶다. 원효는 이상하게도 이 十不可悔戒에 대해서는 아무런 주석도 붙이지 않고 있다.
47) '바라이'는 Pārajika, 원래 律藏에서 축출, 추방을 벌로 받는 죄를 말했다. 여기서는 十不可悔戒를 이렇게 말한 일이 있다.

2. 중품계中品戒 —— 멸도후滅度後, 천리千里 안에 먼저 수계受戒한 보살이 있
   으면 그를 청하여 법사法師로 하고 계를 받는다.
3. 하품계下品戒 —— 불멸도후佛滅度後, 천리 안에 법사가 없을 때는 제불 보살
   의 형상 앞에서 호궤합장胡跪合掌하고 자서수계自誓受戒하라.

이 경經을 연구한 일인日人 선학先學 오노 호도(大野法道)는 이 수계 형
식과 내용이 파격적인 데 대하여 놀라움을 금치 못하고 다음과 같이 말하
고 있다.

이 경經 특유의 설은 삼취정계三聚淨戒의 내용을 크게 보충한 것 외에 소승율小
乘律의 형식적인 율조律條 준수 등과는 달리 계사戒師에 대해서도 "부부육친夫
婦六親이 서로 사師가 되어 수계授戒할 수 있다"는 등 진취적인 견해를 나타내
고 있고, 또 대승계大乘戒란 타율적으로 규정한 조목이 결코 아니며 사람의 마
음속에 그 체體가 있음을 강조하는 등 대승계가 획일과 고정을 버리고 보살의
심경 전개에 따라 무한히 확대되는 마음속에 계가 있음을 밝힌 데에 있다.

「석의품」에서는 일체보살의 체體와 의義를 십주十住보살, 십행十行보
살, 십회향十廻向보살, 즉 삼현三賢과 십지十地 · 무구지無垢地 · 묘각지妙
覺地 제보살의 여러 단계에 응해 설명하고 있는데, 이는 이미 『화엄경』에
서 방대하게 설명되어 온 터라 그것을 요약한 느낌이지만, 계의 문제를 이
해하는 데 매우 큰 의미가 있다. 그러므로 간략히 이를 살피면서 다른 바라
밀다의 덕목도 같은 맥락에서 이해해야 될 것임을 지적해 두려고 한다.
   십주十住의 단계에 오기 전에 구박범부具縛凡夫는 삼보三寶의 성인을
모르고 인과의 도리도 모르고 있다가 불보살佛菩薩의 교법教法을 만나 일
념一念의 신심信心이 일고 보리심菩提心을 발하게 되면 아직은 주전住前
이라 신상信想보살이니, 가명假名보살 또는 명자名字보살이라고 불린다.

---

48) 이것은 이미 불가능한 受戒방식이다.

이 사람은 앞서 말한 바와 같이 십심十心을 갖고 십선법十善法을 행하며, 오계, 팔계, 십계 또는 육바라밀계를 닦아 오랜 세월이 지난 후 십주十住의 초주위初住位에 들어온다. 이런 보살을 '주住'라고 부르는 것은 '비로소 공계空界에 들어와 공성위空性位에 주주住한' 까닭이라고 한다. 이 보살은 '지地'가 아니고 '주住'라 한다. 그 이유를 경經은 '옛 불법佛法을 모방하고 익혀 일체공덕一切功德을 스스로 짓지 못하는 까닭'이라고 하고 있는데, 이는 보살이 단순한 '습고불법習古佛法'만 하는 단계에 머무를 것이 아니라 그 나름대로의 상황에 맞는 법을 창조하는 것의 중요성을 강조하는 것이라고 볼 수 있다.

초발심주初發心住에서 치지주治地住로 넘어간다. 여기서 보살은 항상 공심空心에 따라 팔만사천 법문을 청정케 하므로 치지주라 한다고 했다. 셋째 주住, 수행주修行住는 일체행一切行을 장양長養시키는 까닭이라고 했다. 그리하여 종성種性이 청정한 불가佛家에 태어난다. 그것을 생귀주生貴住라고 한다. 다음이 방편구족주方便具足住인데, 이 보살은 무량한 선근善根을 많이 익힌다. 그리하여 반야바라밀이 성취되는 정심주正心住로, 다시 공삼매空三昧, 무상삼매無相三昧, 무원삼매無願三昧의 삼삼매三三昧에 드는 불퇴주不退住로, 그리하여 일곱째 동진주童眞住를 거쳐 왕자주王子住로, 그리하여 불위佛位를 잇는 왕자위王子位를 가졌다가 무생심無生心을 얻어 왕자가 되는 관정주灌頂住에 오르게 된다.

십행十行보살의 이름들은 앞서 보아 온 윤리적 심행心行을 그대로 표현하고 있는 것 같다.

1. 환희행歡喜行 —— 법의 공空함을 아는 견지에 들어 외도사론外道邪論의 유혹에 의연하다.
2. 요익행饒益行 —— 일체중생을 법으로써 이익 되게 한다.
3. 무진한행無瞋恨行 —— 법의 정체正體를 잘 알고 깨달아 아我에도 아소我所

에도 집착하지 않는다.

4. 무진행無盡行 ── 항상 공덕에 머물고 중생을 현화現化한다.
5. 이치난행離癡亂行 ── 불란불탁不亂不濁, 정념正念을 잃지 않는다.
6. 선현행善現行 ── 생생세세生生世世에 불국佛國 중에 태어난다.
7. 무착행無著行 ── 일체법에 공空·무착無著을 실현한다.
8. 존중행尊重行 ── 삼세의 불법을 항상 경순敬順한다.
9. 선법행善法行 ── 사람들에게 설법한다.
10. 진실행眞實行 ── 이제二諦의 실현이다.

우리는 이상에서 이미 첫째, 또는 둘째 내지 셋째 단계의 보살들이 가장 힘드는 일로서 법法이 공空함을 알고 그 공관空觀에 입각해서 사는 일이라고 생각하고 있음을 보았다.

십회향十廻向 보살의 경우는 어떤가를 살펴보자. 여기에는 다음과 같은 열 가지 특성들이 나열된다.

1. 구호일체중생救護一切衆生 이중생상회향離衆生相廻向 ── 항상 무상심無相心을 갖고 육도六道를 가며 과보果報에 들어가 수受하는 바 없지만, 또 갖가지 수를 받는다. 변역교화變易敎化키 위함이다.
2. 불괴회향不壞廻向 ── 일체법을 공空·가假·중中이라고 보며 아무 데도 주住하지 않는다.
3. 등일체불회향等一切佛廻向 ── 삼세三世의 제불법諸佛法을 일체시一切時에 행한다.
4. 지일체처회향至一切處廻向 ── 대원력大願力으로 일체불국一切佛國에 들어가 일체불一切佛께 공양을 드린다.
5. 무진공덕장회향無盡功德藏廻向 ── 상주常住하는 삼보三寶로써 사람들에게 이익을 준다.
6. 수순평등선근회향隨順平等善根廻向── 상선相善, 무루선無漏善을 익히고 행한다.

7. 수순등관일체중생회향隨順等觀一切衆生廻向 ── 일체중생을 평등하게 본다.
8. 여상회향如相廻向 ── 항상 유무이제有無二諦를 하나로 본다.
9. 무박해탈회향無縛解脫廻向 ── 제법諸法은 무이無二, 반야般若는 무생無生, 이제평등二諦平等이라고 본다.
10. 법계무량회향法界無量廻向 ── 일체법을 중도제일의제中道第一義諦로 본다.

원효는 십주와 십행의 술어들을 설명하는 가운데에 십위十位는 인공人空을, 십행十行은 법공法空을, 그리고 십회향十廻向은 평등공관平等空觀을 강조하는 데 특색이 있음을 간파하였다. 그는 십회향 보살의 설명 중 '입중생공入衆生空, 무아공無我空 운운云云' 하는 경구의 '입入'의 의미를 다음과 같이 해석하고 있다.

일시에 내외內外, 인법人法 이공관二空觀에 돈입頓入하는 까닭에 입입이라 한다. 이것은 제삼第三의 평등공관이다. 즉 견도見道에 삼심방편三心方便이 있는데, 그것은 인공관人空觀이요 법공관法空觀이요 평등공관平等空觀이다.
첫째: 안으로 유정有情의 가연假緣에 관한 지智를 쫓아 버리는 것은 십주十住인데 인공人空을 방편으로 삼는 까닭이다.
둘째: 안으로 제법의 가연假緣에 관한 지智를 쫓아 버리는 것은 십행十行으로서 법공法空을 방편으로 삼는 까닭이다.
셋째: 두루 일체유정一切有情과 제법의 가연에 관한 지智를 쫓아 버리는 것은 십회향으로서 평등공관을 방편으로 삼는다. 이 세 가지 방편으로부터 저 세 가지 마음의 구별이 생기는 까닭이다.[49]

우리는 보살의 윤리는 이와 같은 평등공관平等空觀 위에 서지 않고서는 좋은 종자가 되어 장차 땅에 뿌려졌을 때 성숙한 결실을 내지 못하는 것이

---

49) 『續藏經』, 61책, 253b, "一時頓入, 內外人法, 二空觀故, 最名第三, 平等空觀, 卽爲見道三心方便, 謂內遣有情假緣智者, 十住人空爲方便故. 內遣諸法假緣智者, 十行法空爲方便故. 遍遣一切有情諸法假緣智者, 以十廻向, 平等空觀爲方便故, 從此方便, 立彼三心故."

란 사실을 알게 된다. 십지十地 이후 무구지·묘각지는 바로 이 땅이요, 그 땅 위에 뿌려질 씨는 십회향위十廻向位에서 잘 준비되어지는 것이라고 할 수 있겠다.

원효는 십회향의 '수순평등선근隨順平等善根'을 설명하는 상선相善, 무루선無漏善이라는 낱말을 다음과 같이 푼다.

> 상선相善이란 섭사화물지행涉事化物之行이요,
> 무루선無漏善이란 망상관공지해忘相觀空之解이다.
> 해시解時에 불괴가명不壞假名하고,
> 행시行時에 불실공해不失空解하라.
> 여시如是 습행習行하면 불상위배不相違背한 고로
> 말하기를, 수순평등선근아隨順平等善根也니라.

우리는 십반야바라밀의 각 항을 다 설명하지 않았지만, 이 통칭 십바라밀을『본업경』이 특별히 십반야바라밀, 또는 십지十智라고 하는 것의 타당성도 원효의 이 말에서 이해할 수 있게 된다.

위의 상선相善(즉 形相으로 나타나 善)이란 다시 말하면 공空·가假·중中 삼관三觀 중의 가연상假緣上에 나타난 선善을 말하는 것이며, 무루선無漏善이라 하는 것은 공空이라는 실상에 부합하는 선善이란 뜻이 되겠다. 혹 어떤 사람이 공空·가假 어느 한 쪽의 입장만을 고집한다면 그것이 잘못된 것임을 우리는 잘 안다. 공空과 가假가 불이不二임을 아는 것이 중도제일의제中道第一義諦이다. 따라서 이 '중中'의 입장에서 섭사화물涉事化物의 행行, 즉 사事와 물物을 섭화하는 행(葛藤의 緣起를 無碍의 緣起로 바꾸는 일)을 하고, 그러면서도 그 일들이 근본적으로 망상관공忘相觀空의 해解 밑에서 이루어질 필요가 있다는 것이 원효의 생각이다. 겉 형상에 사로잡혀 그 실상이 공空인 것을 모르면 아무리 선행을 했다 해도 참된 것이 될 수 없다.

우리는 십반야바라밀다의 다른 나머지 조항들이 다 이런 기본 입장에서
검토되면 쉽게 이해가 될 것으로 알고, 더 자세한 언급은 다른 글로 미루고
일단 이 글을 맺고자 한다.

원효의 사상과 실천의 통일적 이해
— 『기신론』의 이문일심 사상을 중심으로 —

정 영 근

1. 들어가는 말

원효元曉는 수학 과정에서 일정한 종파나 스승에 얽매이지 않고 다양한 사상을 폭넓게 공부하였다. 그는 중관·유식·화엄을 비롯한 불교의 여러 사상들을 폭넓게 섭렵하였을 뿐만 아니라 노장 사상과 유학에도 조예가 깊었다. 그가 지닌 학문과 사상의 다양성은 100여 부에 이르는 그의 저술에 있어서 그대로 발휘되고 있다.[1] 원효의 학문적 편력이나 저술의 내용이 다양한 만큼 그의 사상의 특징과 핵심을 집어내는 일도 간단치 않다. 그래서 지금까지 제시된 대표적인 평가만 보더라도 원효의 사상을 이해하는 관점에 따라 '화쟁사상和諍思想' '일심사상—心思想' '화엄사상華嚴思想'

---

1) 원효의 저술에 관해서 『韓國佛教撰述文獻叢錄』(불교문화연구소 편)에는 86부가 소개되어 있고, 조명기의 『新羅佛教의 理念과 歷史』(신태양사, 1962, 96~102쪽)에는 100여 부 240여 권을 제시하고 있다. 또한 은정희의 「元曉著述의 道場과 성격 분석」(『元曉學研究』 1집, 원효학연구원, 1996, 95쪽)에는 107종 231권을 들고 있고, 吳法眼의 『元曉의 和諍思想研究』(홍법원, 1988, 46~53쪽)에서는 119부 261책이 열거되어 있다.

등으로 의견이 엇갈린다.[2] 그러나 이들 각각의 이해는 원효 사상의 중요한 면을 지적하고 있지만 그것으로 원효의 사상을 규정하기에는 다음과 같은 문제점을 지닌다. 화쟁 사상과 일심 사상의 경우는 그 포괄적 성격 때문에 다른 불교 사상과 잘 구분되지 않으며, 화엄 사상이라고 할 경우에는 중국 화엄종의 그것과 동일한 것으로 간주될 가능성이 있어, 어느 경우에나 원효 사상의 구체적 특징이 잘 드러나지 않는다는 문제점이 있다.[3]

원효의 삶 역시 엄격한 수행자적 모습과 파계승의 모습을 동시에 보여 주고 있다. 교화의 대상과 방식에 있어서도 때로는 왕실과 어울려 궁중에서 설법하고, 때로는 서민 대중과 섞여 함께 춤추고 노래하였다. 원효의 삶이 조화되지 않은 다양한 요소들을 그 안에 지니고 있었다고 한다면 그뿐이지만, 그 삶을 통일적으로 설명할 수 있는 사상이 있고 그것의 연속적인 그리고 발전적인 실현이 있다면, 그것을 충실히 드러내 주는 것이 원효의 삶에서 보다 많은 의미를 찾는 길이 될 것이다.[4]

---

2) 이종익을 비롯한 수많은 원효 연구가들은 『十門和諍論』 등에서 나타나는 화쟁적 성격에 주목하고, 원효가 화쟁국사로 불렸다는 점 등을 근거로 하여 원효의 근본사상을 화쟁 사상으로 규정하고 있다.(이종익, 『원효의 근본사상: 十門和諍論 연구』, 동방사상연구원, 1977)

이기영을 비롯한 연구자들은 원효 사상의 핵심을 一心에서 찾고, 이것에 근거하여 화쟁도 이루어질 수 있다고 말한다.(이기영, 「韓國的 思惟의 一傳統」, 『韓國佛教研究』, 한국불교연구원, 1982)

忽滑谷快天 등의 학자들은 원효의 사상이 화엄에 근거해 있다고 말한다.(정호경 역, 『朝鮮禪教史』, 보련각, 1978)

이렇게 보는 사람들은 그 근거로 원효가 教判에서 『華嚴經』을 一乘滿教로 분류하여 최고의 위치에 놓고 있고, 원효가 마지막에 쓴 글이 『華嚴經疏』였으며, 『華嚴經』에 있는 "모든 것에 걸림이 없는 사람은 한길로 생사를 벗어난다"는 구절로 無碍歌를 지어 부르고 다녔다는 사실을 제시한다.(최유진, 「元曉의 和諍思想研究」, 서울대학교 박사학위논문, 1988, 1~4쪽 참조)

3) 이 밖에 通佛教나 無碍思想으로 원효 사상을 규정하는 경우도 있는데, 이 경우에는 원효 사상의 구체적인 내용을 전혀 드러내지 못한다는 문제점이 있다.

4) 성태용, 「한국철학사의 새벽: 원효」, 『철학과 현실』(1994 가을호), 129쪽. 성태용은 여기서 원효 자신의 삶이 어떤 일관된 원리에 의해 전체적 통일성을 이루지 못한 것으로 이해된다면, 그 삶 자체가 화쟁의 대상으로 남을 것이라고 말한다.

원효가 사상과 실천행에 있어서 보여 주는 이러한 다양한 모습이 한 인격체 안에서 어떻게 가능할 수 있는가? 이것을 이해하는 것이 원효의 불교 사상을 전체적으로 이해하는 열쇠가 된다고 생각한다. 모든 다양한 이론들이 한 사람의 사유 체계 안에서 아무 연관성 없이 진열되어 있을 수 없고 유기적으로 통일되어 있다고 보아야 한다면, 원효의 다양한 사상도 그 안에서 일관된 사유 체계를 지니고 있다고 할 수 있다. 인간의 행동이 아무런 생각 없이 이루어지는 것이 아니듯이, 원효의 다양한 실천행은 그것을 가능케 하는 이론적 토대를 지니고 있다고 보아야 한다. 그리고 그러한 이론적 토대는 다양한 불교 사상을 모두 담아 낼 수 있는 사유의 체계라고 할 수 있다. 필자는 그러한 원효의 사유 체계를 바로 『대승기신론大乘起信論』의 이문일심二門一心 사상이라고 본다.[5] 이렇게 봄으로써 원효 사상에 대해서 내려진 기존의 특징들을 함께 포괄하면서도 보다 구체적인 사유의 특징을 드러낼 수 있기 때문이다. 이문일심이라고 할 경우에는 그냥 일심이라고 할 경우에 사상되어 버릴 수 있는 현실의 차별성에 대한 관심을 나타낼 수 있고, 이문이라는 서로 다른 것 사이의 화쟁이 어떻게 가능한가의 방법을 명시할 수 있으며, 중국의 화엄 사상과의 연관성도 드러낼 수 있다고 생각한다. 따라서 이 논문에서는 원효가 『기신론』의 이문일심 사상을 철저히 자신의 것으로 소화하고 있고, 그것으로 자신의 사상을 일관되게 전개하고 있으며, 그의 삶도 이러한 관점에서 통일적으로 이해할 수 있다는 점을 밝혀 나가고자 한다.

---

5) 원효의 화쟁 사상의 바탕에 한결같이 흐르고 있는 철학적 입장이 『大乘起信論』의 一心二門說에 근거하고 있다는 생각은, 일찍이 고익진이 논문 「元曉의 『起信論疏・別記』를 통해 본 眞俗圓融無碍觀과 그 成立理論」(『불교학보』 10집, 1973)과 「元曉思想의 實踐原理:『金剛三昧經論』의 一味觀行을 중심으로」(『韓國佛敎思想史』, 숭산박길진박사화갑기념회, 1982)에서 단편적으로 밝힌 바 있다. 그러나 고익진은 이러한 생각을 원효의 삶과 사상 전체에까지 적용시켜 집중적으로 밝히지는 않았고, 이문일심 사상으로 원효의 사상 전체를 특징 지우지도 않았다. 뿐만 아니라 고익진은 그것을 일심이문설이라고 했는데, 필자는 二門一心思想이라고 할 때 원효 사상의 특징이 보다 잘 드러날 수 있고, 이것으로써 원효의 사상과 삶 전체를 통일적으로 설명할 수 있다고 본다. 이에 대해서는 본 논문에서 자세히 다룬다.

2. 원효가 불교를 이해하는 틀

원효 사상의 다양성을 통일시킬 수 있는 사유 체계가 있다면, 그것은 원효의 저술 가운데 구체적으로 표현된 원효의 사상 속에서 찾을 수밖에 없을 것이다. 원효는 『기신론』을 주석하였고(『起信論別記』·『起信論疏』·『起信論私記』·『起信論大記』), 핵심되는 내용을 추려 요약하였으며(『起信論宗要』·『起信論料簡』), 중요한 대목에 대해서는 따로 떼어 상세히 논하였다(『起信論一道章』·『起信論二諦章』·『起信論二障義』). 뿐만 아니라 그의 다른 저술들 역시 『기신론』 관계의 문헌을 빈번히 인용하며, 『기신론』의 철학적 입장을 주축으로 하여 이론을 전개하고 있다. 원효는 『대승기신론』이 『능가경楞伽經』·『승만경勝鬘經』·『열반경涅槃經』·『법화경法華經』·『금강명경金光明經』·『대승동성경大乘同性經』·『화엄경華嚴經』·『보살영락경菩薩瓔珞經』·『대품반야경大品般若經』·『대방등대집경大方等大集經』·『일장경日藏經』·『월장경月藏經』 등 여러 경전의 핵심적인 가르침을 하나로 꿰뚫은 유일한 것이라고 말하고,6) 모든 이론의 조종祖宗이요 뭇 쟁론의 평주評主라고 평가한다.7) 원효가 유학 가는 길에 스스로 깨닫고 유학을 그만두었다고 하는 깨달음의 내용, 즉 마음이 생기면 모든 것이 생기고 마음이 소멸하면 모든 것이 없어진다고 하는 것도 사실은 『기신론』의 한 구절이었다.8) 우리는 여기서 원효가 『대승기신론』을 어떻게 이해하고 받아들이고 있는가를 알 수 있다. 원효는 『대승기신론』이 모든 경전 속의 다양한 사상을 통섭하고 있다고 보고 있을 뿐만 아니라, 모든 이론과 사상

---

6) 元曉, 『大乘起信論疏』(『한국불교전서』 1책, 동국대학교 출판부, 1979, 698쪽), "總括摩羅百八廣誥, 示性淨於相染, 普綜踴閙十五之幽致, 至如鵠林一味之宗, 鷲山無二之趣, 金鼓同性三身之極果, 華嚴瓔珞四階之深因, 大品大集曠湯之道, 日藏月藏微密之玄門. 凡此等輩中, 衆典之肝心, 一以貫之者, 其唯此論乎."

7) 元曉, 『大乘起信論別記』(『한국불교전서』 1책, 678쪽), "是諸論之祖宗, 群諍之評主也."

8) 馬鳴, 『大乘起信論』(『大正新修大藏經』 권32, 557쪽), "心生故種種法生, 心滅故種種法滅."

을 평가하고 이해하는 틀로 삼고 있는 것이다. 『기신론』에 대한 이러한 원효의 평가와 이해를 통해서 원효가 『기신론』의 사유 체계를 자신의 것으로 완전히 소화하여 받아들이고 있다는 사실을 알 수 있다.

일반적으로 다양한 불교 사상에 대해서 체계적으로 이해하고자 하는 시도는 교판敎判을 통해서 드러난다. 교판은 부처의 다양한 가르침을 어떤 기준에 따라 체계적으로 배열함으로써 부처의 참된 의도를 밝히고자 하는 것이다. 그런데 교판은 여러 사상들을 동일선상에서 비교하여 수직적으로 가치매김함으로써 사상이나 경전의 우열을 정하는 결과를 낳고, 이에 따라 제각기 자신이 받드는 경전이나 사상이 가장 뛰어난 것이라고 하는 종파적인 다툼을 초래하기 쉽다. 원효는 이처럼 교판을 절대시하여 자신의 우월성을 드러내려고 하는 것에 대해서, 소라껍데기로 바닷물을 퍼내고 갈대 구멍으로 하늘을 보는 것과 같다고 비판한다.[9] 원효 역시 삼승별교三乘別敎(四諦敎·緣起經)·삼승통교三乘通敎(般若經·深密經)·일승분교一乘分敎(瓔珞經·梵網經)·일승만교一乘滿敎(華嚴經·普賢敎)라는 사교판四敎判을 하고 있다.[10] 이를 보면 원효가 『화엄경』을 높이 평가하여 매우 중요시하고 있다는 것을 알 수 있다. 그의 저술 가운데 화엄 관계 저술이 많은 것(7부 15권)이 이를 반영한다.[11] 그러나 원효는 앞서 설명한 것처럼 교판에 커다란 의미를 부여하고 있지 않다. 따라서 원효의 사교판四敎判은 경전의 기능과 성격을 밝히는 것으로써, 사상의 우열을 가리려는 태도와는 거리가 먼 것이라고 보아야 한다. 원효는 차별적 입장의 교판을 통해서 불교의 다양한 사상을 이해하는 것이 아니라 차별성과 통일성을 동시에 밝혀 주는 방식으로 이해한다. 원효가 교판을 이러한 의도와 방식으로 진행하고 있기

---

9) 元曉, 『涅槃經宗要』(『한국불교전서』 1책, 547쪽), "是猶以螺酌海, 用管窺天者耳."
10) 法藏, 『探玄記』(『大正新修大藏經』 권35, 111쪽).
11) 원효의 화엄 관계 저술로는 『華嚴綱目』(1권), 『華嚴經疏』(8권), 『華嚴經宗要』(1권), 『華嚴入法界品抄』(2권), 『一道章』(1권), 『普法記』(1권), 『大乘觀行』(1권) 등을 들 수 있다.

때문에 원효의 교판을 화쟁교판和諍敎判이라고 부르기도 한다.12) 이처럼 차별성과 통일성을 동시에 밝혀 주는 방식은『기신론』에서 말하는 무량한 뜻으로 전개하고 하나의 마음으로 귀착시키는 방식(宗要·開合)을 그대로 따르는 것이라고 할 수 있다.13) 원효는 이와 같이 자유자재로 열고 닫고 세우고 깨뜨리는 방법에 의해서, 한 뜻으로 합하는 통일성의 측면과 각기 자신의 뜻을 펼치는 차별성의 측면을 모두 살림으로써 서로 다른 교설들을 화쟁하고 있다.14) 원효가『열반경』을 비롯한 여러 경전들에 대해서 종요를 쓰고 있다는 사실은 바로 원효가 다양한 사상들을 기신론적 종요의 방식으로 이해하고 있음을 보여 주는 것이다.

　원효는『기신론』에서 다양한 사상들을 체계적으로 담을 수 있는 방법만을 찾은 것만이 아니라,『기신론』을 통해서 실천을 위한 이론적 기초를 얻고 있다. 원효는『대승기신론』이 대승불교의 이론과 실천을 총괄하려는 목적을 가지고 쓰여진 책이라는15) 사실을 잘 알고 있었던 것이다. 책의 제명題名에 표현된 것과 같이『대승기신론』은 대승적 깨달음에 이르게 하는 믿음을 일으키는 것을 목적으로 하고 있는바, 단순히 이론적인 논의로서 그치는 것이 아니다. 원효는 결정적으로 이해하여 살아가는 데 규범으로 삼을 만한 글을 건립한 것이 바로『대승기신론』이라고 말하고 있는 것이다.16) 그러므로 원효에게 있어서『기신론』은 다양한 사상을 이해하는 이론적 틀일 뿐만 아니라 어떻게 살아야 하느냐를 일러주는 삶의 좌표로서

---

12) 김준경,「元曉의 敎判思想」,『元曉의 佛敎思想』I(『元曉研究論選集』권13, 295쪽).
13) 元曉,『大乘起信論疏』(『한국불교전서』 1책, 698쪽), "開則無量無邊之義爲宗, 合則二門一心之法爲要.……是以開合自在, 立破無碍."
14) 元曉,『涅槃經宗要』(『한국불교전서』 1책, 524쪽), "統衆典之部分, 歸萬流之一味, 開佛義之至公, 和百家之異諍."
15) 정승석,『인도의 이원론과 불교』(민족사, 1992), 170~172쪽.
　　석길암,「원효사상의 체계와 실천적 성격에 대한 연구」(동국대학교 석사학위논문, 1992), 28~30쪽 참조.
16) 元曉,『大乘起信論疏』(『한국불교전서』 1책, 699쪽), "所言論者, 建立決了可軌文言."

의 역할을 하는 것이다. 『기신론』의 내용을 살펴보면 이론부인 입의분立義分·해석분解釋分과 실천부에 해당하는 수행신심분修行信心分으로 되어 있으며, 수행신심분 중에서는 근기가 약한 사람을 위한 타력염불을 설하고 있다. 여기에 경전의 형식에 따라 처음에 인연분을 붙여 조론造論의 이유를 밝히고, 끝에 권수이익분勸修利益分을 붙여 이론을 믿고 수행하면 얻게 되는 이익을 말하고 있다. 이렇게 볼 때 『기신론』에는 이론·실천·신앙의 모든 면이 하나의 틀 속에 갖추어져 있으며, 이로써 원효의 사상과 실천행의 다양성을 담아 낼 수 있다고 할 수 있다. 실제로 원효는 『기신론』을 근간으로 삼고, 이를 축으로 해서 자신의 사상을 전개시켜 나갔다.

3. 이문일심의 사상 체계

1) 일심과 이문

원효는 『대승기신론』을 통해서 불교를 이해하는 틀을 찾았고, 『기신론』의 이문일심二門一心으로 자신의 사유 체계를 형성하였다. 원효는 불교의 모든 가르침이 이문일심에 의해 총괄하여 포섭될 수 있다고 하였다.[17] 또 이문二門 안에 만 가지 뜻을 받아들이면서도 어지럽지 않고, 무한한 뜻이 일심一心과 같으면서도 뒤섞여 융합되어 있다고 하였다.[18] 원효는 모든 법이 각각 별도의 실체적 존재로서 있는 것이 아니라 인간의 마음에 기초하고 있다고 보는 것이 대승과 소승의 차이라고 보았다.[19] 인간이 경험하는

---

17) 元曉, 같은 책(『한국불교전서』 1책, 702쪽), "當知 卽是如來所說一切法門之根本義, 以是一心二門之內, 無一法義而所不攝故."
18) 元曉, 같은 책(『한국불교전서』 1책, 698쪽), "二門之內, 容萬義不亂, 無邊之義, 同一心而混融."
19) 元曉, 같은 책(『한국불교전서』 1책, 704쪽), "一切諸法, 皆無別體, 唯用一心, 爲其自

모든 세계는 마음의 세계라고 할 수 있기 때문에, 괴로움과 깨침 또한 마음의 문제라는 것이다. 따라서 불교의 모든 가르침은 결국 중생의 마음을 대상(法)으로 하며, 마음 가운데 일어나는 괴로움으로부터 벗어나고자 하는 것을 목표(義)로 삼는다고 할 수 있다.

그런데 이 마음은 항상 두 가지 모습으로 나타난다. 하나는 마음의 있는 그대로의 본래적인 모습(心眞如門)이고, 또 하나는 마음의 움직이고 변화하는 측면(心生滅門)이다. 이러한 두 가지 모습을 떠나서 하나의 마음이 초월적 실체적 존재로서 존재하고 있는 것이 아니다. 원효가 이해한 『기신론』의 이문二門과 일심一心은 언제나 함께 생각하여야 하는 것이었다. 따라서 일심과 이문을 개별적으로 분리된 개념으로 생각하거나 정의하려고 하는 것은 잘못이다. 일원적인 일심으로부터 이원적인 이문이 발생되는 것이 아니고, 이문을 합해서 일심이 되는 것도 아니다. 일심은 이문을 계기로 하여 성립하는 것이고, 이문은 일심을 전제로 하고 있는 것이다. 이러한 사실은 원효가 『대승기신론』의 "일심一心의 법에 의해서 두 가지 문門이 있다. 어떤 것이 두 문인가? 진여문眞如門과 생멸문生滅門이 그것이다. 이 두 문은 각각 모든 법을 총괄하여 포섭하고 있다. 그것은 무슨 의미인가? 이 두 문은 서로 떨어져 있는 것이 아니기 때문이다"[20]라는 대목을 다음과 같이 주석하고 있는 것에서 잘 알 수 있다.

> 『기신론』의 심진여문心眞如門은 『능가경楞伽經』에서 '적멸寂滅한 것을 일심一心이라 한다'는 것을 해석한 것이고, 심생멸문心生滅門은 『능가경』에서 '일심一心이란 여래장如來藏을 말한다'고 한 것을 해석한 것이다. 모든 법은 생멸하지 않고 본래 적정하여 오직 이 한 마음이기 때문에, 이러한 것을 심진여문이라고 말한 것이다. 또한 일심 그 자체는 본래 깨달음이지만 무명無明에 따라 움직여

體……言是心卽攝一切者, 顯大乘法異小乘法."
20) 馬鳴, 『大乘起信論』(『大正新修大藏經』 권32, 556쪽).

서 생멸을 일으킨다. 이 때문에 이 문門(生滅門)에서는 여래의 성품이 감춰져서 나타나지 않아 여래장如來藏이라고 말하는 것이다.…… 이문二門이 이와 같은데 어찌하여 일심一心이 되는가? 염染과 정淨의 모든 법은 그 본성이 둘이 아니고, 진眞과 망妄의 이문二門도 다를 수 없다. 그래서 '일一'이라고 한다. 이둘이 없는 곳에서 모든 법은 실實하여 허공과 같지 않고, 그 성품은 스스로 신통한 이해력을 지니고 있기에 '마음'이라고 말한 것이다. 그러나 이미 둘이 없는데 어찌 하나가 있을 수 있겠는가? 하나가 없는데 무엇을 가지고 마음이라 이를 것인가? 이러한 도리는 말을 떠나고 생각을 끊는 것인바, 어떻게 지목할지 몰라서 할 수 없이 '일심一心'이라 부르기로 한 것이다.[21]

여기서 알 수 있는 바와 같이, 일심一心은 작용이나 기능을 말하는 것이지 궁극적 존재나 근원적 실체를 지칭하는 형이상학적 개념이 아니다. 원효는 결코 유심론적 존재론적 차원에서 그 근원적 실체를 추구하여 그것의 시원始原을 일심이라고 부른 것이 아니다. "일심이 무엇인가?"라고 묻는 것은 처음부터 우주의 궁극적 근원이나 실체를 잘못 상정하고 있는 것이다. 그러므로 우리는 "일심은 무엇인가?" "마음은 무엇인가?"를 물을 것이 아니라 "마음이 어떻게 나타나고 작용하는가"를 물어야 할 것이다.[22] 모든 것을 실체시하는 잘못된 사고를 물리치기 위해서 일심이라고 이름 붙인 것인데, 오히려 그 일심을 실체시해서 "일심이 무엇인가?"라고 묻는 것은 참으로 고칠 수 없는 실체에 대한 집착의 병이다. 원효 자신이 일심을 실체화해서 그것이 무엇인가를 따지는 형이상학적 존재론적 견해가 얼마

---

21) 元曉, 『大乘起信論疏』(『한국불교전서』 1책, 704~705等), "此言心眞如門者, 卽釋彼經 寂滅者名爲一心也. 心生滅門者, 是釋經中一心者名如來藏也. 所以然者, 以一切法, 無滅本來寂靜, 唯是一心, 如是名爲心眞如門, 故言寂滅者名爲一心. 又此一心體, 有 本覺, 而隨無明, 動作生滅, 故於此門, 如來之性 隱而不顯, 名如來藏……二門如是, 何爲一心, 謂染淨諸法, 其性無二, 眞妄二門, 不得有二, 故名爲一. 此無二處, 諸法 中實, 不同虛空, 性自信解, 故名爲心. 然旣無有二, 何得有一? 一無所有, 就誰曰心? 如是道理, 離言絶慮, 不知何以目之, 强號爲一心也."

22) 김형효, 「텍스트 이론과 元曉 사상의 논리적 讀法」, 『元曉의 사상과 그 현대적 의미』 (한국정신문화연구원, 1994), 14쪽 참조.

나 위험한 것인가에 대해서 날카롭게 경고한 바 있다. 그는 "일심이 따로 있다고 생각하는 것은 마치 목마른 사슴이 타오르는 불꽃을 보고 물이라고 하고서 달려가는 것과 같은 미혹迷惑"이라고 말하고 있다.[23] 물에 집착하고 있는 사람은 정반대되는 불을 보고서도 물이라고 착각하는 것처럼 "일심이 무엇인가?"라는 사고에 붙잡혀 있는 한 진정한 일심은 찾을 길이 없는 것이다. 이것은 모든 것을 실체시하는 생각을 물리치기 위해서 "모든 것은 공하다"고 말하니까 그 공을 또 실체시하여 집착하는 악취공惡取空과 같은 것이다. 공에 집착하는 악취공은 가장 심각한 사고의 병으로서 아무도 어찌할 수 없는 것이다.

원효가 일심을 항상 이문과 관련시켜 얘기하고 있는 것은 바로 일심을 실체시하는 악취공적인 사고를 방비하기 위한 배려라고 볼 수 있다.[24] 원효는 이문을 말할 때도 '진여심眞如心'이나 '생멸심生滅心'이라고 하지 않고 반드시 '심진여心眞如'와 '심생멸心生滅'이라고 표현하고 있는 것도 마음의 실체화를 경계했기 때문이다. 만약 '진여심'이나 '생멸심'이라고 말하게 되면 존재론적으로 서로 다른 마음이 있는 것으로 상정하게 될 것이고, 그렇게 되면 이 양자는 서로 분리된 채로 남을 수밖에 없을 것이다. 그래서 원효는 심생멸문心生滅門을 설명하면서 "생멸심生滅心을 가지고 생멸문生滅門이라고 한 게 아니라 생멸 그 자체 및 생멸하는 모습을 함께 취해서 생멸문이라고 했다는 사실을 알아야 한다"고 강조하고 있는 것이다.[25] 원효는 또한 이문과 무관하게 일심이 있는 것이 아닌 것처럼 이문 또한 각각

---

23) 元曉, 『金剛三昧經論』(『한국불교전서』 1책, 741쪽), "謂如渴鹿, 見燄謂水, 馳走而求, 直是迷倒, 計有一心, 亦如是故."

24) 그런 점에서 원효의 사상을 다만 일심사상이라고 하는 것은, 일심을 마치 모든 것이 그로부터 시작되고 그것으로 다시 돌아가는 형이상학적 一者 혹은 신과 같은 존재로 생각할 염려가 있다는 점에서도 적절치 않다고 생각한다.

25) 元曉, 『大乘起信論疏』(『한국불교전서』 1책, 705쪽), "當知, 非但取生滅心爲生滅門, 通取生滅自體及生滅相, 皆在生滅門內義也."

일심으로서 있는 것이지 일심의 한 부분으로 있거나 일심과 무관하게 있는 것이 아니라고 생각한다. 이러한 생각은 바로 『대승기신론』에 "이문二門이 각각 모든 법法을 총괄하여 포섭하고 있다"[26]고 명확히 표현되어 있는 데 따른 것이다. 이에 대해서 원효는 다음과 같이 풀이한다.

진여문眞如門은 염染과 정淨을 통튼 모습이다. 통튼 모습 외에 따로 염과 정이 있는 것이 아니다. 그러기에 염과 정의 모든 법을 총괄할 수 있다. 생멸문生滅門은 염과 정을 따로 드러낸 것이다. 염과 정의 모든 법이 포괄되지 않는 것이 없다. 그러기에 또한 모든 법을 총괄하여 포섭하고 있는 것이다. 통튼 것과 따로 드러낸 것이 비록 다르지만 서로 배척하는 것이 없다. 그러므로 두 문은 서로 분리되지 않는다고 말한 것이다.[27]

설사 이문二門이 별개의 실체는 아니라 할지라도, 이문이 서로 어긋나고 통하지 않는 것은 진여문 중에 리理만 포함하고 사事는 포섭하지 않고, 생멸문 중에 사事만 포함하고 리理는 포섭하지 않는데 따른 것이다. 그러나 지금의 이문은 상호 융통하여 한계를 나눌 수가 없다. 이와 같이 두 문이 각각 모든 리법理法과 사법事法을 두루 포섭하고 있기 때문에 이문이 서로 떨어지지 않는다고 말한다.[28]

여기에서 원효는 이문이 일심을 나누어서 본 일심의 부분이 아니라는 사실을 분명하게 밝히고 있다. 이처럼 부분을 전체의 일부분으로 보지 않고 각각 하나의 전체를 이루고 있다고 보는 견해는 바로 화엄 사상의 핵심

26) 馬鳴, 『大乘起信論』(『大正新修大藏經』 권32), "是二種門, 皆各總攝一切法."
27) 元曉, 『大乘起信論疏』(『한국불교전서』 1책, 705쪽), "眞如門者, 染淨通相, 通相之外, 別無染淨, 故得總攝染淨諸法. 生滅門者, 別顯染淨, 染淨之法, 無所不該, 故亦總攝一切諸法. 通別雖殊, 齊無所遣, 故言二門不相離也."
28) 元曉, 『大乘起信論別記』(『한국불교전서』 1책, 679쪽), "設使二門雖無別體, 二門相乖不相通者, 則應眞如門中攝理而不攝事, 生滅門中攝事而不攝理. 而今二門, 互相融通, 際限無分, 是故皆各通攝一切理事諸法, 故言二門不相離也."

인 일즉다一卽多 다즉일多卽一의 사상과 다른 것이 아니다. 원효도 『화엄경소華嚴經疏』에서 "하나도 아니고 여럿도 아니므로, 일법一法이 일체법一切法이고 일체법이 일법이다"[29]라는 대목을 직접 쓰고 있다. 이처럼 『기신론』의 사상 체계 속에 화엄의 핵심적인 사상이 자리잡고 있다는 사실에서, 『기신론』과 화엄 사상이 서로 다른 것이 아니며, 상호 밀접한 연관을 지닌 것임을 알 수 있다. 그리고 원효가 『화엄경』을 중시하고 있다거나 원효를 화엄사상가로 보게 되는 이유도 여기서 발견할 수 있을 것이다.

만약 두 문이 각각 한 마음이 아닌 서로 다른 실체로서 존재한다든가 통하지 않는 부분으로서 존재한다면, 진여문은 항상 온갖 차별상을 떠나서 초월적 본체로서의 리理와 관계할 뿐이고, 생멸문은 온갖 차별상으로 나타나는 현상적인 사事의 문제로만 남게 될 것이다. 그러나 『기신론』과 원효의 견해는 이와는 완전히 다르다. 여기에서 사용되고 있는 문門이라는 의미에 주목할 필요가 있다. 문門은 열어서 통할 수 있게 하는 것이다. 마음의 진여로서 나타나는 측면과 생멸로서 나타나는 측면을 열어서 통하게 하면 각각 자기 안에 갇혀 있지 않고 하나의 완전한 전체를 이루게 될 것이다. 그래서 진여문은 진여문대로 염染과 정淨, 리理와 사事의 일체법을 포섭하는 전체가 되고, 생멸문은 생멸문대로 염과 정, 리와 사의 일체법을 포섭하는 전체가 되는 것이다. 이와 같이 『기신론』과 원효는 각각 두 문 모두가 한 마음을 이룬다고 말하고 있을 뿐, 한 마음이라고 하는 실체를 상정해서 그러한 일심이 있다고 하고, 이를 둘로 나누어 보는 것이 아니다. 원효가 "이문이 서로 다른 것이 아니기에 일一이라 하니, 둘이 없다면 일인들 어찌 있을 수 있겠는가?"라고 말하는[30] 뜻도 여기에서 더욱 분명하게 이해할 수 있다. 원효가 이문일심二門一心이라는 표현을 즐겨 사용하고 있

---

29) 『晉譯華嚴經疏』(『한국불교전서』 1책, 495쪽), "不一不多故, 一法是一切法, 一切法是一法."
30) 元曉, 『大乘起信論疏』(『한국불교전서』 1책, 705쪽).

는 이유도 일심이문이라고 말했을 때 생길 수 있는 오해를 막기 위한 것이라고 할 수 있다. 일심이문一心二門이라고 할 경우에는 일심으로부터 이문이 나온다거나, 일심이 이문으로 나누어진다고 생각하기 쉽다. 뿐만 아니라 일심을 발생론적인 근원이나 궁극적 실체라고 생각할 우려가 있다. 그러나 이문일심이라고 할 경우에는 일심이 따로 존재하는 것이 아니라 이문을 통해 일심이 나타나고, 이문이 각각 일심이라는 뜻을 담을 수 있다. 그래서 필자는 이문일심이라는 표현을 사용하는 것이 원효의 사상을 보다 잘 드러낼 수 있다고 생각한다.

2) 이문의 상통

『기신론』은 마음이 나타나는 두 가지 모습을 이문에 의해서 다르게 설명하고 있다. 이문은 각각 자신의 특징을 지니고 있다고 할 수 있는데, 『기신론』에서는 이문의 차이를 여러 가지로 밝히고 있다. 진여문은 리理·불변不變·공空·무능생의無能生義·통상通相·진眞의 특징을 지니고, 생멸문은 사事·수연隨緣·불공不空·능생의能生義·별상別相·속俗의 특징을 지니고 있다고 말한다. 이처럼 서로 다른 특징을 지니기 때문에 이문은 하나가 아니다. 그러나 『기신론』에서는 이문이 서로 단절되어 있는 것이 아니고, 전체의 나누어진 부분이 아니라고 한다. 이문이 각각 모든 것을 포섭하고 있는 전체이고, 서로 떨어져 있지 않아 각각 한 마음을 이루기 때문에 둘이 아니라고 한다. 이처럼 이문은 서로 같은 것도 아니고, 다른 것도 아닌 관계에 있다.

> 같을 수 없는 것은 같으면서 동시에 다른 것이고, 다를 수 없는 것은 다르면서 동시에 같은 것이다. 같다는 것은 다름에 의거해서 같음을 변별한 것이고, 다르다는 것은 같음에 의지해서 다름을 밝힌 것이다. 같음에 의거해서 다름을 밝히

는 것은 같음을 나누어서 다르게 만든 것이 아니요, 다름에서 같음을 변별하는 것은 다름을 녹여서 같게 한 것이 아니다. 진실로 같은 것은 다름을 녹인 것이 아니기에 이를 같다고 말할 수 없고, 다른 것은 같음을 나눈 것이 아니기에 이를 다르다고 말할 수 없다.[31]

이처럼 이문이 같지도 다르지도 않기 때문에 둘은 서로 화합할 수 있고, 또 통할 수 있다. 원효는 서로 같지도 다르지도 않은 이치를 이해한다면 백 가지 쟁론도 화합하지 못할 게 없다고 말한다.[32] 서로 같지도 다르지도 않기 때문에 서로 같게 동화되지도 않고, 다르게 이질화되지도 않으면서 서로 통할 수 있다. 원효는 진眞과 속俗의 이문이 이처럼 서로 융통하는 모습을 융이이불일融二而不一[33] 또는 무이이불수일無二而不守一[34]이라고 표현하고 있다. 이문이 서로 융통한다고 하여 각각의 특성을 무화시키는 방식으로 서로 섞이는 것은 아니다(不雜亂).[35] 화합이라는 말은 이처럼 각자의 독자성은 그대로 유지하면서도 서로 배타적이지 않게 된다는 뜻이다. 통한다는 뜻은 상호간에 벽이 없기 때문에 걸림 없이 자유롭게 왕래할 수 있다는 뜻이다.

두 문이 서로 화합하고 통하기 위해서는 어디까지나 두 문이 모두 한 마음이 되지 않으면 안 된다. 『기신론』은 이처럼 두 문이 각각 한 마음을 이루고 있는 모습을 나타내기 위해서, 진여문에는 여실공如實空과 더불어 여실불공如實不空의 뜻을 포함시키고, 생멸문에는 생멸生滅과 더불어 불

---

31) 元曉, 『金剛三昧經論』(『한국불교전서』 1책, 626쪽), "不能同者, 卽同而異也, 不能異者, 卽異而同也. 同者, 辨同於異, 異者, 明異於同. 明異於同者, 非分同爲異也, 辨同於異者, 非鎖異爲同也. 量由同非鎖異故, 不可說是同, 異非分同故, 不可說是異."
32) 元曉, 『大乘起信論別記』(『한국불교전서』 1책, 680쪽), "若能解此三性不一不異義者, 百家之諍, 無所不和也."
33) 元曉, 『金剛三昧經論』(『한국불교전서』 1책, 604쪽).
34) 元曉, 같은 책(『한국불교전서』 1책, 658쪽), "眞俗無二而不守一."
35) 元曉, 『大乘起信論別記』(『한국불교전서』 1책, 680쪽).

생불멸不生不滅의 뜻을 포함시키고 있다. 그리하여 『기신론』은 두 문이 다 같이 일심으로서 화합하고 통하는 모습을 그리고 있다.[36]

먼저 생멸문이 일심—心이 됨으로써 생멸이 불생불멸을 포섭하게 되면, 모든 분별과 망념을 깨뜨리게 되어 모든 차별을 떠나게 된다. 그것은 바로 진여문과 다른 것이 아니다. 이것을 원효는 융속위진融俗爲眞이라고 한다.[37] 진여문에서는 일체의 분별을 하지 않으므로, 진여가 생멸과 다르며 우월하다고 하는 분별과 집착(근본무명)까지를 버리게 된다. 이와 같은 지혜를 무분별지 혹은 진여근본지라고 한다.[38] 무분별지에 의해서 진여가 우월하다는 집착을 버리게 되면 불변인 진여문에 머무르지 않고 생멸의 세계로 나오게 된다. 이것을 원효는 융진위속이라고 한다.[39] 이와 같이 진여문과 화합하여 생멸의 세계로 다시 나오게 되면 상황에 따라 적절한 서로 다른 판단과 행위를 할 수 있게 된다. 이것을 『기신론』에서는 불가사의하다고 해서 부사의업不思義業이라고 하고, 세간에서 자연스럽게 분별한다는 의미에서 세간자연업지世間自然業智라고 말한다.[40]

이처럼 『대승기신론』이 그리는 생멸문과 진여문이 상호 화합함으로써 생멸문에서 진여문으로, 또 진여문에서 생멸문으로 아무 걸림 없이 융통하게 되는 모습은 바로 모든 대립을 극복하는 길을 보여 주고 있는 것이다. 이에 따르면 만 가지로 대립하는 모습은 두 문門이 화합하고 융통하

---

36) 고익진, 「元曉의 『起信論疏·別記』를 통해 본 眞俗圓融無碍觀과 그 成立理論」, 『불교학보』 10집(1973), 287~319쪽.
   고익진은 이 논문에서 이문이 서로 화합하고 융통하는 모습에 대한 설명을 매우 설득력 있게 제시하고 있다. 고익진은 또 上記한 「元曉思想의 實踐原理」라는 논문에서 『金剛三昧經論』의 大意文이 생멸문→진여문→생멸문의 방식으로 구성되어 있다는 것을 밝히고, 본문 내용도 俗에서 眞으로, 그리고 眞에서 俗으로 융통하는 모습을 그리고 있다고 하여 자세히 설명하고 있다.
37) 元曉, 『金剛三昧經論』(『한국불교전서』 1책, 658쪽), "融俗爲眞, 顯平等義."
38) 馬鳴, 『大乘起信論』(『大正新修大藏經』 권32, 577쪽).
39) 元曉, 『金剛三昧經論』(『한국불교전서』 1책, 658쪽), "融眞爲俗, 顯差別門."
40) 馬鳴, 『大乘起信論』(『大正新修大藏經』 권32, 577쪽).

는 방식으로 각각의 독자성을 잃지 않으면서 조화될 수 있다. 하나에 다른 것이 통합되거나 종속되는 방식이 아니기 때문에 거기에는 어떠한 갈등도 있을 수 없다. 원효는 여러 다른 사상들간의 대립을 포함하여, 진眞과 속俗의 대립 및 리理와 사事의 대립을 화쟁和諍하고자 하였고, 그 방법을 『대승기신론』의 이문일심二門一心의 사상 체계 속에서 발견해 내었다. 원효는 『대승기신론』의 사유 체계를 자신의 것으로 함으로써 다양한 사상을 모두 담아 내면서도 통일성을 잃지 않았고, 진과 속을 자유롭게 드나드는 무애無碍의 실천행을 할 수 있었던 것이다.

4. 이문일심과 화쟁

원효는 이문일심二門一心의 사유 체계에서 세계를 보고 대하는 가장 올바른 태도를 발견했다. 그의 모든 생각과 행동의 기본 지침은 여기에서 찾을 수 있다. 화쟁 역시 이문일심의 구조 속에서 논의될 수 있다. 앞 절에서 보았듯이 원효는 이문이 같지도 다르지도 않기 때문에, 둘은 같게 동화되지도 않고 다르게 이질화되지도 않으면서 서로 화합하고 통할 수 있다고 보았다.[41] 그래서 원효는 "서로 같지도 다르지도 않은 이치를 이해한다면 백가지쟁론도 화합하지 못할 게 없다고 말했던 것이다."[42] 둘이 서로 같지도 다

---

41) 박성배는 「원효의 논리구조」, 『원효의 사상체계와 원효전서 영역상의 제문제』(동국대학교, 1997), 45쪽에서 원효가 『大乘起信論』의 一心二門 사상에서 화쟁의 원리를 발견했다고 말한다. 그러나 박성배는 진여문을 體로 생멸문을 用으로 보고 體用不離의 관계를 가지고 논하고 있다. 그러나 원효는 "왜 진여문에서는 體만을 보이고 생멸문에서는 自體相用을 모두 보이느냐"는 질문에 대해서, "포함하고 있는 뜻과 보이는 뜻은 다르다"고 답하면서, 실은 생멸문에서도 體를 보이고 있고 진여문 가운데서도 事相을 보이고 있다고 설명하고 있다.(원효, 『大乘起信論別記』, 『한국불교전서』 1책, 679쪽) 이로써 볼 때 진여문을 體로 규정하고 생멸문을 用으로 규정해서 體用關係로 양자를 논하는 것은 적절치 않다고 생각한다.

르지도 않기 때문에 서로 같게 동화되지도 않고, 다르게 이질화되지도 않으면서 서로 통할 수 있다고 하였다. 원효는 서로 다른 것들의 평등함과 차별성을 동시에 살려서 드러내줌으로써, 모든 대립의 문제를 조화롭게 해결하고자 한다.

원효는 공空·유有의 문제, 불성유무佛性有無의 문제 등 서로 대립되는 견해들 사이의 논쟁에 대해서도 조화로운 해결점을 찾고 있다.[43] 원효는 대립되는 견해를 오로지 평등의 관점에서 보아 함께 취하기만 하거나 모두 버리기만 하지 않는다(無二而不守一). 또한 오로지 차별의 관점에서 보아 어느 하나를 전적으로 취하지도 않는다(融二而不一). 함께 취하거나 모두 버리는 것은 현실적 대립의 문제를 관념적으로 무화시켜 회피하는 것일 뿐 아무런 해결책이 되지 못한다. 그렇다고 대립되는 것 가운데서 어느 하나만을 전적으로 취하는 것은 다른 한 쪽을 완전히 무시하게 되기 때문에 원만하면서도 완전한 해결이 될 수 없다. 원효가 취하는 해결 방식은 양자를 다같이 인정하면서도 전적으로 수용하지는 않는 것이다. 원효는 각각의 견해가 제기된 맥락과 입장, 그리고 그것이 갖는 의미들에 대하여 최대한 긍정적으로 이해한다.

그러나 그것만이 옳고 전부인 줄 집착하여 고집하는 태도에 대해서는 신랄하게 비판한다. 원효는 각각의 견해가 어떤 측면에서는 인정될 수 있지만 그것은 특정의 맥락과 입장을 전제로 한 것인 만큼 제한적일 수밖에 없음을 분명하게 밝혀 준다. 원효는 전체적인 견지에서 볼 때 그 견해가 갖고 있는 의미와 한계를 올바르게 인식시켜 줌으로써 더 이상 자신의 견

---

42) 元曉, 『大乘起信論別記』(『한국불교전서』 1책, 680쪽), "苦能解此三性不一不異者, 百家之諍, 無所不和也."

43) 원효의 『十門和諍論』은 이외에도 三乘과 一乘·我空과 法空·三性의 一異·煩惱障과 所知障 및 涅槃異義·佛身異義·佛性異義 등의 문제에 대한 이견을 화쟁하고 있다. 이종익, 『원효의 근본사상: 十門和諍論 연구』(동방사상연구원, 1977) 참조

해에 집착하여 머무르지 않도록 한다.[44] 원효의 화쟁和諍 방식은 결국 각
각의 견해에 대한 올바른 평가를 설득력 있게 내려줌으로써 자신의 견해
가 지닌 한계와 의미를 정확히 깨닫게 하여 그릇된 견해를 버리고 올바른
견해를 갖도록 하는 것이다. 따라서 화쟁이 이루어지기 위해서는 각자가
자신의 견해가 지닌 한계를 깨닫고 그것에 집착하는 것이 잘못임을 인정
하지 않으면 안 된다. 스스로의 한계와 잘못을 깨닫고 인정하기 위해서는
기존의 관점과 태도에 머무르지 말고(無住) 전체적인 견지(一心)에 서야 한
다. 다툼과 갈등의 원인이 집착에 있는 만큼 그것의 해결을 집착을 떠나는
데(無住)서 찾고 있는 것은 너무도 당연하다.

> 유有가 아닌 것이 무無에도 머무르지 않는다고 하는 것은 비록 속俗을 융섭하
> 여 진眞으로 한다 할지라도 진眞의 무無라는 법法을 고수하지 않기 때문이다.
> 무無가 아닌 모습이 유有에도 머무르지 않는다고 하는 것은 비록 진眞을 융섭
> 하여 진眞으로 한다 하더라도 속俗의 유有라는 모습을 고수하지 않기 때문이
> 다.[45]

이처럼 어느 하나에 집착하여 머무르지 않을 때 걸림 없이 오고갈 수
있고, 그 때에야 서로 화합하고 융통할 수 있게 되는 것이다. 원효가 "모든
것에 걸림 없는 사람이 한길로 생사를 벗어난다"[46]고 무애가無碍歌를 부
르면서 여기저기를 떠돌아다닌 것도 무주無住 바로 그것이 깨침의 길이기
때문이었다. 그런 점에서 원효의 사상뿐만 아니라 그가 살아간 삶 전체도
무주로 특징 지을 수 있다고 생각한다.[47] 원효 스스로도 생生이 곧 적멸寂

---

44) 元曉, 『涅槃經宗要』(『한국불교전서』 1책, 529쪽), "若非定執, 二說俱得."
    최유진, 「元曉의 和諍思想硏究」(서울대학교 박사학위논문, 1988), 67∼76쪽 참조.
45) 元曉, 『金剛三昧經論』(『한국불교전서』 1책, 640쪽), "不有之法, 不卽住無者, 雖融俗爲
    眞, 而不守眞無之法故. 不無之相, 不卽住有者, 雖融眞爲俗, 而不守俗有之相故."
46) 『華嚴經』(『大正新修大藏經』 권9, 429쪽).
47) 은정희는 그의 논문 「원효의 不住涅槃思想」(『민족불교』 2, 청년사, 1992)에서 원효가

滅이지만 적멸을 고수하지 않으며, 적멸이 곧 생이지만 생을 고수하지 않는다고 말하고 있기도 하다.[48] 실제로 원효는 학문의 세계에 있어서도 삶의 방식에 있어서도 결코 어느 하나를 붙들고 그것에 머무르지 않았다.

5. 이문일심과 실천의 문제

원효는 『기신론』에서 다만 다양한 사상들을 체계적으로 담을 수 있는 방법을 찾은 것만이 아니라 『기신론』을 통해서 실천을 위한 이론적 기초를 얻고 있다. 원효는 『대승기신론』이 대승불교의 이론과 실천을 총괄하려는 목적을 가지고 쓰여진 책이라는 사실을 잘 알고 있었던 것이다.

일심一心이 움직여 육도六道를 만들어 놓는다. 그러므로 널리 중생을 구하겠다는 소원을 낼 수가 있는 것이다. 육도는 일심 밖에 있는 것이 아니기 때문에 동체대비同體大悲를 일으킬 수 있는 것이다. …… 교설의 문은 비록 다양하지만 처음 들어가는 수행은 두 개의 문에서 벗어나지 않는다. 진여문眞如門에 의하여 지행止行을 닦고, 생멸문生滅門에 의하여 관행觀行을 일으키어, 지止와 관觀을 동시에 닦아 나가면 모든 행위가 이 두 수행에 의하여 다 갖추어진다.[49]

『大乘起信論疏』와 『大乘起信論別記』라는 그의 저술에서 가장 중점적으로 주장한 사상은 不住涅槃思想이라고 말한다. 나아가 원효의 불교 대중화운동은 그의 不住涅槃思想을 구체화한 것이라고 주장하였다. 이로써 원효 사상의 실천적 성격을 잘 드러내주고 있지만, 이 경우 생사에 머물지 않는다고 하는 구도 정신이 간과될 우려가 있다고 생각한다.

48) 元曉, 『金剛三昧經論』(『한국불교전서』 1책, 659쪽), "生卽寂滅而不守滅, 滅卽爲生而不住生."

49) 元曉, 『大乘起信論疏』(『한국불교전서』 1책, 701쪽), "良由一心動作六道. 故得發弘濟之願. 六道不出一心, 故能起同體大悲 ……諸敎門雖有衆多, 初入修行不出二門. 依眞如門修止行, 依生滅門而起觀行, 止觀雙運, 萬行斯備."

이처럼 원효는『대승기신론』의 이문이 불교의 근본적 수행이라고 할 수 있는 지止(마음을 가라앉히고 정신을 집중하는 것)와 관觀(세계의 참모습을 명료하게 관조하는 것)을 닦는 이론적 기초라고 보고 있다. 그리고 이 지止와 관觀이 함께 갖추어지지 않으면 깨달음의 길에 들어갈 수 없다고 말한다.[50] 원효는 또한 일심을 중생을 교화하고 구제할 수 있는 이론적 기반으로 생각하고 있다. 중생이 아무리 다양하다(무지몽매하고 흉악하다) 하더라도 그들도 곧 나처럼 일심이라는 점에서, 중생을 나와 한몸이라고 느끼는 보살의 실천행이 이루어질 수 있게 된다는 것이다. 실제로 교화나 구제는 하는 사람이나 받는 사람이 모두 일심이 되지 않으면 불가능한 것이다.

원효는『대승기신론』이 여러 가지 대립을 화쟁하는 길을 제시하고 있다고 보았지만, 그 중에서도 원효에게 가장 주목을 끈 것은 바로 진眞과 속俗의 대립이었다. 원효가『대승기신론』에 대해서 한마디로 이 논論은 진과 속이 별개의 것이라는 집착을 다스리기 위한 것이라고 말한 것[51]도 이 때문이다. 진과 속을 별개로 보면 어떤 문제가 생기는가? 진과 속을 분리하여 별개의 것이라고 한다면, 진과 속은 서로 통할 수가 없기 때문에 진은 어디까지나 진으로서 초월적으로 존재하고, 속은 어디까지나 속에 머무를 수밖에 없는 것이 되고 만다. 그러면 괴로움을 겪고 있는 생사의 세계를 벗어나서 열반에 이른다고 하는 종교의 이상은 실현 불가능한 것이 되고 만다. 또 진은 참되고 가치 있는 것이요 속은 모두 거짓으로서 가치 없는 것이라고 한다면, 속을 부정하고 진을 추구하는 방향으로만 움직이게 되고, 깨달음을 얻어 진에 이른다 할지라도 열반에 고요히 머무를 뿐이라면,

---

50) 元曉, 같은 책(『한국불교전서』1책, 32쪽), "故言止觀不具, 則無能入菩提之道也."
원효는 여기서 止와 觀의 두 수행이 서로를 완성시켜 주는 이치는 마치 새의 양날개나 차의 두 바퀴와 같다고 비유하고 있다. 즉 두 바퀴가 다 갖추어지지 않으면 실어나를 수가 없고, 한 날개라도 없으면 날지 못하게 되는 것과 같다는 것이다.
51) 元曉,『大乘起信論別記』(『한국불교전서』1책, 682쪽), "今此論者, 依楞伽經, 爲治眞俗別體執."

그것은 세속과는 아무런 관련이 없는 무의미한 것이 되고 만다. 이는 위로 깨달음을 구하고 아래고 중생을 제도한다고 하는 대승불교의 본령과도 어긋나는 것이다. 또 세속을 전적으로 부정하게 되면 깨달음을 추구하는 자신의 결단과 노력 및 그것을 지탱해 주는 현실적인 기반까지도 부정하게 되어 자신이 설자리를 잃어버리게 된다. 이렇게 볼 때『대승기신론』은 진과 속이 다른 것이 아니요, 서로 융통하는 것임을 명확히 함으로써 종교적 실천의 토대를 굳건하게 해 주었다고 할 수 있다.

원효는『기신론』에서 확보된 진속불이眞俗不二의 토대를 바탕으로 하여, 단순한 현실 도피도 단순한 현실 참여도 아닌 도속불이道俗不二·진망불이眞妄不二의 중도 사상에 따른 윤리 사상을 가지고 있었다.52) 원효는『금강삼매경론』과『본업경소』·『보살계본사기』등 보살계 관계 저술 속에서 올바른 판단과 행위 그리고 분별과 망집을 벗어나서 세계의 참 모습을 관조하는 등의 실천 수양을 역설한다.53) 원효는 큰 바다에는 나룻터가 없지만 배를 띄워 건널 수 있고, 허공에는 사다리가 없지만 날개를 쳐서 높이 날 수 있듯이, 실천 수행을 하는 데 있어서는 도道 아닌 도道가 없고 문門 아닌 문門이 없다고 말한다.54) 이는 실천 수행을 함에 있어서 반드시 따라야 하는 일정한 형식이나 방법이 있는 것이 아님을 말한 것이다. 원효가 중생을 제도하기 위하여 계율을 어긴 경우에는 죄가 아니라 복이 된다고 해석한 것도 계戒에 대한 적극적인 해석이라 할 수 있고, 원효의 무애만행은 이러한 그의 생각과 연결되고 있다고 할 수 있다.55)

---

52) 이기영,「元曉의 菩薩戒觀」,『불교학보』5집(동국대학교, 1967).
53) 元曉,『本業經疏』(『한국불교전서』1책, 498쪽)에서는 지혜와 복덕을 두 개의 노로 삼아 佛法의 대해를 건너고, 止와 觀의 두 날개를 조화롭게 움직여 法性의 허공을 난다고 표현하고 있다.
54) 元曉, 같은 책(『한국불교전서』1책, 498쪽), "然以大海無津, 汎舟楫而能渡, 虛空無梯, 翻羽翼而高翔. 是知無道之道, 斯無不道, 無門之門, 則無非門."
55) 최원식,「新羅 菩薩戒思想史 硏究」(동국대학교 박사학위논문, 1992), 59쪽.

원효는『대승기신론』과『금강삼매경론』에서 깨달은 상태에 안주하지 말고 중생의 이익을 위해 적극적으로 노력해야 한다는 부주열반不住涅槃을 몸소 실천한다. 원효의 사상과 삶 속에 무수히 드러나는 중생에 대한 부단한 관심과 그 스스로 서민 대중 속에 뛰어들어 함께 노래하고 춤추는 무애행이 바로 그것이라 할 수 있다. 원효는 아미타 신앙을 비롯한 정토 신앙을 통해서 서민 대중을 교화해 나간다. 또한 원효는 여인女人뿐만 아니라 일천제一闡提도 성불成佛할 수 있다고 말함으로써 인간은 누구나 성불할 수 있음을 분명히 한다. 이문일심의 구조에 의하여 모든 사람은 깨달을 수 있는 불성佛性을 소유하였고, 무명無明을 제거하고 일심이 되면 부처의 세계에 들 수 있다는 것이다.

이렇게 말함으로써 원효는 누구라도 자신의 취향과 근기에 맞는 방편을 통해서 진리의 세계에 들 수 있다는 확신을 심어 주었을 뿐만 아니라 서민 대중의 근기에 맞는 정토 신앙을 제시한다. 그것은 복잡한 사상에 대한 지식이나 이해가 없어도 아미타불을 부르거나 생각하기만 하면 극락에 갈 수 있다는 것이다. 이는 수많은 단계를 거쳐야 하는 것이 아니라 곧 바로 극락 왕생할 수 있다는 것이기 때문에 서민들 사이에 급속히 퍼져나갈 수 있었다. 원효는 아미타불의 극락 세계를 실재한다고 보지 않았고, 인간의 일심이 발현된 것으로 보았다.[56] "차안此岸도 없고 피안彼岸도 없다. 예토穢土와 정토淨土가 본래 일심이요, 생사와 열반이 둘이 아니다"라고 하는 말을 통해서[57] 우리는 원효의 이문일심 사상이 어떻게 정토 사상으로 이어지고 있는가를 단적으로 확인할 수 있다.

---

56) 김영미,「元曉의 阿彌陀信仰과 淨土觀」,『가산학보』2집(가산불교문화진흥원, 1993), 34쪽.
57) 元曉,『無量壽經宗要』(『한국불교전서』1책, 553쪽), "無此無彼, 穢土淨國, 本來一心, 生死涅槃, 終無二際."

6. 맺는 말

지금까지 원효 사상의 다양성이나 원효의 삶이 보여 주는 다양한 측면을 밝혀 주는 연구는 많이 있었다. 그러나 원효의 삶과 사상이 지니는 이러한 다양성을 꿰뚫고 있는 통일성과 일관성이 무엇인지를 밝히고자 하는 시도는 충분치 않았다. 원효 사상의 핵심을 '화쟁和諍 사상' '일심一心 사상' '화엄華嚴 사상' 등으로 지적하는 연구들이 있었지만, 그것으로 원효 사상을 규정하기에는 다음과 같은 문제점을 지닌다. 화쟁 사상과 일심 사상의 경우는 그 포괄적 성격 때문에 다른 불교 사상과 구분이 잘 되지 않으며, 화엄 사상이라고 할 경우에는 중국 화엄종의 그것과 동일한 것으로 간주될 가능성이 있어, 어느 경우에나 원효 사상의 구체적 특징이 잘 드러나지 않는다는 문제점이 있다.

원효의 다양한 사상은 그 안에 일관된 사유 체계를 지니고 있고, 원효의 다양한 실천행은 그것을 가능케 하는 이론적 토대를 지니고 있다고 할 수 있다. 필자는 그러한 원효의 사유 체계를 바로 『기신론』의 이문일심 사상이라고 본다. 그래서 본 논문에서 원효가 『기신론』의 이문일심 사상을 철저히 자신의 것으로 소화하고 있고, 그것으로 자신의 사상을 일관되게 전개하고 있으며, 그의 삶도 이러한 관점에서 통일적으로 이해할 수 있다는 점을 밝혀 나갔다.

원효는 불교의 모든 가르침이 이문일심에 의해 총괄하여 포섭될 수 있다고 하였다. 그런데 일심과 이문은 항상 함께 생각하여야 하는 것이고, 서로 분리될 수 있는 개념이 아니다. 원효는 이문과 무관하게 일심이 있는 것이 아닌 것처럼, 이문 또한 각각 일심으로서 있는 것이지 일심의 한 부분으로 있거나 일심과 무관하게 있는 것이 아니라고 생각한다. 이문이 각각 일심이기 때문에 이문은 서로 단절된 채 독립적으로 존재하는 것이 아니라 서로 통할 수 있게 된다. 이것이 바로 이문일심 사상이다.

원효는 『기신론』 속에서 제시된 이문과 일심의 관계를 통해서 '일즉다一卽多 다즉일多卽一'의 원리를 명확히 드러내었고, 진여문과 생멸문의 관계에서는 리사理事가 융통무애함을 친절하게 보여 주었다. 일즉다의 사상과 리사무애理事無碍는 화엄 사상의 가장 중요한 뼈대를 이루는 것인데, 이를 원효가 누구보다도 선명하게 설명해 주고 있다고 할 수 있다. 또한 진여문과 생멸문이 각각 모든 리법理法과 사법事法을 포섭하고 있다고 하여 두 문이 서로 단절된 두 개의 실체로서 존재하는 것이 아니라 서로 통할 수 있는 한 마음이라는 사실을 명확히 하였다. 뿐만 아니라 속俗에서 진眞으로, 그리고 진眞에서 속俗으로 융통하는 과정과 모습을 설득력 있게 제시하였다. 이로써 우리는 서로 다른 이론 사이의 화쟁이 어떻게 가능한가를 명확히 알 수 있고, 진과 속을 자유자재로 걸림 없이 드나드는 것이 어떻게 이루어지는가 하는 것도 이해할 수 있게 되었다. 뿐만 아니라 깨달음을 얻기 위한 지관止觀의 수행과 중생을 구제하는 자비의 실천, 그리고 정토 사상까지도 이문일심의 사유 체계에 의해 이론적으로 뒷받침되고 있는 것을 확인할 수 있었다.

이와 같이 원효의 사유 체계를 이문일심二門一心 사상이라고 봄으로써 원효 사상에 대해서 내려진 기존의 특징들을 함께 포괄하면서도 보다 구체적인 사유의 특징을 드러낼 수 있다고 생각한다. 이문일심이라고 할 경우에는 그냥 일심이라고 할 경우에 사상되어 버릴 수 있는 현실의 차별성에 대한 관심을 나타낼 수 있고, 이문이라는 서로 다른 것 사이의 화쟁이 어떻게 가능한가의 방법을 명시할 수 있으며, 이문이 각각 일심이라는 사유가 중국의 화엄 사상과 어떻게 연관되고 있는가도 드러낼 수 있다. 원효의 삶이 보여 주는 다양한 모습도 이것으로 일관되게 설명할 수 있다는 점에서, 이문일심은 원효의 삶과 사상이 지니는 다양성과 통일성을 함께 밝혀 줄 수 있는 사유 체계라고 생각한다.

원효의 화엄학

— 광엄과 보법의 긴장과 탄력 —

고 영 섭

1. 언어와 깨달음

인간이라는 동물은 언어를 통해 사유한다. 직립이라는 사건을 통해 언어(문화)를 발견하고 도구(문명)를 발명한 현실적 인간은 언어를 매개하여 언어 이전의 세계를 경험한다. 때문에 인간의 경험은 언어의 세계와 언어를 넘어선 세계와의 부딪힘 속에 자리하고 있다. 다시 말하면 인간의 현실적 삶은 언어로 표현할 수 있는(依言) 세계와 표현할 수 없는(離言) 세계 사이의 접촉을 통해 이루어진다. 그러므로 현실적 인간은 사물의 총화인 세계와 부딪힘(六觸)으로써 느끼고, 언어를 매개함으로써 분별(인식)한다.

우리는 의식의 스크린에 투영된 모든 영상을 언어라는 분별을 통해 파악한다. 우리 앞에 피어 있는 한 송이 꽃도 우리가 꽃이라고 불러줌으로써 비로소 꽃이 되고 하나의 의미를 획득한다. 꽃이라고 불려지기 이전 바람에 흔들리던 '것'은 시간적으로 변화하고 공간적으로 점유하는 몸짓으로서의 '것'일 뿐이다. 그 이름이 붙여지기 이전의 '것'을 우리는 무엇이라 불러야 할 것인가.

인간은 언어를 통해 사물을 해석함으로써 분별지를 발생시킨다. 때문에 언어는 진리를 전달하지만 왜곡하기도 한다. 전달이나 왜곡의 측면에서 인간의 언어는 극대의 공능을 지닌다. 언어의 공능의 측면, 즉 효용의 측면에 있어 시니피앙(記標)과 시니피에(記意)의 관계는 언제나 긴장과 탄력의 지평 위에 존재한다. 바로 그 지평 위에서 지시어(能詮)와 지시 대상(所詮)의 관계는 팽팽한 줄다리기를 지속하는 것이다.

원효가 보여 주는 언어 이해 역시 마찬가지이다. 언어를 통한(依言) 세계나 언어 이전(離言) 세계의 표현은 언어의 '립立'과 '불립不立'의 문제인 것이다. 불립문자不立文字라는 술어를 잘못 이해하면 우리는 커다란 오류를 범하게 된다. 이 말은 언어의 극한값까지 가 본 사람만이 말할 수 있는 깨달음의 일성一聲이라고 할 수 있다. 때문에 '불립不立'이라는 술어는 언어에 대한 무한한 긍정을 역설적으로 웅변하고 있다.

원효의 언어 이해에서 엿볼 수 있는 것은 '립立'의 목적어는 '문자' 그것이 아니라 '문자에 대한 집착성'이라는 것이다. 그는 '언어로써 언어를 버리는'(以言遣言),[1] 즉 '언어를 끊어 버린 언어'(絶言之言)[2]의 상태를 지향하고 있다. 불교에서의 언어에 대한 부정은 언어에 대한 긍정을 이끌어 내기 위한 것일 뿐 부정을 위한 부정이 아니다. 즉 언어가 지니고 있는 분별과 차별의 함의를 부정함으로써 언어의 긍정적 기능을 드러내기 위함이다. 원효의 화회(화쟁회통)의 방법도 바로 언어에 대한 이러한 그의 견해로부터 출발한다.

원효의 눈은 시니피앙(손가락)에 겨냥되어 있는 것이 아니라 시니피에

---

1) 元曉, 『大乘起信論別記』 권본(『한국불교전서』 1책, 680쪽 下).
2) 元曉, 같은 책(『한국불교전서』 1책, 680쪽 下).

(달)에 겨냥되어 있다. '도리는 말을 떠나고 생각을 끊는 것이어서', '어떻게 지목할지 몰라서', '억지로 불러서'(强號) '일심'이라 한 것[3]이라는 원효의 이 표현은 시니피에(지시대상)에 대한 그의 이해를 잘 보여 주고 있다. 이러한 언어관은 일심이라는 언어를 실체화하지 않기 위해서다. 일심은 실체적 존재가 아니라 오히려 우리들 마음의 근원적인 작용을 일컫기 때문이다. 그래서 원효는 언어의 속성을 깊이 통찰한 뒤 언어를 적극적으로 활용한다. 그의 깨달음은 진리가 언어로 인한 분별(龕·墳) 내지 집착(前·수)에 있지 않다는 것을 통찰한 지점에서 이루어졌다.

우리는 원효를 어느 한 종파의 사상가로 자리매김할 수 없다. 그의 87종 180여 권의 저술 목록[4]을 계통별로 분류하면 정토·유식·화엄 계통의 저서가 상대적으로 많다. 하지만 이것을 두고 그가 정토와 유식 그리고 화엄을 더 중요하게 생각했다고 단정할 수만은 없다. 또 정토나 유식이 그의 대표적인 사유 체계라고 말할 수만도 없다. 중국 불교의 13종에 근거하여 평가하더라도 원효의 사유는 어느 한 종파에 한정할 수 없을 만큼 포괄적이기 때문이다.

원효의 저술 가운데에서 현존하는 것은 집일輯逸·단간斷刊·시가詩歌 류를 포함하여 23부 20여 권[5]에 이른다. 그는 『화엄경소華嚴經疏』(10권, 일부 存), 『화엄강목華嚴綱目』(1권, 失), 『화엄경종요華嚴經宗要』(失), 『화엄경입법계품초華嚴經入法界品抄』(2권, 失), 『보법기普法記』, 『대승관행大乘觀

---

3) 元曉, 『大乘起信論疏』 권上(『한국불교전서』 1책, 705쪽 上).
4) 김영태, 『원효연구 사료총록』(장경각, 1996).
   졸저, 『원효, 한국 사상의 새벽』(한길사, 1997), 283~285쪽.
5) 원효의 현존 저술의 종수와 권수를 확정하기는 쉽지 않다. 최범술에 의해 복원된 『반야심경소』(1권), 원효에 가탁한 저술로 추정되는 『유심안락도』(1권), 서문만 남은 『해심밀경소』, 단간만 남은 『판비량론』, 7언 율시와 절구로 남은 「미타증성게」와 「증성가」 등을 저술 종수로 칠 것인지 아니면 단지 斷簡, 序文, 詩 등을 묶는 부록(?) 정도로 치부할 것인지에 따라 현존 저술 종수와 권수는 달라지기 때문이다. 종래 학계에서는 20부 23종이라고 해왔으나 여기에 근거하더라도 여전히 문제는 남아 있다.

行』(1권, 失) 등 6~7종의 화엄 관련 저술을 남겼다.[6] 고려 의천의 『신편제종
교장총록新編諸宗教藏總錄』(3권) 권1에 의하면, 미완성이었던 『화엄경소』
는 원래 8권이었는데 제5권을 둘로 나누고, 『화엄경종요』와 합하여 10권으
로 새로 편집했다고 한다. 현존하는 것은 『화엄경소』의 「서문」과 제3권에
들어 있는 제5품의 「여래광명각품소如來光明覺品疏」뿐이다. 때문에 원효
의 화엄에 관한 자료 역시 이 텍스트가 중심이 될 수밖에 없다.

『삼국유사』 권4, 「의해義解」 편의 '원효불기元曉不羈' 조목에는 "일찍이
원효는 분황사에 머물면서 『화엄경소』를 찬술하였는데, 제4 「십회향품」에
이르러 끝내 붓을 꺾고 말았다"[7]고 기록되어 있다. 과연 원효의 절필은 사
실인가? 원효는 절필 이후에 다시는 붓을 잡지 않았는가?[8] 다시 집필하지
않았다면 원효는 가장 말년에 『화엄경소』를 저술한 것이 된다.

그렇게 되면 그의 대표적 저술인 『대승기신론소大勝起信論疏』와 『금강
삼매경론金剛三昧經論』보다 뒤에 10권짜리 『화엄경소』를 새로 집성한 것

---

6) 종래 원효의 화엄관련 저술은 총 7종 15권으로 규정되어 왔다. 여기에다 澄觀의 『新譯
華嚴經七處九會頌釋章』(『大正新修大藏經』 권36, 712쪽 下)에 인용된 『華嚴關脈義』
까지 추가하면 8종에 이른다. 하지만 『一道章』을 화엄 관련 저술로 확정할 근거가 아
직 미약하다. 논자는 『大乘起信論二諦章』, 『大乘起信論二障義』처럼 오히려 『大乘起信
論』의 핵심 논의를 논구한 독립적 저술로서의 『大乘起信論一道章』이 아닐까 추정
한다.

7) 一然, 『三國遺事』 권4, 「義解」 5, '元曉不羈'(『한국불교전서』 6책, 348쪽 中), "曾住芬
皇寺, 撰『華嚴疏』, 至第四「十廻向品」, 終乃絕筆."

8) 흔히 '絕筆'을 한다고 하면 '완전히 붓을 꺾은 것'으로 우리는 이해한다. 하지만 우리
가 문단이나 작단의 창작자의 면모에서 보면 '역사 정신'과 '시대 의식'에 입각하여 자
신이 능동적으로 그 시대의 물결과 함께 나아갈 수 없을 때라거나 아니면 아직 준비되
지 않은 자신의 실상을 반추함으로써 양심상 도저히 이 상태로는 붓을 계속 잡을 수
없다는 절박감에서 '붓을 꺾는' 경우도 있다. 하지만 절필 이후라 하더라도 다시 재충
전의 힘을 확보한 뒤에 얼마든지 다시 집필을 할 수 있다. 원효의 경우에는 『華嚴經
疏』의 저술 연대 비정 때문에 絕筆로 그의 저술 목록을 마감한 것인지, 아니면 絕筆
이후 재충전을 한 뒤 다시 執筆을 한 것인지 쉽게 확정할 수 없다. 다만 그의 4교판에
서 보이는 一乘滿敎로서의 화엄의 위상이나 普賢敎로서의 화엄 이해 위에서 絕筆하
고 분황사 서실을 뛰쳐나간 일련의 과정에 입각해 볼 때 흔히 그의 원숙기 최후의 저
술로 추정되어 온 『大乘起信論疏』나 『金剛三昧經論』보다 더 뒤에 종래의 화엄 관련
저술을 종합하고 첨가하여 집성한 것이 『華嚴經疏』일 것이라고 논자는 추정한다.

이 된다. 『화엄경소』는 원효의 『보법장普法章』의 경우처럼 의상이 귀국한 671년 이후의 저작으로 추정되고 있다.[9] 이 저술이 671년 이후의 저작이라면 의천의 기록대로 원효는 그의 입적 해인 686년까지 『화엄경소』 8권을 저술하고 제5권을 분권하여 9권으로 만든 뒤 종래의 『화엄경종요』 1권과 합본하여 10권본 『화엄경소』를 완성한 것으로 보인다.

그의 사교판四敎判에서 일승만교一乘滿敎로서 화엄(普賢敎)을 가장 나중에 자리매김한 것도 이러한 까닭에 근거한 것으로 보인다. 물론 그렇다고 해서 원효가 화엄과 같은 일종일파에 입각한 사상가로 여길 수는 없다. 그는 교판을 절대시하여 자종의 우월성을 드러내려는 시각에 대해 "마치 소라껍데기로 바닷물을 퍼내고, 갈대 구멍으로 하늘을 보려는 것과 같을 뿐"[10]이라고 비판하고 있기 때문이다.

이렇게 볼 때 원효의 전 사상에 있어 화엄은 중국 13종[11] 중의 1종이 아니라 오히려 1종 내지 12종을 다 포괄하는 사유로서 자리매김하는 것임을 알 수 있다. 다시 말해서 원효에게 있어 화엄은 그의 전 사유의 '종합' 혹은 '통일'적 입장을 대표하는 사유 체계로 보인다.

원효의 개인적 깨달음은 이미 의상과의 제2차 입당 유학의 길(661)에서 이루어졌다. 하지만 그의 사회적 깨달음은 분황사 서실에서 이루어졌다고 보아야 할 것이다. 발심하는 존재, 서원하는 존재로서의 보살의 원행願行을 담은 화엄의 담론을 사교판의 최상위에 두었던 원효는 분황사의 서실 안에서 문자향文字香과 서권기書卷氣에 취해 「(金剛幢菩薩)십회향품十廻向品」(현행 제21품)의 소疏를 계속 지어 나갈 수만은 없었을 것이다. 그리하

---

9) 石井公成, 「新羅佛敎における大乘起信論の意義-元曉の解釋を中心として」, 『如來藏と大乘起信論』(춘추사, 1990), 551~553쪽.
10) 元曉, 『涅槃經宗要』(『한국불교전서』 1책, 547쪽 上), "是猶以螺酌海, 用管窺天者耳."
11) 俱舍(毗曇)·成實·涅槃·三論·地論·攝論·法相·密宗·律宗·天台·華嚴·淨土·禪(法)宗의 13종을 일컫는다. 三階敎는 수나라 때 隋 皇室을 부정하면서 폐교되었다.

여 붓을 꺾고 문향文香과 서기書氣가 그윽이 서린 분황사 서재를 박차고 나아가 현실적 인간들을 직접 만났던 것이다.

그렇다면 원효에게 새로운 깨달음의 계기를 마련해 준 '광엄廣嚴'과 '보법普法', '무애無碍'와 '자재自在', '즉입卽入'과 '무장애無障碍'의 축으로 구축한 그의 화엄학은 어떠한 얼개를 지니고 있는지를 살펴보자.

2. 『기신론』과 『화엄경』

『대승기신론』과 『대방광불화엄경大方廣佛華嚴經』은 대승불교의 정화를 담고 있다. 원효는 『기신론』을 통해 개인적 깨달음을 성취하였고, 『화엄경』을 통해 사회적 깨달음을 성취하였다. 개인적이든 사회적이든 이 두 저술은 모두 그의 깨달음에 결정적 계기를 제공했다는 점에서 원효 사상의 철학적 기반이 된다. 아울러 이 두 텍스트의 주요 담론인 이문일심二門一心과 이기일승二起一乘의 기호는 불교의 궁극적 지향임과 동시에 원효의 사상과 실천의 주축이라는 점이다. 이러한 시각은 원효 사상의 기반인 기신론 사상이 화엄 사상과 깊은 연관 속에서 구축된 것임을 알 수 있게 한다.12)

『화엄경』의 주요 담론은 연기緣起와 성기性起, 즉 이기二起의 기호 중 특히 여래성의 출현이자 연기의 구극인 성기에 집중되어 있어 『기신론』의 일심과 어떠한 관련이 있는지 살펴볼 필요가 있다. 원효에게 있어 모든 것

---

12) 고익진, 「元曉의 華嚴思想」, 『韓國華嚴思想研究』(동국대학교 출판부, 1982), 71쪽. 여기에서 논자는 "원효가 보는 華嚴經의 世界는 『大乘起信論』 '三大의 世界'에 해당된다고 말할 수가 있다"면서 "원효의 기신론 사상은 화엄 사상과 동일한 境界를 가지고 있"(80쪽)으며 "화엄 사상을 攝盡하는 것"(80쪽)이라고 하면서 『大乘起信論』과 『華嚴經』을 비교하고 있다.

의 근거이자 인식의 근원인 일심一心은 여래성如來性의 출현이자 연기緣
起의 구극인 성기性起와 같은 것임은 그의 저술 여러 곳에서 확인된다.

의천의 『신편제종교장총록』의 기록처럼 고려 시대까지 원효의 『화엄경
소』(10권)[13]가 유통되었다면, 처음에 원효는 「세간정안품世間淨眼品」(60권본
첫품)부터 필요한 부분을 차례대로 주석했음이 분명할 것이다. 하지만 「세간
정안품」부터 「노사나불품盧舍那佛品」(제2품), 「여래명호품如來名號品」(제3
품), 「사제품四諦品」(제4품)은 현존하지 않는다. 현존하는 「여래광명각품소如
來光明覺品疏」(제5품) 이후의 「보살명난품菩薩明難品」(제6품)부터 마지막의
「입법계품入法界品」(제34품)까지도 유통되지 않는다.

그러면 「여래광명각품」의 앞 품들인 「사제품」과 「여래명호품」은 어떤
내용을 머금고 있는가? 「여래명호품」은 여래의 명호가 시방 세계에 가득
하여 여래의 신업身業을 헤아릴 수 없음에 대해 설하고 있다. 또 「사제품」
은 사바 세계와 시방 세계 중생들에게 맞는 사성제四聖諦 법문을 통하여
여래의 구업口業을 헤아릴 수 없음에 대해 설하고 있다. 때문에 「여래광명
각품」에서는 앞의 두 품에서 말하고 있는 여래의 명호名號와 진리의 명칭
名稱이 시방 일체 세계에 두루하다는 그러한 여래의 경계에 대하여 생길
수 있는 이해하기 어려운 의문을 풀어 주고 있다. 그러므로 현존하는 유일
한 원효의 『화엄경소』 속의 「여래광명각품소」는 이러한 의문을 풀어 주는
것으로부터 이어지고 있음을 알 수 있다.

현존의 60권본 『화엄경』의 품차品次로 보면 「(金剛幢菩薩)십회향품」은
총 34품 가운데에서 제21품으로 자리해 있다. 보살이 취해야 할 열 가지
회향의 내용에 대해 설하고 있는 「십회향품」은 원효의 절필을 있게 한 품
명이다. 아울러 요석공주와의 인연 역시 원효의 개인적 깨달음을 성취한

---

13) 『화엄경』은 佛馱跋陀羅가 한역한 60권본, 實叉難陀가 한역한 80권본, 般若가 번역한
40권본 세 가지가 있다. 이 가운데에서 60권본과 80권본은 大經이지만 40권본은 「입법
계품」에 한정되어 있다. 원효 시대의 『화엄경』은 晉譯인 60권본이다.

(661년) 뒤의 것으로 추정되지만, 그의 사회적 깨달음을 통한 원효의 무애행은 특히 『화엄경』「보살명난품」의 "일체에 걸림 없는 사람이 한 길로 삶과 죽음을 벗어났느니"[14]라는 구절에 근거한 것으로 보인다. 원효는 이 구절을 따서 이름하여 '장애가 안 되는'(無碍) 도구를 가지고 전국의 촌락에서 노래하고 춤추며 교화하면서 읊고 돌아다녔다. 그 결과 가난뱅이나 코흘리개 아이들까지도 모두 부처의 이름을 알게 되었고, 일제히 '나무아미타불'을 부르게 되었다[15)고 한다.

이런 맥락에서 볼 때 '무애無碍'와 '자재自在'는 『대승기신론』에도 보이지만 이 두 술어는 특히 화엄보살행의 전용어라고 할 수 있다. 왜냐하면 무애와 자재는 연기에 대한 사무친 통찰을 통해 새롭게 태어난 보살의 원행願行에 기초하는 술어이기 때문이다. 따라서 원효의 사회적 깨달음은 화엄의 사유에 근거하고 있음이 분명하다.

1) 무애와 자재

원효의 삶과 생각은 일심一心과 화회和會(和諍會通)과 무애無碍의 축으로 전개된다.[16] 화회和會는 일심과 무애를 가능케 하는 매개항이 된다. 또 무애와 자재는 화회에 의해 일심의 근원으로 돌아가게 함으로써(歸一心源) 중생들을 풍요롭고 이익되게 하는(饒益衆生) 보살행의 핵심 코드이다. 그러므로 화회는 일심과 무애를 가능케 하는 방법론이며, 깨달음과 중생 교화를 가능케 하는 매개항인 것이다.

---

14) 『華嚴經』권5, 「菩薩明難品」 6(『大正新修大藏經』권9, 429쪽 上), "一切無碍人, 一道出生死."

15) 一然, 『三國遺事』권4, 「義解」 5, '元曉不羈'(『한국불교전서』 6책, 348쪽 上~中).

16) 논자는 원효 삶의 생각의 역정을 一心 - 和(諍)會(通) - 無碍의 세 축으로 살펴본 적이 있다.
졸론, 「원효의 통일학: 부정(破 · 奪)과 긍정(立 · 與)의 화쟁법」, 『동국사상』 26집(동국대학교 불교대학, 1995).
졸저, 『원효, 한국 사상의 새벽』(한길사, 1997).

원효는 『대승기신론소大乘起信論疏』의 서두에서 이 논서의 특징을 '입파무애立破無碍'와 '개합자재開合自在'로 언표하고 있다. 그는 "여래의 광대하고 깊은 법의 헤아릴 수 없는 뜻을 총섭하려고 하기 때문에 이 기신론을 설해야 한다"고 말하면서 자신의 생각을 이렇게 밝히고 있다.

이 논서의 뜻은 이미 이와 같아서, 펼치면 헤아릴 수 없고 가없는 뜻(無邊之義)을 근본으로 삼고, 합치면 두 문(二門) 한 마음(一心)의 법을 요체로 삼으니 두 문의 안에 만 가지 뜻을 받아들이면서도 어지러움이 없고, 가없는 뜻이 한 마음과 같아서 혼융되어 있다. 그러므로 펼침과 합침이 자재하고(開合自在), 세움과 깨뜨림에 걸림이 없어서(立破無碍) 펼쳐도 번거롭지 않고, 합쳐도 협소하지 않으며, 세워도 얻음이 없고, 깨뜨려도 잃음이 없다.[17]

원효 사상의 특징과 핵심인 『기신론』의 이문일심二門一心 사상[18] 안에는 전개와 통합에 자재하고, 수립과 타파에 무애하다는 이 논서의 논지를 자기의 것으로 승화시키는 모습이 드러나 있다. 이 '무애無碍'와 '자재自在'는 바로 그의 평생의 화두인 '일심의 근원으로 돌아가게 함으로써'(歸一

---

17) 元曉, 『大乘起信論疏』 권上(『한국불교전서』 1책, 698쪽 下).
18) 정영근, 「元曉의 사상과 실천의 통일적 이해: 『起信論』의 二門一心사상을 중심으로」, 『철학연구』 47집(1999), 179~180쪽.
여기에서 논자는 "원효가 『大乘起信論』의 일심이문 사상을 철저히 자신의 것으로 소화하고 있고, 그것으로 자신의 사상을 일관되게 전개하고 있으며, 그의 삶도 이러한 관점에서 통일적으로 이해할 수 있다는 점에서 원효의 사유 체계를 이문일심 사상"이라고 보고 있다. 논자는 이 이문일심 사상이 "원효 사상에 대해서 내려진 기존의 특징들을 함께 포괄하면서도 보다 구체적인 사유의 특징을 드러낼 수 있다고 하면서, 二門一心이라고 할 경우에는 그냥 一心이라고 할 경우에 사상되어 버릴 수 있는 현실의 차별성에 대한 관심을 나타낼 수 있고, 二門이라는 서로 다른 것 사이의 화쟁이 어떻게 가능한가의 방법을 명시할 수 있으며, 이문이 각각 일심이라는 사유가 중국의 화엄 사상과 어떻게 연관되고 있는가도 드러낼 수 있다는 점에서, 원효의 삶이 보여 주는 다양한 모습도 이것으로 일관되게 설명할 수 있다는 점에서, 이문일심은 원효의 삶과 사상이 지니는 다양성과 통일성을 함께 밝혀 줄 수 있는 사유 체계"라고 말한다. 이러한 구도는 원효의 『大乘起信論疏』뿐만 아니라 『涅槃經宗要』의 二門一味의 체계에서도 드러나고 있다.

心源) '중생들을 풍요롭고 이익되게 한다'(饒益衆生)는 명제의 다른 표현이다. 이 두 술어는 『진역화엄경소晉譯華嚴經疏』 서문에서 다시 '무장무애無障無碍의 법계의 법문'으로 표현되고 있다.

대저 막음도 없고(無障) 가림도 없는(無碍) 법계의 법문이란, 법이 없으면서도 법 없음이 없고 문이 아니면서도 문 아님이 없다. 이에 크지도 않고(非大) 작지도 않으며(非小), 빠르지도 않고(非促) 느리지도 않으며(非奢), 움직이지도 않고(不動) 고요하지도 않으며(不靜), 하나도 아니며(不一) 여럿도 아니다(不多). 크지 않으므로 지극히 작더라도 남는 것이 없고, 작지 않으므로 지극히 크더라도 남는 것이 있다. 느리지 않으므로 능히 삼세의 겁(三世之劫)을 머금고, 빠르지 않으므로 몸을 들어 한 찰나(一刹那)에 들어간다. 고요하지도 않고 움직이지도 않으므로 하나의 법(一法)이 전체의 법(一切法)이고, 전체의 법(一切法)이 하나의 법(一法)이다. 이러한 막음도 없고 가림도 없는 법이 법계 법문의 묘한 기술이니 모든 보살이 들어갈 곳이요, 삼세의 모든 부처들이 나올 곳이다.[19]

원효에 의하면 일법一法이 일체법一切法이고 일체법이 일법인 무장무애無障無碍의 법의 세계는 모든 보살들이 들어갈 곳이요, 삼세의 모든 부처들이 나올 곳이다. '막음도 없고 가림도 없는(無障無碍) 법계의 법문'과 '법이 없으면서도 법 없음이 없고 문이 아니면서도 문 아님이 없다'는 표현에서 우리는 원효의 화엄학이 '무애無碍'와 '자재自在'의 틀 속에 온축되어 있음을 알 수 있다. 무애와 자재는 불교가 궁극적으로 추구하는 세계이다. 즉 미혹의 세계에서 벗어나 깨달음의 세계에 이르러 얻는 것이 곧 무애와 자재인 것이다. 다시 말하면 불교에서의 무애와 자재의 획득은 곧 '집착 버리기'(滅執)와 '지혜 채우기'(滿空)에 의해 가능한 것이다. 원효의 사교판四敎判이나 그것에 입각한 보법普法의 사문四門 역시 이러한 무애와 자재의 코드 위에서 구축된 것이다.

---

19) 『晉譯華嚴經疏』(『한국불교전서』 1책, 495쪽 上).

2) 일심과 일승

『대승기신론』의 핵심어인 일심一心과 『화엄경』의 핵심어인 일승一乘은 원효 사상의 철학적 기반임과 동시에 화엄 철학의 기반이다. 모든 것의 근거이자 우리 마음의 근원인 이문일심二門一心과 여래성如來性의 출현이자 연기의 구극인 성기일승性起一乘은 원효 사상 속에서 행복하게 만나고 있다. 『기신론』에서 일심一心은 여래장如來藏 혹은 아뢰야식阿賴耶識으로도 표현되고, 『화엄경』에서의 일승은 여래성의 출현인 성기性起로도 해명된다.

불교의 궁극적 지향은 미혹의 세계를 전환시켜 깨달음의 세계를 여는 것(轉迷開悟)이며, 번뇌의 의식을 전환시켜 지혜를 얻는 것(轉識得智)이다. 때문에 "유식의 일심이 망심妄心이고 여래장심이 진망화합심眞妄和合心이라면, 화엄의 일심은 진심眞心이니 여래성기심如來性起心이다. 원효의 일심이 진망화합의 여래장심如來藏心에서 여래성기의 화엄일심華嚴一心으로 전환되었다고 하겠으니, 그것은 원효의 화엄과의 관계를 통하여 짐작할 수 있다."[20]

이처럼 원효는 이문일심二門一心(一味)과 이기일승二起一乘(性起)의 축을 통해 자신의 화엄학을 구축하고 있다. 그러면 일심에 대한 원효의 생각을 살펴보자.

무엇을 일심一心이라 하는가? 더러움(染)과 깨끗함(淨)의 모든 법은 그 성품이 둘이 아니고, 참됨과 거짓됨의 두 문은 다름이 없으므로 하나라 이름한다. 이 둘이 아닌 곳에서 모든 법은 가장 진실되어(中實) 허공과 같지 않으며, 그 성품은 스스로 신령스레 알아차리므로(神解) 마음이라 이름한다. 이미 둘이 없는데 어떻게 하나가 있으며, 하나도 있지 않거늘 무엇을 두고 마음이라 하겠는가. 이 도리는 언설을 떠나고 사려를 끊었으므로 무엇이라 지목할지 몰라 억지로 일심이라 부른다.[21]

---

20) 전해주, 「元曉의 和諍과 華嚴思想」, 『한국불교학』 24집(한국불교학회, 1988), 163쪽.

원효에 의하면 진여문眞如門(淨)과 생멸문生滅門(染)은 두 문門이 아니고 진식(眞)과 망식(妄)의 두 문은 다름이 없다고 한다. 이문의 근거가 일심이 기 때문이다. 일심은 모든 것의 근거이자 이문의 근거이며 언설을 떠나고 사려를 끊은 것이다. 그런데 이 일심 속의 진여문에도 염染과 정淨이 있고, 생멸문에도 진眞과 망妄이 있다. 하지만 진여문은 염과 정을 통섭한 모습 (通相)이고, 생멸문은 염과 정을 별도로 드러내므로(別顯) 차별이 있는 것이 다. 그래서 원효는 다음과 같이 말한다.

진여문은 더러움(染)과 깨끗함(淨)을 통튼 모습(通相)이다. 통튼 모습 밖에 따로 더러움과 깨끗함이 있는 것이 아니다. 그러므로 더러움과 깨끗함의 모든 법을 총섭할 수 있는 것이다. 생멸문은 더러움과 깨끗함을 별도로 드러낸 것(別顯)이 다. 더러움과 깨끗함의 법은 포괄되지(該) 않는 것이 없다. 그러므로 또한 모든 법을 총섭하는 것이다. 통튼 모습과 별도의 모습은 비록 다르지만 서로 배척하 는 것이 없다. 이 때문에 두 문은 서로 분리되지 않는다고 말한다.[22]

여기서 진여문은 우리들 마음의 염분染分과 정분淨分을 통틀어 보는 측 면이다. 이 말은 진여문 안에 이미 염과 정의 두 측면이 내재해 있음을 말 하는 것이다. 반면에 생멸문은 염분과 정분을 분리해서 보는 측면이다. 이 것은 더러움과 깨끗함을 포괄하고 있으면서도 그것을 별도로 드러내기 때 문에 생멸문인 것이다. 하지만 원효는 생멸문 역시 진여문과 함께 하므로 두 문은 분리되지 않는 것이라고 말한다.

그런데 원효는 이 두 문이 일심을 각기 나누어서 본 일심의 부분이 아니 라고 강조한다. 다시 말하면, 진여문은 이미 일심의 통상通相으로 자리하는 것이고, 생멸문은 일심의 별상別相으로 자리하는 것이므로 각기 하나의 전

---

21) 元曉, 『大乘起信論疏』 권上(『한국불교전서』 1책, 705쪽 上).
22) 元曉, 같은 책, 같은 곳(『한국불교전서』 1책, 705쪽 上~中).

체를 이루는 것이지 일심의 한 부분으로 자리하는 것이 아니라고 역설한다.

> 설사 두 문이 비록 별개의 몸체는 아닐지라도, 두 문이 서로 어긋나고 통하지
> 않는 것은 곧 진여문 속에 리理만 포섭하고 사事는 포섭하지 않고, 생멸문 안에
> 사事만 포섭하고 리理는 포섭하지 않는 것에 따른 것이다. 하지만 지금의 두 문
> 은 상호 융통하여 제한을 둘 수 없다. 그러므로 각기 모든 리법理法과 사법事法
> 을 두루 포섭하고 있기 때문에 이 문이 서로 떨어지지 않는다고 말한다.23)

진여문 속에도 염染과 정淨, 리理와 사事가 있고, 생멸문 속에도 리와
사, 염과 정이 있다. 그런데 이 두 문이 서로 어긋나고 통하지 않는 것은
우리들의 차별심 때문이다. 다시 말하면 우리의 분별심에 의해 진여문 속
에다 리理 혹은 정淨 하나만 포섭하고, 생멸문 속에다 염染 혹은 사事 하나
만 포섭하기 때문에 어긋남과 막힘이 생겨나는 것이다. 이러한 차별은 부
분과 전체, 하나와 여럿을 구분하여 바라보기 때문에 생겨나는 것이다. 다
시 말해서 이것은 생멸의 관점에서 보기 때문에 그러한 것이다.

『기신론』과 『화엄경』의 궁극적 지향은 무차별 혹은 무분별의 관점에서
있는 그대로의 모습인 진여眞如로 나아가는 것이다. 이것을 진여의 관점에
서 보면 '한 법이 곧 모든 법'(一法卽一切法)이요, '모든 법이 곧 한 법'(一切
法卽一法)이며, '하나가 곧 여럿'(一卽多)이요, '여럿이 곧 하나'(多卽一)라는
담론이 된다. 즉 부분은 전체의 일부분이 아니라 이미 전체를 포괄한 하나
의 부분이 되는 것이다. 동시에 전체는 부분의 종합이 아니라 이미 부분을
포괄한 하나의 전체가 되는 것이다.

다시 말해서 진여의 인식은 '한 티끌 속에 시방 세계가 들어 있다'(一微
塵中含十方)거나, '한 생각이 곧 헤아릴 수 없는 겁이다'(一念卽是無量劫)라
고 보는 것이다. 이들 담론은 모두 '각기 다른 사상事象들이 서로 걸림이

---

23) 元曉, 『大乘起信論別記』 권본(『한국불교전서』 1책, 679쪽 下).

없다'(事事無碍)는 언표와 상통하는 것이다. 이러한 관점은『기신론』의 염
染(생멸)과 정淨(진여) 두 문과『화엄경』의 리理(성기)와 사事(연기) 두 문이
모두 이문일심二門一心과 이기일승二起一乘의 근거가 됨을 보여 주는 것
이다.

　이러한 점에서 중생계로 뛰어들어 일승 화엄의 무애 정신을 몸소 실천
한 원효의 실천행은 화엄보살행이며, 그것은 바로 여래출현如來出現 그 자
체라 할 수 있다. 여래출현은 여래성기如來性起이니 원효의 일심은 화엄의
여래성기심如來性起心이라 할 수 있다.[24]

　따라서『화엄경』과『기신론』은 모든 것의 근거이자 인식의 근원인 일심
과 연기의 구극이자 여래성의 현현인 성기性起(一乘)가 둘이 아님을 보여
준다. 원효의 사상을『기신론』의 핵심 사상인 '이문일심二門一心'이라 하
고,『화엄경』의 '이기일승二起一乘'이라 할 수 있는 근거도 바로 여기에 있
다. 원효의 개인적 깨달음의 계기를 준『기신론』과 사회적 깨달음의 전기
를 마련해 준『화엄경』의 담론은 자재自在와 무애無碍, 즉입卽入과 무장애
無障碍의 지평에서 이처럼 하나로 통섭되는 것이다.

3. 원효의 화엄학

1) 사교와 사문

　붓다의 가르침을 시간, 방법, 내용 등에 의해 일정한 방식으로 체계 지우
는 해석틀인 교상판석教相判釋은 일찍이 인도에서부터 유래되었다.[25] 그

---

24) 전해주,「元曉의 和諍과 華嚴思想」,『한국불교학』24집(한국불교학회, 1998), 164쪽.
25) 7세기 인도의 淸辯 계통의 중관학자인 智光은 유가행파에 대항하여 空사상의 우위를
　　드러내기 위해서 붓다의 가르침을 三時로 나누고, 소승은 四聖諦를 통하여 心境俱有

러나 이러한 교판은 중국에서 적극적으로 활용되었다. 남북조 시대에 본격적으로 정립되기 시작한 교판은 흔히 '남삼북칠南三北七'[26] 등으로 표현되는 것처럼 불학자들의 보편적인 학문 방법론이었다. 하지만 수당 이후의 교판은 점점 '가장 나중에 오는 장작이 제일 위에 자리하는'(後來居上) 원리처럼 자종이 근거하고 있는 소의경론의 우월성을 주장하는 방식으로 변질되었다.

원효 역시 당시 동아시아의 보편적 불학방법론인 교판을 정립하였다. 원효 교판의 특징은 자종의 소의경론의 우월성을 드러내기 위한 종래 불학자들의 교판과 변별된다. 원효의 사교판은 삼승三乘과 일승一乘의 두 축을 다시 별교別教와 통교通教, 분교分教와 만교滿教의 틀에 의해 지극히 공평하고 사사로움이 없이 제시되고 있다. 그는 삼승의 별교와 통교의 변별 기준을 '법공法空'에 대한 이해 여부에 근거하여 구분하고 있다. 그리고 실천행에 입각하여 일승을 다시 분교와 만교로 갈라 설명하고 있다.

원효의 현존 저술인『화엄경소』의 단간본에는 사교판에 대한 기록이 보이지 않는다. 하지만 원효의 사교판은 원효의 화엄에 영향을 받았던 여러 학자들의 저술에 인용되어 있다. 원효의 화엄을 계승한 것으로 보이는 표원表員 등의 저술에 인용된 사교판四教判은 이러하다.

를, 유가행파는 萬法唯識설을 통하여 境空心有를, 그리고 中觀철학은 諸法皆空의 이치를 통하여 心境俱空을 진리로 간주한다고 하였다.

26) 중국 남북조 시대에 유행했던 경설의 분류 체계에 대해 天台 智顗가 南地3師 北地7師의 10종의 교판으로 정리했던 용어이다. 지의는 그의『法華玄義』에서 江南에서는 붓다의 설법 형식에 頓漸不定을 세웠는데, 이 가운데에서 ①岌師는 有相·無相·常住의 三時教, ②宗愛 僧旻은 常住 위에 同歸를 더한 四時教, ③僧柔 慧次 慧觀은 거기에 다시 抑揚을 더한 五時教를 세웠다. 北地에서는 ①어느 법사가 人天·有相·無相·同歸·常住의 五時教를, ②菩提流支는 半字·滿字의 二教를, ③廣通(慧光)은 因緣·假名·誑相·常住의 四宗을, ④어느 법사는 여기에 法界宗을 더한 五宗教를, ⑤어느 법사는 因緣·假名·誑相·眞·常·圓의 6종을, ⑥어느 선사는 有相·無相의 二大 宗集을, ⑦어느 선사는 一音教를 세웠다고 했다. 이들 이외에도 다른 교판이 있었지만, 천태는 이들의 교판을 비판하고 자신의 五時八教判을 세웠다.

신라의 원효법사도 네 교판(四敎)을 세웠다. 첫째는 삼승三乘의 별교別敎(四諦敎, 『緣起經』 등)요, 둘째는 삼승의 통교通敎(般若敎와 『解深密經』 등과 같음)이며, 셋째는 일승一乘의 분교分敎(『瓔珞經』과 『梵網經』 등과 같음)요, 넷째는 일승의 만교滿敎(『華嚴經』, 普賢敎를 이름)이다. 삼승이 함께 배우는 것을 삼승교라 하는데, 그 가운데에서 아직 법공法空을 밝히지 못한 것을 별상교別相敎라 하고 법공을 두루 설하는 것을 통교通敎라고 부른다. 이승과 함께 하지 않는 것을 수분교隨分敎라 하고, 보법普法을 완전히 밝힌 것을 원만교圓滿敎라 한다.27)

이것을 보기 쉽게 도표로 정리하면 다음과 같다.

```
┌── 삼승별교三乘別敎 ── 사제四諦·연기경緣起經 등 ── 미명법공未明法空
├── 삼승통교三乘通敎 ── 반야般若·해심밀경解深密經 등 ── 제법공諸法空
├── 일승분교一乘分敎 ── 영락경瓔珞經·범망경梵網經 등 ── 수분교隨分敎
└── 일승만교一乘滿敎 ── 화엄경華嚴經·보현교普賢敎 등 ── 원만교圓滿敎
```

이 사교판에 따르면 원효는 삼승과 일승의 변별 기준을 법공法空의 이해 여부로 삼는다. 즉 그는 아직 존재(法)의 공성空性에 대한 이해가 없는 것을 삼승별교라 가름하고, 존재의 공성에 대한 이해가 있는 것을 삼승통교라 가름한다. 동시에 이승과 함께 하지 않는다는 분교分敎와 달리 일체 법에 두루하여 걸림 없이 서로 투영되고(相入) 서로 동일하다(相是, 相卽)는 '보법普法'의 유무를 통해 일승의 만교滿敎로서 화엄을 설정하고 있다.

다시 말하면 원효는 이승과 함께 하지는 않지만 보법이 드러나지 않은 것을 수분교隨分敎라 하며, 보법을 밝게 궁구한 것을 원만교圓滿敎라 하고 있다. 여기서 주목되는 것은 '보법을 완전히 밝혔다'는 기준에서처럼 원효

---

27) 表員, 『華嚴經文義要決問答』 권4(『한국불교전서』 2책, 385쪽 中).
   원효의 四敎判에 대한 기록은 法藏의 『華嚴經探玄記』 권1(『大正新修大藏經』 권35, 11쪽), 靜法寺 慧苑의 『華嚴刊定記』 권1(『卍續藏經』 1輯 5套 9冊, 18쪽 上), 澄觀의 『華嚴經疏』 권2(『大正新修大藏經』 35쪽, 51쪽) 등에 실려 있다.

의 화엄 이해에는 매우 구체적인 관점이 있었다는 것이다. 일승을 설정하는 기준에 별상別相으로서의 보법만 있는 것은 아니다. 뒤에 기술하겠지만 총상總相으로서의 '광엄廣嚴'은 '보법普法'에 상응하는 또 하나의 코드이다. 원효는 화엄을 보법의 기호로만 설명하지 않았다. 그는 광엄의 기호를 통해 화엄을 해명하고 있다. 그러면 먼저 보법의 정의와 보법의 구체적인 근거인 사문四門에 대해 살펴보자.

'보普'란 '두루 미치다'는 뜻이니 이를테면 '두루하다'는 의미가 곧 '보'이다. '법法'이란 자체의 뜻이 궤칙軌則이라는 의미이니 일체법이 서로 투영되고(相入) 서로 교섭하는(相是) 것을 일컫는다.[28]

원효에게 있어 보법은 즉입卽入과 무장애無障碍를 재천명한다. 이 즉입와 무장애는 곧 공간, 시간, 운동, 구조 등의 측면에서의 상즉상입相卽相入과 무장애로 구체화된다. 원효는 보법이 머금고 있는 네 가지 특성, 즉 '사비사불四非四不'의 중도를 통해 자신의 화엄을 체계화하고 있다. 그의 사비사불의 중도는 용수의 팔사팔불八事八不의 중도와 대비된다.

龍樹의 八事八不		원효의 四非四不	
不生不滅	원인론과 결과론의 초월	非大非小	공간적 상대성의 초월
不常不斷	상견론과 단견론의 초월	非促非奢	시간적 상대성의 초월
不一不異	동일성과 차이성의 초월	不動不靜	운동적 상대성의 초월
不來不出	다가옴과 옮겨감의 초월	不一不多	구조적 상대성의 초월

용수는 '팔사팔불'을 통해서 원인론과 결과론, 단견론과 상견론, 동일성과 차이성, 다가옴과 옮겨감의 이항을 넘어서서 붓다의 중도의 가르침을 재

---

28) 表員, 같은 책, 권4(『한국불교전서』 2책, 366쪽 上).

천명하고 있다. 그것은 그의 『중론』에서 언급하고 있는 것처럼 '연기緣起－무자성無自性－공空(性)'의 담론으로 구체화된다.[29] 이에 비해 원효는 '사비사불'을 통해 공간적 상대성, 시간적 상대성, 운동적 상대성, 구조적 상대성을 넘어서는 화엄의 무장무애한 법계의 법문을 드러내고 있다. 우리가 용수와 원효의 대비를 통해 알 수 있는 것은 반야중관학에서나 화엄학에서나 그 추구하는 바가 모두 붓다의 중도의 가르침 위에 서 있다는 것이다.

진리의 세계는 어떠한 상대적인 언어(개념)에 의해 규정될 수 없다. 언어는 이미 사물의 총화인 세계를 분별하고 차별하기 때문이다. 용수가 말하는 생生과 멸滅, 상常과 단斷, 일一과 이異, 내來와 출出과 원효가 말하는 대大와 소小, 촉促과 사奢, 동動과 정靜, 일一과 다多는 모두 인간의 언어적 외피가 지니고 있는 분별의 세계인 것이다. 우리는 이 이항 분별의 세계를 넘어서야만 진리의 세계에 진입할 수 있다. 진리의 세계는 언어를 매개하는 상대의 세계를 넘어선 지평에 자리한다. 때문에 용수의 '팔사팔불'과 원효의 '사비사불'은 모두 분별과 차별을 넘어서 진리의 세계를 드러내기 위한 논법이다. 원효는 '사비사불'의 문을 통해 무장무애 법계의 법문의 세계를 그려내고 있다. 무장무애無障無碍 법계의 법문은 먼저 언어의 상대성을 넘어선 지평에 자리한다. 때문에 이 법문은 즉입卽入과 무장애無障碍로 표현된다.

여기에서 말하는 무애와 자재는 언어가 지닌 분별과 차별로부터의 무애요 자재며, 나아가 물리적인 사물에 대한 인식의 걸림 없음이요 자유로움이다. 존재의 공성에 대한 통찰인 '법공法空'과 공간, 시간, 운동, 수량의 사문四門에 걸림없는 상즉상시相卽相是(相卽相入)하는 '보법普法' 역시 바로 무애와 자재의 다른 표현인 것이다.

사문四門은 위에서 언급한 것처럼 보법의 근거라 할 수 있다. 원효는 먼

---

29) 龍樹, 『中論』 권1(『大正新修大藏經』 권30, 1쪽 中~下).

저 공간, 시간, 운동, 수량을 '사비사불'의 방식을 통해 여러 장애를 화회해 가고 있다. 이 장애는 다름아닌 언어의 상대성에 대한 집착에서 비롯된 것이다. 보법은 이러한 언어의 상대성을 넘어서는 기제이다. 그 때문에 보법은 크고 작음(大小, 공간), 빠르고 느림(促奢, 시간), 움직이고 고요함(動靜, 운동), 하나와 여럿(一多, 수량) 등 사문의 대립항이 경계를 넘어 서로 투영되고 서로 같아지는 것을 뜻한다. 그런데 이 사문은 무장무애의 법계의 법문을 드러내기 위한 장치이다. 무장애無障碍의 법계는 사문으로 표현되는 언어적 상대성을 넘어선 중도의 세계이다. '대허大虛'와 '인허隣虛'의 다른 표현인 '지대至大'와 '지소至小'는 다시 '무외無外'와 '무내無內'의 기호를 통해 상즉相卽하고 상입相入한다. 원효가 화엄에서 설정한 사비사불四非四佛의 사문의 세계는 공간적 상대성, 시간적 상대성, 운동의 상대성, 수량의 상대성을 넘어선 진리의 세계다. 그것은 곧 원효가 『진역화엄경소』의 서문에서 밝힌 무장무애의 법문의 세계를 일컫는다. 따라서 '즉입卽入'과 '무장애無障碍'는 바로 원효 화엄의 핵심 코드이며, '광엄廣嚴'과 '보법普法'의 다른 표현인 것이다.

2) 즉입과 무장애

원효는 보법普法을 일체법이 대소大小와 촉사促奢와 동정動靜과 일다一多의 범주에 아무런 걸림없이(無碍) 자재하여 상즉하고 상입하는 넓고 큰(廣蕩) 것이라고 했다. 그렇다면 상입과 상시相是(相卽)하는 광탕廣蕩한 『화엄경』의 세계를 보법이라는 축으로 표현하는 근거는 어디에 있는가?

광엄과 보법의 축으로 표현되는 원효의 화엄은 지엄智儼과 법장法藏의 십현十玄의 코드나 의상의 수십전유數十錢喩와는 변별되는 새로운 축을 제시했다고 말할 수 있다. 먼저 그는 상즉과 상입하는 무장애의 근거를 열 가지 원인(十種因)으로 설명하고 있다.

1) 하나와 전체가 서로 거울과 그림자가 되어 제석천궁의 그물과 같기 때문이다.
2) 하나와 전체가 서로 인연으로 모여 동전의 수와 같기 때문이다.
3) 모든 것이 식識일 뿐이니 꿈의 경계와 같기 때문이다.
4) 모든 것이 실제로 있는 것이 아니니 허깨비 같은 일이기 때문이다.
5) 동상同相과 이상異相이 전체에 통하기 때문이다.
6) 지극히 큰 것과 지극히 작은 것 모두가 하나의 양이기 때문이다.
7) 법성法性의 연기緣起는 자성自性을 여의기 때문이다.
8) 일심一心의 법체法體는 같지도 다르지도 않기 때문이다.
9) 걸림 없는 법계法界는 가장자리도 없고 가운데도 없기 때문이다.
10) 법계法界는 법과 같아서 막힘도 없고 덮임도 없기 때문이다.[30]

원효는 열 가지 원인을 제시함으로써 일체법의 즉입卽入과 무장애無障
礙의 근거를 삼고 있다. 그런데 이 열 가지 원인 가운데에서 원효는 특히
여섯 번째 원인인 '지극히 큰 것과 지극히 작은 것이 같은 양이기 때문'에
주목하고 있다. 그는 『화엄경』「십주품十住品」의 "지극히 큰 것에 작은 모
습이 있음을 알고자 하는 보살은 이로 인하여 보리심을 일으키게 된다"[31]
는 구절에 대해 아래와 같이 자세히 설명하고 있다.

'지극히 크다'(至大)는 것은 이른바 '밖이 없는 것'(無外)이니, 밖이 있다면 지극
히 크지 않기 때문이다. '지극히 작다'(至小)는 것 또한 그와 같아서 이른바 '안
이 없는 것'(無內)이니, 설사 안이 있다면 지극히 작은 것이 아니기 때문이다.
밖이 없는 큼은 이른바 크나큰 허공(太虛)이며, 안이 없는 작음은 이른바 미미한
티끌(隣虛)이다. 안이 없기 때문에 또한 밖도 없으니 밖과 안은 반드시 서로 의
지하기 때문이다. 이는 곧 지극히 작은 것은 지극히 큰 것과 같다는 것이다. 태

30) 表員, 『華嚴經文義要決問答』 권2(『한국불교전서』 2책, 366쪽 中).
31) 『大方廣佛華嚴經』 권8(『大正新修大藏經』 권9, 477쪽 中).

허는 밖이 없기 때문에 또한 안도 없는 것이다. 이는 곧 지극히 큰 것은 지극히 작은 것과 같다는 것이다. 그러므로 지극히 큰 것에는 작은 모습이 있다고 하는 것이다. 만일 이와 같이 크고 작음이 같은 양임을 안다면 모든 크고 작음에 막는 것과 가리는 것이 없을 것이니 이것이 곧 불가사의한 해탈이다. 그러므로 '인因이 곧 초발심初發心'이라고 하는 것이다.[32]

'지극히 큰 것(至大)은 밖이 없다'는 것과 '지극히 작은 것(至小)은 안이 없다'는 것은 공간적 상대성을 넘어서게 되면 무애하고 자재한 세계가 열린다는 것을 의미한다. 만일 '안이 있다'면 지극히 작은 것이 될 수 없고, '밖이 있다'면 지극히 큰 것이 될 수 없기 때문이다. 그런 의미에서 크나큰 허공인 대허大虛와 미미한 티끌인 인허隣虛는 서로 통하는 것이다.

지대至大와 지소至小가 같은 양이라는 인식은 앞에서도 언급했듯이 화엄이 추구하는 무애無碍와 자재自在, 무내無內와 무외無外의 화엄 세계를 묘사하는 것이다. 같은 논법으로 볼 때 공간뿐만 아니라 시간·운동·수량도 마찬가지이다. 원효는 이렇게 사문의 틀을 넘어선 자리가 곧 막음이 없고(無障) 가림이 없는(無碍) 세계인 불가사의한 해탈의 세계라 말한다. 그리고 이 불가사의不可思議한 세계는 곧 초발심初發心에서 비롯된다고 말한다.

'동전 열 개를 세는 비유'도 일체법의 즉입과 무장애를 설명하기 위함이다. 이 비유는 화엄 2조인 지엄에서 비롯되었다. 이것은 원효와 의상 그리고 법장과 균여 등의 화엄가에게서 자주 사용되었다. 원효는 이 수십전數十錢의 비유를 원용하여 자신의 화엄학을 정초하고 있다.

원효가 말하기를, 이 동전 열 개를 세는 데에는 두 가지 문이 있다. 첫째는 (하나에서 열로) 세어서 올라가는 것이고, 둘째는 (열에서 하나로) 세어서 내려오는

---

32) 表員, 『華嚴經文義要決問答』 권2(『한국불교전서』 2책, 367쪽 上~中).

것이다. 세어서 올라가는 데에는 열 개의 문이 있다. 첫째는 하나(一)이니, 그 까닭은 만일 하나라고 하는 것이 없다면 둘이 성립할 수 없기 때문이다. 나아가 열 번째는 하나에 즉卽한 열(十)이니, 그 까닭은 만일 하나란 것이 없다면 열(十)이 성립할 수 없기 때문이니 연緣에 의해 이루어지기 때문이다. 세어서 내려오는 데에도 또한 열 개의 문이 있다. 첫째는 열(十)이니, 그 까닭은 열이 없으면 아홉이 성립할 수 없기 때문이다. 나아가 열 번째는 열에 즉한 하나이니, 그 까닭은 만일 열이 없으면 하나도 성립할 수 없기 때문이다. 나머지는 이것에 준하여 알 수 있다. 그러므로 하나 하나의 동전 가운데에 모두 열 개의 문을 갖추어서 각기 서로 상즉相卽함과 같이, 일체의 모든 법도 또한 이와 같아서 하나와 전체가 더불어 연기하여 일즉일체一卽一切, 일체즉일一切卽一임을 알아야 한다. 이 동전을 세는 법은 지엄 법사가 시작한 것인데 또한 도리가 있기 때문에 이제 그것을 취하는 것이니, 이것으로 말미암기 때문에 이제 하나란 열에 포섭된 하나라는 것을 알게 된다. 간략하게 처음과 끝을 들어서 하나라 하고 열이라 하여 시작하는 문門의 처음으로 삼지만, 하나에 포섭된 것은 열 개의 문이 마찬가지이니, 이른바 열이라고 하는 것은 열이 하나에 포섭되어 있는 것이다.[33]

여기에서 열 개의 동전은 모든 존재 전체를 비유한다. 어떤 하나의 동전과 나머지 동전들 사이의 관계는 곧 하나의 사물과 무수한 다른 사물들 사이의 관계로 확산된다. 모든 것은 연기적으로 존재하기 때문이다. 그런데 이 열 개의 동전을 세는 방법에는 두 가지가 있다. 첫째는 하나에서 세면서 열까지 올라가는 것이다. 둘째는 열에서 세면서 하나로 내려오는 것이다. 그러므로 앞의 것은 연緣에 의해 이루어지기 때문에 하나(一)이며, 뒤의 것은 하나에 즉卽한 열(十)이다.

그런데 여기서 하나라고 할 때, 이 하나는 자성이 있는 하나가 아니다. 그것은 연緣으로 이루어진 하나이다. 그 때문에 일체의 자연수는 이미 그 안에 성립되어 있는 것이다.[34] 그렇다면 일체라는 수에서 하나, 즉 하나의

33) 壽靈, 『華嚴五敎章指事』 上(『大正新修大藏經』 권72, 240쪽 上).
34) 황규찬, 『新羅 表員의 華嚴學』(민족사, 1998), 119쪽.

인연(一緣)을 빼면 일체가 성립될 수 없다. 따라서 원효는 하나라는 수 역시도 연緣에 의해 이루어진다고 한다. 이것은 그 하나를 실체화하거나 존재화하지 않는다는 것이다. 오직 인연으로 해서 생긴 하나이므로 그 인연으로 이루어진 하나에는 모든 수가 포함되어 있는 것이다.

우리는 여기에서 하나 속에 여럿이 있고 여럿 속에 하나가 있으며, 동시에 하나가 여럿이며 여럿이 하나라는 무진無盡(가로, 理)과 중중重重(세로, 事)의 무애를 경험할 수 있다. 그것은 곧 원효의 사교판에서 언급된 보법의 이치에 부합되는 것이다. 리사理事의 무애라는 관점은 현존하는 그의 『화엄경소』의 「광명각품소」에서도 잘 보여 주고 있다. 원효는 「광명각품소」의 10게송 중 1송에서부터 10송에 이르기까지 각 송구의 의미를 간단하고 명료하게 해석하고 있다. 그는 특히 제1송인 문수보살의 법문에 주목하여 많은 양을 할애하여 자신의 생각을 드러내고 있다.

원효는 열 명의 보살들이 등장하여 설한 법문에 대해 하나하나 해석해 가는 문수文殊(濡首)·각수覺首·재수財首·보수寶首·덕수德首·목수目首·정진수精進首·법수法首·지수智首·현수賢首 등 해당 분야의 최고(首) 보살들이 설한 10송의 법문에 대해 각각 풀이해 가고 있다.

문수보살의 법문에 나오는 일다무장애문一多無障碍門은 일법(理)과 일체법(事)의 무애를 말하는 리사무애법계理事無碍法界를 설명하는 것이며, 이는 비실체의 실체(眞空妙有, 非實而生)를 말하는 반야 사상과 깊은 연관성을 맺고 있는 것으로 보인다.

> 보는 자는 지닌 것이 없고 보이는 대상 또한 없으며, 일체법이 저 세간을 능히 비춤을 명료히 알며, 한 생각으로 여러 부처들이 세간에 출현함을 보고도 실로 일어남이 없는 그 사람을 큰 이름이라 일컫는다.[35]

---

35) 『大方廣佛華嚴經』 권5, 「如來光明覺品」 5(『大正新修大藏經』 권9, 422쪽 下).

큰 이름으로 일컬어지는 이는 일으키는 바가 없어 소유도 없고 보이는 대상도 없다. 그는 이미 언어적 상대성에 근거한 일체의 분별과 차별을 모두 다 떠나 끊임없이 실체가 아니라는 생각으로 사는 지혜로운 존재이므로 두려움이 없다. 문수濡首보살의 게송에 대해 원효는 "진리는 있음과 없음을 여의었고, 부처는 줄어듦과 늘어남이 없다"[36]고 풀이하고 있다.

나도 없고 중생도 없으며, 또한 폐함과 무너짐도 없어서, 마치 이 같은 모습을 전환하면 그는 곧 위없는 사람이 되리니, 하나 속에서 전체(無量)를 알고 전체 속에서 하나를 알며, 끊임없이 실체가 아니다라는 생각을 일으키면 지혜로운 사람은 두려움이 없게 되네.[37]

일체의 분별을 넘어선 지혜로운 사람은 자아도 없고 세계도 없으며, 또한 폐함도 없고 무너짐도 없다. 그는 하나 속에서 무량無量을 보고 무량 속에서 하나를 보아 위없는 사람이 된다. 이 사람은 곧 무애와 자재 속에서 살게 된다.

계속되는 문수보살의 게송에 대해 원효는 이렇게 해명하고 있다.

먼저 인人과 법法이 얻을 것이 없는 문으로 중생을 교화함을 밝히고, 나중에 하나와 전체가 막음과 가림이 없고(無障碍) 두려워할 것이 없음(無所畏)을 드러낸다. 일체의 법이 하나의 법에 스며들기 때문에 하나 가운데에서 무량無量을 알고, 하나의 법이 일체의 법에 들어가기 때문에 무량 가운데에서 하나를 안다. 그러므로 능히 서로 스며들 수 있는 것은 끊임없이 서로 거울과 그림자가 되어 생겨나고 실체가 없이 생겨나므로 막음과 가림이 없다.[38]

---

36) 元曉, 『華嚴經疏』 권3(『한국불교전서』 1책, 496쪽 中).
37) 『大方廣佛華嚴經』 권5, 「如來光明覺品」 5(『大正新修大藏經』 권9, 422쪽 下~423쪽 下).
38) 元曉, 『華嚴經疏』 권3(『한국불교전서』 1책, 496쪽 中).

불가사의不可思議한 진리의 세계는 나와 대상이 서로 얻을 것이 없고, 하나와 전체가 서로 장애가 없고 두려움이 없는 세계이다. 이 세계는 서로 스며들고 서로 어우러져서 한 법 속에서 일체법을 알고 일체법 속에서 한 법을 안다. 장애가 없고 두려움이 없게 되므로 하나 속에서 무량無量을 알고 무량 속에서 하나를 알게 된다. 그리하여 끊임없이 서로 거울과 그림자가 되어 실체가 없이 생겨나기 때문에 막음도 없고 가림도 없는 것이다. 이처럼 '막음도 없고' '가림도 없기' 때문에 상즉相卽하고 상입相入하는 것이다.

'상입相入'이란 원효가 "모든 세계가 한 티끌에 들어가고, 한 티끌이 모든 세계에 들어가며, 삼세三世의 모든 겁이 한 찰나에 들어가고, 한 찰나가 삼세의 모든 겁에 들어가서, 크고 작음(大小)과 (빠르고) 느림(促奢)이 서로 침투하듯이 나머지 일체의 문이 서로 삼투하는 것도 그러하다"고 하였다. 이와 같은 설은 '상시相是'도 마찬가지여서 일체의 법(一切法)과 일체의 문(一切門)에서 하나가 곧 전체요(一卽一切), 전체가 곧 하나(一切卽一)이다. 이와 같이 넓고 넓은 것을 보법普法이라 한다.[39]

원효는 보법普法의 '보普'는 넓음(博)이니 두루(徧)한다는 뜻이며, '법法'은 자체自體나 궤칙軌則을 뜻한다고 풀이하면서, 보법은 일체법이 서로 투영되고(相入) 서로 같아지는(相是) 것이라 일컫는다. 때문에 일체세계一切世界와 일미진一微塵, 삼세제겁三世諸劫과 일찰나一刹那, 일一과 일체一切, 대大와 소小, 촉促과 사奢 등 이항들이 상호 투영(相入)하고 상호 교섭(相卽, 相是)한다. 서로 막음이 없고(無障) 서로 가림이 없어(無碍) 넓고 넓으므로 보법인 것이다. 그러므로 문이 없는 문의 경지인 보법은 상즉相卽하고 상입相入하며 무장하고 무애한 법계의 법문인 것이다.

---

39) 表員, 『華嚴經文義要決問答』(『한국불교전서』 2책, 366쪽 上).

3) 광엄과 보법

원효는 『화엄경소』 「서문」에서 자신의 화엄관을 잘 보여 주고 있다. 제명 인 '대방광불화엄경' 일곱 글자의 풀이에서 그는 『화엄경』의 근본 뜻을 한 마디로 '광엄종'(廣嚴之宗)이라 명명하고 있다. 원효는 『화엄경소』 「서문」에 서 비유를 원용하여 문 없는 문인 보문普門의 경지를 이렇게 풀이하고 있다.

> 봉황이 푸른 구름을 타고 올라 (자신이 날던) 산악의 낮음을 내려다보고, 물 신 (河伯)이 큰 바다에 이르러 (자신이 놀던) 냇물의 좁음을 부끄러워하는 것처럼 배우는 사람은 이 경의 문 없는 문(普門) 경지에 들어와서야 비로소 종래의 배움 (曾學)이 잗달았음(齷齪)을 알 것이다. 허나 날개가 짧은 새는 작은 숲을 떠나지 못하고, 여울의 작은 고기는 좁은 내(涓流)에 안온히 깃들어 있다. 그러므로 얕 고 속된 문자의 가르침(敎門)을 또한 버리지 못하는 것이다.[40)]

원효는 삼승과 일승을 차별의 관점에서 설정하지 않는다. 자신의 몸에 맞는 옷을 입는 것처럼 자신의 깜냥에 따라 순차적인 것을 인정할 뿐이다. 그러나 원효는 일승만교의 가르침인 『화엄경』의 문 없는 문(普門)의 경지 에 들어오기 위해서는 얕고 속된 삼승三乘의 배움을 과감하게 버리고 새 로이 출발해야 한다고 말한다. 그래서 그는 자종의 우월성을 드러내기 위 해 논쟁을 일삼고 있는 중국인들의 불교 이해를 비판한다. 그런 뒤에 자기 의 좁은 세계에만 머물러 있는 삼승의 교문을 버리고 일승의 더 넓은 '푸 른 창공'과 '큰 바다'로 들어올 것을 촉구하고 있다.

현실적 인간들은 '높은 곳'에 오르고서야 비로소 자신의 세계가 낮고 보 잘것없음을 알게 되고, '문 없는 문'(普門)의 경지에 들어와서야 겨우 종래 의 배움을 반추해 보게 된다. 하지만 날개가 짧은 새나 여울의 작은 고기처

---

40) 『晋譯華嚴經疏』, 「序」(『한국불교전서』 1책, 495쪽 上).

럼 현실에 안주하는 이에게는 오랫동안 자기 세계가 온 세계인 양 착각하여 얕고 속된 가르침을 버리지 못한다. 그러므로 '작은 숲'과 '좁은 내'를 벗어나기 위해서는 어떠한 인식 전환의 계기가 요청된다. 그런 점에서 나의 몸과 마음의 본체인 '법계法界'와 나의 업식의 무화 과정인 '행덕行德'은 미혹의 세계에서 깨달음의 세계로 전환하는 근거와 기제가 된다.

> 대방광불화엄大方廣佛華嚴이라 한 것은 법계法界의 끝없음이 대방광大方廣이며, 행덕行德의 가없음이 불화엄佛華嚴이므로 대방大方이 아니고서는 불화佛華를 넓힐 수 없고, 불화가 아니고서는 대방을 장엄할 수 없다. 그러므로 방方과 화華를 아울러 들어 광엄廣嚴한 뜻을 밝힌 것이다. 경經이라 한 것은, 원만한 진리의 바퀴가 시방 세계에 두루 들리게 하며, 남김 없는 세계가 삼세에 두루 끝없는 중생들을 교화하는 지극한 법도와 궁극의 표준이 되는 까닭이다. 이제 그 근본 뜻을 들어 표제로 삼아 『대방광불화엄경』이라 한다.[41]

원효는 대방광大方廣을 보여지는 대상(所證法)으로 보고 불화엄佛華嚴을 보는 주체(能證人)로 보아 대방이 아니면 불화佛華를 두루하게 할 수 없고, 불화가 아니면 대방을 장엄할 수 없다고 하여 방方과 화華를 모두 들어 광엄廣嚴의 종지를 표현하고 있다.

법계의 무한함이란 존재의 세계가 크고 바르게 되어야 붓다의 행을 넓혀 갈 수 있고, 붓다의 행과 덕이 있어야만 크고 바른 존재의 세계를 아름답게 꾸며 갈 수 있다.[42] 이처럼 화엄의 가르침은 공간과 시간, 가로와 세로, 천상과 지상을 넘어선 세계를 말하고 있다. 다시 말해서 즉입卽入과 무장애無障碍, 즉 무애와 자재인 것이다.

원효가 정립하는 '광엄廣嚴'이란 용어는 '보법普法'과 더불어 그의 화엄

---

41) 같은 책, 같은 곳(『한국불교전서』 1책, 495쪽 中).
42) 졸론, 「불교 華嚴의 修行觀」, 『靑祜佛敎論集』 1집(청호불교문화연구원, 1996) 119쪽.

이해를 보여 주는 주요 술어이다. 즉 광엄의 '광廣'은 불화佛華를 넓히고, '엄嚴'은 대방大方을 장엄하는 것이다. 다시 말해서 '광'을 통해 법계를 끝없이 드리우는 불 세계의 빛(光明)을 넓히고, '엄'을 통해 행덕을 가없이 펼쳐내는 크고 바른 깨달음(覺)을 장엄하는 것이다.

화엄의 세계는 막음이 없고 가림이 없는 법계의 법문이기 때문에 생사가 열반이고 열반이 생사이며, 진眞(涅槃·眞·淨)과 속俗(生死·妄·染)의 무애의 세계이며, 일법一法이 일체법一切法이고 일체법이 일법이며, 한 생각(一念)이 삼세三世의 겁이고 삼세의 겁이 일념一念이며, 일체 세계가 일미진一微塵이고 일미진이 일체 세계임을 드러내고 있다. 이것은 곧 리理(一法)와 사事(一切法)의 무애를 나타낸 것이다. 때문에 무애와 자재를 드러내는 또 하나의 기호인 광엄은 원효의 세계관 내지 법계관을 보여 주는 것이다.

법계(法性)는 내 마음 바깥에 따로 있는 것이 아니라 내 몸뚱어리와 사물의 총화인 세계 사이에서 일심一心으로 펼쳐지는 긴장과 탄력의 영역 자체이다. 즉 현실적 인간인 나의 "몸과 마음의 본체이며 본래부터 신령스럽게 밝아 막힌 데가 없으며, 넓고 커서 텅 비고 고요한 것"[43]이다. 그러므로 "모습(形貌)이 없되 대천 세계를 펼쳐 놓고 가장자리(邊際)가 없되 만유를 함용含容한 것"[44]이다. 때문에 법계의 '법法'이란 우리의 인식 기관이 대상화하여 맞이하고 있는 삼라만상인 모든 생물과 무생물인 존재이며, '성性'이란 현실적 인간인 나의 인식 기관이 끊임없이 받아들이고 있지만 대상화하여 분석할 수 없는 본래의 성품이다.

원효는 평생을 이 법계(법성)의 끝없음을 묘체妙體로 삼고 행덕의 가없음을 묘용妙用으로 삼아 실천하였다. 아알라야식의 전환을 통해 일심을 발

---

43) 裴休, 宗密의 『注華嚴法界觀門』, 「序」(『大正新修大藏經』 권45, 683쪽 中).
   雪岑, 『華嚴釋題』(『한국불교전서』 7책, 295쪽 中).
44) 裴休, 같은 책, 같은 곳(『大正新修大藏經』 권45, 683쪽 中).

견한 원효는 법계와 행덕을 몸체(體)와 몸짓(用)으로 삼았다. 다시 말해서 그는 법계와 행덕의 긴장과 탄력 위에서 번뇌가 있는 의식(有漏識)을 전환하여 번뇌가 없는 지혜(無漏智)를 증득함(轉識得智)으로써 땅막(土龕)과 무덤(鬼鄕·墳)이 둘이 아님을 통찰했다. 그리하여 원효는 분황사의 서실에서 붓을 꺾고 뛰쳐나와 걸림없는(無碍) 자재행을 통해 보살도를 전개하였다. 원효의 원효다움은 바로 여기에서 드러나는 것이다.

원효는 법계의 끝없음과 행덕의 가없음을 통해 '광엄'의 종지를 드러내었고, 일체법에 두루하여 걸림이 없는 화엄 일승 원교의 가르침을 '보법'의 의미로 보편화시키고 있다. 광엄과 보법은 원효가 화엄을 인식하는 핵심 코드이다. 우리가 화엄을 '광엄종' 혹은 '보법종'이라 할 수 있는 근거가 바로 여기에 있다.

4. 광명과 각관覺觀

원효는 「여래광명각품」의 품명을 풀이하면서 여래가 시방에 두루 방광放光하여 모든 중생으로 하여금 번뇌(闇障)를 없애게 하여 여래의 몸이 법계에 두루함을 깨닫게 하며, 또한 붓다의 광명光明은 모든 의혹을 없애 주기 때문에 '광명각품光明覺品'이라 한다고 말한다. 이 품에는 여래가 발바닥 아래(足下)로 빛을 나투어 시방 우주를 널리 비추자 그 빛이 일대천一大千을 비추고 십대천十大千에 이르러 점차 넓어져서 법계에 두루 비추어 믿음을 일으키는 자(發信者)로 하여금 붓다 지혜의 경계가 크고 다함이 없음을 깨닫고 자기의 법신法身 지행智行 또한 모두 동등함을 깨달아 지혜의 눈을 밝게 열어서 과지果地의 깨달음을 이루게 하는 십신위十信位를 밝힌 법문이다. 여기서 광명이 나온 곳인 천폭륜상(相輪)은 곧 마음을 일으킨(發

心) 자의 믿음과 실천을 상징한다. 여기서 광명光明과 깨달음(覺)은 상호 연관성을 지닌 술어이다. 광명은 붓다가 쏟아내는 빛이지만 믿음을 일으킨 자를 깨닫게 하는 원천이며, 깨달음은 붓다의 광명에 촉발되어 믿음을 일으킨(發信) 자의 자발적인 행위의 결과이다.

그런데 품명에서 보여지는 대로 '여래가 빛을 쏟아내어 깨닫게 하는 장'인 「여래광명각품」은 인간들의 어둠과 고통의 굴레를 걷어 내어(除滅) 빛과 깨달음을 주는 장이다. 이 장은 제3품인 「여래명호품」과 제4품인 「사성제품」에서 제기하는 두 가지 의문에 대해 풀이하고 있다. 그러면서 여래의 빛이 의혹을 걷어내고 여러 재난을 뿌리뽑게 한다고 말한다.

원효는 「여래광명각품」의 큰 뜻(大意)과 경문 풀이(釋文)를 통해 이 품을 풀이하고 있다. 첫째는 믿음과 이해를 일으키고, 둘째는 정진하여 수행하게 하고, 셋째는 빛이 나온 출처를 밝히고, 넷째는 빛이 비추는 처소를 밝히는 것으로 풀어 나가고 있다. 이 중에서 원효는 먼저 광명이 나온 출처를 밝히고 난 뒤 광명이 비추는 처소를 밝히는 것에 상당한 양을 할애하고 있다.

현존하는 원효의 화엄 관련 저술이 겨우 이 품의 주석뿐이어서 제한적이지만 서문 등을 통해 그의 화엄학을 재구할 수 있다. 원효는 언어와 깨달음, 『기신론』과 『화엄경』, 무애와 자재, 이문일심과 이기일승, 사교판四敎判과 사문四門, 상즉상입과 무장무애, 광엄과 보법, 십종인과 수십전 등의 대비를 통해 자신의 화엄학을 구축하고 있다.

원효의 6~7종이나 되는 화엄 관련 저술이나 사교판이 보여 주는 것처럼 그는 모든 교학의 이해 위에서 화엄의 세계를 펼쳐 나갔다. 원효에게 있어 화엄은 총상總相과 별상別相을 아우르는 사유 체계이자 인간과 세계를 바라보는 인식틀이었다. 그것은 곧 총상으로서의 '광엄'과 별상으로서의 '보법'의 코드로 표현되고 있다.

원효는 『기신론』의 담론을 원용하여 땅막과 무덤의 불이不二의 근거인 일심을 깨달았으며, 『화엄경』의 담론 속에서 여래성의 현현인 성기심性起心을 깨달음으로써 붓을 꺾고 현실적 인간들의 삶 속으로 뛰어들었던 것이다. 따라서 원효의 화엄학은 개인적 깨달음을 얻게 된 『기신론』의 이문일심二門一心 사상과 사회적 깨달음을 얻게 된 『화엄경』의 이기일승二起一乘 사상의 무애와 자재였다고 할 수 있다. 동시에 그것은 광엄(總相)과 보법(別相)의 축으로 펼친 상즉상입相卽相入과 무장애無障碍의 세계였다고 할 수 있다.

원효 관련 연구물 목록

1. 저서

강정중, 『원효사상』(불교춘추사, 2001)

고영섭, 『원효, 한국사상의 새벽』(서울: 한길사, 1997)

_____, 『원효탐색』(서울: 연기사, 2001)

고익진, 『한국고대불교사상사』(서울: 동국대학교 출판부, 1989)

국토통일원 조사연구실, 『원효연구논총-그 철학과 인간의 모든 것』(서울: 국토통일원, 1987)

김남선, 『원효·만해·김시습』(서울: 정토, 1989)

김대은 외, 『원효-인간시대의 새벽과 그 영광』(서울: 삼장원, 1980)

김상현, 『역사로 읽는 원효』(서울: 고려원, 1995)

_____, 『원효연구』(서울: 민족사, 2000)

김영미, 『신라불교사상사연구』(서울: 민족사, 1995)

김영태, 『한국불교고전명저의 세계』(서울: 민족사, 1994)

_____, 『원효연구 사료총록』(서울: 장경각, 1996)

김정회, 『원효대사』(서울: 시방문화원, 1991)

김지견 편, 『원효대사의 철학세계』(서울: 민족사/대한전통불교연구원, 1989)

김형효, 『원효에서 다산까지』(성남: 청계, 2000)

남동신, 『영원한 새벽, 원효』(서울: 새누리, 1999)

남정희, 『소설 원효』 상·중·하(서울: 장원, 1993)

박종홍, 『한국사상사-불교사상편』(서울: 서문당, 1972)

박태순, 『원효대사·다산 정약용』(서울: 스포츠서울, 1990)

박태원, 『대승기신론사상연구(1)』(서울: 민족사, 1994)

불교전기문화연구소 편, 『원효, 그의 위대한 생애』(서울: 불교춘추사, 1999)

_____, 『원효사상의 현대적 조명』 1(서울: 불교춘추사, 2000)

신옥희, 『일심과 실존-원효와 야스퍼스의 철학적 대화』(서울: 이화여자대학교 출판부, 2000)

신현숙, 『원효의 인식과 논리-판비량론의 연구』(서울: 민족사, 1988)

심재열,『원효사상 2 - 윤리관』(서울: 홍법원, 1983)
안계현,『신라정토사상사』(서울: 아세아문화사, 1976)
_____,『신라정토사상사연구』(서울: 현음사, 1987)
안광석 편,『화엄연기 - 의상회의 주변』(서울: 우린각, 1990)
양은용 편,『신라원효연구』(한국학연구자료집 1, 이리: 원광대학교 출판국, 1979)
오영봉,『원효의 화쟁사상 연구』(서울: 홍법원, 1989)
원효종성전간행회 편,『원효종성전』(서울: 한국경제문회사, 1967)
원효학회,『원효학연구』1~4권(서울: 원효학회, 1996~1999)
원효연구원,『원효사상』(서울: 신우당, 1998)
이광수,『원효대사』(춘원선집 10, 서울: 광영사, 1957)
이기영,『원효사상 1 - 세계관』(서울: 원음각, 1967)
_____,『한국의 불교사상 - 원효『대승기신론소·별기』외』(삼성판 세계사상전집 11, 서울:
     삼성출판사, 1976)
_____,『한국불교연구』(서울: 한국불교연구, 1982)
_____,『새벽의 햇빛이 말하는 의미 - 원효사상 70강』(서울: 한국불교연구원, 1992)
_____,『원효사상연구』(서울: 한국불교연구원, 1995)
이도흠,『화쟁기호학』(서울: 한양대학교 출판부, 1999)
이만용,『원효의 사상 - 화쟁사상을 중심으로』(서울: 전망사, 1983)
이영일,『원효어록 100선』(서울: 불교춘추사, 1999)
이종익,『원효의 근본사상 - 십문화쟁론 연구』(서울: 동방사상연구원/대한불교원효종, 1977)
_____,『원효대사와 보조국사의 생애와 사상』(서울: 동국문화사, 1990)
이지관,『역주역대고승비문 - 신라편』(한국불교금석문역주 1, 서울: 가산문고, 1993)
이평래,『신라불교여래장사상연구』(서울: 민족사, 1996)
장도빈,『위인 원효』(수양총서 1, 서울: 신문관, 1917)
_____,『원효』(서울: 고려관, 1925)
_____,『원효대사전』(대한위인전 4, 서울: 국사원, 1961)
장휘옥,『자 떠나자 원효 찾으러』(서울: 시공사, 1999)
정 민,『영화극 원효대사』(서울: 정토문화협회, 1960)
조명기,『신라불교의 이념과 역사』(서울: 신태양사, 1962; 경서원, 1982)
최유진,『원효의 불교사상』(마산: 경남대학교 출판부, 1997)
한국사상사대계 간행위원회 편,『원효의 사상과 그 현대적 의미』(성남: 한국정신문화연구원, 1994)
황영선,『원효의 생애와 사상』(국학자료원, 1996)

小松茂美 편,『華嚴宗師會傳 - 華嚴緣起』(日本會卷大聖 17, 東京: 中央公論社, 1990)
Leo Lee(이계선), Le maitre Won-Hyo de Sil-la du VII siecle, Sa vie, ses ecrits, son apostolat(가톨릭출판사,
     1986)

2. 원효의 저술에 대한 편·역서

가산불교문화연구원, 『금강삼매경론』(서울: 가산불교문화진흥원, 1992)
김달진 역, 『금강삼매경론』(서울: 열음사, 1986)
_____, 『한글대장경 대승기신론소·별기』 외(서울: 동국역경원, 1995)
김덕수 편저, 『불교의 철학사상－『대승기신론』 원효소·별기 역해 1』(대전: 평화당인쇄사, 1991)
김만기 역, 『유심안락도』(대구: 삼영출판사, 1972)
김무득 역주, 『『대승기신론』과 소와 별기』(서울: 경서원, 1991)
김운학 역, 『유심안락도』(삼성문화문고 124, 서울: 삼성미술문화재단, 1979)
김재근 편역, 『금강삼매경론신강』(서울: 보련각, 1980)
김탄허 역해, 『현토역해 기신론·원효소병별기』(서울: 화엄학연구소, 1972)
_____, 『현토역해 기신론』(서울: 교림, 1986)
동국대학교 불교사학연구실 편, 『원효대사전집』(신라불교전서 1, 서울: 삼양사, 1949~1950)
동국대학교 출판부, 『영인판 금강삼매경론』(서울: 동국대학교 출판부, 1958)
동국대학교 한불전편찬위 편, 『한국불교전서 1－신라시대편 1』(서울: 동국대학교 출판부, 1979)
백용성 역, 임도문 편, 『금강삼매경론』(서울: 대각회, 1971)
보련각, 『영인판 기신론해동소』(서울: 보련각, 1972)
불교학동인회 편, 『원효전집』(서울: 동국역경원, 1973)
불교학연구회 편, 『한국고승집－신라시대 1』(서울: 경인문화사, 1974)
성낙훈 외 역, 『한국의 사상대전집 1』(서울: 동화출판공사, 1972)
심재열 역, 『미륵삼부경·종요』(서울: 원각사, 1972)
_____, 『미륵삼부경·원효술상생경종요』(서울: 보련각, 1980)
_____, 『현토주해 미륵삼부경·원효술 상생경종요』(서울: 보련각, 1985)
역경위원회 역, 『한글대장경 155－금강삼매경론』(한국고승 5, 서울: 동국역경원, 1975)
_____, 『한글대장경 156－대승기신론소』(한국고승 6, 서울: 동국역경원, 1976)
_____, 『한글대장경 금강삼매경론』(서울: 동국역경원, 1985)
연등국제불교회관 편역, 『발심수행장』(Korean Buddhism 2, 서울: 연등국제불교회관, 1990)
원효전서국역간행위 편, 『국역원효성사전서』(서울: 보련각/대한불교원효종, 1987~1989)
은정희·송진현 역, 『원효의 금강삼매경론』(서울: 일지사, 2000)
은정희 역주, 『원효의 대승기신론소·별기』(서울: 일지사, 1991)
이기영 역, 『금강삼매경론』(서울: 대양서적, 1972)
_____, 『금강삼매경론』(서울: 신화사, 1983)
_____, 『금강삼매경론』(서울: 한국불교연구원, 2000)
이영무 역, 「『보살계본지범요기』」, 『건대사학』 3(건국대학교 사학회, 1973)
_____, 『교정 및 국역 『열반경종요』』(서울: 대성문화사, 1984)
_____, 『영인판 양권 『무량수경종요』』(서울: 민족사, 1988)
조명기 편, 『원효대사전집』(서울: 보련각, 1978)

조선불교회, 『금강삼매경론』(서울: 조선불교회, 1923)
황산덕 역, 『열반종요』(현대불교신서 44, 서울: 동국역경원, 1982)
해인승가학원, 『대승기신론소기회본』(영인판, 합천: 해인승가학원, 1977)

國譯一切經編纂委員會, 『元曉의 『彌勒上生經宗要』 日譯 및 解題』(國譯一切經 和韓撰述部 經
　　　疏部 12, 日本: 大同出版社, 1981)
富貴原章信 해설, 『判比量論』(日本 京都: 便利堂, 1967)
横超慧日・村松法文 공편, 『二障義』(日本 平樂寺書店, 1979)

3. 학위논문

1) 박사학위논문

강상원, 「일미관행에 있어서 중도관에 관한 연구―『금강삼매경론』을 중심으로」(동국대학교
　　　대학원, 1994)
고익진, 「한국고대불교사상사 연구」(동국대학교 대학원, 1987)
김병환(원영), 「원효의 금강삼매경론 연구―관행을 중심으로」(동국대학교 대학원, 1997)
김영미, 「신라 아미타신앙 연구」(이화여자대학교 대학원, 1991)
김종의, 「원효의 사상체계에 관한 연구」(부산대학교 대학원, 1992. 2.)
김준형, 「원효의 교판관 연구」(동국대학교 대학원, 1986. 2.)
김현준, 「원효의 심성론에 관한 분석 심리학적 연구」(경북대학교 대학원, 1994. 2.)
남동신, 「원효의 대중교화와 사상체계」(서울대학교 대학원, 1995. 8.)
藤能成, 「원효의 정토사상 연구」(동국대학교 대학원, 1995)
박쌍주, 「원효의 陶冶觀 연구」(영남대학교 대학원, 1996. 8.)
박태원, 「『대승기신론』 사상에 관한 연구―고주석가들의 관점을 중심으로」(고려대학교
　　　대학원, 1991)
은정희, 「『기신론소・별기』에 나타난 원효의 일심사상」(고려대학교 대학원, 1983. 2.)
이효령, 「원효의 교육사상에 관한 연구」(건국대학교 대학원, 1996. 2.)
정희숙, 「'각'과 '선성'에 대한 교육학적 의미―원효와 루소를 중심으로」(이화여자대학교
　　　대학원, 1985. 2)
佐藤繁樹, 「원효에 있어서 화쟁의 논리―『금강삼매경론』을 중심으로」(동국대학교 대학원, 1993)
최유진, 「원효의 화쟁사상 연구」(서울대학교 대학원, 1988. 8.)

이범홍, 「新羅佛敎如來藏思想の研究―元曉の如來藏思想を中心として」(日本 駒澤大學, 1989)
이평래, 「新羅佛敎如來藏思想の研究―元曉の如來藏思想を中心として」(日本 駒澤大學, 1986)

장휘옥, 「新羅淨土敎の硏究」(日本 東京大學, 1988)
한태식, 「新羅淨土思想の硏究」(日本 京都佛敎大學, 1989. 2.)
강영계, "Prinzip und Methode in der Philo'sophie Wonhyo's"(Germany: Diss Wii, 1981)
박성배, "Wonhyo's commentaries on the awakening of faith in Mahayana"(Cal: Univ. of Berkeley, 1979)
신옥희, "Understanding of faith in Wonhyo and Karl Jaspers and its significance for the Christian faith in Korea"(Swis.: Basel Univ., 1976. 1.)
오영봉(法眼), "Wonhyo's theory of harmonization"(N.Y.: New York Univ., 1988)
Robert E., Buswell, Jr. "Korean origin of The Vajrasamadhi-sutra"(Cal.: Univ. of Cal, Berkeley, 1985)

2) 석사학위 논문

강옥희, 「원효의 윤리관」(동아대학교 교육대학원, 1985. 8.)
고점용, 「원효의『대승기신론소·별기』에 나타난 실천덕목」(제주대학교 교육대학원, 1988. 2.)
권태훈, 「원효의 윤리관-『보살계본지범요기』를 중심으로」(고려대학교 교육대학원, 1989. 8.)
김경집, 「원효의 정토관 연구」(동국대학교 대학원, 1991. 2.)
김명숙, 「원효의『이장의』에 대한 연구」(동국대학교 대학원, 1997. 8.)
김병환(원영), 「원효의『대승육정참회』연구」(동국대학교 대학원, 1988. 2.)
김부룡(승원), 「원효의 일승사상 연구」(동국대학교 대학원, 1998)
김상래, 「원효와 보조의 인간관 비교 연구」(동국대학교 교육대학원, 1992. 2.)
김성환, 「원효의 대승사상에 관한 연구」(경희대학교 대학원, 1976)
김수정, 「이장번뇌에 대한 연구-원효의『이장의』와『기신론소·별기』를 중심으로」(동국대학교 불교대학원, 1994)
김영경, 「『대승기신론』의 아려야식에 관한 연구」(동국대학교 대학원, 1991)
김영숙(一頓), 「원효의『열반종요』에 나타난 회통원리에 관한 연구」(동국대학교 대학원, 1998)
김영희, 「『기신론』 주석서의 第七末那識에 대한 연구-원효의『소』와 법장『의기』를 중심으로」(동국대학교 대학원, 1989. 8.)
김종인, 「중관을 통해 본 원효철학」(서울대학교 대학원, 1994. 2.)
김항배, 「본각과 시각에 대한 연구-원효의『해동소』를 중심으로」(동국대학교 대학원, 1964)
김현준, 「Bhagavad-Gita와『대승기신론소』의 비교 연구」(동국대학교 대학원, 1979. 2.)
김현철, 「원효의 무애행 연구」(청주대학교 대학원, 1997)
김형희, 「현존 찬소를 통해 본 원효의『화엄경』관-「소서」와「광명각품소」를 중심으로」(동국대학교 대학원, 1981. 2.)
남동신, 「원효의 교판론과 그 불교사적 위치」(서울대학교 대학원, 1988. 2.)
류승주, 「원효의 반야공관과 중도론에 대한 연구-『대혜도경종요』를 중심으로」(동국대학교 대학원, 1993)
박규보, 「원효의 화쟁론 연구」(동아대학교 대학원, 1996)

박균길, 「원효의 십문화쟁사상에 대한 연구」(동국대학교 교육대학원, 1993)

석길암, 「원효사상의 체계와 실천적 성격에 대한 연구」(동국대학교 불교대학원, 1993. 8.)

송진현, 『『대승기신론소·별기』에 나타난 원효의 심식사상 연구』(고려대학교 교육대학원, 1991. 8.)

안성두, 「원효의 여래장 분립이유에 관한 연구」(한국정신문화연구원, 1981)

안종서, 「원효의 윤리사상과 그 실천행에 관한 연구─『보살계본지범요기』를 중심으로」(동국대학교 대학원, 1983)

양예승, 「원효의 교육사상」(조선대학교 교육대학원, 1983)

오옥렬, 「원효사상의 현대윤리적 의미에 관한 연구」(한국교원대학교 대학원, 1997)

오지섭, 「『대승기신론』의 진여훈습설 연구」(서강대학교 대학원, 1986)

울만 파트리크, 「원효의 열반관과 불성관에 대한 연구」(동국대학교 대학원, 1997)

이미령, 「원효·법장의 기신론관 비교연구」(동국대학교 대학원, 1993. 8.)

이송곤, 「원효의 대중교화 연구」(동국대학교 대학원, 1988. 8.)

이수영, 「원효의 윤리사상에 대한 고찰─현존 율전을 중심으로」(인하대학교 대학원, 1989. 8.)

이양희, 「원효의 여래장사상 연구」(한국정신문화연구원, 1983)

이정희, 「원효가 본 이장 체성에 관한 연구─『이장의』를 중심으로」(동국대학교 대학원, 1992. 2.)

이진호, 「원효사상과 현대물리학의 비교연구」(건국대학교 교육대학원, 1985. 8.)

이채연, 「원효의 화쟁론에 대하여」(조선대학교 대학원, 1992. 2.)

임 혁, 「과학철학의 신관과 원효의 불교관의 비교연구」(연세대학교 교육대학원, 1987. 2.)

장휘옥, 「신라 미타정토의 사적 고찰」(동국대학교 대학원, 1981)

전미희, 「원효의 신분과 그의 활동」(서강대학교 대학원, 1988. 2.)

정영근, 「覺의 두 가지 장애─원효의 『이장의』를 중심으로」(한국정신문화연구원, 1981)

정철호, 「원효의 정토신앙과 사상에 관한 연구─『무량수경종요』를 중심으로」(동아대학교 대학원, 1998)

정판규, 「신라시대 미타정토왕생사상사 연구」(동국대학교 대학원, 1965)

정희숙, 「교육철학적 지평으로서의 원효사상」(이화여자대학교 대학원, 1981. 2.)

조미경, 「원효사상의 사회적 기능에 대한 고찰─대중교화활동을 중심으로」(성균관대학교 교육대학원, 1991. 8.)

조상희, 「원효의 여래장사상에 관한 연구─『대승기신론소·별기』를 중심으로」(동아대학교 대학원, 1992. 2.)

조은수, 「『대승기신론』에 있어서의 깨달음의 구조」(서울대학교 대학원, 1986. 8.)

조은영, 「원효의 일심사상에 관한 연구─『대승기신론소·별기』를 중심으로」(한국외국어대학교 교육대학원, 1992. 2.)

조재환, 「『유심안락도』의 현대적 고찰─『유심안락도』는 신라 불국토 건설의 표석이다」(건국대학교 교육대학원, 1984)

최유진, 「원효의 일심사상」(서울대학교 대학원, 1980. 2.)

최윤정, 「일심이문에 나타난 인식양상의 연구─원효의 『대승기신론소·별기』를 중심으로」(한국정신문화연구원, 1996)

한경희, 「원효의 미타정토사상 연구-특히 『유심안락도』를 중심으로」(영남대학교 대학원, 1974)

한영란, 「원효의 화쟁사상의 현대적 의의에 관한 연구」(한국교원대학교 대학원, 1994. 2.)

허경구, 「원효의 미륵신앙 연구-『미륵상생경종요』를 중심으로」(동국대학교 대학원, 1989. 2.)

이범홍, 「元曉の如來藏思想に關する硏究」(日本 京都佛敎大學, 1981)

4. 일반논문

각 성, 「원효사상의 총체적 회통」, 『원효사상의 현대적 조명』 1(원효사상전집 2, 불교춘추사, 2000)

강건기, 「원효의 생애와 사상」, 『승진강좌』 135(고시연구사, 1986. 7.); 『고시연구』 13, 8(149)(고시연구사, 1986. 8.)

강동균, 「원효의 정토관」, 『석당논총』 9(동아대학교 석당전통문화연구원, 1984. 6.)

강동균, 「안심과 평안으로 가는 길-원효의 정토사상-원효사상의 현대적 조명」, 『민족불교』 2(청년사, 1992. 1.)

강동균, 「원효의 자비관」, 『석당논총』 19(동아대학교 석당전통문화연구원, 1993. 12.)

강명진, 「원효의 윤리관」, 『정신개벽』 4(신룡교학회, 1985. 12.)

강정중, 「원효의 인간 구제와 학승으로서의 공적」, 『원효사상의 현대적 조명』 1(원효사상전집 2, 불교춘추사, 2000)

고영섭, 「원효의 통일학-부정(破·奪)과 긍정(立·與)의 화쟁법」, 『삼국통일과 한국통일』 1(김용옥 편, 통나무, 1995); 『동국사상』 26(동국대학교 불교대학, 1995); 『원효사상의 현대적 조명』 1(원효사상전집 2, 불교춘추사, 2000); 고영섭, 『원효탐색』(연기사, 2001)

_____, 「원효의 화엄학」, 『불교와 문화』 제3집(대한불교진흥원, 1997)

_____, 「불학의 보편성-원효의 삶과 생각, 불학하기의 한 모범」, 『미천목정배박사화갑기념논총』(장경각, 1997)

_____, 「원효의 공부론-원효의 삶과 생각, 불학하기의 한 모범」, 『원효사상전집』 4(불교춘추사, 2001); 고영섭, 『원효탐색』(연기사, 2001)

_____, 「원효의 보편학-어디서가 아니라 어떻게」, 『중앙승가대신문』 제88~89호(1998); 「보살의 모습으로 다가온 원효대사」, 『한국불교인물사상사』(중앙승가대신문, 2000); 고영섭, 『원효탐색』(연기사, 2001)

_____, 「원효의 정토론」, 『원효탐색』(연기사, 2001)

_____, 「원효 연구 스펙트럼」, 『원효탐색』(연기사, 2001)

_____, 「원효시대의 동아시아 불교사상가들의 생각틀」, 『원효사상전집』 1(불교춘추사, 1999)

_____, 「7~8세기 동아시아 불학의 스펙트럼-인식(識)과 마음(心) 패러다임의 긴장과 탄력」, 『동원논집』 제13집(동국대학교 대학원 학생회, 1999)

_____, 「오늘 왜 원효인가」, 「연극 옴 팜플렛」(완자무늬, 1999); 고영섭, 『원효탐색』(연기사, 2001)

_____, 「원효의 화엄학-광엄과 보법의 긴장과 탄력」, 『원효학연구』 제5집(원효학연구원, 2000); 『원효사상전집』 3(불교춘추사, 2001); 고영섭, 『원효탐색』(연기사, 2001)

_____, 「원효의 장애론-현행의 장애와 잠복의 장애의 치유와 단멸」, 『불교학연구』 제1집(한국종교학회 불교분과, 2000. 3.); 고영섭, 『원효탐색』(연기사, 2001)

_____, 「한 마음의 두 모습 혹은 한 맛의 두 측면」, 『뉴 휴먼 단』 84(한문화, 2000)

_____, 「원효의 사상」, 『원효탐색』(연기사, 2001)

고익진, 「원효의 『기신론소 · 별기』를 통해 본 진속원융무애관과 그 성립이론」, 『불교학보』 10(동국대학교 불교문화연구소, 1973)

_____, 「원효사상의 실천원리-『금강삼매경론』의 일미관행을 중심으로」, 『숭산박길진박사화갑기념논문집-한국불교사상사』(원광대학교, 1975)

_____, 「『유심안락도』의 성립과 그 배경-『유심안락도』는 『무량수경종요』의 증보개편이다」, 『불교학보』 13(동국대학교 불교문화연구소, 1976); 『한국찬술불서의 연구』(민족사, 1987)

_____, 「원효가 본 불교의 호국사상」, 『동국』 12(동국대학교 학도호국단, 1976)

_____, 「원효사상의 사적 의의」, 『동국사상』 14(동국대학교 불교대학, 1981. 12.)

_____, 「원효의 화엄사상」, 동국대학교 불교문화연구소 편, 『한국화엄사상연구』(동국대학교 출판부, 1982)

_____, 「원효사상의 화쟁적 성격」, 윤사순 · 고익진 공편, 『한국의 사상』(열음사, 1984)

_____, 「중국 초기 화엄과 원효사상과의 비교」, 『한국고대불교사상사』(동국대학교 출판부, 1989)

_____, 「원효의 기신론철학과 화엄경관」, 『한국고대불교사상사』(동국대학교 출판부, 1989)

_____, 「원효의 진속원융무애관과 성립이론-『기신론소 · 별기』를 중심으로」, 불교사학회 편, 『고대한국불교교학연구』(민족사, 1989)

고점용, 「원효의 『대승기신론소 · 별기』에 나타난 실천덕목」, 『교육논총』(인사) 1(제주대학교 교육대학원, 1988. 2.)

공종원, 「원효사상의 현대적 의미」, 『원효사상의 현대적 조명』1(원효사상전집 2, 불교춘추사, 2000)

菅原篤, 「人間元曉論」, 김지견 편, 『원효대사의 철학세계』(민족사, 1989); 『원효연구논총』(국토통일원, 1987); 『원효, 그의 위대한 생애』(원효사상전집 1, 불교춘추사, 1999)

구석봉, 「원효방과 원효의 차생활」, 『원효, 그의 위대한 생애』(원효사상전집 1, 불교춘추사, 1999)

권기종, 「원효의 정토사상 연구」, 『불교연구』 제11 · 12집(한국불교연구원, 1995. 11.)

_____, 「원효의 전기연구에 나타난 문제점에 대하여」, 『원효학연구』 1(원효학회, 1996)

권윤혁, 「화쟁논리의 부흥과 신민족통일이론의 정립」 1~5, 『불교사상』(불교사상사, 1983. 1, 2~1984. 4.)

_____, 「화쟁논리의 부흥과 신민족통일이론의 정립」, 『원효학연구』 3(원효학회, 1998)

권탄준, 「원효의 화엄사상에 나타난 일체법 곧 일법의 이치」, 『원효학연구』 3(원효학회, 1998)

기덕철(우담), 「煩惱障과 所知障에 대한 小考-원효의 『이장의』를 중심으로」, 『석림』 21(석림회, 1987. 12.)

김강모(운학), 「원효의 문학관」, 『현대문학』 19권 10호(통권 226호)(현대문학사, 1973. 10.)

_____, 「원효의 화쟁사상-한국불교의 和사상 연구」, 『불교학보』 15(동국대학교 불교문화연구소, 1978)

김건표, 「신라 원효의 일생」, 『조선』 151(조선총독부 총무국 문서과, 1930. 5.)

김경집, 「원효의 정토사상에 나타난 왕생의 원리」, 『한국불교학』 제23집(한국불교학회, 1997)

_____, 「원효의 정토관 연구」, 『보조사상』 제11집(보조사상연구원, 1998)

김광주(지운), 『『대승기신론』 주석서의 관점 비교 연구-원효 『소·별기』와 법장 『의기』 중심」, 『석림』 23(석림회, 1989)

김광지, 「원효의 철학사상」, 『문리대학보』 33(중앙대학교 문리과대학학생회, 1975. 2.)

김규영, 「시공해탈심론-원효의 『대승기신론소』에서」, 김지견 편, 『동과 서의 사유세계-장봉김지견박사화갑기념사우록』(민족사, 1991)

김도공, 「원효, 그 깨달음의 사상체계」, 『원효사상의 현대적 조명』 1(원효사상전집 2, 불교춘추사, 2000)

김동화, 「원효대사」, 『한국역대고승전』(삼성문화재단, 1973)

김사업, 「원측과 원효의 심의식사상에 대한 소고」, 『석림』 12(석림회, 1987. 12.)

김상봉, 「해동불교와 물질문명」, 『원효사상의 현대적 조명』 1(원효사상전집 2, 불교춘추사, 2000)

김상현, 「성·속을 넘나드는 원효」, 『불교사상』 34(불교사상사, 1986. 9.)

_____, 「원효의 미타증성계」, 『경주사학』 6(동국대학교 경주대학 사학과, 1987. 12.)

_____, 「원효행적에 관한 몇 가지 신자료의 검토」, 『신라문화』 5(동국대학교 신라문화연구소, 1988. 12.)

_____, 「원효행적에 관한 몇 가지 신자료의 검토」, 『경산문학』 8(한국문인협회 경산지부, 1992. 11.)

_____, 「원효진영에 관하여」, 『신라불교의 재조명』(신라문화제학술발표회논문집 14, 신라문화선양회·경주시, 1993)

_____, 「원효의 제명호고」, 『소헌남도영박사화갑기념 역사학논총』(민족문화사, 1993)

_____, 「신라 법상종의 성립과 순경」, 『가산학보』 2(가산불교문화연구원, 1993. 3.)

_____, 「집일 『승만경소』-『승만경소상현기』 소인 원효소의 집편」, 『불교학보』 30(동국대학교 불교문화연구원, 1993. 12.)

_____, 「집일 『금광명경소』-『金光明最勝王經玄樞』 소인 원효소의 집편」, 『동양학』 24(단국대학교 동양학연구소, 1994. 10.)

_____, 「元曉師 逸書 輯編-해제 및 자료」, 『신라문화』 10·11합(동국대학교 신라문화연구소, 1994. 12.)

_____, 「원효 화쟁사상의 연구사적 검토」, 『불교연구』 11·12합(한국불교연구원, 1995. 11.)

_____, 「원효 저술의 일본 유통과 그 의의」, 『한국사상사학』 7(한국사상사학회/서문문화사, 1995. 12.)

_____, 「원효의 佛身에 대한 이해」, 『한국사상사학』 제11집(한국사상사학회, 1998)

_____, 「元曉陳那後身說의 檢討」, 『원효사상』 창간호(원효연구원/신우당, 1998)

김선근, 「원효의 和諍論理 小考」, 『논문집』(인사) 2(동국대학교 경주캠퍼스, 1983. 12.)

김승찬, 「원효의 문학세계」, 『문리대논문집』(인사) 18(부산대학교 문리과대학, 1979)

김승호, 「원효의 전승담에서 道伴의 의미」, 『원효, 그의 위대한 생애』(원효사상전집 1, 불교춘추사, 1999)

김양용, 「원효의 여래장설 연구」, 『대학원논문집』 11(원광대학교 대학원, 1993. 2.)

김영길, 「원효의 『법화종요』로 본 일승 통일」, 『원효학연구』 3(원효학회, 1998)

김영미, 「원효의 여래장사상과 중생관」, 『한국고대학』 1(한국고대학회, 1992. 6.)

_____, 「원효의 아미타신앙과 정토관」, 『가산학보』 2(가산불교문화연구원, 1993. 3.)

김영수, 「원효」, 『조선명인전』 상(조선일보사, 1939)

김영주, 「諸書에 現한 원효 『화엄소』 교의」, 『조선불교총보』 12(삼십본산연합사무소, 1918. 11.)

_____, 「諸書에 現한 원효 『화엄소』 교의」(속), 『조선불교총보』 13(삼십본산연합사무소, 1918. 12.)

김영태, 「신라불교 대중화의 역사와 그 사상 연구」, 『불교학보』 6(동국대학교 불교문화연구소, 1969)

_____, 「원효대사와 지성」, 『문화비평』 3권 2호(통권 10호)(아한학회, 1971. 7.)

_____, 「전기와 설화를 통한 원효 연구」, 『불교학보』 17(동국대학교 불교문화연구소, 1980)

_____, 「원효의 불성론고」, 『효성조명기박사추모 불교사학논문집』(동국대학교 출판부, 1988)

_____, 「신라의 지성인 원효」, 『불교사상사론』(민족사, 1992)

_____, 「원효의 불성론」, 『불교사상사론』(민족사, 1992)

_____, 「현전 설화를 통해 본 원효대사」, 『원효연구논총』(국토통일원, 1987); 『불교사상사론』(민족사, 1992)

_____, 「분황사와 원효의 관계사적 고찰」, 『원효학연구』 1(원효학회, 1996)

_____, 「『본업경소』를 통해 본 원효의 信觀」, 『원효학연구』 2(원효학회, 1997)

_____, 「和會의 도리로 본 원효의 사상」, 『원효의 사상체계와 원효전서 영역상의 제문제』(국제원효학회, 1997)

_____, 「원효의 중심사상 - 현존 찬서의 대의를 통하여」, 『경산지역삼성현유적조사연구』(경산대학교 국학연구원, 1997)

_____, 「원효의 『열반경종요』에 나타난 화회의 세계」, 『원효학연구』 3(원효학회, 1998)

_____, 「원효의 신라말 이름 '새부'에 대하여 - 『기신론별기』 찬자명을 중심으로」, 『불교사상사론』(민족사, 1992); 『원효, 그의 위대한 생애』(원효사상전집 1, 불교춘추사, 1999)

_____, 「원효의 小名 誓幢에 대하여」, 『불교사상사론』(민족사, 1992); 『원효, 그의 위대한 생애』(원효사상전집 1, 불교춘추사, 1999)

_____, 「원효는 寵墳不二를 깨쳤다」, 『원효, 그의 위대한 생애』(원효사상전집 1, 불교춘추사, 1999)

_____, 「원효의 본업경소 연구」, 『원효학연구』 4(원효학회, 1999)

김영호, 「『법화경』의 일승원리와 종교 다원주의-원효의 『법화경종요』를 중심으로」, 『진산 한기두박사화갑기념-한국종교사상의 재조명』 상(원광대학교 출판국, 1993. 8.)

김용구, 「원효의 언설사상」, 김지견 편, 『원효대사의 철학세계』(민족사, 1989); 『원효연구논 총』(국토통일원, 1987); 『불교사상』 2・3(불교사상사, 1984. 1.)

김우헌, 「원효대사의 천성산 전기와 설화」, 『경남향토사논총』 2(경남향토사연구협회, 1992. 12.)

김운학, 「원효의 화쟁사상」, 『불교사상』 15(불교사상사, 1985. 2.)

김원영, 「원효의 참회사상-『대승육정참회』문을 중심으로」, 『한국불교학』 16(한국불교학회, 1991. 12.)

_____, 「금강삼매경론에서 이입설과 일승」, 『원효학연구』 3(원효학회, 1998)

김인덕, 「『대혜도경종요』에 보이는 포용 통일의 정신 및 논리」, 『원효학연구』 3(원효학회, 1998)

김인환, 「원효의 문장론」, 『한국사상』 16(한국사상연구회, 1978)

김정휴, 「원효의 무애와 진여의 세계-詩와 佛의 길을 가면서 1」, 『현대시학』 11, 3(120) (현대시학사, 1979. 3.)

김종명, 「원효와 지눌의 수증론 비교」, 『구산논집』 제3집(구산장학회, 1999)

김종선, 「원효의 무애사상 2」, 『동의』(인) 15(동의대학교, 1988)

김종우, 「민족적 세계관의 탐구-원효의 화쟁사상을 중심으로」, 『논문집』 10(부산대학교, 1969. 12.)

김종인, 「원효 전기의 재구성-신화적 해석의 극복」, 『대각사상』 4(대각사상연구원,2001)

김준형, 「원효의 교판 회통」 상하, 월간 『법회』 23~24(한국청년승가회, 1986. 10~11)

_____, 「원효의 교육철학」, 김지견 편, 『동과 서의 사유세계』(민족사, 1991)

_____, 「원효의 교판사상」, 김지견 편, 『동과 서의 사유세계』(민족사, 1991)

김지견, 「신라 화엄학의 계보와 사상」, 『학술원논문집』(인) 12(대한민국학술원, 1973. 11.)

_____, 「원효의 『판비량론』」, 『アジア公論』 9권 3호(통권 89호)(アジア公論社, 1980. 3.)

_____, 「해동 사문 원효상 소묘」, 『원효대사의 철학세계』(민족사, 1989); 『원효연구논총』 (국토통일원, 1987); 『원효, 그의 위대한 생애』(원효사상전집 1, 불교춘추사, 1999)

_____, 「소앙선생 찬 「신라국원효대사전병서」고」, 『삼균주의연구논집』 10(삼균학회, 1988. 11.)

_____, 「조소앙 찬 신라국원효대사전병서」, 『여산유병덕박사화갑기념-한국철학종교 사 상사』(원광대학교 종교문제연구소, 1990)

_____, 「동아시아 불교에 있어서 원효의 위상」, 『제6회 국제학술회의논문집-한국학의 세계화 1』(한국정신문화연구원, 1991)

김진환, 「신라시대의 정토사상-원효대사 중심」, 『운경천옥환박사화갑기념 논문집』(삼화출 판사, 1979)

김징자, 「대자연인 원효대사」, 『원효, 그의 위대한 생애』(원효사상전집 1, 불교춘추사, 1999)

김철순, 「원효의 춤과 감은사 삼층석탑 사리기의 무용상-신라 미술공예에 남아 있는 한 국춤의 자취를 찾아서」, 『춤』 4, 1(35)(한국의 춤 13, 창조사, 1979. 1.)

김태준, 「『원효전』의 전승에 대하여」, 한국문학연구소 편, 『한국불교문학연구』 하(동국대 학교 출판부, 1988)

김하우, 「空觀에 기한 원효의 화쟁사상 접근」, 한국전통불교연구원, 『제2회 국제불교학술회의 발표요지』(한국전통불교연구원, 1979. 11. 9.)

_____, 「삼론과 화엄계(원효・법장계)의 轉悟방식」, 『철학연구』 7(고려대학교 철학회, 1982)

김항배, 『『금강삼매경론』을 통해 본 여래장 연구」, 『인천교대 논총』 1(인천교육대학, 1970)

_____, 「원효의 일심사상과 그 논리적 구조」, 『논문집』 15(동국대학교, 1976. 12.); 『アシア公論』 9권 3호(통권 89호)(アシア公論社, 1980. 3.); 『원효연구논총』(국토통일원, 1987); 김지견 편, 『원효대사의 철학세계』(민족사, 1989)

김현남, 「원효 화쟁사상의 현대적 의의-한국종교의 사회적 역할」, 『한국종교』 16(원광대학교 종교문제연구소, 1991. 12.)

김현준, 「원효의 참회사상-『대승육정참회』를 중심으로」, 『불교연구』 2(한국불교연구원, 1986); 『다보』 6(대한불교진흥원, 1993. 6.)

김형효, 「원효사상의 현재적 의미와 한국사상사에서의 위치-『대승기신론소・별기』 및 『금강삼매경론』」, 김지견 편, 『원효대사의 철학세계』(민족사, 1989)

_____, 「텍스트 이론과 원효사상의 논리적 독법」, 한국사상가대계간행위 편, 『원효의 사상과 그 현대적 의미』(한국정신문화연구원, 1994)

김 훈, 「원효의 정토사상」, 『원효사상』 창간호(원효연구원/신우당, 1998)

남동신, 「원효의 교판론과 그 불교사적 위치」, 『한국사론』 20(서울대학교, 1988. 11.)

_____, 「원효와 신라중대왕실의 관계」, 『원효사상』 창간호(원효연구원/신우당, 1998)

노권용, 「『대승기신론』의 일심사상 연구」, 『원광보건전문대학 연구지』 2, 1(원광보건전문대학, 1980. 2.)

_____, 「원효의 『기신론』 사상이 일본불교에 미친 영향」, 『한국종교』(원광대학교 종교문제연구소, 1988. 9.)

도 융, 「원효의 대승 구현-『대승기신론』의 일심을 중심으로」, 『승가학인』 2(전국승가대학학인연합, 1995)

동국대학교 불교학자료실, 「원효관계연구논저총합색인」, 『다보』 6(대한불교진흥원, 1993. 6.)

藤能成, 「원효의 一心思想과 그 불교사상사적 위치」, 『동양철학』 1(성균관대학교출판부, 1990. 10.)

_____, 「원효에 있어서의 下輩往生에 관한 문제-『양권무량수경종요』를 중심으로」, 『석당논총』 16(동아대학교 석당전통문화연구원, 1990. 12.)

_____, 「원효와 新鸞의 信觀 비교」, 『현대 한국에서의 철학의 제문제』(천지, 1991)

_____, 「원효에 있어서의 淨土往生의 의미」, 『현대와 종교』 14(현대종교문화연구소, 1991. 10.)

_____, 「원효에 있어서 信成就의 현대적 의미」, 『현대의 윤리적 상황과 철학적 대응-제5회 한국철학자연합대회』(대회집행위원회, 1992)

로버트 버스웰(Robert Buswell Jr), 「문화적・종교적 원형으로서의 원효-한국불교고승전에 대한 연구」, 『불교연구』 제11・12집(한국불교연구원, 1995. 11.)

류승주, 「원효의 삼종반야관 연구」, 『한국불교학』 제23집(한국불교학회, 1997)

리영자, 「원효의 회통사상 연구」, 『논문집』(인사) 20(동국대학교 출판부, 1981)

_____, 「『법화종요』에 나타난 원효의 법화경관」, 리영자, 『한국천태사상연구』(동국대학교 출판부, 1983)

_____, 「원효의 『법화경』 이해」, 『한국학의 과제와 전망』 2(한국정신문화연구원, 1988)

_____, 「원효의 천태회통사상 연구」, 리영자, 『한국천태사상의 전개』(민족사, 1988)

_____, 「원효의 지관」, 리영자, 『한국천태사상의 전개』(민족사, 1988)

목 우, 「원효성사의 정토사상」, 『실천불교』 3(일월서각, 1985. 10.)

목정배, 「원효의 윤리사상」, 한국사상가대계간행위 편, 『원효의 사상과 그 현대적 의미』(한국정신문화연구원, 1994)

木村宜彰, 「원효대사와 열반사상」, 김지견 편, 『원효연구논총』(국토통일원, 1987)

_____, 「원효대사의 열반사상－원효사상의 현대적 조명」, 장휘옥 역, 『민족불교』 2(청년사, 1992. 1.)

무 관, 「원효대사의 발심수행고」, 『원효연구논총』(국토통일원, 1987); 김지견 편, 『원효대사의 철학세계』(민족사, 1989)

무 공, 「『대승기신론』 중 心生滅 小考－구상차제의 생기와 환멸과정」, 『승가』 10(중앙승가대학, 1993. 2.)

문경현, 「원효의 수도처에 대하여」, 『신라문화제 학술발표회논문집』 11(신라문화선양회, 1990)

_____, 「서당화상의 수도수학처고」, 『중악지』 2(영남문화동호회, 1992. 9.)

민영규, 「원효론」, 『사상계』 1, 5(5)(사상계사, 1953. 8.); 『원효, 그의 위대한 생애』, 원효사상전집 1(불교춘추사, 1999)

_____, 「신라장소록장편－불분권」, 『백성욱박사송수기념 불교학논문집』(동국대학교 출판부, 1959)

박쌍주, 「원효의 훈습설 연구」, 『교육학연구』 34권 1호(한국교육학회, 1996. 3.)

박성배, 「원효사상 전개의 제문제－박종홍박사의 경우」, 『태암김규영박사화갑기념논문집－동서철학의 제문제』(서강대학교 철학과 동문회, 1979)

_____, 「교판론을 중심으로 본 원효와 의상」, 『신라의상의 화엄사상－제3회 국제불교학술회의』(대한전통불교연구원, 1980)

_____, 「『대승기신론』 연구의 비교－원효와 법장의 경우」, 『제1회 한국학 국제학술회의 논문집』(한국정신문화연구원, 1980. 6.)

_____, 「원효의 화쟁논리로 생각해 본 남북통일문제－원효사상의 현실적 전개를 위하여」, 『동과 서의 사유세계』(민족사, 1991)

_____, 「원효의 논리」, 『원효의 사상체계와 원효전서 영역상의 제문제』(국제원효학회, 1997)

_____, 「원효사상이 풀어야 할 문제」, 『불교신문 창간 40주년기념 국제학술회의－원효로 돌아가자』(불교신문사, 2000)

박종홍, 「원효의 철학사상 1~2－한국철학사」, 『한국사상』 6~7(한국사상연구회, 1963. 8~1964. 4.); 한국사상연구회 편, 『한국사상사－고대편』(태광문화사, 1975); 『한국사상사－불교사상편』(서문당, 1972)

박태원, 「원효의 언어이해」, 『신라문화』 3·4합(동국대학교 신라문화연구소, 1987)

_____, 「원효의 기신론관 이해를 둘러싼 문제점 소고－『별기』 대의문 구절의 이해를 중심으로」, 『동양철학』 1(성균관대학교, 1990. 10.)

_____, 「『대승기신론』 사상을 평가하는 원효의 관점」, 『한국사상사－석산한종만박사화갑기념논문집』(원광대학교 출판국, 1991)

_____, 「원효의 『대승기신론별기』와 『소』」, 『가산이지관스님화갑기념논총−한국불교문화사상사』 상(가산문고, 1992)

박해당, 「원효의 장애이론」, 『태동고전연구』 8(한림대학교 태동고전연구소, 1992. 2.)

박호남, 「원효의 발심과 성현의 비고 고찰」, 김지견 편, 『원효대사의 철학세계』(민족사, 1989); 『원효연구논총』(국토통일원, 1987)

박희선, 「원효, 그는 누구인가?」, 『원효사상의 현대적 조명』 1(원효사상전집 2, 불교춘추사, 2000)

Bernard Faure, 「몇 가지 사색−사상으로서의 원효의 '생애'」, 『불교연구』 제11·12집(한국불교연구원, 1995. 11.)

福士慈稔, 「일본 불교에 나타난 원효의 영향」, 『원효사상의 현대적 조명』 1(원효사상전집 2, 불교춘추사, 2000)

_____, 「동아시아에 보이는 원효 저술의 영향」, 『불교학연구』 창간호(한국종교학회 불교분과, 2000. 3.)

사재동, 「'원효불기'의 문학적 연구」, 『배달말』 15(배달말학회, 1990. 12.)

_____, 「원효론」, 『나손선생추모논총−한국문학작가론』(현대문학, 1991)

서경보, 「元曉, 『金剛三昧經論』」, 독서신문사 편, 『한국고전에의 초대』(독서신문사, 1972)

서경수, 「원효대사론」, 『세대』 1권 6호(세대사, 1963. 11.)

서윤길, 「원효시대의 신라불교사회」, 『원효학연구』 1(원효학회, 1996); 『원효, 그의 위대한 생애』(원효사상전집 1, 불교춘추사, 1999)

석 천, 「물에서 시작된 원효의 깨달음」, 『원효, 그의 위대한 생애』(원효사상전집 1, 불교춘추사, 1999)

성기산, 「한국불교의 인간관−원효를 중심으로」, 『교육사교육철학』 4(한국교육학회교육사교육철학연, 1980. 9.)

성 목, 「불교문학적 측면에서 본 원효론」, 『승가』 7(중앙승가대학, 1990. 2.)

성백인, 「『계초심학인문』, 『발심수행장』, 『야운비구자경서문』 해제」, 『명지어문학』 10(명지대학 국어국문학과, 1972)

소 암, 「『발심수행장』을 통해 본 원효의 수행관」, 『원효, 그의 위대한 생애』(원효사상전집 1, 불교춘추사, 1999)

송석구, 「원효와 보조의 염불관 비교 연구」, 『가산이지관스님화갑기념논총−한국불교문화사상사』 상(가산문고, 1992)

송 원, 「원효 생애에 대한 재검토−『삼국유사』를 중심으로」, 『승가』 13(중앙승가대학, 1996. 2.)

송진현, 「공에서 중도 화쟁으로의 변증적 사유방식」, 『백련불교논집』 제10집(성철선사상연구원, 2000)

신오현, 「원효의 심리철학−일심의 자기동일성의 개념을 중심으로」, 『도와 인간과학−소암이동식선생화갑기념논문집』(삼일당, 1981)

_____, 「원효철학의 현대적 조명」, 한국사상가대계간행위 편, 『원효의 사상과 그 현대적 의미』(한국정신문화연구원, 1994)

_____, 「현대철학의 한계와 원효사상」, 『불교신문 창간 40주년기념 국제학술회의−원효로 돌아가자』(불교신문사, 2000)

신옥희, 「원효와 야스퍼스의 인간이해」, 『신학사상』 18(한국신학연구소, 1977)

＿＿＿, 「원효의 생애와 사상-특히 일심을 중심으로」, 『한가람』 1(한가람사, 1977. 11.)

＿＿＿, 「일심과 포괄자-원효와 칼 야스퍼스의 실재관 비교」(이화여자대학교 한국문화
연구원, 1984); 『불교연구』 3(한국불교연구원, 1987. 7.)

＿＿＿, 「신라 원효의 『유심안락도』 찬술고」, 『동방학지』 51(연세대학교 국학연구원, 1986. 6.)

＿＿＿, 「원효와 칼 야스퍼스의 종교철학-비교철학적 접근」, 『철학』 42(한국철학회, 1994. 12.)

신현숙, 「원효, 진나보살후신설의 재검토-김상현 교수의 논문에 대한 재고찰」, 『한국불
교학』 13(한국불교학회, 1988. 12.)

＿＿＿, 「원효 『무량수경종요』와 『유심안락도』의 정토사상 비교」, 『불교학보』 29(동국대
학교 불교문화연구원, 1992. 11.)

＿＿＿, 「원효의 공관과 화엄돈교」, 『한국불교학』 17(한국불교학회, 1992. 11.)

＿＿＿, 「원효의 화엄연기법계론-불이론을 중심으로」, 『한국불교학』 18(한국불교학회,
1993. 12.)

＿＿＿, 「원효의 교학관-사종교판론을 중심으로」, 『불교학보』 30(동국대학교 불교문화연
구원, 1993. 12.)

심재열, 「원효의 윤리관-삼취정계관을 중심으로」, 『인간시대』 11(정토회, 1991. 4·5·6합)

＿＿＿, 「원효의 이해와 돈오점수사상」, 『보조사상』 5·6합(보조사상연구원, 1992. 4.)

＿＿＿, 「원효의 오도는 보살의 깨달음」, 『원효, 그의 위대한 생애』(원효사상전집 1, 불교
춘추사, 1999)

안계현, 「원효의 저서에 보이는 인용서의 일정리-특히 종요 관계 저서를 중심으로」,
『동국사학』 3(동국대학교, 1955)

＿＿＿, 「원효의 미타정토왕생사상」 상, 『역사학보』 16(역사학회, 1961. 12.)

＿＿＿, 「원효의 미타정토왕생사상」, 『역사학보』 17·18합(역사학회, 1962. 6.)

＿＿＿, 「원효의 미타정토왕생사상」 하, 『역사학보』 21(역사학회, 1963. 8.)

＿＿＿, 「한국불교의 횃불-원효」, 『인물한국사』 1(박우사, 1965)

＿＿＿, 「신라정토교학의 제문제」, 『숭산박길진박사화갑기념-한국불교사상사』(원광대학
교, 1975)

＿＿＿, 「일본에서의 원효 연구」, 『한가람』 1(한가람사, 1977. 11)

안중철, 「해동 천태의 원류」, 『논문집』 2(중앙승가대학, 1993. 11)

양광석, 「한역불경의 문체와 원효의 문풍」, 『논문집』 6(안동대학, 1984. 12.)

＿＿＿, 「원효의 문학사상」, 『일정송민호박사고희기념논총-한국문학사상사』(계명문화사,
1991)

양은용, 「원효성사연보」, 김지견 편, 『원효대사의 철학세계』(원광대학교 출판국, 1979); 양은
용 편, 『신라원효연구』(원광대학교 출판국, 1979)

＿＿＿, 「원효대사관련문헌목록」, 『원효연구논총』(국토통일원, 1987); 김지견 편, 『원효대
사의 철학세계』(민족사, 1989)

＿＿＿, 「한국도참사상사에 있어서의 원효대사」, 양은용 편, 『신라원효연구』(원광대학교
출판국, 1989); 김지견 편, 『원효연구논총』(민족사, 1989)

오강남, 「원효사상과 현대사회학」, 『불교연구』 3(한국불교연구원, 1987. 7.)

오대혁, 「원효 설화의 전승과 수용의식」, 『원효, 그의 위대한 생애』(원효사상전집 1, 불교
　　춘추사, 1999)
오성환, 「『십문화쟁론』의 비교고」, 『アシア公論』 9권 3호(통권 89호)(アシア公論社, 1980. 3.)
오형근, 「원효대사의 유식사상고」, 오형근, 『유식사상연구』(불교사상사, 1983)
＿＿＿, 「원효사상에 대한 유식학적 연구」, 『불교학보』 21(동국대학교 불교문화연구소,
　　1979); 오형근, 『유식사상연구』(불교사상사, 1983)
＿＿＿, 「원효의 『이장의』에 대한 고찰」, 『신라문화』 5(동국대학교 신라문화연구소, 1988.
　　12.); 오형근, 『유식과 심식사상연구』(불교사상사, 1989)
＿＿＿, 「『유가론』과 원효의 구종심주 사상」, 『한국불교학』 11(한국불교학회, 1986); 오형근,
　　『유식과 심식사상연구』(불교사상사, 1989)
＿＿＿, 「원효의 대승사상과 칠대성 사상」, 『불교학보』 32(동국대학교 불교문화연구원,
　　1995. 12.)
＿＿＿, 「원효대사와 지눌선사의 청규사상」, 『불교대학원논총』 3(동국대학교 불교대학원,
　　1996. 2.)
＿＿＿, 「원효대사의 신심과 발심관」, 『원효사상』 창간호, 원효연구원(신우당, 1998)
＿＿＿, 「원효의 유식학 연구와 그 실태」, 『원효사상의 현대적 조명』 1(원효사상전집 2,
　　불교춘추사, 2000)
원의범, 「『판비량론』의 인명논리적 분석」, 『불교학보』 21(동국대학교 불교문화연구소, 1984)
원효사상연구소, 「원효대사연보」, 『다보』 6(대한불교진흥원, 1993. 6.)
유병덕, 「한국불교의 원융사상」, 『논문집』 8(원광대학교, 1974)
유영묵, 「원효의 불교철학」, 『한양』 3, 8(30)(日本: 한양사, 1964. 8.)
유전성산, 「『금강삼매경』의 연구」, 『백련불교논집』 4(백련불교문화재단, 1994)
윤승한, 「선학예술가 설원효」, 『백민』 3, 6(11)(백민문화사, 1947. 11.)
위베르 듈뜨(Hubert Durt), 「원효와 열반종요」, 『불교연구』 제11·12집(한국불교연구원, 1995. 11.)
은정희, 「원효의 저술도량과 성격분석」, 『원효학연구』 1(원효학회, 1976)
＿＿＿, 「원효의 삼세·아리야식설－『대승기신론』의 경우」, 『철학』 19(한국철학회, 1983. 6.)
＿＿＿, 「원효의 삼세·아리야식설의 창안」, 김지견 편, 『원효연구논총』(국토통일원, 1987);
　　김지견 편, 『원효대사의 철학세계』(민족사, 1989)
＿＿＿, 「원효대사－회통과 화쟁사상을 정립한 신라의 고승」, 불교신문사 편, 『한국불교
　　인물사상사』(민족사, 1990)
＿＿＿, 「원효의 윤리사상」, 한국교수불자연합회 편, 『이 시대를 어떻게 살 것인가』(운주사, 1992)
＿＿＿, 「원효의 부주열반사상－『대승기신론소·별기』」, 『다보』 2(대한불교진흥원, 1992.
　　6.); 『민족불교』 2(청년사, 1992. 1.)
＿＿＿, 「『대승기신론』에 대한 원효설과 법장설의 비교」, 『태동고전연구』 10(한림대학교
　　태동고전연구소, 1993. 11.)
＿＿＿, 「원효의 불교사상」, 한국사상가대계간행위 편, 『원효의 사상과 그 현대적 의미』
　　(한국정신문화연구원, 1994)
＿＿＿, 「원효의 저술과 사상적 경향」, 『한국불교사의 재조명』(불교시대사, 1994)
＿＿＿, 「원효의 『대승기신론소·별기』에 나타난 信觀」, 『원효학연구』 2(원효학회, 1997)

_____, 「원효의 『대승기신론소』를 통해 본 일심의 원리」, 『원효학연구』 3(원효학회, 1998)

_____, 「원효의 본체·현상 불이관」, 『원효, 그의 위대한 생애』(원효사상전집 1, 불교춘추사, 1999)

의 림, 「깨달음의 극치, 동굴수행」, 『원효, 그의 위대한 생애』(원효사상전집 1, 불교춘추사, 1999)

이광률, 「원효의 정토사상―『무량수경종요』를 중심으로」, 『논문집』 6(대구한의대학, 1988. 12.)

이기백, 「신라 정토신앙의 두 유형」, 『역사학보』 99·100합(역사학회, 1983)

이기영, 「원효―무애에 산 신라인」, 『한국의 인간상』 3(신구문화사, 1965)

_____, 「원효의 보살계관―『보살계본지범요기』를 중심으로」, 『논문집』 3·4합(동국대학교, 1967. 12.)

_____, 「열반의 집 자각의 힘―원효술 『금강삼매경론』 중에서」, 『사상계』 16권 3호(통권 179호)(사상계사, 1968. 3.)

_____, 「원효 『금강삼매경론』」, 『한국의 고전 백선』(동아일보사, 1969)

_____, 「원효의 사상」, 『영대문화』 2(영남대학교 총학생회, 1969)

_____, 「『대승기신론소』·『금강삼매경론』」, 『한국의 명저』(현암사, 1969)

_____, 「민족문화의 계승과 발전―원효의 극락관과 석굴암의 미학」, 『영대문화』 4(영남대학교 총학생회, 1971)

_____, 「교판사상에서 본 원효의 위치」, 『동양학』 4(단국대학교 동양학연구소, 1974. 10.); 『하성이선근박사고희기념논문집―한국학논총』(하성이선근박사고희기념회, 1974); 이기영, 『한국불교연구』(한국불교연구원, 1982)

_____, 「원효가 본 마·귀·신―불교의 악마관」, 『서울평론』 2권 14호(통권 22호)(서울신문사, 1974. 11.)

_____, 「원효」, 『한국의 사상가 12인』(현암사, 1975)

_____, 「경전인용에 나타난 원효의 독창성」, 『숭산박길진박사화갑기념―한국불교사상사』(원광대학교, 1975); 『한국불교연구』(한국불교연구원, 1982)

_____, 「파계의 성자 원효」, 『문학사상』 31(문학사상사, 1975. 10.)

_____, 「원효의 입장에서 본 K. Jasperse das Umgreifende」, 『동국사상』 9(동국대학교 불교대학, 1976. 12.); 이기영, 『한국불교연구』(한국불교연구원, 1982)

_____, 「신라불교의 철학적 전개」, 한국철학회 편, 『한국철학연구』(동명사, 1977)

_____, 「원효의 실상반야관」, 『정신문화』 6(한국정신문화연구원, 1980. 4.); 이기영, 『한국불교연구』(한국불교연구원, 1982)

_____, 「중국고대 불교와 신라 불교―원효의 불교이해를 중심으로」, 『한국고대문화와 인접문화의 관계』(한국정신문화연구원, 1981. 10.)

_____, 「明惠上人의 생애에 나타난 원효대사의 영향」, 『신라문화제학술발표회의논문집』 3(신라문화선양회, 1982)

_____, 「원효사상의 현대적 이해」, 『한국불교연구』(한국불교연구원, 1982)

_____, 「원효의 미륵신앙」, 『한국불교연구』(한국불교연구원, 1982)

_____, 「원효성사의 길을 따라서」, 『석림』 16(석림회, 1982. 12.)

_____, 「『법화종요』에 나타난 원효의 『법화경』관」, 『한국천태사상연구』(동국대학교 불교

문화연구소, 1983)

_____, 「원효의 윤리관―『보살영락본업경소』를 중심으로」, 『동원김흥배박사고희기념논
문집』(한국외국어대학교, 1984); 『원효연구논총』(국토통일원, 1987); 김지견 편, 『원
효대사의 철학세계』(민족사, 1989)

_____, 「원효의 인간관」, 『철학적 인간관』(한국정신문화연구원, 1985)

_____, 「통일신라시대의 불교사상」, 한국철학회 편, 『한국철학사』 상(동명사, 1987)

_____, 「세계의 문화적 현실과 한국불교의 이상―원효사상은 21세기 세계를 향해 무엇
을 줄 수 있는가」, 『불교연구』 4·5합(한국불교연구원, 1988. 11.)

_____, 「원효의 원융무애사상과 『발심수행장』」, 『수다라』 4(해인승가대학, 1989. 2.)

_____, 「원효에 의한 『반야심경』 신해석」, 『여산유병덕박사화갑기념―한국철학종교사상사』
(원광대학교 종교문제연구소, 1990)

_____, 「원효사상의 독창적 특성」, 『한국사상사대계』 2(한국정신문화연구원, 1991)

_____, 「원효의 『열반종요』에 대하여」, 이기영, 『한국불교연구』(한국불교연구원, 1992)

_____, 「원효의 윤리사상」, 『한국인의 윤리사상』(율곡사상연구원, 1992)

_____, 「현대의 윤리적 상황과 동양철학적 대응―원효철학의 입장에서」, 『현대의 윤리적
상황과 철학적 대응―제5회 한국철학자연합대회』(대회집행위원회, 1992)

_____, 「원효의 윤리사상―원효사상의 현대적 조명」, 『민족불교』 2(청년사, 1992. 1.)

_____, 「원효의 윤리사상」, 『다보』 3(대한불교진흥원, 1992. 10.)

_____, 「화쟁사상의 현대적 조명」, 『다보』 6(대한불교진흥원, 1993. 6.)

_____, 「원효사상의 특징과 의의―원효사상 연구노트」, 『진단학보』 78(진단학회, 1994. 10.)

_____, 「원효 사상의 특징과 의의―원효사상 연구 노트」, 『불교연구』 제11·12집(한국불
교연구원, 1995. 11.)

_____, 「원효의 화쟁 사상과 오늘의 통일 문제」, 『불교연구』 제11·12집(한국불교연구원,
1995. 11.)

_____, 「귀명삼보의 참된 의미와 실천」, 『불교연구』 제11·12집(한국불교연구원, 1995. 11.)

이도흠, 「화쟁의 이론과 실제」, 『백련불교논집』(성철선사상연구원, 2000)

이 만, 「원효의 『보살영락본업경소』를 통해 본 '一道一果'의 수행관」, 『원효학연구』 3(원
효학회, 1998)

_____, 「원효의 『중변분별론소』에 관한 연구」, 『원효학연구』 4(원효학회, 1999)

이명규, 「『발심수행장』에 대한 비교 연구 1―서봉사판을 중심으로」, 『인문논총』 11(한양
대학교, 1986. 2.)

이범홍, 「원효행장 신고, 존의수칙의 시론」, 『논문집』(인사) 4(마산대학교, 1982); 『원효연구
논총』(국토통일원, 1987); 김지견 편, 『원효대사의 철학세계』(민족사, 1989)

_____, 「원효의 찬술서에 대하여」, 『철학회지』(영남대학교 철학과연구실, 1983. 9.)

_____, 「원효의 『대승기신론소』에 관한 연구―특히 해동소의 위치를 중심으로 하여」, 『논
문집』 6권 1호(마산대학교, 1984. 6.)

이병욱, 「원효의 일심이문관」, 『진산한기두박사화갑기념―한국종교사상의 재조명』 상(원
광대학교 출판국, 1993)

_____, 「원효 『법화종요』의 교리체계 연구」, 『한국불교학』 제23집(한국불교학, 1997)

이병주, 「춘원의『원효대사』」,『원효연구논총』(국토통일원, 1987); 김지견 편,『원효대사의 철학세계』(민족사, 1989)

이복규, 「원효와 최치원의 대비적 고찰」,『국제대학논문집』16(국제대학, 1988. 12.)

이봉춘, 「원효의 승가관」,『한국불교학』9(한국불교학회, 1984. 12.)

_____, 「원효의 출생지에 대한 고찰」,『원효학연구』1(원효학회, 1996)

_____, 「원효의 무애원융과 그 행화」,『원효학연구』3(원효학회, 1998)

이부영, 「원효의 신화와 진실－분석심리학적 시론을 위하여」,『불교연구』3(한국불교연구원, 1987. 7.)

_____, 「'일심'의 분석심리학적 조명－원효의『대승기신론소·별기』를 중심으로」,『불교연구』제11·12집(한국불교연구원, 1995. 11.)

이상삼, 「원효 전승과 인간상」, 김태준·김승호 편,『우리 역사 인물 전승』(집문당, 1994)

이영무, 「원효의 인물과 사상」,『학술지』(인사) 10(건국대학교 학술연구원, 1969. 5.); 이영무,『한국의 불교사상』(민족문화사, 1987)

_____, 「원효대사 저『판비량론』에 대한 고찰」,『학술지』(건국대학교 학술연구원, 1973. 5.);; 이영무,『한국의 불교사상』(민족문화사, 1987)

_____, 「원효의 정토사상－『유심안락도』를 중심으로」,『학술지』(인) 24(건국대학교 학술연구원, 1980. 5.); 이영무,『한국의 불교사상』(민족문화사, 1987)

_____, 「(서평) 심재열『원효사상 2－윤리관』」,『법대논총』21(경북대, 1983. 8.)

_____, 「원효사상에 나타난 인권론－『열반경종요』를 중심으로」,『인문과학논집』7(건국대학교, 1985. 8.)

_____, 「원효와 서당설화에 대한 일고찰」,『원효사상』창간호(원효연구원/신우당, 1998);『원효, 그의 위대한 생애』(원효사상전집 1, 불교춘추사, 1999)

이종대, 「원효대사의 출생지에 관한 소고」『향토문화』4(밀양고적보존회, 1988. 12.)

이종익, 「신라불교와 원효사상」,『동방사상논총－이종익박사학위기념논문집』(보련각, 1975)

_____, 「원효의 생애와 사상」,『한국사상총서』1(한국사상연구회, 태광문화사, 1975)

_____, 「원효의『십문화쟁론』연구」,『동방사상논총－이종익박사학위기념논문집』(보련각, 1975);『원효연구논총』(국토통일원, 1987); 김지견 편,『원효성사의 철학 세계』(민족사, 1989)

_____, 「원효의 평화사상」,『아카데미논총』3(세계평화교수아카데미, 1975); 세계평화교수협의회 편,『평화사상의 모색』(일심, 1983)

_____, 「원효의 근본사상－『십문화쟁론』복원」,『고 법운이종익박사논문집』(문창기획, 1994)

_____, 「원효의 평화세계 건설원리」,『고 법운이종익박사논문집』(문창기획, 1994)

_____, 「원효의 생애」,『원효, 그의 위대한 생애』(원효사상전집 1, 불교춘추사, 1999)

이종찬, 「원효의 시학－『대승육정참회』를 중심으로」,『신라문화』5(동국대학교 신라문화연구소, 1988. 12.)

_____, 「지천주의 구실을 한 설총」,『국어국문학논문집』17(동국대학교 국어국문학과, 1996. 2.)

_____, 「원효의 시문학」,『원효, 그의 위대한 생애』(원효사상전집 1, 불교춘추사, 1999)

이 청, 「원효의 무애행과 현대불교에 미친 영향」,『원효사상의 현대적 조명』1(원효사상

전집 2, 불교춘추사, 2000)

이평래, 「여래장설과 원효」, 『원효연구논총』(국토통일원, 1987); 김지견 편, 『원효대사의 철학세계』(민족사, 1989)

_____, 「신라불교여래장사상연구-원효의 여래장사상을 중심으로」, 『인문과학연구논문집』 (충남대학교 인문과학연구소, 1989. 8.)

_____, 「원효철학에서의 환멸문의 구조에 관한 고찰」, 『동방학지』 76(연세대학교 국학연구원, 1992. 9.)

_____, 「인간 원효, 그 구도적 삶」, 『다보』 6(대한불교진흥원, 1993. 6.); 『원효, 그의 위대한 생애』(원효사상전집 1, 불교춘추사, 1999)

이한승, 「원효사상연구-화쟁사상을 중심으로」, 『논문집』 6(육군제3사관학교, 1977. 12.)

이효령, 「원효의 교육사상에 관한 연구」(건국대학교, 1995)

이희재, 「한국 사상의 회통적 특징」, 『원효사상의 현대적 조명』 1(원효사상전집 2, 불교춘추사, 2000)

일 공, 「원효의 『법화종요』에 대하여」, 『승가학인』 2(전국승가대학학인연합, 1995)

임우식, 「『법화종요』에 있어서의 일승설에 대하여」, 『印度學佛教學研究』 31, 2(62)(日本 印度學佛教學會, 1983. 3.)

장시기, 「원효와 들뢰즈-가타리의 만남」, 『한국선학회 월례발표회자료집』(한국선학회, 2000)

장왕식, 「원효와 화이트헤드에 나타난 궁극적 실재-비교와 비평」, 한국종교학회 편, 『종교들의 대화』(사상사, 1992)

장찬익, 「원효의 생애와 교육사상」, 『새교육』 371(대한교육연합회, 1985. 9.)

장휘옥, 「원효의 전기-재검토」, 『동국사상』 21(동국대학교 불교대학, 1988. 12.)

_____, 「신라 광덕·엄장의 왕생설화와 원효」, 『불교학보』 29(동국대학교 불교문화연구원, 1992. 11.)

_____, 「원효의 정토사상이 일본에 미친 영향」, 『일본학』 12(동국대학교 일본학연구소, 1993. 8.)

전미희, 「원효의 신분과 그 활동」, 『한국사연구』 63(한국사연구회, 1988. 12.)

전치수, 「원효대사의 『판비량론』」, 『민족불교』 3(청년사, 1992. 11.)

전호련(해주), 「원효의 화쟁과 화엄사상」, 『한국불교학』 제24집(한국불교학회, 1998)

정광진, 「대성화정국사원효저술일람표」, 『조선불교총보』 13(삼십본산연합사무소, 1918. 12.)

정병조, 「원효와 의상-한국의 불교사화」 4, 『불교사상』 36(불교사상사, 1986. 11.)

_____, 「원효의 발심론」, 『석산한종만박사화갑기념논문집-한국사상사』(원광대학교 출판국, 1991)

정순일, 「원효의 일미관행 연구-『금강삼매경론』을 중심으로」, 『여산유병덕박사화갑기념-한국철학종교사상사』(원광대학교 종교문제연구소, 1990)

정순일, 「참회의 본질은 무엇인가: 『대승육정참회』-원효사상의 현대적 조명」, 『민족불교』 2(청년사, 1992. 1.)

정영근, 「마음의 장애와 무지의 장애-『이장의』」, 『민족불교』 2(청년사, 1992)

_____, 「원효의 사상과 실천의 통일적 이해-『기신론』의 二門一心思想을 중심으로」, 『철학연구』 제47집(철학연구회, 1999)

정제규, 「신라 하대 법상종의 성격과 그 변화」, 『사학지』 25(단국사학회, 1992. 7.)

정중환, 「원효의 『발심수행장』에 대하여」, 『김종우박사화갑기념논총』(부산대학교, 1976)

정철호, 「원효의 정토관」, 『정토학연구』 창간호(한국정토학회, 1998)

정태혁, 「원효의 정토왕생 신앙의 교학적 근거와 특색」, 『정토학연구』 창간호(한국정토학회, 1998)

_____, 「원효의 정토왕생 신앙의 교학적 근거」, 『원효사상의 현대적 조명』 1(원효사상전집 2, 불교춘추사, 2000)

정희숙, 「원효의 '각'과 루소의 '선성'에 조명된 도덕교육적 시각」 1~2, 『교육연구』 219~220(한국교육생산성연구소, 1987. 10~11.)

조광해, 「통일의지와 원효대사」, 『정경문화』 184(정경문화사, 1980. 6.)

조동일, 「원효」, 조동일, 『한국문학사상사시론』(지식산업사, 1986)

_____, 「설화에 나타난 원효의 모습과 그 의미」, 한국사상가대계간행위 편, 『원효의 사상과 그 현대적 의미』(한국정신문화연구원, 1994)

_____, 「원효 설화의 변모와 사상 논쟁」, 『원효, 그의 위대한 생애』(원효사상전집 1, 불교춘추사, 1999)

조명기, 「원효의 여성관・화동」, 『불교』 신28(불교사, 1940. 12.)

_____, 「원효의 현존저서에 대하여」, 한국사상편집위원회, 『한국사상』 3(고구려문화사, 1960. 3.)

_____, 「원효의 현존저서」, 한국사상연구회, 『한국사상강좌』 1(태광문화사, 1975)

_____, 「원효사상의 역사와 지위」, 『アシア公論』 9권 3호(통권 89호)(アシア公論社, 1980. 3.)

_____, 「원효사상의 특질」, 『한국사상과 윤리』(한국정신문화연구원, 1980. 6.)

_____, 「원효의 현존서 개관」, 『원효연구논총』(국토통일원, 1987); 김지견 편, 『원효대사의 철학세계』(민족사, 1989)

_____, 「불교의 총화성과 원효의 근본사상」, 『원효학연구』 3(원효학회, 1998)

조소앙, 「신라국원효대사전병서」, 『소앙선생문집』(햇불사, 1979)

_____, 「신라국원효대사전병서」, 『여산유병덕박사화갑기념─한국철학종교사상사』 상(원광대학교 종교문제연구소, 1990)

조익현, 「원효의 행적에 관한 재검토」, 『사학지』 26(단국대 사학회, 1993. 7.)

佐藤繁樹, 「『금강삼매경론』의 '육바라밀' 사상을 통하여 본 원효의 진선사상」, 『현대와 종교』 15(현대종교문화연구소, 1992. 8.)

_____, 「전관론과 『금강삼매경론』─망상과 깨달음」, 『철학논총』(영남철학회, 1992. 10.)

_____, 「원효의 선사상, 그 無住觀에 관한 일고찰─『금강삼매경』을 중심으로」, 『진산한기두박사화갑기념─한국종교사상의 재조명』 상(원광대학교 출판국, 1993)

_____, 「원효의 『금강삼매경론』에 있어서의 논리구조의 특색─無二而不守一思想」, 『철학논총』(이문출판사, 1993. 8.)

_____, 「원효에 있어서 화쟁의 논리─『金剛三昧經論』을 중심으로 본 無二而不守一 사상구조의 의의」, 『불교연구』 제11・12집(한국불교연구원, 1995. 11.)

中村元, 「원효의 사유방법의 일고찰─유식무경비량에 대하여」, 『원효연구논총』(국토통일원, 1987); 김지견 편, 『원효대사의 철학세계』(민족사, 1989)

지준모, 「원효대사 저술의 문학성」, 『원효, 그의 위대한 생애』(원효사상전집 1, 불교춘추사, 1999)

진 월, 「21세기 사회의 종교다원주의적 시각으로 본 원효의 화쟁 요익중생 사상과 삶」, 『원효사상의 현대적 조명』 1(원효사상전집 2, 불교춘추사, 2000)

채수한, 「원효의 일미개념의 의미 탐구」, 『원효연구논총』(국토통일원, 1989); 김지견 편, 『원효대사의 철학세계』(민족사, 1989)

채택수(印幻), 「신라시대의 정토교학」, 『한국정토사상연구』(동국대학교 불교문화연구원, 1985)

_____, 「원효대사의 계율사상」, 『원효연구논총』(국토통일원, 1987); 김지견 편, 『원효대사의 철학세계』(민족사, 1989)

_____, 「『발심수행장』을 통해 본 원효대사의 계율사상」, 『수다라』 4(해인승가대학, 1989. 2.)

_____, 「원효의 계율사상」, 『불교학보』 32(동국대학교 불교문화연구원, 1995. 12.)

_____, 「계율소를 통해 본 원효의 신관」, 『원효학연구』 2(원효학회, 1997)

최동희, 「원효의 본체관」, 『교육논총』 13(고려대학교 교육대학원, 1983. 12.); 『철학논문집』(효정채수한박사화갑기념회, 1984)

_____, 「원효의 본체에 관한 고찰―일심·진여·생멸의 관계를 중심으로」, 『원효연구논총』(국토통일원, 1987); 김지견 편, 『원효대사의 철학세계』(민족사, 1989)

최민홍, 「원효의 불교철학 연구」, 『한국철학연구』 2(해동철학회, 1972. 5.)

최범술, 「원효대사의 『반야심경』 복원소」, 『동방학지』 12(연세대학교 동방학연구소, 1971. 3.); 『불교사상』 1(불교사상사, 1973. 4)

_____, 「『십문화쟁론』 복원을 위한 수집자료」, 『원효연구논총』(국토통일원, 1987)

최병헌, 「고려 불교계에서의 원효 이해―의천과 일연을 중심으로」, 『원효연구논총』(국토통일원, 1987); 김지견 편, 『원효대사의 철학세계』(민족사, 1987)

최성열, 「원효의 『범망경보살계본사기』 분석」, 『원효학연구』 4(원효학회, 1999)

최유진, 「원효의 화쟁사상」, 『철학논집』(경남대, 1987)

_____, 「원효에 있어서의 화쟁과 언어의 문제」, 『철학논집』 3(경남대학교, 1987. 2.)

_____, 「원효의 일심―화쟁과의 연관을 중심으로」, 『철학논집』 4(경남대학교, 1987. 11.)

_____, 「원효의 화쟁방법」, 『백련불교논집』 1(백련불교문화재단, 1991. 12.)

최정석, 「춘원과 대승불교사상―작품 『원효대사』에서 보이는 것」, 『국문학연구』 1(효성여자대학교 국어국문학연구회, 1968)

_____, 「발심과 서원―춘원의 불교사상적 시가의 고찰」, 『국문학연구』 4(효성여자대학 국어국문학연구회, 1973. 9.)

한기두, 「용수와 원효의 사상―『중론』과 화쟁사상을 중심으로」, 『한국불교학』 20(한국불교학회, 1995. 10.)

한종만, 「원효의 현실관―각 종요서를 중심으로」, 『논문집』 13(원광대학교, 1979); 『원효연구논총』(국토통일원, 1987)

_____, 「원효의 원융회통 사상」, 『원효학연구』 제2집(원효학회, 1997)

한태동, 「의상과 원효에 대한 소고―민족연구의 일단면으로」, 『현대와 신학』 7(연세대학교 연합신학대학원, 1974. 11.)

한태식, 「(諸本對註)내영원본 『유심안락도』」, 『불교학보』 27(동국대학교 불교문화연구원, 1990. 12.)

_____, 「내영원본 『유심안락도』의 자료적 고찰」, 『불교학보』 27(동국대학교, 1990. 12.)

_____, 「송가에 나타난 원효사상」, 『동국논총』 31(동국대학교, 1994)

_____, 「원효의 정토관계 저술에 나타난 信觀」, 『원효학연구』 2(원효학회, 1997)

한형조, 「부정과 긍정의 변증법－원효의 언어관」, 『원효연구논총』(국토통일원, 1987); 김지견 편, 『원효대사의 철학세계』(민족사, 1989)

허경구, 「원효의 미륵상생경관」, 『석산한종만박사화갑기념논문집－한국사상사』(원광대학교 출판국, 1991)

허영호, 「원효불교의 재음미」 1, 『불교』 신29(불교사, 1941. 5.)

_____, 「원효불교의 재음미」 7, 『불교』 신35(불교사, 1942. 4.)

혜 정, 「『대승기신론』의 「수행신심분」에 대한 소고」, 『수다라』 8(해인사승가대학, 1993. 1.)

홍정식, 「원효의 진속원융무애론」, 『철학사상의 제문제』 2(한국정신문화연구원, 1984)

황성기, 「(원효대사 저)『발심수행장』 강화」, 『불교사상』 11(불교사상사, 1962. 9.)

_____, 「(원효대사 저)『발심수행장』 강화」, 『불교사상』 12(불교사상사, 1962. 10·11.)

황수영, 「신라 서당화상비의 신편－건립 연대와 명칭에 대하여」, 『고고미술』 108(한국미술사학회, 1970. 12.)

황의돈, 「원측법사와 원효대사」, 『불교사상』 11(불교사상사, 1962. 9.)

橫超慧日, 「신라 원효찬 『이장의』 연구·원문」, 『효성조명기박사추모 불교사학논문집』(동국대학교 출판부, 1988)

康東均, 「元曉傳」, 『佛教文化』 29卷 1號(日本 大韓佛教青年會, 1980. 12.)

_____, 「元曉の淨土思想における聲聞見」, 『印度學佛教學研究』 28卷 1號(通卷 55號)(日本印度學佛教學會, 1981. 3.)

葛城末治, 「新羅「誓幢和上塔碑」に就いて」, 『朝鮮金石考』(京城: 大阪屋書店, 1935); 양은용 편, 『신라원효연구』(원광대학교 출판국, 1979); 『青丘學叢』 5(青丘學會, 1931. 8.)

江田俊雄, 「新羅佛教における淨土教」, 『朝鮮佛教史の研究』(日本 國書刊行會, 1977); 『支那佛教史學』 3, 4(日本 支那佛教史學會, 1939)

岡井愼吾, 「新羅の名僧「元曉の碑」を讀みて」, 『朝鮮彙報』 65(조선총독부, 1920. 6.)

見山望洋, 「新羅の名僧曉湘二師」, 『新佛教』 12卷 6號(日本 新佛教徒同志會, 1911. 6.); 양은용 편, 『신라원효연구』(원광대학교 출판국, 1979)

鎌田茂雄, 「新羅元曉の唯識思想」, 『伊藤眞城·田中順照兩教授頌德記念佛教學論文集』(日本 東方出版社, 1979)

_____, 「元曉教學の思想史的意義」, 『アシア公論』 9卷 3號(通卷89)(日本 アシア公論社, 1980. 3.)

_____, 「破格の佛教學者·元曉」, 『大法輪』 47卷 12號(日本 大法輪閣, 1980. 12.)

_____, 「『十門和諍論』の思想史的意義」, 『佛教學』 11(日本 大正大學, 1981. 4.)

_____, 「七世紀東アシア世界における元曉の位置」, 『원효대사의 철학세계』(민족사, 1989); 『원효, 그의 위대한 생애』(원효사상전집 1, 불교춘추사, 1999); 『불교신문 창간 40주년 기념 국제학술회의－원효로 돌아가자』(불교신문사, 2000)

高橋正隆, 「本朝目錄史庫－紫微中臺遺品『判比量論』の研究」, 『大谷大學研究年報』 38(日本 大谷大學, 1958)

高崎直道, 「元曉の涅槃宗要について」, 『大藏經會員通信』(日本 大正新修大藏經會員通信, 1975. 9.)

高峯了州,「元曉及び義湘とその門流」,『華嚴思想史』(日本 興教書院, 1942);『華嚴思想史』(日本 百樺苑, 1976); 양은용 편,『신라원효연구』(원광대학교 출판국, 1979)

宮田隆淨,「元曉法師の淨土敎」,『淨土學硏究紀要』6(日本 京都佛敎大學, 1957)

今津洪嶽,「元曉大德の事跡及び華嚴敎義-『華嚴經疏』の發見」,『宗敎界』11(日本 宗敎界社, 1915. 11.); 양은용 편,『신라원효연구』(원광대학교 출판국, 1979)

吉田靖雄,「行基における三階敎及び元曉との關係考察」,『歷史硏究』19(日本 大阪敎育大學 硏究室, 1981. 6.)

吉津宜英,「新羅元曉撰『二障義』」, 橫超慧日・村松法文 편저,『佛敎學士セミナ一』34(日本 大 谷大學, 1981. 10.)

_____,「日本の華嚴思想と元曉大師」, 김지견 편,『원효대사의 철학세계』(민족사; 국토통 일원, 1987)

金彊模,「新羅元曉の文學觀」, 金知見・蔡印幻 編,『新羅佛敎硏究』(日本 山喜房佛書林, 1973)

金煐泰,「元曉の佛性觀」,『佛敎文化硏究所年報』5(日本 京都佛敎大學, 1988. 3.)

金昌奭,「韓國古代天台について」,『駒澤大學佛敎學硏究會年報』12(日本 駒澤大學, 1977)

_____,「元曉の『法華宗要』について」, 양은용 편,『신라원효연구』(원광대학교 출판국, 1979); 『印度學佛敎學硏究』27卷 2號(通卷54)(日本 印度學佛敎學會, 1979. 3.)

_____,「元曉の敎判觀」,『大學院佛敎學硏究會年報』13(日本 印度學佛敎學會, 1980. 3.)

_____,「元曉の敎判資料に現われた吉藏との關係について」,『印度學佛敎學硏究』28卷 2號(通 卷56)(日本 印度學佛敎學會, 1980. 3.)

金思燁,「원효대사와 원왕생가」, 양은용 편,『신라원효연구』(원광대학교 출판국, 1979); 『조선학보』27(日本 天理大學 朝鮮學會, 1963. 4.)

落合俊典,「『遊心安樂道』日本撰述說をめぐつて」,『佛敎論叢』24(日本 淨土宗敎學院, 1980. 11.)

_____,「『遊心安樂道』の著者」,『硏究紀要』25(日本 華頂短期大學, 1980. 12.)

_____,「『遊心安樂道』諸本考」,『硏究紀要』33(日本 華頂短期大學, 1988. 12.)

末次明信,「新羅時代の淨土敎に就いて」,『淨土敎』1(日本 大正大學 淨土學硏究會, 1930)

望月信亨,「義湘・元曉繪の成立」,『美術硏究』15卷 4號(通卷149)(日本 美術硏究會, 1948. 8.)

_____,「義湘・元曉・義寂等の淨土論辨論に十念說」,『中國淨土敎理史』(日本 法藏館, 1975)

梅津次郎,「義湘・元曉繪の成立」, 양은용 편,『신라원효연구』(원광대학교 출판국, 1979)

木本淸史,「元曉の『涅槃經』解釋について」,『印度學佛敎學硏究』38卷 2號(通卷76)(日本 印度 學佛敎學硏究會, 1990. 3.)

木村宜彰,「元曉の敎學と唯識說」,『宗敎硏究』49卷 3號(通卷226)(日本 宗敎學會, 1976. 3.)

_____,「元曉の『涅槃宗要』-特に淨影寺慧遠との關連」,『佛敎學士セミナ?』26(日本 大谷大學 佛敎學會, 1977. 10.)

_____,「『菩薩戒本持犯要記』について」,『印度學佛敎學硏究紀要』28卷 2號(通卷56)(日本 印 度學佛敎學會, 1980)

木村淸孝,「『涅槃經宗要』の硏究-闡提成佛論の性格について」,『アシア公論』9卷 3號(通卷89) (アシア公論社, 1980. 3.)

_____,「元曉の闡提成佛論」,『古田紹欽博士古稀記念論集-佛敎の歷史的展開に見る諸形 態』(日本 創文社, 1981)

_____, 「『大乘六情懺悔』の基礎的研究」, 『韓國佛教學SEMINAR』 1(新羅佛教研究會, 1985)

_____, 「初期中國華嚴教學と元曉大師――闡提の見解を中心として」, 『원효연구논총』(국토
　　통일원, 1987); 김지견 편, 『원효대사의 철학세계』(민족사, 1989)

栢木弘雄, 「『起信論』註釋書の系譜」, 『印度學佛教學研究』 17卷 2號(通卷34)(日本 印度學佛
　　教學會, 1969. 3.)

福士慈稔, 「元曉著述における天台の影響について」, 『印度學佛教學研究』 39卷 1號(通卷77)
　　(日本 印度學佛教學會, 1990. 12)

本井信雄, 「新羅元曉の傳記について」, 『大谷學報』 41卷 1號(日本 大谷大學 大谷學會, 1961.
　　6.); 양은용 편, 『신라원효연구』(원광대학교 출판국, 1979)

富貴原章信, 「元曉, 『判比量論』の研究」, 양은용 편, 『신라원효연구』(원광대학교 출판국, 1979);
　　『日本佛教』 29(日本 日本佛教研究會, 1969. 1)

山析哲雄, 「元曉と明惠」, 『불교연구』 제11·12집(한국불교연구원, 1995. 11.)

_____, 「曇鸞教學と元曉の淨土教思想－特に行論を中心として」, 『佛教文化研究所紀要』 4
　　(日本 龍谷大學 佛教文化研究所, 1965. 5.); 양은용 편, 『신라원효연구』(원광대학
　　교 출판국, 1979)

山田行雄, 「『遊心安樂道』の淨土教思想－元曉撰述の疑問にふれて」, 『宗學院論集』 37(日本 本
　　院寺宗學院, 1965. 11.)

三品彰英, 「新羅の淨土教－『三國遺事』 所載 淨土教 關係記事註解」, 『塚本博士頌壽記念佛
　　教史學論集』(日本 塚本博士頌壽記念會, 1961)

徐輔鐵, 「『法華宗要』の譯註」, 『學術論文集』 12(日本 朝鮮獎學會, 1982. 11.)

_____, 「『法華宗要』の研究」, 『印度學佛教學研究』 33卷 2號(通卷66)(日本 印度學佛教學會, 1985)

_____, 「『法華宗要』における元曉の和諍思想」, 『駒澤大學佛教學論集』 16(日本 駒澤大學,
　　1985. 10.)

서영애, 「元曉の『法華宗要』の研究」, 『大谷大學大學院研究紀要』 12(日本 大谷大學 大學院,
　　1988)

石橋眞誠, 「元曉の華嚴思想」, 『印度學佛教學研究』 19卷 2號(通卷 38)(日本 印度學佛教學
　　會, 1971. 3.)

小野玄妙, 「元曉の『金剛三昧經論』」, 『新佛教』 11卷 6號(日本 新佛教徒同好會, 1910. 6.);
　　양은용 편, 『신라원효연구』(원광대학교 출판국, 1979)

小田幹治郎, 「新羅の名僧元曉の碑」, 『朝鮮彙報』 63(朝鮮總督府, 1920. 4.); 양은용 편, 『신
　　라원효연구』(원광대학교 출판국, 1979)

松林弘之, 「新羅淨土教の一考察－元曉の淨土教思想をめぐつて」, 『佛教學研究』 22(日本 龍
　　谷大學 佛教學會, 1966. 1.); 『印度學佛教學研究』 15, 1(29)(日本 印度學佛教學會,
　　1966. 12); 양은용 편, 『신라원효연구』(원광대학교 출판국, 1979)

_____, 「朝鮮淨土教の研究」, 『龍谷大學佛教文化研究所紀要』 6(日本 龍谷大學 佛教文化研
　　究所, 1967)

水尾現誠, 「元曉の『勝夫經』解釋について」, 『宗教研究』 52卷 3號(通卷238)(日本 日本宗教學會,
　　1979. 3.)

水野弘元, 「菩提達摩の二入四行說と『金剛三昧經』」, 『駒澤大學研究紀要』 13(日本 駒澤大學,

1955); 『印度學佛教學研究』 2卷 3號(通卷6)(日本 印度學佛教學會, 1955)

신현숙, 「元曉の淨土思想について」, 『アシア公論』 9卷 3號(通卷89)(アシア公論社, 1980. 3.)

岸覺勇, 「元曉の淨土教と善導教學との比較」, 『續 善導教學の研究』(日本 記主禪師鑽仰會, 1967); 양은용 편, 『신라원효연구』(원광대학교 출판국, 1979)

櫻部建, 「『判比量論』-신전항엄구장고사본 影印」, 『大谷學報』 47卷 3號(日本 大谷大學 大谷學會, 1967. 12.)

愛宕邦康, 「『遊心安樂道』の撰述者に關して一考察-東大寺 華嚴僧 智憬との思想的關聯に着目して」, 『南都佛教』 70(日本 南都佛教研究會, 1994. 8.)

_____, 「大覺國師義天と『遊心安樂道』-『義天錄』における『遊心安樂道』不在の問題に着目して」, 『印度學佛教學研究』 43卷 1號(通卷85)(日本 印度學佛教學會, 1994. 12.)

鹽入良道, 「新羅元曉大師撰『宗要』の特質」, 『天台學報』 26(日本 天台學會, 1984. 11.)

永吉博人, 「元曉『二障義』の研究-『起信論』註疏との 關係を中心として」, 『龍谷大學大學院紀要』 5(日本 龍谷大學, 1984. 3.)

吳亨根, 「통일을 지향하는 철학-민족의 공동체 의식과 화쟁사상」, 『國際高麗學』 1(日本 國際高麗學會, 1994. 12.)

李箕永, 「元曉思想」, 『アシア公論』 2卷 10號(通卷13)(アシア公論社, 1973. 10.)

李永子, 「元曉の止觀」, 關口眞大 編, 『佛教の實踐原理』(日本 山喜房佛書林, 1977)

이정모, 「禪林寺の藁草本 『無量壽經宗要』と諸本との對照研究」, 『佛教大學院研究紀要』 18(日本 京都佛教大學, 1990. 3.)

李平來, 「大乘起信論研究 1-新羅元曉の『大乘起信論疏』を中心として」, 『印度學佛教學研究』 28卷 1號(通卷55)(日本 印度學佛教學會, 1979. 12.)

_____, 「大乘起信論研究 2-新羅元曉の『大乘起信論疏』を中心として」, 『大學院佛教學研究會年報』 14(日本 駒澤大學, 1980. 7.)

_____, 「元曉の眞如觀-『起信論海東疏』を中心として」, 『印度學佛教學研究』 29卷 1號(通卷57)(日本 印度學佛教學會, 1980. 12.)

_____, 「大乘起信論の三心說」, 『大學院佛教學研究會年報』 15(日本 駒澤大學, 1981. 12.)

長崎法潤, 「元曉大師と因明について-『判比量論』」, 『원효연구논총』(국토통일원, 1987); 김지견 편, 『원효대사의 철학세계』(민족사, 1989)

章輝玉, 「『遊心安樂道』考」, 『南都佛教』 54(日本 南都佛教研究會, 1985. 7.)

鄭學權, 「元曉大師の十念義について」, 『印度學佛教學研究』 25卷 1號(通卷49)(日本 印度學佛教學會, 1976. 12.)

제신효, 「元曉の佛土論について」, 『佛教學研究』 41卷 1號(通卷79)(日本 印度學佛教學會, 1991. 12.)

_____, 「元曉の淨土教思想について-『兩卷無量壽經宗要』を中心として」, 三埼良周 편, 『佛教思想とその展開』(日本 山喜房佛書林, 1992)

趙明基, 「元曉宗師の『十門和諍論』研究」, 『金剛杵』 22(日本 朝鮮佛教東京留學生會, 1937. 1.)

_____, 「韓國佛教と和の思想」, 『自由』 14(日本 自由社, 1972. 2.)

蔡澤洙, 「和の發心修行章」, 『佛教文化』 4卷 1號(日本 大學佛教靑年會, 1972)

_____, 「元曉の戒律思想」, 蔡印幻, 『新羅佛教戒律思想研究』(日本 國書刊行會, 1977)

千明束道, 「『金剛三昧經論』の一考察一五義説を中心として」, 『印度學佛教學研究』 31卷 2號
    (通卷62)(日本 印度學佛教學會, 1983. 3.)

村地哲明, 「『遊心安樂道』元曉作説への疑問」, 『印度學佛教學研究』 31卷 2號(通卷62)(日本
    印度學佛教學會, 1960. 3.); 『大谷學報』 39卷 4號(大谷大學 大谷學會, 1960)

崔凡述, 「元曉大師の般若心經復元疏」, 金知見・蔡印幻 編, 『新羅佛教研究』(日本 山喜房佛
    書林, 1973)

坂本行男, 「元曉の四教論」, 坂本幸男, 『華嚴教學の 研究』(日本 平樂寺書店, 1956); 양은용
    편, 『신라원효연구』(원광대학교 출판국, 1979)

八百谷孝保, 「新羅社會と淨土教」, 『思潮』 7卷 4號(日本 大塚史學會, 1937)

_____, 「新羅僧元曉傳攷」, 『大正大學學報』 38(日本 大正大學, 1952. 7.)

韓泰植, 「內迎院本の『遊心安樂道』について」, 『印度學佛教學研究』 37卷 2號(通卷74)(日本
    印度學佛教學會, 1989)

_____, 「新羅元曉の彌陀證性偈について」, 『印度學佛教學研究』 43卷 1號(通卷85)(日本 印度
    學佛教學會, 1994. 12.)

脇谷撝謙, 「『起信論疏』の比較研究」 1, 『大條學報』 41(日本 任寅會, 1905. 2.)

_____, 「新羅の元曉法師は果して至相大師の弟子なりしや」, 『大條學報』 83(日本 任寅會,
    1908. 9.); 양은용 편, 『신라원효연구』(원광대학교 출판국, 1979)

惠谷隆戒, 「新羅元曉の『遊心安樂道』は僞作なりしや」, 『印度學佛教學研究』 22卷 12號(通卷
    34)(日本 印度學佛教學會, 1974. 12.)

_____, 「新羅元曉の淨土教思想」, 『淨土教の新研究』(日本 山喜房佛書林, 1976); 양은용 편,
    『신라원효연구』(원광대학교 출판국, 1979)

_____, 「新羅淨土教の特性」, 『印度學佛教學研究』 24卷 2號(通卷48)(日本 印度學佛教學會,
    1976)

橫超慧日, 「元曉の『二障義』について」, 『アシア公論』(アシア公論社, 1980. 3); 『東方學報』 11卷
    1號(日本 東方學會, 1940. 3.); 『원효연구논총』(국토통일원, 1987)

고익진, "Wonhyo and the foundation of korean Buddhism", Korea Journal 21권 8호(Seoul:
    Unesco, 1981. 8)

_____, "Wonhyo's Hua-yen thought", Korea Journal 23권 8호(Seoul: Unesco, 1983. 8.)

김복인, "Wonhyo's One Mind and Theos and Soteria", 『석산한종만박사화갑기념논문집 – 한
    국사상사』(원광대학교 출판국, 1991)

김상일, "Wonhyo's transformation of total interpenetration", 『인도철학』 2(인도철학회, 1992. 9.)

박성배, "On Wonhyo's Enlightenment", 『印度學佛教學研究』 22卷 1號(通卷43)(日本 印度學
    佛教學會, 1980)

_____, "T'i-Yung in Wonhyo's Thought", 『원효사상의 현대적 조명』 1(원효사상전집 2, 불
    교춘추사, 2000)

오강남, "Wonhyo's Buddhist Thought and Contemporary Society", 『종교연구』 5(한국종교학회,
    1989. 11.)

한상우, "Ein hermeneutische interpretation des Leben und Denken Wonhyo's", 『교수논총』 2(한

국교원대학교, 1990. 12.)

Bernard Faure, "Random thought: Wonhyo's 'Life'", 『불교연구』 제11·12집(한국불교연구원, 1995. 11)

Buo-Yong Rhi(이부영), "'Il Shim'(One Mind): a Jungian interpretation: With the special reference to Won-Hyo's commentaries of mind in the 'Tai-Sung Ki-Shin-Ron'(Book of Awakening of Faith in the Mahayana)",『불교연구』 제11·12집(한국불교연구원, 1995. 11.)

Buri. Fritz, "Encounter with Wonhyo", 『개교 80주년 기념논총 불교와 제과학』(동국대학교, 1987)

Dong-shin Nam(남동신), "Wonhyo's ilsim philosophy and mass proselytization movement", *Seoul Journal of Korean studies* 8(서울대학교 한국문화연구소, 1995. 12.)

Hubert Durt, "Colloque Wonhyo", 『불교연구』 제11·12집(한국불교연구원, 1995. 11.)

Jae-Shin Ryu(유재신), "Wonhyo and Suzuki on Buddhism",『수둔박영석교수화갑기념 한국사학논총』 상(탐구당, 1992)

Ki-Young Rhi(이기영), "Wonhyo's moral concepts", *Korea Observer* vol. 1-2(Seoul: Academy of Korean Studies, 1969. 1.)

_____, "Wonhyo and his thought", *Korean Religious Tradition*(Canada Toronto: Univ. of Toronto, 1977); *Korea Journal* 11권 1호(Seoul: Unesco, 1971. 1.)

_____, "Ultimate reality in Won-Hyo: Reflection on the problem of ultimate reality in Buddhism and Christianity", 『불교연구』 제6·7집(한국불교연구원, 1990)

_____, "Won-Hyo's Ideal on peace and Union", 이기영, 『원효사상연구』 1(한국불교연구원, 1994)

Ok-Hee Shin(신옥희), "Man in Wonhyo and Karl Jaspers", 『한국문화연구원논총』 29(이화여자대학교 한국문화연구원, 1977.4); *Korea Journal* 17권 10호(Seoul: Unesco, 1977. 10.)

Robert E. Buswell Jr., "Did Wonhyo write two versions of his Kumgang Sammaegyong-Ron?", 『한국학의 과제와 전망』 2(한국정신문화연구원, 1988)

_____, "The Biographies of the korean Monk Wonhyo(617~686): A study in Buddhist Hagiography", ed by John James and Peter Lee, *Biography as a Genre in Korean Literature*(Berkeley: Center for Korean studies, 1988)

_____, "The Chronology of Wonhyo's Life and Works: Some Preliminary Considerations", 『원효연구논총』(국토통일원, 1987); 김지견 편, 『원효대사의 철학 세계』(민족사, 1989)

_____, "Wonhyo as Cultural and Religious Archetype: A Study in Korean Buddhist Hagiography" 『불교연구』 제11·12집(한국불교연구원, 1995. 11.)

_____, "On Translating Wonhyo, International Symposium on Wonhyo Studies", 『국제원효학회 창립기념-원효의 사상체계와 원효전서 영역상의 제문제』(International Association for Wonhyo Studies, 1997)

Sam Woo(삼우), "Taean and Wonhyo", *Spring Wind* 5권 4호 (Toronto: 禪蓮寺, 1986. 3.)

Yong-pyo Kim(김용표), "Wonhyo's Hermeneutics of scriptural Plurality in the Taehyedogyongjongyo", 『원효사상의 현대적 조명』 1(원효사상전집 2, 불교춘추사, 2000)

수록논문 원게재지(게재순)

1. 조명기, 「불교의 총화성과 원효의 근본 사상」, 『신라불교의 이념과 역사』(신태양사, 1962)

2. 고익진, 「원효의 『기신론소·별기』를 통해 본 진속무애원융관과 그 성립이론」, 『불교학보』 10집(동국대학교 불교문화연구원, 1973)

3. 은정희, 「삼세·아라야식설의 창안」, 김지견 편, 『원효연구논총』(국토통일원, 1987) 이 논문은 「원효의 三細·阿黎耶識説」(『철학』 19집 봄호, 한국철학회, 1983)을 개작한 것임.

4. 이평래, 「여래장설과 원효」, 『원효연구논총』(국토통일원, 1987)

5. 고영섭, 「원효의 통일학」, 『삼국통일과 한국통일』 1(김용옥 편, 통나무, 1995)

6. 이종익, 「원효의 『십문화쟁론』 연구」, 『동방사상논총 ― 이종익박사학위기념논문집』(보련각, 1975); 김지견 편, 『원효성사의 철학세계』(민족사, 1989)

7. 김영태, 「『열반경종요』에 나타난 화회의 세계」, 『원효학연구』 3(원효학회, 1998)

8. 박성배, 「원효 사상 전개의 문제점」, 『태암김규영박사화갑기념논문집: 동서철학의 제문제』(서강대학교 철학과 동문회, 1979)

9. 최유진, 「원효에 있어서 화쟁과 언어의 문제」, 『철학논집』 3(경남대학교, 1987)

10. 박태원, 「『대승기신론』 사상을 평가하는 원효의 관점」, 「『대승기신론』 사상에 관한 연구: 고주석가들의 관점을 중심으로」(고려대학교 대학원, 1991)

11. 이기영, 「원효의 윤리관」, 『동원김흥배박사 고희기념논문집』(한국외국어대학교, 1984)

12. 정영근, 「원효의 사상과 실천의 통일적 이해」, 『철학연구』 47집(철학연구회, 1999)

13. 고영섭, 「원효의 화엄학」, 『원효학연구』 5집(원효학연구원, 2000)

필진 소개(게재순)

고영섭高榮燮

동국대학교 불교학과를 졸업하고 같은 대학에서 석·박사 학위를 받았다. 현재는 고려대 대학원에서 철학과 박사과정에 있으며, 동국대와 서울대 등에서 강의하고 있다. 월간『문학과 창작』을 통해 시인으로 등단했고, 시집으로『몸이라는 화두』가 있다. 주요 저서로는『원효, 한국사상의 새벽』,『불교경전의 수사학적 표현』,『문아(원측)대사』,『한국불학사』,『연기와 자비의 생태학』,『원효탐색』,『중도의 불(교)학』등이 있고, 주요 논문으로는「문아 원측과 그 교학연구」,「원효의 정토론」등이 있다.

조명기趙明基(1905~1988)

일본 동양대학 문학부 불교학과를 졸업하고 같은 대학에서 문학박사학위를 받았다. 경성 제국대학 법문학부 종교학연구실 전공과에 입학한 뒤 부수副手와 조수助手를 지냈다. 동국대학교 불교학과 교수를 거쳐 부총장 및 총장을 지냈고, 경기학원 이사장으로 활동했다. 주요 논저 및 역저로는『원효전집』,『장외잡록』,『신라불교의 이념과 역사』,『고려대각국사와 천태사상』,『지혜의 완성』,『불교복지론』,『법화경신초』,『법화경과 나』,『조화의 원리』,『한국불교관계잡지논문목록』,『한국불교사학논집』,『한국불교사학대사전』등이 있다. 주요 논문으로는「원효의 화의 사상」,「원효의 현존 저서에 대하여」,「원효의 총화 사상 연구」등이 있다.

고익진高翊晉(1934~1988)

전남대 의대를 졸업하고 동국대 불교학과를 졸업했다. 같은 대학에서 석사 및 철학박사 학위를 받았다. 동국대학교 불교학과 교수와『한국불교전서』편찬실장을 지냈다. 주요 저서로는『아함법상의 체계성 연구』,『삼국의 불교사상』,『한국고대불교사상사』,『현대 한국불교의 방향』등이 있고, 역서로는『한글아함경』등이 있다. 주요 논문으로는「원효의 실천 원리」,「원효 사상의 사적 의의」,「원효의 화엄 사상」,「『유심안락도』의 성립과 배경」등이 있다. 그 외에 다수의 논저와 편서가 있다.

은정희殷貞姬

고려대 법학과를 졸업하고 같은 대학에서 문학 석사와 철학 박사학위를 받았다. 현재 한국종교학회 불교분과 운영위원 및 한국철학회, 동양철학회 이사로 활동 중이며, 서울교대 윤리교육과 교수로 있다. 주요 저술로는『원효의 사상과 그 현대적 의미』(공저)가 있으며, 주요 역서로는『원효의 대승기신론소・별기』,『원효의 금강삼매경론』(공역)이 있다. 주요 논문으로는「『대승기신론』의 진여연기설에 관한 연구」,「『기신론소・별기』에 나타난 원효의 일심사상」,「원효의 삼세・아려야식설의 창안」,「서산휴정의 삼가귀감 정신」,「원효의 본체・현상불이관」,「원효의『대승기신론소・기』에 나타난 신관」,「원효의 윤리 사상」,「원효의 부주열반사상」,「『대승기신론』에 대한 원효설과 법장설의 비교」,「원효의 불교 사상」 등이 있다.

이평래李平來

동국대학교 불교학과를 졸업하고 일본 고마자와(駒澤)대학에서 불교학 석・박사학위를 받았다. 현재 충남대학교 철학과 교수 및 불교신문 논설위원으로 있다. 주요 저서로는『신라불교 여래장사상 연구』등이 있고, 주요 논문으로는「대승기신론 연구」,「원효의 진여관」,「원효 철학에 있어서의 환멸문의 구조에 관한 고찰」,「열반종요의 여래장설」,「불교철학에 있어서 심성설에 관한 고찰」,「한국불교학의 관념론적 해석에 대한 비판」 등이 있다.

이종익李鐘益(1912~1991)

일본 임제전문학교 및 대정대학 불교학과를 졸업하고 일본 대정대학에서 문학박사 학위를 받았다. 경기상고 교사를 거쳐 단국대, 건국대, 동국대 교수를 지냈고, 주요 논저로는『동양철학개설』,『불교학개론』,『조계종학』,『조계종사』,『원효대사의 연구』,『보조국사의 연구』,『고려의 불교철학』,『조계종 중흥론』 등이 있고,『서산대사』 등의 소설 및 전기가 있다. 주요 논문으로는「신라불교와 원효 사상」,「원효의 평화 사상」 등이 있다.

김영태金煐泰

동국대학교 불교학과를 졸업하고 같은 대학 불교학과에서 석사학위를 받았다. 동국대학교 불교문화연구원장, 불교대학장을 지냈으며, 일본 교토(京都) 불교대학에서 문학박사 학위를 받았다. 한국사상사학회 부회장, 한국불교학회장, 원효학 연구원장 겸 학회장을 지냈으며, 현재 동국대학교 명예교수 및 원효학회장으로 있다. 『신라불교사상新羅佛教思想 연구』, 『한국불교사』, 『백제불교사상 연구』, 『불교사상사론佛教思想史論』, 『한국불교사 정론正論』 등 40여 권의 저서가 있고, 「『본업경소』를 통해 본 원효의 신관」, 「화회의 도리를 통해 본 원효의 사상」, 「원효의 중심사상」, 「원효의 『본업경소』 연구」, 「신라백월산新羅白月山 이성二聖 설화연구說話研究」, 「가야불교의 사적고찰」, 「한국불교사에 있어서 불일보조佛日普照 국사의 위치」 등 200여 편의 논문이 있다.

박성배朴性焙

동국대학교 불교대학 철학과를 졸업하고 같은 대학에서 석사학위(인도 철학)를 받았다. 동국대학교 교수를 지낸 뒤, 미국 캘리포니아주립대학(버클리)에서 원효 연구로 불교학 박사 학위를 받았다. 현재 뉴욕주립대학(스토니브룩) 불교학 교수로 있다. 주요 저서로는 *Buddhist Faith and Sudden Enlightenment*(State University of New York Press, 1983), *The Korean Buddhist Canon: Descriptive Catalogue*(University of California Press, 1980, 루이스 랭캐스터 공저), *The Four-Seven Debate, Annotated Translation of the Most Famous Controversy in Korean Neo-Confucian Thought*(SUNY Press, 1994, 마이클 캘튼 공저), *Wonhyo's Commentary on the Treatise on Awakening of Mahayana Faith*(SUNY Press, 근간)등이 있고, 「『대승기신론』 연구의 비교: 원효와 법장의 경우」, 「원효의 화쟁 논리로 생각해 본 남북통일 문제」, 「원효의 논리」, 「원효 사상이 풀어야 할 문제」, 「돈오점수 돈오돈수 논쟁」, 「몸(체)과 몸짓(용)의 논리」, 「성철스님의 돈오돈수론」, 「지눌과 퇴계의 비교연구」, 「기독교의 불교적 이해」 등의 논문이 있다. 『원효전서 영역』 7권(동국대학교와 스토니브룩 뉴욕주립대학교 공동 번역)의 책임편집인이고, 『한국학연구총서』(서울대학교와 스토니브룩 뉴욕주립대학교 공동 편찬)의 책임편집인이며, 뉴욕주립대학교 출판부(SUNY Press) 한국학 총서의 책임편집인을 맡고 있다.

최유진崔裕鎭

서울대 종교학과를 졸업하고 같은 대학 철학과에서 철학박사 학위를 받았다. 일본 동경대학 외국인 연구원을 지냈으며, 현재 경남대학교 인문학부 교수로 있다. 주요 저서 및 역서로는『원효사상연구』,『강좌 한국철학』(공저),『불교철학』이 있고,「원효의 화쟁사상 연구」,「원효에 있어서의 화쟁과 언어의 문제」,「원효의 일심: 화쟁과의 연관을 중심으로」등의 논문이 있다.

박태원朴太源

한양대 법학과를 졸업하고 고려대 대학원에서 불교철학을 전공하여 석·박사학위를 받았다. 현재 울산대학교 철학과 교수로 있다. 주요 저서 및 역서로는『대승기신론사상 연구(1)』,『대승 불교의 사상』,『중국불교사상사』,『불교의 역사와 기본 사상』등이 있고, 주요 논문으로는「『금강삼매경』·『금강삼매경론』과 원효사상(1): 중관, 유식의 화쟁적 종합을 중심으로」,「『금강삼매경』·『금강삼매경론』과 원효사상(2): 대승선사상과 진속 불이를 중심으로」,「의상의 성기사상」,「『화엄경문답』과 의상의 일승삼승론」,「의상 화엄의 실천적 기반」,「한국 고대불교의 통합 사상: 원효와 의상을 중심으로」,「신라불교 이론의 특징: 통합과 화쟁의 지향」,「돈점 논쟁의 비판적 검토」등이 있다.

이기영李箕永(1922~1997)

경성제대 문학부를 수료하고 벨기에 루뱅대에서 철학박사 학위를 받았다. 프랑스 파리대학에서 수학하였다. 국민대학교 및 영남대학교 교수로 있었으며, 동국대학교 인도철학과 교수를 지냈다. 한국불교연구원장으로 활동하였고, 불교방송 이사를 역임했다. 주요 논저로는『석가』,『원효사상』,『한국의 불교사상』,『원효사상연구』1·2,『한국불교연구』,『새벽의 햇빛이 말하는 의미』,『불교개론』등이 있다. 주요 논문으로는「교판 사상에서 본 원효의 위치」,「경전 인용에 나타난 원효의 독창성」,「원효의 윤리관」,「원효의 인간관」등이 있다. 현재『불연이기영전집』30여 책이 간행중이다.

정영근丁永根

서울대 철학과를 졸업하고 한국학대학원에서 석사학위를 받았으며, 서울대학교 철학과에서 박사학위를 받았다. 현재 서울산업대학교 교수로 있다. 주요 논문으로는 「각覺의 두 가지 장애: 원효의 이장의를 중심으로」, 「원측의 유식철학: 신·구 유식의 비판적 종합」, 「의상화엄의 실천적 성격」 등이 있다.

인물사상총서

한주 이진상의 생애와 사상 홍원식 지음, 288쪽, 15,000원

일본사상총서

일본 신도사(神道史) 무라오카 츠네츠구 지음, 박규태 옮김, 312쪽, 10,000원
도쿠가와 시대의 철학사상(德川思想小史) 미나모토 료엔 지음, 박규태·이용수 옮김, 260쪽, 8,500원
일본인은 왜 종교가 없다고 말하는가(日本人はなぜ 無宗教のか) 아마 도시마로 지음, 정형 옮김, 208쪽, 6,500원
일본사상이야기 40(日本がわかる思想入門) 나가오 다케시 지음, 박규태 옮김, 312쪽, 9,500원
사상으로 보는 일본문화사(日本文化の歷史) 비토 마사히데 지음, 엄석인 옮김, 252쪽, 10,000원
일본도덕사상사(日本道德思想史) 이에나가 사부로 지음, 세키네 히데유키·윤종갑 옮김, 328쪽, 13,000원
천황의 나라 일본 — 일본의 역사와 천황제(天皇制と民衆) 고토 야스시 지음, 이남희 옮김, 312쪽, 13,000원
주자학과 근세일본사회(近世日本社會と宋學) 와타나베 히로시 지음, 박홍규 옮김, 304쪽, 16,000원

예술철학총서

중국철학과 예술정신 조민환 지음, 464쪽, 17,000원
풍류정신으로 보는 중국문학사 최병규 지음, 400쪽, 15,000원
율려와 동양사상 김병훈 지음, 272쪽, 15,000원
한국 고대 음악사상 한흥섭 지음, 392쪽, 20,000원

동양문화산책

공자와 노자, 그들은 물에서 무엇을 보았는가 사라 알란 지음, 오만종 옮김, 248쪽, 8,000원
주역산책(易學漫步) 朱伯崑 외 지음, 김학권 옮김, 260쪽, 7,800원
동양을 위하여, 동양을 넘어서 홍원식 외 지음, 264쪽, 8,000원
서원, 한국사상의 숨결을 찾아서 안동대학교 안동문화연구소 지음, 344쪽, 10,000원
녹차문화 홍차문화 츠노야마 사가에 지음, 서은미 옮김, 232쪽, 7,000원
류짜이푸의 얼굴 찌푸리게 하는 25가지 인간유형 류짜이푸(劉再復) 지음, 이기면·문성자 옮김, 320쪽, 10,000원
안동 금계마을 — 천년불패의 땅 안동대학교 안동문화연구소 지음, 272쪽, 8,500원
안동 풍수 기행, 와혈의 땅과 인물 이완규 지음, 256쪽, 7,500원
안동 풍수 기행, 돌혈의 땅과 인물 이완규 지음, 328쪽, 9,500원
영양 주실마을 안동대학교 안동문화연구소 지음, 332쪽, 9,800원
예천 금당실·맛질 마을 — 정감록이 꼽은 길지 안동대학교 안동문화연구소 지음, 284쪽, 10,000원
터를 안고 仁을 펴다 — 퇴계가 굽어보는 하계마을 안동대학교 안동문화연구소 지음, 360쪽, 13,000원
안동 가일 마을 — 풍산들가에 의연히 서다 안동대학교 안동문화연구소 지음, 344쪽, 13,000원
중국 속에 일떠서는 한민족 — 한겨레신문 차한필 기자의 중국 동포사회 리포트 차한필 지음, 336쪽, 15,000원
신간도견문록 박진관 글·사진, 504쪽, 20,000원
안동 무실 마을 — 문헌의 향기로 남다 안동대학교 안동문화연구소 지음, 464쪽, 18,000원
선양과 세습 사라 알란 지음, 오만종 옮김, 318쪽, 17,000원
문경 산북의 마을들 — 서중리, 대상리, 대하리, 김룡리 안동대학교 안동문화연구소 지음, 376쪽, 18,000원

민연총서 — 한국사상

자료와 해설 한국의 철학사상 고려대 민족문화연구원 한국사상연구소 편, 880쪽, 34,000원
여헌 장현광의 학문 세계, 우주와 인간 고려대 민족문화연구원 한국사상연구소 편, 424쪽, 20,000원
퇴옹 성철의 깨달음과 수행 — 성철의 선사상과 불교사적 위치 조성택 편, 432쪽, 23,000원
여헌 장현광의 학문 세계 2 자연과 인간 고려대 민족문화연구원 한국사상연구소 편, 432쪽, 25,000원
여헌 장현광의 학문 세계 3 태극론의 전개 고려대 민족문화연구원 한국사상연구소 편, 400쪽, 24,000원
역주와 해설 성학십도 고려대 민족문화연구원 한국사상연구소 편, 328쪽, 20,000원

예문동양사상연구원총서

한국의 사상가 10人 — 원효 예문동양사상연구원/고영섭 편저, 572쪽, 23,000원
한국의 사상가 10人 — 의천 예문동양사상연구원/이병욱 편저, 464쪽, 20,000원
한국의 사상가 10人 — 지눌 예문동양사상연구원/이덕진 편저, 644쪽, 26,000원
한국의 사상가 10人 — 퇴계 이황 예문동양사상연구원/윤사순 편저, 464쪽, 20,000원
한국의 사상가 10人 — 남명 조식 예문동양사상연구원/오이환 편저, 576쪽, 23,000원
한국의 사상가 10人 — 율곡 이이 예문동양사상연구원/황의동 편저, 600쪽, 25,000원
한국의 사상가 10人 — 하곡 정제두 예문동양사상연구원/김교빈 편저, 432쪽, 22,000원
한국의 사상가 10人 — 다산 정약용 예문동양사상연구원/박홍식 편저, 572쪽, 29,000원
한국의 사상가 10人 — 혜강 최한기 예문동양사상연구원/김용헌 편저, 520쪽, 26,000원
한국의 사상가 10人 — 수운 최제우 예문동양사상연구원/오문환 편저, 464쪽, 23,000원

우리의 새로운 세기를 밝혀 줄 '한국의 사상가 10人'

<예문동양사상연구원 '한국의 사상가 10人' 간행위원회>에서는 우리의 새로운 세기를 준비하기 위하여 해방 후 50여 년 동안의 연구사를 바탕으로 한국을 대표하는 사상가 10인을 선정하였습니다. 해당 사상가들의 사상적 면모를 보여 줄 수 있는 대표적 논문들을 주제별로 선별한 후 그 동안의 연구사에 대한 해제와 연구물 총목록을 정리하여 앞으로의 연구 방향을 제시하고 있습니다.

◇ 예문동양사상연구원총서(1~10)

한국의 사상가 10人 —— 원효 고영섭 편저·572쪽·값 23,000원
한국의 사상가 10人 —— 의천 이병욱 편저·464쪽·값 20,000원
한국의 사상가 10人 —— 지눌 이덕진 편저·644쪽·값 26,000원
한국의 사상가 10人 —— 퇴계 이황 윤사순 편저·464쪽·값 20,000원
한국의 사상가 10人 —— 남명 조식 오이환 편저·576쪽·값 23,000원
한국의 사상가 10人 —— 율곡 이이 황의동 편저·600쪽·값 25,000원
한국의 사상가 10人 —— 하곡 정제두 김교빈 편저·432쪽·값 22,000원
한국의 사상가 10人 —— 다산 정약용 박홍식 편저·572쪽·값 29,000원
한국의 사상가 10人 —— 혜강 최한기 김용헌 편저·520쪽·값 26,000원
한국의 사상가 10人 —— 수운 최제우 오문환 편저·464쪽·값 23,000원